国家出版基金项目

U0600737

中国近代思想家文库

马建忠 邵作舟 陈虬卷

薛玉琴 徐子超 陆烨 编

中国人民大学出版社
·北京·

总 序

对于近代的理解，虽不见得所有人都是一致的，但总的说来，对于近代这个词所涵的基本意义，人们还是有共识的。一个国家、一个民族走入近代，就意味着以工业化为主导的经济取代了以地主经济、领主经济或自然经济为主导的中世纪的经济形态，也还意味着，它不再是孤立的或是封闭与半封闭的，而是以某种形式加入到世界总的发展进程。尤其重要的是，它以某种形式的民主制度取代君主专制或其他不同形式的专制制度。中国是个幅员广大、人口众多、历史悠久的多民族国家，由于长期历史发展是自成一体的，与外界的交往比较有限，其生产方式的代谢迟缓了一些。如果说，世界的近代是从 17 世纪开始的，那么中国的近代则是从 19 世纪中期才开始的。现在国内学界比较一致的认识，是把 1840 年到 1949 年视为中国的近代。

中国的近代起始的标志是 1840 年的鸦片战争。原来相对封闭的国门被拥有近代种种优势的英帝国以军舰、大炮再加上种种卑鄙的欺诈打开了。从此，中国不情愿地加入到世界秩序中，沦为半殖民地。原来独立的大一统的中央集权的君主专制国家，如今独立已经极大地被限制，大一统也逐渐残缺不全，中央集权因列强的侵夺也不完全名实相符了。后来因太平天国运动，地方军政势力崛起，形成内轻外重的形势，也使中央集权被弱化。经历第二次鸦片战争、中法战争、甲午战争、八国联军入侵的战争以及辛亥革命后的多次内外战争，直至日本全面侵略中国的战争，致使中国的经济、政治、教育、文化，都无法顺利走上近代发展的轨道。古今之间，新旧之间，中外之间，混杂、矛盾、冲突。总之，鸦片战争后的中国，既未能成为近代国家，更不能维持原有的统治秩序。而外患内忧咄咄逼人，人们都有某种程度“国将不国”的忧虑。

“天下兴亡，匹夫有责”，读书明理的士大夫，或今所谓知识分子，尤为敏感，在空前的危机与挑战面前，皆思有所献替。于是发生种种救亡图存的思想与主张。有的从所能见及的西方国家发展的经验中借鉴某些东西，形成自己的改革方案；有的从历史回忆中拾取某些智慧，形成某种民族复兴的设想；有的则力图把西方的和中国所固有的一些东西加以调和或结合，形成某种救亡图强的主张。这些方案、设想、主张，从世界上“最先进的”，到“最落后的”，几乎样样都有。就提出这些方案、设想、主张者的初衷而言，绝大多数都含着几分救国的意愿。其先进与落后，是否可行，能否成功，尽可充分讨论，但可不必过为诛心之论。显而易见，既然救国的问题最为紧迫，人们所心营目注者自然是种种与救国的方案直接相关的思想学说，而作为产生这些学说的更基础性的理论，及其他各种知识、思想，则关注者少。

围绕着救国、强国的大议题，知识精英们参考世界上种种思想学说，加以研究、选择，认为其中比较适用的思想学说，拿来向国人宣传，并赢得一部分人的认可。于是互相推引，互相激励，更加发挥，演而成潮。在近代中国，曾经得到比较广泛的传播的思想学说，或者够得上思潮的，主要有以下几种：

（一）进化论。近代西方思想较早被引介到中国，而又发生绝大影响的，要属进化论。中国人逐渐相信，进化是宇宙之铁则，不进化就必遭淘汰。以此思想警醒国人，颇曾有助于振作民族精神。但随后不久，社会达尔文主义伴随而来，不免发生一些负面的影响。人们对进化的了解，也存在某些片面性，有时把进化理解为一条简单的直线。辩证法思想帮助人们形成内容更丰富和更加符合实际的发展观念，减少或避免片面性的进化观念的某些负面影响。

（二）民族主义。中国古代的民族主义思想，其核心是“非我族类，其心必异”，所以最重“华夷之辨”。鸦片战争前后一段时期，中国人的民族思想，大体仍是如此。后来渐渐认识到“今之夷狄，非古之夷狄”，“西人治国有法度，不得以古旧之夷狄视之”。但当时中国正遭受西方列强的侵略和掠夺，追求民族独立是民族主义之第一义。20世纪初，中国知识精英开始有了“中华民族”的概念。于是，渐渐形成以建立近代民族国家为核心的近代民族主义。结束清朝君主专制，创立中华民国，是这一思想的初步实现。第一次世界大战爆发，中国加入“协约国”，第一次以主动的姿态参与世界事务，接着俄国十月革命爆发，这两件事对近代中国的发展历程造成绝大影响。同时也将中国人的民族主义提升到一个新的层次，即与国际主义（或世界主义）发生紧密联系。也可以说，中国人更加自觉地用世界的眼光来观察中国的问题。新生的中国共产党和改组后的国民党都是如此。民族主义成为中国的知识精英用来应对近代中国所面临的种种危机和种种挑战的一个重要的思想武器。

（三）社会主义。社会主义作为一种模糊的理想是早在古代就有的，而且不论东方和西方都曾有过。但作为近代思潮，它是于19世纪在批判近代资本主义的基础上产生的。起初仍带有空想的性质，直到马克思和恩格斯才创立起科学社会主义。20世纪初期，社会主义开始传入中国。当时的传播者不太了解科学社会主义与以往的社会主义学说的本质区别。有一部分人，明显地受到无政府主义的强烈影响，更远离科学社会主义。直到五四新文化运动兴起之后，中国人始较严格地引介、宣传科学社会主义。但有一段时间，无政府主义仍是一股很大的思想潮流。中国共产党的成立，从思想上说，是战胜无政府主义的结果。中国共产党把在中国实现社会主义乃至共产主义作为自己的奋斗目标。此后，社会主义者，多次同各种非科学社会主义思想的信仰者进行论争并不断克服种种非科学社会主义思想的影响。

（四）自由主义。自由主义也是从清末就被介绍到中国来，只是信从者一直寥寥。直到五四新文化运动兴起，具有欧美教育背景的知识精英的数量渐渐多起来，自由主义始渐渐形成一股思想潮流。自由主义强调个性解放、意志自由和自己承担责任，在政治上反对一切专制主义。在中国的社会条件下，自由主义缺乏社会基础。在政治激烈动荡的时候，自由主义者很难凝聚成一股有组织的力量；在稍稍平和的时候，他们往往更多沉浸在自己的专业中。所以，在中国近代史上，自由主义不曾有，也不可能有大的作为。

（五）激进主义与保守主义。处于转型期的社会，旧的东西尚未完全退出舞台，新的东西也还未能巩固地树立起来，新旧冲突往往要持续很长的时间，有时甚至达到很激烈的程度。凡助推新东西成长的，人们便视为进步的；凡帮助旧东西排斥新东西的，人们便视为保守的。其实，与保守主义对应的，应是进步主义；与顽固主义相对的则应是激进主义。不过在通常话语环境中人们不太严格加以区分。中国历史悠久，特别是君主专制制度持续两千余年，旧东西积累异常丰富，社会转型极其不易。而世界的发展却进步甚速。中国的一部分精英分子往往特别急切地想改造中国社会，总想找出最厉害的手段，选一条最捷近的路，以最快的速度实现全盘改造。这类思想、主张及其采取的行动，皆属激进主义。在中共党史上，它表现为“左”倾或极左的机会主义。从极端的激进主义到极端的顽固主义，中间有着各种程度的进步与保守的流派。社会的稳定，或社会和平改革的成功，都依赖有一个实力雄厚的中间力量。但因种种原因，中国社会的中间力量一直未能成长到足够的程度。进步主义与保守主义，以及激进主义与顽固主义，不断进行斗争，而实际所获进步不大。

（六）革命与和平改革。中国近代史上，革命运动与和平改革运动交替进行，有时又是平行发展。两者的宗旨都是为改变原有的君主专制制度而代之以某种形式的近代民主制度。有很长一个时期，有两种错误的观念，一是把革命理解为仅仅是指以暴力取得政权的行动，二是与此相关联，把暴力革命与和平改革对立起来，认为革命是推动历史进步的，而改革是维护旧有统治秩序的。这两种论调既无理论根据，也不合历史实际。凡是有助于改变君主专制制度的探索，无论暴力的或和平的改革都是应予肯定的。

中国近代揭幕之时，西方列强正在疯狂地侵略与掠夺殖民地和半殖民地，中国是它们互相争夺的最后一块、也是最大的资源地。而这时的中国，沿袭了两千年的君主专制制度已到了奄奄一息的末日，统治当局腐朽无能，对外不足以御侮，对内不足以言治，其统治的合法性和统治的能力均招致怀疑。革命运动与改革的呼声，以及自发的民变接连不断。国家、民族的命运真的到了千钧一发之际，危机极端紧迫。先觉分子救国之心切，每遇稍具新意义的思想学说便急不可待地学习引介。于是西方思想学说纷纷涌进中国，各阶层、各领域，凡能读书读报者，受其影响，各依其家庭、职业、教育之不同背景而选择自以为不错的一种，接受之，信仰之，传播之。于是西方几百年里相继风行的思想学说，在短时期内纷纷涌进中国。在清末最后的十几年里是这样，五四时期在较高的水准上重复出现这种情况。

这种情况直接造成两个重要的历史现象：一个是中国社会的实际代谢过程（亦即社会转型过程）相对迟缓，而思想的代谢过程却来得格外神速。另一个是在西方原是差不多三百年的历史中渐次出现的各种思想学说，集中在几年或十几年的时间里狂泻而来，人们不及深入研究、审慎抉择，便匆忙引介、传播，引介者、传播者、听闻者，都难免有些消化不良。其实，这种情况在清末，在五四时期，都已有人觉察。我们现在指出这些问题并非苛求前人，而是要引为教训。

同时我们也看到，中国近代思想无比的多样性与复杂性呈现出绚丽多彩的姿态，各种思想持续不断地展开论争，这又构成中国近代思想史的一个突出特点。有些论争为我们留下了非常丰富的思想资料。如兴洋务与反洋务之争，变法与反变法之争，革命与改良之争，共和与立宪之争，东西文化之争，文言与白话之争，新旧伦理之争，科学与人生观之争，中国社会性质的论争，社会史的论争，人权与约法之争，全盘西化与本位文化之争，民主与独裁之争，等等。这些争论都不同程度地关联着一直影响甚至困扰着中国人的几个核心问题，即所谓中西问题、古今问题与心物关系问题。

中国近代思想的光谱虽比较齐全，但各种思想的存在状态及其影响力是很不平衡的。有些思想信从者多，言论著作亦多，且略成系统；有些可能只有很少的人做过介绍或略加研究；有的还可能因种种原因，只存在私人载记中，当时未及面世。然这些思想，其中有很多并不因时间久远而失去其价值。因为就总的情况说，我们还没有完成社会的近代转型，所以先贤们对某些问题的思考，在今天对我们仍有参考借鉴的价值。我们编辑这套《中国近代思想家文库》，希望尽可能全面地、系统地整理出近代中国思想家的思想成果，一则借以保存这份珍贵遗产，再则为研究思想史提供方便，三则为有心于中国思想文化建设者提供参考借鉴的便利。

考虑到中国近代思想的上述诸特点，我们编辑本《文库》时，对于思想家不取太严格的界定，凡在某一学科、某一领域，有其独立思考、提出特别见解和主张者，都尽量收入。虽然其中有些主张与表述有时代和个人的局限，但为反映近代思想发展的轨迹，以供今人参考，我们亦保留其原貌。所以本《文库》实为“中国近代思想集成”。

本《文库》入选的思想家，主要是活跃在1840年至1949年之间的思想人物。但中共领袖人物，因有较为丰富的研究著述，本《文库》则未收入。

编辑如此规模的《文库》，对象范围的确定，材料的搜集，版本的比勘，体例的斟酌，在在皆非易事。限于我们的水平，容有瑕隙，敬请方家指正。

《中国近代思想家文库》编纂委员会

目　录

马建忠卷

邵作舟卷

陈虬卷

导　言

熊月之

马建忠、邵作舟与陈虬，都是19世纪中后期力主变法、颇有影响的思想家。三人生活时段基本相同，生年、卒年相差不超过六岁，所处时代、社会宏观环境相同，变法思想亦多有相同或相通之处。但因各人出身背景、所受教育、所事职业、所遇具体问题不同，各人变法思想也呈现出不同风采，具有各自的特点。

一

马建忠（1845—1900），字眉叔，江苏丹徒（今镇江）人。父马岳熊，字松岩，曾设药铺、米布肆，精医好施，以善士称于乡里。母沈氏，丹徒人，贤明识大义。马、沈两家，早在明末便皈依了天主教。长兄建勋，曾任淮军粮台。次兄建常，又名良，字相伯，复旦大学、辅仁大学创始人，近代著名教育家、政治活动家。姊建淑，嫁于上海县城董家渡一朱姓沙船业主，其长子朱志尧为近代著名资本家、求新机器厂创办人。

1852年，马建忠在镇江入读家塾。次年因太平军攻占大江南北，随家辗转迁至上海，与兄相伯同入徐汇公学学习，学名马斯才。所学中西并重，兄弟二人均以卓异闻名。1860年，太平军攻克苏州，英法联军侵入北京，激于世变，马建忠乃弃往日所存举业念头，转攻西学，肆意于拉丁文、希腊文、英文与法文学习，以便直接了解西方科学文化和世界大势。1863年，与兄相伯同入上海耶稣会初学院学习。

1870年，愤于教会对待中外修士待遇不平，马建忠退出耶稣会，经兄建勋介绍，入李鸿章幕府襄办洋务。1875年，随行襄理李鸿章与英国驻华公使威妥玛关于“马嘉理案”的烟台谈判，因通达中外情势，翊赞有功，获李鸿章赏识。①

1877年初，经李鸿章保举，获授郎中衔，以随员身份随福州船政学堂学生赴欧洲留学。在法国留学三年，先后入巴黎私立政治学院与巴黎法科大学，所学课程有交涉、公法、律例、政治、文辞和格致（理科），均考试合格，最后获法学学士学位。② 他成绩优秀，表现突出，被其法文及拉丁文老师称为旅欧中国人中“最聪明、最有教养的一位”。学习之余，先后兼任中国驻法国公使郭嵩焘、曾纪泽的法文翻译，深受郭、曾激赏，获曾纪泽佳评：“精通法文，而华文函启亦颇通畅，洵英材也。”③

1880年三月，马建忠学成归国，至天津谒见李鸿章，呈验五次应考官凭。李大为满意，谓其“华学既有根柢，西学又有心得，历试以事，均能折衷剖晰，不激不随”④，奏保其为二品道员。此后，马建忠留在北洋幕府，成为李鸿章洋务事业的得力助手。

1881年，马建忠奉派赴旅顺勘察军港，又到越南西贡、新加坡、印度加尔各答等地调查鸦片输入情况，就鸦片专售问题与英印总督进行交涉，谈判限制鸦片在中国的销售。

1882年，奉命出使朝鲜，协助朝鲜与美、英、德三国签订有关通商的条约，并与北洋水师提督丁汝昌、吴长庆等策划平定朝鲜的“壬午兵变”。

1884年，担任上海轮船招商局会办。不久，中法战争爆发，法国扬言劫夺中国船只，马建忠策划并主持完成轮船招商局在战争期间的“售产换旗”工作，将局产暂售于美国旗昌洋行，由其代为经管，船只悬挂美国国旗照常驶行，待战后赎回。

1890年，出任上海机器织布局总办。

1891年，因旗昌洋行倒闭，由马建忠经手存入此行的一些经费，包括出使美、西、秘公使崔国因的使费六万银两等遭受损失，马负有责任，遭到官场倾轧，丢掉了在招商局的职位。他从此家居上海，致力于学术研究。

---

① 参见刘体智：《异辞录》，刘笃龄点校，71页，北京，中华书局，1988。

② 参见权赫秀：《马建忠留法史实辨误二则》，载《江苏社会科学》，2004（1）。

③ 喻岳衡点校：《曾纪泽遗集》，340页，长沙，岳麓书社，1983。

④ 《李鸿章全集》第二册，1166页，海口，海南出版社，1997。

1893 年，与友人在上海设立信昌丝厂，投资实业，自任董事长，聘请洋人为经理。

1895 年，以参赞道员身份随李鸿章赴日本马关商订和约，并随李经方赴台湾办理交接手续。

1896 年，他将此前论述变法问题的文章汇编为《适可斋记言记行》出版。

1900 年，八国联军攻占天津、北京，李鸿章等来上海进行中外交涉，马建忠受召至李鸿章行辕襄理外务。八月初十日（9 月 3 日），因在李鸿章行辕翻译紧要文牍，过度疲劳而去世，年仅五十六岁。

马建忠在思想文化方面的贡献主要有两个，一是提出一系列的改革思想，二是撰写《马氏文通》。

马建忠是 19 世纪中后期中国思想家当中少数接受过欧洲大学正规教育、与西方文化有深入接触的人。留学期间，他就在中西文化比较的宏阔视野下审视中国社会，在《上李伯相言出洋工课书》、《巴黎复友人书》等信件中，表述过他的思想。回国以后，他一边从事具体的洋务活动，一边思考中国的改革问题，于 1890 年写下了著名的《富民说》。

马建忠的变法思想相当广泛，涉及经济、政治、外交与军事等诸多方面。

经济方面，他针对中国的贫弱实际，提出了“治国以富强为本，而求强以致富为先”的重商富民思想。他比较全面地阐述了以对外贸易为中心，全面发展民族资本主义经济的观点。他指出，处于世界资本主义扩张之际，对外通商是大势所趋。从资本主义国家经验看，通商是促进经济发展的重要途径。其重商富民思想包括以下内容：第一，以商敌商，夺回利权。第二，提出裁撤厘金以护商的思想，主张通过裁撤厘金，轻征出口税，扩大出口货，使中国在对外贸易中保持顺差地位，从而增加国民财富。第三，通过开发金矿、修筑铁路等措施，大力发展资本主义经济。他认为，要建立国内商品生产体系，必须采用西方先进的科学技术和大规模生产经营方式，提高生产效率，增强国际市场竞争力。第四，利用外资，发展资本主义。在马建忠看来，当国内资金满足不了资本主义企业发展时，应该积极从国际资本市场募集资金来发展中国企业，借债以兴利。他指出，改革国内的金融制度是利用外债的前提。他提出的方案有：铸银币以统一流通制度，满足国内的需要；铸金币与世界金本位制度保持一致，以抵制外国掠夺；发行纸币，以适应新的经济形势的需要，增加货币的流通量；建立银行制度，与币制改革相辅助，以抵制外国银行的入侵；当民间企业向外借贷遇到困难时，国家应提供保护，通过“官为民借”，鼓励私人兴办工商业，达到富国先富民的目的。他强调，无论是民间还是官府，在向外洋借贷时，必须遵循三条原则，即取信之有本、告贷之有方、偿负之有期。关于发展资本主义民用企业，他与李鸿章等洋务派领袖人物存在一定分歧：李鸿章主张采取以官督商办或官商合办的方式，马建忠则强调“由商人纠股设立公司，自由经营”，对于民间资本无力承担的大型企业，可采用官商合办的方式，但官之作用仅限于扶持引导。这一分歧实质上反映了马建忠倡导国家和社会现代化与清政府实行官僚垄断资本主义现代化的矛盾。①

政治方面，他对西方实行的议会民主制度采取综合、冷静分析态度，既肯定其尊重民意的一面，又指出其相互倾轧的一面。他指出，西方各国近百年日益富强，考其原因，不专在机器之创兴，而关键在于保护商会，因此，铁路、电线、汽机、矿务等事虽成本至巨，但众擎易举。西方各国，从政治体制上看，或为君主，或为民主，或为君民共主之国，其定法、执法、审判之权分而任之，不责于一身，权不相侵，故其政事纲举目张，粲然可观；征收税收不由长官，贪官污吏无所逞其欲；刑法定于议员，酷吏无所舞其文；人人有自立之权，即人人有自爱之意。至于学校建而智士日多，议院立而下情可达，这些都关系到国家富强。另外，马建忠又揭露各国政治制度的弊端。他在给李鸿章的信中谈到：

> 英之有君主，又有上下议院，似乎政皆出此矣，不知君主徒事签押，上下议院徒托空谈，而政柄操之首相与二三枢密大臣，遇有难事，则以议院为藉口。美之监国，由民自举，似乎公而无私矣，乃每逢选举之时，贿赂公行，更一监国则更一番人物，凡所官者皆其党羽，欲望其治，得乎？法为民主之国，似乎入官者不由世族矣，不知互为朋比，除智能杰出之士如点耶诸君，苟非族类而欲得一优差、补一美缺，戛戛乎其难之。②

---

① 参见严立贤：《从洋务运动的官商矛盾看中国近代早期两种现代化模式的滥觞》，见《中国社会科学院近代史研究所青年学术论坛》2000 年卷，111 页，北京，社会科学文献出版社，2001。

② 马建忠：《上李伯相言出洋工课书》，见《适可斋记言》卷二，31 页，北京，中华书局，1960。

他对英、美、法等国民主制度中的弊端一一进行了批评。当然，这些批评是就民主制度的名实矛盾而言，当他将民主制度与专制制度相比时，他还是认为："重议院之权而民情可达。"①

外交方面，马建忠从世界外交体制变化的大势出发，指出中国外交已被强制性地纳入世界外交格局中，应充分认清这一形势，并积极利用西方国家确立起来的外交理念和外交原则，据理力争，捍卫国家主权。他运用西方外交理念警告国人：外交是内政的延伸，外交必须以内政改革和国家自强为依托。在对外交涉中，究竟是战是守还是和，应视中外双方国力而定，不能动辄言战。当然，主和不能以丧失主权为代价。面对西方列强对中国主权的严重侵害，他指出，清王朝应该懂得通过外交途径争取一些国家主权。在对外交涉上，要灵活运用知己知彼、先定所向、慎择邦交、寓刚于柔、善于妥协等策略。他还提出培养外交人才的两种途径，一是在上海设立专门培养外交专业人才的官学院，二是在社会上广为招聘各式外交人才。

军事方面，马建忠于 1879 年编译了《法国海军职要》一书，比较全面地介绍了法国的海军制度。1882 年，马建忠向李鸿章提出中国海军建设的具体方案，内容包括：建立水师衙门，统一领导；设立水师小学、大学院，造就海军各种专业人才，按照新法训练士卒；建立新的官制、兵制，以激励海军军官；实施新的舰队编制方法，充分提高海军的作战能力；添置新式舰只，增强实力，巩固海防；在旅顺等地创建海军基地；加强海防经费的筹措等。② 这一方案相当系统完整，着重从思想、体制、教育和管理的层面立论。

马建忠在近代学术史上的一大贡献是其语法学巨著《马氏文通》。此书 1898 年由商务印书馆出版，是中国第一部运用现代语言学理论系统研究汉语语法的学术专著，使中国语言学研究由具体、个别的词义研究进入宏观、系统的研究阶段。书中既继承了汉语语法研究的传统，又借鉴了西洋文法著作的合理内核。为写此书，马建忠花费了十余年时间，搜集整理了大量的文献语言材料，仅用到书中的例句就达 7 326 个，涉及古代文献 30 余种，有许多重要的古汉语语法规律由此书首次揭示出来。梁启超曾说：

---

① 马建忠：《巴黎复友人书》，见《适可斋记言》卷二，36 页。

② 参见马建忠：《上李伯相覆议何学士如璋奏设水师书》，见《适可斋记言》卷三，70 页。

> 眉叔是深通欧文的人。这部书是把王、俞之学融会贯通之后，仿欧人的文法书把语词详密分类组织而成的。著书的时候是光绪二十一、二年，他住在上海的昌寿里，和我比邻而居，每成一条，我便先睹为快，有时还承他虚心商榷。他那种研究精神，到今日想起来还给我狠有力的鞭策。至于他创作的天才和这部书的价值，现在知道的人甚多，不用我赞美了。①

《清史稿》对于马建忠研求学问的方法与学术贡献也予以高度的评价：

> 建忠博学，善古文辞；尤精欧文，自英、法现行文字以至希腊、拉丁古文，无不兼通。以泰西各国皆有学文程式之书，中文经籍虽皆有规矩隐寓其中，特无有为之比拟而揭示之，遂使学者论文困于句解，知其然而不能知其所以然。乃发愤创为《文通》一书，因西文已有之规矩，于经籍中求其所同所不同者，曲证繁引，以确知中文义例之所在，务令学者明所区别，而后施之于文，各得其当，不唯执笔学为古文词有左宜右有之妙，即学泰西古今一切文学，亦不难精求而会通焉。书出，学者皆称其精，推为古今特创之作。②

此外，马建忠编了一部法学著作《法律探原》，对法律的起源、特点、门类做了具体介绍；还编了一部有关声、光、化、电、医学、农政等西方自然科学理论及知识的著作《艺学统纂》。

马建忠在中国近代外交史、思想史、学术史上都有重要地位，诚如《清史稿》所论："历上书言借款、造路、创设海军、通商、开矿、兴学、储材，北洋大臣李鸿章颇称赏之，所议多采行。"③ 梁启超对他推崇备至："君之于西学也，鉴古以知今，察末以反本，因以识沿革递嬗之理，通变盛强之原。以审中国受弱之所在，若以无厚入有间，其于治天下若烛照而数计也。……然每发一论，动为数十年以前谈洋务者所不能言；每建一义，皆为数十年以后治中国者所不能易。嗟夫！使向者而用其言，宁有今日；使今日而用其言，宁有将来。"④ 蔡元培也称赞说：

---

① 梁启超：《中国近三百年学术史》，见《饮冰室合集》专集第七十五册，214页，北京，中华书局，1936。

②③ 赵尔巽等：《清史稿·马建忠传》卷四四六，12482页，北京，中华书局，1977。

④ 梁启超：《适可斋记言记行序》，见《适可斋记言》，7、8页。

"其人于西学极深，论铁道、论海军、论外交，皆提纲挈领，批却导窾，异乎沾沾然芥拾陈言、毛举细故以自鸣者。"①

马建忠思想先进，但仕途困顿，虽屡经李鸿章保荐，而终身未获实缺官职。这除了他天主教家庭背景以及非科举正途出身等原因外，关键性因素是时代所造成。马建忠思想大放异彩的时期，主要在中日甲午战争之前，而那时士绅阶级仍然大多数生活在传统思想世界里，普遍漠视西学。正如马建忠所述："然而议者哄然起矣，不曰'殊乖政体'，即曰'有碍成例'，哗者一人，和者百人矣。甚有指议行各事无非亡国所为，今若立地创行，日后流弊滋甚，于是倡者一人，挠者千人矣。"② 马建忠作为那个时代少有的摆脱了纲常体用思想束缚的人物，提出了许多带有浓厚的西方资本主义色彩的思想和观点，为以后的维新变法提供了理论支持，但因整个社会的条件尚未成熟，因此，他只能扮演一个思想先驱者的角色。何兆武先生的评价十分中肯：

> 马建忠属于戊戌时期维新派先进者的行列，而且后来戊戌时期维新派代表人物康有为、谭嗣同、梁启超等人，严格说来，都比不上马建忠那样掌握了第一手的西学知识。在这方面，只有后来的严复可以和他颉颃。然而历史上代表西学高潮的却是康、谭、梁等人而非马建忠。这或许可以表明，当条件还不够成熟时，个人在历史上或思想上所能起的作用是多么的微小。③

二

邵作舟（1851—1898），行名运超，字班卿，安徽绩溪人。父邵辅（1808—1862），道光甲辰（1844）举人，曾在陕西葭州（今佳县）、陇州（今陇县）等地任知州，历充戊午（1858）、辛酉（1861）陕甘乡试同考官，1862 年署同州府知府，旋即死于战事。母章氏（1833—1893）。邵作舟 8 岁时随母从绩溪至陇州，14 岁时扶父柩返回绩溪。1865 年，整理父亲遗作《先太仆遗集》等。1867 年补弟子员。1868 年至 1870 年在杭州读书，与程秉钊、赵之谦等游。此后，多次参加乡试，

---

① 高平叔编：《蔡元培全集》第一卷，75 页，北京，中华书局，1988。

② 马建忠：《上李伯相覆议何学士如璋奏设水师书》，见《适可斋记言》卷三，70 页。

③ 何兆武：《马建忠》，见张立文等编：《中国近代著名哲学家评传》，399 页，济南，齐鲁书社，1992。

均报罢。1882年游天津，翌年入津海关道周馥幕，并课其子周学熙学业。后入天津支应局，协助李兴锐处理地方筹款工作。1884年之后，有惩于清廷在中法战争中失败，发愤研究经世之学，始作《危言》。1887年成《危言》二十八篇（是书在邵作舟去世后出版，更名为《邵氏危言》）。1890年成哲学著作《公理凡》。1895年，与王修植代广西按察使胡燏棻作《变法自强疏》，提出系统变法主张。1898年卒于天津。

邵作舟在近代文化思想史上的贡献主要有两方面，一是其变法思想，二是其哲学思想。其他如军事思想等，因其著作遗失甚多，只能略窥一二。

邵氏变法思想集中体现在《邵氏危言》一书，以及其代胡燏棻所作《变法自强疏》中。

《邵氏危言》分上下两卷，上卷分《总论上》、《总论下》与《用人》三章，讨论为何要变法；下卷分《学校》、《行政》与《理财》三章，讨论如何变法。此书原本打算上奏给光绪皇帝，未能如愿。

邵氏变法思想有三个重要特点，一是对于危机的判断与众不同，二是对于专制主义政治体制的批判相当深刻，三是提出了一系列革新主张。

（一）对于危机的判断与众不同

对于国家存在问题、面临危机的判断，邵作舟见解独到，与众不同。他批评时人讨论国家存在问题、讲求变法都只看到问题的表面，没有讲到根本上。他说，时人所论变法主张，无非开源增税、凿矿挖煤，或裁兵减俸、广制造、储西学、增铁舰、盛炮垒之类，此类主张，这些年有不少已经付诸实践了，但是，并没有取得预期的效果，国家并没有富强起来，前不久的中法战争就是例证，马尾破，船厂焚，一败于越南，再困于台湾，国家并没有比道光、咸丰时期有所富强。那么，问题的根本到底是什么呢？邵作舟从分析危机的时代特点、君主与大臣的关系、外患与内忧的关系等方面，来讨论这一问题。

邵作舟认为，中国目前面临的困境是以前从来没有过的，远非历史上的大灾大难可比。历史上，遇到大难蜂起、海内涂炭情况，有英雄豪杰出来，百战而后定之，往往在几十年大难之后，赢得上百年的安定。这一次不一样，从鸦片战争以后，强敌侵于外，乱民叛于内，一个大难接着一个大难，相隔仅二十年，死者以万万计。按照以往的情况，太平军之乱平定以后，名为中兴，应该能有二百年的安定与繁荣。然而，情况远不是人们期盼的那样，因为，祸乱虽然平定了，引起祸乱的根源还在。这个根源就是极端专制的政治体制。他从四个方面具体论述了国家在政治体制方面存在的问题，即“法多而政愈弛，官多而吏愈偷，财多而国愈贫，兵多而国愈弱”。①

正因为政弛、吏偷、国贫、兵弱，政治运作无效或低效，所以，鸦片战争以后国家才会遇到前所未有的危机。邵作舟列述近几十年中国丧师失地、丧权辱国的历史，说是鸦片战争之后中国割地输币以讲和，英法联军战役之后，西方列强窥我京师，残我苑囿，震荡我郊甸，皇帝避地承德，百官兽骇鸟惊，长戟不刺，鼓铙不鸣，国家被迫输币增约以讲和。与此同时，俄人乘间攘索我东边广袤土地。自是以后，琉球、越南、缅甸等藩属逐渐而丧。②

对于国家面临的危机，邵作舟的看法也与众不同。他认为，内忧重于外患，内忧与外患交叉而来将是致命的问题。

邵作舟认为，尽管列强环伺，北有俄罗斯，西南有英吉利，南面有法兰西，东面有日本，但是，这些都不是中国面临的最要命的祸害。他认为，“天下之势有甚急于此者”③，内患才是当下中国面临的最为要害的问题。其具体表现，一是吏治惰偷益甚，二是百姓贫困之极，三是财政困窘之至，四是民变四处发生。他认为，中国一旦发生内乱，列强乘机侵略，那亡国之祸就在眼前了。

（二）批判专制主义政治体制

邵作舟从政治制度层面对中西做了比较，探讨西强中弱的原因，认为专制制度是中国败弱的根源。

他认为，西方国家之所以富强，根本原因有二：其一是人之自得，“泰西之为国如醵然。君不甚贵，民不甚贱，其政主于人人自得，民诉诸君若诉诸其友”。这里所说的“醵”的本义是大家凑钱饮酒；“人人自得”，就是人人自由。说西方政治“如醵然”，极为传神地道出了西方民主政治的特点。这句话实际上说了自由、平等与民主三层意思。其二是政不独专，“国有大事，谋常从下而起。岁之常用，先一岁以定之。有大兵役，国会群谋而许，然后量出为入，加赋而敛于官。众所不可，一兵之发、一钱之税、一条教之变，上不能独专也”④。就是说，政治、

①② 参见邵作舟：《邵氏危言·穷敝下》。

③ 邵作舟：《邵氏危言·忧内》。

④ 邵作舟：《邵氏危言·异势》。

军事、经济等权利，都由民主决定，不允许个人专断。邵作舟虽然没有使用自由、平等、民主等字眼，但这些意思他都谈到了。

邵作舟看到，与西方相比，中国则完全相反，不但尊卑等级极端悬殊，而且国家大政完全由皇帝独断。他认为，一个人皆平等，一个等级悬殊；一个自由，一个专制；一个民主，一个君主：这两种不同的制度，造成了两种不同的人民品格——“泰西之民刚而直，其平居采清议，重耻辱，仪简而亲，法简而专，命简而速”，中国则“民习于教而劫于威，柔而易令，顺而易从。政弛于上则众惰于下，尊卑隔绝，势散志涣”①。

邵作舟谨慎地提出了自己的政治变革思想。他建议扩大人民在国家政治生活中的权利，认为凡是不需保密的国家大事，如国计之盈虚、民生之休戚、礼乐刑政之因革弛张、敌国外患之和战曲直等，都应让天下共知共议，“以尽天下之智”。他建议放宽言路，改变知府以下不得奏事之旧制，允许见任州县以上之官“皆得实封言事”，非见任及士民等欲有所言，“听诣都察院及外司道、知府诸官陈请转奏”；对于所奏之内容，“虽陋妄无足采，不以为罪”；国家每遇大事，则诏下内外有司，“先以其事本末刊之日报，遍示海内，使上自公卿，下至庶人，举得竭其思虑，条其利害，限以日月，达诸圣聪”②。这些意见，虽然还说不上是主权在民的思想，因为其放宽言路的最后，还是要达诸圣听，最终裁决权还归皇帝，但他企盼君主广撷民意，通过这些改革，扩大人民在政治生活中的权利，削弱或限制君主的权限，这又使得这些思想带有鲜明的民主色彩。

中国专制主义有一个“特产”，就是对君主的忌讳。不但对君主的错误、缺陷不准提，而且对其名字也要忌讳，需要用这个字时则改用别字或缺笔。邵作舟对此不以为然，提出了“除忌讳”的意见。他说，尊名振威，不靠人为的忌讳，而靠伸天下之气。他认为，盛行忌讳，不但于国家富强有损，而且会使社会风气腐败，养成谄媚、虚妄之风，致使廉耻、刚直之风荡然无存。忌讳盛行，表现了没有前途、没有希望的心理；忌讳本身，更加速了衰亡的到来。鉴于忌讳有弊无利，有害无益，邵作舟请求皇帝“诏群臣上书，毋辄言圣，首罢去一切忌讳，使卿士大夫下而至于庶民，苟思陈说，举快然畅所欲言，以备采择”，并一再强调“忌讳多则气愈屈，气愈屈则国愈弱”③。为君主忌讳，是神化君主、

---

① 邵作舟：《邵氏危言·异势》。

② 邵作舟：《邵氏危言·广延纳》。

③ 邵作舟：《邵氏危言·除忌讳》。

无限尊君的专制主义的一种表现，是等级制度的重要内容。要求除忌讳，实际是要求人格上的君民平等，这种要求实质是平等思想的一种表现。

在《邵氏危言》中，邵作舟以《官敝》上、中、下三篇的篇幅，从官僚素质、官僚选拔、官场风习等方面，集中地揭露、批评了中国官僚制度的腐败性。

他指出，中国官僚待遇甚厚，但少德无才。那些官员，冠带黼黻甚美，高舆大马传驺呵殿甚尊，官属吏卒迎候奔走甚赫，广宴会，盛请谒，谈笑醉饱甚欢。他们平时威仪甚娴，举止甚庄，言行甚是忠信，执事甚为敏恪，拱揖肃穆，峨冠剑佩，奔走矜庄，但是，国家一旦有事，需要有人出来效劳时，他们便愕眙四顾，没有一个人能真正派上用场。原因何在？在于国家育才与用人互相阻隔。那些官员平素不去学习有关国计民生问题的有用知识，而将精力花在仕途钻营方面，天之人才，益以大坏。① 邵作舟相当深刻地指出，如果一个国家所有的只是趋炎附势、口是心非、腐朽无能的奴才、伪才，缺的是真实顶用的人才，那么，这个国家在实质上已经亡了。

邵作舟对于当时官僚选拔的三种途径，即科举正途、捐纳与保奖，一一作了尖锐的批评，指出科举正途所得人才并无处理实际问题的本领，学用脱节；捐纳之人只知敛财牟利；保奖之人名不副实。他主张坚决废捐纳，汰冗员，对于保奖严格限制。

邵作舟对于官场风习的批评，相当细致与深入。他说，现在的官场已经是专讲关系的场所，如果没有可资利用的五谊关系，即同寅、同年、朋友、世交与同乡，那么德行再好、才能再高也不顶用，“求为一司阍、一走卒之微而不可得”。反过来，只要此五谊之中能有其一，便升官发财、避祸去灾、转危为安、无所不能。他指出，这种只讲五谊关系不讲德行才学的腐败风气，已经侵蚀了整个官僚体制，特别是那些握有录用人才实权的机构与大官，使得官场表面上人才济济，实际上到处都在弄虚作假，瞒上欺下，蝇营狗苟，狼狈为奸，只知谋私，不知为公，只知为己，不知为民。

邵作舟认为，一个朝代在不同的阶段会有不同的行事风格与官场风气，每个朝代在开头阶段都会兢兢业业，用人得当，蒸蒸日上，到后来则会懈怠下来，耽于安乐，一旦有事，就会出现危机。他说，清朝建立

---

① 参见邵作舟：《邵氏危言·官敝上》。

已近三百年，诸多危机早已出现，迄今益甚，如果不痛加改革，“苟积狃偏重而不能变，五谊联于上，英贤滞于下，臣恐民力益竭，积弊益深，内无以自安，外无以扞敌，天下之祸将有不忍言者矣”①。

邵作舟出身官宦家庭，长期在北洋幕府工作、生活，对于官场生态耳濡目染，感受深刻。对官僚政治的批评，是《邵氏危言》中最为淋漓尽致的地方。胡汉民评价说：“《官敝》三篇，感愤激昂，穷极奸私，如鼎象物。”②

（三）比较全面的革新设想

在《邵氏危言》中，邵作舟从政治、军事、经济、社会、文化等诸多方面提出革新设想，包括去除忌讳，广开言路，改革科举，裁汰冗员，逐步裁撤八旗、绿营，重视本业，轻徭薄赋，废除厘金、杂赋、钞关、物质之税、捐输、节扣等苛捐杂税，加强译书，加强对西方科学技术的学习等。他的很多设想，在同时代的郑观应、薛福成等人著述中均有表现，也有相同或类似的地方。其中，有一些较有特色。

经济方面，邵作舟认为，国家应该改变过分依赖、偏重吴越、湘楚、闽粤、巴蜀等地的做法，而应该注意加强对边疆地区的开发。过分依赖、偏重东南等比较富庶的地区，就会导致这些地区的贫困。“官府取给焉，京饷取给焉，漕粟取给焉，海防取给焉，边饷取给焉，国有所为，一切之费无不取给焉。数州之民所以有富之名、无富之实者，非地不富也，敛厚而民无积也。”③ 他说，那些所谓荒瘠不足的边疆地区，有极其丰富的资源，东三省之材木、皮革、鸟兽、鱼鳖、金石、谷粟，北边之马、牛、羊，西域之金玉、毡罽、稻田、果蓏，滇、黔之矿产，粤西之草木、药物，都有很大的发展空间，皆足以殖生业、兴术艺。他从国家发展战略的高度来看待这一问题，说：“今扬、粤、楚、蜀之人，虽富而有一钱之入，必有数钱之用。府库虚耗，朝不谋夕。有竭泽之名，无一日之积，甚非所以固根本也。为今日计，当使诸边岁饷无待于外协，少宽此数州之力，使得内积货财，外应强敌，斯其势足以自固。数州足以自固，则诸边缓急，举有所恃。国虽有大徭役、大兵革，取此数州之余力以赡之，然后国本乃有所立，不可摇拔。”④

译书方面，邵作舟的见解也自具特色。他认为中国近几十年尽管已

① 邵作舟：《邵氏危言·官敝中》。

② 胡衍鸿（汉民）：《邵氏危言·序》。

③④ 邵作舟：《邵氏危言·东南》。

经翻译了不少西书，但是比起实际需要来说还远远不够。水、火、汽、电、化学、算数、械器、工艺方面，其数繁，其物赜，一器之成，所用以成器之器十百。如欲从事于此，则必身至其地，由良工师亲相授受，又有徒辈相与肄习讨论，然后才能成功。非有此数者，则人再灵巧，仅靠翻译之图书，凭虚以构，则得其数不能得其巧，得其象不能得其理，还是无法将其学到手。至于政教义理之学则不然，其关键“在于明其理，其理可得而明也，则其事可得而为也”。所以，邵作舟主张大译西方各国史乘、地志、氏族、职官、礼乐、学校、律令事例、赋税程式，一切人情风俗、典章制度之书，官为刊集，遍布海内，加大对西方世界的了解。这样，天下之有志于时势者，不必通其文字语言，而皆可以读其书，究其事，朝得而学之，夕可起而行之。内则择其善政，斟酌损益，以补我之所未备；外则洞知其强弱、治乱、向背、善恶，有所盟约论议，则以知其张弛操纵，而恫喝之术穷，知其异同得失，而举措之机当。他认为，以中国人才之众，不及十年，虽无寸兵尺铁，其所以应敌折冲于樽俎间，必超然有以异于今日。他的结论是：“今日译泰西政教义理之书最急，而器数工艺之书可以少缓。”① 这种看法，相当独特。众所周知，洋务运动时期，江南制造局翻译馆等机构所译西书，数量最多的是自然科学与工艺制造方面，最少的是文学、历史、教育等人文科学方面，邵作舟认为对于中国来说，最有价值的倒是后者，这与洋务派当时的译书取向正好相反。

译书方面，邵作舟还有一个独特的建议，就是力主将中国文化翻译介绍给西方。他认为，中国在科学技术方面不逮泰西，但是道德、学问、制度、文章则夐然出于万国之上。中国文化价值到现在还没有被西方完全认识，孔孟之道中极广大而尽精微、极高明而道中庸的内涵还没有被西方人所领会，所以，他们操其所习之宗教行于中国，招徒聚讲而不愧。一旦让他们了解中国文化的这些精华，他们就会赧然自惭。邵作舟主张，广招聪明学者与精通泰西文字的学者，同处一处，合译中国文化经典，首译四子书、《仪礼》、《周官》、《礼记》、《大清会典》以及有关伦常义理诸书，精刊而广布之，让奉使外国者遍赠其国君、卿士、大夫及其学者。西方学者中，如有一二英达之士，深知而笃好之，则以次传习，靡然向风，那样，西方人就不敢轻视中国了。所以，译书“功之

---

① 邵作舟：《邵氏危言·译书》。

大，效之远，盖莫过于此者”①。他认为，朝廷应该拨一笔钱，实施其事。这笔费用最多也不过等同于买一艘铁舰，而其功效则过于铁舰远矣。

邵作舟的上述变法思想，都是在19世纪80年代后期就提出来的。不幸的是，这些设想还没有来得及付诸实践，中国就在甲午战争中惨败，丧师、失地、赔款。空前的民族危机，激发起波澜壮阔的救亡运动，邵作舟走在了这一运动前列。就在《马关条约》签订后不到两个月，他在为广西按察使胡燏棻代拟的《变法自强疏》中，提出了系统的变法自强的思想。他的变法设想共十条，即开铁路以利转输、铸钞币银币以裕财源、开民厂以造机器、开矿产以资利用、折南漕以节经费、减兵额以归实际、创邮政以删驿递、创练陆兵以资控驭、重整海军以图恢复、设立学堂以储人才。这些设想涉及经济、军事、教育等方面，尽管大多是此前郑观应、薛福成、马建忠等人都已经提过的，但无一不是应办而未办的自强实事。

邵作舟的哲学思想集中体现在他的《公理凡》一书中。

《公理凡》写于1890年，为未竟之遗著。1933年，其子邵瞻涛委托学者胡晋接整理并作序②，但没有正式出版。

所谓“公理”，指经过人类长期反复的实践检验而证明是真实的、放诸四海皆准、不需要由其他判断加以证明的命题和原理，诸如三角形内角和等于180度、物体热胀冷缩等。所谓“凡”，即概论。“公理凡”，意为公理概论。邵作舟著此书，旨在打通自然界与社会的界限，打通无机物与有机物、植物与动物、动物与人类的界限，合人类关于自然界与人类社会的各种公理于一炉，细绎出包罗万象、贯通古今、普适永恒的命题和原理。

书凡五章，三十五节，八十余条。首章《公理源流篇》，述上古至三代、汉唐与宋以后关于公理的论述，将公理本源归于《易经》及程朱理学。第二章《终始篇》，述事物消长特点，包括消长成浪、消长三形、消长必正负相当、消长全浪、消长生差、消长变式、消长异同、大小体消长变式、生机消长物莫能遏、动静互根、物不肯遽动静、渐骤成界、各界为无穷级数、各界相似、各物有定界、界有幽显。第三章《生息

① 邵作舟：《邵氏危言·译书》。

② 参见《公理凡》邵瞻涛后记。

篇》，述物有主点、微质各有摄力、物始于一、物类时有更变、相因相似、物分则异、物穷则变、物变次第传染、新类相代、递生类变纵为横、各物正负质消长、物类数有所穷、穷变旋相为宫、事物各有元质、元质滋生各有多寡、以虚代实、物行直线、无法之形、万物行经各界不能凌躐、智仁勇分数、感应。第四章《形质篇》，述点线面体及枝干、物无定数定形、物形有定无定、经纬、定点、物点不可以二、物体虚实、文质、物质常在、物体所居必其地足以相容、物有正变、有形无形、阴阳、纲目、物穷于三、职分。最后一章《分合篇》，述物由各元质离合相剂而成、和合化合、合质形性存灭、和合必化合乃固、摄推各力、摄力必在体界以内、摄推遇物忽显、向离各力、摄力大小、摄力小者常为摄力大者所摄、物之主点既无摄力则体内各质必为他物摄力所摄、主点有二则相灭、借物以助分合、异同虚实相和、物相遇并大小数为一全数自为正负、数必自二以上。

邵作舟论述公理的方式是，先列命题，后列证明或解释，如同几何证明题。比如“界有幽显”之条，其命题为：“凡一物之界，有幽有显，显者易见，而幽者难穷。然究其所极，必有尽境。”解释文字为：

> 形质，显界也；光气，幽界也。庞者为牛，毛者为羊，黠者为鼠，仡者为麝，此物之显界，易见者也；腥者为牛，羶者为羊，臊者为鼠，芬者为麝，此物之幽界，可嗅而不可见者也。盖凡物体，自其主点外发，以至皮肤，皆有郛郭以周之，是为一界。其体内之微质，又必化气而散于全体之外，由密渐疏，由浓渐淡，成无穷级数式以至于无，是为一界。故犬能迹兽之臭而及之，迹于其幽界也，设其幽界已穷，则界外皆他境，而犬无从知之矣。①

此书重要特点是，涵摄宇宙间万事万物，企图于森罗万象中细绎出普适公理。其论证方式是以西证中、以中证西、中西互证。比如，书中论述万物消长变化规律：“凡万物皆起于无，由无而之有，则为长；由有而之无，则为消，先长后消而成一浪。长尽则消，消尽则长，循环无端，周流不已。积无数小浪而成大浪，如是以至无穷。”其论证资料以《易》为主体，称：“《易》曰：无平不陂，无往不复。又曰：剥穷上反下，物不可以终尽，故受之以复，此消长所以成无穷之浪也。”然后以生物界、人类知识为证据：

① 邵作舟：《公理凡·界有幽显》。

> 试任以何物类观之，宇宙间本无是物也，忽然而有之，自始生萌芽以至少壮，皆长也，长极而衰而死，皆消也。一长一消，是为小浪。父死子继，各为一浪，子又生子，孙又生孙，自是类初生渐蕃以至极盛，皆长也；长极而衰而灭，皆消也，是为大浪。此类既灭，他类又生，盛衰消长，递相推嬗，以至无穷，此理即推之天地变迁，世运兴废，制度之沿革，学问之流传，各成浪形，亦复如是。①

他将消长归纳为三种类型：一曰实者为长，虚者为消。如昼夜之类，以见日者为长，则以不见日者为消，一虚一实，相为对待，此长则见为有，消则见为无者也。二曰加者为长，减者为消。如天时寒暑，人事盛衰，权衡之低昂，物数之赢绌，其始由微点以次而加，加至本量极高之分，则又以次而减，一加一减，相为对待，此长固实见其有，而消亦不得目之为无。三曰抵者为长，对者为消。他举物理学为例：凡抵力（动力）与对力（阻力）必对等，有抵力在一点必另生相等对力于本点以阻之，凡抵力正加生动，动力与抵力比例恒同，此抵力、对力相等之理。书中论述消长规律："凡物之消长，无论为虚实、为加减、为抵对，其大小迟速、先后缓急、变幻万端、不可方物，要之统其全浪而观之，皆为正负相当之式，其象必等，其类必等。"② 他认为，夏之日、冬之夜，其长必等，冬之日、夏之夜，其短必等，而春夏昼夜长短之和，与秋冬昼夜长短之和，其数必等。他以此论说人事，说是"天道之循环，人事之施报，佛氏之因果报应，袁了凡辈之功过阴骘，说虽百端，无外于此"③。他还论述了消长的不平衡性，事物整体与局部、局部与局部之间相当复杂的消长关系，生机消长的不可遏抑性。

书中论述物质运动的惯性、量变与质变关系、决定事物本质的因素、万有引力、物体内聚力与离心力的关系、时间与空间是物质存在的方式、物质的统一性、变易性、推动事物变化的动力、事物变化之内在逻辑、物体形状的确定与不确定、器官与功能之间的关系、遗传与变异的关系、事物文质关系、物质不灭、生物器官的功用及演变等问题，均旁征博引，独具只眼。

《公理凡》论述问题，涉及数学、物理学、化学、天文学、地质学、生物学、人体学等众多学科。他讲到的相对概念有：幽明、始终、死

---

① 邵作舟：《公理凡·消长成浪》。

②③ 邵作舟：《公理凡·消长必正负相当》。

生、昼夜、阴阳、道器、吉凶、开关、往来、出入、天地、黑白、远近、古今、物我、人己、是非、彼此、大小、巨细、内外、浅深、厚薄、先后、表里、精粗、清浊、偏正、贤愚、动静。

《公理凡》是一部奇书，是迄今尚未被很好释读的奇书。邵作舟志向宏大，意欲融各种学科知识为一炉，锻造出属于他自己的哲学体系。西方近代知识传入以后，中国不少饱学之士都曾试图将中西学问打通，作一综合思考。康有为作《实理公法全书》，谭嗣同作《仁学》，都是这种努力的产物。邵作舟的《公理凡》即是这一类成果中别具特色者。

令人遗憾的是，因此书系未竟之稿，其中许多断言缺少系统论证，许多内容只有题目而无具体论述。但是，从这些残存的稿件中，我们还是可以看出邵作舟极其广博的学术素养、相当辩证的逻辑思维，看出他不同凡响的学术抱负。

三

陈虬（1851—1903），原名国珍，字庆宋，号子珊，后改字志三，号蛰庐，浙江瑞安人，祖籍乐清。祖父以更夫为业，父为漆匠。陈虬自幼勤奋好学，亦喜欢舞拳弄棒，相当顽皮。11 岁时从城东胡先生学，下课辄与同学嬉玩，喜欢自为将帅，而以同学为兵卒。塾师恶其顽梗，日授书数册以困之，他“终日不作诵声，及背读，无一字遗”①。17 岁补诸生，以后四次参加省试，前三次均不售，第四次即 1889 年（光绪己丑）中举。以后他屡次参加会试，均不如愿。

陈虬关心国事，好学深思，戊戌维新以前在浙东已很有名气，与汤寿潜（字蛰仙）合称“浙东二蛰”，与陈黻宸、宋恕合称“东瓯三杰”。他的社会变革思想很早就已萌发。1881 年，他撰写《瑞安广浚北湖条议》，就地方水利建设提出建议，包括设局、商功、筹捐、出土、束沙、包工、丈田、护堤、设准、绘图、计簿、立庙十二条。1883 年，他作《治平三议》，内含《宗法议》、《封建议》、《大一统议》三篇，试图利用宗族的血缘关系来缓和当时的社会矛盾。1884 年，中法战起，沿海戒严，他作《东瓯防御录》，提出防守对策，以贻当事，后修订易名《报

① 池志澂：《陈蛰庐先生五十寿序》，见《瓯风杂志》汇刊第一辑第七册。

国录》，收入《蛰庐丛书》。他曾因过劳得咯血不寐疾，“旁攻歧黄家言”①，是以深通医学，日后成为名重一方、造诣很深的中医师。1885年，与同乡陈黻宸等创利济医院于瑞安城东，是为浙东南有医院之始。1890年入京参加会试不第，回乡过济南时，向山东巡抚张曜条议八事：创设议院以通下情，大开宾馆以收人材，严课州县以责成效，分任佐杂以策末秩，酌提羡银以济同官，广置幕宾以挽积弊，钤束贱役以安商贾，变通交钞以齐风俗。颇受张氏赏识。1892年，作《经世博议》四卷、《救时要议》一卷、《利济元经》一卷。1893年，作《蛰庐文略》一卷，与《经世博议》等汇刻为《治平通议》八卷。1895年，在北京参与“公车上书”活动；应温处兵备道宗源瀚之聘，主东瓯利济学堂。1896年，与陈黻宸等创《利济学堂报》，宣传维新，以后为《经世报》等撰文多篇，并与康有为、梁启超等交往，列名保国会。曾与蔡元培等筹组保浙公会，未成。

陈虬在近代思想文化史上，主要有三方面贡献，一是提出一系列变法思想，二是在浙东进行社会乌托邦实验，三是自编新式教科书。

（一）变法思想

陈虬从中国传统的变易思想出发，认为变法是历史发展的内在要求，“风气无十年而不转，法制无百年而不变，因势利导，则民自化，儒术当矣！”② 他的著作中，包含着相当丰富的变法思想。

政治方面，陈虬明确认为，议院制度是西方富强之本。1890年，他在给山东巡抚张曜的条陈中写道，“泰西富强之道，在有议政院以通上下之情，而他皆所末”③，诸如矿务、铁路、电线、制造诸法，以及广方言馆、水师武备等学堂，皆非西方之本。他提出了开设议院的具体设想。他多次指出，西方议院制度繁重，中国猝难仿行，而应变通其法。地方议院可以利用所有书院或寺观归并改设，国家地方遇有兴革事宜，任官依事出题，让地方父老陈述利害。④ 地方官要亲临议院，听取意见。议院之外，县设巡检，道设检法副使，省设监察御史，监视行政长官贤否、讼狱平否、黜陟当否。在中央亦设议院，“主以三公，中设

① 陈虬：《东游条议》，见《治平通议》卷六，2页，瓯雅堂，1893。

② 陈虬：《经世博议·变法》，见胡珠生辑：《陈虬集》，19页，杭州，浙江人民出版社，1992。

③ 陈虬：《东游条议·创议院以通下情》，见《治平通议》卷六，3页。

④ 参见陈虬：《救时要议·开议院》，见《治平通议》卷五，11页。

议员三十六人，每部各六，不拘品级，任官公举练达公正者。国有大事，议定始行”①。这些意见虽然还比较粗疏，但它是近代思想界对开设议院从一般议论到具体设计的转变标志。

陈虬认为，开设议院是历史发展的必然。他说，自古以来，“四千年间，时局三变，治术递更，曰封建，曰郡县，曰通商”，与封建之世相适应的是“天下有道则庶民不议”，与郡县之世相适应的是专制统治，与通商之世相适应的则是议院制度。在通商之世如果不适应时势而开议院，那是行不通的。陈虬敏锐地感到，从郡县到通商是一大变局②，是划时代性的大变化，而且指出与通商之世相适应的政治制度是议院制度，这些都是卓识。像同时代很多人一样，陈虬也认为，中国古代虽无议院其名，但有其法。他说：“议院之设，中土未闻，然其法则固吾中国法也。考之传记，黄帝有明堂之议，实即今议院之权舆。”③

经济方面，陈虬对于税收、农政、水利、土地制度、盐法、漕政、货币、工业、商业等方面，都提出了具体的变革主张。他主张裕财用、兴制造、奖工商、讲懋迁、开新埠和抚华商。他曾建议设立出口土产公司，愿入股者先将货物按时酌值，计数给与股票，待出口销售后，将利润照数分配。

军事方面，他提出变营务、设经略、制兵船、改炮台、编渔团等变法设想。

社会方面，陈虬主张比较全面地学习西方。他反对妇女缠足，主张弛女足。他说，泰西男女入学，故材亦相等。山乡女多大足，故可代工作。裹足之禁不严，承平之日已渐遏其生机，也影响所生子女的体质。他认为严禁裹足、兴办女学是中国自强之道的重要组成部分。他认为，中国在服饰、礼节方面都要进行一番改革，要“更服制”、“简礼节”。他说：

> 何谓更服制？赵武灵王之改胡服，本朝之不守明制，皆深得自强之道。盖褒衣博带，甚不便于操作，且隐消其精悍之气，故便服一切宜用西制……
>
> 何谓简礼节？自古帝王崛起及豪杰不羁之材，无不倜傥宽简。盖繁文缛节非所以待权奇任大之器。今上下苦于仪注，人材遂尔不

---

① 陈虬：《经世博议》，见《治平通议》卷一，4页。

② 此类话陈虬还说过多次，如“自五州通商以来，时局又一大变，如风雨之飒至、火焰之飙发”（《治平通议》卷二，15页）。

③ 陈虬：《东游条议》，见《治平通议》卷六，4页。

振。宜一从简易！卑幼见尊长皆仅一揖，立而白事，文武皆令骑从，禁乘车坐轿。①

他实际提出了废除跪拜的意见。在简礼节方面，他还主张“婚嫁禁奁费、酒食”，在妆奁上大事讲求者罚款充公，丧事“禁浮屠冥镪”。②这些意见，在当时都惊世骇俗，言人所不敢言。

教育方面，他主张对科举考试制度进行重大改革。凡所习非所用的内容宜一切罢去，改设五科，包括艺学科（射击与算术）、西学科（分光学、电学、汽学、矿学、化学、方言学六门，试以图说、翻译）、国学科（《大清会典》、《六部则例》、《皇朝三通》等）、史学科（取《御批通鉴集览》等颁行学官，试以策论）、古学科（包括经学与子学）。考试时，依问直对，而不取词章、楷法。

（二）社会乌托邦实验

陈虬在近代思想史上有一个特别的贡献，即他建立社会乌托邦的尝试。

1882年（光绪八年），陈虬与同邑许启畴、陈黻宸等人，慕陶渊明笔下之桃花源胜境，谋在浙东甫建立一个桃花源。此事由许启畴发起。他发议率同志入山隐居，建一村社，其名曰“安乐村”。他与陈虬商量，嘱陈虬详议其事。陈虬思量，“吾侪生长天朝，践土食毛垂三百年，值此车书大同而欲长守浑噩，非计也”，如取名“安乐村”，岂不意味着在大清天下不“安”不“乐”吗！为避忌讳计，乃改名“求志社”，取“隐居求志”义。③

陈虬为求志社设计的蓝图是这样的：

议：合社各穿布衣，示同方，戒罗绮，惟在外宦学者不禁。社中设大院五楹三座，中堂榜曰求志堂，东西序为住房，仿满洲防营式房各三楹，界以门墙。前后詹下皆辟小门直达大堂，前后左右各十二座。择中设阁如谯楼，轮值鸣角其上，定启闭饔食之节。中设神龛，祀各姓之先祖，厢以处社长。堂前为门，门有厅，厅左右有塾，备幼读。塾后，左以置书籍，右以置仓囷。堂后有室，便妇女工作。室外又设草厂，而一切碓厕杂物与曝场皆具焉。周缭以土

① 陈虬：《救时要议》，见《治平通议》卷五，6～7页。
② 参见陈虬：《经世博议·变法十》，见《治平通议》卷二，6页。
③ 参见陈虬：《求志社记》，见《治平通议》卷八，20页。

垣，去院门百余武外，当入境隘处，建栅，署曰求志社门。门前夹植松、柏、桧、槐，就近结小庐，以便过客小憩及归里者更衣之所。然后辟田畴，修溪塘，艺瓜果，植花木，约地三顷，费万余金，家出五百贯而事举矣。

社推一人为长，使约束，为定冠、婚、丧、葬四礼。冠以十六为断。丧仍三年之制。婚则男女二八，皆当婚岁。以二月之吉，父母取男女无丧病事故符年限者，不准规避。笺书名氏，男配律，女配吕，枚卜于祠堂；男女各按长幼之序次第卜吉；卜定旬日，婿家具新衣一袭，问名，删六礼，禁奁费，省合婚之说，择吉成礼。葬则仿族葬之例：按序平列，墓前修植荫木，勒碑碣。

社选司会一人，采办二人，教读二人，按班轮值，皆给薪水。计口给食，米大口一升，小口五合。其一应鱼盐琐屑之事，均各自便，交采办搭买公派。家不足以自赡与有四方之志者，准外出，而社中代为经纪其家。无父母室人之顾，疾病死亡之累，可耕可樵，可仕可止，可来可去，身世俯仰，翛然自得，生人之乐备矣！不仅唯是，河汾之业，绵蕝之场，皆将于斯社基之，上以纾君国之忧，下以传之其人。①

这就是陈虬为求志社规划的总轮廓。

求志社设在瑞安城北槐吟馆，入社人可考的有许启畴、陈黻宸、池志澂、陈国桢和陈虬等。求志社的实际活动，可能并未完全按照陈虬原先设想的那样进行，从记载来看，偏重于文人切磋学问、议论时事，其他生产、分配、礼节和社会管理等方面的具体情况记载阙如。

求志社活动了七八年，一因人员离散凋零，二因剩下之人为世所指摘，不克坚守旧约，于是，社事遂散。

如果活动基本按照陈虬设想的那样进行的话，那么，求志社就不只是文人治学清议的结社，而是一个拥有一定数量的人口和家庭，具有教育、生产、分配和社会管理等多种功能的社会集体。在这里，虽然家庭存在，货币存在，私有制存在，司会、采办、教读等人皆给薪水，但主要生活资料——食米——是公有的；这里虽有劳动分工，有耕、织、教、樵、渔等业，但又有选择职业的自由；这里虽然也有社长，但他不是官，而是大家推举出来的，仅负约束之责；这里长幼有序，患难相扶，某户

① 陈虬：《求志社记》，见《治平通议》卷八，20～21页。

有人外出，社中代为经纪其家；这里没有尊卑等级，人人均着布衣，世风古朴，不尚侈靡。生活在这里的人们，“无父母室人之顾，疾病死亡之累，可耕可樵，可仕可止，可来可去，身世俯仰，翛然自得，生人之乐备矣”①。一句话，这里是个自由、平等、友爱、互助、舒适、古朴的美好乐园。这一切，显然与当时清朝统治下的专制、残暴、腐败、贫困、尔虞我诈等一切丑恶现象成为鲜明的对比。建立这种性质的求志社本身，哪怕只实现了一部分，也是对当时黑暗统治的一种抗议和否定。

求志社是在成员离散、世人攻击的情况下解散的，其实，即使没有这两个原因，它的失败也是不可避免的。在专制主义汪洋大海中的那么一丁点儿小地方，在生产力那么低下的小农沙滩上，要建立起一个自由、平等的乐园，那只能是虚幻的海市蜃楼。

陈虬等创设社会乌托邦的举动，虽然以失败而结束（也必然失败），但它在思想史上的意义是重大的。汉代张鲁，太平天国时期的洪秀全、杨秀清，此后的康有为，都有社会乌托邦的设想。陈虬等人创办求志社的实践，为人们了解中国社会乌托邦思想史增添了一例颇有价值的个案。

（三）新编新式教科书

1885年，陈虬与友人在瑞安创立利济医院，并收徒培训，几年中，入院学习者二百余人。1894年，他自编一本新式教科书，用于教学，书名《利济教经》。这可能是中国近代由国人自编的第一本新式教科书，比南洋公学自编新式教科书还早三年。此书内分三十六门，即蒙学、医道、生人、明伦、师范、语言、文字、四民、五行、原质、干支、时令、天文、地球、疆域、世纪、经学、史学、子学、文学、中学、西学、方术、仕进、冠服、职官、典制、礼乐、刑律、权量、机器、武备、时务、租界、教门、医统。全书皆由三字一句的韵语组成，形似《三字经》，用语浅近，但内容新颖。书中传授的知识体系已是近代的，是西学输入以后的产物。例如，《天文章第十三》写道：

> 天最高，不可攀。星虽繁，约二种：曰行星，曰恒星。金、木、火，水与土，名五星；益日、月，即七政。近西学，言八政，五星外，加地球，外天王，与海王，较地球，大而光。黄、赤道，寒、暑分。习天文，先中星，浑天仪，逐时移。步天歌，分三垣，

---

① 陈虬：《求志社记》，见《治平通议》卷八，21页。

合天星，三千余。[1]

七政是中国传统的天文概念，而八政即八大行星之说，视地球为行星之一，并言及天王星、海王星，则是当时西方的天文概念。再如，《地球章第十四》写道：

> 地球上，判东西，分五洲。东半球：亚细亚，欧罗巴，三阿洲——非利加；西半球：亚美利，分南北，合五洲。五洲中，分五洋：东太平，西大西；印度洋，地居中；外冰洋，有南北。[2]

《西学章第二十二》介绍了算学、化学、热学、电学、地学、重学等各门自然科学，《原质章第十》介绍了 64 种化学元素，《机器章第三十一》介绍了量天尺、察天筒、显微镜、自来水、电气灯、电线、铁路、电话、石印、照相等西方新的机器、仪器和技术。陈虬在回答学生有关这本教科书的体例时说："宁质无华，宁简无繁。言近指远，乃为正轨。"[3] 这说明了此书通俗、浅近的特点。

马建忠、邵作舟与陈虬，政治地位都不算很高，但他们思想都很敏锐，对中国社会所存在的问题了解得比较真切。他们都坚决反对帝国主义侵略，主张变法自强；批评君主专制主义，向往民主政治；主张发展资本主义经济，主张学习西方先进的科学技术与生产方式；批评锢蔽人们聪明才智、束缚人才健康成长的科举考试制度，主张改革教育。他们都是那个时代为了国家的富强、人民的自由与幸福而努力求索的先进思想家。

---

① 胡珠生辑：《陈虬集》，《天文章第十三》。

② 胡珠生辑：《陈虬集》，《地球章第十四》。

③ 同上书，133 页。

马建忠卷

适可斋记言

序

中国之为人弱，其效极于今日，而其根伏于数十年以前。西人以兵弱我者一，以商弱我者百。中国武备不修见弱之道一，文学不兴见弱之道百。西人之始来也，非必欲得地也、灭国也，通商而已。通商，万国之所同也。客邦之利五而主国之利十，未或以为害也。害恶在？中国人士处暗室、坐眢井，瞢不知外事，又疲散茶耍，苟欲弥一日之患，而狃于千岁之毒。彼族察是，故相待之道曰欺曰胁。而我之迩彼也，如丛神与奕秋博，无着不谬，无子不死，一误再误，以讫于今。呜呼！不可谓国有人矣。

启超自十七岁颇有怵于中外强弱之迹，顾乡处寡学，因舣驾南朔，求所谓豪桀之士周知四国者。所见所闻，其象鞮之流往往学此为衣食计，无通识，无远志。或有宿学清流，锐意新学，然未肄西文，未履西域，未接西士，隔膜影响，如贫子说金，终无是处。盖怗然概于心者，不过数人。顾闻马君眉叔将十年矣，称之者一而谤之者百，殷殷愿见，弥有岁年。今秋海上忽获合并，共晨夕、饫言论者十余日，然后霍然信中国之果有人也。

世之谤君者勿论，其称君者亦以为"是尝肄西文、履西域、接西士而已之人也，自命使以来，可斗量也，吾有之"。窥君之所学，泰西格致之理，导源于希腊；政律之善，肇矩于罗马。君之于西学也，鉴古以知今，察末以反本，因以识沿革递嬗之理，通变盛强之原。以审中国受弱之所在，若以无厚入有间，其于治天下若烛照而数计也。

君书未获见，所见者二种——《适可斋记言》、《适可斋记行》，非君特撰之书也，然每发一论，动为数十年以前谈洋务者所不能言；每建一义，皆为数十年以后治中国者所不能易。嗟夫！使向者而用其言，宁有今日；使今日而用其言，宁有将来。宋殇之于孔父，知而不能用，《春秋》罪之，是或有天运焉，则更何惑乎？谤君者之百，其喙以吠声也。吾请进一言：愿君捐虑覃精，为其所欲为者，成一家之言以治天下。荀卿不云乎：锲而不舍，金石为镂。穷极必变，天之道矣。四万万之人，宁冥冥以沦胥欤？光绪二十二年九月十日新会梁启超谨叙。

自　记

余生于道光五口互市后之第三年，甫就塾识字，则发逆陷大江南北，随家转徙，凡十八迁而抵上海，方执笔学举子业，而苏、松又陷，未几而又有庚申之变。余乃深惟发逆蔓延半天下，而其残忍嗜杀，势同流寇，仅足为目前患。独洋人以师舟于数万里外载一旅之师北上，款成，全师屯上海，民与安焉，若罔知有变故也者。而我朝士夫被此莫大之耻，专务掩匿覆盖，以绝口不谈海外事为高，直无有深求其得失之故以冀得一当者。然则他日彼族为祸之烈，不察可知矣。

于是决然舍其所学，而学所谓洋务者。始求上海所译书观之，未足餍意，遂乃学其今文字与其古文词，以进求其格物致知之功，与所以驯至于致治之要，穷原竟委，恍然有得于心。窃尝欲上下中外之古今，贯穿驰骋，究其兴衰之所以，成一家之言，举以问世，顾有志未逮。无何，而于役津门，奔走域外，时有论说记述之作，虽亦本向所心得者以为言，然第就事论事，以承下问，备省览而已，故随作随弃，不自珍惜，散佚者不知凡几。

去年春，余将东行，重整箧衍，尚存若干篇，友人见之，强索以去。及秋回，则闻已付手民，分为记言、记行如干卷，余亦不复置问。而比来友人之见此刻者，咸欲索原稿一览，余为取所刻者核对之，则颠倒错落，不一而足。友人曰："是惟不刻，刻则必校正焉。"余乃细加厘正，重为补刊，因叙吾生遭多难，其所以考究洋务之缘起如是。而此书之刻，祇勉从数友之志，若夫贯穿中外之大端，与所以挽回世运者，则有志未竟，而非此刻命意之所在也。

光绪二十二年八月十五日南徐马建忠自记

上李伯相言出洋工课书

戊寅夏（光绪四年，1878）①

四月以来，政治学院工课甚紧，考期伊迩，无暇将日记缮录呈上。郭星使于四月下旬至法，五月初呈国书，札忠兼办翻译事务，并承多加薪水。长者所赐，忠何敢辞。且翻译事少，不致荒功，无负来欧初意。

五月下旬，乃政治学院考期，对策八条，第一问为："万国公法都凡一千八百页，历来各国交涉兴兵疑案存焉。"第二问为："各类条约，论各国通商、译信、电报、铁路、权量、钱币、佃渔、监犯及领事交涉各事。"第三问为："各国商例，论商会汇票之所以持信，于以知近今百年西人之富不专在机器之创兴，而其要领专在保护商会，善法美政，昭然可举。是以铁路、电线、汽机、矿务成本至巨，要之以信，不患其众擎不举也；金银有限而用款无穷，以楮代币，约之以信，而一钱可得数百钱之用也。"第四问为："各国外史专论公使外部密札要函，而后知普之称雄、俄之一统，与夫俄、土之宿怨，英、法之代兴，其故可觎缕而陈也。"第五问为："英、美、法三国政术治化之异同，上下相维之道，利弊何如？英能持久而不变，美则不变而多蔽，法则屡变而屡坏，其故何在？"第六问为："普、比、瑞、奥四国政术治化，普之鲸吞各邦，瑞之联络各部，比为局外之国，奥为新蹶之后，措置庶务，孰为得失？"第七问为："各国吏治异同，或为君主，或为民主，或为君民共主之国，其定法、执法、审法之权分而任之，不责于一身，权不相侵，故其政事纲举目张，粲然可观。催科不由长官，墨吏无所逞其欲；罪名定于乡老，酷吏无所舞其文。人人有自立之权，即人人有自爱之意。"第八问为："赋税之科则，国债之多少，西国赋税十倍于中华而民无怨者，国债贷之于民而民不疑，其故安在？"此八条者，考试对策凡三日，其书

---

① 原底本《适可斋记言》与现行整理本均载该文作于丁丑年即 1877 年夏，笔者认为应作于戊寅年夏即 1878 年夏。理由是：一、1877 年 3 月，马建忠才作为随员随福州船政学堂第一批留欧学生出洋，《郭嵩焘日记》（第三卷，205 页，长沙，湖南人民出版社，1982）记载光绪三年四月初一日，"李丹崖带同陈敬如、马眉叔及罗君丰禄、日意格来见，携带学生十二人，将就波斯莫斯海滨小住"。二、该文中写道："郭星使于四月下旬至法，五月初呈国书，札忠兼办翻译事务，并承多加薪水。"郭嵩焘兼为出使法国大臣，是为 1878 年 4 月。三、该文中还写道："窃念忠此次来欧一载有余，初到之时，以为欧洲各国富强专在制造之精……"既然马建忠是于 1877 年到法国，那么此文应该作于 1878 年夏。

策不下二十本，策问之条目盖以百许计。忠逐一详对，俱得学师优奖，刊之新报，谓能洞隐烛微、提纲挈领，非徒钻故纸者可比。此亦西人与我华人交涉日浅，往往存藐视之心，故有一知半解，辄许为奇，则其奇之正所以轻之也。忠惟有锐意考求，讵敢以一得自矜哉！

忠自到巴黎后，多与当道相往还，而所最善者则有彼之所谓翰林院数人，专讲算、化、格致诸学，与夫各国政事兴替之由，各国钦仰，尊如北斗。渠辈见忠考究西学，殷殷教诲，每劝忠考取彼国功名。忠对以“远来学习，只求其实，不务其名”。劝者云：“徒竞其名而不务其实，吾西人亦患此弊，然名之不扬，则所学不彰。故华人与西人交涉时，时或被欺朦，非华人之智短才疏也，名不扬而学不彰，则不足以服之也。且办交涉以文词律例为主，讲富强以算学格致为本。中国不患不富，而患藏富之不用，将来采矿、酿酒、制机器、创铁路、通电报诸大端，在在皆需算、化、格致诸学。我国功名皆以此为宗，子欲务实，意在斯乎？以子之所学，精而求之，取功名如拾芥，何惮而不为耶？”

忠以此说商之二监督，允其赴试，既应政治试毕，然后应文词科。六月底试第一场，期二日，第一日以腊丁文拟古罗玛皇贺大将提督征服犹太诏，又以法文译埃及、希腊水战腊丁歌章。次日考问舆图及希腊、腊丁与法国著名诗文，兼问各国史学。复得宗师优奖，谓愿法人之与考者如忠斯可矣。一时在堂听者不下数百人，咸鼓掌称善，而巴黎新闻纸传扬殆遍，谓日本、波斯、土尔基负笈巴黎者，固有考取格致秀才及律例举人，而东土之人独未有考取文词秀才者，有之则自忠始也。忠念些须微名而震惊若此，亦见西人好名之甚也。年终，考文词秀才第二场，兼考格致秀才。来年春夏之交，可考律例格致举科。

近日工课稍宽闲，至炫奇会游览，四方之来巴黎者毂击肩摩，多于平日数倍。但炫奇会所以陈各国新得之法，令人细玩，会终标奖其最优者，原以激励智谋之士。然而炮之有前膛后膛，孰优孰劣；弹之贮棉药火药，何利何弊。附船之铁甲有横直之分，燃海之电灯有动静之别，而水雷则有拖带、激射、浮沉之不一，炮垒则有连环、犄角、重单之不同，均无定论，是军法之无新奇者也。煤瘴之伏矿中，无定法可免；真空以助升降，无善术可行，此矿务之犹有憾事也。机织之布敏捷而不耐久，机压之呢耐久而不光滑，机纺之细价廉而无宝光，此纺织之犹待考求也。下至印书、酿酒、农具，大抵皆仿奥、美二国炫奇会之旧式，并未创有新制。至于电线传声与电报印声，徒骇见闻，究无大益。惟英太子之珠钻玩好，法世家之金石古皿，独辟新奇，乃前此所未曾有。然此不过夸陈设之精，供游观之乐，以奢靡相矜而已，岂开会之本意哉？盖法人之设此会，意不在炫奇而在铺张。盖法战败赔款后几难复振，近则力讲富强，特设此会以夸富于外人。有论中国赛会之物挂一漏万，中国以丝茶为大宗，而各省所出之䌷未见铺陈，各山所产之茶未见罗列。至磁器之不古，顾绣之不精，无一可取，而农具人物，且类耍货，堂堂中国竟不及日本岛族。岂日本之管会乃其土人，而中华则委之西人之咎乎？以西人而陈中华土产，宜乎其见闻之浅也。有以质之忠者，忠惟云："赛会另有监会之人，余不敢越俎而谋，又何能详言其故。"故巴黎炫奇会之大略也。

窃念忠此次来欧一载有余，初到之时，以为欧洲各国富强专在制造之精、兵纪之严，及披其律例，考其文事，而知其讲富者以护商会为本，求强者以得民心为要。护商会而赋税可加，则盖藏自足；得民心则忠爱倍切，而敌忾可期。他如学校建而智士日多，议院立而下情可达，其制造、军旅、水师诸大端，皆其末焉者也，于是以为各国之政尽善尽美矣。及入政治院听讲，又与其士大夫反复质证，而后知"尽信书则不如无书"之论为不谬也。

英之有君主，又有上下议院，似乎政皆出此矣，不知君主徒事签押，上下议院徒托空谈，而政柄操之首相与二三枢密大臣，遇有难事，则以议院为藉口。美之监国，由民自举，似乎公而无私矣，乃每逢选举之时，贿赂公行，更一监国则更一番人物，凡所官者皆其党羽，欲望其治，得乎？法为民主之国，似乎入官者不由世族矣，不知互为朋比，除智能杰出之士如点耶诸君，苟非族类而欲得一优差、补一美缺，戛戛乎其难之。诸如此类，不胜枚举。

忠自维于各国政事，虽未能窥其底蕴，而已得其梗概，思汇为一编，名曰《闻政》，取其不徒得之口诵，兼资耳闻，以为进益也。西人以利为先，首曰开财源，二曰厚民生，三曰裕国用，四曰端吏治，五曰广言路，六曰严考试，七曰讲军政，而终之以联邦交焉。现已稍有所集，但自恨少无所学，涉猎不广，每有辞不达意之苦。然忠惟自录其所闻，以上无负中堂栽培之意，下无忘西学根本之论，敢云立说也哉。

原稿已佚，曾颉刚袭侯激赏此作，载入使英、法日记中，爰录存之。自记。

巴黎复友人书

戊寅夏（光绪四年，1878）

接奉九月二十六日尊诲，属将有益于交涉之学业者详叙送核，以便函达总署。谨按交涉之道，繁博错杂，类皆与列国之俗尚为变迁，非一二语所可尽。而其因时递变之源流，与夫随时达变之才识，则为政治学院所考论，而政治学院孜孜所讲求者，则尤为相时制变之实学也。忠不揣愚陋，即以平日所见闻者，综其大概，谨为一一陈之。

夫泰西政教，肇自希腊，而罗玛踵之。当希腊未辟之先，其滨地中海东海诸部，若范尼，若埃及，人民富庶，流户北渡，迁于希腊，各据一隅，专事兼并。迨外寇屡侵，诸部落并力死拒，斐理勃王始乘时行连合之说，其嗣王亚力山卒成其志，于是悉起国中兵，东向略地，至犹太、波斯、印度之属，绵亘数万里。而所征国都有各不相下之心，无割地请和之说，交涉之道犹未起也。

罗玛创始之初，地广人稀，招徕流亡，渐臻蕃庶，然后闭关谢使，禁绝外人，即有至者，不得与本国人民共享权利。迨国势昌盛，攫取希腊而收之，遂奄有地中海周围诸国。溯其战争之际，虽无遣使立约之明文，犹有不杀使臣之遗意，殆即交涉之道之嚆矢欤？罗玛统一泰西垂三百余年，鞭笞叱咤，远方之来贡者有之，未闻讲信修睦之与国也。君士但丁营造东都，遂以其名命之。其子劈分罗玛，而东西之势解力弱，历传数世，北方之来寇西罗玛者，始于高特，而亚第辣继之，西罗玛遂灭。东罗玛至儒斯定王大修律例，仅一时之盛；及玛奥买之说行，屡为回教所侵，而东罗玛卒归土耳其矣。此皆以势力相倾轧兼并为得志，而交涉之道盖缺然已。

自泰西晏然无事，不忧外寇，而列国皆秉命于教皇。教皇于各国有事则遣人以襄理之，各国遇教皇继统则专使以朝贺之。凡有争竞，惟质衷于教皇，而不以干戈事事，其意大利地瓜分数十国，如佛劳朗斯，如维尼斯等城，皆各主其主，大事决于教皇，小事自通使问。殆乱靡之后，崇尚文词，使臣聘会，每有专对肆应之才。以佛劳朗斯蕞尔一郡，能折维尼士之富豪，能夺法国之气焰，谓非玛基亚范肋之辞令，有以致之欤？故玛公之著述，迄今使臣奉为秘本。与其相后先者，有当特，有贝大尔克，有包加斯，有奇基亚第尼诸公，皆为意国文学之祖，或以诗鸣，或以文鸣，要皆充皇华之选者也。其措词执礼，往往相假以仁义，相袭以忠信，是殆春秋时晏婴、叔向、公孙侨之徒欤。然其所争交涉之事，只关一国之安危，非系欧洲之均势也。

夫欧洲列国，壤地毗连，虽一境之文治武功由我独断，然保无有狡焉思启者乘间抵隙，以为与国虞。于是诸列国申盟要言，以强弱相恤，大小相维，成一均势之局，即战国合纵连横之说名异而事同者也。而欧洲自胜朝之末以迄于今，交涉之道专主于此。

溯夫东罗玛既灭，回教猖獗，东袭翁加利，西入西班牙，中攻意大利，教王震恐，纠力抵敌。回难既平，国君之权益微，教皇之权益固，日耳曼各部长半归于教皇之手。于是罗代禄首创异说，自立一帜，而教事以分，日耳曼之北从之者如影响矣。西班牙君加禄第五世，阳奉教皇之命，阴肆攘夺之谋，恃与列国联姻，遂因承继之名，袭取意大利、日耳曼之属，尊加皇号，而亚勃斯普朝之权力浸炽。法国介于西班牙、日耳曼之间，惧其日逼，构联日耳曼北之各属，历三君二相，以与噢大利王转战三十载，而有范斯法尼之会。是会也，立瑞士，建荷兰，贬噢大利皇位承袭之分，订日耳曼列邦统属之制，至是均势之局大定。复为之辨使臣之等威，申聘问之仪制，遇有嫌隙，可讲信修睦，无复兴兵构怨矣。交涉之道焕然一新，而欧洲信使之往来驻扎，实权舆于此。

法王路易十四世，亦既逞志于范斯法尼之会，好大喜功，北伐荷兰，南取蒲尔公地。适西班牙王加禄第二世薨而无嗣，遗命传位于盎稣公名裴理勃者。裴理勃，路易王之孙也。诸侯王方虑法国之权威日以浸大，今复王西班牙，是虎而翼之也。维时英国方强，普国浸盛，连合日耳曼、荷兰、沙乎亚之众，与法王转战十三载，至康熙五十一年而有迂特来之会。是会也，虽不足阻裴理勃之王有西班牙，而议定法、西二国不得合并为一，实足弭偏重之患。其许英人据基不乐他，雄镇地中海之要隘，并约法王退还侵地，亦足以戢法之雄心，而欧洲之均势复定矣。无何而普国方张，俄疆大辟，至乾隆十三年法国内乱，十五年废其君，立为民主之国，那波伦以一裨将进攻意大利，跨海而东，观兵埃及，既袭大位，穷兵黩武，所向风靡，削其地，绝其爵，囊括欧洲，而均一之势复坏。及其败也，列国征盟，而有维也纳之会。是会也，还侵地，正疆界，立日耳曼之盟属，增荷兰国之土宇，而法人不复东向矣。三分波兰以一俄、噢、普之势，分四等使者以明各行人之礼，其所以维系欧洲之均势者周且密矣。

夫均势之说，创于范斯法尼之会，然而与会者不过法、噢、瑞典、西班牙暨日耳曼之属，而普因北教而屏，英以异教而斥，故其相维之势，足以联络数国，不足以统属欧洲也。至迁特来之会，英、普与焉，而俄国不与，是均势之盟未尽普［善］也。且范斯法尼之会，诸国虽共订条章，而西班牙与荷兰另有孟斯德之约；日耳曼王率属邦先与瑞典有奥斯纳勃卢克之约，继与法国复有孟斯德之约；法国与西班牙又有比来纳山之约。前后纷纭，而统谓之范斯法尼之约。又迁特来之会，英人先与法王盟，继与西班牙王盟，复与他国王分盟。然则是二会者只属数国之私盟，而非列邦之公约。夫会者所以结同盟之信，盟之者众，则信益彰而守愈笃。今此二会散漫无纪，不能共相维持，宜其不久而各国弁髦之也。维也纳之会则不然。俄国与约，而均势之道公；友邦共盟，而要结之谊固。然而俗尚异趣也，民情异好也，分疆立界而建之国，其所与建者不独恃山河之险阻，亦俗尚之同趣、民情之同好，有以维结群伦而君之民之也。维也纳会定各国之疆界，只求土地之均平，不问民俗之向背。故自有会以来，比利斯分自荷兰，噢大利丧其东境，意大利及德意志统一属邦，希腊国及罗孟里无复藩封，土耳基向为局外之国，近与欧洲厕。是西土之均势虽平，而东方之争端又起矣。

然则交涉之道，始以并吞相尚而不明，继以谲辩相欺而复失，终以均势相维而信未孚，徒恃此载在盟府一二无足重轻之虚文，安足以修和于罔替！夫国与国既已犬牙相错，自有唇齿之依，故一国之权利所在，即与国之强弱攸关。英人利在行商，埠头遍天下矣。俄人利有南境，版土因以日展矣。普与法势不两立，而兵力愈精。意若噢思复故疆，而营求未已。故泰西之讲公法者，发议盈廷，非说理之不明，实所利之各异，以致源同派别，分立门户，上下数十家，莫衷一是，于是办交涉者不过藉口于公法以曲徇其私。

须知交涉之源流既已因时而递变，即交涉之才识尤贵达变以应时，此交涉之道所以存乎其人也。方佛劳朗斯之盛，使于各国者不过一介行人，权不重而位不高，要能以口舌之微权而系朝廷之得失。及自范斯法尼以至维也纳，则所遣使臣俨然身代其君矣。其术以间伺为能，以奢靡相尚，只求出身之贵贱，不问其人之贤愚，虽有专任之权，要无责成之职，故有以巾帼而使办交涉者矣。为之国者得一二能臣坐镇于内，遣使他国以窥其情伪而详报之，即足以默定机宜而为之因应。间有遣一使而从者数十，务与彼都士夫交接，善为钩距，以得事情。遇有大征会，然后始遣一二能臣相为反覆论辩可否。今也开新报之禁而清议愈多，重议院之权而民情可达；轮舟火道之星罗棋布，往来便而俗尚则计日而更；水汽机力之雷动风行，工商裕而财源则与时递长。所以办交涉者，非若昔时惟窥探一二人之心思可以坐操胜算，又必洞悉他国民情之好恶、俗尚之从违与夫地利之饶瘠，始足以立和议、设商约、定税则，而不为人所愚弄，故视昔为倍难焉。

余尝读鬼谷子书，其驰说诸侯之国，必视其人之材性贤愚、刚柔缓急，而因其好恶喜惧哀乐而捭阖之，阳开阴塞，变化无穷。顾天下诸侯无不入其彀中者，岂有异术哉？兵法曰“知彼知己”，交涉之道，尽于是矣。夫彼不易知也，故阅彼新报以揣其要旨，入彼议院以察其变迁；上结绅衿，默观动静；下连商贾，隐相机宜。是以近今百年泰西之长于交涉者，首推意之加乎尔、普之壁斯玛、法之大意郎、俄之加且高弗、英之巴末司东、奥之墨代直客。之数公者，先皆久游列国，或充公使之选，或为游览之娱，一旦身入机府，他国之民情、俗尚了如指掌，复得出使之臣时传消息，虽千里如一室矣。己亦不易知也。知我之所长，尤宜知我之所短。知我之所长，故掩之以待时而发；知我之所短，故彰之可因奋而更。既已知我知彼矣，尤宜先定所向，所向既定，而后心无旁营，力无旁贷，所谋则济，所举则成。如加乎尔以统一为心、壁斯玛以雄长为志、加且高弗以廓辟为怀，终皆克偿其愿者，所向先定故也。若法王那波伦第三世，始欲求逞于民，则附英而攻俄；继欲示好于俄，则息战而疏英。攻噢大利以沽恩于意人，伐墨西哥以修睦于噢国。方普人之攻丹也，阴图其利；及普人之入噢也，转慑其威。一旦普人修怨，法王孑然无他国一师之助者，所向不定故也。所向既定，而后可与言交涉之道矣。

盖天下事众擎则易举，孤掌则难鸣，理之常也。夫同宅寰中，此疆彼界而建为国，则必小事大，大字小，忧危与共，战守相援，而势乃不孤。故英得法助，奏绩于黑海之滨；意与法连，逞志于绿毡之上。西人讲公事，以绿毡铺台为礼，范斯法尼之绿毡犹在也，尝亲见之。比利斯交欢于英法，自成局外之邦；合众国求助于法王，得行自主之政。此皆邦交之实有所援也。或恐邻国之狃我仇，而因与之交者亦有之。如普之攻噢也，结法人而饵之利，则噢独而危；及其攻法也，善俄国而申之盟，则法孤而败。故自均势之局定，而列国安危所系，莫大于邦交。第交不可无，而择亦宜慎。英人之交，唯利是图，利在则友，利忘则寇。

列国之结欢于英者，大抵无实德之可图，只求其不助之助耳。

尝慨今之不善交者莫土人若。见俄国之日强故附之，而俄已三削其地矣；见法人之喜功故亲之，而法已两夺其权矣；又见英人之己护也故私之，而英几半分其国矣。嗟夫！当回人之灭东罗玛也，辟疆展土，欧西为之重足而立，所来使臣动加鞭笞而莫敢谁何。今则时穷势迫，国内之政教财赋反为外人牵掣。民穷国蹙，僻守一隅，凡于国不其国者，何也？处递变之时，不因时而与之俱变，内无定向而知变之士穷，外无友邦而应变之方少，徒守此千百年前玛奥买所著《高朗》一书，欲以应夫千百年后世道之变，无惑乎？日就削亡，徒为天下后世多一泥古不通今之龟鉴，可不惜哉！

今夫应时达变之才识系乎用，难责人以必有，而相时制变之实学关乎理，亦力学之可求。然专论夫理者，遇事每仓皇而失措；泛求其用者，临时转窒碍而鲜通。是必理用之兼备，庶可泛应而曲当。当夫事之来也，或援文起例，或考古证今，或假公法以求全。事同而情异，则考其国制国律以别其微茫；事异而境同，则察其地理地宜以穷其竟委。每有交涉立约之事，所定不过数十款，而动涉岁年方可蒇事。非此数十款难以遽订，亦以未订之先，援公法，证往事，合两国之体制律例与其险阻物宜，无不悉心参究以求夫至当。此列国抡选使才所由以交涉实学严加考核，庶几使馆无滥竽之辈，行人无辱命之虞。

按欧洲各国办理外务，用才之例不一。有内外隔绝者，外为使臣、参赞等员，内为外部总办，各司互调，往往白首而专于一事，是以因熟生巧，此其益也；然内外生嫌，未免事多迟滞，则其弊也。有内外更调者，如英国新制，其外部大小司事与出使之随员及二三等参赞，可由领外部大臣斟酌互调。至列国之制，大约参赞与随员不得内调，若出使大臣，有无间内外者矣。其选才之法亦不一：有自幼入官院专课出使学者，每年有考，限以年数，取则派往各使署试用，按班迁转，此噢之制也；有无官学院专课此种学业，但按时报名投考，限以三月之久，历较所试诸端，能隽者即归试用班，内用六月，外用十八月，扣足二年，由使臣出考语，升为散秩三等参赞，递升散秩二等参赞，后升为使署参赞等员，则英制之大略也。所有考章，与法国新定者大同小异，但微简耳。新章详后。或有考取律科而自效者，亦有不考律科而征用者。此各国之制不同也。

惟各国录用使才，类皆择其人可以肆应，而家道苦寒及出身微贱者乃摈不得与。法国出使之才，自乾嘉而后，惟大意郎与基沙尤著而已，余皆碌碌无闻。其故有二：一因议院多植党羽，每与执政不相能，故执政既迭更，而执政之心腹如头等公使势必屡易。新执政更事未久，遇有列国公会，率贸然亲往，无怪其为屡经公会熟悉公事之高且加弗、壁斯玛、盎得喇西等人所玩弄矣。此一弊也。一以收用新近，只取富豪子弟，而富豪子弟性率浮躁，使往与国，不通语言，不习风土，心厌公事而不考求，身拥厚赀可供酬应。以此按班迁升，乌能胜任？间有精明领事，久居异国，交结士商，能洞悉情伪者，则又格于班次，不过转调他处。此又一弊也。

至光绪三年春，公爵对加斯领外部事，居职岁久，灼知利弊，因即同治八年所定出使章程斟酌而损益之。今姑译其大凡：

一、凡读律后生，愿出使及领事者，准在案卷房学习。

一、凡以取律例、格致、词章各一科，并能通晓两国文字者，准归试用班差委。

一、凡试用以二年为期，其一年外差扣足，方准部考。

一、凡水陆兵弁暨监工、矿师等员，愿改出使及领事者，能通晓两国文字，即准部考，无须试用二年，以示优异。

一、凡部考已取人员转升班次如下：初授本部司事学习领事，与三等参赞同一位；进升各房总司摘由司员正领事，与二等参赞同一位；转升本部帮办总领事，与头等参赞同一位。凡同位者，概准调补。

至部考条章，经领国事麦玛韩行咨大臣议定如左：

一、部考有考出使者，有考领事者，每岁冬季举行一次。倘于年内举行，须由外部先二月榜示。

一、凡考生二次不录，即行革考，不准再投。

一、考出使应由外务总办监临，另派考官四人；考领事应由商务总办监临，另派考官四人。其考官则由领外部事大臣于二等公使及本部帮办总办暨总领事内派出。

一、考试章程，每次先面试如式，再行考问。

一、考试条目分六种：一曰国制，论欧美二洲之治体与其定律、行律、守律之权，并特论法国各部条例与内外衙门详札事件。二曰公法源流，论公法家门户之别之理。三曰公法新论，论讲约、立约、准约、守约、废约、续约之权。约有和好、连好之辨，有遣助、作保、并居局外之不同，有让地、划界、河利及赔款、关提、钱币、驿铃［铃］、邮电、铁道、关卡、商舶往来与刷印书籍传奇等事，各因所约而殊者也。论外国人民之律，有户籍、婚嫁之条；有外国人民与法国官长或法国人民与外国官长彼此控告之式。论列国战局，有务守局外与排解两敌之条，有期会、公会及商办等会之式。论海疆事宜，有捕鱼界限，有商船旗帜、兵舶权利以及查舱贩禁之例，有巡海封口、追还海舶、捕逐海盗以及禁贩黑奴之款。论出使与领事，有奉使之权利，有使员之例章，有使署与领事交涉之仪注，有使署与领事署内所造卷册报销账目领俸之格式，又驻扎东方领事兼有审案之权之论。四曰交涉纪略，上自范斯法尼，下至普、法交战，比事属辞，详论其得失。五曰商务，论法国商政之因革与关榷之税制，而税制有通行与订约之殊。稽查进出口货，其税则有估价与按物抽征之别，其估价有官价与时价之异。凡进口货以原货外运者，有趸船总栈之制；以之成器物外运者，有存税暂交之别。论商民船只，有为保护商民起见者，则准其往来本国及属地埠头，而于外国商船则加税旗税栈之征以苦之。有为招徕行商起见者，则大开口岸，任人出入，交争货利。而舵工有短雇长雇之佣值，关制有横征豁免之利弊。凡此者皆隶焉。六曰舆图物产，论各国之经界、川河之源委、山谷之形势。稽户口，查兵额，辨镇守。通商之埠，考兵舶商船之数，论运载之利，有铁道，有轮舟，有船坞总栈以便海航，有电线邮船以通消息。再各国邮船公司、铁道公司，有官帮私设之殊。论各国土物地产，于机器厂、煤矿厂尤当加意。论钱币，有各国钱法之不一，与历来求一之公论，并尚论各国度支之源由、借款之永暂，及国债券票流行之通塞。凡此种种，必曲畅旁通，始能应考。

所谓面试者分三场。第一场试英、普文字，凡三题：一译近时英、普之公牍，以觇其通晓否；一译英、普议院之论而撮其命意，以观其能会通否；一写英、普文以叙事之要旨，以试其辞达否。第二场试交涉之学，凡三题：一公法新论，一交涉纪略，一或舆图或商务各一条。此第考其所已知，而未征诸实用，故第三场授之交涉案卷，命其条陈应办，以知其理用兼赅否。

考问者分两场。第一场问英、普文字，凡三事：一令朗诵英、普公牍以审其声似否，继令翻译以察其融会否；一考官朗诵英、普公牍，随令考生摘略，果能声入心通否；一与语英、普方言，随令酬对，试其果能肆应无方否。第二场问交涉之学各数条，求其应对不爽，以觇其果能理用贯通否。此即法国部考之新章也。执是以求才，庶无遗憾。

然而论者犹曰："此治末舍本之法也。"谓夫与考者必试用二年，考取方授职而廪饩之。试用之时无微禄之沾，而外差一年更须多备资斧，只足以杜寒微之士而开幸进之门。盖廪饩甚微，三等参赞之岁俸尚不及所费者四之一。夫使身为使员，而费用务省，将厨传不丰，交游不广，则似危邦之陋风，尤非治国之盛观。凋敝寒啬，为外人观笑，此又执政者所不愿。若欲稍从丰厚，则俸不足用，势必取给于家。于是有志之士窘于财力而求进者少，则所取不敷所使，势必滥取。况乎使员在外多年津贴，而升庸不过二等公使。其外部秉政公会大员与头等公使，率用议院新进之臣，于出使之事素非练达，而久任使员者反受其节制。于是出使人员不过藉此名目以资游览，相时而退，鲜有老于其职者。故曰治其末而舍弃本也。然则必如何而后可？曰：重禄俸以养其志，严考校以求其才。然后即以所取之人专办交涉，无问内外，悉资熟手，庶几遇大事有知变应变之才，足以折服众人之意气，而捍卫吾国之利权矣。

夫处今之世，轮舟铁道梭织寰中，而欲自囿一隅，禁绝外人往来，势必不能。不若因其利而利之，以广我之利源，推行尽善，国富民殷。立约修和而内平外睦，四境无鸡犬之警，万国消锋镝之忧，谁谓交涉之学小补也哉！

玛赛复友人书

戊寅冬（光绪四年，1878）

接奉来谕，嘱就中国情形拟成出使学堂章程。窃思遣使各国，岁费帑金数十万，无裨国是，是朝廷必不得已之举，不过多开一仕途，适以逞钻求者之志而已。夫今天下之自诩稍通时务者，莫不曰："治本在富强，采矿炼铁，防口设险，则国库殷实而兵力日振，以临欧洲，孰不震慑！若出使者不过聘问专对之才耳，乌足以言治本？"然而为此言者业已阅数十年矣，而矿山无恙也，磁铁宛在也，炮垒战舰或有之而不适用也，或适用而未成军也，至于出使，则轺车几遍欧洲矣。是则所谓治本者至今未能行，而所谓治末者反为外人制而先行。则为今之计，亦姑即向所谓不必先行者为之设一可以先行之法，使人以制我者而我反以制人，庶几补牢顾犬之犹未迟晚也。其法维何？曰严选使才而已。严选使才维何？曰教导有方而已。

且夫西人之欲我遣使于彼也，其意有二：一则中华使臣驻扎彼都，凡遇大礼，亦得随他国使臣按班申贺以壮观瞻，是则使臣不过为之备数而已。一则西人好夸耀，近百年来政治聿新，商贾通而生路日广，议院创而民情可达，赋税则实收实报无侵吞之虞，狱讼则比事比情无刑求之虐。其民安居乐业，各事其事而不相侵扰，虽无熙皞之风，差胜欢虞之象。至于街衢整洁，路途平坦，无击柝之警而有开门之治。此效也，而非本也。然西人每以此自矜，谓"中国积四千年之教化而未克臻此，而我百年来破除习见，日新日盛，遂至于斯"，则欲中华士大夫之深究其理而幡然改图，固莫若令我使臣庄岳其间，朝夕观摩，以为他日返国之师资，而不失邻善之望也。是则各国之强我使使者，虽属铺张之意，尚有乐与之心。

假如使臣当秉节伊始，一递国书，一献颂词，兢兢业业，惟无陨越是幸，不问其他；或有彼都人士筵会衣冠，一往即退，闭门不出，不交一人；即间有酬酢往还，又皆彼国所谓夤缘之辈，致使门庭多俗客，见闻悉庸流，则徒为西人窃笑，以为东方之人不可与语。若曰土尔基与波斯等国知识未开，其不知邦交无怪也。日本性类沐猴，不辨贤愚，不知本末，其习于我也新，亦宜其不深相知也。中国则我素所仰望，为四千年文物之邦矣。今使臣之初至也，亦有参赞随员之名目，亦有国书颂词之呈递，彬彬乎有礼哉。而于我国之政教、材用、法律、兵实诸大端，则亦未见其一过问也。岂其知之而不屑问欤？将不知而矫以为知欤？抑轻我而所使来交际乎？或者亦犹土尔基、波斯、日本之流欤？是其故见自封，虽出使犹在中国也。由是以观，则是使臣不足取重而反以取轻，不亦重可惜哉！

然而此非遣使之失策而不可行，亦由出使之未得其人、养之未尽其道耳。参赞、随员等名目不过为调剂私交之具，而非为襄理公事之材。其得之者亦自知侥幸而来，不过计数年积居薪水之资，为异日俯仰饔飧之计。如必考求实学，则当读其方言。舌音初调，而瓜期已届，倥偬返旆，依然吴下阿蒙。问所谓洋务者，不过记一中西之水程，与夫妇女之袒臂露胸种种不雅观之事。即稍知大体者，亦不过曰："西洋政治，大都重利以尚信。"究其所以重利尚信之故，亦但拉杂琐事以为证，而于其本源之地茫乎未有闻也。呜呼！是岂朝廷所以高官厚禄，特开此一途之初心也哉？非其初心，而事势乃必至于此，则其间得失之故可深长思矣。

夫出使绝域，周、秦前未有闻也。盖昉于汉武之诏，宜与将相相提并论，其矜重何如哉！必其识量胆略裕于平素，温文博物足以肆应，沉静宽裕足以有容，而又达人情，通事变，批却导窾，从容游刃，而悉泯异同于始萌，烛利害于机先，然后胜任而愉快。董生有言："素不养士而欲求贤，犹不琢玉而求文采也。"夫以西国之素重使才，而偻指近百年来自璧斯玛、大意郎、加且高弗、巴末斯东等寥寥数人外，犹难其选。矧吾华人从古不与外人相闻问，未读其史，未习其语，一旦远涉数万里，而谓于其政教风俗之本末可以习知，譬犹使学语乳孩咿哑而中乐节，未髌赤子扶服而娴礼容，虽有枣梨之诱，夏楚之威，终两穷而无所施矣。是岂其心之不尽哉？不量材而强为用，不课功而遽责之效也。

然则如之何而可？曰：人情可与乐成，难与图始。凡吾所谓量材课功者，初非务为惊世骇俗非常之举，高远而难行也，亦第就今日同文学堂等已收之效，为中材所易知易能者，而变通损益，教导有方而已。拟于上海设一学院，收录身家清白聪俊子弟，凡五经、四子书全毕，文理粗通者，以十五岁以上至二十一二岁为限。收录之日，试以策论，或与之名臣奏议一段，使演绎其旨，或从而驳辩之，以词意清顺、气机畅达为主。每岁录取十名，以三年为限。第一年课以法国、辣丁语言，第二年课以文义，第三年课以词章，各有呈限。正课之外，仍兼华文史鉴，不得偏废。又时为讲解外史，以及度数之学，格致之功，皆当领略一二，以为异日酬应之资。每年有考，劣者革出，优者方准进读，三年后总考，选录者咨送总署，或内留当差，或外放随员。如是者试用一年。此一年中每人仍自读英文并法国律例摘要，以备后二年课读之功。一年期满，由所随使臣出考语，送至巴黎使署学馆内，仿英人在京都设立领事翻译学馆之意，英馆薪俸束脩，每年至六千三百二十三磅者。巴黎学馆责派一人以董理之，如英馆之有汉文正使者然。学习二年。入馆之初，先将每生试用一年中所课略为考问，以觇其荒熟：荒则责令重学，熟则进以二年正课。此二年中所讲者公法、律例、条约、理财、赋税以及各国交涉来往公牍，所课者法文与华文公牍，英、普二国语言。二年期满，乃汇考咨送总署，或内留为司官，或外遣为三等参赞。如是首尾六年，所谓教导有方也，虽于西学至粗至浅，而始基立矣。且其前之升用者试以言，而后知升为二等参赞以及公使之类，则试以事。夫自为学生以至为参赞，历六年之久，其人之才品亦既昭著。而三年文字，约以学规以闲其心志，一年试用，宽其约束以观其自守。且三年文字之后，复令闲养一年，使凡年少气盛、狂傲不羁之习，藉使馆之差委以销磨变化之。而后二年之功，专习西学，宽立期限，严督课程，得以虚心下气，成就可造之品，而免滥用之弊。夫岁选十人以读文字，更阅六年而方能造就，不过什之三而已。然而不出十年，风气开而士习变，不但使署无才难之叹，且先以正业群经加之，时习孔教根本，体立用行，日后或可内调以赞国政，未必不出乎此。此即所谓姑即其不必先行者而设一可以先行之法，计似无便于此也。至两处学馆费用，不妨由各使馆严剔幸用之人之薪俸以济之。是则国家无费财而有实用，树人之功，即在十年以后，亦何惮而不为哉！

复李伯相札议中外官交涉仪式、洋货入内地免厘禀

己卯夏（光绪五年，1879）

查所奉抄发译署来函，内有“五月二十二日威使来署，先说中外往来仪式一节，云‘英约载有督抚行领事用札文，我们不愿意，所以要商量’等语，继说洋货入内地科征一事，意在仍照现在条约办理，而注重在免内地厘金”各节。查中外交涉以来，西人两次构衅，藉势凭陵，乘我仓卒之时，要我立约，篇帙数十页，条议数十款，无非藉此取益。故领事则优如公使，税则则轻于各国。我方循章守约，无缘启齿；今何幸难端先自彼发，正可因其相要者，我据公法以争之。使果如愿以偿，诚不至自封故步，即或所议不洽，亦不过仍守旧章。谨拟条说。缕陈于左：

一、论中外官交接仪式。威使总以德国条约并未载有“督抚行领事用札文”字样，且以彼国钦差给法国领事都不用札文，因其是客官，而领事官在中国算是客，当用文移为说。此乃威使强辞。德国条约未载“札文”字样者，因其换约在英、法之后，大事则在约内申明，至于往来交换仪式之小节，则以本约内第四款括之。款内载明：“中国官员于该领事等官，均应从优款待，如相待诸国最优者无异。”其时中国所待最优之国，曰英曰法，英、法领事督抚行以札文，德国自在从同之列，故德国条约未有明文，盖不言而喻者也。

至于彼国钦差给法国领事都不用札行，此当反诘威使，“札行”、“申陈”二句如何译作西文？英约内所译“申陈”曰“斯戴得孟特”，译“札文”曰“戴格喇兰兴”；法约内译“申陈”曰“嗳克斯保塞”，译“札文”曰“戴格拉那凶”。岂英、法二国习用此种字样为上司下属往来

公牍之称乎？此种字面，不过译“申”、“札”如何解义，并未译“申”、“札”有何区别。使所译者诚为相当之名，何英、法二国论交涉公文字样从未提及乎？英、法二国既于“札行”、“申陈”无一定相当之名，则威使所谓彼国钦差给法国领事不用“札行”者，为指洋文乎？为指华文乎？指华文，则二国往来公牍，专用洋语，自不可以华文名之；指洋文，则洋文并无“札文”字样，又何从而名之哉？洋文所有各种公牍之称，乃因事之轻重而殊，其体裁并不因官之大小而别。其名目即有分别，不过于公文首尾上司属员称呼有异，而公文则别无字样也。

法国《领事指南》一书第三卷之第一节，有“领事官与本地官员往来公文”一条，云：“往来公牍共有三种，曰‘诺特’，即通知之意；曰‘墨磨亚尔’，即说略之意；曰‘来特尔’，即函牍之意。领事无公使之责，专用函牍。”继又解其三种体裁曰：“‘诺特’之文，须庄重合式，所以传承上司之命，而通知外人者也；‘墨磨亚尔’者，条陈一事梗概，概不签押者也；‘来特尔’者，则为公文，领事出名而签押者也。”又云：“有所谓‘戴贝司’者，则领事与其上司往来公牍之称，惟领事与地方大员所有公牍，间以此名名之。”法国所论领事公牍如是，英国可知。是西文并无“札文”字样，何以威使云“我们钦差给法国领事都不用‘札行’”哉！且仿照法国条规，凡领事与地方大员间，以领事与上司往来公牍之名称之，稍示区别，此即华文“札行”、“申陈”之意也。至云彼国钦差给法国领事不用“札行”，因其是客官，以申明督抚不能札领事之说，此又拟不于伦矣。彼国钦差与法国领事各不相辖，真客官也。若领事于督抚虽非属下，究竟在督抚辖地办事，已属客中之主，以领事之与公使，拟领事之与督抚，盖相似而实不同也。今彼既不满于旧约，欲有改易，我亦何必拘守成约，不肯增删，自可乘此机关，与之商酌。如领事到任当奉批准，然后由译署咨本省督抚行知该领事，该领事于奉到批准之日方可视事。盖批准由我，撤回亦由我，我可藉此以戢其跋扈之势。

彼如曰“此乃欧洲各国凡领事无审案问事之权及不沾优待公使之恩者，方有此制”。则答以在土尔基，领事所有利权如在中国无异，而领事亦必奉批文方许任职；不过土文呼之曰“巴拉特”，欧洲各国则呼之曰“嗳克散卦都尔”，声音或异，而字义则同也。且也今春西班牙与越南立约，亦有“领事必奉到驻扎之国国君批准方可任事”之条，而越南优待领事与中国无异。如彼以“约内并未载有此条，不必增行”，则中国领事须奉批准亦系约内所无，何以胡璇泽充新嘉坡总领事官必有批准凭据方能办事？有案可查，似亦可以间执其口。

若经此一番抵议，彼或许我加入领事奉批之事，然后求一客礼相待之式，则无妨许彼以督抚待领事专行客礼，而领事于督抚仍执下司客官之礼。公文来往，督抚用“照会”，领事仍用“申陈”。至晤会仪式，于奉到批准晋谒，以及去职辞行之时，用客省藩臬谒督抚礼，其余接见不论。庶几各尽其道，两不相妨。在我虽阳失札行之虚文，而阴收约制之实效，得失似可相当。况乎以平行客官礼待公使，以客省两司礼待领事，则于彼之公使领事，不致漫无区别，似尚斟酌得宜。

使彼以“公使行文关道，领事行文府县，应用何式”转相诘问，则应之曰：公使于关道，以及领事于府县，各不相辖，并非督抚于领事可比。若用公文，可由公使照会督抚转札关道，领事照会关道转札府县。至平常彼此用信，俱为平等。如此办法，可以两无窒碍，则公文仪式，似不患无词以答之。

然窃料威使意中，总以洋货免厘为要务，虽二者相提并论，其所重固在彼而不在此也。

一、论洋货入内地免厘一事。海关税务，曲折多端，然中国向办章程原未尽善，兹乘其有修约之意，不妨因计就计，就西国所论税则之理而更定中国增税之章，以与厘金相抵。

查欧西各国通商税则，就物之品类定税之轻重，或裕国库，或护商民，不能一致。然税物总不外进出口货，出口之货概不征税，所以为土产筹销路，与他人争利权，即征亦无多，法国每年出口税不出六万元，是其明证。惟国内独有之土产，不畏他人争利者，则不妨于出口重征之。西人精于理财者皆云：“秘鲁之雀粪强销，意大利之硫磺，中国之茶叶，皆为独有之货，自然之利，无妨多征者也。”

至进口货，当别四种：其一曰天生物料，国内所产者少，必仰给别国方足民用者，如法之煤、铁，咸丰十年与英立约，凡英之煤、铁减征，则法之工匠便于鼓铸，冀可获利。其二曰外来制成之货本国亦有者，重其征以护商民。如英、法皆制洋布大呢，使许英之呢布运入法国而轻征之，则销场必大，法之织呢布者必致向隅。其三曰制成之货本国不产者，又宜区分二种：有其货为民生所必需者，则宽其征以苏民困，如英之麦与酒，许外人运入，相时以酌其轻重；有其货惟豪富始能置者，则重其征以济国用，如法之时式衣妆，运至别国必加征者是也。其四曰远来之货本国所无，民虽不得不用，而究不能多用者，亦重征之，如英国于进口之茶、糖，法国于进口之加非等是也。

各种货物，轻则至值百抽五抽十，重则至值百抽五六十，且有值百抽百之多。法国女衣运入美国，有不啻值百抽百者。别国货物，只准运入海口，不准转运别口，而入口之船复有船钞、旗号、口岸各捐名目，以禁其运行之利。至咸丰十年，英、法和好益笃，首立通商条约，彼此互让，减轻税则，然亦有值百抽至二十五者。厥后欧洲各国所定税则多因之以增损焉。美国征税仍自独重，为其国内物产饶富，无所仰给于人故也。

中国幅员最大，居温凉之道而百物悉生，得地脉之精而五金悉备，于我无所乏，自于人无所求，但宜通商以收各国之利权，无事通商以给民生之食用。乃欧洲各国垂涎已久，寻端犯顺，构兵恫喝，乘我未及深悉洋情，逼我猝定税则，各种货物，除鸦片外无所轩轾，正子两税不过值百抽七有半之数。咸丰八年所定条款，虽在英、法二国定税之先，然为时未几。咸丰十年，英、法之税则已为欧洲各国轻税之嚆矢，尚有远过于中国者，则当时英、法与中国立约，岂非欺我不知以与我争利？且又续许各口运行土货，止纳半税，并无旗号、口岸各捐名目，是利源尽为所夺矣，数十年吸中国之膏血，官商贫富无不仰屋而嗟。

今何幸而中国渐悉外洋情势，且又设立招商局以分其利，由此推广，而机器、织布、开煤、炼铁，渐可收回利权，以为富强张本。乃洋商入内地，执半税之运照，连樯满载，卡闸悉予放行，而华商候关卡之稽查，倒箧翻箱，负累不堪言状，与我朝轸恤商民之至意大相剌谬，律以西国勒抑外商庇护已商之理，又不啻倒行逆施矣。兹乘其欲免厘金、许我加税之机，仿照各国通商章程，择其可加者加之，以与厘捐相抵，然后将厘卡尽行裁撤，省国家之经费，裕我库储，便商贾之往来，苏其隐困，皆幸赖有此条约之转机也。

今拟修约，税则所应加者，亦区进出口货分别办理。进口货略分四种：其第一种，天生物料，如煤、铁之类，为中国所自有，惜乎无人采取，又兼转运为难，每不敌外来之贱，应于外来者仍旧值百抽五，以广招徕。其余五金亦按是例，而铅、铜则倍之。其第二种，为外来制成之货中国亦出者，如洋布之类，应加重征，至值百抽十五之数，庶几中国产棉仿用机器织布，赀本虽重，亦可夺西人之利。其第三种，制成之货中国不产者，如钟表、玻璃器、洋伞之类，此必有力者方可置办，应加征至值百抽二十五，而一切奇技淫巧之物亦例焉。即洋酒、吕宋烟、糖菜之类向在豁免，今则一切加征之值百抽三十，较之外洋税则犹不为重。其第四种，远来之货本国所无者，鸦片烟为首，以其为害人之毒物，自宜苛征以困之。赫总税司前请每百斤收税银一百二十两，尚应加重。其余杂货，皆无过值百抽十五之下者。

至出口货，除丝茶两项仍值百抽五以裕饷源外，其余各货均减至值百抽二、三。惟茶叶现在印度、加尔古答之北高山之际谷名亚撒者亦产美茶，岁出数万箱，中国茶叶虽佳，奸商类搀他物，是当整理茶务，不可令我专有之利授之于人。按税法有二：有按物抽税者，有估价抽税者。按物抽税，其税则一经厘定，不得与物价相低昂，故难操其轻重之权。而估价抽税，致有关胥与商贾争辨，互不相服，及请中估，而货物已形壅滞。兹所论值百抽若干者，乃约略论应增之多少，并非囿于一法也。至内地土货，无妨示以宽大之恩，许其装运各口，但应加以口岸旗号之捐，而华商船只则概不收捐，以示鼓舞，庶可杜假冒洋商之弊。又西人在各口开行，亦与我华人争利，若仿照西法，征以行帖之捐，所得当亦不少。

闻之西人，谓中国税则增至值百抽十二，差可与厘金相抵，而西人欲停厘捐，有愿值百抽八者。今修约以抽税从重，彼族必然不允，然后可截长补短，一律减至值百抽十，外加各色杂捐，似可当厘金之入。即或不当厘金之入，而利权归我，农贾殷富，亦可靳此些须厘金培养国脉。矧民富则乐于输将，失之彼者，旋收于此，未为无利也。

或者谓："诚如所论，彼将悍然不顾，其奈之何？若秃笔焦舌与之辨论，相持不下，彼将藉端要求，是又自我生衅，何利之与有？"夫为此说者，必其不知西国通例者也，否则为洋商作说客，欲以挠我者也。诚使我愿加税，守之以定，持之以坚，上下一心，不为外人所摇夺，岂有不行之理？夫和约之与商约有异，在我不背和约，决无开衅之端。而所定商约，则固有"以十年或十二年为期，如欲修约，先行知会"之专条。今于每国修约期前先为知照，以一年为限，届时会议，坚持应加数条之税。彼习见中国办事有前茅而无后劲，不能坚忍，势必极力争辨。如或限满，税则犹悬而未定，不妨仿照西国展限一年。若彼仍然抵难，则豫告之曰："俟所展限满犹未定议，所来商货当照通共税则纳税。"而通共税则，先为酌定给阅，较拟加之税更重，迫之使不得不从，是亦寓刚于柔之术也。

夫不许通商，或可藉以启衅；欲行增税，断难因之兴戎。不然，欧洲瑞士、比利时，蕞尔弹丸，介之大国之间，将无税之可加，而国非其国矣，然犹可自立而度支不窘者，弱于势犹强于理。中国据理以争，何畏不情之请？美国税则最重，未闻有以加税与他国决裂者。此理光明正大，质之万国，无可置喙。

盖通商足见邦交之谊，加税乃我固有之权，不得谓税章之利洋商而害华商者历有年所，中国习惯自然，势难变易；正当谓税章之损华商而益洋商者历有年所，外人从旁窃笑，急须更张。今宜振刷精神，力图补救，将从前税则痛加改订，使运洋货纳洋货之税，运土货纳土货之税，且许其运土货与华商同一纳税，不过征以他捐，稍示中外商民之异。华商为我国之民，故轻其税赋，洋商夺我国之利，故重其科征，固与各国征商办法情、理、势三者皆同，彼又岂能以己所习行者为不合，而藉词以启衅端耶？每届各国修约之期，必加其税，不出十年，中国税则不亚欧洲各国，商民可富，饷源可充，中国转亏为盈、转弱为强之基，实在于此。虽曰物穷必变，皆由天道之好还；要知困极而亨，端赖人谋之克尽。是在坚持定见，不惑浮言，庶可革作法自敝之非，免局外旁观之诮。

万一意存犹豫，未肯据理以争，则仍有旧约可循，抽厘如故。使彼以英约二十八款“各货纳税后，即准由中国商人遍运天下，而经过税关不得重加税则”等语，洋文“将英货纳税后运入内地，子口税外，不得重加征”云云。为免厘之左证，则应之以厘金之设由于军兴，西文解之曰“战税”者此也。厘金并非关卡，不过仿照英、法、美军需之际各种用物加厘尽征之意，惟中国未有如西人征取之法，设立厘卡，不得谓之另立一关重征已纳关税之货也。此乃我自有之捐，废立由我。夫美国于南北交战捐厘至三十一万洋蚨，英国于黑海之战捐厘至二千九百五十六万二千磅，法国兵燹之后岁征厘额不下六万万佛朗，从无有外人过问者，良以民间日用所需物物加厘以供军费，乃一时变通之计，各国自主之权，非交涉外邦所应干预。然货为洋产，彼既藉口有词，厘出华商，孰是甘心输纳，固不如免厘加税、挹彼注兹为上乘妙法也。

铁道论

己卯冬（光绪五年，1879）

铁道之兴，有谓肇于英之纽加斯肋地者，有谓肇于德之墨地特未地者，姑弗深考。惟铁其轨以撤轮，轮良于行而马力省，则权舆于英之煤矿，其规制粗备于道光乙酉年，于是由英而美，而奥，而法，而比利时，而德，而俄，而意，而西班牙。自乙酉以至己酉，先后二十四年，各国次第创造恐后。至光绪乙亥，而欧洲之铁道计长十三万六千二百二百九十八墨里。一墨里当工部尺二百八十丈。其间属英者二万六千四百七十二墨里，属法者二万六千二百九十八墨里，属德者二万五千七百七十二墨里，属奥者一万六千二百三十八墨里，属俄者一万七千七百三十三墨里。他如意大利、西班牙、比利时、瑞典、荷兰、土尔基、瑞斯，皆以千计。南北美洲铁道长计十三万六千有八十五墨里，而属美者计十一万六千八百七十四墨里。今则英属印度之铁道长万数千墨里，其北道已逾廓尔喀之北，浸至于藏之阿里矣。俄之铁道已绕出乌拉山之东千余里，而东南浸至于哈萨喀游牧之地矣。

先后五十年之间，凿山开道，梁江跨海，凡寰舆五大洲莫不有其铁轨轮辙焉。而军旅之征调，粮饷之转输，赈济之挽运，有无之懋迁，无不朝发夕至。宜乎铁道所通，无水旱盗贼之忧，无谷贱钱荒之弊。故各国未创铁道之先，其度支以万计者，而既造铁道之后，无不以亿计矣，其以亿计者，无不以兆计矣。盖其飙驰电掣，任重致远，行万里若户庭。昔之邮传远者数十日，今则计时以待；昔之舟车行者阅数月，今则举足而至。宜昔之经营十数年而度支常不继，今则筹征不数月而帑藏时有余。所以立富强之基者，莫铁道若也。铁道之设，节目纷繁，难以悉数，然总不外乎筹款、创造、经理三大端，试条陈其梗概焉。

铁道之兴，动费巨千万，则筹款宜亟也。其款或纠集于商，或取给于官，或官于商相维合办。其纠集于商者，有官不过问，任其自集股，自设局者矣。其弊也，同行争市减价，得不偿失，终于倒闭。英、美皆行此法，查光绪元、二、三年，铁道公司之倒闭者一百九十六。故有以官督察，使不制无用之铁道者，间有铁道便于行军而不便于贸易者，于是官自办之，则德、俄概行此法。更或官先创造而交商经理，或商先创造而官为经理，则德国参用此法，行军、贸易两便焉。惟利入甚微，制造经理之费难于取偿，始有官商合办之一法，则法人创行之，而德、奥仿行之。其法有官租地与商，不取其值，权其利息之厚薄以定租地之久暂，限满归官者；有商自造自理，而官为津贴者；有商股难集，而官代偿其息以鼓舞之者；有需本甚厚，难以纠集，而告贷于人，难以取信，于是官为具保者：官与商立定条章，互相维系。总之，不外乎相地制宜，使之入浮于出者近是。

论者谓："以官助商，费且数十百万，漏卮堪虞。"不知法国于光绪元年津贴公司岁四十兆佛朗，每佛朗重粤海关库平二钱二分八。而轮车往来税至一百二十七兆佛朗，且省邮递征调之费五十六兆，是岁课至一百八十三兆佛朗。法国如是，他国可知。此铁道筹款之大略也。

款项既筹，则度地势，置铁轨，造轮车，设局站，皆铁道创造之事也。地势有高卑，铁道便往来，则所规铁道宜近乡镇，所相地势宜傍川河。近乡镇则户口盈繁，傍川河则原隰坦易。不得已而越山跻岭，则审山岭左右之谷而陁其道，陁度约百分之五。美国铁道之陁度有过乎此者，峻削难行，不可法也。岗阜为阻则凿之，凿无逾六丈，过此则穴之为愈也。法、意之交有白山焉，穴其腹长三千六百丈。凡穴视石性之坚脆，深三尺需七百至二千六百佛朗有差，机器之费皆与焉。遇谷填之，亦无逾六丈，过此则梁之为愈也。大川之梁，则施转枢以便往来之帆楫，桥梁之费难以悬揣。旁通路口，立栅门，设守候。守候伺轮车之将至，闭栅门以辟路焉。铁轨之质，有钢铁之别。钢耐磨擦，胜铁八倍，惟钢贵而铁贱，今概用钢。钢以贝斯墨与西爱门二法为最。铁轨之式，形若工字，有上下凸出以备反正易用者，有凸上平下旋钉于横木者。初式不若二式之简，盖铁轨经久则形稍变，无可互易。横木以架铁轨，欲其坚也，杉木松木浸以磺铜药水，最可耐久，浸费每段约一佛朗。横木长无逾五尺，阔七八寸，厚五六寸。横木于道，道填细石块，上掩横木而止。用石块欲其负重透气，而木难于朽也。铁道有双单行之别：双行之道，宽丈三尺；单行之道，宽七尺。两轨之距，以轮为度。英国车轮有相距至二法尺者，每法尺当工部尺二尺八寸。他国概以一法尺五为率，俄国间用至一法尺八。横木相间，以铁轨之长短为度，铁轨长六法尺者，则用七横木。其有铸成铁轨，自为横杆以置道上，布横木以承之者，德国概用此制，惟轨坏难更，今渐废矣。其他零星什件，不可胜举。凡筑铁道一墨里长，地价约六千佛朗，填筑造桥之费约八千，铁轨横木各件五千，杂用四千，约共二万三千佛朗。此单行铁道在各国极廉之价，双行之道倍之，而道越高山大河者又增焉。

轮车之式不一：有力小而速，专挽坐车者；有力大而迟，专挽货车者；有兼挽坐车货车，而速率有差者。专挽坐车者，一时能驶入十至一百六十墨里。其式动轮大而曲柄短，柄短则速，大轮一周，小轮数周。盖动轮之径，径二法尺有奇，故其行速。惟曲柄短而力小，不能挽重。

相其所挽之轻重，每乘约四万二千至五万五千佛朗有差。其专挽货车者，则动轮小而曲柄长，柄长则力大，轮小则行缓。轮径一法尺一寸，每时行驶无逾六十墨里，可挽重至二万八千石，每乘约值十万七千佛朗。其兼挽坐车与货车者，动轮径一法尺半，一时驶行无逾一百墨里，每乘值五万佛朗。凡轮车之轮，少则四轮，有六轮、八轮以至十二轮之别，而动轮惟二。其动轮有先后错置者，其汽筒有畸正各别者。今则日新月异，形式迭更，总以挽坐车、挽货车与兼挽坐车货车之用。坐车有上中下三等，每车三舱：上等舱位二十四，中等舱位四十，下等五十。上等坐车每乘约值一万佛朗，中、下等尢逾六千佛朗，货车自八百至三千佛朗有差。各国坐车之式不同，外有卧车以便宵征者，每乘约值万三千佛朗，而各车车轮之值不与焉。凡坐车可挽至二十乘，货车可挽至三十乘，乘乘衔尾，蜿蜒道上，望之若矫龙盘旋于云中也。

每站设分局，车近局而止。于是设埠头以便上下车乘也，设厅房以便栖止乘客也，设水井以供汽炉也，设煤厂以资堆积也，设电报以先传知也，设卡房以税货物、以稽偷漏也，设帐房以收发车票也，设车站以容纳各车也，设货栈以盖藏载物也，设标志以正轮车近栈不乱趋也。种种所设，华朴仟意，而贵贱之值判霄壤焉。此创造之人略也。

创造既竣，则贵经理之得宜也。凡站视埠头之衰旺，有上中下之别，而经理之道因之。每站派职站一以总理庶事，派职帐一以稽查出入，派职票一以收发车票，派职栈一以谨慎盖藏，派职报一以邮递消息，派职路一以扫治道路。各职之下，以站之等第定执役之名数。小站一人可兼数职，大站则正职之外复有二副。轮车既行，节制疾徐则管车掌之，对查客票则管票典之，区分载物则管货主之，瞭望险厄则管守任之。分站之外，复有总站。举总司者，所以纲领庶事、纠察庶职也；立会议者，所以定夺大事、节制总司也。于是传宣号令者则有司书，举用执役者则有司职，总理入财者则有司收，分给支用者则有司发，核对出纳者则有司会，修治道途者则有司路，察看机轮者则有司器，余同分站。凡用人，未用必考之，既用必察之，役二三年则序班升之，役二十五年则终身廪之。凡掌财，出有簿，入有票，而敛散之权不主于一司，则利权不专。凡会财，月有要，岁有会，而出纳之数统属于一司，则盈亏立见。此其大小相维，出入相制，所由百事成而庶职举也。凡敛赀，有因地之远近而别其多少者，有分行之疾徐而判其低昂者，有与其他公司互订以昭划一者。各国公司所定敛赀之则，当呈于本国之工部、商部以颁行之。工、商二部核其创造之经费，度其客货之多寡，稽其用度之繁简，而准定之。外加国税若干，大约每墨里公司定则上舱人二十文，中舱人十五文，下舱人十一文，而国税人二文。乳子不取赀，未龀者取其半，充兵者取四分之一。凡货，约每墨里一吨取赀百文，国税六文；其重逾二三石而不及一吨者，取赀如吨数。他如马牛犬羊，各有定则；金银货物，别有定章。统计光绪六年英国轮车乘客至四百五十兆，而货运之吨数得其四之三；他国视铁道之短长而差等其数。此铁道经理之规模也。其所以裕国课、便民生，有不待言者。

窃谓外洋自创铁道以来，其制屡易，其费万千。或由商贾经营，或由国家创造，甚至官偿其息而商收其利，其所以鼓舞招徕之者无微不至。人情好逸恶劳不甚相远，必汲汲然以此为务，良有不得已者。中国自军兴以来，制造之局几遍直省，一切枪炮兵器，渐仿外洋为之，而于外洋致富致强最要之策，如火轮车一事，反漠然无所动于中，盖以为中国有窒碍难行者。而吾以为火轮车惟中国可行，惟中国当行，且惟中国当行而不容稍缓。何也？溯火轮之初创，百病丛生，不知几经改作以臻今日之美备。人为其劳，我承其易，此时会之可行也。中国平原广衍，南北交通，即有山川，亦可绕越，此地势之可行也。中国材铁充盈，人工省啬，非如外洋百物俱贵，动用浩繁，此人力之可行也。

近今中国财殚力竭，凋敝日深，内外臣工争言兴利，而言之数十年，茫若捕影者，无他，以不知有救患之利，有节用之利，有开源之利也。何以言之？水旱之偏灾迭报，而荒熟不能相济，是苦于挽运之艰也。生齿蕃衍，则人浮于可耕之地，疫兵迭扰，则地浮可耕之人，是苦于迁徙之难也。偏僻之区，污吏莠民因缘为奸，而上无以闻，下无以达，是苦于声气之不通也。反是而行铁道，则无艰难不通之弊，此救患之利当行也。国家之用，曰库储，曰军储，曰盐课，无不仰给于转输之费，费浮于物，以致贫民食贵，到处皆然，是苦于转输之难也。反是而用铁道，可省转输和籴之费岁数百万，此节用之利当行也。英人所以致富，曰煤与铁，遍西南洋而尽用之。今我中国豫、晋之产，西人谓其尚富于英，乃未闻豫、晋之煤铁行至千里，岂复望其行于外洋以夺英人之利乎？是苦于来原之否塞也。谚曰："百里外不贩樵，千里外不贩籴。"是苦于货泉之滞销也。言利之臣又从而税之，以为多设一卡即多一利源，不知税愈繁而民愈困，民愈困而国愈贫矣。盖财之于国，犹血之在身，血不流行则身病，财不流行则国病。反是而用铁道，则无否塞、滞销之患，此开源之利当行也。

然此犹曰行之有利，不行尤害，非所论于当行而不容稍缓者。试思今日之域外，环中国之疆宇无非铁道也。英由印度北行，且逾廓尔喀而抵克什弥尔矣。俄越乌拉山岁造二三百墨里，行且至代什干而逼敖罕矣。法肆并吞安南之谋，已侦谍洮江、富良江之源，而直入滇省，规为铁道之图矣。英人复由披楞之东，行且与缅甸接壤矣。倭人力效西法，新旧二都已绵亘铁道，而睥睨东溟矣。俄人踞图们江口立电报，由恰克图以径达俄都，行且筑铁道于黑龙江滨以通挽输矣。吾若不乘其未发之时急行兴作，将不数年，各国之铁道已成，一旦与国失和，乘间窃发，而吾则警报未至，征调未齐，推毂未行，彼已凭陵我边陲，挖扼我腹心，绝我粮饷，断我接济。吁！可危也。且思轮船梭织海上，西洋各国运兵而至者无逾四旬日。即俄国由博罗的海而达中国，亦无逾五旬日。而吾自腹省调兵滇南，或自关内调兵塞外，能如是之神速乎？以轮船之缓于轮车，而人在数万里外反居我先，矧异日各国之以轮车环集我乎！且中国数万里之疆域，焉能处处防御，所贵一省之军可供数省之用，一省之饷可济数省之师，首尾相接，遐迩相援。为边圉泯觊觎，为国家设保障，惟铁道为能，此所以当行而不容稍缓者也。

而难者曰："铁道之可行、铁道之当行与行之而不稍缓者亦既闻命矣，而无如终以筹款为难。子前所言筹款一端，但言官商合办之章程，而实未言款项之所出也。今且下理财之诏矣，而各直省所节者无逾百万，各关口所税者无逾二十兆。东海有筹防之费，西陲困挽输之劳，画地抽厘，悉索已尽，信使络绎，征求实多，疆吏辍炊，司农仰屋。欲于此时筹一巨款，能乎不能？使不筹款于国帑，辄思鸠资于民间，不知民间十室九空，亦犹国帑千疮百孔，即有二三殷实用志举办，究之孤掌难鸣，多口可畏。况乎律称钱财为细故，官视商贾为逐末，一有差失，既不能向官府以雪冤，复不能假律意以自解。而计秋毫之利，因之倾家，掷百万之金，缘以媒祸，又谁为为之？"呜呼！是不知因时利导之方也。官办商办，在初创铁道固有游移，今踵各国而行之，实有成效。国帑虽空，独不能赊贷而化无为有乎？民资虽竭，独不能纠股而积少成多乎？联官商为一气，天下岂有难成之事！

而或者又曰："中朝而行称贷之事，国体有伤，不急而开洋债之风，牵掣实甚。"不知泰西各国无一非债欠数千兆，而英、法、德、俄之称雄如故也。苟不借浮息之债，时偿当予之息，又何畏牵掣哉？夫借债以开铁道，所谓挹彼注此，非若借债以偿赔款而贻偿息之累。况借债另有变通之法，其法维何？曰：铁道专由商办，而借债则官为具保，如是则阳为借债之名，阴收借债之效。用洋人之本，谋华民之生；取日增之利，偿岁减之息。使或牵于庸众之见，惑于无稽之谈，而犹不肯为是也，独不见壬寅赔鸦片六百万元，又赔英商三百万元，又赔兵费一千三百万元；庚申赔英国广东之费四百万两，又赔法国广东之费二百万两，又赔英、法二国兵费一千六百万两，其款有大于铁道所需者乎？曰：是不得已也。曰：正惟不得已，而吾恐今日之以铁道为可已者，将来之不得已且十百倍于此而不止也。群疑众难之心胸，亦曾审思之否也？

借债以开铁道说

己卯冬（光绪五年，1879）

债者，所以剂盈虚，通有无，与市易之道并重。其始民与民借，未有国与民借者也。国债之说，仿于欧西之希腊，周时波斯来侵，饷匮急不能筹，告称于民。罗马因之，往往募豪富人相假贷，无所取信，民不乐从。越千有余载，英、法、奥等国构兵，兵费浩繁，其君能信用其民，民乐输借。故康熙五十五年，诸国借款负至七千五百兆佛朗之多。又七十余载，负至万二千元百四十兆半。又二十余载，负至三万八千二百五十兆。然此犹国与民借，未有国与国借、国与他国之民相借者也。乾嘉以后，此风浸炽。计道光二十七年，诸国之负积至四万三千二百七十六兆，然此犹借债以筹饷，未有借债以制用者也。而咸同之间，则欧美诸国铁道机厂、电报之属日新月异，动用浩繁，专事借贷，于是同治九年，诸国之负积至九万七千七百七十四兆。近今十年之际事变益烦，外洋国债积至二百万兆有奇。期间印度二千五百七十五兆，日本、香港四十三兆，新金山八百九十四兆，亚非加洲九百九十一兆，余皆为欧美各国所欠。

夫此各国者，论幅员则不广，论生齿则不繁。而遇有乞借，则借之人不可胜数，借之银不可胜用，沛乎如泉源，浩乎若江河。是遵何道以致此？曰：取信之有本也，告贷之有方也，偿负之有期也。此三者，借债之经，而行权之道则存乎其人。

西人云：“取现在之银，偿将来之息，谓之债；恃将来之息，致现在之银，谓之信。”故凡乞借于人者必有所恃，豪商恃其蓄积，素封恃其田庐，国家恃其赋税，故计臣以国计之盈虚为借债之难易。英国素称饶富，其借款率皆岁息三厘，鲜有逾于四厘者。法国如之。惟军兴需饷孔亟，迫不得已，岁息加至五六厘。而执政之臣又不愿负此重债之名，因于借债之中寓加息之意。如英人有以八十三至七十九当一百，而岁息三厘；法人有以九十二至七十六当一百，而岁息四厘、五厘者；意大利国用支绌，至以四十九当一百，而岁息三厘；西班牙借三百兆佛朗，至以四十二当一百，而岁息三厘，名曰三厘，盖不翅六厘矣。此以行军縻帑，无可指之款以偿其息，致令债主寒心，不能不居奇以昂其息。

至于借债以治道途，以辟山泽，以浚海口，以兴铁道，凡所以为民谋生之具，即所以为国开财之源，与借债以行军，其情事迥不相同。故人人争输，云集雾合，不召自来，恃其有款之可抵，有息之可偿故也。英国筹民间善后之银，岁借一百五十兆至百七十五兆佛朗，其印度债款至三十兆，新金山债款一千一百兆，率皆用制铁道。而法、奥、意大利诸国修治铁道之费，称贷数千兆。下至弱小如秘鲁，铁道之费借诸欧洲，亦至三千二百万金磅，贫瘠如都尼斯，亦借至十万金磅，而土尔基与埃及诸国无论矣。然则取信之道在有所取偿，取偿之道在有所指名。无所指名则取信不深，取贷不广，若仅曰国饶则易，国贫则难，犹未知信之有本也。

告贷之方，难更仆数。散借于凡民，则苦其零星难集；专借于豪富，则虞其需索过多。前二百余年，西国借款往往取于银行，大为所困。盖仓猝之秋，供亿困乏，不得不迁就于目前，固非告贷之能事也。善告贷者务于平日结纳其银行，牢笼其富豪，而后缓急相需，仓卒可办。不然，鲜不为人所挟制。至嘉庆初年，始向民间告贷。英国创之，不旬日得一千八百万金磅。荷兰继之，于道光二十二年得三千余万佛朗有奇。奥国于同治初年得六百兆佛朗有奇。法国踵行之，至赔普国兵费只需三千兆，乃一呼即应者竟有三万七千余兆。而俄罗斯、意大利、西班牙于南北亚墨利加各小国，皆遣赴英、法，径向民间借取，不可胜数。大率息银五六厘，视银行之息稍轻焉。惟恐凡民顾虑，集腋难成，则有先向银行取用，渐令转借于民以足其数。然由银行介绍，或恐经手分肥，为息必厚。英人于此思有以减之，乃先期判示，明订所借之数与所予之息，使银行之愿贷者各书所取之息，函送前来，然后择其息轻者贷之。自有此散借、专借与先示后择之方参错互用，而各国兴作工程之费，借于英、法官私银行者动以数十兆计，其称息无逾六七厘者，则告贷之有方也。

取信既有本，告贷复有方，宜若无难事矣，而不知偿负亦正不易。法当于称贷之初，即豫留清还之地。有予倍称之息以啖债主者，人存则予，人亡则本利俱无，且以亡者之利归并于存者，存者日少而利日多。人思身与利存，而不思人与本俱亡也。法国尚欠此等债款七百六十一万佛朗。昔欧洲遍行此法，自有保寿公司，乃渐废矣。有债偿之外另偿若干，逐渐腾还，视其另偿之多寡，限三十年、九十年以结清者，英国于同治八年尚欠此等债款四百万磅。有常息之外另提余息以资阄还者，言定常息由三厘加半以至四厘，余息由厘半至二厘，常息则按年一付，余息则两年一阄，阄以债票，得票还其本银，外加若干倍以偿之，偿之厚则贷不吝矣。故西洋城市修治街路与开矿铁道概从此法，而土尔基与埃及之铁道则专以此为务矣。又债券书票号不书名姓，以便辗转抵用，一如银票，使公司之利厚者岁提一二成赎回其票，则不言偿而自偿矣。姑不论重息以偿本，固利以赎债，与腾还、阄还各法孰得孰失，要皆于利息之中寓归还之计。至于应变无方，则存乎其人，尚何虑负之不偿、偿之无期哉？

今中国议开铁路，当以筹款为先。顾将筹之于官乎？而京协等饷，拮据已甚。抑将筹之于民乎？而风气未辟，集股维艰。无已，则有借洋债之一法。然而借债以开铁道，事属创举，苟非仿效西法，参酌得中，何足以臻美善而绝流弊？窃尝熟察事机而统计之矣。中国果借洋债，办法多端，其中有不可行者，有不可不行者，有可行不可行因乎其人者。

天下之利最患中饱。各口洋商林立，而银行之出贷者无逾三四家，俱系外洋分行，计其成本，只足以供市肆之所需，不足以应经营之大举，势必乞诸其邻，从中渔利。况乎只此三四银行，保无有互相勾结，垄断为奸，即使外国大银行派人来华，亦难越其范围。为今之计，惟有自行承办，径往英、法都会，与其官私银行面行商榷，由我计息，由我定价，杜居间把持之弊端。语曰："争名者于朝，争利者于市。"英、法都会，天下称贷之市朝也。又况所需之款，专为在外洋购置轮车、机器、铁轨之用，使由中国借银汇至外洋兑换磅价，必至折耗，不若以外洋之银购外洋之物，既免折耗之费，复无垄断之虞。反此乎而在中国各口谋之，其能集事也难矣。此不可行者一。

借债与入股有别，入股可坐分每年赢余，借债者惟指望按年之利息。中国创行铁道，绵亘腹地，岂可令洋商入股，鼾睡卧榻之旁？前土尔基初置铁道，入股者率属英、法、奥国之富户；埃及凿苏合渚河，入股者率属法人，河工告竣，法人专享其利。前数年，其股票大半落于英人之手，于是立约，以其河为万国通行之河，各国兴戎，亦禁不能封，岂非开河利人，反自贻其害乎？往岁承办苏河之法人，名来散贝斯，又议于南北亚墨里加洲中腰凿巴剌玛峡，以通东、西太平二洋，美国阻其承办，盖有鉴于斯也。是铁道之不可招洋股也。此不可行者二。

制造铁道，需时甚久，非一二年所能蒇事。而此一二年中所借之款，岁须输息，取之于国库而国库空虚，取之于铁道而铁道未竣。惟有仿效西法，并五六年当偿之息，一气借成，以免异日腾挪无所，失信于人。此不可不行者一。

计铁道所需费数千百万，既无久假不归之理，亦无全数尽还之力；即或摊分拔还，而每次拔还之数亦必累至百万，力不能胜。惟有仿效西法，每年偿息外，别提或一厘或厘半，大约摊至五十年即可结清。此不可不行者一。

中国初创铁道，由京以达淮城，往来通衢，创兴之后，利可倍蓰。但一借洋债，每年输息数十万，是中国之铁道反为洋人之利薮。惟有仿效西法，一切借券第标号数，不标姓名，一俟铁道得利之后，将其券逐渐收回。此不可不行者一。

借贷之事，曲折难行。其借也，银行可按期而取足，民间难悉数以取盈。然银行利重，民间利轻，因创铁道而借洋债，其豪商或知其利而生艳羡之心，其小民或不知其利而无输将之意。是在经理者多方相度，委曲相通，使各国民间皆知此事为中国兴利之事，信之深而趋之众，庶可裒成集腋，不为豪富所把持。此借于银行与不借于银行者之未可预定也。外洋铁厂，指不胜屈，而首屈者则如德之克鹿伯、法之科鲁苏、英之塞斐尔德，工匠六七千，岁销数百万，其厂主素慕中国铁道之利，假使径向赊欠各种轮机轨辙铁道所需，工竣后按年拔还，彼必乐从，似可减轻贷之款而省转折之耗。所虑者，彼或高抬价值，或阴为主持，反不若借银偿银较为直捷。是在经理者酌理准情，通方达变，以求一万全之策。此赊欠铁厂与不赊欠铁厂之未可预定也。至筹偿负之法，或附入本息以摊还，或阄取债券以清结，往往失之毫厘，累苦巨万，亦难臆料。此皆可行不可行一视乎其人者。

或曰："借债必有所取信，取信必有所指名。今向洋人借债何者取信？何者指名？西人惟知中国购置机炮必偿其值，与夫西征借饷必偿其息，然皆官为之任而有所指名。今猝需款数千万金，无所质信，能乎不能？使或惧西人之不我信而指关税以为名，无论关税各有分项，难以腾挪，且前者借用洋债之时，议者动谓窒碍多端，司农奏明停止，似亦未便因此再借巨款，致烦过虑。”曰：此乃不知借款以行铁道之理也。欧美诸国铁道迄今造成者不下四万余里，何一非借款以成？何一有取保之说？而所恃以取信者，不过恃一素有名望之监工踏勘估工之清单，与夫日后运载之利益耳。中国铁道以联络南北为要，所获赢余必甲天下，人人共知，诚得一精练监工细为勘估，即持所勘估者以示外洋，必可取信，何事国为之保、指关税作偿款而后可哉？

使或虑为效迂远，难供运用之需，则有简便之法。其法维何？曰：先筑一由津达京之铁道，以为提倡。其利有六：

中国铁道未经监工估计，而由津至京闻有一英国监工尝谓履勘，袭其已勘之迹，再加复勘，则事半而功倍矣。其利一。自津距京径行逾二百里，期年可成，明效易见。其利二。南北铁道非一二年可竣，造端宏大，易启惊疑。津京铁道一成，则南北往来先以轮舟，继以轮车，士庶官商，人人称便，将来继筑南北铁道，集款必易，转运亦速。其利三。中国之行铁道电报，事属创见，不知者必群起攻之，以为宜于外洋而不宜于中国。使津京铁道一成，人见其周行之便，驰驱之疾，无不习为故常也。且平素以车为生者，为火车搬运货物、起卸行李，较畴昔有益无损，而后知铁道之设上足以利国，下足以利民，止有因铁道而便于往来之利，绝无因铁道而失其生计之害。如此，则他日考求西学，小儒不至咋舌，清议不至腾口矣。此亦挽回气运之先声也。其利四。铁道之难，不在创制之维艰，而在经理之不善。南北铁道执役之人数千，经营之人数百，华人既不谙行铁道，势必专雇洋人，费不胜计。今若先制京津铁道，挑选华人学治道途，学置铁轨，学驶轮车，学司收纳，他日即可用于南北。其利五。初创铁道仓卒，借债之主不能深信，息或过厚。西人著论中国之书充栋汗牛，皆以“官饱私橐、政出多门”为说。倘举铁道由官督办，外洋债主虽知斯道之必可获利，而或恐事权不一，侵蚀甚多，日久弊生，债主受损，于是增其利息以为孤注之掷者有之矣；否则遣用信人，名为监察各事者有之矣。今制津京铁道，用人宜专，制法宜善。在我必慎于始，以立渐推渐远之基；在彼得全其资，益征无诈无虞之信。即使创造伊始，借息或重，而需款不巨，则偿息亦微。洋人见中国铁道有成，异日借用巨款其息必可大减。是津京铁道之足以取信者远也。其利六。

夫通道为浚利之源，借债乃急标之举，术虽补苴，要皆气数转移之机，国家振兴之兆。苟于借债之中不筹一泛应曲当之良法，而顾鳃鳃焉虑有流弊而中止也，是何异虑色荒而禁婚姻、虑禽荒而废蒐狩也，弗思尔矣。

上李伯相论朝鲜商约界务禀

壬午夏（光绪八年，1882）

忠前于本月初五日由烟台舟次肃上一禀，谅尘钧鉴。计此次东渡，除襄助朝、德议约外，尚有令朝鲜预筹与俄罗斯边界交涉事宜，与咨访中东陆路通商利弊二事，请将抵朝鲜后一切办理情形分别陈之。

溯自初六日烟台起碇后，至初八日行抵汉江，则德使巴兰德已与其统领驻扎大东洋兵舶，总兵贝朗格驾兵舶两艘先二日至。即夕作书致前议约官赵宁夏、金宏集二人，令请国王派议约大员来会，并即将约外声明照会携来。初十日，巴使议定，以忠不谙德文，此次约稿援中西成例，参用法文一册，俾便较对。十一日，朝鲜国王仍派赵、金二人为议约大、副官，赍照会驰至。次日，偕往德舶与巴使会议。初，英、美二国约外照会均于签押日与约稿国书并交，此次以巴兰德素称难与，虑有反覆，遂于是日令赵、金二使先将照会赍交巴使，然后由忠议定于十五日签押。巴使以事成之速，喜出望外，于约稿一无更易，惟欲于约外另立照会一通，以略表异英、美二国之外。忠视照会所书“特恐朝、德换约需时，请于美、英二国换约后同时令商民先来贸易”，忠以所请于约稿无关出入，令朝使照覆允行，而于文内为增入“未换约前商民虽准与美、英二国同时贸易，而领事官来口仅以宾礼相待，不得以公牍议事”一层，以示区别。十五日，仍会同于济物浦支帐签押，壹是如例。德舶即于十七日起碇，忠亦偕丁提督率威远、超勇、扬威、登瀛洲四舶同日西渡。而日本花房义质在汉城闻朝、德议约，复于十一日令其参赞近藤真锄来我舟及德舶侦探约稿，未得见，怏怏而去。此忠襄助朝、德议约情形也。

振帅为俄国事致朝鲜兴寅君书，交尹泰骏乘扬威快船赍来，扬威行道旅顺勾当公事后，明日始至。忠于初八日致赵、金二使书时，即先录底稿寄去，令呈其国王与执政预为筹议。迨宁夏等至，语及此事，则云其国与俄国何处交界，及有无商务，应否商办，在廷均属茫然，其国王转命来询于忠。忠因为遍稽掌故，则朝鲜与俄国本非接境，自咸丰十年中国与俄罗斯立约分界，以图们江口以东地归俄罗斯，于是朝鲜与俄国始有交界之处，则欲考朝鲜与俄国交界之处，当先考朝鲜与中国交界之处。谨按《会典》："康熙五十一年，乌剌总管穆克登奉旨查边，至白头山即长白山审视，西为鸭绿、东为土门，遂于分水岭勒石为记。"盖中国与朝鲜以南北分界，自长白山迤西则鸭绿江间之，北为中国，南为朝鲜；迤东则土门江间之，北为中国，南为朝鲜。而咸丰十年中俄和约第一条，则中国与俄罗斯系以东西分界，自松阿察河经晖春河迤南尽图们江口，东为俄罗斯，西为中国。图们江即土门江，又名豆满江，审是则土门江口迤西，朝鲜仍与中国隔江接境，而与俄罗斯交界仅在江口一隅，又朝鲜通文馆记丁卯年咸镜道观察使金有源称："有异样人至庆兴府东门外，声称为俄罗斯人，该国都统遣其在对岸界牌近处筑室。"稽诸地图，则庆兴府东门对岸即土门江口之穆湖葳地，则两国交界仅在土门江口，其证尤明。且查中、俄和约，称"两国交界与土门江之会处及该江口相距不过二十里"。而此二十里，当时以为中、俄分界之所，如春秋吴越具区，两国均不得有，不得谓之俄境，则朝鲜与俄国接境仅在江口出海一隅，其地甚小，且隔江相望，界划判然，非若他国壤地毗连、必须派员会勘乃明者比。而以言商务，则此江口一隅仅属荒地，即附近之处，亦无大都会可屯集商贾，故向来中东互市，惟在庆源、会宁二处，从未有在土门江口者，以其地僻远，非懋迁之场故也。庆源、会宁均在土门南岸，与吉林隔江接境，俄国欲来此通商，必先越过吉林地界，是两国边界并无商务可兴。壤地既非毗连，商务又无可兴，则派员至交界商办一层，似可毋庸置议。第俟两国立约后，公同遣人至该江口鹿岛之北树立界牌，如有越境人民，当按照中、俄条约办理。至论通商，则俄国海参葳地方与朝鲜已开元山口岸一水可达，宜仍照各国水路通商章程办理为善。旋以此意语诸赵、金二使，二使亟以为然，遂请于国王及执政，仿照以上所言大意函复振帅，交忠携回，俾由总署转示俄使。此忠令朝鲜预筹与俄国边界交涉事宜，而朝鲜嘱忠代为筹议之情形也。

至若中东通商，水路章程自可新定，而陆路则均有成例。忠查朝鲜土产极少，惟红参为大宗，民间不得私售，每年开采由公家收齐，交贡使携至北京出售，即顺携中西细缎纱布各货而归，借逐什一。此例相沿已久，其国自官员以至通词人等，皆以是为谋利薮，未便遽变。此外互市则有吉林之庆源、会宁，奉天之中江三处，庆源互市二年一次，会宁互市每年一次，所市者不过牛犁等物，交易极微，而费用甚巨，朝人颇以为累。惟中江互市每年一次，所市者亦为细缎纱布等物，商务稍旺。前闻王枢堂在津曾与宪台有欲罢庆源、会宁二处通商之议，忠此次至朝，密为咨访。朝人谓“圣朝顾恤藩封，无微不至，惟吉林两处互市稍贻东方之累”，设一旦罢去，则其感朝廷之德与宪台之恩，当必愈无暨极。中江商务稍旺，于其国亦无所累，可姑置之；将来海禁一开，中西各货均由水路而来，则中江一市久且自废。顾各路通商章程，尚须就各国成例量为变通，以存属国之义。其大端如各国驻扎公使为国家所派，中国则第当由北洋大臣委员前往，俾便与朝鲜官员平行，而中国人民在彼涉讼亦即归委员照《会典》所载会审成例办理。又如“朝鲜人至中国，须准其以土货入内地，及入内地采买土货，与以土货由此口运入彼口，中国人民至彼亦然，以示属国无分中外之意”等款，均当另行酌议。惟税则仍应按照公例，盖过示区分，恐各国亦或别生议论。此忠咨访中东陆路通商利弊，而兼筹及水路通商章程之大略情形也。

愚昧之见，是否有当，仰求指示。兹于十八日行抵烟台，谨将一切办理情形肃陈崇鉴，幸垂察焉。

上李伯相覆议何学士如璋奏设水师书

壬午冬（光绪八年，1882）①

中国自古以海洋为大防。自轮舟制兴，海外数万里之国，莫不以师舶梭巡我海疆，出入我口澳，布伏我肘腋，窥伺我虚实。于是向之恃为大防者，今则处处设防，谈国是者始抵掌而言水师矣。然水师之亟宜讲

---

① 原底本《适可斋记言》与现通行整理本均载该文作于辛巳冬，即1881年冬，笔者认为应作于壬午冬，即1882年冬。理由是：一、既是复议，应在何如璋之后提出，何氏向朝廷上奏议水师是在1882年9月，见中国史学会主编《洋务运动（二）》（531页，上海，上海人民出版社，1961）。二、在该文上李鸿章书中，马建忠说道：“今年朝鲜之役……”“朝鲜之役”当指“壬午兵变”，它发生在1882年7月，马建忠随同丁汝昌等人去处理此次兵变。三、该文内容中有这样的话语：“客秋中堂试驭快船至旅顺，目击金州水师废弛、罾艇搁朽情形，入奏请撤。”“客秋”指去年秋天。李鸿章上《请裁金州艇船片》是于1881年10月11日，见《李文忠公全集·奏稿》卷十二。所以，马建忠上李鸿章书当写于1882年冬。

求、亟宜整顿之故，原奏已历历言之。至酌设水师事宜，分条为六，尤以设立水师衙门为重，诚深得整顿中国水师之要领。

查欧美诸国始创水师，均隶兵部，其员弁与陆营可互相升调，嗣以水师职事至专且繁，精而推步测算，粗而升火添煤，废一则不举；水师器械至多且赜，小自绳索水管，大至帆樯炮位，缺一则不良。苟权无专属，事无统宗，必至精粗大小之事纷无纪律，则虽有人有船，而用违其才，与无才同，器不适用，与无器同，平时无以振声威，临事无以济缓急。于是乃设海部以总之，其人员则自统帅总领以至舵工火夫，其工程则自范合绳墨之始基，以至气表远近之美备均属焉。近来日本讲求水师，立海军卿，即师此意。

窃惟中国自筹办水师以来，统计大小兵轮，自制与购成者已有四十余号。徒以分省设防，画疆而守，遇有事变，拨调他省师舰以为接济，而号令不齐，衣械不一，平日既无统属之分，临时难收臂指之效。朝鲜之役，南北洋师舰相遇，且不能以旗号通语，更何望其合操布阵。南北洋不能一律已如此，而他省可知矣。论者方且祖述前明戚继光、俞大猷所论海防之绪余，以为南北沿海设立水师提督，分三镇守防，以时会哨，为海防上策。是徒知风帆之利，而不知轮船之捷也。

伏查国家经制，凡一事关系数省者，则责成一人以督理之，故各省漕务则立有漕督，长江五省水师则立有长江水师提督。拟援此例，如原奏所请，请旨特设水师衙门，以知兵重臣领之，职掌机要，总决庶务。凡各省之大小兵轮，及沿海之机器、船政各局，皆归统辖。衙门既设，更立五司以经理庶务。一军政司，二典选司，三广储司，四粮糈司，五会计司。先遴选练达正直之员领其事，俟水师人才辈出，择其尤者以轮补之。并拟设立议事处、稽察使：凡事大而不能遽决者，则询议事处以献替可否；地远而不能猝至者，则派稽察使以廉知得失。夫然后纲举目张，水师之能事毕矣。

伏维我中堂殚尽竭虑，整备水师，立有机器、支应、船坞各局，规模亦已略具。然问途必于已经，立法贵求至善。英、法创立水师百有余年，至于今，举数十万水师之将士而人皆自爱、事尽称职，举数万万之帑金而无丝缕之虚糜、无分毫之浮报者，夫岂以外洋之人贤于中国哉？亦法制使然也。以中堂之才力威望，整理海防，挈领提纲，原无取拘泥成法。惟中国水师创制伊始，非得一大有力者将一切制度为之厘定，俾得张弛因革悉协机宜，以垂百世令典，将继起者何以为萧规曹随哉？水师衙门既设，然后何学士所陈六事可以贯行。谨次第其先后，权衡其缓急，分条细缕，为我中堂陈之。

一、原奏勤训练一条，以储人才、勤教练为水师第一急务，诚至当不易之论。盖水师莫急于制船，莫难于选士。师船之值最巨者，多则二三百万，小者亦不下数十万。价值虽昂，使有款项，克期亦可蒇事。若水师将士，非召募可集，非立谈可至，自入学至管驾，竭心力以求，少则十年，多则十余年，方可称职。此人才当储之说也。欧美水师之分强弱，不在船而在兵。以俄国之大，船富兵多，乃黑海之战，战舰四十五号，英、法师船未及其半，而俄卒不敢犯之。其攻土尔基也，以铁甲巨舰五十余艘闯入黑海海口，英遣师船侦之，仅十余艘，俄遂未敢跬步离海澳。何哉？俄兵多而未练，将少而未教。此教练当勤之说也。查英、法师船数足相埒，法之官员学问每优于英，而英反甲于法者，以法兵之精者无逾十万，英兵之精者乃可四十万，其教练然也。美国之师船少于欧洲各国，而滨东、西太平两洋之间，居民胜兵者数十万，指顾可集，精锐实不亚于英，故南北花旗之战，卒收水师之效。至今谈水师者，莫能轩轾英、美。此将宜练，而兵尤宜多练之说也。练将之法，自学院始；练兵之法，自练船始。其目有五：

一曰分设小学以广收罗。现在天津已有水师学堂矣。沿海各省不乏英俊子弟，或因路途间隔，以致裹足不前，诚如折内所虑"造就之途太隘，成材或恐不多"。若各口设一水师学院，经费既虑不支，而日后各学造就之士，志趣未能一律，则共事难望和衷。拟请仿照西国章程，于沿海省分如广州、福州、上海、天津等处，设立水师小学。学内选取十四五岁幼童，以五十人为额，专取身家清白、五官无病、汉文稍通者充之。入学一年，课以英语九事，并用华语课以算学，先取几何之浅近立数十题试之，旁及经书中之言兵事者课以论说。每岁由水师衙门派员临学，按程考试，中程者送入大学院。每学院取送十五名，四学所取，岁计六十名。各学由水师衙门派监督一，派洋文兼算学教习各一，派汉文教习二。幼童年及十五岁考不取者黜之，未及十五岁可留学再考。幼童入学，由监督选补，岁中中取者不及十五责在监督，滥取者责在考官。

二曰设立大学院以专造就。水师所需人材至不一矣，然今日聚之一学之中，他日即分为各舟之用，故宜齐其心思，一其志趣，方可收同舟共济之效。拟仿西国章程，于水师衙门左近设一大学院，定为年限，分立各科。凡由小学送入幼童，即教以英国文字，以华语教以几何、八线、审面、重、力、流、热、光、电，以至天文、舆图及格致诸学之浅近者。圈读中国史鉴以博其识趣，诵览外国史书以广其见闻。如是者二年而后考。考六十，取五十，以躯干魁伟、心静胆壮者三十名送入学生练船，专学驾驶，以精于算理者十名专学制造，又以五名学医事，五名学会计。学制造、医事、会计者，仍留大学院分门而课。如是者又二年，各以所学比较，其入格者，习制造则为考工生，派入各厂以执艺事；习会计则为支应生，派入各舰稽核，兼习公法，以司文案；习医事则为医学生，派入医院以资阅历。以上各科，宜先请外洋专门教习各一。初入学院之幼童，约派教习六人以教之。学院必课英文者，欲其异日通晓外洋专门新旧书籍，不至故步自封也；必以华语讲解各种学问者，取其口耳熟习，易于进境，并易于化俗也。外洋诸国学院皆以本国语言讲解各种学问，现在总署同文馆所课算学亦用汉文，此其明验确证。惟专门之学如制造、医事等项，初创学院，中国人才未出，故拟先请洋教习以英语教之，此时学生已读英文三年，可无扞格不通之病矣。但外洋重、力、格致诸学，名目繁多，迩年所翻译者义理未能明晰，名目尤无画一，拟乘立学之时，令各院教习采取古今书籍内相当名目，厘定成书，奉为典则，庶无泥古背今、同名异义之虞。至船上各色口令，尤宜准定，颁诸练船师船，奉为定式。此虽细事，然一或不慎，贻害匪浅。数年前德国甲舰二艘驶近英、法峡海，口令不一，舵工误听，以致二船相击，人船俱沉，可为殷鉴。外附水雷学堂一，由水师之佐领应选，专习制造演放各种水雷，一一使之明体达用。计入学六月可竣事，再更番选充，所储益广。

三曰设学生练船以知驾驶。水师人员依船为命，必须衽席风涛，方可任驾驶之选。英国水师学生，年十三岁即入练船，法国学生年十六岁，他国学生至迟亦无过十七岁者。若如以上所拟，幼童年十五岁入大学院，二年后考送练船，则已十七岁矣。拟请于旅顺口置一大练船，舱可容八十余人，岁由大学院考送三十名，简派专门教习。初次开办，似宜专用洋员，教以测量星象，推算经纬，运用仪器，演习帆篷、运舵、掉艇、结绳、升桅、探水、演炮、试枪、舞剑之法，为之口讲指画，不厌不倦。其颖异者进以讲解汽机炮火之体用，测绘海图之浅深，旁采各史所载用兵制胜之条，以水战为主，而海防及外国各史所记战事为尤重，反复而辨难之，暇则令之温习学院所课各学。如是者二年而考，考取者派入各舰为少从，若额外外委之属。再派帆船二艘附于练船，使学生轮班出洋，自行驾驶。外附管轮练船一，凡各小学与大学院未经录取，其有富臂力、擅巧思者，再严汰而妙选之，使专习拆配机轮、布绘图式之事；其轮机制作之精，亦稍稍与之论及。如是者岁取二十余人，年终考取者，派入各舰为管轮生。至各项练船，可由水师衙门调取他省木身轮船以改之，而经费可省矣。

四曰分设练船以练兵卒。中国沿海七省之民虽风气各殊，刚柔不一，而募为水师兵卒，适可相济为用。拟于粤之南澳、闽之北馆、浙之定海、奉之旅顺，设练船各一艘，就近招募十五岁以上，约身高五尺一寸、胸围二尺六寸者，岁四百人，派入练船，教以操演、步伐、枪炮、刀剑、量水、罗经、荡桨、凫水、卷篷、运舵、结绳、接索、缝纫各事。口令皆用北音，以便他日南北各船互调，不致有隔阂之病。年终由水师衙门派员考演，技艺全者录取，取额每艘不过三百，练船四艘，岁取千二百名，派入各舰充当下卒，若古之羡卒。管火、管轮，亦由练船分年挑选，教习技艺，岁取二十人，共八十人，派入各舰充当下等火夫、轮夫，若今之长夫。如是行之九年后，可练劲卒万余人。

五曰设卒长练船以精技艺。一船之内，号令者将领也，奔走者兵卒也，而承上启下，厥有卒长，卒长得人，则一船理矣。拟请于旅顺设一卒长练船。凡派入各船充当下卒者，以次考升上卒、中卒后，即由各舰管领拔其尤者，岁送若干名，分门教演准炮、操作帆舵、传语、绘图、工作日记各事，统计各舰选送无过百名。越六阅月而考，考取者分派各舰充当炮长、队长、艺长之副，岁约八十名；其技艺精到者，即挑作兵卒练船之教习。语曰："一人善射，百夫决拾。"又曰："一人学战，教成百人；百人学战，教成千人。"故卒长多多益善也。考之英国水师，督领五十人，管领一百五十人，佐领六百人。英国战舰既多，需材自夥；中国初设水师，但得督领十人，管领五十人，佐领二百人，已可应用不匮。约计督领之材至少养至十五年可成，管领之材养至十二年可成，佐领之材养至九年可成。若按照以上拟请各条办理，九年之后，约可得佐领二百人。而今之为佐领、为管领者，再加淘练淬励之功，已可升为管领、督领矣。再以九年之中各练船践更递换，新旧相参，则可练兵卒万余人，可练卒长五六百人。此中国水师之根本也。

一、原奏有精选拔一条，内称"严行科简，信赏必罚。官则较优劣、别勤惰，限年以为迁转，兵则定格挑补"等语。夫御将之道，贵黜陟明，将兵之道，贵赏罚明，而后将能用命，卒皆效死，百战百胜，此养陆军之术也。水师亦何独不然。惟水师之与陆军，其险夷劳逸固殊，而其学问技能，胥由积累而至，其选择有倍难于陆军者。何以言之？陆军列屯出戍，步步立营，训练勤奋，纪律严明，即可以成劲旅；水师以船为家，出没风涛，或台飓起而艨艟掀簸，或雨雪至而肢体皲瘃，昼夜宣力，寒暑靡间。此平时劳逸之不同也。陆军出战，可进可退，心有所恃，胆气自豪；水师迎战于汪洋巨浸之中，一遇敌船轰发雷炮，倘使机釜船舵偶一中伤，全船覆没，长平坑卒，无此惨烈。此战时夷险之不同也。而况陆营兵卒，演枪准炮，各有专属，骑士材官，立有专营，但求步伐整齐，号令不乱，初无委折繁重之事；水师训练兵卒，事多且精，使之升桅则如猱之捷，使之泅水则如凫之安，使之操炮演枪则必如由基之射，一绳一索，考据精详，一杠一帆，体用明习。此水陆兵卒技能之不同也。陆军之将，所长者骑射，所精者击刺，其于地理之厄塞险易，古今之阴谋韬略，精研舆道，晓畅戎机者，古今名将，代不数觏，其或搴旗斩将，建树奇勋，类恃其血气之勇，听将率之发踪指示，非必尺籍什伍，人尽知兵；若水师之将卒，其入学也既已稍通文义，及其肄业，各事莫不殚极精微，于算学则阐员锥曲线之微，于格致则极分化体质之细，于制造则尽机轴相箝、轻重互配之理，于公例则晓局内局外、主战主和之机，而弹药之疾徐、铁钢之坚韧、水火之分度、礁砂之隐显、风信之征验、桅舵之将迎，皆其分所研究，至通晓外国语言文字，以资临事之应对，以阐未发之阴符，又其余事。此水陆将官学问之不同也。综此数端，难易立判。知其不同而无以异之，则激励无由，真才不出；且重其不同而无以私之，则恩义不笃，竭力难期。盖所以异之私之之术亦有三焉：

一、拟请别立名目，稍崇体制也。西国仕途，武重于文，盖能武者必能文，而能文者未必能武，合文于武，故第以武名而武重矣。是以西国水师，有以王子王孙之贵结发入学而跻升统帅者，有千把外委之微秩而与国之相臣抗礼者，其优异可知矣。中国初设水师，官员多居武职，以其职掌武事故也。夫因其执掌武事而授以武职，可也；授以武职，而令文武兼全之才士同于引重挽强之粗人，不可也。中国重文轻武之风积重难返，凡居武职者，不复问其才学若何，即睥睨而不屑为伍。甚有以数年充当管驾之员，一二语与长官龃龉，立受杖责，反不如从九未入班者，其习俗使然也。查外洋水师人员，有督领、管领、佐领三等，各分三级：凡督理一军事务、率领一队战舰、可独当一面者则曰督领，有统帅、副帅、偏帅之别，此即水师之提镇，其领舰之多寡不一而品级以差焉。凡责任管驾、治理全舰之事者则曰管领，有总领、副领、参领之别，即水师副参游之类，因其领舰大小不一而官阶以差焉。凡佐各舰管领、分治一舰之事者则曰佐领，有正佐、副佐、参佐之别，即水师千把之类，三佐之官阶不一，各以其服官之资格为差焉。凡自练船派入师舰之学生，则曰少从，次于三佐之下。又查外国水师官员，视品级相当之文官与陆路之武官，体制仪注则加一等相待，以表优异。又凡水师官员荐身督领者，可充当各口海疆使之任，兼治地方事务，而海部尚书与外藩督抚各缺，惟用水师督领任之，至出使各国头等公使，多有以之充当者。今中国整顿水师，应照成例仍归武途。惟事属初创，而欲延揽兼通文武之才，则品级宜加详定，恩礼宜极优崇，方足以昭激劝。拟请参酌西国水师官员命名之义，别立名目，其已经保请各项武职，悉改作相称职守之名；并请次其品级，如督领可当一、二品，管领可当三、四品，佐领可当五、六、七品。其位至督领者，仿照都统、副都统与长江水师提督之例，文武兼放。至出使外洋大臣，专为交涉而设，亦可以督领之长于专对者充当其选。凡水师官员所有一切体制，均按品级相当之文官办理，如是，以武官治武事，仍合文武两途之义。立名目以称职守，则顾名既可思义，而轻视武弁之成见可除。且体制既与文官相同，又悬一文武转升之格以待之，则异人杰士莫不踊跃奋兴，而人材不可胜取矣。使必以水师人员与持弓挟矢之流等量齐观，是等颇、牧于贲、育，伍良、平于绛、灌也。且无论异日无智勇兼备之才足任海疆之寄，即今日水师学堂之召，其投笔而应者势必无人。盖彼将用其才力，专为帖括、章句、小楷之技，以攫高第而列显秩，又谁肯入学堂练船，攻苦四五年，航海数十年，仍不免笞杖之辱哉？此乃转移风会之枢纽、厘正水师之关键，故不觉其言之长也。

一、水师人员拟请明立升格，核定俸银也。西洋水师官员并非差使，即以所居之职为其官守，不复他迁，严定升格，以杜幸进之弊。盖水师之才，半由学问，半由阅历。其学问已于学堂练船屡考而知，至阅历必须俟以年岁，学问虽优而阅历未深者犹难胜任。故于每级详定居职年限，限满到班者方可推升。凡少从升参佐，参佐升副佐，每级必须派入师船供职二年，方准递升副佐；副佐须历远洋，扣足二年，方准转升正佐；正佐须在职四年，内二年曾历远洋者方准转升参领；参领或居职三年，内一年管带小号师船，曾历远洋，或居职四年，内二年曾经署理副领，管带中号师船者，方准转升副领；副领或居职三年，内一年管带中号师船，曾历远洋，或居职四年，内二年曾经署理总领，管带大号师船，方可转升总领；总领必须居职三年，管理大号师船，出巡远洋，或居职四年，内二年曾经统领师船三艘以上，出巡外洋者，方可超升偏帅；偏帅须督领师船一队，出巡外洋，扣足二年，方准拔升副帅；副帅或曾督一军身经海战，或出巡远洋，卓著勋劳，方可荐升统帅。以上系一定资格，惟自少从以至副领，责任稍轻，年力方壮，班次轮至不升者准其控告，或班次未到而有真才者亦可破格选拔。此则其权操之自上。若自副领升总领以至偏帅、副帅、统帅，既接班次，还须特拔，有班次既到而未迁者，无班升未到而遽简者。良以总领以上之职皆可督理一军，更非器识宏深者不足当此重任。至统帅之职，每国不过三四人，凡督领年逾六十五岁，即当辞职。此外洋水师官员升迁之大略也。至俸银之数，视其官阶。既升此官，即食此官应有之俸，惟有供职不供职之别。供职有陆居行海之别：行海者食全俸；陆居者有远近之分，近调海部以及海疆使下当差者则食全俸十之八，遣往外藩当差者则食全俸。此供职食俸之大约章程也。年内告假不过三旬，准不扣俸，告假过三旬者则食全俸三分之二，续假者则食其半。凡巡洋二年回国，准假期三月，其有因事撤差，因案调审者，则食半俸。此不供职食俸之大约章程也。至兼办他职则兼食其半俸，调往他处则有房饭津贴，在舰供职则有饭食津贴。种种俸银之数，各有一定则例，不相混淆。凡计全俸，必以到差供职之日为始，其减俸亦以离差之日为始。此外洋水师人员俸银之大略也。

中国各省自设水师以来，所有一切管领、佐领之职，不过零派之差使，且有同一差使各省薪水丰俭不一。既为差使而不按资格，则举不称职者有之矣；既曰薪水而数无定额，则去此适彼者有之矣。开悻进之风，长钻营之习，莫此为甚。今既拟请更定水师官员品级，即以所有品级为所居之官阶，拟请依照外洋水师官员升转之格，详定每级年限，不得越级超升。惟创始之时，人才不多，似宜从宽，如年限二年者减为年半，三年者减为二年。至轮班选拔亦宜酌照外洋之例，较为实在。若著有战功劳绩之员，仿照外洋水师赏给宝星之例，赐以蓝翎、花翎、勇号，准食翎俸、勇号俸，视军需则例所载约减若干，以昭宠异，万不可因其一时之功，越限超升，盖酬庸之典与器使之权不容或淆也。至学制造、支应、医事、管轮者，外洋亦皆定有品级、升格、俸银，与水师官员无异，亦宜详加考订，以示鼓励。

一、水师兵卒拟请别其等第，定其口粮也。外洋水师则例，有上卒、中卒、下卒之分，又拔其尤者，以为炮长、队长、翼长，长各有副。其自下卒升中卒，中卒升上卒，少则六月；或技艺平常，或操作不勤者，虽一二年不得挑升。其口粮则视上、中、下三等，以分多寡。至各长之副，非派入卒长练船专习一事技艺精到者不得充补；自副长以充正长，须试看一年，方可转升。正副长于口粮外各有加粮，以为表异。轮夫、火夫亦分三等，亦立正副长，挑升之法如前。其余详细则例，具有成书，每卒各领一本，后有空白若干页，每月发粮，呈送领粮画押，旁记每月所习之事与其勤惰，另存副本于支应处，以便稽核。若有抢险立功者，则赏给功牌，随加口粮，以为鼓励。兵卒转升至队长而止，终不得超迁佐领，此即“学成而上，艺成而下”之义也。查北洋水师设有练船，各船兵卒亦分头、二、三等，至各等如何挑升与各长如何挑补，似宜酌照外洋水师则例，一一厘定，而口粮之多寡亦由此分，则兵卒知有挑补定章，莫不奋发以勤操作矣。又原奏内称“兵卒定格调补。年十五至二十募之，学成授兵；五十休之，募新者以补其缺。其休者籍为余兵，酌给名粮四分之一，驻籍听调。又在营之兵弁皆须终年住船，不得上岸，二年予假换班遣归”等语。查外洋水师兵卒，自丨三岁上船练习，至二十五则役限已满，限满而该卒情愿仍留水师者不得续加口粮，良以水师操作勤苦，壮年方可承受。其航海或在水师，或在商船历三十五年者，则给赡老口粮，因公受伤者亦在此例。中国水师拟请招募十五岁以上之童子，逾十八岁不得应募。应募之时须保五年，非有大故，不得擅离兵籍，五年复愿充当者，再保五年，另加口粮若干。如是者须四十岁而止。若历年操作勤奋，并未犯有大过者，可派入沿海机器各厂充当巡丁。惟外洋水师有赡恤口粮，故兵卒皆情愿出海效力。赡恤入项款目无多，无论官商人丁，以及沿海渔户所得薪工，悉扣若干；其余逃卒未领之口粮，亡卒所遗之什物，以及战时攫取敌船财货，关上抄出禁物，悉归该库存储。中国初创水师，必难兼顾及此，然非此亦不足以鼓励。故往往练成水手，一且［旦］远出，即有逃亡者，无事如此，则有事可知矣。拟请仿照中国海关华人放差七年后则多给一年薪工之例，凡兵卒已役五年，则多给半年口粮；已役十年，则加给一年口粮。出洋后二年，准其告假三月，食半口粮；其屯住口内、不在舰上执役者，亦食半口粮。卒长巡洋回口，例准告假，不领口粮。又拟请仿照外洋水师设立孤子学堂以恤其后。凡兵卒受伤或因工死亡，准其子入学，专学卒长之事。学二年派往练船，始给口粮。学有孤子定额，不足然后选及卒长与卒中执投最勤之子，无子亦准以亲戚入选。又宜酌定功牌格式，另加口粮若干，以赏异常出力者，如冒险救人、救火等事。此即原奏所谓“其余赏恤等项，亦条别而为之制”之意。

以上各款，皆须参酌外洋成例，妥定一不苛不滥之细章，而后兵卒皆乐于执役矣。

一、原奏办船等一条内，有“凡沿海各口，先必测量水道，审度地形，揣其何式为宜，量行购置”等语。查西洋师船，共分三种：曰甲舰，曰快舰，曰防舰。三种之舰功用不同，即制法不一，有因地者，有应变者。何为因地？中国滨海七省，港汊纷歧，水道不深，迥异英、法，吃水稍深之船，艰于出入。前读美国海部制造司员泾士所著《二十二国师船通考》之言曰：“美国水师亟宜制造新船，以防海疆要害。拟请造钢体木底头号快舰，速率须一小时行逾十五海里，前镶冲锋、后安巨炮者二十余艘，中等铁胁快舰二十余艘，三号钢身快舰速率须在十八海里以上者亦二十余艘。船身每吨应配两匹马力，吃水必浅，以便出入港汊。海防之利器，备于是矣。”谨按地理，美国海岸之纡曲回环，与中国相埒。泾士以制造擅名，游历欧西二年，专考各国师船之利弊，研究美国海岸之形势。所论各节，诚有得之言，纵令外国专门名家为我借箸，亦不外此数语。此因地之说也。何谓应变？泾士所请制造三号快舰，只能近防，不能攻远。攻远之船，以甲舰为最，而仍宜配用快舰、防舰、雷艇，方足应变。西国水师公会尝论之曰：“近有谓甲舰、快舰、防舰三种宜分用，无须配用者。不知三种之船功用虽异，而以之应变，缺一不可。凡海洋巡哨，当有头、二号甲舰数艘，外有快舰十余艘，携带雷艇数十只，更有水炮台式之防舰数艘尾之。海洋迎敌，则甲舰居中，其快舰雷艇，进则冲锋陷阵，退则左右甲舰，并力攻击；水炮台常随甲舰远发巨炮，以补快舰之不逮。夫水师之有快舰、甲舰、防舰，犹陆军之有步队、马队、炮队，互有功用，其名虽异，其效实同。”此应变之说也。至于制船之法，有三事焉：曰船式，曰机器，曰炮身。请分论之。

泰西水师公会之论船式曰：轮船之制始用木，继用铁，今则钢轻于铁，有以钢易铁之说。快舰与雷艇二者，非钢不足以致用。头号甲舰，笨重非常，运舵不灵，而驶行不速，甲板虽厚而弹力日加，各国已逐渐停制。近议专制小号甲舰，以载重八千余吨，身长二百八十英尺，速率约行十四五海里为度。中置百吨重炮二尊，旁置十四生的迈特口径炮十尊，中腰带铁板，厚一尺六七寸，船首置机，以放水雷。数者俱备，斯最利之甲舰矣。至快舰约以载重三千余吨，行驶十六海里为度。至防舰与雷艇之式，议论纷纭，莫衷一是，船身则造隔堵以防敌弹为宜。此船身大略之情形也。

机器则以康邦双推轮为最，汽釜则因船而施，少则四釜，多则十二。其机器之长短大小，配合匀称，方见功效。即如英国新式之快舰曰依利斯，长三百尺，宽四十余尺，载重三千七百吨，马力七千匹，置双推轮于后。初制时，推算家皆谓此船成后可行十八海里，及下水试行，止行十六海里半，又几经改制，几经试验，终未行至十七海里。后以其初所制四页推轮去其二页，复杀之以减阻力，然后行至十八海里半，而所费已不赀矣。故机器式样，必须试验多次者乃可无弊，断不可以他国未经试验者漫为尝试。机器如此，船身亦然。此机器大略之情形也。

外洋近年考炮最精。每以能穿钢铁甲为程式。其大炮之制，则以威德活为最，克虏伯次之，阿蒙士壮又次之。威德活弹中铁甲，斜角小至十八度，力犹贯甲，此则阿蒙士壮炮弹所不及。其制炮之法，以流质压成钢休，浑坚缜密，以克、阿二厂之炮较之，瞠乎后矣。其炮式则后膛胜于前膛，无待拟议。德、法、美、俄新式战舰，悉用后膛，而英国狃于成见，乃创为小炮利用后膛、大炮利用前膛之说，另树一帜。比及珊德尔船以八十吨炮误装双弹炸裂，死伤甚多，脱用后膛，则前弹未出，后弹奚由而入，然后方悔其欺人适贻自欺之误。今将水师大炮改为后膛，其经费讵可计耶？至于连珠小炮以击雷艇，现以乐登裴为最捷。此炮身大略之情形也。

验之功用既如彼，考之制法又如此，是中国水师应添师船之数与应配师船之式，不言可明。惟西国师船之强弱，不在多寡而在坚窳：英国甲舰号称五十一，中惟二十六艘为新式；意国甲舰号称一十七，中惟八艘为可用；德国甲舰号称二十五，中惟九艘为可用。其余则自桧以下，概以铁皮木质之炮船充数，使听者不察，徒震惊夫各国甲舰之多，欲令中国步其后，多制战舰，势必有所不能。统计中国海疆绵亘之长，四倍于英，六倍于法，十倍于德，几埒于美而弱于俄，至少约需铁甲六艘，大、中、小三号快舰各十二艘，一切船身机器炮式，约如前议。除已订铁甲二艘，已购中号快舰二艘，以及闽厂制成铁胁船三艘外，尚须甲舰四艘，价约六百万，大号快舰十二艘，价约一千二百万，中号快舰七艘，价约四百二十万，小号快舰十二艘，价约三百六十万，统计二千五百八十万两。以九年分计，每岁制造经费二百八十六万两有奇，尚不及英、法、德、俄各国每年续添新船经费四分之一，然而计臣束手、小儒咋舌矣。

一、原奏立营制一条，有“分三大海，定为六营”等语。查西国水师建阃择地，其要有六：水深不冻，往来无间，一也；山立屏嶂，以避风飓，二也；路连腹地，以运糗粮，三也；土无积淤，可建坞澳，四也；口滨大洋，以勤操作，五也；地出海中，以扼要害，六也。原奏所拟天津、崇明、南澳、台湾各口，按之六要，缺憾尚多。天津拦江沙，朔望潮汐深不过十三尺有奇，不特巨舰难进，即小号兵轮亦有进退维谷之势。崇明弹丸之地，讲地学者谓为长江逐淤所成，兵船断难停泊。南澳三面受敌，亦非驻船胜地。台湾周岸巨浪山涌，终年如是，且当风飓之冲，不利泊焉。间尝细考滨海各口海势，与六要相合者，北惟旅顺，南惟北馆，可以设营，可以建澳，可以造坞，诚足为水师之重镇。他如澎湖可以扼守闽、广、台湾，定海、胶州澳足可顾及江、浙，庙岛、威海卫可为旅顺犄角，海洋岛东可控制朝鲜、西可屏蔽辽海。至朝全罗道之巨文岛，尤当仿照英国据有地中海玛尔岛之意，设防驻泊，以为防御俄、倭往来之路。查巨文岛十余年前英国水师已遣人图其形势，测其深浅。曩于役朝鲜，曾上书拟遣师船规为我有者，不料去岁春，英人藉口与俄人有隙，即假巨文岛泊其师船，树其国帜，意殆久假不归欤？惜哉！此皆天造地设以卫我东南数万里海疆要害之区，诚能次第经营，于各处稍稍布署，建炮台，设水雷，预屯煤斤子药，即有一夫当关之势。若不及时经营，万一如庚申之变至，法船泊庙岛，英船泊大凌湾、海洋岛，而定海一岛为其后路，方恨卧榻为人鼾睡，则迟矣、晚矣！然而设防有次第焉，兴工有先后焉。辰下开办水师，以北洋为最要，而北洋水师以旅顺为归宿，是宜竭力经营。九年之间，先使旅顺屹然成一重镇，则北洋之门户可固。海洋岛、庙岛、威海卫三处亦宜及时布置，继及北馆、澎湖，终及定海、胶州。至洋人垂涎之巨文岛，尤当早为之计。此设防之次第也。开办旅顺，工程繁多，似宜改派深明外洋水师工程之员，饬令通盘筹算，画一全图，估计需款若干，复派一公明正直之大员以督理之。而后权其缓急，自开浚口门浅泓而挑淤，而建坞，而甃澳，以及设塔灯，安水雷，置炮台，建药库，摊分九年，则帑项不竭，成功有效。此兴工之先后也。至长江、吴淞、虎门、南澳等处，统由水师衙门按季轮派兵舶梭巡，以其余力，则分年拨派甲舰、快舰，先往邻近岛国，继往欧美各国，环游东、西大洋，以彰国威，以练将士，计无有逾于此者。

一、原奏编舰队一条，内有“泰西舰队约分三等，宜略仿其意，定为若干队，而择其尤者为舰长”等语。查外洋水师，有甲舰以攻敌，有快舰以迎敌，有水炮台以防敌。三者当因地制宜，随机应变，功用既异，分合难拘，则舰队有无容先编者。水师之船既经分镇各口，所隶之舰即可成队合操，水师之鱼贯雁行，即陆军之步伐止齐，此合操时则有然者；平时帅船巡洋，亦分队伍，海上相逢，亦应逐队而行。官不相等，自应统于所尊，若相等则推资格深者为长，一切号令，凭其施发，虽无实派舰长之人，而常得舰长之用。是舰队可大可小，可分可合，并无一定成例。又外洋各国水师官员，每岁将各官员之资格官阶，以及所居之职，详刻一书，如搢绅录之类。师船或于海上相遇，或于口内寄碇，皆知谁为舰长，既不纷争，亦不相让。至海上用兵，舰长受伤出缺，他员立即按格升补，使各舰知所统属，不致张皇无主。

一、原奏请并省一条，有“沿海额设水师，亟宜裁省”等语。查裁撤各省艇船与裁汰额设水师，此说屡经入告，无如各省碍于成例，犹恋此不能航海之船，不习操舟之人，以为羊存之顾惜，故至今各处之罾舵长龙依然岁修岁造，搁置沙岸，无人看守，甚有以篷索杠具变卖以入私囊者。客秋中堂试驭快船至旅顺，目击金州水师废弛、罾艇搁朽情形，入奏请撤，与何学士所议并省之意相合。窃思各省旧设水师，迫以不得不裁，不若宽以设法自裁之为愈也。水师衙门既设，各省轮船尽归统辖。惟闽、沪所制兵轮，除四五艘外，其余只可以供巡缉，不足以振军威，拟请将该兵轮仍发各省为巡洋之用。至各船员弁兵卒，仍由水师衙门训练派委，以备有事调用，可期号令一律。其一切养船经费，即由各省岁减修造艇船之费填补。是各省虽裁艇船，而仍得梭巡实效。此渐裁修造艇船经费之法也。沿海额设水师，为数不少，概行裁汰，失业者多。查外洋水师，每船俱配陆兵数百名，专为登岸守口以及远藩战守之用。往年台湾之役，今年朝鲜之役，倘令我船配有陆兵，则师船一至，水火即泯。无他，先声夺人，办理自易也。拟请查明各省水师兵籍，由水师衙门派员前往挑选其精壮者，每营约抽几成，另立营伍操练，归并水师，仿照绿营改归练军之法，养兵经费即以旧有口粮扣拨，老弱者悉行裁汰，惟准送其子侄于以上各口所设兵卒练船补额，以示优恤。此裁汰额设水师之法也。至沿海五省汊港林立，易于藏奸，而又水浅不受兵轮，难于巡缉，惟有改用浅水小号轮船，裁并桨艇十号以养一号小轮船，而小轮船一号可抵二十号桨艇梭巡之用，似亦并省之一法。更有请者，各处制造局、船政局，亦当仿照外洋海部之例，归入水师衙门一手经理，其利有二：师船之炮，大小不一，即子弹不一，苟无一人分饬制造，且不时派人稽查，势必有炮多弹少、炮少弹多，即不然，或有弹式不称、药力不齐之弊。诚得一人以统理之，则平时各厂有分造之责，临事各船有应用之资，而各厂滥委经费，所省有不计者。其利一。中国惟船政局可制轮船。前者上海机器局所造者，率皆不良于行，今已停造。惟船政局独当一面，不与南北洋海防联为一气，势必所造非所用。且自沈文肃公后，领其事者艰于筹款，难于任巨，遇事每多掣肘。诚使将船政局归并水师衙门节制，则可催有着之经费，造有用之兵轮，不能造者始向外洋购办。而分并机器与裁汰人员所省之经费，又有不计者。其利二。又查西国水师，其建阃之地，船澳则寄泊各色空船，员弁撤去，只派巡丁看守，一时有警，立可调配出洋。中国水师，俟甲舰、快舰陆续造齐，其时旅顺工程亦可完竣，每年可酌派数十舰停泊澳内。至蚊子各船，专供防口之用，尤可概行寄泊。惟留一二号蚊船，轮派员弁上船操习，则养船之经费可省。至九年后，练成之佐领、管领以及小卒、卒长，其数必浮于用，即可撤往旅顺营内，惟食半俸，则养兵之费可省。此乃水师已成后应办之事，谨因论并省而连类及之。

以上六条，以勤训练、精选技为得人之始基，以办船等、立营制为简器之实用，皆就何学士原奏，参以西国水师之法，规模略具。窃计九年之中，以之训将，可得三百人；以之练兵，可得万余人；以之制船，可得四十余号；以之设防，可得要害五六处。本三年求艾之深心，为十年教训之远略，未有不能称雄海上者。

或谓英、法各国，其君若相讲求水师垂数百年，始克臻此美备。以德国之精心果力，以俄国之地大物阜，历四五十年创办水师，犹未敢与英、法争长，而谓中国能称雄于九年之后，不亦诬乎？不知帆力废而用汽机，前膛废而用螺旋，未闻用汽机者必先习帆力，用螺旋者必先习前膛，此所谓善作者未必善成，而善因者易于善创也。今以各国讲求船身机器炮位之精，实课训将练兵用人之效，固已登峰造极，无美不收。中国当此初创，席其智谋，祛其胶固，其能事半而功倍也何疑？器械精者仿而用之，不必问其为德为英；章程善者采而行之，不必问其为中为外。非浮慕也，非浅尝也，不惟致力于本原，而必宅心以坚忍。故勾践之困也，卧薪尝胆十余年，然后一举而沼吴；汉高之于项籍也，亦降心抑志，屡避其锋，而后垓下之战不劳而定。惟其能忍于始，故能成于终。忍者，非懵然漠然为唾面自干之说也；是必困心衡虑，百折不回，阴求夫所以制胜之道，不惜货财以利其用，不避艰险以要其成，无欲速，无见小，庶几谋出万全，冀得一当者也。

今之论者则不问可否，不计成败，惟战是求。至问其所以能战、所以求胜之具，亦不过掇拾三代之遗文、补葺汉唐之故事，以为区区之论可鞭倭、俄而笞英、法。甚有老成宿将，探讨夫人己之长短，事理之曲直，不敢逞意气之私，不敢为孤注之掷，委曲求全，亟欲养元气以维大局。而好为名高者，方幸得遂其虚骄之气，放言高论，务为骇世。师船尚未备也，则哗然而起曰："何不一逞于东？"将士尚未练也，则又哗然而起曰："何不一逞于西？"局外之訾议横生，即局中之牵掣日甚。今日辟一议，明日进一辞，阅数十年仍无成效，抑何不思之甚哉！

而难者曰："果如所议以创水师，则制造新船岁费约三百万，工程岁费约三十万，将卒粮饷岁费先后扯计五十万，学堂练船岁费约十五万，各处机器、船政局与各船添修岁费约百万，杂项公款岁费约五万。是统计岁费约五百万，计九年之费，须四千五百余万乃能举办。然而我国家前曾下理财之诏矣，而各直省所节者无逾百万。前曾有筹拨海防经费岁四百万之旨矣，而到处协解者亦无逾百万。今则关卡林立，悉索已空，盐漕岁入只有此数，而犹欲筹如此巨款也，能乎不能？"曰：非不能也，是不为也。夫欧美各国，其民人不及中国之众，其土地不及中国之广，其物产不及中国之丰，而水师岁费，英国约银四千万两，法国二千八百万两，德国八百余万两，俄国一千四百余万两，美国亦一千四百余万两，岂中国反不能筹五百万两之款项乎？又查我朝用饷之数，则大、小金川首尾五年至七千万，川、楚逾万万，准、回两部三千三百余万，其时尚无洋关厘金。自发捻内讧，人民凋弊之余，耗项近数万万。而自壬寅以来，历次赔款亦积至五千万，岂今日承平，反不能筹此巨款乎？抑曩时患气已形，故应力为罗掘；今日患犹未见，不妨姑事因循乎？然则曰不能者，非不能也，是不为也。苟欲有为，则中国何事不可筹款，亦何在不可筹款。请举四事以概之：

鸦片烟土，岁征八万余箱，漏税者岁率二万余箱，今使与印度立包揽统购之法，则漏税之二万箱可绝。以每箱三十两正税计之，则岁盈六十万，矧可加税至百余两，则所盈者可至千余万。此事之可为者一也。

水烟旱烟，饥不可粟，寒不可衣，前明本在例禁，近日吸者，不论男女，十有六七。统计天下户口，扯计大县不下百万，中小者约五六十万。今从至少科计，每县吸食以十万人计，每人日捐钱半文，一县得钱五十千，一年得钱一万八千串；通各直省一千三百余州县，计一年约可得钱二千余万串。惟抽之于吸烟之人，未免苦其繁杂，若按就地抽征之法以税出烟之地，各省罂粟概以此例，则岁可盈银至少亦二千余万。西国重征旱烟而不征食盐，盖食盐为贫富所用，故弛其禁，若水旱烟非日用所需，故征析秋毫。查英岁收烟税二千余万，法国近四千余万，其他各国少亦至数百万。此事之可为者二也。

中国以银锭为币，平色不一，今若仿效西藏［洋］鼓铸银钱之例，由官自铸大小银钱，凡一切关税赋课拨解款项，均以银钱兑纳，约可岁省平余火耗至少二三百万，而镕铸渗铜之盈余有不计也。且银钱既由国库开铸，务使轻重划一，则民间易于乐用，即可由官库造为楮币以代之，约库存银四千万，可出楮币六千万，此英、法二国之楮币，不胫而行于环海者也。如是周转，又可盈数千万。更有进者，东、西各大国争用银币者，惟中国与印度耳。外洋兼用金银，故银日多，银日多则价益贱，数年前磅价值三两三，今则昂至三两七八矣，以银易磅，耗折日巨。查印度岁入之银约值六千万磅，而每岁输纳英国，以银易金，岁折二百万磅，约银七百余万两，是亦一巨款也。中国既与外洋互市，亟宜参用金币，使子母相权，无畸重畸轻之弊，如是可暗弥折耗之费亦至少千万。惟此患未经觉察，人不之信，然将来水尽山穷之时，必有起而行之者。此事之可为者三也。

中国各省驿站之费，一巨款也。今若改仿外洋邮政局之法，不惟可以省经费，亦且可以便官商。而岁入之款，虽不及英国税一千三百余万、法国二千五百万之多，然于国帑亦可少补矣。此事之可行者四也。

然而议者哄然起矣，不曰“殊乖政体”，即曰“有碍成例”，哗者一人，和者百人矣。甚有指议行各事无非亡国所为，今若立地创行，日后流弊滋甚，于是倡者一人，挠者千人矣。不知天下无有利无弊之事，知有利而因循坐误，则利源日消；知有弊而立法预防，则弊窦自绝。泰西各国之征榷，无一非亡国之政。其税工艺之印票，即王莽医卜方技自占之法也；其税质剂之券，即南朝输估散估之法也；其征坐肆之税，即魏明帝差分店税五等之意也；其按屋征抽，即唐行间架之意也；他如酒酤有榷，舆马有税，即汉之榷酒算车也。举凡民间所用之物，无不搜括殆尽，然而民生日裕、国用益饶者，何也？取于民者还为民用，民有利不能生，即以所取者生之；民有害不能去，即以所取者去之。立法无中饱之弊，涓滴归公，盖上下之情通，而君民一体之道得焉尔。今际此生民未有之创局，徒为一二钻研故纸浮议所阻，断断然以往事为可鉴，不齐其本，徒循其末，不求其治，徒忧其弊，是无异惩色荒而禁昏姻，恶禽荒而废蒐狩也，则天下尚有何事可为，又岂特包鸦片烟税、征水旱烟税、铸银钱、设邮政四事也哉！又岂能筹饷项以经理海防也哉！故曰非不能也，是不为也。

上李伯相论漠河开矿事宜禀

丁亥春（光绪十三年，1887）

漠河各处金厂，逼近俄疆，出产旺盛，久为外人觊觎，自应迅图举办。原奏所称“招募商人醵股，约带矿化各工，携带机器前往承办”等语，筹办之法与中外各矿局相同。唯该金厂地距江省二千数百余里，在爱珲上流又数百里，轮舟所不能达，开矿机器类多粗笨重大，搬运维艰，费用尤巨。比年沪市萧条，殷实之商半遭折阅，且惕于数年前股分之亏，语以招股醵资，百无一应。就令展转劝谕，以利歆之，亦恐徒旷岁时，难以凑成巨款。宪谕所谓“集赀非易，得人尤难”，洵扼要之论也。唯漠河各处金厂乃边防最为吃紧之区，亦江省亟应筹办之务。尝博考舆图，参以闻见，窃谓宜仿古屯田之法试办，谨以所见言之：

案汉以黄金为币，上下通行，而开采之法，书缺有间。近数十年，宇下五大洲所用既广，所产益旺。俄国乌拉山东悉毕尔部之采金，始于嘉庆十八年；美国嘉邦旧金山之采金，始于道光二十八年；英国南洋属地新金山之采金，始于咸丰元年。以上三处初采时，一处所获之金有岁值银六千余万者，近已少杀。而五洲各国现在各处岁入，犹统值银一万四千数百万，俄、美、英所产实居三分之二。

采取之法，以淘金为宜。旧金山之沙，长千三百余里，宽一百余里。金之在山，凝于沙石，分支交互，都成脉理。山水冲激，挟之下趋，石块重而沉下，中壅为沙，上浮为泥，层层有金，唯最下者结最厚。人持铲一、斧一、畚一，铲以取之，斧以碎之，畚以淘之。豆金漉以水，屑金甚微，则渗以汞，合而蒸之，汞化而金凝已。淘采之初，人日所得值银百两，故闻者麇集，始年万五千人，其明年增至十万人。后人愈众，金沙亦瘠，每沙一吨淘出之金，少犹值银二钱，一人终日之获可扯银一两。其有竭津而淘者，获金虽饶，而置机戽水，非拥厚资、集众力不办。沙既瘠而淘者稀，遂议从沙傍高山探脉，开硐鸠公司以采之。凡开山礶，凿石抟沙，磨砻淘洗，合汞烹炼，用机器数十座，用工役数百名，费殊不赀。又矿石每吨约可得金值银六七两，方不亏工本，迴不如淘金者日获虽微，犹可自给，故旧金山开山之七十九公司少赢多绌。英之新金山，俄之悉毕尔，采山者鲜，淘水者众，盖鉴乎此也。

至其办法，旧金山居者稀少，至自他国者皆听往淘采，不为限制。既流寓日众，始人限十五丈，不得占人现采之地，采毕往他处亦如之，每处停采不得过五日。若开山矿，人限三百丈，始得矿者倍之，集公司者各以应得之数予之。每处停采不得过一月，有逾限听他人接采之。所得之金，官不收买，听入市自为交易。立法简略，人人乐趋，又地气温和，种植蕃芜，流水不冰，淘金者终岁不辍，且耕且牧，招集日众。英之新金山，其法同，其地气又同，两处并收耕牧之利，今且十倍于淘金焉。至于俄之乌拉山东，地居极北，冰雪冱寒，五谷不生，金沙虽旺而无水可淘，往者盖少，遂以罪人往役，人限数十丈，每日所获不准私相贸易，由官给半值，而留其半以充经费。近以铁路接通，始有集赀开山，畜水矿中，备冬日之淘洗者，由是所得滋丰。自咸丰十年与我重订东界，以什勒喀与额尔古纳为限，康熙时索还之雅克萨、尼布楚二城复入于俄，地虽极边苦寒，顾饶金银，乃并发减死罪一等者往采如律。比遂商贾麇集，屯牧骈罗，尼布楚城已为重镇。

今据成副都统所称，漠河阿尔罕奇乾之金厂，在黑龙江南岸，计对北岸雅克萨城。又查刘大臣所称，粗鲁海图系由俄语转译，当即苏克特，在额尔古纳河西岸，正对我东岸额尔德尼陀罗盖之卡伦。黑龙江北岸与额尔古纳河西岸既入于俄，其间尼布楚为五金最旺之处，适在额尔古纳河西岸，名之曰新苏克特，正对我东岸巴图尔和朔之卡伦，与呼伦贝尔城相距约数百里。尝详考中外舆图以求产金之沙，自阿尔罕奇乾河迤西至黑龙江与额尔古纳河交会界碑之处，循而南下至苏克特，地有千余里，在内兴安大岭之麓，与旧金山高山之麓所有撒拉们、约亚金两河形势相似，兴安岭亦系沙石凝结，又与旧金山之石相似，金沙之富当不少让于美。况额尔古纳河西岸，俄人采金已著成效，东岸更近矿山真脉，能得多金似可操券。

唯揆其办法，约有数难。该处地苦荒寒，民鲜殷实，四月解冻，九月结冰，淘采有时，树艺无术。由官办则筹备巨款，度支维艰；招集流亡，安插不易。自夏徂秋，半载淘金。或使之自食其力，若天寒冰沍，游手安资，非若新、旧金山地方温暖，可牧可耕，不致聚处滋扰。其难一也。由商办则醵股远来，商情携贰，糜费甚大，众口呲嗷，开山则效有难期，淘沙则散而无纪。且购机器，雇工匠，往访多稽时日，非若新、旧金山负山滨海，可无转运之艰。其难二也。由官督民采，则贫民瘠户，工本不敷，荒壤旁边，控制难遍。况淘沙合汞，岂能稽察入微，非工役私肥，即吏胥中饱，不能如俄之峻法严刑，勒令工作，收其半值以充公费。其难三也。

伏读《皇朝文献通考》："黑龙江四徼凡设卡伦六十有四，各设兵守之。"重扃保障，金汤万祀。今国家慎固封圻，特简大臣督办东三省屯防操练事宜，边务矿务均关紧要。自雅克萨、尼布楚二城复经俄人经营布置，戍以重兵，以俯瞰我边陲，我黑龙江西北斗入于俄，相距一水，击柝声闻。彼方开矿治兵，眈眈虎视，既不比内、外蒙古有肯忒、亚尔泰二山为屏，南北八城有北天山及巴达克为阈，又其壤地相错，仅止一面，尚可恃崇山峻岭为之鄂博，以视兹地险易迥殊，故西自喀什噶尔，东至珲春，毗连俄界约近二万里，而江省西北一隅，与俄最为逼近，尤不可无名将重兵以戍守之。

拟请由东三省大宪相度旧设卡伦之所，察勘金坑最旺之区，遴委干弁，选募近边耐寒之兵勇，先拨三四营驻扎其间，督令淘金。其有偷挖金坑者亦招入伍，以兵法部署之。人各予地数十丈，不准私占互争，淘得之金听其自市，官若收买，毋任抑折。若虑金沙难于物色，第于英、美各国雇谙练矿头三四名，岁费不过五六千金，或由山东平度州矿局李道挑取工头数名，咨送赴营，留充教习，令其周览指示，导之淘洗。试行数月，得金果饶，然后再增数营，专员督率。冰泮之日，即饬淘金以当口粮；寒沍之时，仍发坐饷以资操练。如是，岁可得金少亦数十万，且岁省兵饷六十余万。其利便可约举焉：临边设戍，建威销萌，以屯以淘，役不再举，便一也；醵股招商，旷日持久，移屯卒为矿丁，则朝令夕行，立可举办，不致展转延误事机，便二也；机器开矿，成亏难知，若淘金则一铲一畚，随处可备，无待筹费，即可开工，便三也；各直省浚河治道，多役防营，今令驻扎该处之兵专事淘金，不与他役，夏秋就地淘采，春冬仍归伍防，屯政矿工并行不悖，便四也；矿久禁闭，偷挖必多，强敌觊觎，匪徒勾结，肇衅贻患，在在堪虞，今招入伍以佐屯军，既杜祸萌，且资众力，便五也；分地赴功，人争自奋，以旧金山为率，人日得金一两，则淘采所入较坐饷为优，平居既已饱腾，临事必能敌忾［忾］，便六也；计名授地，悉准营制，每日赴工六成为率，营弁哨长各任一分，余夫羡卒递相替代，召募之众，法亦如此，使伍符尺籍按册可稽，既杜虚冒之弊，且泯菀枯之迹，便七也；半年淘金，省饷无算，万夫萃处，贸易必繁，部库不劳于挽输，闾里且资其生聚，无采金之名而节养兵之费，收实边之利而靡迁民之劳，便八也；矿产既富，趋集愈众，更于其间平治道涂，南至呼伦贝尔，再东至齐齐哈尔，使通达于腹地，联络乎三省，便九也。

总而论之，不劳役，不费财，可固防，可制敌，内以戢匪徒之出入，外以杜强邻之窥伺，不数年间，边备益修，军储益裕，当务之急，莫要于此。况自通商以来，金银之流出者众，以彼各国皆用金钱，我则上下皆以银为市，已失子母相权之道，久受制于外人。若我中国产金既饶，则金价必贱，而贷款之出入，华商之贸易，所裨益匪浅鲜矣。是否有当，伏候训示。

富民说

庚寅春（光绪十六年，1890）

治国以富强为本，而求强以致富为先。上溯康乾之际，税厘不征而度支充，海市有禁而阛阓足。乃军兴以来，海关厘金岁入多至二千余万，商贾互市岁至二万万，然户库形支绌，闾阎鲜盖藏。前后百余年间，上与下贫富情形何若是迥异哉？昔也以中国之人运中国之货，以通中国之财，即上有所需，亦不过求之境内，是无异取之中府而藏之外府，循环周复，而财不外散。今也不然。中外通商而后，彼易我银之货岁益增，我易彼银之货岁益减，而各直省之购炮械、购船只又有加无已。于是进口货之银浮于出口货之银，岁不下三千万。积三十年，输彼之银奚啻亿万。宝藏未开，矿山久闭，如是银曷不罄、民曷不贫哉！

然通商非中国独也，宇内五大洲国百数，自朝鲜立约，而闭关绝使者无其国矣。若英，若美，若法，若俄，若德，若英属之印度，无不以通商致富。尝居其邦而考其求富之源，一以通商为准。通商而出口货溢于进口者利，通商而出口货等于进口者亦利，通商而进口货溢于出口者不利。彼英、美各国皆通商，而进出口货不能两盈，故开矿以取天地自然之利，以补进出口货之亏；至地利不足偿，乃不惮远涉重洋，叩关约款，以取偿于我华民。

然则天下之大计可知矣，欲中国之富，莫若使出口货多，进口货少。出口货多，则已散之财可复聚；进口货少，则未散之财不复散。其或散而未易聚也，莫若采取矿山自有之财。采取矿山自有之财，则工役之散不出中国，宝藏之聚无待外求，而以权百货进出之盈虚，自无不足矣。爰分陈焉。

一曰使出口货多，则在精求中国固有之货令其畅销也。中国固有之货以丝茶为大宗。通商之始，丝茶出口足与洋药、洋布进口相抵。乃近年英属印度盛产丝茶以夺我利。查印度十余年前丝出口仅值百万，茶出口仅值五百万。去岁出口之丝已值二百七十余万，出口之茶值一千六百余万。日本丝茶近亦畅旺，每岁出口近千万。中国之丝每岁出口值三千二百余万，茶亦称是。核计十余年间中国丝茶所增不过数百万，迴不若印度、日本丝茶岁增之多。若不及时整顿，则彼日增而畅销无已，而我止此岁入六千余万之数，不尽为所夺不止。

整顿之法有三：

一、讲求丝茶之本原也。尝考意、法两国育蚕之家，种桑有术而叶肥茂，选种必良而蚕硕壮。且察其僵之犹癞也，药而别饲之，使不传染，闻南浔丝商说，美国饲蚕有公司，民间蚕或僵病，不准留养，而举箔送公司，有医官以显微镜查看。凡蚕欲僵者，必自举其身旁叶边而数数颤动，如驼马之倚树擦痒者。其两面腰际，必有极细黑点，目力不能见者，每面各一粒。意犹人之癣疥作痒，须用极软翎毛等蘸药水轻拭去之。甚或患者多，则用药水洒叶饲之，逾两宿即愈。故选种、种桑与饲养必究。沈毅成注。时其化之出蛾也，烘而干压之，便可久藏。成茧后二七日即变蛾破茧而出，故饲蚕家之人工少者不能多蓄种，恐茧多不能尽缫成丝也。其缫盆落茧亦不能过少，恐待缫之茧虽未为蛾舐破，而已损内衣，或水出污渍也。故中国之丝不及外国之细，实由化蛾历时太促所致。然烘茧虽免此患，而干久则光彩亦钝，殊难两全。此亦闻之丝商，未知近年烘茧别有新法否。毅注。凡此皆我中国蚕书蚕说诸家所未之前闻，而彼皆创立艺学以教导民，故其缫丝之候直可历七蚕八蚕之长，而其成丝之功遂极于五茧六茧之细，虽质性限于桑土，不如华产之柔韧，而色泽匀洁，人乐售焉。又观印度之种茶也，其培植之方，相地利，因天时，比萌芽，而采叶，而伐枝，莫不日以煊之，火以焙之，水以润之，色以浓淡之，或藉人力，或用机器，皆有程度。故其茶质虽不及华产，而色、香、味皆足，清而不涩，舌本回甘，宜乎销售之浸广矣。中国应及此时于育蚕、产茶之省，通谕各督抚，转饬该属，访求西法，师其所长，毋执成见，庶我固有之利不尽为洋产所夺。

一、归并丝茶之商本也。外洋商务制胜之道在于公司，凡有大兴作、大贸易，必纠集散股，厚其资本，设有亏累，则力足持久，不为外商牵掣。中国丝茶出口成本约值六千余万，类皆散商开设行栈。始则各就当地争先采办，乡民乘间抬价而成本已昂；继则以争先致拥挤，原本不得收转，则借庄款，贴拆息而囤本更昂；终则洋商窥破此机，故延时日不即出价，而庄款期迫息重，不得不自贬以求速售。于是又人人争先，而向价骤昂者一转盼而骤低矣。历年丝茶两商每致亏蚀数百万金，职是故也。今诚以散商股归并为数大公司，公举董事以为经理，则采办之价易于会商，无高抬之虞。资本既厚，贷款少而利息轻，货到各口不必急于求售，自无需仰承洋商鼻息，则待时而沽，亏本者鲜矣。

一、减轻丝茶之厘税也。查通商之始，税则无成案可稽，取粤海关税册，查核值百抽五之数，每担茶售至五十金左右，故定税每担抽二两半。今则次茶每担仅售十两，而仍以此数征之。税则之外加以厘金，间有税厘之数几与其价相埒，则茶商焉得不困。外洋恤商之策，首在于重征进口货而轻征出口货，中国之税反是。是宜及时按茶身之高下，以科税则之重轻，厘金亦视此递减。税轻厘减则价贱，价贱则出口货增，出口货增则税厘更旺，盖日计不足，月计有余，初若少收而见绌，终必多报而见盈。近来各处关卡办理成效，率以宽大而比较日长，严密而比较转短，得失之林，彰彰可考。况通商税则原非不易之经，俟修约之时，凡洋货税轻者皆可按价酌增。至吕宋烟、葡萄酒等货，外洋征税甚重，有值百抽百者。而通商税则皆以为洋人自用之物，概皆免税。修约则可重征其税，而减轻出口税之数，亦可因以取偿矣。倘使总督王大臣坚持其议，各国必能就范。如是，丝茶两种既精其物产，复厚其资本，又轻其税厘，他日畅销，以敌日、印之产，而岁增出口货数千万自易易也。

至中国固有之利，除丝茶外，如牛革、羊毛、蔗糖、草辫、棉花、磁器、大黄等物皆已运往外国，亦宜随时整顿。凡此皆所谓精求出口之货，以复我已散之财者也。

再曰使进口货少，则在仿造外洋之货，敌其销路也。进口之货，洋药而外，以洋布、洋纱为大宗。查英国织机约十五万张，美国织机约十三万张，印度亦有二三万张。每张一昼夜织布两匹，是三十一万张，日成布六十二万匹。一岁姑以三百六十日科计，可成布二万二千三百二十万匹。通计近十年来，中国进口洋布每年约一千五百万匹，值银三千万两，是英、美各厂所织之布，行销中国仅百之七耳。至洋纱，前十余年进口岁仅值十余万；曾未数载，因其精细洁白，北直诸省竞相购买，去岁进口之纱至值银一千三百九十万。中国产棉所在皆有，即如江苏之松江、大［太］仓，岁产之棉亦不下五六百万担。今舍吾自有之棉，坐令我华民为洋棉所衣被，殊非谋国是者所以力求致富之道。光绪五年，曾经北洋大臣李奏设织布局，乃事隔十年仍未奏效。询其所由，则以资本不充，办理者或未尽善。今则重为整顿，十年之内不许他人再设织局，而所设织机不过二三百张，每日开织只五六百匹，岁得十八万匹，仅当进口洋布八十分之一耳，则十年之间所夺洋人之利，奚啻九牛之一毛哉？又况织布机器费用浩大，少织则费重而本有所亏，多织则费减而利可稳获。拟请将原设织局扩充资本，或再立新局，务使每年所织之布足敌进口十分之一，方足为收回利权之善策。诚得其人善为创办，不出十年，必有成效可睹，而后推之织绒、织呢、织羽、织毡，皆可次第施行。要使中国多出一分之货，外洋即可少获一分之利，而中国工商转多一分之生计。凡此皆所谓仿造外洋之货，以聚我未散之财者也。

一、欲财常聚而不虞其或散者，则在开矿山自有之财也。矿产不一，而为用则首推煤铁，然煤铁所以致富，而非所以为富。所以为富者，莫金银矿若。善夫格物家之言曰：溯汽机之兴距今四十余年耳。纵览欧美各邦，铁轨绵亘五六十万里，轮船梭织六十余万艘，铁塔则上摩霄汉，矿井则深凿九泉，而梁江湖，穴长岭，辟海渚，制巨炮，若电，若火，若光，若热，其为质一，皆微渺恍惚而不可影响，今皆效其灵以供人驱策，而成此开辟来所未有之工程。实计所费，奚啻二万兆两。果操何术以至此？岂今人之才力远胜于古人欤？不然何发泄之暴也？此无他，盖由道光季年地不爱宝，先后寻获新、旧金山之金穴耳。第就旧金山而言，自明中叶新得美洲以迄道光之季，约四百年；自道光之季至同治十年，不过二十余年耳，计其间开采金银已值一万二千兆两，视前四百年间所采已过倍矣。又自同治十年以迄于今，开矿之机新奇简便，所采尤倍焉。四十年间金银之出百倍于前，故能悬不赀之赏，开非常之源，奔走天下之人才不尽，改天下之旧观不止。今也中国创设海军，力求制造，拟开铁矿，自制芦沟桥至汉口之铁路，此中国数千年未有之创举，若仅恃流通内地区区之金银以资之，恐必不可得之数也。

尝闻矿师之论金矿也，谓一洲大陆必有数万里之岭已为干脉。干脉之长，宝矿生焉。南北美洲以石岭为干脉，而旧金山、墨西哥、智利诸金银矿皆生其间。澳大利洲以蓝岭为干脉，而新金山之矿于是胚胎。亚细亚洲以葱岭为正干，而西北至乌拉山，东南经藏卫以抵滇、蜀，宝矿迭为隐见。葱岭北干经南北天山，蜿蜒历阿尔泰、肯特诸山，绕内外兴安岭以抵长白山，由朝鲜之咸镜、奉天之旅顺南趋渡海，海底高下，岛屿差错，延及荣成、登、莱诸岭，以结穴于泰山，金银诸矿所在皆有。盖南北天山金沙最富，淘者甚众，记不绝书。俄人于外兴安岭采金者岁值数百万两。我内兴安岭之漠河今始招工，采金颇旺。至吉林诸山，前有金匪数万人生聚其中，而朝鲜咸镜道等处淘金者计七万余人，除纳官税外，每岁出口之金尚值银二三百万两。又尝身历宁海、招远诸山，见古时所开矿穴长至数十里、深至数十丈，摩挲悬厓，铲凿之痕班班可志，计其工程必费数百巨万，即今所弃矿石之次者与炉冶之渣滓满谷满山，取以分化，皆含金质，历请矿师为之勘验，则金脉纷披，绵亘起伏于诸山之脊，长至六七十里而无有间断，穴脉凿石以分化之，大约每吨中数得金一两强，欧美矿师至比诸旧金山之祖线。考之古人不惜工费既如彼，参之矿师互为取证又如此。盖虽山东东三府斗入于海者，南北之袤无逾三四百里，得地不厚，然总计北干而论，其矿之富殆可鼎峙新、旧金山矣。且滨辽海，便于转运，南北适中，调度自易，以视内、外兴安岭地近冰道，人迹罕至，其施工之难易相去万万也。

间者平度金矿开办之始，成本未集，仅恃陆续借款以为周转。又初延矿师不能预算矿脉之浅深长短与所含金质之多寡，以及分化硫金之难易，而建厂、购机、凿井任其指挥，及知已为所误，而借款之期已届，再贷无由，主其事者万分拮据。局外不察，徒归咎于金矿之不足恃，不知平度开办至今，计用机厂二十余万，储料二三万，工匠之费十余万，矿师薪工五六万，贷款息银四五万，而现存硫金三十余吨，亦值十余万。若所有借款转为存本，不必克期清还，则以所得浮金、硫金之数，核储已用之款，犹不得谓无利之矿也。中国有利之矿仅开平煤矿耳。开平开办，未分利息亦十余年，亦几经耗折而始有近日。假令责以尽还股本，则支绌情形亦平度而已。假令平度一如开平，自有资本，则今虽如开平昔时之危，他日安知不胜于开平今日之安也。若不于此时力与维持，听其停闭，则功亏一篑，微特平度之矿可惜，恐中国矿务永难复振。拟请北洋大臣李先将平度之矿通盘筹算，必添资本若干而后可以续办，以期日后本利有着。又将宁海、招远各矿勘验确实，自开井道、凿脉、采石、舂沙、合汞、滤分以至烘硫炼金，日得石若干，舂沙若干，工料若干，石每吨得金若干，而取赢若干，必逐一确估，通数年之赢余，计用本之多寡，设法创办，不数年间金银出自泥沙而不穷。金矿倡于先，各矿兴于后，而后利源广。利源广则南北之铁路与塞北之耕牧以渐而兴矣。

美国立邦仅及百年，居民类皆庸流，英属澳洲开辟亦仅百年，而两处铁路之纵横、耕牧之蕃庶甲于宇内，此皆开采金山后所聚之财为之也。是则中国不讲求西法则已，中国而讲求西法以求富，则莫如自开金矿始。不然，民贫于下，财绌于上，徒扼腕于致富之无由，而不知天不弃我中国，固藏金于山以待我之取用也，殆无异富家之祖若父窖金于室以贻后人，而其后人不知取用，不重可惜哉！

虽然，综吾所言三大端，讲求土货则需款，仿造洋货则需款，开采宝矿则需款，欲聚财，先散财，天下固无不耕而获、不难而获之利。方今度支匮于上，盖藏竭于下，国与民皆无力以创此莫大之功，则将上下交困以安其穷欤？抑操何术以济其变也？曰：莫若略仿西国设一商务衙门，以统于海军，在外或由南北洋大臣兼治，或另简干练通晓商务者驻通商总口，会南北洋大臣专治其事。然后由商务衙门向外洋各国贷款二三千万，其契据或自行出名，或另立华商总公司出名，专办商务，限十年内陆续取用。岁予息四五厘，付息带本，限二十年后分批还讫；否则稍增其息至六厘半，岁仅付息而不还本，至五六十年后停付，即作为本利清还之法。借款既定，然后由商务衙门将前三端所举数大事，若金矿，若织布，若丝茶，先易后难，次第分办。其办理之法，总以商人纠股设立公司为根本，取其殷实资本保结，而后以借款相假，岁取其息以还洋款。或事关商务大局，而股商裹足，资本难集，即以借款为之提倡。其借与华商之息，当视洋债之息稍昂，昂方足以还洋债之息与夫往来汇总之耗，而创办之始或有亏折，亦可于此挹注而不竭也。

难者或谓："以华银透漏外洋之故，而讲求商务，今转以商务故而岁输洋债数百余万之息，是更增透漏，未利先害，失其本谋。"不知商务兴则进口货少、出口货多，是昔日华商之银透漏外洋者，变为洋商之银溢输中国。且初以外洋之银采中国之金，还以中国之金售外洋之银，正所谓“以彼之矛，陷彼之盾”。区区岁输之息银，名虽出于华商，实仍取偿于洋商也，何透漏之有？

难者又谓：“外洋各国商人设立公司，振兴商务，互相假贷，动辄数千万，未闻有官出名者。是官为商借之说，从未施行于外洋，何独创行于中国？”不知外洋之商往来他国内地，置产营运，无有限止，又可与本地商人合股设立公司，故英之富商，在欧美各国开设行栈不知凡几，而欧美之铁路、电线公司与金银各矿，皆有英商股东董理其事，其欧美诸商之商于英属地者亦所在皆有。故其商人互相假贷，皆可亲理，而无事取信于其国之官。中国则不然。洋人既不能置产，又不能改造土货，而华商亦未能与洋商合本设立公司。彼此相视皆轻，故借款不得不凭官以取信。诚能得信义交孚之大臣当官一诺，仍奏定章程，国家为之担保，则外洋富商无不乐从，可立借数千万之巨款，举凡商务之确有把握者悉心讲贯，竭力推行，自无得不偿失之虑。如是数年之间，即可转贫民为富民，民富而国自强。是则初创之功，其文固官为民借，而终收之效，其实即仍为国借也，复何惮而不为乎？故吾尝谓国债之举，正居今之世，君民一体，通塞之机，不可行之于军务，必不可不行之于商务。此其一端也。

《法国海军职要》叙

辛卯春（光绪十七年，1891）

右论海军详矣，然不详兵舰、火器与夫水寨阵法及一切出奇制胜之具，何哉？盖海军之要，在用人力、得人心，而战备其末焉者也。战备因时而变，而所以用人力、得人心者，则有不变者在。

试观兵舰，由风帆变火轮，由明轮变舻轮，由是而变为铁甲，为快船，为带甲快船。其出没轰击者又变而有蚊子、穹龟、水雷诸名。其机器由冷度而热度，而凝汽，行将舍汽而电焉；又由平置而竖置，而倒置，且单筒、双筒、三四五筒，更屡变而加焉。其火器之变，则由前门炮而螺膛，而后门螺膛，而后门钢铁套配，而钢丝缠束矣。其炮质由铁而铜，而钢，而五金分剂矣；又由范铸而锤炼，而挖膛，而卷筒矣。其炮弹由圆弹而开花，而椭圆，而尖圆锥，而尖圆锥且自引火矣；且始而铅者，而铁而钢矣。其为火药，则由药末而包，而圆饼，而棱饼，而穴棱饼，行且求其无烟无响矣。至如演炮校准之法，始用人力，继用机轮，由是平轮、螺轮、汽轮、冷水压力轮，更屡变而愈灵捷焉。推之水寨阵法及一切出奇制胜之具，亦罔不因时而变也。

由前观之，其变若此，循是以往，当又有愈变愈奇者。使据今日之所变，以为得其要领焉而详言之，安知一转瞬间不已为陈迹乎？夫至变者物也，而所以神明乎其变者人也。故船械非不坚利也，澳屿风涛非不驾轻而就熟也，然而不胜者，则人之力有不齐、人之心有不固也。

尝游欧洲，纵观各国海军，见其有一事则有一职，有一受职之人则有一称职之事。迹其因事授职，职有其名者，必使事有其实。凡所为由稚卒、幼卒而升至队长、艺长，由火轮夫而升至总司轮，由考工生而升至考工使，由少从而升至统帅、总领，悉皆屡经考验，人无幸进，则人力齐也。又见其有优俸，有赡恤，有审院，有巡洋礼数，以之正其是非，生其羞恶，作其鼓舞，感其忠爱，则人心固也。因是而知海军之要，恃乎人之明其职，于尽乎其职之分也。

各国言海军亦至纤且悉矣。而原其精意所在则大同，当时就法文而译其要如此，名曰《法国海军职要》，弃之行箧已有十余年。而由今观之，则外洋各国之兵舰、火器，与夫制胜之具已屡变矣，而其用人力、得人心之道犹是也。中国之兵舰、火器亦屡增而屡变矣，而所以明其职、尽其分之要，其尚待讲求犹昔也。益于此而信海军之要，虽百世而无所损益也。

友人见之，或以为是编所叙海军之官，亦犹《周礼》所言"建其正，立其贰，设其考，陈其殷，置其辅"耳；是编所叙海军之职，亦犹《周礼》所言"正其治，受其会，听其致事，而诏王废置"耳。孔子曰："礼失而求诸野。"然则是编也，其诸班固所称"愈于野"者乎？

时在光绪十七年辛卯正月

拟设翻译书院议

甲午冬（光绪二十年，1894）

窃谓今日之中国，其见欺于外人也甚矣。道光季年以来，彼与我所立约款、税则，则以向欺东方诸国者转而欺我。于是其公使傲睨于京师，以陵我政府；其领事强梁于口岸，以抗我官长；其大小商贾盘踞于租界，以剥我工商；其诸色教士散布于腹地，以惑我子民。夫彼之所以悍然不顾、敢于为此者，欺我不知其情伪、不知其虚实也。然而其情伪虚实，非不予我以可知也。外洋各国，其政令之张弛，国势之强弱，民情之顺逆，与其上下一心、相维相系、有以成风俗而御外侮者，率皆以本国语言文字不惮繁琐而笔之于书。彼国人人得而知之，并无一毫隐匿于其间。中国士大夫其泥古守旧者无论已，而一二在位有志之士，又苦于语言不达，文字不通，不能遍览其书，遂不能遍知其风尚，欲其不受欺也得乎？

虽然，前车之覆，后车之鉴也。然则欲使吾士大夫之在位者尽知其情实，尽通其蕴蔽，因而参观互证，尽得其刚柔操纵之所以然，则译书一事，非当今之急务与？语云：知己知彼，百战百胜。战胜于疆场则然，战胜于庙堂亦何独不然。

泰西各国自有明通市以来，其教士已将中国之经传纲鉴，译以辣丁、法、英文字。康熙间于巴黎斯设一汉文书馆，近则各国都会不惜重赀，皆设有汉文馆，有能将汉文古今书籍下至稗官小说译成其本国语言者则厚廪之。其使臣至中国署中，皆以重金另聘汉文教习，学习汉文，不尽通其底蕴不止。各国之求知汉文也如此，而于译书一事，其重且久也又如此。

近今上海制造局、福州船政局与京师译署虽设有同文书馆，罗致学生以读诸国语言文字，第始事之意，止求通好，不专译书；即有译成数种，或仅为一事一艺之用，未有将其政令治教之本原条贯译为成书，使人人得以观其会通者。其律例、公法之类，间有摘译，或文辞艰涩，于原书之面目尽失本来，或挂一漏万，割裂复重，未足资为考订之助。夫译之为事难矣，译之将奈何？其平日冥心钩考，必先将所译者与所以译者两国之文字深嗜笃好、字栉句比，以考彼此文字孳生之源、同异之故，所有相当之实义，委曲推究，务审其音声之高下，析其字句之繁简，尽其文体之变态，及其义理精深奥折之所由然。夫如是则一书到手，经营反覆，确知其意旨之所在，而又摹写其神情，仿佛其语气，然后心悟神解，振笔而书，译成之文，适如其所译而止，而曾无毫发出入于其间。夫而后能使阅者所得之益与观原文无异，是则为善译也已。

今之译者，大抵于外国之预言或稍涉其藩篱，而其文字之微辞奥旨与夫各国之所谓古文词者，率茫然而未识其名称。或仅通外国文字语言，而汉文则粗陋鄙俚、未窥门径。使之从事译书，阅者展卷未终，俗恶之气触人欲呕。又或转请西人之稍通华语者为之口述，而旁听者乃为仿佛摹写其词中所欲达之意，其未能达者，则又参以己意而武断其间。盖通洋文者不达汉文，通汉文者又不达洋文，亦何怪夫所译之书皆驳杂迂讹，为天下识者所鄙夷而讪笑也。

夫中国于应译之书既未全译，所译一二种又皆驳杂迂讹，而欲求一精通洋语洋文兼善华文而造其堂奥、足当译书之任者，横览中西，同心盖寡，则译书之不容少缓，而译书之才之不得不及时造就也，不待言矣。余生也晚，外患方兴，内讧洊至，东南沦陷，考试无由。于汉文之外，乃肆意于辣丁文字，上及希腊并英、法语言。盖辣丁乃欧洲语言文字之祖，不知辣丁文字，犹汉文之昧于小学而字义未能尽通，故英、法通儒日课辣丁古文词，转译为本国之文者此也。少长，又复旁涉万国史事、舆图、政教、历算、度数，与夫水、光、声、电，以及昆虫、草木、金石之学，如是者五六年，进读彼所谓性理、格致之书，又一二年而后，于彼国一切书籍，庶几贯穿融洽，怡然理顺，涣然冰释，遂与汉文无异。

前者郭侍郎出使，随任英、法，暇时因举曩所习者，在法国考院与考其文字、格致两科而幸获焉。又进与考律师之选、政治之选、出使之选，亦皆获焉。曾拟将诸国政教之源流、律例之同异，以及教养之道、制用之经、古今沿革之凡、货财敛散之故，译为一书，而为事拘牵，志未得遂。近复为世诟忌，摈斥家居，幸有暇日得以重理旧业。今也倭氛不靖，而外御无策，盖无人不追悔于海禁初开之后，士大夫中能有一二人深知外洋之情实而早为之变计者，当不至有今日也。余也蒿目时艰，窃谓中国急宜创设翻译书院，爰不惜笔墨，既缕陈译书之难易得失于左，复将书院条目与书院课程胪陈于右。倘士大夫有志世道者见而心许，采择而行之，则中国幸甚。

一、翻译书院之设，专以造就译才为主。诸生之入院者，拟选分两班：一选已晓英文或法文，年近二十，而资质在中人以上者十余名入院，校其所造英、法文之浅深，酌量补读，而日译新事数篇，以为工课；加读汉文，如唐、宋诸家之文而上及周、秦、汉诸子，日课论说，务求其辞之达而理之举。如是者一年，即可从事翻译，而行文可免壅滞艰涩之弊。一选长于汉文，年近二十而天姿绝人者亦十余名，每日限时课读英、法文字，上及辣丁、希腊语言。果能工课不辍，用志不纷，而又得循循善诱者为之指示，不过二年，洋文即可通晓，然后肆力于翻译，收效必速。盖先通汉文，后读洋文，事半功倍。为其文理无间，中外所异者，事物之称名耳。

一、拟请一兼通汉文、洋文之人为书院监理，并充洋文教习，凡诸生应读洋文书籍与每日译书课程皆其派定，应译之书亦其择选，而考校诸生之勤惰进退及学有成效与否，胥责成焉。

一、拟请长于古文词者四五人，专为润色已译之书，并充汉文教习，改削论说，暇时商定所译名目，必取雅驯不戾于今而有征于古者，一一编录，即可为同文字典底本。又拟雇佣书手五六名，以备抄录。

一、院中有执事者必须常川住院。诸生则旬日休沐一次，准假岁无过一月。岁终，诸生勤惰由监理禀报，批饬榜示。

一、应译之事拟分三类：其一为各国之时政。外洋诸国内治之政，如上下议院之立言、各国交涉之件，如各国外部往来信札、新议条款、信使公会之议，其原文皆有专报，此须随到随译，按旬印报。书院初设即应举办者也。其二为居官者考订之书，如行政、治军、生财、交邻诸大端所必需者也。为书甚繁，今姑举其尤当译者数种，如《罗玛律要》，为诸国定律之祖；《诸国律例异同》、《诸国商律考异》，民主与君主经国之经，山林渔泽之政，邮电铁轨之政；《公法例案》，备载一切交涉事件原委；《条约集成》，自古迄今，宇下各国凡有条约无不具载，其为卷甚富，译成约可三四百卷；《东方领事便览》，生财经权之学，国债消长，银行体用；《方舆集成》，凡五洲险要皆有详图，为图三年余幅，乃舆图中最为详备之书；《罗玛总王责撒尔行军日记》、《法王那波伦第一行军日记》，此两王者，西人称为古今绝无仅有之将材，所载攻守之法至为详备。他书应译者不可胜记，而诸书类皆英、法文字，择其善者译之。开院后一年，其已通洋文诸生即可将前书分课翻译，二年后新读洋文诸生亦可助译，则出书自易。其三为外洋学馆应读之书，应次第译成，于彼国之事方有根柢。如万国史乘、历代兴废政教相涉之源，又算法、几何、八线、重学、热、光、声、电，与夫飞潜、动植、金石之学，性理、格致之书，皆择其尤要而可资讨论者列为逐日课程。一二年后即派诸生更译，附旬报印送，以资观览焉。

一、书院中拟设书楼，除初设时已购中外书籍外，新出者应随时添购。其书籍必派人专司日时启闭，每月按簿查点。其初应购之书值约数千，每岁添费数百金，可以补其未备。

一、一二年后拟于院中自备活字板一副，雇刻工之精于刻图者数名。其初译件不多，可倩书坊代印。

一、书院房屋总宜宽敞整洁，其居地宜附近通商口岸，取其传递便捷，消息灵通，而外洋各报纸公司船随到随送，即可分译，不致稽留。

一、书院费用皆有定额，拟派一支应者专司出入，按月呈报。至书院内各项额外开支，皆宜预筹经费，按年拨给，以为书院立不拔之基焉。

《马氏文通》序

昔古圣开物成务，废结绳而造书契，于是文字兴焉。夫依类象形之谓文，形声相益之谓字，阅世递变而相沿，讹谬至不可殚极。上古渺矣，汉承秦火，郑许辈起，务究元本，而小学乃权舆焉。自汉而降，小学旁分，各有专门。欧阳永叔曰："《尔雅》出于汉世，正名物讲说资之，于是有训诂之学；许慎作《说文》，于是有偏旁之学；篆隶古文，为体各异，于是有字书之学；五声异律，清浊相生，而孙炎始作字音，于是有音韵之学。"吴敬甫分三家：一曰体制，二曰训诂，三曰音韵。胡元瑞则谓小学一端，门径十数，有博丁文者、义者、音者、迹者、考者、评者，统类而要删之，不外训诂、音韵、字书三者之学而已。

三者之学，至我朝始称大备。凡诂释之难、点画之细、音韵之微，靡不详稽旁证，求其至当。然其得失异同，匿庸与嗜奇者，又往往互相主奴，聚讼纷纭，莫衷一是。则以字形字声，阅世而不能不变，今欲于屡变之后以返求夫未变之先，难矣。盖所以证其未变之形与声者，第据此已变者耳。藉令沿源讨流，悉其元本所是正者，一字之疑、一音之讹、一画之误已耳。殊不知古先造字，点画音韵，千变万化，其赋以形而命以声者，原无不变之理，而所以形其形而声其声，以神其形声之用者，要有一成之律贯乎其中，历千古而无或少变。盖形与声之最易变者，就每字言之，而形声变而犹有不变者，就集字成句言之也。《易》曰："艮其辅，言有序。"《诗》曰："出言有章。"曰"有序"，曰"有章"，即此有形有声之字，施之于用各得其宜而著为文者也。《传》曰："物相杂故曰文。"《释名》谓："会集众采以成锦绣，会集众字以成词谊，如文绣然也。"今字形字声之最易变者，则载籍极博，转使学者无所适从矣，而会集众字以成文，其道终不变者，则古无传焉。

士生今日而不读书为文章则已，士生今日而读书为文章，将发古人之所未发而又与学者以易知易能，其道奚从哉？《学记》谓："比年入学，中年考校，一年视离经辨志。"其《疏》云："离经，谓离析经理，使章句断绝也。"《通雅》引作"离经辨句"，谓"丽于六经使时习之，先辨其句读也"。徐邈音豆，皇甫茂正云："读书未知句度，下视服社。"度，即读，所谓句心也。然则古人小学，必先讲解经理、断绝句读也明矣。夫知所以断绝句读，必先知所以集字成句成读之义。刘氏《文心雕龙》云："夫人之立言，因字而生句，积句而成章，积章而成篇。篇之彪炳，章无疵也；章之明靡，句无玷也；句之清英，字不妄也。振本而末从，知一而万毕矣。"顾振本知一之故，刘氏亦未有发明。

慨夫蒙子入塾，首授以四子书，听其终日伊吾，及少长也，则为之师者，就书衍说。至于逐字之部分类别，与夫字与字相配成句之义，且同一字也，有弁于句首者，有殿于句尾者，以及句读先后参差之所以然，塾师固昧然也。而一二经师自命与攻乎古文词者，语之及此，罔不曰此在神而明之耳，未可以言传也。噫嚱！此岂非循其当然而不求其所以然之蔽也哉！后生学者，将何考艺而问道焉！

上稽经史，旁及诸子百家，下至志书小说，凡措字遣辞，苟可以述吾心中之意以示今而传后者，博引相参，要皆有一成不变之例。愚故罔揣固陋，取《四书》、《三传》、《史》、《汉》、韩文为历代文词升降之宗，兼及诸子、《语》、《策》，为之字栉句比，繁称博引，比例而同之，触类而长之，穷古今之简篇，字里行间，涣然冰释，皆有以得其会通，辑为一书，名曰《文通》。部分为四：首正名。天下事之可学者各自不同，而其承用之名，亦各有主义而不能相混。佛家之"根"、"尘"、"法"、"相"，法律家之"以"、"准"、"皆"、"各"、"及其"、"即若"，与夫军中之令、司官之式，皆各自为条例；以及屈平之"灵修"，庄周之"因是"，鬼谷之"捭阖"，苏、张之"纵横"，所立之解均不可移置他书。若非预为诠解，标其立义之所在而为之界说，阅者必洸洋而不知其所谓，故以正名冠焉。次论实字。凡字有义理可解者，皆曰实字，即其字所有之义而类之，或主之，或宾之，或先焉，或后焉，皆随其义以定其句中之位，而措之乃各得其当。次论虚字。凡字无义理可解而惟用以助辞气之不足者曰虚字。刘彦和云："至于'夫'、'惟'、'盖'、'故'者，发端之首唱；'之'、'而'、'于'、'以'者，乃札句之旧体；'乎'、'哉'、'矣'、'也'，亦送末之常科。"虚字所助，盖不外此三端，而以类别之者因是已。字类既判，而联字分疆庶有定准，故以论句读终焉。

虽然，学问之事，可授受者规矩方圆，其不可授受者心营意造。然即其可授受者以深求夫不可授受者，而刘氏所论之文心，苏辙氏所论之文气，要不难一蹴贯通也。余特怪伊古以来，皆以文学有不可授受者在，并其可授受者而不一讲焉。爰积十余年之勤求探讨以成此编。盖将探夫自有文字以来至今未宣之秘奥，启其缄縢，导后人以先路。挂一漏万，知所不免。所望后起有同志者，悉心领悟，随时补正，以臻美备，则愚十余年力索之功庶不泯也已。

光绪二十四年三月十九日丹徒马建忠序

《马氏文通》后序

荀卿子曰："人之所以异于禽兽者，以其能群也。"夫曰群者，岂惟群其形乎哉！亦曰群其意耳。而所以群今人之意者则有话，所以群古今人之意者则惟字。传曰："形声相益之谓字。"夫字形之衡从、曲直、邪正、上下、内外、左右，字声之抑扬、开塞、合散、出入、高下、清浊，其变幻莫可端倪。微特同此圆顶方趾散处于五大洲者，其字之祖梵、祖伽卢、祖仓颉，而为左行、为右行、为下行之各不相似而不能群；即同所祖，而世与世相禅，则字形之由圆而方，由繁而简，字声之由舌而齿、而唇，而递相变，群之势亦几于穷且尽矣。然而言语不达者，极九译而辞意相通矣，形声或异者，通训诂而经义孔昭矣。盖所见为不同者，惟此已形已声之字，皆人为之也。而亘古今，塞宇宙，其种之或黄、或白、或紫、或黑之钧是人也，天皆赋之以此心之所以能意，此意之所以能达之理。则常探讨画革旁行诸国语言之源流，若希腊、若辣丁之文词而属比之，见其字别种而句司字，所以声其心而形其意者，皆有一定不易之律，而因以律吾经籍子史诸书，其大纲盖无不同。于是因所同以同夫所不同者，是则此编之所以成也。

而或曰："吾子之于西学，其形而上者性命之精微，天人之交际，与夫天律人律之淑身淑世，以及古今治教之因革，下至富国富民之体用，纵横捭阖之权策，而度、数、重、化、水、热、光、电制器尚象之形而下者，浩浩乎，渊渊乎，深者测黄泉，高者出苍天，大者含元气，细者入无间，既无不目寓而心识之，间尝征其用于理财使事，恢恢乎其有余矣。今下关之抚初成，上下交困，而环而伺者与国六七，岌岌乎，识时务者方将孔孟西学，刍狗文字也。今吾子不出所学以乘时焉，何劳精敝神于人所唾弃者为？是时不冯唐而子自冯唐也，何居？”

曰：“天下无一非道，而文以载之；人心莫不有理，而文以明之。”然文以载道而非道，文以明理而非理。文者，所以循是而至于所止，而非所止也，故君子学以致其道。

余观泰西，童子入学，循序而进，未及志学之年，而观书为文无不明习，而后视其性之所近，肆力于数度、格致、法律、性理诸学而专精焉，故其国无不学之人，而人各学有用之学。计吾国童年能读书者固少，读书而能文者又加少焉，能及时为文而以其余年讲道明理以备他日之用者，盖万无一焉。夫华文之点画结构，视西学之切音虽难，而华文之字法句法，视西文之部分类别，且可以先后倒置以达其意度波澜者则易。西文本难也而易学如彼，华文本易也而难学如此者，则以西文有一定之规矩，学者可循序渐进而知所止境，华文经籍虽亦有规矩隐寓其中，特无有为之比拟而揭示之。遂使结绳而后，积四千余载之智慧材力，无不一一消磨于所以载道、所以明理之文，而道无由载，理不暇明，以与夫达道明理之西人相角逐焉，其贤愚优劣有不待言矣。

斯书也，因西文已有之规矩，于经籍中求其所同所不同者，曲证繁引以确知华文义例之所在，而后童蒙入塾能循是而学文焉，其成就之速必无逊于西人。然后及其年力富强之时，以学道而明理焉，微特中国之书籍其理道可知，将由是而求西文所载之道、所明之理，亦不难精求而会通焉。则是书也，不特可群吾古今同文之心思，将举夫宇下之凡以口舌点画以达其心中之意者，将大群焉。夫如是，胥吾京陔亿兆之人民而群其材力，群其心思，以求夫实用，而后能自群，不为他群所群。则为此书者，正可谓识当时之务。

光绪二十四年九月初九日丹徒马建忠又序

《马氏文通》例言

是书本旨，专论句读，而句读集字所成者也。惟字之在句读也必有其所，而字字相配必从其类，类别而后进论夫句读焉。夫字类与句读，古书中无论及者，故字类与字在句读所居先后之处，古亦未有其名。夫名不正则言不顺，语曰：“必也正名乎。”是书所论者三：首正名，次字类，次句读。

古经籍历数千年传诵至今，其字句浑然，初无成法之可指。乃同一字也，同一句也，有一书迭见者，有他书互见者。是宜博引旁证，互相比拟，因其当然以进求其所同所异之所以然，而后著为典则，义训昭然。但其间不无得失，所望后之同志匡其不逮，俾臻美备。

此书在泰西名为“葛郎玛”。葛郎玛者，音原希腊，训曰字式，犹云学文之程式也。各国皆有本国之葛郎玛，大旨相似，所异者音韵与字形耳。童蒙入塾，先学切音而后授以葛郎玛，凡字之分类与所以配用成句之式具在。明于此，无不文从字顺，而后进学格致、数度，旁及舆图、史乘，绰有余力，未及弱冠，已斐然有成矣。此书系仿葛郎玛而作，后先次序皆有定程，观是书者，稍一凌躐，必至无从领悟。如能自始至终，循序渐进，将逐条详加体味，不惟执笔学中国古文词即有左宜右有之妙，其于学泰西古今之一切文字，以视自来学西文者，盖事半功倍矣。

构文之道，不外虚实两字，实字其体骨，虚字其神情也。而经传中实字易训，虚字难释。《颜氏家训》有音辞篇，于古训罕有发明。独赖《尔雅》、《说文》二书，解说经传之词气，最为近似，然亦时有结籥为病者。至以虚实之字措诸句读间，凡操笔为文者，皆知其当然，而其当然之所以然，虽经师通儒亦有所不知。间尝谓孟子“亲之欲其贵也，爱之欲其富也”两句中“之”、“其”两字，皆指象言，何以不能相易？《论语》“爱之能勿劳乎？忠焉能勿诲乎”两句之法相似，何为“之”、“焉”二字变用而不得相通？“俎豆之事则尝闻之矣，军旅之事未之学也”两句之法亦同，“矣”、“也”二字何亦不能互变？凡此之类，曾以叩攻小学者，则皆知其如是而不知其所以如是。是书为之曲证分解，辨析毫厘，务令学者知所区别，而后施之于文各得其当。若未得其真解，必将穷年累月伊吾不辍，执笔之下，犹且与耳谋、与口谋，方能审其取舍。劳逸难易，迥殊霄壤。

此书为古今来特创之书。凡事属创见者，未可徒托空言，必确有凭证而后能见信于人。为文之道，古人远胜今人，则时运升降为之也。古文之运，有三变焉。春秋之世，文运以神，《论语》之神淡，《系辞》之神化，《左传》之神隽，《檀弓》之神疏，《庄周》之神逸。周秦以后，文运以气，《国语》之气朴，《国策》之气劲，《史记》之气郁，《汉书》之气凝，而《孟子》则独得浩然之气。下此则韩愈氏之文，较诸以上之运神运气者，愈为仅知文理而已。今所取为凭证者，至韩愈氏而止。先乎韩文而非以上所数者，如《公羊》、《穀梁》、《荀子》、《管子》，亦间取焉。惟排偶声律者，等之自郐以下耳。凡所引书，皆取善本以是正焉。

书中正文，只叙义例，不参引书句，则大旨易明。正文内各句有须引书为证者，则从《十三经注疏》体，皆低一格写，示与正文有别。

引《论语》、《孟子》、《大学》、《中庸》与《公羊》、《榖梁》，只举“论”、“孟”、“学”、“庸”、“公”、“榖”一字以冠引书之首。《国语》、《国策》只举“语”、“策”，而以所引语、策之国名冠之。《公》、《榖》之后缀以某公某年，引《左氏》则不称“左”，单标公名与其年，《庄子》只称篇名；《史记》只称某某本纪、某某世家、列传，八书亦如之；《前汉》只称某帝、某传、某志。若引他史必称史名，如《后汉》、《三国》、《晋书》之类。韩文单举篇名，且删其可省者。

诸所引书，实文章不祧之祖，故可取证为法。其不如法者，则非其祖之所出，非文也。古今文词经史百家，姚姬传氏之所类撰，曾文正之所杂钞，旁至诗赋词曲，下至八股时文，盖无有能外其法者。

凡引书句，易与上下文牵合误读。今于所引书句，俱用小字（居中）印，于所引书名、篇名之旁以线志之，以示区别。

适可斋记行

东行初录

（1882）

光绪八年壬午春三月，我东方属土朝鲜国始与阿美利加合众国立约通商，其国之政府以不谙外交，愿得中国大员莅盟，于是合肥傅相请于朝，以建忠行。北洋水师统领丁禹亭军门因巡洋之役，率兵舶三艘，曰威远，曰扬威，曰镇海，将偕至烟台，会同美国全权大臣薛孚尔驶赴朝鲜议约。

十四日，余先自析津起程，同行者为吕秋樵孝廉。丁军门以事暂留，余乘铁龙小火船至大沽船坞，勾当公事。

十六日午刻，丁军门乘镇海兵船来会。午后登舟，先有一客在焉，询诸禹亭，知为庆军分统朱栻程军门，附舶归登州防次者。遂乘潮鼓轮出口。是日，潮涨丈有三尺，风平。

十七日晨，微雾，缓输行，七点钟至登州蓬莱阁下，以舢舨送朱栻程登岸。忽有烟如云自阁东出，旋起旋灭，谛视之，则平原浅草间健儿林立，知为陆营枪操，旌旗飞扬，军容甚盛。舢舨回，复鼓轮东驶，天亦开朗。钟报十二点，舟抵烟台。美国兵舶名汕岛者，在口内望见水师提督旗帜，站舷申敬。入口后，渡登威远兵舶。俄而汕岛船主哥贝来谒云：“薛使沪游，即夕可返，英国水师提督刻赴析津，闻亦将迎威妥玛往朝鲜议约。”而水师总教习葛雷森至舟，亦述新报载有“英、法、德三国调集兵舰，将赴朝鲜，且日人亦有兵舶直指汉江”之语。无何，哥贝辞去。复有四人来见，询知为招商局友附舶东渡者，告以行期既定，令镇海管驾官知会登舟。晚膳后，海月东升，万象呈露，偕友人凭高眺望，见岛屿环列，有若屏障，之罘、文登、荣成诸山，则皆有始皇之遗迹在焉。方其泐石纪功德，入海求神仙，亦自谓驾谛帝而凌往王矣，卒之祚不过二世，地不越万里，长城甫就而阿房已灰，徒令后之勤远略者引为蓍鉴。我朝龙兴艮垠，东西南朔延袤九万里，幅员之广，超越前代，而风气所开，犹复不可遏抑。嘉道而后，乃更创来宾之局，宏柔远之模，举宇内五大洲诸国，罔弗梯航来集，九垓八埏，如在庭户，诚亘古所未有之盛也。是夜凭眺，至漏三下乃寝。

十八日晨，报薛孚尔至，专人赍傅相书云，附以洋文一缄，订相见期。随偕丁军门登岸拜东海关道方佑民观察，归途遇哥船主，谓“薛使候于寓”，与禹亭改道访之，促谭良久，薛使谓：“在烟台宜捐弃拜往升炮繁文，以免哗属，且顷闻英、法、德、日四国咸将调集兵舰麇至朝鲜，果尔，则定议遂难，宜乘间先期往。”遂订我舟于二十日辰刻起碇，美舶于二十一日辰刻起碇，陆续进发。濒行，与贝船主约午后在汕岛船会议入汉江口停泊处所，俾先后来集。于是三点钟偕丁军门往晤哥贝于其船。船长三十八丈，广五丈有奇，船主舱在舵楼下，陈设都丽。相与披图，指定于汉江口虎岛旁下碇，盖过此则水浅溜急，轮舟不能停泊矣。虎岛属朝鲜京畿道仁川府治，去王京九十余里。回舟缮禀上傅相，报起程日期。

十九日，早膳后，开单购外洋酒点暨中国果菜，以此去汉江不无酬应筵宴故也。午后，丁军门传令各船管驾官于诘旦五点二刻起碇东渡，首威远，次扬威，次镇海，各距八百码，鱼贯而进，速率每小时行八迈半，前舟昼于横桅悬速率表，夜缀灯球，以属后舟耳目。诸习流军将往观东瀛风景，令下之后，整篷理索，踊跃欢欣。

二十日晨五点二刻，起碇东驶，风平浪净如拭。九点二刻过刘公岛。一点钟薄成山岬，自此迤东偏南太半度行，直指汉江口仙侠岛外小岛，距水程一百七十迈。先是，海道往朝鲜无入汉江口者。《隋书》开皇十八年伐高丽，以一军自东莱泛海趋平壤城；《唐书》贞观十七年上亲征高丽，以张亮为平壤道行军大总管，帅战舰自莱州泛海趋平壤。平壤箕子故乡，《汉书》所称王险城者是也，今属平安道，据大同江上流，则皆进大同江无疑。宋徐明叔《宣和奉使图经》云“由定海乘南风北行五日程，可历大青岛入急水门”，则亦由大同江进。又《唐书》永徽五年，命苏定方为神邱道行军大总管，帅师伐百济，定方引军自成山济海，百济据熊津江口以拒，定方进击破之，熊津在今忠清道公州下流，由舒川入海，则又自舒川口进。而以一帆东渡，直指汉江，记载以来，都所未有，盖其口外岛屿棋布，水浅湍急，沙线无常处，巨舰至此，率以触礁搁浅为惧，故往时泛海者至大青岛、成山岬二处，皆分迤南北而去。同治中法国水师提督罗斯驶往测验，绘图极审，为海舶指南，始稍稍有知汉江口者。国朝魏默深《圣武记》谓熊津江即汉江，系属舛午，熊津与汉江相距远甚，从前地图简略，经纬不明，虽通材亦不能无误也。午后，微雨寻霁，道生不敢疾驶，速率一小时行八迈，约迟明可见仙侠岛外小岛。

二十一日晨四点钟，舟指仙侠岛，微雾，岛霾没不可辨，缓轮绕行。有汽船自南来，辨煤烟知为日本兵舶。有顷，雾敛微雨。五点二刻，过仙侠岛外小岛。八点钟过仙侠岛。岛四合，如行江中，水青若泼黛，溜急，溯流上，日舶道熟先驶，相距已十迈矣。十二点三刻，过立岐岛傍小猫岛，舟折而北。右掠小阜岛，左压燕兴岛，已复迤东兼北行。钟报三点，望见日本兵舶已于虎岛旁下碇。四点钟，我舟相继至下碇，与日舶邻，其副船主刺舢舨来，与我舟管驾官相慰劳，兼询东来故，我亦遣大副刺舢舨答焉。日舶名磐城，自内海口下关载驻扎朝鲜公使花房义质来，途中行十日程，道泊釜山、巨文岛各数日，其舶大与镇海埒。俄而小艇二只自山隙出，张蒲帆驶附镇海，以远镜窥之，见有乌帽蓝袍倚舷而立者，则朝鲜四品鸿胪李应俊也。应俊前以约事至析津，月之初旬，令镇海送至鸭绿江口归国者，故识之。镇海管驾官旋以舢舨送之来，则与偕者又有三品鸿胪韩文奎、五品鸿胪高永周，登舟寒暄毕，笔谈数则，即以登岸为请，言其国王已令于仁川扫除行馆，派二品参判赵准永为伴接官，明晨来谒。薄暮，应俊等辞去。丁军门传令三舶，乃蒸汽以待。

二十二日午前十点钟，李应俊诸人与赵准永先后至，准永以登岸请，余以美使未来，而朝鲜议约大员亦未派至，适馆无所事事，因固辞。准永等复固请，乃允于午后三点钟登岸。留准永等同饭舟中，饭毕准永谓，曩游日本，识日使花房义质，请往访于其舟。命舢舨送之去，约二点钟回，威远同行。李应俊别偕诸人往观扬威快舰。钟报二点二刻，应俊等归自扬威，准永犹未返。余遂偕秋樵率镇海管驾官陆伦华及习流军八名，与应俊等别乘舢舨先行，中流见准永自日舶下，花义房质亦刺舢舨至威远船，意将往谒丁军门及余焉。三点钟抵埠，仁川都护府使郑志镕迎谒道左，兼以肩舆来迓。舆如车箱状，趺坐其中，四人舁之行。导以青旗皂盖，舆隶呵殿，漫声长谣，前后互答。迤逦循山麓行，景色明秀，如在江南道中，村人扶老携幼来观者以数百计。越岭者五，约十许里，见两山环抱，中嵌茅屋数十家，询之即仁川府也。府无城郭，官廨在东山之麓，正对文岳，今即以为宾馆。入门则栋宇剥落，俨若古刹，厅事侧小室三四间，备余辈栖息。室簇比如蜂房，地荐蒲席，壁障纸屑，无几案床榻。给事者先于门外解屦乃入，其俗略似日本，而简陋过之。坐甫定，府使以矮几献食，殊粗恶，秽气触鼻欲呕者再，屡辞，乃撤去。晚令从者煮粥以食，食已，赵、李诸人相继至，各笔谈数则而去。烛跋，席地就寝，秽气袭屋犹存，而室后山松，因风作涛，三鼓尽方寐。

二十三日晨起，陆伦华回舟，李应俊辞赴王京，催派议约大员。赵准永等相继来问讯，因与笔谈，将乘间觇其朝议，而准永等狡甚，语涉政府辄诿不知，乃告以傅相奏请大皇帝派员来此，原为调护属藩起见，分宜推诚相待，安用是模棱为？准永等悚慑谢过。午后无事，方欲偕友出游，而丁军门策马来，知美舶未至，因联骑游山，冈峦回合，林木丛茂，虽无雄奇险怪之观，而平远深秀，殊足引人入胜。因念中原山水，在通都大邑，为冠盖所往来者，固皆登诸志乘，绘为图画，而荒远僻左之区，自唐宋以来，亦率有迁客骚人为之搜奇选胜，作为诗文以宠之，俾流传宙合，盖一邱一壑能自拔奇于岳渎之外，迄于今湮没不彰者，抑已鲜矣！朝鲜山水之胜，无异华土，徒以越在东隅，屐齿罕至，数千百年，卒无好事者从而表章，俾得附宇内名胜之列，地望限人，豪杰所慨，山水亦有然与！方与揽辔流连，而通词尾至，喘汗雨下，叩马请返，谓余辈屏从微行，设有蹉失，渠等罪且不测。爰循旧路缓缓归，村人集道旁观者益众，皂隶亦踪迹至，先驱清道以行。返馆小憩，复与高永周笔谈。谘其政治风俗与夫古迹之沿革，遂留之晚膳。膳毕，而二品参事堂备官金景遂至自王京，云："已派定经理机务衙门事申櫶为议约大员，越日当驰至。"景遂年六十余，其国王于派定议约大员后遣之来，知其胸中已有成竹，以笔谈舐之，词气桀黠，隐然有轻量中国之意，因责其应对失礼，立传接伴官，饬质明备舆马回舟，漏三下，准永等犹来固留。

二十四日晨起，金、赵诸人复来固留，峻词谢之。丁军门先行，时余将发舆，而日使花房义质策马往王京，道出仁川，适馆请见，与语良久，出馆，各分道行。至舟，美舶仍未至，虽连晨雾阻，而后期至三日，恐别有事故。爰与丁军门议，质明遣镇海返至烟台，沿途探视，因以一禀上傅相，令就便赍回，甫缮就，报见美国兵舶入口，时已晚七点钟矣，登舵楼以远镜窥之，则于口门下碇，相距犹三十里。

二十五日雾，美舶未起碇，午前丁军门邀赴扬威阅操。午后二点钟，美舶驶至。傍威远下碇，金景遂、李应俊等亦来威远，余遂归自扬威。而我舟管驾官吕翰自美舶回，询知美舶在口外阻雾，停四十八点钟，故失期，薛使致声谓："明日十点钟来答烟台之拜。"景遂等寻入见，谓申櫶今夕至，词气谦抑，非复前日。数语后，应俊蹑衣请间，遂引入别室，询悉王京议论岐出，兴寅君李昰应颇非外交，景遂其党，故有前日之言，因与笔谈数则而出。应俊等请往款接薛使，适美舶船主来答访吕翰，称："薛使两日内不理公务。"乃为转告，景遂诸人五点钟辞去。

二十六日九点钟，美舶船主哥贝来拜。十点钟，薛使来拜。寒暄毕，薛使谓："全权字据译出，兼备有咨行朝鲜总理机务衙门公文一通，以此次未携翻译，不审华、洋文有无舛午，乞为点勘。"允之，有顷辞去。余与丁军门议，翌夕七点钟邀薛使暨美、日二船主晚膳，旋缮发洋文请单，薛使辞以疾，二船主答书如约。三点钟，赵准永率李应俊诸人，持其大官经理机务事申櫶、副官经理机务事金宏集与从事官机务副主事徐相雨三刺来问讯，订明日十点钟登舟晋谒。大官意即大臣之谓，下国陪臣，不敢称大臣，降而称大官，礼也。未几，钟报四钟，往美舶答薛使拜，准永等留待舟中，薛使出国书与金权字据华、洋文各一通为校阅。毕，薛使商于余，谓："条约未定，不便遽递国书，拟先以公文咨朝鲜政府，国书俟约定后再呈。"余谓："国书呈递先后，无关轻重，第先将全权字据咨行朝鲜政府，使可会议。"薛使因问："朝鲜正副二使有无全权？"余谓："其国王既特派议约，谅无不予全权，且我傅相所议约稿，内载明全权字样，彼政府逐件恪遵，非有窒碍，不敢易也。"旋辞回舟，复与准永笔谈，语及全权事，李应俊复请往别室，求代拟敕文一稿携去。

二十七日九点钟，丁军门邀同点名。九点二刻，薛使来商请议约时，在近岸支立帐房，不必往仁川行馆，并问："朝鲜正副二使登舟升炮几响？"余谓："近岸议约，我免涉跋，彼省供亿，计诚两得，少顷当与朝使言之，升炮则按中国礼用三响焉。"十点钟，赵、李诸人先至。

十一点二刻，申、金二使率徐相雨及申櫶之子奭熙、孙德均登舟，舟师站队以迎，升炮后，令通词传语。陪臣某某入舱，先行三跪九叩礼，代国王恭请皇太后皇上圣安，然后行宾主相见之礼。于时余偕丁军门屏息旁立，櫶、宏集行跪叩礼毕，乃与相见。送茶后，立问其国王安，櫶、宏集亦立问傅相安，周旋之间，颇极严翼。盖自二十三日回舟，小示决裂，彼乃知中朝士大夫不可狎玩，嗣是景遂诸人及凡来自王京者，罔敢稍有亵越，两使臣则又伛偻益恭云。就坐数语，遂留饮，与金宏集笔谈甚长。申櫶即光绪初与日本议约者，年七十余，虽步履甚蹇，而风度颇复端凝。金宏集年逾四旬，望之似三十许人，通达识时务，曩与日本议加税，则章程周密，是其所定，盖国中矫矫者。饭毕偕赴美舶拜薛使，薛使待之礼有加焉。已而周视炮位，骇叹无已。四点钟回舟，申櫶请先归，余复与金宏集笔谈良久，六点钟始以小火船送之去。七点二刻，美、日二船主来赴宴，极欢而散，已九点二刻矣。

二十八日，晨起无事，检点笔谈。午后四点钟仁川府使郑志镕以牛一头、豕二肩暨鸡鱼等物致馈美舶，遣通词登舟请示，且言："李应俊复往王京，面陈机务，因中国派员莅盟，故虽投赠之微，不敢不告。"亦恭顺之一端也。初志镕亦数以礼来馈余与丁军门，皆巽辞却之，一无所受，以体国家优恤藩服之意。

二十九日，舟中无事。与友人纵谈朝鲜国祚兴衰，郡邑沿革。晚五点钟，国王遣承政院右副承旨金晚植赉名柬来劳问，柬贮匣中，袭以红绫，跪而进献。余长揖受之，启视则右侧下方书"朝鲜国王李熙"六字，细若蝇头。与坐笔谈数则，嘱归告国王，蒇事后诣王京晋谒，愿先容焉。与丁军门各附衔刺，璧柬，晚植复跪而受之，因顺令转嘱仁川府使明日备舆马至浦岸伺候，与丁军门往行馆答拜申、金诸君。

四月初一日雨，美舶船主哥贝将薛使命来催订议约期，十点钟，促具膳，膳后，偕丁军门登岸，则仁川府使已肃候道左，进肩舆。乘之行，乱山经雨，岚翠欲活，缘麓越岭，若历图画。十一点二刻至馆，与申、金诸君相见毕，就坐，笔谈良久。二点钟进食，食时接谈，皆金宏集主笔，率以米谷出口，于朝议民情有碍，须设法议禁为请。余谓："见薛使时，当相机争之。"四点二刻辞归，复往美舶，以米谷出口一条与薛使往复辨论。七点钟回舟，作书以所议告申、金两使。

初二日晓晴，专弁赴仁川致书。去后，倚舵楼看诸舶曝帆，中、美、日五舟星罗如联珠，而威远适当其中，亦一异也。亭午，致书人犹未返，一点二刻，李应俊持申、金二使复函来，谓：“顷间归自王京，文件均携至，副使金宏集于明日谒商壹是，招商局五人已言于朝，允即饬人护送至王京，察看商务，订后日起行。”且为其国王致愿见之忱，请余与丁军门蒇事从赴汉城一游，云已令馆人除室以待。三点钟应俊辞去，薛使在汕岛船望见朝鲜人来，遣随员至我舟谒议约期，答以俟明日金宏集来舟议定再告。

初三日午前，阅日本达根坂郎所撰《朝鲜国图志》。二点钟金宏集率徐相雨、李应俊来舟，宏集以文件递交已，复笔谈良久，四点钟辞去。是夕余以约事粗定，至朝鲜且半月，尚无一纸抵津，恐傅相眷注，因与丁军门议令镇海兵舶，于初五日赍禀先归。

初四日晨起，申、金二使令应俊来，以国王命璧还衔柬，并致牛一头、豕十蹄、鸡五十、卵二百、白粲五石，以犒我军士，受之。十二点钟，薛使赴仁川答申、金二使拜，即校阅全权字样，邀与偕行。遂登岸，同至行馆，申、金二使与薛使出全权字样，互相校阅毕，订初六日在近岸支立帐房，会集画诺。四点钟，薛使先归，余复与金宏集笔谈良久，宏集等留饭，出乐侑觞。六点钟回舟，缮禀上傅相，并附笔谈日记二册，交镇海管驾官陆伦华，令迟明起碇，赍至烟台后，沿途探投。禀云：

忠于去月二十三日，因薛使失期不至，恐有事故，拟遣镇海轮船回至烟台，沿途探视，并将抵朝鲜后一切情形，缕悉具禀。禀甫缮就，而美国兵舶已至，故未即发，兹特附呈钧鉴，将二十三日以后情形，撮举大概，为宪台陈之。薛斐尔二十三日入口，次日抵港，二十五日彼此往拜。谈及约内第一条，彼终谓有碍平行体统，且电复未至，断难擅允，询以何天爵在京所译第二条洋文，则谓：“未经携来，亦并不知所译是何言语。”词意之间，甚为决绝，若必欲以此条列入约中，势将以固执废事。不得已，议令朝鲜国王于约外另备照会一通，声明为中国属邦，则在我既存藩服之名，在彼亦无碍平行之体。薛使谓：“曩在烟台答中堂书时，曾许令朝鲜设法声明，兹既不列入约中，则亦无所不可。”忠因思此项照会内，须写明系于未经立约之前，先行声明，则美国于此条，虽未允列约内，而约先既许声明，似即与认明朝鲜为我属邦无异。惟朝鲜自受日人蛊惑以来，虽未敢箕踞向汉，而亦不无狡展之心，自二十日回舟，小示决裂，始知中朝人士不可玩狎，由是景遂诸人及后之来自王京者，皆益恭谨，而其国王亦遂遣承旨官赍帖来拜，其狡展之心，似已非复前日。兹若以声明属邦一节，恺切详谕，令其遵照办理，以理势揆之，似不至或有违悖。然万一中于簧鼓，稍涉支吾，则美、日二泊，瞻视非遥，深恐于国体有碍，爰欲略参权变之术以驾驭之。遂于二十七日，其所派议约大官申櫶、副官金宏集登舟来谒时，令先站队升炮以张吾威，复传令陪臣某某代国王行三跪九叩礼，恭请皇太后皇上圣安，以折其气。然后以笔谈所载诸语，从而纡徐引掖，使之乐就夫范围，已乃为代拟照会一稿，宽假以自主之名，实申明其属邦之实。金宏集等阅之，乃皆欣然愿从，即从次日命李应俊赍回王京，请其国王照稿缮用，继复议及他款，大都无甚出入。第米粮出口一条，申櫶、金宏集均谓于其国朝议民情有碍，坚欲议禁，薛使则坚不允禁，相持屡日，金宏集乃议添注“惟仁川口不准出米”一语，忠以语涉含混，拟代改为“惟于仁川已开之港，各色米粮概行禁止运出”，较为周密。经与薛使辗转商量，适渠亟欲归国，极思约事早蒇，内迫于速成之心，外屈于婉商之谊，遂已勉强允行。初二日李应俊返自王京，初三日将照会赍来，照稿誊写，一字未易，拟存忠处，俟定约时与国书条约交薛使一并赍回。顷薛使邀赴仁川，已與申櫶、金宏集等约定于初六日在济物浦会集押约，兹恐仰蒙宪虑，特先具禀，并日记笔谈等件，交镇海兵船先行赍呈。忠于蒇事后，拟赴王京一行，答其国王专帖之拜，约初十内外，当可起碇西渡矣。

初五日风，午前八点钟，李应俊来舟请国书答复款式，为属草以去。九点钟，丁军门遣军士至济物浦助支帐房。午后，朝鲜议约大副官与美师遣人持汉、洋文约本各三册来请校勘，阅毕遣还，已六点钟矣。复接两国使臣函，谓诘旦签诺事，两不相谙，乞登岸莅盟焉。

初六日风定，午前九点钟，偕丁军门减从登岸，美舶四艇偕行，花旗飐风，衔尾而进。至济物浦，有朝鲜官备肩舆来迓，询知帐房在山阳，因辞舆步行，越岭见蓬揭崖麓，环绳为卫，守之以兵。美使率水师官弁十余人、火器兵二十人踵至，偕行。甫及帐，申、金二使趋出，肃迓入帐，送茶毕，即为指授仪节，请两国使臣中坐行事。余偕丁军门送居他室以待，约本汉、洋文各三册，悉当场钤印签押，册尾年月均以汉文填写“朝鲜开国若干年，即中国光绪某年月日”字样。事毕，申、金二使复起立，以其国王致美国伯理玺天德约外照会一通，捧交薛使，托赍归转呈。于时哥船主于帐房燃火箭一枝，俄而美舶升炮二十一响，致敬朝鲜国王，诸臣各肃立以听。已复升炮十五响，致敬丁军门及余，威远亦升十五炮答之。炮声止，余偕丁军门出室称贺，因邀薛、申、金三使暨赵准永、徐相雨、李应俊等至我舟宴集，为敦槃之会。申櫶辞以疾，赵准永因事不赴，余人悉至，登舟已十一点二刻。小憩入座，与宏集笔谈甚长，薛使即席邀余与丁军门暨金、徐诸人翌午会饮，金、徐以复命辞。席散，薛使辞去，金宏集复留笔谈。四点钟，宏集辞登岸，且谓："顷闻薛使云于初八日起碇语，顺至美舶送行。"因遣我舟管驾官偕之往，美舶升炮十五响敬之。六点钟，申、金二使复遣李应俊以其国王命持《答美国伯理玺天德书》二册来，请余择用，书中一列名，一不列名，余谓："照会既无国王名，则答书亦不必列名，以归画一。"应俊即以一册留舟中，托代致美舶。

初七日午前九点钟，日舶花房义质来拜，询知昨夕归自王京，谈次，因贺余约事赞成之速，余谓："此由美使无甚要求，故介绍亦易易耳。"复以约款为问，则答以"初次立约，诸从简略，不过藉通情好而已"。俄而花房辞去，升十三炮送之。十一点二刻，偕丁军门赴美舶宴，花房已先在，相见毕，余以朝鲜国王答书转交薛使，花房诧为奇捷。既而入座畅饮，花房复举觞向薛使以约事速成为贺，薛使谓："此由中国李傅相主持之力，又得马观察善为介绍，故便利若此。"花房闻之，词色惭沮。散席回舟，李应俊复持其特令总理机务衙门大臣金炳国照覆薛使公文一通来请转致，盖薛使于校阅全权字据时，曾以照会抵朝鲜执政，故炳国覆之。应俊谓："昨金宏集复命王京，与花房义质遇诸途，花房向叩约款，宏集谓换约后乃可宣示。花房颇有不豫色"云。四点钟偕丁军门答拜花房于其船，薛使亦至。坐定，其船主旋来道炮位不备、不能升炮之歉。盖西洋水师成例，凡兵舶升炮者，必有边炮六门，日舶仅边炮四门，于例不能升炮也。少顷回舟，遣管驾官持金炳国照覆公文送交美舶。是晚检点行装。拟迟明赴朝鲜王京。

初八日晨雾。八点二刻，偕禹亭军门及秋樵率仆从六名、差弁四名、习流军十二名至济物浦，舍舟登舆，仪卫如初赴仁川时，增以鼓吹一部。行三十里，过星岘山，山隶富平府治，高约百丈，舆夫登陟，喘汗雨下，前驱军士按辔徐行，蠕蠕然若蚁缘垤。又十五里，至梧里洞食，已十二点矣。饭毕复登舆，行二十里，历杨花津，抵汉江。江无巨艑，以小舟四艘，两两比属，四围设屏，上覆以顶如亭式，纡徐而渡北岸。渡侧石壁数仞，临江屹立，崖麓树影中，飞宇翼然、隐约可见者，则江亭馆也。复行十五里，抵汉城。城为古朝鲜马韩之城，因山高下，甃石以城，北枕华山，南襟汉江，左控关岭，右环渤海。百济中叶，尝都于此，有门八：东曰兴仁，西曰敦义，南曰崇礼，北曰肃清，东北曰惠化，西北曰彰义，东南曰光熙，西南曰昭义。是日余由崇礼门入，市廛荒陋，民居湫隘，都人士观者如堵，而妇女绝少，间有一二老妪，皆以褒衣覆顶，侧立远视。历里许，至南别宫居焉。宫在南部会贤坊，本小公主宅，从前诏使舍于太平馆，在西部养生坊，壬辰兵燹，公私庭舍荡然灰烬，此宅以倭将所居见遗。癸巳四月，李提督如松复京城，馆于此，遂为诏使所止，今称南别宫，屋宇宏敞，拟于王宫。余与丁军门各处一堂，皆布席蔽地，中设公座，座后列屏为障，左侧为卧室，中悬纱幔，室内置榻，高不及尺，围以短屏，榻前列矮几一，上庋木匣贮文具，以备笔谈，盘盂炉鼎均备。入馆少憩，伴接官赵准永及李应俊诸人先后至，因偕丁军门先以衔柬往候国王，订翌日进谒。晚九点钟，国王遣左承旨赵秉镐持帖起居，谓："诹吉于十三日相见。"余谓："事冗不克久留。"无已，则以初十日为期，托其转达国王。赵秉镐辞去，韩文奎复以国王命来璧衔柬。是日适值佛诞，国俗以其夕为灯节，黄昏后火树银花，满城开放，而国王与其世子亦遣内侍持宫灯四悬来赠。

初九日晨，登明雪楼间眺，见栋宇间木刻栉列，皆从前皇华莅止时留题篇什，其诗多道国家绥靖藩封之意，与朝鲜服事上国之忱，想见其国之君长累世恭顺，宜一旦有事，朝廷不忍以度外置也。十点钟，日使花房义质遣参赞近藤真锄适馆请来见期，余谓即日出拜申、金诸人，当顺道往访，近藤真锄辞去。一点钟，申、金二使来谒，与金宏集笔谈通商事宜，宏集呈条约册子，询未谙各节，手批答之。二使闻余将往拜，固辞，余谓："舆马已备，无庸固辞，且余亦将假此一出游览耳。"于是二钟点，遂偕丁军门先出敦义门，访日使于清河馆。馆在盘松洞门外，清泉喷流为池，广约数亩，新荷出水，乍解摇风，馆内正室曰西爽轩，公使居焉；左曰天然亭，右列四宇，随员及差备官、通词舍之；后一榭曰清远阁，可供游息。地势居高临下，俯视城中数万家，如在几案，顾屋宇狭小，逊南别宫远甚。坐谈少顷，复命驾至申櫶宅，则金宏集、徐相雨俱在，盖两君恐余往拜，故均集櫶宅迓阻，相与问讯毕，櫶率其子若孙，导游园亭。园有晚香堂、御书楼、见山亭、闲琴堂诸胜，虽台榭不多，而水木明瑟，颇饶野趣。其幼孙年十一岁，著茜衫随行，问："读何书？"曰："《通鉴》。"问："经书卒业否？"曰："东国训蒙之法，童子入塾，首读周兴嗣《千字文》，次即授以《通鉴》，经书则俟文理略通后乃读”云。六点钟，归馆。九点钟，国王遣右承旨金晚植持帖请翌日申刻相见，余语晚植：“归告国王，前已由陪臣代请圣安，此次相见，第宾主长揖而已。”

初十日凌晨，金宏集以国王命来馆，密商事件，延入笔谈良久。金曰：“小邦地褊民贫，迩来经用实绌，欠项颇多，日人或有愿借之意，然此事既出于不得已，则无宁仰请于上国耳。”忠曰：“借贷之事，所系甚重，用之善则国受其利，不善则反受其害。以国乞借，其法创自外洋，往往藉此以富国，亦有因之以弱国者。但外国借债，借之于民，即向他国借债，亦借之于他国之民，从未有向他国政府告贷者，向他国政府告贷，势必受其要挟，由此以观，则日人愿借之意，甚属可虑。我中朝屡有洋商欲借款项，而政府屡却之者，防后患也。然我国繁富，筹款甚易，贵国贫瘠，欲求富强，不得已而出此一举，良以时势使然。然告贷之先，当筹所以告贷者所办何事，兴何善举。若所办之事果于民有益，可以裕商，则愿贷者不乏其人，虽千万百万可以一呼而至，且利息甚微，何则？以贷主知异日之必能偿还故也。”金曰：“所教周悉，筹款事惟矿山可议，日人自立约后，即要求开矿。然敝邦恐其欺挟，至今不准，愿请中国矿师，设法创行。”忠曰：“贵国富有五金矿，日本、俄罗斯久已垂涎，创始之先，必须踏勘着实，何处有何矿，何处矿苗最旺，且择其易于开采者先办，如是而后可筹款兴工也。贵国贫瘠特甚，欲藉此法以为富强，闻之不胜欣善，归当禀请傅相，先遣矿师数人踏勘矿山，矿山果旺，必当为贵国筹一至当无损之道以借款项，百万千万，措借亦易易也。”金曰：“现领选使在津，所办器械，若能禀傅相求一方便法，俾有购资尤幸。敝邦包参税有岁课，亦可按年归偿耳。”忠曰：“包参之税，何处拨还？”金曰：“包参税，系义州府栅门接界所征收耳。”忠曰：“领教，但借款一事，不可不慎，为贵国谋，切勿堕日人计。至嘱至嘱。”丁军门偕友人策马往游南山。宏集去，徐相雨来，复与笔谈，因留之饭，方举箸，而丁军门归，颇述南山之胜。饭后三点钟，伴接官赵准永偕司员四人来请赴王宫，遂偕丁军门著行装登舆。行二里许，至新宫，入门，两旁古树参天，中拥石道，过勤政殿，至协阳门降舆，入次，次以屏风支成，如两室状。于次进茶果二道，从官呈接见国王与王世子仪注四册，导入便殿，至东楹外，国王出就西楹，东向立，揖让而入，登殿，行揖，礼毕就坐，提调进挥巾，寻跪献茶果两道，进退周旋，均以乐节之。译官四人，著四品服，奔走传语，所言者，寒暄而已。殿中袍笏森立，金宏集、赵秉镐、赵准永均在。国王年三十余，冠翼善冠，服衮龙袍，龙四爪甚洒落，提调行礼有参错者，率亲加指示。且时与近侍及诸臣谈笑，诸臣亦得于王前偶语，状如家人父子，盖其风气近古，故上下之情易通，凡白事者，夜三漏犹接见焉。须臾礼毕乐止，起座辞出，国王送至楹外，视余与丁军门出门，独拱手以立。至协阳门，入次小坐，金、赵诸人均来问讯，王叔兴寅君李昰应与王弟载冕亦至次款语。少顷复出，至王世子处行礼，与国王同。世子年九岁，眉目颖秀，被服如国王，二中官拥之坐，问答声均自座后出。礼毕，复至协阳门登舆归，而王与王世子均遣中使送筵席至，罗列盈室，臭味不可向迩。继复馈方物，固辞不获，乃受数种，时已十二点钟矣。方解衣就寝，而中使又至，询之，则国王遣慰留少住数日者，亟起辞之。使者去，复卧，则中使复以国王命持千金为赆，余倦甚，侦知丁军门已醒，令人嘱其起辞，峻拒再三，乃肯持去。而墙外鸡声膈膊争唱，盖夜漏已五下云。

十一日晨六点钟，遣人持衔柬至国王与王世子处辞行，国王与王世子亦遣赵秉镐赍帖来送。无何，金宏集、徐相雨诸人先后至馆候送，申櫶以老病遣其子来代。九点钟起程，至汉江渡，时日使花房亦遣随员持刺追送。十二点钟至梧里洞，食。三点钟至富平，易轿而马，疾驰三十里。四点一刻，抵济物浦，丁军门跃马先至，知英国兵舶二艘，一名味齐朗至自长崎，十二点钟下碇，一名赛得落，至自津门，一点二刻下碇。寻登舟，而英国驻京参赞懋德侦余归，先以一书请见。未几，即携傅相函至，叩余行期，答以迟明即发，则固留，余谓俟读傅相函后再定行止，懋德辞去。读悉书意，旋至味齐朗兵舶答拜懋德，兼晤其议约使臣水师提督韦力士，告以暂缓起程。韦使略询薛斐尔先后议约情事与所开口岸，小坐回舟。七点钟，伴接官赵准永登舶送行，留以晚膳，本傅相意作书致申、金二使，俾转达国王，交准永令星夜赍去。

十二日晨七点钟，李应俊至，先是国王以条约照会等稿，备文令应俊附便船至津，赍呈礼部及北洋通商大臣衙门。比至舟，知英舶东来议约，遂立回王京而陈。十点钟，韦使来拜余与丁军门，并托向朝鲜代购两舶饮物，行时升十五门炮送之。十一点钟，申、金二使及赵准永以礼来馈，巽辞却之。午后二点钟，懋德来舟，索观美约洋文稿，检出予之，谈次因述其舟甫至时，日舶遣人叩东来故，答以与朝鲜议约，将俟马观察回舟请为介绍，日人闻之，惭恧而去。

十三日，舟中无事。午后，偕丁军门刺小艇往游舞雌岛，返至永宗岛，得佥使在焉，为言岛中旧得城垒，置永宗镇以守，七年前日人因约事寻衅，以巨炮轰塌之，今永宗镇遂移居山巅。四点钟回舟，美船赛得落忽起碇驶出，询知将至大青岛，调测量船来朝鲜测量海口。晚七点二刻，偕丁军门赴韦使宴，席间谈笑甚欢，韦使欲将美约略为增减，余坚持不得一字更易，其后竟如余言。归时已九点二刻，国王复遣韩文奎、高永周来舟挽留，并条询英约各节，知其国已派兵曹判书官一品赵宁夏为议约大官，偕副官金宏集、从事官徐相雨、伴接官赵准永即日驰至仁川，订翌午登船面请机宜。宁夏年三十余，大王后之侄，与国王为中表兄弟。

十四日晨，英参赞懋德来商条约事件。十二点钟，朝鲜议约大官赵宁夏、副官金宏集率从官诸人来舟，留之饭，与宁夏笔谈。李应俊寻赍其国王咨北洋大臣暨礼部文件，内有转请奏留持办等语，至自王京。二点二刻，偕赵、金诸人赴英船拜韦使，议及条约，辩论再三乃定，韦使谓："俟翻译官自沪至，即订期画诺。"回舟，复与宁夏笔谈。先是，傅相手谕谓望日由津门启节南旋，兹朝、美事蒇，而英约亦大概将成，因议令扬威快舰于迟明驶赴烟台以迓宪节，并乘便添备食物。赵、金二使请顺携李应俊赍文前往，许之。晚膳上傅相禀，并钞呈笔谈略云：

忠于本月初四日，肃泐寸禀，交镇海兵船，赍送回津。旋于初六日，高、美两国使臣就济物浦支立帐房，会集画押，当将朝鲜国王照会与国书条约等件并交美使。美使即于初八日起碇归国，忠亦于是日偕丁提督同赴汉城，初十日见朝鲜国王于便殿，行宾主礼。十二日申刻回舟，则英国使臣韦力士先于日午乘兵船驶至汉江口，傍我舟下碇，寻遣其参赞懋德来询行期，告以明日起碇，遂殷殷挽留，嘱为介绍，并交出宪台钧函。庄诵之余，就函中大意，即夕书属申、金二使臣，嘱其转达国王，妥速计议。嗣复与韦使论及约内第一条，韦使谓："威使在津与中堂言明，一切条约均照美国办理，至朝鲜为中国属邦，素奉中国为主，美国如何办理，英国亦应照办，若必列入约内，则未奉本国电复，断难擅允。"忠因思条约仅系两国使臣所议，照会则由朝鲜国王向英国君主自行声明，似尤觉正大。且此条美国既不允列入约内，使英国允之，则不特于平行有碍，并且将贻笑他人，度其意断难听从，计不如仍依美国成例，令朝鲜国王于议约前，先备照会声明。而朝鲜国王亦甚欲约事速成，即于十三日派兵曹尚书赵宁夏为大官经理机务事，金宏集为副官，来与英使会议。今午后登舟来谒，旋与同赴英舶与韦使相见。韦使初膺使事，诸务未谙，狐疑特甚，云："美国约略举大概，似涉挂漏，拟从中添注数条，以期周密。"忠告以"此系初次立约，仅能略举大概，俟五年后彼此交谊审熟，然后乃可商量损益，向来各国立约均系如此"。因为之反复开陈，其参赞懋德亦明决善断，复从旁代为剖晰，于是韦使乃无异言。大约一切可照美约定拟，惟俟英国翻译官到，方可择期画押耳。

十五日晨六点钟，李应俊来，寻附扬威西渡，交到津海关道周玉山观察书，书由陆路递来，乃上月二十一日自津门封发者。八点二刻，丁军门乘小火船往测汉江。三点钟，韦使遣随员来告赛得落兵舶将至，至即迳赴烟台，倘有信件，可便将去，因以一函答玉山观察。四点二刻，韩文奎持其国王照会英国君主公文至，暂留余处，俟签押日复由朝鲜议约大副官交韦使赍归。五点钟，赛得落兵舶进口，寻即驶去。六点钟，英国测量船名飞鱼者至自大青岛。八点二刻，赴军门回舟，道汉江两岸风景剧佳，而江华居民稠密，亦复不减汉城云。

十六日午前九点钟，英参赞懋德来舟问讯，缴还美约洋文稿，谓："翻译失期不至，焦急殊甚。"午后无事，乘小火船趁潮倩友人往游江华，初历舞雌岛，次下鹤舞，次虎岛，岛仅一礁石，状若伏虎。日本所绘朝鲜图，以虎岛置汉江口，系属舛午，汉江口右侧大岛，盖永宗岛也。次西湖里，村落缀山麓，肃疏淡远，殊有画意。次至上鹤舞，山穷水尽，前若无路。复行四五里，则两山对峙，中通一水，曰孙突项，为汉江入海关链，朝潮夕汐，此一束峡，势峭立如门户，水经其间，不得速出，奔腾喷薄，声殷怒雷，且其下暗礁林立，利同剑铓，三南税船全罗、忠清、庆尚三道在朝鲜南境，国人称为三南至项外，必俟潮满乃过，否则率遭触损，号称天险。相传朝鲜太祖尝乘舟至此，欲鼓棹经过，舟人皆谏不听，有孙姓者自断其手以进，太祖惧，乃候潮而济，故至今以孙突名焉。越项则江面陡狭，两岸皆山，甃石为壁，间以炮垒，如长虹起伏。三点一刻，至镇海楼，登岸入石壁门，距江华犹十里，无舆马，缓步以进，陟高巅，见雉堞参差，知为江华城郭。寻迤下，行山谷中，鸡犬连村，桑麻被野，殊有太平景象。十余年前，佛郎西人尝两入其境，今乃完善如此，意当时固未甚蹂躏与？未几入城，其门额曰江都南门，城中亦皆茅屋。过阅武厅，惫甚，小憩，索三马乘之，至留守署。署踞山腹，厅事轩厂［敞］，周览城郭，皆因山高下为之，如汉城制。山之最高者曰牟尼峰，府置留守官，为一品大员，非亲贵不得居，任此者恒处汉城，岁中间至其邑而已。今留守李载元，王从兄也。盖江华自我朝龙兴时以兵伐朝鲜，国王尝两迁其地，遂为重镇，防御之严，为国中第一。时有从官崔姓者来见，具酒食款留，以日暮策马去，至镇海楼，已六点钟矣，适潮落，小火船驶甚速，八点二刻回舟。

十七日十点钟，赵宁夏遣韩文奎来假小火船赴通津访友。十一点钟，英参赞懋德来议约事。一点钟，偕友人刺舢舨游月尾岛，见五色芍药，翦数枝归供胆瓶。晚接赵宁夏书，谓午疾作，未赴通津，火船遣还，仅以一函附谢。是向夕雨。

十八日，大雨，竟日无事。

十九日，晴，九点二刻，懋德复来议事。十点钟登舵楼，见煤烟一缕自天际起，以远镜测之，知为扬威入口。十二点一刻，扬威下碇，葛雷森来，携交家书一封，询知十五日起碇后，于次晨四点钟驶过成山岬，缓轮行，十点钟至烟台，探悉傅相乘保大轮船，于昨日三点钟出拦江沙，迤旎顺而南，不入烟台口，故途次相左，因以文件交文报局寄津，投张制宪转递，复鼓轮东渡。烟台食物购至，乃邀英提督韦力士、参赞懋德及其水师官三员于翌午宴叙。

二十日晨，赵、金二使遣韩文奎、高永周来问讯。十二点钟，复见汽船进口。一点钟，韦使等来赴宴，甫入座，则报法国兵舶至矣。旋接其驻津领事狄隆书，谓携有北洋大臣函件，请来舟面交。韦使闻法舶之至，恐其后来居上，遂不及待翻译，即席订翌午签押。二点二刻客散，狄隆来谒余兼拜禹廷军门，交到张制宪函件，略谈辞去。余即登岸晤赵、金二使于仁川行馆，为告法舶东来意，并语以明日朝、英签押事宜，与两使笔谈甚长，七点二刻辞回，以日暮，易舆而马，疾驰以归，至舟已九点钟矣。无何，狄隆复来访，与促谈良久而去。

笔谈。忠曰："朝使一闻法国之名，即皇皇然以传教为虑，隐有不愿与贵国立约之情，缘朝鲜最忌传教，故现与日本重议通商章程，有一款内载将教书与鸦片烟并禁，如有携入各口者，罚其物主，并将其物当众烧毁之语。且贵国先有传教士潜入朝鲜，以致同治七年入踞江华之事。后经余再三责导，谓法国此来，非为传教，志在通商求好，朝使方允将贵国行将缔约之意驰告国王定夺。"朝使又云："贵国此来，虽以通商为名，禁教之事，不得不设法声明"云云。狄曰："禁教一事，吾国万万不能允行，欲以吾国万万不能允行者格外提明，岂非明明拒我乎？”忠曰：“禁教之事，若在十年以前，贵国固难允从，但刻下贵国政已变，上下议院中维护传教者寥寥数人，而秉国政者多非其党，若与朝鲜立约，载明禁教一节，贵国政府必不深咎。”狄曰：“吾国政府，虽于传教一事不甚关切，然若以禁教二字形诸公文，必致激成吾国人民之公忿，故执政者必不能允行也。”忠曰：“子知贵国民情之可虑，抑知朝鲜民情之尤可虑乎？前日往游江华府，与其官接谈，尚以贵国前踞江华之事为憾，且谓此皆由传教所致。余居此一月，与其官员往来，无不以传教、鸦片烟为大戒。前国王禁教甚严，外洋教士屡遭杀戮，至今犹盛称之。今则时局一变，其国王有意外交，而老臣皆以为非，王叔李昰应尤力持以为不可。幸国王明决，已与英、美立约，故遣来议约者，类皆少年心腹之人，国之老臣屏不与议。今贵国来此，朝鲜臣民皆知贵国以传教为务，若不明为禁止，则有拂朝野公论矣。”狄曰：“事虽如此，传教之事，可如英、美约内不必提明，如欲提明，微特吾国难以允从，即欧美各邦，莫不以为大耻，若悉照英、美条约定议，余即可暂行代宝公使签押。”忠曰：“现在朝鲜使臣，专派与英议约，岂敢与贵领事签押？况暂代秉权大臣签约，并未见有公法载及者。”狄曰：“签约不能，还乞贵道请朝使致一函，内【愿】称〈愿〉与吾国议约，其约款悉照英、美定议”云云。忠曰：“朝使非奉国王特命，不敢私与外人交谈，况致书乎！”狄曰：“若国王已允吾国议约，朝使即可致书于我乎？”忠曰：“彼非奉有国王特谕，与某国议与，决不敢以书札相往来也。无已，贵领事致余照会，余即以照会之意函致朝使，俟朝使复余后，余再移覆贵领事，是为正办。”狄曰：“此法甚善。朝使明日至舟，乞由贵道引余一晤，庶可回覆宝大人，谓至此已面见朝鲜官员矣。至祷至祷。”忠曰：“俟朝使明日至舟时，当婉为介绍。”

二十一日晨九点二刻，懋德来议两国使臣官衔字样。十点二刻，偕丁军门答拜狄隆于其船，略谈即归。十一点三刻，赵、金二使率从官来舟，款以饭，与之笔谈甚长。二点二刻，两使先辞去，至济物浦帐房候押。三点钟，韦使率舢舨四艘向岸疾驶，余亦偕丁军门乘舢舨尾至。登岸，入帐内小憩。两国使臣寻中坐签押，一切如与美国定约时。押后，韦使向余再三申谢，英舶未升炮，以舟小炮位不备故也。六点钟，回舟，早膳后，狄隆来访，探问其事，十点二刻去。解衣就寝，而朝鲜人复至，持交周玉山观察书，询知为李祖渊由陆路携来者。

二十二日晨四点二刻，英提督韦力士乘味齐朗兵船驶去。十点钟，金宏集偕徐相雨诸人至，知赵宁夏于昨日签约后，即驰回王京复命，并启国王以余不日西渡之信。初国王遣派赵、金二使与英国议约，谕中即有饬二臣“固留上国星槎”之语，后复另谕饬留，兹余欲迴舟，故宁夏返汉城禀命云。因留金宏集午饭，宏集向余询商务，又出与日使花房义质所定通商章程一册，手批答之。饭时报镇海至自津门。无何，陆管驾伦华持玉山观察函至，阅悉津门近状。二点钟，狄隆至舟，余即引与宏集相见，坐间以法语为宏集代达壹是，良久狄隆乃去，复与宏集笔谈，言英、美和约已由中国介绍，如他国踵至，宜以转请中国先容辞之，方不受其欺挟，宏集称感不已。时又报有英国兵舶名基得落斯者自长崎至，已下碇矣。未几，英国驻日神户领事亚斯登持懋德一函来见，询系驻日公使遣之西来襄赞约事，与味齐朗遭于道，故懋德作书令具来见。亚斯登携有朝鲜人衣日本服色者，宏集等见而恶之，屏弗与语。五点二刻，宏集辞归仁川，而港内英舶三艘、法舶一艘，知我于质明起碇，各船主皆相继来送。余即刺舟答拜亚斯登，谈次知其在神户已与家兄相伯相识。寻回舟，而日本领事近藤真锄至自王京投刺请谒，微询英、美约本，余以他语掩饰之，因即辞去。初日本朝闻中国派人襄理朝、美约事，特遣花房公使驰至，意在居间市惠。一月之间，美、英事葳，而约本尚未一见，数迫朝鲜政府出示，均以未经批准、不便宣示辞之，故日人怅悒殊甚。七点钟，狄隆复来云：“其兵舶于诘旦迳赴长崎，欲附我舟西渡。”饬扬威备客舱居之。七点二刻，伴接官赵准永来舟送行，是晚各国兵船皆鼓乐酣歌以贺成功云。

二十三日凌晨三点二刻，赵宁夏遣人持函来，云：“回自王京，国王仍饬固留，闻星槎即发，弗敢再渎，惟冀不日重临，则敝邦邀福无量。顷以道路奔驰，委顿已甚，罔克趋送，谨献数物将意。”与禹廷军门答刺辞之。五点钟起碇，威远停泊匝月，船随潮汐转，链缠于锚十数围，仓卒莫能遽解。镇海驶稍缓，然啮水不深，可迳行取疾，丁军门升旗令先行。六点钟，日本兵舶起碇，绝驶而过，无何，我舟锚解，鼓轮进发。扬威尾之，行数里，见日舶停轮，乃轶过之。盖日舶锚链未解，欲争先他国，弗顾而驶，卒以牵掣难进，天下事有欲速反迟者，皆日舶类也。法舶亦相继起碇，十二点一刻出口，雨风自船尾来，浪静舟稳。

二十四日晨三点二刻至成山岬，十一点至烟台，停泊添煤，缮禀上傅相，略云：

朝、美约事定议后，曾上一禀，饬扬威快船赍呈。该船于十六日驶抵烟台，宪台已前一日鼓轮迳南，当将禀件交文报处赍投振宪转递矣。前禀发后，原议俟英翻译至朝鲜，便可签押，乃迟之数日，翻译不至，因复略生枝节，欲于约外另备照会一通，声明约内未及详载者三节。忠查所开各节，尚无违碍，而测量一事，尤于中国有益，盖朝鲜各口，此后皆中国兵舶所至，得英人测量后，绘一详审海图，便可坐享其成。遂为转告朝鲜赵、金两使，两使亦请于国王照准咨覆。二十日忠邀英使韦力士在舟午饭，忽报法国兵舶进口，韦使恐法人后来居上，遂不复待翻译，即席定于次日画诺。忠寻由法国领事狄隆处奉到振宪书函，谓："实使遣狄隆东来，先达通好之意。嘱忠设法先容，并指示朝鲜将该国传教为难情形，详细告知狄隆，俾回禀宝使商定办法，然后再赴朝鲜立一通商妥约，而不及传教，以免日后衅端。"忠遵于是日往晤赵、金两使于仁川行馆，代达法舶东来大意，且谓："朝鲜既与美、英通商，似难独拒法国，好在刻下尚非立约，若其间不便之处，尽可向狄领事先期直陈。"两使谓："朝、法向无往来，且言语不通，难欲有陈，无由自达。"忠因议令赵、金两使以一书与忠，云忠既为狄隆向两使代达通好之意，故两使亦覆书以所答之意托忠转报狄隆焉。惟禁教一节，办理颇为棘手。是晚归自仁川，即与狄隆反覆陈说，谓："朝鲜所以不愿与法国立约者，徒以传教一事，令欲立约，必须禁教。"狄隆谓："教可不传，而明禁字样，断不能形诸笔墨，无已，则照美、英办法，彼此均不提及乃可。"忠因思教事最为西国所重，若以明禁字样形诸笔墨，微特法人引为深耻，即美、英各国，亦皆必不允行，诚有如威使在津所言者。然若仍照美、英办法，彼此均不提及，又恐法人将来乘隙而入，致滋后患。遂于二十二日邀朝使与狄隆共集舟中，将朝鲜传教为难情形，当面代以法语详细告知，而函内则第称朝鲜向来未通外交，国事民情，多有与他国不同之处，此英、美国二约，均于朝鲜国事民情毫无窒碍，法国若要与朝鲜立约，愿悉照美、英约本定议，而换约后，所行各节则皆按照约内议定条例办理，如此则于法国体面无碍，而朝鲜传教为难之意已隐寓其中。昨已将书函抄稿，移交狄隆，令归报宝使，而英、朝约事，亦已于二十一日在济物浦支帐签押，其声明属邦照会，亦如与美国定约时，一并交英使赍归。朝鲜国王恐他国踵至，固留忠暂缓回舟，为之终始其事。忠以美、英约事已蒇，而法、德、俄议约使臣亦均未至，居留以待，似于体统有失，遂于二十三日起碇西渡。濒行前一日，语朝使令转告国王云："刻以要务暂归，如他国续来，即告以朝鲜不谙外交，约事多由中国主持，今欲与朝鲜立约，可先赴津门商请北洋大臣派员莅盟，方可定议。"庶朝鲜为中国属邦之义，亦将于是益明矣。计此后续来各国中，如法国大局已定，自由中国主持，德国亦与朝鲜言语不通、文字不同，断难对面立约，惟或径至朝鲜邀日人介绍，乃为可虑。顾念德国如照英、美成约定议，则日人必不肯代达；若仿日约成例，则朝鲜亦必不肯允行，势非仍请中国莅盟不可。俄国或未必来请于我，然忠已将利害语之，将来俄人虽不来请，朝鲜亦必来请也。今已于二十四日驶至烟台，复接振帅来函，抄示总署，又十九日函稿内云："宝使于十六日遣翻译官至署，请函致张制宪，再将法、朝议约，照美约不增不减不改之意，加函寄交马道。本署答以宝大臣既托威使与北洋大臣商定办法，可不必再由总署寄信。宝使闻言始而忿争，继而婉恳，谓此事始终未托威使一字，伊从中招揽误我要事，所说不足为据，惟求总署再将此意详致北洋大臣。相与辨驳许久，宝使坚辞相求此事，法、朝议约照美约而不提传教办法，前次函商，谅台端早经阅悉，希将此意，函知马道"等语。十七日函稿内云："英、德既云悉照美约，法使今亦有照美约之言，若独于法国添入不准传教条款，无论法国传教士最多，且用意最专，必不答应，且即勉强答应，而美、英、德等国，亦各有教士，见法约独添此一条，将谓靳于法而不靳于我，转滋纠辖，不如准其仍照美约依样葫芦，浑然无迹。"饬忠遵照函内事宜开导朝鲜，与狄领事相机商辨［办］。兹忠已返至烟台，而狄隆亦已归报宝使，其如何办理之处，当俟回津后再听振帅与总署商定。第念忠前当甫行东渡之时，于照会声明一事，深虑朝鲜不遵、美国不收，乃抵朝以后，办理俱皆应手，而英、法续至，亦复无甚掣肘，此殊可幸耳。

东行续录

（1882）

壬午夏五月朔，复奉东行之檄。初余之西渡也，朝鲜国王知约例既开，请款者必且踵至，咨商北洋大臣张制宪树声，请余遍莅诸盟，制宪据情入告，朝议允之。故于德国使臣巴兰德之东，复檄余偕丁禹廷军门率威远、扬威、超勇三舶以往，与巴使会于烟台。于是初二日晚十点钟，与友人吕秋樵乘铁笼小火船启行，初三日晨五点钟至大沽船坞，巡视厂栈，勾留半日，丁军门已先在。是日东南风劲，威远兵舶泊拦江沙外。午后二点二刻，邀禹廷借乘招商局利达轮船出口。三点二刻过拦江沙，薄威远以登，两舶掀踬，小有触损，旋饬蒸汽于六点钟开行，舟簸如箕，入夜尤甚。

初四日晨六点钟，过庙岛。二点钟抵烟台，巴使已先一日乘士岛什兵舶东渡。南洋登瀛洲兵舶，前以总署之调泊烟台备遣，至是其管驾官叶伯鋆来谒请从，往觇朝鲜海道。因念南洋诸舶尚无识汉江口者，登瀛洲间泊烟台，携之东渡，使乘便识一海口，或亦南洋诸当道所深韪也，爰命添煤储食，备初六日开行。

初五日晨起，偕丁军门拜方佑民观察于其署，兼商登瀛洲东渡事。午后回舟，饬吕管驾购办中西酒菜，备汉江宴客之需。灯下缮禀，上合肥傅相与制宪，报起程日期。

初六日午前十点钟起碇，登瀛洲尾行，驶二十余迈，升旗告机器损坏难进，威远缓轮以俟。其大副旋刺舢板来请，入威海卫停泊修理，威远亦驶入待之。二点二刻进口，口深可容巨舰百余艘，当口有山曰刘公岛，居中屏立东西，分为二口，舣舟者多由西口入，东口形如箕张，东风甚则不利泊焉。下碇后，偕禹廷刺舢板登西岸，岸有市阛，室整洁，状若新造，以石代砖，斑驳可爱。卫城在市南，缘岸散步入城，城椭方，因山甃石以成，颇雄拔，民居整洁如西市。薄暮回舟，遣视登瀛洲机器，还报夜十点钟修理可竣，因令侵晓起碇，缓轮行，盖自此至朝鲜仙侠岛外小岛，距水程一百七十余迈，必质明乃可驶入。故无取疾行云。

初七日晨六点钟，起碇，九点钟过成山岬，风静舟稳，波纹平帖如熨，每小时行八迈，夜复缓轮行六迈，约迟明见岛。

初八日晨四点钟，大雾，咫尺莫辨，计自成山岬至此，已行百三十余迈，距岛当仅十许迈，遂停轮嘘汽。八点钟雾敛，则四面皆岛，以昨晚风水助顺，轶行十余迈，故驶入旁岛，亟正向折行，九点钟入口，午后三点钟傍月尾岛下碇。德国士岛什兵舶佐领官刺舢板来劳问，知巴使与其统领德国驻扎大东洋兵舶总兵贝朗格，先二日在口外迷雾，一昼夜乃入。至即以文抵朝鲜政府请款，即午得报，谓："修好固所愿，顾本国素昧外交，往者美、英二约，胥上国派员莅盟，兹贵国兵舶东来，计使槎不日亦将续至，届时再议未晚也。"德舶二艘，其一名乌尔弗。是夕余作书致赵、金二使，饬仁川府使，专弁飞递王京。

初九日，雨，仁川府使郑志镕修迎谒礼，阻风济物浦，遣通词以手版来告。

初十日，微阴不雨，午前九点钟，偕丁军门往观登瀛洲兵舶。十点钟，余独棹小舟往访巴使，以德舶前至，故先施之。其兵弁站舷申敬，谈次，巴使订翌日午饭，小坐辞归，见天际烟起，知超勇、扬威入口。先是，二舶赴旅顺勾当公事，故后期至朝鲜，副主事尹泰骏由津门附超勇东渡，登舟来谒，仁川府使郑志镕亦至，与泰骏笔谈数则去。四点钟巴使来报谒，语及约事，因告以"此次约稿，自应用德、汉文字，顾余不谙德文，当参用英文或汉义为副本，俾便校对"。巴使谓："英文约本系美国所订，字句生涩，不若以法文为副本，惟约内须注加'他日设有文词不明之处，以法文为正'一语。"余答以中西条约已有此例，此次可援用焉。

十一日晓晴，四舟张帆以暴。十点二刻，超勇取水舢板归自济物浦，朝鲜通词附函持刺盈握，谓："所派议约大副官于鸡鸣驰至馆近埠花岛别将署，先以名纸起居。"并请饬小火船午后赴埠，俾乘以谒。视其刺则大官赵宁夏、副官金宏集、伴接官赵准永、从事官李祖渊、鸿胪官韩文奎、高永周等，诸君皆议约旧人，新派者祖渊一人而已。爰告丁军门，令扬威小火船午后二点钟赴埠以候。十二点二刻，刺舢板赴巴使召，席间略谈约文，饭毕回舟，小火船自埠返，则赵、金诸人外，复有右承旨朴泳教，以国王命持帖来舟慰劳，与禹廷以衔柬答之。旋与赵、金二使笔谈，尽纸累幅，不觉日暮，遂留之晚膳，复以小火船送归。忽日本参赞近藤真锄自济物浦寄书至，谓："顷自王京来见，阻风浦岸，请明晨六七点钟假小艇以济。"因饬吕管驾届时备舢板应之，盖日使花房义质居汉城与朝鲜重议通商条款，朝鲜国王派金宏集与之辩论，阅月迄无定议，而美、英二约已先后集事，花房心常怏怏，今闻德舶续至，即令近藤真锄来，意将从旁侦探，不知约事已议定过半矣。

十二日晨八点钟，近藤真锄乘我舢板至，于舵楼见之，近藤真锄出花房公使刺起居，余与丁军门均以刺答之。语次，乘间请观约稿，余谓："美、英二使均与朝鲜使臣约，换约前不得以约稿示人，余处虽有底本，然系咨行我北洋大臣及礼部存案之件，未经秉命，亦未便私以相示。无已，则昨于德使巴君处见有中、德已印约文，与朝鲜新约大略相似，索观甚便。且巴君曾使贵国，或者不忘旧好，慨然以新约录赠，亦未可知，君盍往试之?”近藤唯唯，欲行，余复谓：“少顷将偕朝鲜使臣往拜巴使，旋返敝舰议事，用是莫克久陪。顾君馆浦岸，行人无乃不给于食，请饬扬威快舰备饭以待，事毕可往过焉。”近藤致谢，往拜巴使。十点二刻，赵、金二使至，与偕者有侍讲院弼善、李重七，自王京以王世子名刺来候，亦与丁军门以衔柬答之。寻偕二使赴德舶，至则德军站舷申敬，坐定，各出全权字样校阅，毕，赵、金二使起立，以国王约外声明照会捧交巴使，请赍呈德皇，复就坐，开示彼此官衔，即由余定于十五日午前十点钟，仍于济物浦支帐房签押。巴使喜出望外，导赵、金二使遍观兵舰，已复为影相以志。濒行，巴使请升十五炮送之，且谓：“余水师定制，凡兵舶入他国口岸，未经升炮致敬其国之君臣者，则他国官员登舰不得升炮送迎。前君枉顾，仅站舷而未升炮者，职是故也，他日重来，则补升炮以敬。”余谓：“此细故耳！余向来不竞繁文，殊未以是介意，顾以水师定制为言，讵未识朝鲜照会声明之意，而以其国与中国等量齐观耶？虽然，君他日再过我，亦必以炮答焉。”旋偕赵、金二使返，中流德舶升炮十五响，停楫以待。至舟款二使饭，饭间笔谈通商各务，金宏集复出其与花房义质所议通商章程六册，嘱暇时代为点勘。余与丁军门因以所备馈贻国王与世子礼各八色，托二使赍呈，其他诸相识，各以纨扇诗笺为赠。扬威大副持近藤真锄刺来，谓：“十点钟近藤与从人至舟，饭毕即登岸返王京，留刺以谢。”四点钟，余偕秋樵暨赵、金两使，拏小舟登岸。初，朝鲜乘马无羁勒，不良驰骋。此次由津携中西鞍辔四具至，饬圉人配齐，与秋樵骑行。赵宁夏自恃善骑，策马请从，行里许，勒马回视，已失所在，盖早瞠乎后矣。因先驰越岭数重，道旁稚松森立，映日呈翠。约五六里，至花岛别将署，有顷，赵、金二使继至，进茶以款，小坐辞出，绕道回。至舟，则巴使以所译法文约稿暨另纸照会底稿存请校定，灯下为拈出法文不符者八处，照会底稿亦略加删削，遣弁持还，并顺邀巴使与其参赞阿恩德统领、德国驻札大东洋兵舶总兵贝朗格明日午饭。

十三日晨十点钟，偕德使答拜赵、金二使于花岛别将署，巴使以照会交赵、金二使，并向余谢改订之劳，少叙各别。一点钟，德使偕阿参赞、贝总兵等来宴，甚欢，席终，督私谓巴使云：“丁军门以提督统领水师，贝君以总兵统领水师，按各国水师定制，总兵与提督遇，当先谒提督，何贝君犹未修此礼也?”巴使以语贝，贝谓：“曩在粤东、福州、吴淞各口，与中国兵舶均未往来，意者中国水师尚未与《万国水师公例》欤?”余谓:“此南洋诸口则然,若北洋则凡各国公使暨水师提督之入大沽口者,固罔弗按礼升炮焉。”巴使亦谓诚然。于是,贝朗格谢过,订晚五点钟戎服来拜,寻即辞去。三点钟,国王与其世子复遣中使李敏和、金圭,复以箑来赠余与丁军门,以其价值甚微,且系方物,遂受之,分赐兵弁。四点二刻,偕友人登岸,策马至花岛,与赵、金二使笔谈,二使出照覆巴使底稿,为改订数语。濒行,宁夏谓:“顷奉政府命,邀登瀛洲官弁十七人至王京游览。”先是,登瀛洲管驾官叶伯鋆请假赴仁川游览,仁州僻陋无可观,复请往王京一觇形胜,谓他日舟回,庶有以告南洋当道。余为告之赵、金两使,请于朝,故有是命。旋辞出,取别径,越岭数重,至一处,从者曰:“此走仁川道也。”爰乘兴驰至府署,见叶管驾犹在,语以西渡期,令于王京毋久留,复乘月疾驰,返抵浦,障泥汗渍,如经骤雨,通词云:“此行往返约五十里许。”回舟视钟,已八点一刻。

十四日午前九点钟,丁军门往答贝总兵之拜,且观枪炮帆索各操,均极齐整,归时,德舶升十五炮送之。十一点钟,遣小轮艇赴浦岸,迎赵、金二使至,则伴接官赵准永亦以国王命来璧衔柬,寻去,二使留舟午饭,饭毕,宁夏以国王命袖致,密询内政、设关、开港、电线、探矿诸节,屏左右,笔谈累幅。笔谈。忠曰:“细考密询诸节,关系甚大,当密禀我傅相代为筹定,惟其大端可约略言之。首节云:‘外交之际,内政为先。’此言深中肯綮。苏子云:‘忧在内者,本也;忧在外者,末也。’今贵国与欧西大各邦讲信修睦,不过欲杜强邻之觊觎,此为急标之举,忧在外者也。国民贫困,商务不兴,官冗职旷,此忧在内者也。仆两至贵国,见民俗纯厚,土地肥美,而库藏不足,兴利无从,意者其不均之过欤?孔子曰:‘不患贫而患不均。’均之之道,在物货流通,而无壅塞不行之患,其法宜因民之利,大去禁防,使民得自谋其生,自求其利,在上者第为民除害,设法鼓舞,令民踊跃于农桑懋迁而不自知。昔人谓:‘善者因之,其次利导之,其次教诲之,其次禁防之,最下者与之争。’凡设法布网,令民不得自主,皆禁防之而与之争者也。草野之民,苟可自求其利,饱食暖衣,亦何乐而为不法,以蹈罪戾?故曰‘有恒产者有恒心’,此言信不诬也!‘民苟自足,君孰与不足’,泰西各国其始亦皆多设禁防,民不聊生,后乃翻然变计,除厥苛政,俾民得自主,而国富兵强,内外无忧,有心世道者,亦可识政治之本矣。禁防既去,宜开学校,造就人才,人才既得,而后可变革官职,若衣服不过取其简便，不必效日人优孟西衣，为人姗笑。至养兵之道，则当汰其无用，留其精壮。惟定律一事，最为至要，其端即在大去禁防而已。开港设关置官，此乃应行之事。而电线、邮递则无事亟亟，他日商务兴旺，自然水到渠成，切不可效日人事事剿窃西法，至于今电线、火车虽设，而国帑空虚，遂令识者病其外强中干焉。阳城开埠，英人之意好在通商，条约以五年为限，限满后视仁川之埠，设果有碍商务，然后再开未晚。开采矿沙，乃理财之一法，非理财之急务，至如何开采与开采次第及开采集赀，前已渎告，无庸另赘。总之，贵国王概念局时，发奋为雄，思有以改弦更张，此乃吾东方之福。顾念贵邦立国垂五百年，臣民安于故辙，若骤议革变，易启惊疑，当因势利导之，使民日趋于化而不觉。虽然有治法，无治人法亦徒立，贵国识时俊杰，固不乏有，然古来大有为之君，率用他国之人，与共功名。百里奚虞人也，用于秦而秦霸；伍子胥楚人也，用于吴而吴强。其他楚材晋用者，史传所载，难更仆数。近世泰西诸国亦然。德之强也，先用法人瓦代，继用丹人磨尔根为大将，遂盟长日耳曼。俄之强也，尽用法人、德人。德国水师之初创也，参用英人。英之致富也，以用法人都尔鄂。何者？国君欲思变法，或重用其本国之人，本国之人宜等夷视之，无以大服其心，故令出难行也。由是观之，则贵国不求富强则已，贵国而求富强，当参用西人，征收关税，讲论殖财之道。而西人有才者，类皆杰［桀］骜，又非贵国所可役使，仆意宜由贵国王请一精明正直之华人，随时商酌各事，并延数西人，令司关榷，而以华人董其纲，然后细加考订，与时变迁，此贵国最要之急务也。凡此皆仆之私见，尚未禀闻傅相，如贵国王不以为非，归当禀请傅相，为贵国筹荐一人，此人乃贵国王所请，非由上国遣派，方不碍于贵国内政外交皆由自主之权。仆所以亟亟思归者，无非欲密禀傅相，为贵国物色其人。一有回谕，定即遣舶密函飞报。惟思筑室必计其值，前所云敦请华人、雇用西人、建立学校、设立关榷，大约初行二年，每岁须费四五万金，以后关税日旺，自弥补其阙。吾国初设关，岁入不过七八百万，今已加至千六百万矣。不识贵国初办时，每年四五万金之费，国王以为何若？”赵曰：“四五万金之费，虽属不赀，亦当禀明所以措办之道。”且为批答与日使花房义质所议通商章程。旋巴使送法文约本三册请校，赵、金二使辞归，因偕至其馆，为先校华文约本三册，回舟，复为巴勘阅法文约本无误，随遣还之。附函询诘朝画诺，携兵弁若干，巴使答书谓：“率军士三十名，武弁十余名。”并邀余与丁军门于莅盟。后至舶午餐，爰商诸禹廷明日登岸饬带兵弁如数，盖德人夸武，亦用以耀我军容焉。

十五日晨六点钟，我扬威兵弁携帐至济物浦支立。九点钟，水师官领习流军三十名，驾舢板二艘，鼓楫前导。余偕丁军门率威远、扬威、超勇登瀛洲诸舶员弁，令各腰剑，刺二舢板衔行，登岸整队，枪剑两行，耀日并进。抵帐，则德国兵弁先在，我兵居左，德兵居右，分立帐外，如张两翼。赵、金二使率从官出帐肃迎，德使亦相继至。坐定，议签名次第，余谓："汉文则朝鲜二使先德使，德文则德使先朝鲜二使，法文三册则留于朝鲜者朝使先之，赍往德廷者德使先之。"三使均首肯，于是各升座签名钤印。余饬从者酌酒以贺朝鲜二使，复以照覆交德使，德使向余致谢，旋偕丁军门、德使、朝鲜二使暨二国官弁旁立影相，以志其盛。影毕，各握手欢散。一点钟，偕丁军门赴德舶宴。宴间，巴使谓："亚洲各国外交，朝鲜最后，十余年前，法舶驶入汉江，兵损其半，英舶至其南，投书不报，美舶三至而三不利，今则数旬之间，成约者三，非中国傅相之力不及此。"座客齐声称诺。席散回舟，德舶复升炮十五响敬余。三点钟，贝总兵至扬威观枪炮各操，余乘间登岸，至花岛，晤赵、金二使，二使谓兴寅君报北洋大臣书诘朝可至，乞余赍呈，余复邀二使明日至舟午餐话别。

十六日午前九点二刻，朝鲜国王与其世子复遣中使赍帖送行，并谢馈礼，亦以衔柬答之。十一点钟，赵、金二使偕赵准永、李祖渊来舟，宁夏赍致兴寅君复我北洋大臣书，旋款以饭。饭毕，拂笺磨墨，邀二使书聊，二使书皆取法松雪，秀润可喜，求者争攘取，新派五品鸿胪官金奭准能悬腕作擘窠书，尤劲健轶群，未移时，长帧短幅布满舱内，五点钟书毕，辞归。余复登岸，偕至其馆，赠言留别，并顺将国王咨北洋大臣及礼部文件携回。是夕，以约事已蒇，偕禹廷邀各舶船主、大副夜宴，禹廷饬迟明七点钟展轮，首威远，次超勇，次扬威，登瀛洲来自南洋，如无事之罘，可取道迳归上海。

十七日晨六点钟三刻，起碇，四舟鱼贯，约未里许，雾起，德舶先二刻行，已下碇，我舟亦相继暂停。八点钟雾敛，复起碇。行未十里又雾，前后舶不相见，各停轮嘘气以警，历二刻，稍解，缓行。十一点雾旋散，三点二刻出口，正向，风自左舷来，张帆驶十迈半，而登瀛洲与德国岛尔弗兵舶已在舟后，其总兵乘巨舰名仕岛什者先行，五点钟亦追及之，夜九点钟渐后，不复可见。

东行三录

(1882)

壬午夏五月下浣，德、朝款成，建忠归自三韩。六月既望，以北洋大臣张振帅命赴南中谒合肥傅相言事。十九日行次沪渎，奉电谕截留。盖以是月初九日，朝鲜乱党围攻日本使馆并及王宫，日人有死者。蛉岛君臣议将大集兵舰，莅朝查办，我驻日大臣黎莼斋星使电告振帅，请派员酌带兵轮至汉江观变。振帅以应否派忠前往，商诸总署，故先行截留。

二十一日，奉电谕，谓总署信至，饬即回津。其明日复叠奉电谕，令毋庸回津，即至烟台会同丁禹廷军门率舟师东渡，遂于是晚登海宴船，质明起碇。

二十五日晨三点钟，驶抵之罘，晤禹廷，交到函札各件，议定翌午两点钟开行，当作禀交海宴寄呈振帅。晚晤东海关道方佑民观察于其署，托以后路，是日各舶购办粮饷，装载煤炭，通宵未止。

二十六日十二点钟，佑民来答，三点钟偕丁军门乘威远先行，次超勇，次扬威，衔尾而东。

二十七日午后，入仁川口，初与丁军门约，进口后中道至立岐岛停泊，以觇动静。比入口内，则渔舟来往如常，遂径驶至月尾岛，夜十点钟，下碇，而日本巨舰名金刚者已先在矣。我舟至，以舢板来问，遣答如礼。时朝鲜校理官鱼允中在超勇快船，立刻招来我舟，嘱随从朝人至近岸花岛别将处详探一切。二点钟，人还，未得要领，因令另遣心腹明日至王京续探。

二十八日晨六点钟，允中自超勇寓书，道国乱甚亟。八点钟，新任仁川府任荣镐遣派军校与花岛别将先后来舟，皆白衣冠，询“为何人持服”，以“王妃薨”对，问“何以薨”，以“为乱党所惊”对。与之坐，各笔谈数则而去。十点钟，日本参赞近藤真锄偕管领相浦纪道来谒，为其海军少将仁礼景范以病弗克并坐，至次，言及初九日遇变时事与所闻近日情形，有可与允中书辞印证者，胥默识之。有顷辞去，登舰升十五炮礼丁军门，我舟答炮如数，亦升十一炮以礼其海军少将。海军少将者，三等水师提督也。午刻，复召允中来，笔谈甚长，于此事粗得梗概。允中笔谈曰：“国王由支派入承正统，其私父曰大院君，性贪财色，国王入承之时，揽国权专恣，夺人货，嗜杀人，又与日本无端拒绝，几构兵衅。其时国王仅拥虚位，趋附大院君者实繁有徒。及国王年长，总揽朝纲，一二臣亦协赞之夺其权，革一切弊政，与日本寻旧好，欲联各国以维系国脉。彼大院君憾于失权，隐养无赖，期寻祸乱者久矣。或密藏火药于王宫，而放火者数次，又以暴发药焚杀苠臣。国王以事涉伦常，不欲处之于法，只剪其党与，诱之威之者屡矣。于昨年秋，果啸聚党与，刻日举事。有来告者，幸得收捕乱党，而亦不穷治。彼大院君恃其处于不死之地，期欲举事，而其诱惑众心者，曰斥邪也、绝外交也，无知小民群附之。昨年逆谋之举，欲分三号，一号直击王宫也，一号杀一切异趣之朝臣也，一号杀日人也。今日之事，即昨年之余智，大院君若在，则人谁敢举论外交。闻今者乱党先杀国王素信任之大臣，继入王宫，国王及妃嫔皆奔避，而彼大院君乃劫杀王妃，逼返太王妃，国王则虽不见废，然幽闭不能与外朝相接。朝臣涉外交者搜杀无遗，人民皆奔避山谷，国中一变。今日若不亟亟调处，日人必大发报复，生民涂炭，宗社将覆，彼大院君又必广招炮兵，决计扼守，而国内生灵不保，政何以存？乱何以熄乎？”遂议诘旦丁军门乘威远回津谒振帅，面陈机宜。因将所探各节，且禀振帅，其略云：

前于二十五日由烟台肃上一禀，呈报起程日期，谅尘钧鉴。旋于次日午后三点钟展轮东渡，二十七日晚驶抵汉江口月尾岛下碇，见日本兵舶一艘，已先于口内停泊。时鱼允中在超勇快船，即传请来舟，令派人至近岸花岛别将处探访作乱确实情形，寻据回报各节，似事势尚未十分吃紧。嗣于次早复接允中来信，云“更探本邦情形，则国势一翻，有堪痛哭者，创乱另有其人，朝臣之涉于外交者殆无孑遗，至仁川府使亦仰药而死，其他可知”等语。旋新任仁川府使遣派军校及花岛别将先后来舟笔谈，该别将等皆服缟素，问答之际，虽未敢直斥倡乱之人，与其王妃及各大臣被害之实，而其吞吐之言，已有与允中函辞吻合者。因复传请允中来舟笔谈，则据称顷复着人探访，略得大概，初九日之事，系国王生父兴宣君李昰应率号倡乱，直入王京，劫杀王妃，逼归太王妃。国王虽未见废，已幽囚不与外朝相接，搜杀大小文武之异趣而涉外交者殆尽，人民率奔走山谷以避等因。而日本参赞近藤真锄来谒，亦谓李昰应因兵作乱，往见王妃，进鸩以弑，现在大权独揽，极为猖獗云云。伏查本月二十一二等日，朝鲜领选使金允植致津海关道周馥书函及笔谈等件，内称昰应聊结匪党，图危宗社，逆迹久著。兹复据允中及该别将等与近藤真锄之言，则初九日之变，其为昰应借清君侧之名，翦除国王羽翼，徐以窥伺藩位无疑。夫朝鲜国王李熙者，固中国大皇帝册封以为该国主者也。昰应乃敢恃私亲之贵，杀其王妃而幽囚之，其肆无忌惮之心已可概见，所不敢遽废国王者，度以人心未定，兵力未集，故少事迟回耳。设中国稍从观望，不为急图戡定，则其害将有不可言者。为今之计，莫如仰恳宪台，权衡独断，一面出奏，一面檄调陆军六营，即趁威远、湄云、泰安及招商局轮船之在津者，载以东来，乘迅雷之势，直取王京，掩执逆首，则该乱党等布置未定，防御未周，摧枯拉朽，当可逆计。昨闻丁提督传知钧论，谓如须用兵，必先得其国王玺书，或臣民公状乃可。顾其国王方在幽囚之中，欲以宪台咨文送呈，令修玺书见复，则内外隔绝，出入难通。欲另作一书致赵宁夏、金宏集等，令纠左袒臣民，具一乞援公状，则宁夏等既存亡莫卜，而现在昰应大权独揽，沿途关隘及城门内外，谅无不遍布私人。脱事机走泄，不特速诸臣之死，而使该逆党等得以知风豫防，则将来办理必且益难得手。故不揣冒昧，亟请济师，惟仁川、南阳等口距王京虽仅百里，而遍地皆山，乱党易于伏匿，进兵之际，必步步为营，节节递进，使后顾不至贻忧，斯前驱乃能深入。故兵数至少须以六营为率，如六营不可卒调，则请于就近无论何军，择其可疾发者，先派枪、炮队各一营，饬令即速前来，先占海岸，庶随后各营来集，乃可有路进取。此外仍请函商总署，电调南洋兵船二艘，装运粮饷，兼壮声威。其各营所用子药，亦请饬军机所分别拨运，以资接济。所以为是亟亟者，一则恐乱党日久蔓延，骤难扑灭；一则以日本花房义质及井上馨等不日将率领兵舶大集汉江。设其时中国仍无举动，彼必以重兵先赴汉城，自行查办，则朝鲜国内必至受其荼毒，而此后日本定乱有功，将益逞强邻之焰，中国相援弗及，或顿寒属国之心，藩服将由此愈衰，国威亦因之小损，事机之失，有深可惜者！建忠本拟趁舶来津，亲承训诲，以花房义质等即日将至，拟留此相机因应，冀诱之延宕，以待我师，且可续探国内详细情形。兹丁提督乘威远西渡禀商壹是，不尽之言，统当由其面陈。所有朝鲜国事危蹙、亟应济师定乱情形，谨缕悉禀陈，不胜迫切待命之至。至各营东来后，建忠应仍留军中襄助，抑当即行回津，统候钧示祇遵。再缮禀未竟，日本兵舶二只又至，上载军士多名。计丁提督回津，往返至速，必须六日，此间仅快船两艘，声势甚单，恐花房来时，意存轻挟，乞饬各营即速东渡。总之今日之事，早一日则多收一日之功，迟一日则重受一日之弊。建忠为顾恤藩封、保全国体起见，故不觉言之过迫也。

再禀者。晚六点钟，新任仁川府使任荣镐来舟笔谈，询称十年山野之人，为国太公起用者，乃知该府使为李昰应党，因谕令派人星夜至王京，密告执政，令速派大员来此会议。夫今之执政即昰应也，如肯派人，必其心腹，刻下王京消息不通，得其心腹前来，亦可微觇动静，而复藉调停日本之说，蹈以甘言，示以嘉惠，冀可令其弗疑，则随后办理，或亦较易得手也云云。

余以日本公使花房义质且至，独留汉江以待。又以新任仁川府使任荣镐至，询知乃初九日以后为国太公所起用者，令飞报执政，速派心腹大员来浦议事。而日本兵舰名日进者，复率一商舶载兵七百余名驶至。当晚缮禀，托丁军门回呈，夜移至扬威宿。

二十九日晨四点钟，威远鼓轮至。十一点钟，日船名日进者驰至港口停泊。十二点钟，鱼允中来，方与坐舵楼少叙，复见日本商舶驶入，主桅悬国旗，知花房至矣。无何，遣其通词来起居，余谓："此次贵公使颇受虚惊，少选当登舶问询。"因饬军士声十三炮礼之。五点二刻，往晤花房于其舟，坐谈良久。

三十日晨四点钟，超勇、扬威二管驾各乘小轮至南阳测水，赵宁夏、金宏集花岛以书来，谓凌晨驰至候命，余遂饬舢板赴浦岸迓之。八点钟，永宗佥使宋启宪来谒，笔谈旋去。花房来答拜，坐谈移晷。花房去，而允中复来，偕朝鲜官二人，一为校理金玉均、一为史馆记注徐光范，顷在日本闻国乱偕花房归视者，与谈良久。二点钟，赵、金二使至，缟服瘁容，面有忧色，屏左右笔谈甚长。笔谈，赵宁夏主笔。赵曰："敝邦经用甚绌，年来军饷不敷，且频与外国来往。故乱卒莠民，缘以为弊，激而成乱。初九日，乱军先杀宰相，几家毁破，翌日，仍向王宫咆哮，以至苍黄罔措之中，大院君闻变而赴抚戢解散。数日之间，上自公卿，下至象胥，毁破其家，至于致命甚多。初九日夕，方乱军之作也，莠民谓可乘之作乱，欲杀尽日人云。故国家先为秘通于花房，以为准备避祸之计，以是公使及随员率兵队得以免祸，惟路上闲游几人遇害。乱军闻花房逃去，追到仁川，又杀几人。我国家当场自救不暇，先机指示日人，以开生路，日人似无憾我国之理。日前伴接官尹成镇见近藤真锄，亦言颠末，而渠亦稍有所知矣。"濒行，请往晤花房，余别作洋文一缄道意，交二使面致。五点钟，复有日本商舶载兵入口，而前驻之罘美国兵舰名磨那哥者亦尾至，其船主命副管驾来告，谓于明晨修谒，旋徙倚舵楼，见花房已登陆矣。计二日间，日兵起岸者已七八百名，其营于济物浦者约二百余人，进营仁川者约五百余人。夜九点二刻，扬威小轮船归，邓副管驾谓："南阳水口尚便，明日当复往细测云。"

七月初一日晨，登舵楼，见日舶小轮船曳带舢板，载兵登岸，襁属不绝。九点钟，朝鲜行承政院左承旨尹用求以国王名帖起居，并附其兴宣大院君李昰应一刺，旁缀绳头细字数行云："贱齿六十三，家住云监胡同，子载冕年三十六，曾为翰林编修，现任宗人府一品户曹判书元戎，孙三幼稚"等语。余以名柬分别答之。用求大公主子，与国王为中表兄弟，因与笔谈数则。旋得金宏集书，谓昨晚十点钟，偕赵宁夏晤花房于仁川，归后宁夏则星夜驰赴汉城矣。十一点二刻，美舶船主高登来谒，询知其外部闻日、高有事，电派以兵舶东来观变，兼劝日兵毋躁进。因以其外部电谕见示，且谓："顷晤仁礼景范，叩以此事颠末，辄枝梧不答。请见花房，则答以俟返舶时即行知会，亦茫无定期，令人闷闷。爰就余访初九日之事，余即举所闻各节告之，言至王妃惨死，戚然不平，曰："果尔，则益当亟晤花房，阻其躁进，否则国王恐复不保。"余因教以本外部电谕之意，剀切作书，由仁礼速致仁川，订相见期，则花房或可来也。高登辞谢去，归舶，声十五炮礼余，余命答炮如数。一点二刻，允中来，略谈寻去。其通词金姓者归自王京，道汉城民情惶惧，群走山谷，逵市为空。过仁川，见日兵四出执豕攘鸡，闾阎惊扰，而来苏之望，咸翘首王师焉。五点钟，答拜高登于其舟，复以禀报该国水师提督书函相示，其间颇不满于仁礼景范，归时，复声十五炮送余。至舟，接花房华、洋文函各一，一谓"本国来信，称元山于六月十七日，有朝鲜乱党拆毁观察使衙门，日本租地戒严，幸未殃及"；一以余昨晚函嘱缓赴王京、以待宁夏之返，报书如约。八点一刻，复有日本巨舰名比睿者驶至，于是日舶之在汉江者已六艘矣，声势已张，往来舢板梭织，港内喧哗达旦，余惟兀坐舵楼，静守而已。

初二日晨，邓副管驾来告："昨自南阳复探归，其地水深岸近，利泊兵舰。"因念日兵登陆后，虚实动静，都所未悉，爰以一缄抵花房，令差弁假赍书名，沿途侦探。八点钟，永宗签使递到兴宣君李昰应书，称："汉城人心未定，弗克跬步离。"以余方削牍招之也。书辞卑巽，深相结纳。十二点钟，日本海军少将仁礼景范来拜，中西语言均不解，少坐即去，声十一炮礼之。亭午热甚，扬威快舰以铁叶制成，舱位逼仄，已极蒸郁，加以机舱留火，如坐甑中，寒暑表升至九十六度。四点钟，侦探人还，备述所见。花房答书，有明发汉城之语。九点钟，赵、金二使来自仁川，谓花房入京意决，挽留弗果，袖出兴宣君续致一书，丐余速赴汉城，借资镇摄，兼图把晤。因与二使笔谈良久，其间稍涉嫌疑者，二使悉随手抹去。别时嘱饬南阳府使集薪以侍，盖我军不日且至，貔貅万灶，不欲纵令采樵也。

初三日九点钟，允中来舟笔谈，允中曰："本邦近因财政窘竭，掌赋之臣筹划不善，军饩屡朔未给。月初颁饩之时，仓吏以陈腐散给，且不准斛量，因与仓吏口角，格杀仓吏数人。仓堂执军人致之法，军人以无罪横挐，诉之而不听放释，彼军因四处奔诉，及到某人之处，彼乃投以一通文字，乃入阙作梗杀闵哥，乃杀倭人与外交之意也。彼军人及无赖乃敢行此，彼若无指授，何敢有此变乎！王妃有内助之端，故彼人入阙，以乱军胁之迫以饮药。允中在日船一昼夜，知必生梗乃已。彼人拗戾，不离国王之侧，人不敢以外务说及，惟引用同党，睚眦必报，死人日积。于日人议和议战，终无定见，惟激乱军使之寻事，彼人不去，国必亡乃已。痛哭！痛哭！"建忠按允中所云"彼人"、"某人"，谓大院君也。十一点钟，小轮船自浦岸迎赵、金二使至，先款以饭，饭后笔谈累幅，均被拉毁，而乱党之迹益明。一点钟，日舶名清辉者又至，于是日舶之在汉江者且七艘矣。三点钟，偕二使赴美舶，高登敬礼有加。九点钟，前驻津门日本理事官竹添进一郎，以花房命来舟晤谈，漏三下，乃去。竹添曰："今次事件，其初事情不明，敝国人心动摇。幸我庙堂察朝鲜开国未久，外交之事不能习熟，犹我国二十年前情况，不敢以兵革争曲直，原之公法，欲妥慎结局。但闻暴徒之余焰尚炽，故以兵员充护卫，乘坐军舰而来，弟亦承命来观动静，以仁川情状察之，朝鲜政府亦似少悔暴举者，故弟以明后日回国，欲陈事情，以安我政府之忧，敢问何如?"忠曰："初九日之乱，甚为猖獗，以致鸩死王妃，荼戮重臣，诛杀诸臣之有外交者。今日乱势虽平，而死灰未熄，办理此事，甚为棘手。缘执政之人，非出自国王之命，欲与执政办理，则执政之名不正，欲与国王商议，则国王不能自主。不识花房星使此去汉城，先从何处下手？至于乱党滋事，攻击使馆，决非出自该国朝议，想亦不辩自明。"竹添曰："彼政府果以王命为名，议及此事。则自我观之，犹是名正也。若夫国情，则政党之争，而非开锁之争，故苟得速结局，徐徐察事曲直，亦似无不可。"忠曰："所论极是。贵国与朝鲜为与国，自不得议其内政，但办理此事，似宜惩办乱首之攻击使馆者，并宜设法为善后之计。若乱党不除，善后终无善法，在花房星使与朝鲜政府，自宜以速结为妙。而弟为大局起见，故汲汲焉以朝鲜朝政为虑耳！”竹添曰：“敝国之意，专在重交谊，非乘人之乱以谋掠夺者，故所求于朝鲜者，不过惩办乱首，并设法以为善后之计。弟所切望者，只有速结局耳。若迁延时日，朝鲜乱民再有暴动，则我国不得已以兵革责其罪，果然，则与国之交绝，而亚细亚全局更岌岌矣。至求偿损害及兵备之费，则万国所同，不得不遵之，但敝国之出此，非敢贪财也，故欲从实算之，决不以过当处之也。至善后之策，则想当不出于公使领事及其眷属得游内地各处以亲其人民等项也。朝鲜之所以深恶外人者，其原不过少见外人，故多怪疑耳。彼以疑我，故我商民亦激之，交怨交凝，果然，则欧洲诸国来通之日亦如此，万一不幸，朝鲜暴徒有攻击欧人之事，则朝鲜之忧更大。故今日为彼之谋，似狎见外人，尤为先着。”忠曰：“朝鲜贫瘠实甚，国帑空虚，民生匮乏，将来此事结局，优恤银两，亦情理之常，然索之过多，恐朝鲜亦不堪命。至于兵备之费，弟则难赞一辞，缘朝鲜赋出无多，即使贵国实算以求，不知朝鲜何日偿了。至内地游历，使朝民狎见外人，此论甚确。但甫乱之后，似不可行之太骤，不识尊意云何?”竹添曰：“我国内人心甚嚣，故借此名以慰其心耳。朝鲜之贫窭，敝国知之熟矣，决无不堪之事。若使敝国果有贪利之意，则责彼凌辱我国人之罪，以求过当之价，或求割取岛屿，亦非难事，然而我政府之无此心，弟以百口保之，抑朝鲜之于我，常挟猜疑之心，以为今之日本，犹是昔日之日本，而必有夺我土地之心，又有取我财宝之心，故今日之事，我政府务以公平处之。”忠曰：“既如来教，则专以优给恤银为名足矣。犹忆我国于云南之役，英人亦曾调集兵舰，但结局之时，惟以恤银为名耳。且按之公法，各国交争，亦有不给兵费者，黑海之战，俄之求成也，英、法未曾索给兵备之费；意大利屡战屡屈，亦未尝稍给兵费，其战而屈，犹且不给兵备之费，而况贵国以优待与国为心，所调兵舰，专为保护与国起见，若藉此有所需素［索］，弟恐以仁始者，他国未必不笑其以利终也。”竹添曰：“请试略言敝国人心动摇之故也。朝鲜人之来敝国者，敝国待之极优。客年朝鲜人殴杀我国民三名，今年又围击京城公使馆，至公使逃至仁川，仁川府使欺之，乘其眠，夺我兵器，杀害数人矣。故国人之唱征韩说者，攘臂而起，我政府镇压之，借偿金之名，以慰国人之心，非有他意也。所谓军费者，海、陆兵在内国，亦给俸禄，船舰亦各有经费，以实算之，固非多费，此等事亦系政略，其实非自求偿起见者。至其恤银，亦决无迫以难堪之巨费，以仁始以利终，尚似未察敝国之情。”忠曰：“所谓以仁始以利终者，乃谓外人妄拟之意耳。至贵国民心初闻滋事之起，自然激于公愤，假如执事将所探实情，归告政府，谓乱党起事，不徒攻击使馆，戕杀贵国人民，而朝鲜臣民均受其祸，并且毒及王妃，国人闻之，当亦涣然冰释矣。”

初四日晨，以夜来与竹添笔谈大旨函告赵、金二使，令驰报王京。旋念竹添即日回国，因作书致莼斋星使略叙起乱颠末，并以其国贫瘠、索款过钜、恐不堪命等语，嘱得间言于日廷。十二点钟，饬超勇移碇南阳。先是，丁军门归请济帅，余先与之约，谓日兵由仁川登岸，我军当由南阳登岸，以示区别，且免轇轕。故三十、初一等日，叠遣小轮船前往测探，至是度禹廷率兵且至，遣超勇先往停泊以待，赵、金二使亦遣随员吴某偕往，令促府使备军刍焉。三点钟，答拜竹添进一郎，竹添谓：“顷得花房书谓：‘昨次杨花津，韩人劝止未听，已率师直趣汉城矣。’俟入京后，续有书来，无他变故，即将乘商舶还报政府。”少坐辞归，日舰声炮十五响。

初五日午前，赵、金二使与承旨尹用求来舟，请偕往南，并告花房入至京，驻军城内木觅山下。因遣员刺舢板询竹添行止，得二函归报，一花房函称：“久留仁川，恐生他变，故径行前进，已于初三日安抵汉城。”一竹添函谓：“花房抵汉城后，已与韩吏议事，韩吏奔走甚谨”云。一点钟，日本明治九号商舶展轮驶去，扬威旋亦起碇行，途中与赵、金二使以碍于耳目，弗克深谈。五点二刻，驶抵南阳浦口，以小轮船送二使暨诸人登陆，饬弁与偕，令探去岸道途远近及有无间阻。候至夜深，犹未返。

初六日八点钟，小轮船归，知昨夕搁浅，质明潮涨乃达岸，赵、金诸人露坐竟夕，闻之歉然。今日炎歊逼人，烦郁殊甚，屈指禹廷之归，已逾七日，济师当可至，徙倚舵楼，手远镜时复西望。晚八点钟，探路人还，道自泊处至马山浦约三十里，自马山浦至南阳约又四五十里，附近诸岸，乱山杂遝，必抵马山浦乃可登陆，以达南阳府。使令归舰报余，谓已备船只、马匹、糗刍伺候。

初七日八点钟，瞭望者报有烟起立岐岛外，急登高瞩之，见轮舶五艘自西来，兵弁皆相视色喜。九点二刻，首威远，次日新，次泰安，次镇东，次拱北，衔尾而至。先是振帅饬丁军门及余赴朝鲜时，即拟奏请钦差帮办山东军务吴筱轩军门督师相继东渡，至是见威远前桅悬帅字旗，知吴军门已至，即刺舢板往谒，并晤丁军门，询知五舶载兵二千，尚有两营南洋兵舶继至。余亦略述近日情形，寻读振帅函札，即议进兵。余以花房至王京已久，不知所议何事，拟先驰赴汉城，筱帅率大军随后进发。丁军门以舟师部署未定，弗克同行，筱帅令右营管带吴孝亭率队以从。四点钟，偕友人吕君秋樵驾小艇乘潮至马山浦。五点二刻，望见舢板十只，满载我军士，以小轮船二艘曳之，鱼贯而来，登岸已七点钟矣。孝亭谓曛黑难进，即驻浦口。余偕友人策马夜行，须臾月落，燃炬以导，每经山谷，深林密箐中人影林立，为良为莠均未可知，余以王京事急，势难返顾，径行五十里，十二点钟抵南阳府署。赵宁夏独在，谓宏集昨晚被命入京，以国王今日引见花房，宏集夙办日本交涉事宜，故亟召还。谈至漏四下，乃寝。

初八日九点钟，右营至，旋接李昰应函，并将昨日花房所开七款及问答各节，录寄前来，且谓花房限三日回答，请速赴王京排解，于是汉城之行愈亟矣。因立请孝亭议事。亭午始至，商请进营水原，庶王京翌日可至。孝亭坚执不可，盛气而去。余甚讶之，遣人随往侦视，还报云：其营兵弁以山行触暑病者甚众，乃悟其因郁生忿。顾只身入汉城终恐为人所轻，意筱帅且至，乃姑待之。午后与宁夏密谈累幅，均即扯去。是夕仍宿南阳。

初九日晨，出馆小步，见道旁厅事一所颜曰“唐城馆”，款署“金陵翁书”，询之通词，曰：“此明时册使经行所止也。”回馆，宁夏来告，王京送马百七十匹、牛车十乘至军前备用，乞函请筱帅派员点收。八点钟，接筱帅书，谓右营兵弁病滞，另派后营管带张仲明协戎率队前来，相偕遄进。无何，仲明来见，询知队伍已至，拟更行二十里，进营九浦，因与仲明约以全营纡缓，请简枪队二百名，轻装疾走，期翌夕必抵汉城，沿途军食发价交地方官整备以待，仲明应允去。午后迟筱帅不至，留呈一函，旋于四点钟偕友人策马就道。行经九浦，晤仲明，见健儿林立，则枪队已排定矣。数语出帐，复上马疾驰二十五里，水原守郑箕世奉国王命迎谒道左。又五里，抵水原馆通判署。按朝鲜官制，通判位在府使上，故其署较宽整，宁夏、允中亦相继至。坐定，报张协戎小队已至署外，令即于隙地驻扎。地方官列帐传餐，俄而右营亦至，驻扎其廨，通词谓为国王行宫焉。

初十日八点钟，仲明先发，余少迟亦行。出水原，万松夹立，中辟驰道，凉云荡空，漏日无罅。前行二十里许，接昰应昨午书，谓：“花房以其政府限满需回，拟诘旦出京，促于杨花津备舟以待，其意盖存决裂”云云。爰嘱宁夏立遣快马驰至津上，觇花房曾否北渡。十一点钟，至果川，国王及世子遣中使驰帖慰问，宁夏从中使询知昰应轻侮日人，故激而出此。少顷，侦骑归报，日使已径渡汉江矣。少憩复发，过南天山，山高数百丈，军士登陟汗雨夹背。二十里至铜雀津，韩文奎于渡口小舟数十艘，络绎载渡，登岸后，列队导行，道旁观者以万计。薄暮，入居南别宫，昰应父子迟余馆次，因相与周旋，寻答花房留函，并知其参赞近藤真锄以病未发，送作书致近藤，订相见期。国王及世子复以名柬起居，李祖渊、赵准永先后至。晚膳后，复与昰应笔谈甚欢。九点钟，近藤报书，谓疾甚不克来谒云。

十一日晨，昰应叠以荷囊、折叠扇为赠，且因余有仁川之行，以其乘舆来馆备用，旋汹致筱帅与禹廷两函，告以近事。十一点二刻就道，途中蒸热殊甚，如熏笼上行。五点钟次梧里洞，易舆而骑。六点二刻至仁川，与花房谈晤，花房曰：“本月初三日，余率兵队前至杨花津，朝鲜政府派员至津口，阻我入城。余以城外议事不便，迳行入城，即奏请国王，订引见期，韩人又固固不从。直至初七日，始见国王，进呈折开七款，且请派员相议，于三日内回复，国王当派首相洪纯穆为议事全权大官。乃至初八日，接洪相来函，谓复派令往勘山陵吉地，须三四日后方可回京，且云山陵为朝鲜重事，我国之款当俟归时再议。夫国王明知限期三日，当面派定洪相为议事全权大官，而初八日猝将所派之人差往他处，岂非自相矛盾？且以其国山陵为重，是明明以吾国之事为轻矣。彼既绝我商办之路，故余俟限满，即将此意奏明国王出京矣。”忠曰：“国王甚欲与贵公使议事，大小臣工亦同此意，徒以有志未逮，致成此局。君谓朝鲜尚有政府乎？犹忆前在舟中语君以朝鲜其势，必以能使国王自主为先务，国王一日不能自主，他国即一日不可与之议事，以主政者非执政之人也。证之公法，则土尔其、埃及每有乱党杀伤各国之人之事，各国必俟其君能自主，乃与计议。昨接君函，谓欲候晤，以朝鲜政府绝我商办之路，不得久留为歉云云。今我此来，非为朝鲜居间调停，不过与君定明朝鲜事势，俾君免至错认题目耳。朝鲜国王现既不能自主，而贵公使贸贸然与之议事，无论所议不成，即令已有成议，他日国王复能自主，则所议者仍属空谈。且若于此时与之决裂，则将来恐不独朝鲜政府有所借口。吾国此次以兵前来，惟在惩办乱党，贵国政府想亦闻知。君倘不审可否，亟与乱党定议，吾恐日后自此多事矣！故吾不得不先为言之。”八点钟出署，间道驰抵花岛，约三十里许，时已九点二刻矣，府使尾至，相与寒暄而别。

十二日，花房访余于花岛行馆，近藤于昨晚回至仁川，亦偕之来谒，相与促谈良久。十点钟自花岛启行，次梧里洞，复易骑而舆。晚七点钟，驰回王京，则丁军门已率习流军百名，于午后至馆，而吴筱帅亦统大军渡铜雀津，薄汉城而垒。昰应闻余归，即来相访，因留之晚膳，笔谈十二纸而别。复偕禹廷出城谒筱帅，议机密。四鼓归馆宿。

十三日八点钟，允中、宁夏先后至，匿允中馆内，令宁夏先入慰王。十二点钟，吴军门来馆，约丁军门及余往拜昰应于私第。吴军门仪卫甚盛，请减从而往，以示坦率。及至，昰应率其子若孙迓门外。入座，谈笑甚欢，已复导观其精舍数处，陈设都丽，而位置天然，都无俗韵，乃知此老胸中具有邱壑。濒行，以吴军门先施，谓即呼驺报谒，于是吴军门出城止黄松亭军门营内，以其地距城较近也。余偕禹廷归南别宫，禹廷遣习流军四十名先至水原以待，余作赫蹄书，纳允中袖内，令薄暮持赴中营，偕何营官赴王宫保护。别遣张营官以军士百人，往守城门，俾通消息。其余于城内梭巡备警，部署既定，偕丁军门同赴黄营，则健卒百人，长夫十六人，已结束待用矣。是日微雨，时止四点钟，昰应率数十骑至，入帐，诱与笔谈，自申至酉，累纸二十四幅，环视侍者无一朝人，知已均为帐下所收，度其时可行。遂疾书以示曰：“君知朝鲜国王为皇帝册封乎?”曰：“知之。”曰：“王为皇帝册封，则一切政令当自王出。君六月九日之变，擅窃大柄，诛杀异己，引用私人，使皇帝册封之王退而守府，欺王实轻皇帝也，罪当勿赦。徒以于王有父子之亲，姑从宽假，请速登舆至马山浦，乘兵轮赴天津，听朝廷处置。”昰应惧，四顾，吴、丁二军门皆起出帐，余亦掖昰应出，令登舆，于时军士两行，剑戟森列，长夫舁舆俟，昰应以非己舆，不肯入，余纳而进之，健卒百人蜂拥而去，丁军门策马以从。吴军门即驰行入城。嘱张、何二营官戒严，且探警信。无何，红灯数十对集营外，询之，皆迓昰应者也，复收而系之。夜半探者回，道城内无警，遂作书致允中、宁夏述事状，并定应举行者六事，请密呈国王。是夜宿黄营，雨声达旦未止。

十四日晨雨，七点钟，至吴军门营内，略商以后事宜，随辞入城，黄军门拨军士六十名为卫。抵馆，而宁夏已至，密陈国王感谢之意，惟是应系属生父，终乞余善为保护焉。与议翦除乱党事，宁夏谓乱党数千人，悉隶兵籍，多在城东枉寻、利泰二里，聚族以居，其为乱首，无从廉得，而蟠据二里，迹同啸聚，朝鲜将校无敢深入其巢者。亭午，国王派定全权大官李裕元、副官金宏集，将赴仁川与花房议事，先遣户曹尚书金炳国，持初七日日使进呈七款来馆请辞。兹先照录日朝议定条约八款。日本历七月二十三日，朝鲜历六月初九日之变，朝鲜凶徒侵袭日本公使馆，职事人员，致多罹难，朝鲜国所聘日本陆军教师，亦被惨害。日本国为重和好，妥当议办，即约朝鲜国实行下开六款，及别订续约二款，以表惩前善后之意。于是两国全权大臣，记名盖印，以昭信凭。第一，自今期二十日，朝鲜国捕获凶徒，严究渠魁，从事惩办事。日本国派员眼同究治。若期内未能捕获，应由日本国办理。第二，日本官胥遭害者，由朝鲜国优礼瘗葬，以厚其终事。第三，朝鲜国拨支五万圆，给与日本官胥遭害者遗族并负伤者，以加体恤事。第四，因凶徒暴举，日本国所受损害，及护卫公使水陆兵费内五十万圆，由朝鲜国填补事，每年支十万圆，待五个年清完。第五，日本公使馆置兵员若干备警事，设置修缮兵营，朝鲜国任之，若朝鲜国兵民守律，一年之后，日本公使视做不要警备，不妨撤去。第六，朝鲜国特派大官，修国书以谢日本国事。大日本国明治十五年八月三十日，大朝鲜国开国四百九十一年七月，日本国办理公使花房义质，朝鲜国全权大官李裕元，朝鲜国全权副官金宏集。照录日朝议定续约二款，朝鲜国与日本国嗣后为益表亲好、便贸易，兹订定续约二款如左：第一，元山、釜山、仁川各港间行里程，今后扩为四方，各五十里，朝鲜里法，期二年后自条约批准之日起算，周岁为一年，更为各百里，自今期一年后，以杨花镇为开市场事。第二，任听日本国公使领事及其随员眷从游历朝鲜内地各处事，指定游历地方，由礼曹给照地方官勘照护送。右两国全权大臣各据谕旨立约盖印，更请批准。待两个月内，日本明治十五年九月，朝鲜开国四百九十一年八月，于日本东京交换。余于折后举可许、不可许与可变通办理者，分别批答。忠笔谈曰："日使所开八条，其间有即可许者，有决不可许者，有须变通者，试为分别言之：第一条，当许，惟以不限时日为妙。乱党不独伤及日人，亦且戕害贵国王妃大臣，若不严行查办，将国法之谓何？第二条，可许。第三条，可许，优恤金五万圆，分给十三人家属，尚不为滥。第四条，当力与争辩，若必不得已，可列入第三条优恤款内，于五万圆外，增添若干。因以前次舟内与竹添进一郎笔谈示之。第五条，旷地闲行，无碍其事，惟贵国民心不靖，宜限以数年后再为举行。至咸兴、大邱开市，则为陆地通商，决不可为日人开端。杨花津虽属汉江埠头，惟以逼近王京，若许以通商，不识有无流弊？第六条，公使领事游历内地，原属至法，惟大乱初定，以后公使等欲往内地游历，必先知会地方官方可。第七条，京内长置大队，万不可许。至该公使为保身之计，随带若干兵弁，在馆内驻扎，尚无不可，惟不宜列入款内。至遣使至日廷慰问，似亦无所不可，惟宜与花房言明，日廷亦当有国书，由彼赍呈国王，以慰恤王妃相臣之难。如是则彼此相慰，乃于国体无碍。盖朝鲜既无驻日使臣，特地派人慰问，亦不为过。此数条若能办到，尚属于情理无悖。惟措辞之间，宜以直捷了当为妙，可许者则立地许之，不可许者则坚执不许。隐示以既有可恃、不足深畏之意，彼外屈于公义，内怯于我国，谅可不至始终决裂也。”令回呈国王，先决可否，然后交二使仿行。金曰：“日间所教，间有未明，恤银五万圆，而添以兵备之费宜若干？”忠曰：“日本兵舰原有常费，陆兵亦有定饷，调集来此，不过稍加运费，若与恤银统算在内，不过十万圆足矣。若贵国国帑可支，则宜一齐交付，以免日后生息之累；若无力齐付，则可摊作几年，仆想花房亦不至以全付相强也。”金曰：“杨花津开埠可许乎？”忠曰：“若无大弊，何妨许之。仁川已开口岸，杨花津亦不过销仁川出入之货，其实非于仁川外另开一口。况杨花津亦属水路通商，与已开口岸尚属一例，非若大邱、咸兴等地，复滋陆路通商之流弊也。惟议事之时，先可一概不许，必不得已，则可许杨花津通市，而不给兵备之费。挹彼注兹，未始非计。”旋以舟中与竹添进一笔谈示之。三点钟，上将军李载冕来，询昰应不归事，曲谕遣之。昨昰应孑身就道，至是国王遣送行装仆从登舟。其犹子载元亦从往省视，乞致书丁军门，为之先容，因泐数行付之。发上傅相、振帅禀函各二件，禀傅相云：“忠于十二日归自仁川，丁提督亦于是日率舟师百人偕筱帅大军驰至，筱帅军城外。丁提督入居南别宫，与忠互相计议，以我军分布各处，均有朝鲜官员接待，时与笔谈，人既益多，语难尽慎，稍延时日，惧有漏泄。且日兵已尽出城，使于此时举事，可无虑其搀越，事机所在，断难迟疑。因拟翌午邀同筱帅往拜昰应，俟其出城报谒，即就军中拘送登舟。一面出示宣布中朝德意，令军民毋容惊扰，即彼时乱党稍有蠢动，而首领既去，胁从易解，似不至或有巨变。议定，即夤夜出城，将此意商之筱帅，筱帅之意谓宜先修外交，后除内乱。忠当谓：‘朝廷为朝鲜主持外交者，所以扶持国王也，今者昰应专权，国王守府，设于此与日人定议，微论其议难定，就令能定，是助昰应，非助国王也，其失体殊甚。今日之事，宜先除内乱为是。’筱帅闻此，乃始毅然允行。于是，次日午后，忠与丁提督皆先集城外。无何，昰应来营，爰诱与笔谈，延至日暮，先令收其护从，然后勒令就道。计王京至南阳海口，相距百五十里，途中惧有疏虞，丁提督因自率小队护送登舟。忠以访闻王京城东，有居民数千均系乱党，拟留南别宫，就近查拿渠魁，冀渐解散，筱师仍驻城外，以资镇压。顾惟昰应倡乱窃权，罪诚不赦，然究于国王有父子之亲，设竟惩之以法，则国王将无以自处，脱令仍居国中，则乱萌又或再起。莫若仍照宪台始议，将昰应羁留中国，令其富贵以终，则庶几恩义两全。已禀商振宪，乞奏请将昰应安置中国，第反正以后，其国王必益图振作，再造之局，微宪台谁与主持。况日人狡诈多端，要求无厌，忠以菲材从事，倘复罔所秉承，深惧贻羞陨越。伏望俯念时艰，出而视事，则朝鲜幸甚！大局幸甚！”禀振帅云：“自去月二十八日肃禀由丁提督寄呈后，次日，日使花房义质亦至，其轮舰先后来集者共有七艘，载兵千数百人。花房即拟进营汉城，建忠设法延宕，至初三日乃始入京，建忠即欲相继而去，而我军未至，随从无人，孑身孤往，微特乱党可虑，且亦恐为日人所轻。乃仍留舟中静候，并乘间续侦起乱情形，大率均与前禀吻合。初建忠欲诱昰应来舟，谓花房勒兵入京，蹂躏必甚，若太公来仁川与议，则其行可止。于是昰应乃于三十日派赵宁夏、金宏集驰至，附书称内乱未定，不得跬步离汉城，谨遣二人前来，丐建忠速为排解云云。宁夏等来舟相见，谓：‘初九日之变，仅而得免，刻下祸且未已，愿以性命相托。’遂共留花岛不去，凡笔谈之稍有关系者，均即扯去。初五日，移碇南阳海口，赵、金亦登舟以从。南阳在仁川西百二十里，以前与丁提督约我军来渡，改于其处登岸，庶免与日兵纠轕，故先期往待。初七日，筱帅及丁提督率师驶至，接读宪台函札各件，旋议进兵，以花房入京已久，不知办理何似，愿请先往，筱帅督大军继至，丁提督部署舟师，未克同行。筱帅因派右营管带吴总兵兆有与偕，甫至南阳，以军士多病，弗克前进，而昰应方寓书敦促，谓：‘日使列款七条，限期三日，欲建忠速往代筹。’筱帅闻之，复改派后营张副将光前率队趋至，建忠遂简枪队二百名，轻装疾走，于初十日行抵汉城，则花房已以其政府限满不答，责其慢事，先一日决裂而去。昰应闻建忠且至，先与其子训练大将军载冕迟于南别宫，深相结纳，建忠亦谬与周旋，谓中国兵来，专为牵制日人，别无他意。昰应乃亦释然不疑。伏念朝鲜时事，内患与外忧并亟，而外忧之生，既由于内患，斯内患之去，尤急于外忧。今日之计，莫若为朝鲜先除内患，使其国王得以自主，然后召日使告以前日之事，皆乱党所为，国王一无开罪，兹仰上国之力，事权反正，愿为和好如初。因以所请各条，与之从容商榷，如此则名义既正，事理亦顺。故于次日一面函商筱帅进兵，一面驰赴仁川，将此意告知花房，令勿错认题目，惟至仁川后，为花房反复开陈，虽决裂之意稍回，而要挟之心犹甚。拟请函商总署，请将朝鲜致乱与中国代为戡定缘由，布告日本政府，并泰西诸国之曾与朝鲜立约者，俾群晓然于前日之事，非出国王之意。彼虽过事诛求，其政府或将屈于公议，不至始终坚执，至此后办理能否应手，尚难预知，惟有勉竭驽骀，相机因应，既不敢激烈以伤友谊，亦不敢诡随以累藩封，以期仰副宪台委任之意于万一而已。”八点钟，鱼允中、金允植以国王钞录告示一纸来馆，为昰应辩诬，盖朝鲜素崇礼教，于伦理尤极讲求，故自六月初九日之后，昰应入踞宫中，国王至议奔庆尚道以避，而朝臣亦皆引镜顾影，惴惴焉若不终日，卒无人敢以一旅靖难者，故由势力不足，亦以骨肉之变，非臣子所敢言者。今者天讨特申，藩封再奠，都人士皆喜于心而不敢宣诸口，即宁夏诸人，密室笔谈，稍涉隐情，若犯大戾，必拉杂摧烧乃已。是晨，余于吴军门营中见缮此示，其间颇道昰应劣迹，即知于国王有碍，顾以已列余衔，未便力阻，致涉立异。迨示出，而国王果遣鱼、金二人来辩，盖非徒顾念私恩，亦将以掩饰耳目。余因书示二人曰：“太公罪状，昭若日月，不辩固无所加增，即辩亦断难末减。宏惟圣朝以孝治天下，议亲议贵，自有权衡，断不使为人子者有不能自处之境。君等亦以此意，归慰国王而已。”九点二刻，金宏集来议日事，语甚精密，宏集携之而去。朝鲜谈时务者以宏集为翘楚，李裕元则素党昰应以拒日人者，派为全权大官，亦欲以拒日人者和日人，使不得借口以拒外交云。

十五日晨，庆军会办营务处袁慰亭至，与密谈剿除乱党事，请归告吴军门。午后，慰亭返，云：“吴军门如约。”慰亭即欲指挥一切，余谓：“昰应虽已就逮，而其子载冕尚以训练大臣握兵柄，恐乱党一闻捕治，或更奉以为乱。宜先诱而系之，然后行事。”于是五点钟，驰书召载冕来南别宫议事，载冕鉴于其父，作书以母病辞，令其党李永肃赍复。余因谓永肃曰：“今之召载冕者，亦欲相与设法为太公宽免地耳，载冕如为其父则至，不然则止。”书片纸交永肃持去。十点钟，金允植至，余与慰亭促令入朝，请国王手书来，俾有把握。允植去，而载冕亦来，因别置一室，令军士露刃以守。二点钟，允植袖国王致吴军门与余公函至，略谓乱党所居多在枉寻、利泰二里，请速勒兵往讨云云。时庆字亲兵后营张副将光前驻军南别宫右，遂令率队出小东门，会同右营吴总兵兆有、正营何副将乘鳌，同赴枉寻里合围搜捕，而利泰里则由慰亭回营请吴军门另派别将掩执焉。部署既定，已三点钟矣，遂与友人兀坐帐中，秉烛以待。

十六日晨，张副将回，询知枉寻里在小东门外半里许，其地两面依山，中辟街衢，瓦屋鳞次。吴总戎勒兵分扼两头，张副将入巢搜捕。时天色渐明，该乱党见我军掩至，一半持械走登山麓，一半出街前抗拒。里中间有居民杂处，未敢轻用炮火，为昆冈炎之，仅以短兵格斗。张副将生获一百三十余人，何副将后至，亦获二十余人，余悉鼠窜以散。利泰里则吴军门自往掩执，以地近营址，已先期闻风远扬，仅获二十余人。是役共获百七十余人，悉送致军门营内。余念乱党已散，载冕当无能为，遂温言释之去。随促备马出城，晤吴军门，相与分别惩治。四点钟归馆。数日来国王皆早晚两次遣中使起居，是日闻余归，特遣都承旨尹用求持帖慰劳。

十七日晨，李成俊归自析津来谒，谓："长途车马间关，已一阅月矣。"宁夏、允中相继至，略谈别去。午后，得宏集书，知日、朝款成，即夕钤印，阅所定各条。金宏集来函云："仆十五晚抵仁川，夜见花房于船次，辩论七款，仍无成议，傍晨还花岛。十六晚，又与之穷日争诘，彼始终要挟，肆然不少让，仍促明午钤印，事到此地，厚负明教八款匡正。彼才携归舟中净写，并不及录呈，另有钞稿一纸，鉴烛是幸。第一，十五日改以二十日，另注曰：'日本派员眼同究治，若期未捕获，应由日本国办理。'我以此事大欠体面，屡回争诘，彼终肆不服。第二、第三，仍本文，许之。第四，公使馆所损物及兵费，始不言多少，至今晚忽以五十万圆、限五年清兑填书，故百般要减，而不如意，彼之狡黠不可理说，愤不可堪，'赔偿'二字，改以'填补'。第五，间行以五十里，二年后百里，杨花津市场竟不得已许之，咸兴、大邱则决意终不许之。第六，许之。第七，改以公使馆置兵员若干警备，数则当观势多少云，另注曰：'朝鲜兵民守律一年以后，更无可警，则不妨撤去。'第八，派使后，日本亦当以国书慰问云。"虽尚无大失着，而朝鲜贫瘠，花房勒书五十万圆，分年填补，未免重受其困。初宏集将之仁川，来馆请辞，余以此属日朝之事，我中国仅能隐与维持，不便显相干预，爰为逐条剖决以去。乃宏集等以内忧甫平，深惧外患复起，遂至受其逼迫，勉就条议，中心耿耿，抱咎靡已，亦可见日人遇事生风，以求逞欲，直行同无赖焉！五点钟，轻骑绕王宫相我军部勒形势，同人颇有以微行可虑为戒者。晚八点钟，高永喜以宏集命自仁川归见国王，王命之来谒，询知日廷续派井上毅为议官，此次款事，多其主持云。

十八日晨，无事。午后，金允植来馆笔谈。允植为人颇迂钝，每谈一事，辄不了了。晚七点钟，允中以王命持节略来问，手批答之。允中去，宁夏复来云："已奉派为大官，宏集为副官，李祖渊为从事官，请附舶至津门，谒傅相上宪言事，并诣京师进谢表。"无何，宏集亦至，谓甫自仁川归，与之笔谈，极道议款时威逼情状，闻之恨恨。忠笔谈曰："第一条，花房言明如何办理？"金曰："其另注，初以应自日本差役自处办为文，仆谓差役自处办亦碍我人眼目，不如办理含混，以是改之。"忠曰："彼可言明何法办理与惩办何人及惩办若干人乎？"金曰："此事未曾如此详问。"忠曰："兵备之费五十万圆也如何结算？执事可将竹添之书告之乎？"金曰："仆在大臣之后，不敢言，言自断五十万诚是料外，故先言我帑藏空虚，无可办之力。则彼亦曰固知其然，日后开矿尽可办此，若不趁期清兑，彼自行采矿，足此数后当还之，此甚无理。竹添所言，虽不露破，概将此举，不欲开衅，专为维持亚细亚大局起见。贵国用意可感，今以赔偿一事要挟，是以仁始而以利终也。因要减其数，则彼又将矿师及器械皆延请于渠，又日后设电线，渠国当任之，又咸与大邱事预约三件为请，而只减一十万之数。故答以如此要挟，不如不减，而仍复为五十万矣。又将俄国黑海之战及中国云南之案为言，则彼亦以为然，而此事非为利也，贵政府不能晓谕民人，以致此变，此次是罚款云。其言无礼至此，愤不可堪。"忠曰："日人觊觎贵国矿山久矣，今此执事等至中国，面见中堂，须祈为作主，以绝日本之望，以立富国之基。"金曰："日人言我国自有财而不能用，其觊觎可知，今此不允其请，诚为向已乞大人作主，延师开采，故开采伊始，自我偿其数，绰有裕矣。且敝国虽贫，每年节省，或可办十万圆耳，宁失每年十万，不听日人之任行开采也。"因订于二十日晨，由汉城启行。夜间，缮上傅相与振帅禀各二件，禀傅相云："自抵朝鲜汉城后，所筹日、高交涉事宜，与诱送李昰应情形，业经禀报在案。丁汝昌于十三日戌刻率水军数十名议送李昰应登程。是夜阴雨泥滓，沿途不准停息，军士等冒雨忍饥，约百七十里，于次午抵马山浦，将昰应送至登瀛洲兵舶安置。维时日本兵舶之泊仁川口者以次移碇来聚，因留海口，部勒舟师，期以壮声援而示牵制。忠于十四日一面请朝鲜国王由其政府将愿重修旧好之意函知花房，随派全权大官李裕元、副官金宏集驰赴仁川会议，一面查拿城东乱党。盖王京隶兵籍者约近万人，半在枉寻、利泰二里，聚族而居，世世为兵，慢官厉民，久成积习。初朝鲜国王九龄嗣位，昰应以太公摄政，十余年间，臣民交怨。嗣国王年长，王妃闵氏亦累世勋旧，其父兄欲辅国王，收回大柄。于是朝臣之同志者，举昰应频年恶迹，交章弹劾，遂致失政家居。无何，王妃父、兄皆死于火，国人均谓昰应所为，顾以其处不死之地，国王亦姑为隐忍，仍以王妃从兄置显要辅政。昰应乃以陈氏豆区之计，阴结枉寻、利泰二里诸军士以为羽翼。去年其次子载先与勋戚三五少年欲谋篡弑，未发事泄，瘐死狱中。用是积怨益深，流毒愈甚，遂有今年六月之事。现虽昰应就拘，而其长子载冕，新以训练大将握兵柄，恐乱党一闻查拿，或更奉以为乱。爰于十五日晚间，先将载冕诱拘南别宫，以水兵数十人守之，然后部署一切。是夜吴军门派庆军会办营务处袁中书世凯来馆，帮同料理。而金允植亦以国王致吴军门及忠书至，请速派兵至该二里剿除乱党，俾敧器复整，情辞之间，颇极迫切。爰令庆字亲兵后营张副将光前率领全队出小东门，会同庆字左营吴总兵兆有、庆字正营何副将乘鳌往捕枉寻里乱党。其地两面依山，中辟街衢，瓦屋鳞次，吴总戎勒兵分扼两头，张副将入巢搜捕。时天色渐明，该乱党等见我军掩至，一半持械走登山麓，一半出街前抗拒。里中间有居民杂处，未敢轻用炮火，短兵巷战两时许，张副将生获一百三十余人，张副将后至，亦获二十余人，余悉鼠窜以散。我军带伤者二人，当攒捕之时，乱党之势穷力蹙，度将就获者，每以刃自割其腹，肠胃毕露，其憨不畏死，于此可见。利泰里则吴军门自往掩执，以地近营址，已先期闻风远扬，仅获二十余人。是役所获者共一百七十余人，忠当至吴军门营内会讯，戮其首领及罪状较重者十人，其余情有可原者，概予释放。盖以六月初九日之变，其中不无胁从，设所获者不为分别轻重，尽置诸法，则此辈知罪皆不赦，必聚而为走险之谋，惟第戮其首领，则凡胁从者咸知为法所不诛，将安然解散以去，而潢池之祸可以不兴，亦潜消反侧之意也。虽乱党数千，仅戮此十人，犹恐未足以示敬，而天威震詟，群凶奔窜，巢穴既覆，啸聚无方，此后散处四方，不难随时续捕。而载冕不安于位，亦即于是日请释兵柄。方办理间，接奉振宪来函，与抄示总署函稿，所筹先后机宜，与现在办理情形，节节吻合。犹忆汝昌等甫至朝鲜，亦即以生致昰应于先着，故方汝昌回津时，忠即借调停日本之说，与昰应深相结纳，冀使弗疑。迨陆军既至，忠先率小队二百名，直趣王京，昰应请住城内南别宫，其时颇有劝令勿入者，忠以向日住此，兹忽迟留城外，彼必因疑生惧，预为防备，则办理即难得手。遂毅然入居，复与谬为亲近，彼果深相倾信，终以就逮，而后乃得查拿乱党，不特朝鲜之宗社危而复安，亦且日本之奸谋隐而难肆。此皆仰赖皇上声灵，中堂威望，与夫振宪之当机立断，乃克收此寸效。在事诸员，不无著有微劳，除陆军应由吴军门开单请奖外，其水师于汝昌前乘威远回津请师后，仁川口内，仅超勇、扬威二快船，而日本兵舶乃有七艘，该管驾等皆能相机酬答，示以镇静，使之不敢轻肆。至登陆后，护送昰应，使元恶不至遁逃；拘守载冕，俾乱党无从推戴。其后日舰移碇，南阳各舶又能隐示牵制，俾日兵不敢轻动。而忠乃得与吴军门捕治乱党，使日人始终未得搀越。陆军为其显，水师为其隐，其劳亦足相当，其可否择尤酌保，以示鼓励之处，已禀请振宪批示遵行矣。”

十九日晨，闻吴军门移军东门，策马往视，因告行焉。九点钟，回馆，检点巾箧。允中以王命袖示谢表暨咨总署与北洋大臣文稿。午后，国王世子并遣中使馈礼各四事，固辞不获，乃受之。于是朝鲜官来馆送行者，屦满户外。

二十日晨，国王遣承旨赍帖送行，订继见期，且谓：“赵、金二使至津门，务乞傅相上宪进诸前席，亲赐教诲。”嘱余为之先容焉。旋接津来函札。十点钟，偕赵、金诸君自南别宫启行。一点钟，次果川，国王复遣中使起居。七点钟次水原，以日中热甚，乘夜复行五十里，至南阳行馆，时漏箭已四下矣。

二十一日晨，南阳行馆作二书，致吴军门与花房公使。寻发马山浦。午后抵埠，潮落待渡。复接津来函件，乃昨由镇海轮船赍至者，内有张振帅手札，录译署公函，谓此役也，如能生致李昰应，则采骊得珠矣。又录傅相与我驻倭星使黎君莼斋两电，亦皆以此役要领，在制服昰应，则他皆迎刃而解云。计此时昰应当已抵津门矣。四点钟，乘半潮刺小艇渡至镇海，命驶出口外，薄威远以登。丁军门饬管驾官迟明起碇，并安置朝鲜各官舱位。

二十二日晨，五点二刻，起碇，海天澄净，如行镜中。入夜风自舵旁来，舟甚倾侧。

二十三日午前九点钟，驶抵之罘，知傅相已于昨日十点钟，乘保大鼓轮北上矣。遂登岸，拜方佑民观察，并晤仲兄相伯。四点钟，登船举碇回津，恭录八月十二、十六谕旨两道：“光绪八年八月十二日，内阁奉上谕：朝鲜为我国大清属国，世守藩封，素称恭谨，朝廷视同内服，休戚相关。前据张树声奏：‘朝鲜国乱军生变，突于六月间围逼王宫，王妃被难，大臣被戕，日本使馆亦被横害。’当谕令张树声调派水陆各军，前往援剿，又以李鸿章假期届满，召赴天津，会同查办。旋经提督吴长庆、丁汝昌，道员马建忠等，率师东渡，进抵该国都城，拿获乱党一百数十人，殄厥渠魁，赦其胁从，旬日之间，祸乱悉平，人心大定。采访该国舆论，咸称衅起兵丁索饷，而激之使变者，皆出自李昰应主谋。经吴长庆等将其解送天津，降旨交李鸿章、张树声究明情由具奏。李昰应当国王冲年，专权虐民，恶迹昭著，迨致政后，日深怨望。上年即有伊子李载先谋逆情事。此次乱军初起，先赴伊家申诉，既不能正言禁止，乃于事后擅揽庶务，威福自由，独置乱党于不问。乃李鸿章等遵旨诘讯，犹复多方掩饰，不肯吐实，其为党恶首祸，实属百喙难逃。论其积威震主、谋危宗社之罪，本应执法严惩，惟念朝鲜国王于李昰应该属尊亲，若竟置之重典，转令该国王无以自处，是用特沛恩施，姑从宽减。李昰应著免其治罪，安置直隶保定府地方，永不准回国，仍着直隶总督优给廪饩，严其防闲，以弭该国祸乱之端，即以维该国王伦纪之变。吴长庆所部官军，仍著暂留朝鲜弹压，该国善后事宜，并着李鸿章等悉心商查，用副朝廷酌法准情绥靖藩服至意。钦此。”光绪八年八月十六日，内阁奉上谕：“礼部奏：‘接据朝鲜国王来咨转奏各一折，并抄录原咨呈览。该国此次乱军之变，经朝廷发兵戡定，深知感激。’殊堪嘉尚！至所称中情震迫，沥恳天恩，准令李昰应归国一节，李昰应以宗属至亲积威震主，谋危宗社，罪无可逭。朝廷酌法准情，姑从宽减。前已明降谕旨，择地安置，优给廪饩，原属格外施恩。该国王顾念天伦，系怀定省，以李昰应年老多疾，咨由礼部代奏乞恩，词意迫切，自属人子至情。惟李昰应获罪于该国宗社者甚大，该国王既承先统，应以宗社为重，不能复顾一己之私，所请将李昰应释回之处，著毋庸议。仍准事岁时派员省问，以慰该国王思慕之情。嗣后不得再行渎请，该部知道。钦此。”谨案，嗣于光绪十一年八月间，释昰应还国。

法国海军职要
（1879）

海军治要

海军之设，所以防海疆、护行商、绥藩服也。而所以行之者三：一、治权宜一，一则号令齐，无失其次；二、治职宜分，分则庶务厘，无相夺伦；三、考察有常，常则理乱明，无敢丛脞。三者得而治要备矣。

海军官职

一、海军督领可辖一军，兼统数舰，独当一面者曰统帅，副帅次之，偏帅又次之。三帅之官阶不一，而辖舰之数因之有差焉。

海军管驾，可为一舰之领者曰总领，副领次之，协领次之，参领又次之。四领之官阶不一，而领舰之大小有差焉。

海军官员，以佐各舰之领者曰正佐，副佐次之，参佐更次之。三佐之官阶不一，各以其服官之年限为差。有新进而次于各佐之下者曰少从。

一、考工官职，最上曰考工使，视偏帅之职以纠各口之工程。其属曰总考工，副考工次之，贰考工又次之，差当管驾之职，可任厂局之总理。总理之属曰正司工、副司工、贰司工、三司工，当佐领之职，可任一厂之事。有新进者曰考工生。

一、支应官职，最上曰度支使，视偏帅之职以稽各口之度支。其属曰总支司，正支司副之，正计司次之，副计司又次之，职当管领，或理一局之事务，或随海军督领以司各军之支应焉。其下则有司计、副计、贰计，职当佐领。下有支应生，分派各舰以司支应焉。

一、医师官职，最上曰太医监，视偏帅之职以监各口之医事。其属曰总医师、副医师、贰医师，差当管驾之职，或总理医院之事，或随海师督领以总各军之医事。其下则有医丞、佐医丞、贰医丞，差当佐领之职，分派各舰以司医事焉。复有医学生以附之。

一、司轮官职，曰总司轮、副司轮、贰司轮，差当佐领之职，以司各舰之轮机焉。大舰则三司各备，小舰不一其官。

海部治要

领海部者，概以海军之帅任之，名曰总宰，职掌机要，综决凡务。凡事大而不能遽决者，则询议事处以议可否；事远而不能亲悉者，则访稽察使以知得失。日行公事则由各司呈稿以裁行止，凡事皆下各海疆使、各藩镇与船总领使遵行之。

海部分六司以职庶事：一曰总汇司，二曰典选司，三曰广储司，四曰治理司，五曰理藩司，六曰审计司。各司视司事之繁简，区分数处。凡司立正监事、副监事各一，凡处有正典事一、副典事一、司务数人。司务区分四等：凡入海部供事者必充额外司务二年，而后选入第四等司务，凡司务不论等第，供职二年可推副典事，其由副典事以次递升，至正监事，必于各职供职二年方得推升。至推升正监事，则由总宰开单进呈国主以补之。而进升他职之权，操自总宰。惟正监事视所司之大小，间有以总领、偏帅处之者；各处正典事，间有以总领、副领处之者。

一、总汇司，司分二处。一曰机要处，凡机密公文进呈章奏详覆上议院之节略及密行稽察使之训条胥掌焉。特置记室一员，职如正监事，掌属草总宰所有往来密函，均由主稿。凡属员有面谒总宰之事而不得见者，可由之转达焉。二曰舰务处，治以三案。其一掌战舰之行止、员卒之分调、藩服之军政与札行各舰首领之训条。遇有海军员弁由总宰遣往他国探访事实者，亦属焉。其二掌各国海疆之图志与改正旧图之错误，以及印发海军员弁之日记。而各舰各学应制测量格化之仪器与夫海疆各口所设之水电线均属焉。海军衙门与各部往来文件亦归掌理。其三专理防卫海口水雷水寨之事，故凡试习新式之水雷与夫操练水雷之员弁、教习新选之生徒，并制造水雷之厂局，均属焉。均不时遣人稽查得失。

二、典选司，司分四处。一曰司列处，专理海军议事与营造。议事处所定稿件、各国疆使之更调、海军员弁与司轮之阶次，至海军各学考取之生徒、各生日用之资与初置戎装之费并理焉。二曰杂职处，有治考工之事者，则习考功体用之学属焉；有治测量海图之事者，则测量之员弁、测量之考官职司、海图之员役悉隶焉；有治支应事者，则凡支应处各司员均隶焉。下至海疆各库各工之司事者、供奔走者、医事之执役者、教练兵役者、守海口之电线者与凡海军执役阶次不崇者，皆隶于此。三曰舟卒处，治分二案。其一知海疆所屯之卒数与各舰分拨之定额，海军所习各种学堂，如学操舢板者、学升旗学运舵者、学武艺者、学击剑者、学击枪者，又习水雷者、习杂工者、习管轮者、习火夫者、习领港者，又稚卒幼卒之小学每年征调入伍之卒数与役满归田之散役俱掌焉。其二掌海师所设水陆审院之官员、海疆之狱吏、充发之莠卒，又扣罚之口粮及议轻议宥之案件，而犯法兵卒应解地方审院者亦制焉。四曰杂卒处，分二案。其一理海疆巡卒、炮卒之制，而各口所设铸炮之厂、习演枪炮之学，又藩镇之炮卒及各枪炮厂丁皆制焉。其派往稽查海卒之训条，亦由此颁发。其二专理海师所隶骠卒之制，而各口救火之丁役亦属焉。

三、广储司，司分三处。一曰营缮处，分二案。其一理造船之事，凡新船之图式、价目、机器与炮位之数，皆由该处进呈总宰批定，则监制之事亦属焉。至与营造议事处往来公札，均由此会同军火处签发。他如新舰应置物件之价目与各厂坞所用之器械、各厂坞应用久暂之工作，悉取裁焉。至遣派监工所有稽察厂坞之节略，亦由此处属草。而各色制造工役之口粮、所赏优恤之款以及年终逆计来岁各工人应领之口粮皆理焉。其二理各海口挑浚堤岸之工以及所属海军各局所，各学厂之房屋、道途、路灯等事。凡有兴造，必进工作清单于总宰，批定则督理之。至海军田园房屋之契据，亦由此收存。再所属各色工匠之薪粮与招来承揽作工之事亦治焉。其有派往各口稽察工程之训条与岁终逆计来岁工程之数目胥掌焉。二曰军火处，凡攸关制炮、试炮以及炮厂各色兴作工程，皆由此处进单于总宰。凡海疆炮垒之炮与藩服应置之炮，皆由该处核定颁发。他如军火学院以及制造各色弹药、枪械与官厂各作之薪工皆理焉，并授节略于稽察军火者。三曰杂料处，凡各色材料无关于营缮、军火二处而为兵船所应用者，皆由此处购办储存。其搬运各色材料之杂费与清单送核，至一年应用之数与价值，俱逆计焉。

四、治理司，司分四处。一曰海籍处，专理海籍之丁，以时征入海军，掌海疆巡丁以肃商船之政；又商舶审院、商船籍户、领港长年、商船管驾、救生犒赏，以及水手之子安置入学、津贴各事皆治焉。二曰渔政处，专理海滨渔户，稽其版籍，察其以时渔于卤水以定其限，取蜃蛤者亦以时治其渔舍。凡以时麇至之鱼则会渔户以渔之。总之海滨以鱼为业者皆属焉。三曰衣粮处，凡海师各军所领口粮、所置军服与旗帜帆帐之类，皆先储之，汇其总而收其要。且稽各军所用如法与否。各员卒所扣赡家银两，必按其数，其有应领来往川资以及远方遣回之费，皆总于该处。各长卒应得优俸与逆计明岁该处应支用款皆属焉。四曰廪病处，凡医院应储之药料食用以及管理医院与在院兵卒休养之费用，悉治之。又各口兵卒应领日用之粮与存储食用之库与司其库之工役悉隶焉。

五、理藩司，司分四处。一口理事处，凡藩服之政治、户口、钱粮、关税、钱法、借贷、邮电、驿政、道涂以及城乡之绅会、各镇之巡丁、新报之权利、客籍之迁居，悉掌焉。二曰工兵处，分二案。其一理藩服之学校与其所属之教以及各处所兴之工作、百工之兴废、矿产之盈虚、林木之栽伐，皆分治焉；其二理藩服所属海军之炮军、巡军、骑军，以及充发之莠卒与士人之编入卒伍者，而各藩之炮垒、海口、兵房胥掌焉。三曰审罚处，分二案。其一凡藩属之典制与入籍之民案、财产之条例、刑律之轻重与夫审院之官员人役悉属焉，其二专理发配各藩之徒犯以及限满遣回与赡其衣食、授其工役之事。四曰度支处，凡藩服之支款、库房协解各饷并各色非时动用之款当偿于本国者，以及遣往各藩员役之川资与优恤之银两，并各藩专理支应之员役，又凡藩属之医院费用以及勷助执事人役，又各藩购办物件皆总焉。

六曰审计司，分五房。一清偿房，凡拨解各处应偿之款汇入海部现偿之数，皆核其数以签发之。其与各商、各厂承办器械、食用等物，则立簿以稽出入，以海部之司库、司计稽核之。凡有控告俸粮价值未曾清偿者，则覆核之。其有他部解来之款，则检收之。二曰巡舰支用房，各舰远巡他国应置动用物件与员卒口粮，其款由各银行总汇于海部以偿焉。又各口领事支用款项为巡舰之用者，有如病卒在病院调养及遣回之费，皆由该处付清。其与各口领事交涉各款，特立底簿，以便核对焉。凡海部偿付各舰远巡之汇票，由该房细核之。三曰总核房，凡海军不时动用之款当与户部商议者，则由该房开呈节略。其每岁下议院所定海军用项，则由该房分给。各顷［项］动支款下总稽出纳各款清簿立正副二册以稽之。其与他国攸关海军往来帐目，亦核之。至于户部与会计院之文件清折，皆由该房颁发。凡攸关帐目之规例有应增改者，则由该房呈核。四曰稽材房，凡海军出纳之材料、各厂动用之物件，皆汇于该房而总核之。其与各厂来往物料之清单以及转咨会计院之细草与夫司材之工役，皆归该房理之。五曰册籍档案房，凡海军应置之书籍以及分给各口、各舰之新报与海部刷印之文件、历年档案，又凡海军各员应得阶级之照，皆由该房总汇，以稽其实而发焉。

六司之外，有专司海部之书籍、图志者，则曰书籍房；有专司海部开销之用款与本部应置之物件、各房之动用以及支发海部勤执员役之薪俸者，则曰内库房；有专发各房核准各处海军之汇票者，则曰外库房。

附于海部者，有赡恤库，其款项不由下议院自赋税拨入，专由海军扣除薪粮、杂项积久成数，凡年老退归暨死事者之亲属，生则赡之，死则恤之。盖所以鼓励海军将士之心，而使无后虑以尽心于乃事者，无不至也。

赡恤库入款十五：一、凡海军及藩服支用物件与薪俸口粮，扣百之三；二、凡海滨渔户月扣俸工百之三，商船管驾月扣二佛郎，大副、二副一佛郎，水手一佛郎又四之三，初充者或半佛郎、或一佛郎四之一有差；三、凡舟卒及各厂工役逃亡者，其应领未领之口粮全数入库，商船逃亡者入其半，又被掳各舰水手逃散无下落者，或凡水手冒顶名姓者，其应领薪粮全数入库；四、凡海军卒役及商船水手殁后所应领口粮加粮及所遗行囊，逾期无尸亲来领者，全行入库；五，凡海上漂没船物，年内无主来领者，变价入库；六、凡战时所掳敌船暨货物等，及所掠局外国犯战禁之船只、货物等，由海军衙门审定，俱变价入百之三；七、凡商船装卸货单遇有余货，全数入库；八、凡所抄禁货，全数入库；九、凡所获船物无可摊分者，亦全入库；十、凡本库各款置股分票、国债票及各种生息银两，俱应加入正款；十一、凡属藩服口岸抄没之禁货，俱应入库；十二、凡沿海沉覆船物捞起无主可归者，全行入库；十三、凡商民交银两于国库划寄某海口、某藩属转兑者，则扣百之一入库；十四、凡调入本衙门暨遣往各藩属不复在船上执事之员，扣入俸薪百之五，又凡新加俸食第一月全数入库；十五、凡告假官员应领俸银，亦照扣百之三入库。

赡恤库支款六：一、凡舟卒、水手、匠役人等服役二十五年告退者，应支赡养银两，不得过退老时应领口粮五分之二，身有重伤者与年过六旬者，俱应赡养，每月佛郎六、九枚有差，殁后以恤其妇之未醮者，并抚其孤至廿一岁成丁而止；二、凡在海军供职人员，二十五年限满归田，例支恤银，惟请支恤银必由本衙门咨行枢密处究其苛滥，而后呈之国主，批发该库书于国债簿上，按时照数给支；三、凡服役未满年限而因公身亡者，应赡其孀妇、亲丁，岁支无过二百佛郎；四、凡已故卒役之孀妇、亲丁，其无依者发善院以抚养之；五、凡本库员役薪工应在库款支给；六、凡沿海捞获船物已经变价归本库收存，而物主自投确有证据者，应核价支偿。

赡恤库领丁正监事分四处，每处领于典事：一曰总计处，综理本库出入，岁终呈单以凭核定，并治各海口分库勷执人役；二曰总稽处，核定海疆远藩应领赡恤款项之数，定其册籍，与凡役未满而应得赡恤者亦隶焉；三曰失物变价处，凡海滨捞取船物变价归库者，则该处核存，员卒巡洋逃亡而所遗物件无主可归者亦属焉；四曰总发处，凡由各处签押汇票以领赡恤银两者，则该处核发，兼以要每月各口分库出纳之项，年终则进呈本库应用之清单。

稽察各职

稽察总司设于海部而分于海疆，无事则以时稽察，有事则非时稽察。凡海军款项之出入，责在总宰，总宰之耳目不能周知，因设稽察司，得以随时直指各厂器物之省费、盖藏之疏密、出入之虚实、治理之得失，与夫购置各物之良窳、开报价值之虚浮等弊，并于各海疆使设稽察使以纠察之，庶海军无橐蚀之虞，国帑收撙节之效。稽察总司以一总稽使任之，凡海军各司所属稿案攸关各色俸额以及购置器械各种要剂，进于总宰之先，当呈总稽使核定。凡各种报销以及各项应支应用之款，亦当核正至各司，事出非常而格于成例之案，则由总稽使鉴定而后呈于总宰。赡恤库出入款项与审计司一切账目，则以时稽核。又各海疆总稽使属员所有文件，则详阅以进。其各海疆总稽使属员之进退，则以时考其勤惰而进退焉。稽察司共分七曹，视所稽之事而异其名：

一、曰稽察海军军火者，其职以炮军之分帅任之。按时周巡各海疆、各远藩之军火，稽察三事：一以究各种炮药之库盖藏合法否，二以定演试各炮之规制，三各种器械有关于炮之用者如炮车等件应察其坚利与否。

二、稽察制舰各事者，其职以考工使任之。凡各口制舰之厂，按时巡其工作如法与否。凡各口厂局制造物件当有定式，不可歧异。至新出之法便用节省者，当告于总宰。监工升迁亦加考语。其各舰之图式，亦当究其得失。凡按巡各厂有无违法，违法者即达知总宰。岁终将按巡各属开具节略，以进总宰。

三、稽察各口工程者，以考工使任之。以时周巡海疆津口船坞各色厂屋，有不如法者则达知总宰。

四、稽察各口并远藩骠军之制，以骠军之分帅任之，以二偏师［帅］佐之。每年周巡各口屯扎骠军之所，其军制之得失，以时达知总宰，并无节制该军之权。凡骠军之纪律皆可与之商酌，转达总宰。每年巡阅之后，将所阅情形开具节略，以呈总宰。

五、稽察各口医院之事者，以太医监任之。凡海部与各口海疆使议及养生之事者，则询之，按时周巡各海疆使之医院，监禁兵房、厂局有无害于养生之道者。平时与所属医师详论医理医学以及各国新得之方。岁终将所巡情形开具节略，达知总宰。

六、稽察海疆之外有关海师制造之事者，以一考工使任之，以一总监工副之，并有匠首隶之。分巡山林，相树木之堪作战舰者先志之，俟成材后取之。并监察各舰制舰之铁料，如铁板、铁甲、铁梁、铁槽之良窳，以备临时取用，不致偾事。

七、稽察煤斤之事，以二总领任之，以监工副之，并有司轮数员隶之。凡机厂战舰所购各色煤斤，皆由海部与各处煤矿岁购定数，则总领核其价，复遣司轮者往各矿验收，然后分运各口机长，复遣监工至煤矿稽察其采取如法与否。二总领岁巡各口，以廉知用煤之省费焉。

会议各事

凡海军总宰遇大事则询诸会议，以决可否。总会议有二，议事处有六，各分所议之事。议事之员皆海军各员在职者充当，有事则总宰传知集议，所议之事仍由总宰自定。会议之人惟条陈其可否，不得与分其责任。

一、海军会议。议员八人，海军督领五人，海军炮军偏帅一人，考工使一人，度支使一人，副以海军总领二人以补议者之缺。后置总支使一人以记所议之事。凡充当议员，三年一换，总领则二年一换。议事之时，总宰监之，议员各抒所见，然后各书可否，可过半者取决焉。凡海军大小庶事、海疆远藩之制度与各色员弁之升迁调遣胥议焉。

二、工程会议。海军创办工程，制造军火器械，所费甚巨，故另立一会，凡有关制舰火炮海口工程与凡欲讲求新法悬赏格以示鼓舞者，则由会议刊定节略，榜示各国。其有各厂所呈船图条陈与种种工程所估之价，皆由会议陈其可否。与议者，海军督帅三人，长者为之监，炮军督领二人，制舰考工使一人，工程考工使一人，总考工一人，海军总领二人，副考工二人。置考工使以记所议之事。若有议及铸炮、试炮之事，则另请陆军督领一人。在议之时，亦以三、二年为限，以与总会议同。

议事处有六：一议海军各军衣帜枪械者，一议防堵海口水雷各事者，一议海军各员所进各色工程之条陈者，一议各军购置书籍以及测量格致之器血［皿］并旁及各军监禁之事者，一议各种采办合同之价式者，一议各海口之引灯者。与议数员，或六人或八人不等，要皆以海军督领、炮军督领、考工使、度支使为之监。

海图库附于本署，以海师督领领之，专以究明宇内海图之错误者。事分二所：一、海图所，专掌刊藏海图之事，凡海图必以序置，各船所需海图悉由该所核发，记其数，定其位，又凡各口风雨之期、潮夕［汐］之信与凡各舰所有旗帜、电灯之记，皆由该处考究刊发；二、理事所，凡本库所有采办之事、出入款项以及各舰请领图器，皆由该所核对而专理焉。

海疆使各职

国立海军总治于海军部，分任于海疆使。

海疆之绵亘不同，险要不同，其分任亦异。故各国海疆度其长短区画数镇，镇设一使，皆以海军副帅任之。

海疆使之职，各掌其属海军之教令、战舰之训练以及机厂、船坞、炮垒之兴废，无事则专统海军，有事则兼统陆师以一号令。小事独断，大事则秉命于海部。岁终各以其属之考成登之于部，而属官升降调遣之令发自海部下疆。海疆使凡兴工役，均财用，颁器械，有非法者则专责之，而商舶之政、时渔之度、官吏之治皆制焉。

海疆使之佐有八：曰总军司，曰总舰司，曰总支司，曰制舰总理，曰海口总理，曰军火总理，曰水工总理，曰医事总理。

总军司概以海军偏帅充之，其职各掌其属之员弁，上自总领，下至学生。凡海军之派于舰上者、屯于口内者，日纠其事，月考其成。凡战舰巡洋，必派员于出入口，时稽核舰上器械，则总军司监之。各舰日记之簿、出纳之册，统会于总军司以勘对其式。凡海军各员巡洋先后之序，由总军司上其班于海疆使而分派之。凡所属炮垒之虚实、军械之利钝、口门之险易、囹圄之严固，均掌焉。海疆使他往则摄行焉。

总舰司以海军总领充之，其职掌屯于口内各船之事以周知汽舰、帆舰之工程，凡海部或海疆使之令下于各舰之领者，必下其贰于总舰司使，察其奉行之实以告之。凡各舰之领有达于海疆使者，必经总舰司详阅其可否，揭之于旁以进之。凡战舰入口，则逆其巡洋之时，有背法者则上之，并勘察其船身机器之强弱以纪之。凡机器新者试之，损者验之，以定其用舍。凡储煤者核其总、次其品，出者校其数、记其用。海部若派员勾稽其职掌之事，悉听命焉。

总支司之职，各掌其属员之优劣、府藏之出纳、器械之良窳，并委派属员所职之事。其应调舰上以充司计者，则进名单于海疆使。惟饷曹、副曹之职，则海部简补之。凡购置材物，必核准而签其要剂焉。价不及二百洋圆者，可专主之；价逾前数者，必招示各商，使封记价单，择其尤廉者以达海部而俟批准焉。凡海疆使辖下之海军、陆军、炮军、巡军所用器械、衣帜，必按时勾稽。凡海滨所捞船物以及海上所获船只，则查其实达审院以判之。

总支司分掌之事有八，各派员属以职之：曰比勘之事，曰名粮之事，曰采办之事，曰屯粮之事，曰医禁之事，曰制造之事，曰府藏之事，曰版籍之事。

比勘之事，以会计司理之，其职司支口内海军员弁之月俸并稽额兵之多寡，以比勘支发粮饷之数。凡水师员弁奉札他往者，必示会计司，俾给路票川资等费。有离口以后月俸不再由该司给发者，则要其已给之数移知该员弁所往之地，以便查核。各员委职之事，必通知会计司以核其应领之俸。各员供职之时，会计司必录之以差分其恤银之多寡焉。

名粮之事，以会计司理之，其职司发支舰上每兵之口粮、号衣，以时勾稽。每兵于舰上所役之事，由本舰录于记事簿，以时会寄该司使，廉其勤惰以差其赏罚口粮之数。员卒巡洋时有请扣薪水几成赡其家属者，亦由该司核发。屯田战舰日用之费，悉由本舰集议酌定，以时呈报。总支司派员查核，而该司为之监，费用有不如法者，则责本舰集议之员以偿之，力不能偿者，则上于总支司以除其廪食焉。凡洋面所获船物等件，由该司发售变价，以归公项。

采办之事，以会计司任之，其职司购置舰之材料以及舰上帆杠等具，已购者必收其要剂而藏焉，口内储材所必以时按巡之。

屯粮之事，以会计司理之，其职司屯积海军之粮，以时颁发各军而收其要。其屯泊口内者曰居舰，日领之粮，上其计于总支司。派员查核，则该司为之监。其调派他往者曰行舰，领粮则由该司核其应领之数而发之。凡日粮则举食用而言，故该司所属有庖人、酒人、面人以及奔走执役者，其数不等，专听该司之调置以及分派各舰之用。

医禁之事，以会计司理之，其职专司购置病院监禁应用之药料、衣服、巾被等物，以时分给而稽其适用与否。所属有侍病、缝衣、木作以及园丁各役。事有兴废，必与医事总理集议以上之。

制造之事，以会计司任之，所司有三：一、稽核各厂每日土匠之名数以定其既廪，二、稽核各厂每日领用之料以知其节费，三、统核各舰以时取材之册以察其虚实。

府藏之事，以会计司理之，其职专司出纳之简册。海部岁拨各海疆使款项，各款各用，不得任意移挪，则该司登之于简，以为岁纳之项。凡总支司签名偿价，则该司贰之，然后书之于册，以为岁出之项。其明岁一切应用经费，必经该司预度其数，上之海部，呈诸议院，以准定焉。

版籍之事，以会计司理之，其职专司海滨渔夫、水手之版籍，记其年齿，差其役限，以时征用于海军。凡有渔海二年或在商舰佣工一十八月、年满二十而成丁者，则征入海军籍伍；其已役海军五年而归籍者，有事则征之。凡商舶之制、时渔之政、救生之会以及捞取漂失物件，按市发售，存其价以待原主收领，皆该司之专司也。凡水手，或佣商舶，或限战舰。限满则恤其老，没则赡其家，限未满而因公损坏肢体者必优恤之。其赡恤之数由海舶官酌定，而该司为之监。各海疆使之下必有赡恤库，该司当按时钩稽焉。

制舰总理，以总考工任之，其职专监船坞内木厂、铁厂之兴造，以及各舰修理之工作，颁图定制，必如其式。厂内监工、执艺徒役人等皆属之，与凡艺圃以教艺徒者，亦以时巡视焉。

海口总理，以总领任之，其职掌口内屯舰之安置，凡战舰入口必归次所，其帆桅、杠具、绳缆以及压载等件必由该副总理分置库藏，妥为收纳。而每舰寄碇之所、维链之处以及口内水标、口外引灯，皆其专司。所有救火机器、救火兵役皆属之，按时操演，以备不虞。挑浚海口之事亦掌焉。

军火总理，以总领任之，其职掌机器厂之有关于火炮之事者。枪炮必如式，试放之火药必勘验之，以次其品第；炮弹、火药收储于库，必标其数，别其等，以便仓卒取用焉；各舰枪炮之屯于口内者，皆归收藏。凡口内之炮军员弁讲求火事之学馆以及搬运夫役悉属焉。

水工总理，以总考工任之，其职掌巡口内之公廨、库房、机厂以及岸埼、船坞、船澳、引灯，察其朽败，及时修葺焉。凡以上工程，率招人承揽，择其价廉工坚者，则总监工纠察之，必如要契焉。凡监工皆隶焉。

医事总理，以总医师任之，其职掌按视医院之疾病，总治医学之事。凡口内有益于养生之法者，则由海疆使呈部以准定之。凡小医师悉隶焉。战舰医师悉由总医师呈名于海疆使以调遣焉。

海疆使八佐之外，有总稽使一，以总支使升任之，其职掌监察各教令奉行之实，有不如法者则告海部，转饬海疆使遵行焉。凡材料敛散之制、银钱出纳之式，必按时钩稽，故储物库、制造厂、支应所可随时出入焉。总稽使不属海疆使，而其下则有总支司、会计司数员以佐之。

右所陈者，厘分八佐之专职，其未经厘定者，必集众以会议焉。

集议之时，海疆使监焉，总稽使听焉，与议者则总军司、总舰司、总支司、制舰总理、海口总理、军火总理、水工总理，另派司计一员以录集议之论。凡口内之事有未定者与海部之令有应行者，则海疆使必询知集议之论而后下焉。至购办之件、承揽之价、制舰之图式以及各舰经费报销之违法与否，则海疆使纠合众员，上其议于海部以核准之。至于工役之用舍、匠作之升迁、领港之法制与粮饷之精粗，皆经集议签行焉。每月集议少则二次。

海疆使所辖分口派员经理，相其缓急以定员弁多寡之数。

八佐所属执事人役，其名目如左：

隶于制造总理者，则有副理、司事、书手人等，专录工次日领之材料、工役之名数、机器械具之良苦与夫工役应领之廪食。

隶于采办会计司者，有司材，专司收发材料之数，收有册、发有簿，收发非法者则责偿焉。

隶于总支司者，则有司记，专司簿记与移知文稿。

隶于屯积会计司者，则有司粮，专理所屯之粮务，令燥湿以时。

隶于海军审院者，则有书记，以饷曹、副曹充之。海军审院详见于下。

附于海疆使者，则有绘图教习、绘图考官。

附于版籍会计司者，则有恤银司库，其总在海部，分于各口，专理散敛优恤银两，凡敛散银两必以掌理版籍会计司之书押为凭，无凭而敛散者责在司库。各口有藏书所，所内派司籍以理之。

隶于海口总理与制造总理者，则有匠长，承宣号令，厂内则有司门，储材所则有巡夜。

隶于海口总理者，则有司灯，专司口内引港灯火，燃灭以时，复有司电，以司各局电线，梭巡以时。

隶于制造总理者，则有修枪匠作，以修各舰口内之枪械。

隶于医禁会计司者，则有司药，所以配合医方，兼以服侍病之垂危者。

隶于版籍会计司者，则有总甲，遇有征发，则下令于总甲，总甲以退老之海军员弁充之。

隶于总支司者，则有巡海所，以梭巡渔户，出入以时，监禁则有司牢，医院则有司圃。

海军之制

海军区分为七：一、分拨各舰以习操舟、以演火炮者，曰舟卒，以渔户充之；一、分驻口内以守居舰、以供海口总理之号令者，曰羡卒，以已役海军兵籍者充之，有事则兼守海口；一、分拨各口以巡厂局、以纠兵卒之非法者，则曰巡卒，以陆师之已役者充之；一、分驻各垒以习巨炮、以演水雷者，则曰炮卒，拔舟师之尤者充之；一、分遣藩以守藩属、以征远方者，则曰骠卒，以海滨之民籍充之；一、海军有不驯者杂居伍籍，惧其以莠染良也，分调一处，以重法绳之，则曰莠卒；一、陆师莠卒犯流罪者，则远徙藩属，仍以军法治之，亦曰莠卒。

官员则例

一、海军官出身共分四途：一、由海军学堂派作少从者，一、由格致学院考选后愿作少从者，一、由海军兵弁拔用参佐者，一、由商舶管驾拔用参佐者。

凡督领岁逾六十五岁者当退，不得食在职之俸。有事可召督统一军。退职后，凡海部议事之职不得与选。

一、海师官升迁之制，分帅或曾督一军、身历水战，或巡历远洋、卓著勋劳，而后可升统师之职。副帅必巡哨外洋、督领一军历时二年而后，可升分帅之职。其由偏帅升副帅者亦如之。总领或历三年之久管领巨舰巡哨远洋，或四年之间其二年曾管带二舰涉洋，而后可升偏帅之职。副领或居职三年、其间一年曾历远洋、为中舰之管领者，或居职四年、其间二年曾署总领之职者，而后可升总领之职。协领之升副领亦如之。正佐必居职四年、其间二年曾历远洋，而后可升参领之职。副佐必居职二年、曾历远洋，而后升正佐之职。参佐之升副佐与少从之升参佐，皆须供职二年。其有海师兵弁供职二年，曾经考试海军之学，体用兼备者，亦可升为参佐之职。其由格致学院进身者，必一年在练船学习，年岁考取，而后派为少从。其由水师学堂进身者，二年入学，学成考取，即可派为少从。凡海军官员自少从以自总领，皆分隶于各海疆使之下，按序供职。苟非巡洋告假以及调往海部当差者，当居于海疆使所辖口内。

一、自少从升至副领，则半按资格，半由选取，以次升迁。若资格已满而未升者，可上控焉。其自总领以至总帅之升迁，悉由选拔，资格虽满，有难操必升之权者。

一、考工官出身之途，惟出格致学院学生学成考取，授以贰司工之职，而以次递升焉。

一、支应官出身之途有三：或由格致学院生员学成考取、送为贰计者，或考取律师自投为贰计者，或已为海师参副佐、身弱不能承职、改为副计贰计者。

一、医师官悉由医院学生考取，送为贰医丞，以次递升焉。

一、司轮之员，凡管理轮机巡洋三年而后升为贰司轮，又三年为副司轮，又三年为总司轮而止。

一、晋职之令下自国主，既晋一职，非有大故，毋得擅革。大故有四：一犯削去民籍之法者，二犯徒流监禁之罪者，三行为不端、审院定案暂时监罚者，四抗背军制、海军审院详请革职者。其假满三月后尚未到差者，与未曾禀请擅离差次、越本国地界过限半月者，皆由海军审院详请革职。若有故禀请告退、奉批允行者，不在此例。

一、海军各官有供职、不供职之别。班分五等：一、凡身有差事、名在轮差之班次者，则为在职之员，而因公他往者亦在此例；二、凡名在轮差之班次而现无差事者，则为离职之员；三、凡病难速痊者、营已遣散者、差已裁［撤］者、敌囚而新归者、假未满而先至者、身犯规条海部暂行撒［撤］差者，有一于此，则为休职之员，其名不列于轮差之班次，然可复职焉；四、凡名削于轮差之班次而永不叙用者，则为革职之员，革职之令下自国主，必有大故，其休职三年而未复者，则廉察其行，若仍无复职之望，则亦在革职之例；五、凡供职之年限已满、禀请告退，则为退职之员，退职者食恤老秩，其年限未满而因公致病以退职者，亦得赡恤之银。

派舰出巡之制

各舰出巡之令，必下自海部，而海疆使颁定。装配杠械之日，巡舰各管领皆派自国主，以重其事。管领既定，然后总军司以各员巡洋先后之序进于海疆使，以派各佐领焉。总支司、总医师各以所属当派之员进于海疆使，而分其职焉。总军师挑拨舟卒，总支司分派司库、司粮、司药，军火总理调拨修械之匠，而仆役之数亦由总支司核发。凡官员登舰，必先呈札文于管领，兵役登舰则呈名单。

兵役到齐，然后管领按数分队，每队委一佐领治之，是为队领，而队长不列于数。

行舰之制

凡战舰远巡，是为行舰。行舰有事则定于集议，集议有正佐，有支应司，而管领为之监。或舰小无支应司者，则以正佐充其职，是为计领。

凡舰支放俸粮、分给衣服，悉由集议与支应司酌定，集议各员同签银券以授司库，司库领其款于银号，以备用焉。舰上衣服件数，集议各员必廉知其实，以待分给。

司库取银以交集议支发员卒之俸粮，官员领俸必予收契，兵役领粮则队领签字，若无收契签字之据而银有短欠者，则责集议之员以偿焉。

其分给衣服亦由队领签字，无签字而衣履缺数者亦责偿于集议焉。

支放俸粮、分给衣履，立簿分记，支应司掌之。其簿有九：一曰记事簿，记明一舰员卒所职之事、正粮加粮之数、各员存欠之款、员卒病假之日，并详载各员额外薪俸停支之期，他如本舰之行止、海洋之巡哨与夫攻战之久暂、员卒枪伤之处、死亡之时刻，尽录焉，其簿结于除日而始于岁首；二曰支放簿，凡司库领银交送集议之员，则记于支放簿，而用银之如法与否则收银者之责，其存于司库之银而未曾交送者则责在司库；三曰出纳流水簿，凡出款纳款，按日记之，三月一结；四曰总登簿，以记每届三月之总结，出纳各款，各以类记，以知历年出纳之盈虚焉；五曰记议簿，所以按日记录集议所议之事，其事如收发银两、分给衣服、每月检察器具、三月比勘帐目、添置物件等，皆记焉；六曰银簿，如有现银发舰收藏以备远行，无银号而需用银者，则记其银数于上，今则各阜皆有银行，银既不发，而其簿亦备而不用；七曰寄物簿，凡员弁有银两与重价之物，惧其遗失，暂存库内，则记其物于簿，又凡员弁已故，所遗物件、银两，记其件数暂存，而后转寄其家焉；八曰衣物簿，凡交于队领之衣被帽履、烟酒胰子等件，则记其数、次其品、录其价于簿；九曰收发衣物簿，总汇收发衣物之数，三月一结，以呈集议，查核库内实有之数相符与否，凡一年之结必结于除日，三月之结必结于第三月之月杪。凡簿必颁于海部，遇缝盖戳，所以杜偷弊也。

队领之职

队领各司其队中支放之事，纠察各卒之用度，俭者嘉之，汰者责之，而集议亦以时纠队领之尽职焉。凡衣物、口粮由集议各员发于队领，队领签字，然后放发，记于簿上，其有短欠之数，则责偿队领。

队领所掌簿册有四：一曰草细簿，与记事簿相类，其簿专记队中每人之姓名、籍贯与其入伍之始有征调、投充之别，至各人应得加粮之数、遣入病院之期、留粮赡家之分、发放衣物之价，凡事之有关于口粮者，无不悉载焉。二曰名册，乃每卒每役所执也，上书每人籍贯等项，乃草细簿之副册，惟名册乃每人自入兵籍与调拨各舰所执差役、所加口粮、所受伤痕、所记勤惰、所得赏罚、所染病症与夫栽种牛痘、赡家银两逐日登记，以上舰之日为始，离舰之日则队领统计所发口粮、所给衣价与其行李各件新旧成色而总计之，签名于下，以免涂改。三曰行册，行册所记之事与名册相同，惟名册记每人自入伍籍之事，而行册则专记其人调派本舰所有之事，每人离舰，则由该舰之管领封记其行册送于所往之地，名册则与其人自携。然则细草簿、名册、行册三者所记盖略同，而登记之时与众观看，则每人可随时以正其误，凡兵役有所控告，则呈其名册以为左证。四曰火册，以与火夫，火夫亦分属各队，由队领掌之，凡火夫当值皆由队领记其值班之时，记其勤惰、赏罚，一如各卒之名册，火夫离舰则携其火册他往，而行册与细草簿皆分记焉，三者所记无毫分之差，差则惟队领是问。每届三月一结，以呈集议，核其虚实，并查其登记之时果否当众而无弊乎。

官员廪禄则例

官员廪禄之数以官阶为定，而亦以供职、不供职为差。供职之时，有告假、不告假之别，而薪俸攸分焉。凡官员或现居职事、或赴职所、或因公他往，皆为在职未告假之员，则薪俸从同其供职之员，有陆居、海行之分，而薪俸亦因之有差。

行海供职之员分三等：一、凡派往各舰为正佐、管领、支应等项以供其品级相当之职者；一、凡派往他口暂乘战舰以往供职之地者；一、凡随同督领、领军远巡，为其参军、长吏、护卫、指挥者。三等之薪俸不齐，各以到职之时为限。凡各员加升品级，俸亦随之。而所加之俸当以国主出令之始为始，至各差当加之俸，则以札行之日为始。凡各员遇有离职、休职、退职、辞职者，则其俸银以奉到批札之翌日为止。凡领薪水必在月底，调遣他处者可先期领焉。每月通扯以三十日合计。有官员病故核计未领之俸，以该员病故之日为止，寄其亲属以收领焉。各员皆有领俸之册，领时交支应司发付签押为证。

告假官员则例

凡官员请假期满一月者，须由海部批准。若请短假不满一月者，则或由海疆使、或由所属统领批准，与在职者无异，惟一年之内陆续短假毋过三十日。请假已准，若一月内未曾离职，则准假之批当禀请销去，后假应再请。各员于始假满假之日，亲往支应所报明，假期未到者必有重故，且有左证为凭，无凭者则扣罚其满假未到之日之俸。凡告假者或食全俸、或食半俸，各视其请假之故以定。

凡官员衰弱不供职而未经告老者，则食其在职之俸五之三。

凡革职人员已满兵籍年限者，则食其品级相当退老之俸三之二，所食年数适当其服官之半。若服官逾二十年者，则食赡老之俸，恰当其品级退老之俸三十分之一，所食年数适当其服官之时。凡领俸银与赡老之俸，必查明乃定。

凡官员在阵不幸为敌囚者，亦食俸焉。其俸以敌人虏获之日为始，回国之日为止。

官员优俸则例

官员于本职外另有职事者，则加俸以示优恤焉。应得优俸者有六：一、凡职司分外之事与代理他职者，应得相当之俸；二、公因入都或调海部差遣者，则有津贴之费；三、为正佐十二年而未晋阶者，则岁贴百二十洋圆，其年当扣足在职之时为算；四、凡调居岸上与调往远藩差遣，无舰可居者，则贴房价、器具之费，各视品级为差，有故请假与病居医院者，仍照常给费；五、调往他处大阅，亦有津贴之费；六、海疆使下之各司、各总理、总医师，督领下之支应司、副贰医师，各舰之支应处、医丞以及掌测，日以准时占风雨以测候，皆有办公之费与购办药料、器血［皿］等物之津贴。其失风之舰，管驾、佐领、少从所失衣物、行囊，由海部查究，或予全价、或给几成，一视审案为定。失物之单当由该舰集议查明具报。

各员饭食川资给例

凡各员派往各舰巡洋，自统领下，自少从、卒长皆有津贴饭食银两。督领出巡，有管领、副医师、总支司与之同食，管领之下亦有数员同食者，则饭食银两给发。督领、管领领收其余人员饭食银两给发。各舰承办之人收领，各择一员兼治之。凡随督领出巡者，其饭食银两以上舰禀到之日为始，以船回到口之日为止。至各舰之管领、副佐，则以到舰之日为始，以舰回入口折卸之日为止。其入口暂住不令折卸者，则饭食照常给发。有舰入口修理者，则仍给一月饭食。凡饭食银两之数，一视该员之品级与所巡各口之物价贵贱为准。凡一舰远巡饭食银两可先期给发，非若俸秩须期满后领者可比。惟第二次再领，必俟初次所领者用至过半方可。至国家派员他往与海部调派属员至他处供职搭乘战舰，则酌其相当品级给发该舰饭食银两，该员等应带随役亦比例酌给口食。

各员减扣俸银则例

各员月领俸银按例减扣，共有五条：一、凡满期领俸，无论自领、带［代］领，皆扣百分之三存储赡老银库；二、凡在医院治病，按日扣除俸银若干，稍贴医药之费；三、家贫告乏，应将该员扣俸若干以赡之；四、凡身有债欠，经审院罚偿，则由海部饬令，按月扣俸以偿之，惟所扣之数不得过食俸伍之一；五、凡各员多领俸银，则逐月扣俸五之一以补足为止，或该员已离本舰，查有多领者，则逐月扣俸三之一以归公项。

兵卒口粮则例

兵卒口粮各有定则，有在役、不在役之别。凡兵卒现役所派之事或调拨他处而在路次者，皆食供役口粮。至执役之处，则无分水陆矣。至有假离役、有病入院、犯例候审与身为敌虏者，则食不供役之口粮。卒长未派役事者，则食离役之俸。

兵卒除正粮之外，有加粮焉，其法有五：

一、凡入籍伍已满年限，仍愿充当者，则口粮五年递加，什长常卒皆同一例。惟什长日加洋圆十之一，常卒所加稍绌焉。

二、视兵卒所司之事与所习之艺以加粮焉。凡知书派作书手者、司舢板者、司帆桅者、司旗号者、为炮长者、执舵者、焊物者、掌火者、掌火药库者、修枪械者，皆在此例。其长卒代职卒长之事与卒长代理副佐之事者，则分所代者之俸粮。以上应得所加俸粮，惟在事时可领，告假与病入医院者则止领焉。一卒能兼数事，无兼领各项加粮之例，惟派作教卒识字者与剃须发者可兼领他项应加之粮。卒中有兼为木工、舱匠者，无论所役之处，皆领应加之口粮焉。

三、凡击鼓吹号与为乐工者，另给揩刷之费。凡各舰队长兼司分给口粮之银者、司衣服者、司食物者、司军械者，皆有纸墨贴费。又凡兵卒因公遗失物件者，则给价以补偿之。

四、凡队长初升参佐者，必另给银两以制戎服。其初由常卒擢队长与由修械匠擢为匠首者，亦如之。至派为操演新卒之教习与教新卒识字者，必优加口粮。

五、凡兵卒入学考帆桅、舢板、掌舵、演炮、练枪等艺，则口粮从优，拨送各舰则必派令专司所习之事，兼食相当之口粮。其未经习练者，不得委派于先。

兵卒口粮按例减扣，其法有二：一、扣应得口粮百之三以为异日赡老之银；二、又扣每日口粮若干以偿领用衣服、行囊、烟胰等物者，或届年终、或兵卒离舰他往之日，则统计其应领口粮以及实领衣物等价，除于每日所扣口粮，如有羡余皆该兵领给。有扣银以赡家属者，扣银以偿。其不慎所坏之公物者与夫身有债欠、审院判扣其口粮以偿还者，皆各卒私事，而非海军律之定则也。至身违纪律、其管领饬令监禁者，监禁之日应得口粮悉数扣除。

凡海师员卒应得俸银，犹本身之产业，而非债户所可代领，故扣于债户之俸粮当由审院判定。

赡家则例

凡员卒扣寄其俸粮以赡家属者，不一其例。官员自愿扣俸转寄其家以仰事俯畜者，则告知本舰集议或支应司而已，而所扣之俸毋过四之三。若转寄他人，非其亲属者，在舰则详禀督领，居口则详禀海疆使批准，而所扣之俸毋过三之二。兵卒自愿扣粮转寄其家以仰事俯畜者，亦禀知本舰集议而已。其所扣之粮尽卒皆同，无有差池。若转寄他人非亲属者，必由海部定准，以昭慎重。其兵卒不顾亲属、浪费口粮者，则由名粮与板［版］籍之会计司联衔禀请海疆使批准，扣其月粮若干转寄其家。凡卒役限已满复愿充当者，可将加食口粮转寄家属。

每卒转寄口粮之数，必书明于本舰之记事簿、草细簿、名册、行册之上，以便钩稽。各口名粮会计司统会每卒应寄家属口粮之银，三月一寄，其寄于他人与姻族者，则必查核各舰呈报之要会，确知该卒所领口粮扣存多少之数方转寄焉。

员卒支领俸银，不一其制。其在本国以及近藩差役者，俸银皆于月杪发支应司收放。应加之俸粮亦在此例。员卒在他国与在远藩差役者，则各员年终应得之俸尽行发放，饭食之银先支半年。至海卒应领正粮则扣其半，而卒长应领正粮则扣三之二，暂存簿以待总结之时悉数发放。加粮则全给，不在此例。

支发俸银规例

放期将至，各舰司支应者开列员卒应得俸粮之清单各一而总结之，其间应扣者悉行扣除，如恤老银、赡家银与每卒每日应扣偿清所领衣物之数，队领复开列本队每名应扣口粮之清单。至队长、宿卒、仆役口粮之清单，则由司支应者开具。名单既具交本舰集议查核，如合法者各签名焉，再由司支应者送呈名粮会计司，查核无误后再发本舰集议公签银票，以交司库者领银，转交集议以分颁焉。

凡领银上舰，必由大梯，银箱须加封盖印。银既至，当禀请本舰管领，或即行发放，或有故徐俟他日，惟管领是听。如即行发放者，则由司支应者点交集议，然后分发各员与队长、宿卒、仆役人等取其收剂，至各卒应得口粮则交队领收发而索其收剂焉。如不即行发放者，当收藏铁柜，固以三锁，其匙各异，一存司支应者，一存集议处，一存管领处，铁柜则交管领收藏。凡各卒之衣服、行囊，按期给发，若随时添补，则由队领开单，转给本舰副管签准，然后司支应者饬交队领，取其收剂，每三月则队领将本队各卒所领衣服、烟胰之数按名给算，以交司支应者清结焉。凡各舰存储衣服、行囊，必由其舰之集议领于名粮会计司，至烟胰细物，则开单请库照发焉。

勾稽各舰度支条例

勾稽各舰之度支乃各口名粮会计司之职，凡舰上员卒之实额、正俸正粮与加俸加粮，以及收发衣物之数，皆须一一逆计。逆计之法当由各舰按时逐一呈报，呈报者七事：一、每月发放俸粮与津贴各员饭食之清单，二、每季所结支发衣物之总单，三、每月之朔开列各员卒在职之数。以上三项，至期必报，不得迟延。四、各员卒随时迁调之事，如病入医院之期、应得加俸加粮之始与其应止之日，以及各员卒请扣赡家银两之时，逐一开明，船泊口内则每旬呈报，舰巡远洋则邮船开行必当寄报；五、卒满役限加给宿卒口粮，随时呈报；六、各员卒离舰之时随时呈报其存欠各款，一年终由各舰之集议与司支应者缮录一年之日册以呈报之，日册总记年内各员卒俸粮存欠款目、收领衣物之数，名粮会计司统汇各舰之日册而计各员卒存欠之数，其数应于船上记事簿所登之数相符。存款则径交该员卒领收，如该员卒已故或不在职次，则交其代领之人收领，若有欠款，则饬知该员卒所隶之管领扣除。名粮会计司岁送各舰清单于国之司会以报销焉。各舰日册即报销之底稿，名粮会计司钩稽之要在确知各舰出纳各款悉相符合而已。

征调海军之制

征调海军之卒，其制有二：

一、按渔户版籍征发者。凡在海籍年十八自愿役者，五年后准其短假，复续役二年准予长假，往佣商舶准在本国各口航海，不准远往，以便随时征调。又凡年满十八、已业渔二年或在商舶佣工一十八月者，则报名登籍；若不报名，仍照常业渔、佣于商舶者，则由版籍会计司录名于籍。凡名在籍年满二十而成丁者，则征用之，以役海军。凡病重与独子、孤子以及有胞兄现入伍籍者，则免征，病痊则续征之。凡役伍籍五年为限，准告短假，假期不给口粮；未满五年有故离役者，海部可随时征之；役满五年而归国，有大故仍征之。

一、按户口征调者。先是，海军之炮军、骠军悉以滨海民户充之，今改为陆军之制，凡成丁者悉入伍籍，挑其邻海者派往海口，编其籍伍派入各军，每年派入海军之数由海部批发，其制与陆军同。

选擢兵卒之例

凡年满十八、报名登籍者即可投军。其有宿卒之子年满十三、愿在舰习练者，曰稚卒。其或渔海二年，或庸于商舶一十八月，年甫十六、自愿投舰差役者，则为幼卒。其有行海捕鱼、未曾满限、自愿入海军练船学习者，则为卒徒。幼卒未满十八岁亦可入练船学习。凡稚卒、幼卒与卒徒考取所习之事者，则为下卒。海卒分为三品，即下卒、中卒、上卒，而军中所发口粮亦因之分焉。凡发粮与各色役事，皆立什长以管之；其上曰工长，分执各艺；又其上曰队长，以视各事，凡木匠、舱匠、篷匠，视同队长；又其上曰艺长，凡司枪炮桅舵机器之卒，皆立艺长。每长必有副。

凡卒徒与幼卒既为下卒，则可递升中卒、上卒焉。每品必历六月方可推选。凡三品之卒以次递升，而各长之级亦以次递升。若选为卒长而仍为下卒、中卒者，每逢选举之期亦当按品递升焉。凡由卒选副什长、正什长以至正队长、艺长者，每级必历六月方可选补。其工长、艺长、队长非知书者不在选例，而工长与艺长则专习其艺之匠方可升用。若下卒勤敏，亦可超擢什长，不拘资格。其升迁他级者，必满期限方可选用。

凡军中发粮之卒，必选卒中之知数者充之，按次递升，每级必历六月。凡舰上书手，例以发粮之什长、队长充之。

凡机器之火夫与管轮之轮夫，有自投者，有征调者，大事则海部尽征商舶之火夫、轮夫以备用焉。凡自投之火夫须为漆匠、铁匠、合拢匠方可。凡火夫、轮夫亦分为三品，以次推选，与他卒无异。其选火夫什长之级专由海部批准。凡现为火夫，勤敏无过，由各舰管领送考，得列前茅者，又凡未入兵籍之匠愿役五年，考明能知机器之体用者，皆可升为副什长。

贰司轮之下有司轮生，其级视正什长。司轮生选自火夫副什长与轮夫中之知书者，凡未入兵籍之匠与国家艺圃之生考明能知机器之体用、愿役五年者，皆可充当司轮生。一年后，若熟悉机器之用，则由本舰集议，送考得列前茅者，可升副工长。送考两次不在前列者，则常为什长，不复送考矣。副什长不在，可以上火夫代之。凡副工长升正副长，必间六月，正副长役六月后再行送考，得列前茅者可升队长。凡火夫、轮夫离舰派于口内，则属海口总理，以司海口内之汽机焉。

其有不按常例推选者有三：一、凡下卒火夫或在商舶、或在战舰佣役四年者，可升中卒；二、凡下卒、中卒学习后考得上卒，应有司舢板、司帆桅、司舵之凭，若下卒已役六月，即选中卒，若中卒已役六月，即选上卒；三、发粮之卒考取凭票现派为支应司之书记者，即可选为副什长，若居职满限，即可超擢队长。

凡选擢之期，每年二次，一在正月初一日，一在七月初一日。届期本舰之正副佐、司计、队领、正司轮、医士等员集议公举，而管领监焉。会时，凡舰上各卒之名，各以其现有之品级开列于单，每报一名，集议各员先出考语，后定可否，可过半者升之。凡上、中、下卒之品次与上卒选为什长之级，即由集议主定，而正副工长、正副队长与正副艺长皆由集议保举于海部主定。

集议保举人数有定例焉，凡保为艺长、队长者，其数无过本舰上工长之数五之一，而轮夫工长与修械匠长不在此例。凡保为工长者，其数无过舰上什长之数四之一，而轮火夫什长与侍病之长不列此数。凡选为什长者，无过本舰上、中、下三品海卒之数四十分之一。至推升各色卒长应得相当之品者，无过其数五之一。

各舰调集员卒出巡之时，不在岁首初一与七月初一日，须满三月后方可选保额数之半，若过选保之期已三月矣而该舰入口撤用者，亦可选保额数之半。若兵卒建立异功，则由本舰集议禀请海部，可超级擢选，有不拘资格者矣。

凡各舰修械之匠选为什长，其由什长升为工长、队长者，不由集议公举，径由本舰管领禀请海部允准，然每级必须执工六月，方可禀请。

凡各舰侍病之卒自愿投效者，其卒次如下。由侍病之卒升正什长，转升艺长，再升队长，其选擢之处在海口不在战舰。凡愿充当侍病之卒与选为什长者，则主自海疆使，而工长、队长之级，则定自海部。凡侍病之卒必两年执役，其间一年行海，且已升中卒之品者，方可推升上卒。若熟知加减乘除之法且行海二年以侍病者，不论品次，即可选为什长，什长执役二年且自充侍病之卒后行海三年者，即可保选艺长。历任艺长三年方可保选队长。若侍病之卒派往战舰适逢选擢之期者，即由管领、正佐、司计、医士四人公举，呈名于海疆使焉。

库长分为四级，以次推选，每级须行洋一年方可举升。举升之期在岁首初一，由本舰集议，举其勤者以呈海疆使而准定焉。凡各舰之司厨、司酒、司粮采买食物等役，亦分四级，按次推选，每级须在洋执役一年方可保升，由海疆使酌定。

各舰集议事

凡海军兵卒按籍征使，役满五年如情甘再役三年者，则由每口海疆使派员查定，若该卒巡洋役限已满情甘再役三年者，则本舰集议暂行查定，给其日加口粮。当时书立傅别二纸别给该卒，俟本舰回入所属海口，呈海疆使派员查定，然后再偿宿卒月加之粮。缘本舰集议准给者，惟日加口粮而已。凡卒过三十五岁者，不复日加口粮焉。

各卒巡洋之时，五年期满不愿再役，但无便回国者，仍由本舰集议查明，日给应加口粮，与情甘再役者无异，以该卒回家之日为止。凡卒役满三年者，则日加口粮少许，由司支应者随时呈报名粮会计司而已。

凡各员卒年终升级未领应加俸粮或未经升级、俸粮有缺者，当于一岁之间咨请集议补足，迟至下年正月初十为限，以正月初十适总结前岁日册之时，若已过此限而未曾咨请，或咨请而未曾补足者，则以次上控于名粮会计司、总支司、海部皆可。

凡按籍所征之卒，若不愿业渔行洋，情愿除籍者，任听其便。惟年内有事征发，仍宜充当海卒。若该卒随舰巡洋情甘除籍者，则由本舰集议书以傅别以为证，别给该卒执收，当书明该卒未满役限、仍听兵部征发充当卒伍之语。

凡兵卒有病身入医院者，仍由本舰给发口粮。该舰将离本国海口，则管领当请官医住验，该卒势能巡洋否，否则该卒不属本舰，再由总军司拨他卒以弥补之。若该舰在他国海口有卒生病者，必会同该口本国领事记明该卒籍贯，送入医院；该舰离口之时，另请官医视其可否登舰，如不能登舰，则该卒病痊后由领事遣回本国。坐乘商舶者则该卒口粮仍在原舰结算，坐乘本国战舰者则口粮移在坐舰给发。凡兵卒未经请假擅离本舰者，在本国无事限六日、有事限三日，在他国限三日，与舰出口时该卒未至，皆以逃卒论，以定律治之。凡兵卒征入伍卒未经役满六月擅离本舰者，不得以逃卒论。

各舰既奉海部令撤回本国海口裁撤者，若该舰之卒未满役限，则分驻该口海军营内，而各员之名书于轮差班次，暂为离职人员，至什长常卒皆可请假，假期久暂均由总军司核准。凡各舰奉檄撤回未到海口之时，各卒应有口粮皆宜在各卒名册一一清结，而本舰之记事簿与一年之行册均一律请结。至各卒在舰供役之勤惰，则书于行册，使所往之地亦审知焉。

各舰生死之册

凡有舰载兵他往兼携眷者，遇有生娩者，则司支应于一日内应传集证见二人，将生孩生期、籍贯以次写于记事簿上，另缮一纸转寄本国该孩应属之乡籍。若舰上有死亡者，则该舰之司支应者于一日内应传集证见二人，将死者之亡期与其籍贯以次录于记事簿上，另缮一纸以寄其乡籍。惟死者实因何故致死不必写明，虽罹军法亦不写明，不诛既死也。至所有病症则当由官医验明，记于记事簿，使其家属领收恤银焉。若有坠水不见者，则司支应司传集见证人等录于记事簿，并录其坠水之时可否近岸与有无他舰驶过情节。若有舰上员卒将终、欲书遗嘱者，则该舰管领同正佐一员、支应一员当面录其遗嘱之事，录毕诵于病者知之无误，然后病者签名，当面加封，转寄家属。

各舰器物条例

凡各舰领物，则以海口总库所发器物清单交一队长点查管理，如有遗失，惟队长是问。

凡各舰奉海部令装配出口巡洋，则总支司检出该舰应有一切器物清单，另缮二纸，呈海疆使批行，一发总库按单核发，一发该舰按单点收，事毕则发者收者各签名填写日月，两存为凭。

舰上司支应者另具册簿，登录各种收发物件。一曰器物细簿，凡总支司所发器物清单照数登录簿上，记其多少，注其新旧，嗣后如有发放与更换者，则按其日月书于原领器物之下；一曰额外用簿，凡本舰遭风失落物件与诸物有故先时损坏应即补换者，则宜随时查究，将失落损坏情节登记于簿，其逐日颁发器物皆由司物之队长随时登簿，名曰流水簿；一曰四季簿，凡库内未领物件与已经发用者，每届三月写一总结，于四季簿上记明各物领发之总数与各物之新旧；一曰支发簿，凡舰上支用器物缮单请发，另立支发簿，专录所发之款，其款有三，一用废之物请发备用者，二或已归公库、或转给他舰之物再请补发者，三原领之物或不足用、呈报以补者。

舰上领物间有用废者，可由管领饬令兵卒自制以补之，制成登记于簿，其收发之例一如领自总库者然。

补用之物有照例者，有例外者。其照例补用之物，专由本舰正佐验看应否补换，然令［后］饬令给发，给不如例则惟该正佐是问。其例外应补之物，专由本舰管领查看应否补换，然后饬令给发，登之于簿，以记原物应换情节。若行船时遗失物件，则由司支应者即日呈录情节以示管驾、正佐，联名签字，然后录之于日记簿上。凡舰上器物有无须再用者，则由该舰缮单送入总库收存。有因该舰撤用送交各色器物于总库者，则由该舰查明，立一器物收单送于总库收藏。至有器物移交他舰收用者，则须将该物之单分缮三纸，一存本舰，一给收物之舰执收，一寄总库查照。

凡每月初一，则司支应者查核司库之簿，内载前月发放器物之数，且稽所发器物合例与否，然后集议，管领、正佐签押为信。每届三月则四季簿作一总结，管领、正佐、支应司集议签押，以昭凭信。

各舰食物条例

凡各舰应领食物只分二种：一为逐日之用着，一为远行之用者。各舰司粮者分给各卒口粮，如遇短欠，则责司粮偿补。凡充当司粮之役者，应定得加粮，司支应者扣除其加粮之半，以为异日偿补之款。

凡每卒口粮由正佐饬发，其有添加口粮则由管领饬发。病卒所领食用，则由医士饬发。

凡各色官员派往舰上，亦有应领口粮，与卒无异。凡舰屯海口则逐日往屯粮会计司处支领粮食，其余随时存用者则缮单至总栈内，十日一领。酒肉之类视应领之数百分加三，以补其朽败者。凡战舰将有远行，则缮明应领食物之清单，呈海疆使饬查核发。麦面干饼多领百分之八，酒则多领百分之十。领物送舰之先，由正佐、司计、医士验看，然后收存。若该舰往巡他国并无本国存栈者，则与各口行商立契，按日给送。

司粮者另立册簿，逐日登记收发之数，曰流水簿。每月总给另登一簿，名曰月总簿。

司计另立册籍以稽核之：一、分记每人应领口粮与病者应给食物，以及本舰已领食物之总数，名曰口粮簿；一、凡所领食物间有朽败，随时察看，登记其数者，曰开除籍；一、记录本舰粮物之存项与厨房动用物件者，曰衣物清册；一、随时登录管领、正佐饬发粮物之单，曰支发簿，其清结勾稽之法与器物条例无异。

巡洋用款条例

凡战舰巡洋，不得支领现银。惟所往海口未有银行且不用汇票者，可领现银以备用焉。

凡战舰远巡他国口岸，遇有采办食物器具、支发俸粮等项之用，则应探明时价，酌量停泊之久暂，以定采办之式。其采办之式有三：一、招示商贾承办者，二、认定主顾与之商减时价者，三、零购各物以给收剂者。若所购之物其价不足二百圆者，第三式、第二式最为习用。管领当派司计、正佐、副佐、医士往本国领事署内当面言价，领事与焉。后呈管领定价，其司粮、司器之队长往领所售之物，其物当以本国尺量计之物价扣除百之三以入赡老之库。物价既定，然后将物之尺量大小、良窳、价目逐款分记，缮清单二纸，其物价总结应与商贾之收剂相符，然后以物价之总结签汇票二纸，司支应者写汇票而签之，正佐阅而后签，管领则判行焉。三员会签，然后交汇票于贾人，而收其质剂焉。后将售物清单、商贾质剂与汇票存根，外附节略一纸，寄呈海部以稽核焉。

凡汇兑银钱，有盈有绌，盈绌惟国库承之，与领者无涉，在本国口岸与外国埠头皆领其在本国应得相当之俸银。故兑银必另登一簿，写明所兑银钱之式与其时价，而盈绌立见，盈则转寄国库，绌则向国库领补焉。

海军审院

海军审院有水陆之别。审院之在陆者，终岁无间。舰上审院因事而设，共分三等：一曰判院，以判兵役之犯科者；二曰讯院，以讯员卒之犯者［罪］者；三曰比院，以比各案之遵律者。

凡海舰成军远行，有兵役在某舰干犯海军科条者，则该舰之管领当禀明所统者设立判院以究之。委判者四人，其三人以正副佐当之，又其一以卒长当之，而该舰之管领为之监。按常民律例，凡告犯者不得与审，而该舰管领仍为判院之监者，军中从权耳。判院所审之事，罚无过监禁二年，过乎二年监禁者，则讯院审之、判院定案后可由判者从轻末减。惟减定后即速遵行，不得迟缓一日。若战舰独行遇有犯科者，则管领自设判院，无事禀请矣。

凡在舰员卒犯事、非判院所可审问者，则讯院谳定，惟欺叛诱卒逃卒与奸细等罪，虽不为军法所治，亦当由海军讯院谳定。舰上讯院非常设，有事特立者也。讯院于审案之先，须派员详查，若无实据即行审讯者，则定案可平反也。若舰上员卒犯事，则管领特派一员查究其实。所派之员当既查究其故，详禀本舰管领，通详督领，再由督领酌定应否设立讯院。查究之先，苟未奉本舰管领或督领之命，不得拘拿犯事人员。查究之时派一司会记者为书记，并为评事之员。管领与督领既接查究之员详禀，然后同时派立审院与比院之员，并定审讯之地与审训之时。讯院之员六人，其五人或管领、或正副佐皆可，外加卒长一人，而以海军品级最高官员为之监。其本舰管领与督领曾出令拘拿者不得与审。凡与审官员当为本国民籍且过二十五岁，比院之员当过三十岁。若犯事人之亲族或前曾控告该犯者，例当回避。审讯之时，则监巡者问谳口供，如有应到讯院备质者，或有各色凭据可以照白案情者，则惟监讯之令是遵。凡听讯之人毋得喧哗，若不听监讯之令，即由讯院定罚，毋过监禁十五日。若听讯者无论何人或过意吵嚷以阻定案者，即由讯院定罚，毋过监禁二年。若有侮辱审讯之员，则以重律治之，其侮辱者非海军员役，则先固禁之，送本地审院案定其罚。

凡审院拟定之罚，当由各讯官签定，以五人之意相同为定其有。拟轻拟重情节当一一讯明，不得含混。审案当众讯定，则讯院书记告明该犯可往比院控告，然不得迟至第三日。

比院查究谳定之案，非查其犯事之实，惟查所定之案是否与律例相符。派立比院之员亦有五人，以管领为之监，正佐二人、副佐二人，又一管领为评事之员。比院自受该犯控告之后三日内即行查察，若察所定之案不符律例者，则再立讯院以谳之。

若案定之后该犯不愿控告者，则管领于定案一日后即饬照罚而行。或控告比院之后，仍以讯院定案为是者，则行罚之时亦间一日。死刑者无大故而不致，该舰有危则俟该犯吁求国主之赦之后再为定期。凡正法当于犯事之舰，所以警众也。

岸上审院所以审讯海口与各厂之人员卒徒及海盗等案，终年常设。其讯院以一管领为之监，正佐二人，律师二人，司计一人，监工一人，其例与海上之判院、讯院同。凡岸上判院、审院所审之案，皆可控告比院按问。

海军公例

欧美诸国近世大治舟师，或梭巡洋面，或驶泊他国口岸，不无交涉往来之仪。久之沿习成风，诸国循守弗违，是即海军公例。当其未有通行，累世各逞己见，论议糅杂，案牍浩繁。此公法家所资以考证者，姑不俱论，论其通行者，条分事别，为海军便览而已。

辖海界限

海洋乃天下万国公共之地，而无此疆彼界之分。前此英、法两国议分据海洋以相雄长，为舆论所訾，遂寝其说。惟海口、海滨乃有专辖。至辖海滨之限，言人人殊，或尽海水浅处为限，或极目力所穷为限，或度炮弹所及为限。限之说，专为保护巡缉漏税征收渔课起见，今之言限者大都自涯而往，无逾三海里。

介于两岸之间曰峡海，对岸同隶一国，峡海即逾乎三海里亦隶于此国。凡遇他国船只驶行出入，可征税为设海灯、建浮桩之费。遇有海警，可封禁不准他国船只行驶，以资防御。峡通两海者不在此例。巨川大水，或左右横跨两国，或上下隶归数国，须联盟约定管辖分界。

声炮礼数

兵船游历远洋，或遇他国兵船，或进他国海口，声炮立桅以致敬礼也。初无定制，前以声炮之数欧美诸国互相攻讦，自二三国约定其数，各国从同，爰以为例。例如左：

兵船驶进某国海口或驶近某国炮台，先敬某国国旗，声炮二十一响。凡乘载国主或乘载头等公使往驻所使之国者，毋先声炮，须俟炮台声炮而后答如其数。若所进海口为某国国都，虽有国主或头等使臣，亦先声炮，客先敬主，礼也。若询知炮台未能声答，则毋声。其驶进口内，遇有他国兵船声炮以敬我国国旗或敬我船上大员，亦答如其数。

两国兵船遇于海口，其船数少者先声炮，其首领品级次者先声炮，品级同而后至者先声炮。声炮必答，答必如数。遇于海上亦同此例。其首领彼此拜见，视客品级声炮若干，其敬在客，无庸声答。

在本国海口遇他国兵船及首领拜见，其声炮礼数同上。至本国官员往来自有仪注，不必强同。

凡兵船停泊某国海口，遇某国庆礼，则悬旗声炮以致贺，丧礼则降旗至半桅以志哀。遇同泊兵船之国有吉凶事，礼亦如之。

他国商船声炮致敬，则答炮减二响。本国商船声炮致敬，则答炮无过三响。

国有国旗，而文武大员各按品级亦有定式之旗，声炮敬其国则悬所敬国旗，敬其人则悬所敬品级之旗。

凡入某国某口，凡礼某国某船，凡敬某国某官，一年只声炮一次，年内或更经某口、或于原处更遇某船、或遇某官复来，概免声炮。

凡海口狭、声炮有碍民居，概毋声，入疆问俗，礼也。

平时巡洋例

兵船之设也，不独卫海疆，兼卫商舶。平时游奕海洋，无非搜缉海盗，去其为害者耳。海为公共地，遇见盗舟自当追捕，惟盗舟难别：信其舟帜，则盗可矫伪而失海盗；不信其帜，而无事时又碍难任意诘何，致累商舶无已。遇情节可疑者始行盘诘，盘诘无他，立行释去。行洋时商舶遇兵船则升示本国之旗，兵船先升旗则商舶应升旗以答之，不答则兵船声炮一响，又不答则放有弹一炮以示警，至听命而后已。其情节可疑者讯之，不足释疑则派往盘查，查明实系海盗，即将盗伙水手人等拘押囚禁，并将盗舟解至就近海口，交审院严办。若盘查踪迹仍有可疑，则将该舟押解就近海口，交审院讯夺。若遇盗舟拒捕，自当追剿，无庸姑息。惟行至他国滨崖之海，不得越分盘查。

战时巡洋例

凡战时巡洋遇敌国商船，例准追袭，遇局外国商船，例准升旗并声炮一响以止其行。首领官当即派员渡勘，员至商船，先拨水兵二名看守舵楼，传该管驾呈验各色凭单，有无掩饰，其舱口单载明从何口来、从何口去、有无例禁货物：或有而非运往敌国口岸者，应查其是否绕运他口以为接济敌国之计；或无而情节可疑者，即饬该船水手开舱搜查，查有禁货即［及］别种隐情，除抄没禁货外，将该管驾带至首领处听候质讯。若载有敌国兵弁，即将该兵弁带至本船安置。设或所载禁货多至四分之三，或禁货与该船同一业主，或造假凭单希图朦混，三者查有一项，例准将船货一并抄没。至遇敌国商船装局外国商货、货不干例禁者，则抄船不抄货。遇局外国商船装载敌国商货，货虽不干例禁，亦抄货不抄船。如使误装敌货，管驾实不知情者，则抄其货，给其运费，知情者则不给。但自巴黎公会六国约定以后，敌货装在局外国商船不准查抄，此乃与约之国所宜遵守，而非所论于不与约者、遇商舶抗拒盘查，虽属局外之国，视同敌国，例准追获。

遇局外国商船有本国兵船护行者，概勿盘查。间有派船至护行兵船询问各商船凭单，脱令商船内有形迹可疑者，则请护行兵船派员偕往会同查察。

遇局外国兵船，则声炮、升旗以相询问，局外国兵船亦声炮、升旗以答之，例不盘诘。

凡盘查之员扣留船只，应先将该船管驾与执役人等带回，妥为安置。后带水兵若干名往该船看守，俟首领派人接替，方可离船。船上银两应差查点实数，送交首领分别存库。其所抄货物亦开明清折，转呈海军衙门查核，并将查抄各情分疏节略书呈首领，转答海军衙门，以备日后判案左证。

凡抄掠敌国船只，恐仓卒变生，例准将该船人员齐载本船而沉其船。遇局外国商船扣留后势难领入口岸，亦可载其人而沉其船。惟日后审院若判不应扣留，应赔所沉船价。

英、法、俄三国战于黑海，后会于巴黎，议定日后有事时敌国海军巡洋四则：一、毋得任意调派兵船骚扰敌国海面；二、凡商船悬局外国旗载敌人财货，查不干例禁者不得抄没；三、凡局外国货物非干例禁者载在敌人船只不得抄没；四、凡封闭敌海必须多派兵船泊巡口外，势足以阻止船只出入，方谓实在封禁。以上四则，乃与会之国所当逐一遵循，一不遵循即所谓背约。不与会之国从违听便。

例禁货物

例禁局外国载运之物，各国议论不同。有如各色大小枪炮、弹药、硝磺、军装、器械、篷帐、鞍辔、马匹、牲口以及制造军火机器，显系例禁，无有疑议。而英、美各国犹执因时申禁之论，将米粮、钱财及木棉可制炸药者概列禁物。夫煤炭、船料及兵船用具似宜例禁，若米粮必济被围之敌，钱财必贷敌以制军火始干例禁。然所谓禁贷者，应须实系运往敌人口岸、或先运别国口岸以交与敌人、或伪绕他道转运敌口，始干例禁。若将以上种种货物专与局外国官商贸易，即不在例禁，俱不准藉战端以肆抄掠。

局外国船只为敌国赍送公文论及战务且该船管驾知情者，准将该船抄没。设如敌国领事、信史［使］等员驻扎局外国船只为之赍公文信件，不在禁例。推此则局外国商船载有敌国信使、领事以及文职官员非系水陆员上弁之往与战事者，不得虏获。

局外责守

他国交兵，局外国商船除交兵国宣示封禁口岸外，俱照常前往贸易，惟不准运载禁货。若有禁货为交兵国船巡获，查非该商本国主使，则与该商本国政府无涉，听其查抄。凡局外国境内见有交兵国私造兵船、军火等件，其政府尤宜设法禁止，禁止不力则与战之国例可向索赔累之费。

战国兵船驶入局外国海口，例准添粮修船，不准添装军火及招募据外国人民充当兵勇。若交兵国船只同泊一口，不准藉端生衅，亦不准同时出口。出口先后至少亦须间一昼夜。设使交兵国船只共争某日出口，则按到口先后以为出口次第。泰西各国有先为立约，声明所辖口岸同时限泊交兵国船无过若干艘以杜衅端者，而避风之交兵船不在限数。

封禁敌海

封禁海口必须多派兵船巡泊口外，势足以阻止船只出入，并宣示各与国，方谓实在封禁。封禁后各与国船只不得照常出入，违者准将船货一并查抄。若船只远来未知封禁之令，驶至口外见有交兵国船禁其闯入者，一昼夜后应即改道他驶。

封口兵船暂往他口避风，风静复至者，则禁令未开。若为敌人击退者，则禁令作为已开。开而复封者与未封者同，仍须再行宣示各与国以封。

设使兵船无多，徒以大言宣告与国谓将封禁敌国海疆，此非实在封禁，商舶仍可照常出入。至若未曾与某国开衅即调兵船闯入该国海口，禁其商船出入，甚或强掠船只者，此以力取偿之为，近世亦有行之者。

商船责守

凡商船应隶海军汛辖：其在本国某海口，则归某口海军司版籍，按时查点以究不法；其在藩国某汛海口，则隶某汛统领管辖；其在他国口岸，则归本国领事纠查，无领事则由管驾之年长者察，治若与本国兵船同；泊他国海口则听兵船首领传集管驾人等纠其非法，不听则罚金充公，并得罚以监禁，至六月之久有差。凡商船出入他国海口、遇有本国兵船守口者，该管驾与水手长老当往兵船呈报，有不往者罚金有差，遇警则兵船首领可饬令商船拖带船只，或装运军火兵弁等，并可节其出入口期，惟该首领应将各情节呈报海军衙门，以为日后偿费地步。至邮船则不为节制。

商船在他国口岸为外国人侵侮者，兵船分应护助，或船乏粮钞，或器械水手不齐，则兵船分应接济。若或水手滋事、不听管驾号令，则兵船应派人弹压。若有水手控告管驾扣工虐待情节者，兵船首领应即派员查办，或派数员公同审汛。

商船充当巡船例

商船领本国凭信，悬旗搜巡敌国船只，此助本国以弱敌人，非私行劫掠可比。若为敌国兵船追获，不应苛待视同海盗。若局外国商船领取战国凭信旗帜肆行掳掠者，已为巴黎公会所禁止。凡商船领凭充当巡船，必交押质，防其妄掠局外国船货，质所以偿不应掠而掠者。至所获船只，应经本国审院判断合理与否，方准将该船摊分。

法律探原
(1901)

卷　一

原法

国始于家，家始于人。欲明人聚为家、家聚为国之原，当知国维乎家、家维乎人之法原。夫人之生也，必群居萃处，相聚成会，方有以适其性。盖天生人而予以口舌发为语言，使与他人得以通情达意。如必离群索居，入深山、伍木石为得其性也，则语言何用？此聚者之出乎性也。饥食寒衣，人之情也。然食必待耕、衣必待织，使人人散处而不能通工易事，则稼穑织纴必身自为之，得乎？此相聚者之限于力也。且也人有嗜欲，嗜欲者争之萌，使人自为人、家自为家，则争竞不已，故必就其智而明者取决焉。其智而明者所伏必众，于是聚人成群、聚群为会，有会始有国焉。此各国史乘皆有神灵首出之君以为国祖，希腊、罗玛信史之先故为荒诞不经之说以夸其开创之君之功德，职此故耳。此相聚者之因乎势也。夫人之不能外家国而居，本无疑义，而故为证辨者，以解之者未能一辙，而法之原遂大昧。英人好勃斯云："人求自利性也。夫利于己即不利于人，于是纠合同利者以敌夫不利于己者，而国立焉。"法人罗沙云："人欲自主性也。然我自主之事或有损他人自主之权，于是各为要约，舍人人自主之权成一共主，而国立焉。"二子谓立国之原一主乎利、一主乎约，是国之立也出乎事之不容已，而非发乎性之固然。外乎性而言维系家国之法，无惑乎？其以违法为不足重轻，而一切法治刑名之权皆因之而堕矣。

原夫草昧之初，人与万物俱生榛榛狉狉，未有君臣上下之分、政教号令之颁，惟见我秉灵明、人亦秉焉，我能自主、人亦能焉。虽分人己，而同此心性。己即人之对待，人即己之同俦。利己因以利人，敬人实以敬己。利以生各人之分，敬以定各人之责。责分攸著，而法立焉。盖法者，所以联属众庶以均责分者也。故曰法治外行。

然今之讲法者与理相混。夫法与理相似而实相悬，法治外行，所以约束形体，使不侵他人之权利；理治内行，所以约束心思，使无违良知之固然。买物价值，是彼以物予我，责我以偿之之分，此兼责分而言则为法。救灾恤邻，是我体好生之理而有德于彼，彼无责我以必施之分，是为理。理可赅法，而法难赅理。此法家与理学家不容不审辨也。理学家逆戒于未意之先，正心诚意，使不失为君子；法家则绳约于既念之后，杜渐防微，使不流为小人。难期人人之为君子，故制之以法，使各尽其分、各尽其责。如必责人人以君子，期之虽殷，未免责之太苛。一念之萌而善恶分焉，极一日之念，有不知其几千万亿，使欲士师执三尺法以一一绳之，此必不可得之数也。自来立法者张弛之难协乎中、宽严之难得其正者，皆未审理、法之辨耳。理、法辨斯立法有准矣。法有与人俱生者，曰性法；有为人所刊定者，曰律法。其原或异，而其用则同，皆所以治人也。

性法

立法之准准于何？曰准于性法。性法者，与人俱生。亚格沙所谓包孕万法而即以法法者也。乐勃龙云：性法为纲纪，而律法为条目。家别亲疏，财分尔我，此大经大法，亘古不变者也。世之定律者不过因其亲疏而限以服制，因其尔我而作为凭契。此所谓条目之者也。法国律法以性法弁其首云：天下有至公不易之法，为众法之原，制人行止，使之率循乎正理。定律者常常存心目，不可须臾离也。泰西诸律皆宗罗玛，罗玛律师基再洛云："天下有公律焉，为古今所莫外，远近所不殊，奉之则人，违之则兽，律与之同则国治，律与之背则国亡。"

恒法之纲有二：曰敬己，曰敬人。此敬字专指外行而言，否则与理学家相混。所谓敬己者，耻为卑污苟且之行；所谓敬人者，戒为毁伤图赖之事。此即罗玛律所云性法有三端焉：曰正外行，曰毋伤人，曰还人债者是也。

夫人之生也，皆有自主之权。我行我自主之权，我之分也，而以敬己明其分；我不侵人自主之权，我之责也，而以敬人示其责。虽然我不侵人自主之权，难保人不侵我自主之权，则有自护之分；人欲行其自主之权，有须我先行自主之权，则有相爱之责。所为自护之分者何？即人侮我而我拒之以自保是也。罗玛立国之初，约法十二，载有黑夜去夺杀之勿论之条。今之法家若格禄基凹、若普分多弗、若奔当斯者，各宗其旨。法国刑律之三百八十条亦云：人来害我，我迫乎势之不容已而伤人身、毙人命以自护者，非罪也。虽然，犹有限，限以四例：一、人必以横逆加我，我方可自护以伤人。横逆者，即于义不当受之侮伤也。非然者，父母挞子、士师戮犯，本乎至公，将为之子、为之犯者亦藉口于自护以抗拒也，讵理也哉？二、人必横逆之见诸行，则我力拒之方不失理。是故一语之羞、一字之辱，不得谓横逆之已加，即可逞私以戕伤之也。三、必横逆之加我身，而身外之财帛不计焉。盖命则死而不可复生，财则散而尚可复聚。如人夺我财、我伤人命，无异蹊田而夺之牛矣。法国刑律第三百二十六条云：凡贼只去财而无伤人之势，不得杀毙。推而论之，所谓伤命者非独一己之命，即他人之命，见其危迫从而护之以伤人，亦可。此贝西与瑞斯二国刑律皆云：凡有妇人、童子为强暴所伤，力弱难以自护，旁观者杀毙强暴以护之，非罪也。四、必横逆之加我，我无逃生之路，惟有以力拒力而已。普分多弗设喻云：今有人手白刃挺然刺我，我方负墙而立，窗门悉闭，万无脱逃之机，我亦手刃乘其未及而毙之，斯可谓无辜矣。此四例者，皆所以限自护之权也。

国犹人也，人聚成国，人皆有自护之权，国亦有自护之理。整军旅、修器械、捍疆圉、储战舰，皆所以防患于未形，与国不得因我之自强有损于彼，使我稍贬自护之分。虽然，犹有限。英岛国也，战舰是恃。曩者法人志在掩袭，日增战舰，而英往诘焉。夫英、法毗连，增修战舰法之利即英之害，故英得过问，法果从英之请，以减其数则可相安，否则英必乘其水师之未强而先攻之。此以明自守者之不得逞强以危邻国也。英、法二国屡约将对海口岸各炮垒悉行荡平，以示和好。巴黎之会，不许俄人在黑海口制舰铸炮，并毁该海口岸诸炮垒。又英人先以姚尼恩岛让诸希腊，约希腊先平岛中炮垒，恐碍商舶往来。此各国之筑炮垒不能自主，惧其有妨邻国也。然此之所以能限他国自护之权者，在约不在理。舍约而论，则增舰筑垒要不出乎公法之外，国之自护之权有如此者。试更即自护之理进而论之。

夫人欲伤我，而我拒之以自全固矣。然或恐害之及我身，强取他人之物以自保，此理学家不以为义者，乃法家之所宜从权者也。今如乘舟涉海，不幸舟溺，仅存一板，将为他人先得，争之不义，不争则死。夫生为法制，死则法穷，吾惟有以无法之法以奉吾法而已。又或饥馁之及我身，而介我侧者有箪食豆羹焉，食之则生，不食则死。君子与其死而不愿食一不义之粟，然此可以责君子而不可以期小民。法以绳小民者也。瑞典之律云：凡有急难，夺取他人之以自救者，不坐。英、法、奥三国之律惟从轻坐。然惧有以开争竞之门也，故不曰无罪，而以定罪之权予之听案官绅，使之比例以权其轻重者，权也。

至有胁我以势、畏我以死以逼我行一不义者，则如之何？夫明知故犯之谓罪，此则非我本心。法国律所谓为势所胁而犯者不坐。若威力逼我身，使不能自主，是直器使我身矣，此与百工成事而良不良不问其器、惟问执其器者同一理也。此英、善［美］、普、奥、西国之律所谓威力逼人而人为所用者，罪不坐犯者而坐胁者。以上则专指势力而言。若弟之于师、亲之于子、妻之于夫，虽各有顺命之责，然所以顺命者，只在师道、亲道、夫道之常。苟为其变，强令若弟、若子、若妻行一不善，是自外于师、亲、夫之职，而为之弟、为之子、为之妻不必以师、亲、夫视之，直可以外人视之矣。民之于君则不然。夫国有宪章，民当法守，而不能窃议。盖宪章者非一人之私见，乃一国之公例。君或驱臣于不义，臣明知之而故为逢迎者，则为背义。非然者，古今来亦安贵有守正不屈之诤臣者？

所谓相爱之责者何？曰以惠惠人也。基再洛引古诗论曰：游人失路，从而指之，我无损焉。犹我执烛以燃人烛，我烛常明，人烛亦燃，两无所损。执此以言惠，乃法家之偏见，而非实惠也。夫法固不能责我损己以益人，而与人同居必有相助相怜之时。今日人需我，安必他日不我需人？故法律家推论相爱之道，虽不能责人以施实惠，而拯溺救患是为应分。孺子坠河，见者奔救，路人濒死，过者解囊，此出乎性之不容已，即性法所谓相爱之责也。

由是观之，性法之纲原于敬己、敬人之道，推为相护、相爱之理。所以维系群伦者，端在乎此。读律者知□之有所亏而参之以法，定律者知法之常不变而宣之于律。性法可忽哉？

原律

性法者，所以联属众庶、均其责分、使之相爱相护者也。然而古今异尚，南北异宜，风俗因之不齐，好恶因之不一，而天下之法遂源同而流别，千歧百出，莫可端倪，而律生焉。

律者，通称举两间之色色形形，莫不有律。日月七政之所以环绕，牛董悟为摄律矣。筋骸血脉之所以流通，答加名之曰生律矣。盖律者，物物相维之理。推之于国，亦何独不然。蒙代斯基云：性法者，根性而生，不因俗尚而变，不因寒热而更。至人与人相聚而为会，会与会互结以成国，于是人情不同。合众不同之情而为会，则会与会殊；合众相聚之会以立国，则国与国异。国既与国异矣，则所以维系者之律亦不能一。今夫医者之于病也，性寒者投之以热，性热者剂之以温。国之律法亦若是也。远鉴前古，罗玛律因希腊而有损益焉，法国与日耳曼因罗玛律而又加损益焉，施之各国而复为之损益焉。此各国律法之不得强使相同者，势为之而地限之也。然原其律法之旨要，皆上之所定以维系群伦者。且夫律者人为之，而所以为之者，则有定律之权。

定律

国之所赖以立者，恃有奔走天下手足与绳墨天下心思之权。所以奔走之者，则有行律之权；所以绳墨之者，则者定律之权。然而徒有奔走天下之权，而不先定其限制，则行律之权其弊必至于滥。所以限制者何？曰定律之权。故定律之权超乎众权而先乎他权者也。夫国有国体，或君主、或民主、或君民共主，视其国而后知定律之权属聿河［何］人。此则详言于《国律》篇内，兹此不赘论。今姑论其定律之次序何如。定律共分四事：一曰草创，所以条陈办法之大旨也；二曰讨论，所以参考新法之利弊也；三曰准定，所以申明新法之著为令典也；四曰颁行，所以宣布新法之必当则守也。各国之体制不同，而所谓草创、讨论、准定、颁行之权遂厘然而各别。以法国论之，当咸丰二年初更君主之制，故君权偏重，而草创新法之权专归君主，由枢府属稿，移上下议事二院讨论，议臣惟能讨论新法之臧否可否，而不可删易，删易之者亦惟枢府而已。同治九年更定民主之制，而议院权重，于是议臣亦得条陈新法矣。此法国之制也。英为君民共主之国，权在于民，惟大赦之令专属君主。遇有军国大事，诸相臣方得条举新章，而草创之权专归民、绅二房矣。但求条陈新章，绅房议臣惟先告绅房而已矣，而绅房无权以禁之也。民房议臣必请命于民［绅］房而后可。盖民房议臣率皆后生新进，不有戒其血气之刚，将议论纷纭，莫衷一是。此所以限制之者，亦即所以别绅、民二房尊卑之分也。比利时国律之二十六款与普国国律之六十四款皆云：君与议臣皆得草创新法。惟普国尊为民主之后，首相亦得草创焉。荷兰国律之一百有四款云：君草创而下之下院，然后移之乡选以议得失，而以删易之权专属下院。西班牙国律之三十二款暨葡萄牙国律之四十五款与荷兰之制同，惟讨论之职专归上下议房，讨论定而议臣各言可否，可者过半则垂为令典，否者过半则置之。

虽然律既定矣，而所以准定之者则不属定律之权，是有行律之权在。咸丰二年，法国国律之第一节云：律定之后，准定惟君，颁行亦惟君。而论之者曰：准定与颁行之权同一签押而已，奚事区别？不知准定之权即予国主以斥驳之责，而颁行之职惟晓臣民以则守之分。其为事虽一，而其用意之不同有如此者。

定律期于施行，行律在乎宣布。颁行之者，所以宣布之者也。不然国内二三臣更定法律，且近在咫尺者或得闻其定论，而僻壤之民何由知新颁之政？于是执法者或以未布之律绳无知之民，不几罔民乎？法国宣布之式因时而变。前者新律一出则由里胥击鼓晓众，虑其亵也，易为榜贴乡镇之式。今则新报流传日广，故以刊报而代榜贴。报有迟速，一以官报为则。地有远近，则以官报投府衙后之第三日为辖府遵行新律之始。其远近之限，则以府城去都邑之日程若干为定，远一日程则视都邑遵行新法之日迟一日，由是递加，以至于边鄙焉。究之此种颁行之式，通国遵行，未能一辙，加以各府属填写月日之繁多生歧误。意大利律云：凡新定律例，俟颁行十五日后，合行通国。此简而易者也。其或有势值仓皇、时多变故，爰颁新例以济律之所不逮，则不拘程限，一经授府立即照布，立当遵守者也。

定律既属之议院，行律既归诸国主矣，然议院所定之律行乎通国、垂诸后世，惟能综举大纲，而无暇条目之者也。法律之外，尚有随地以迁、因人而异、遇事而更之例，讵能逐一陈之议院、逐一令之讨论乎？是故上而国主，下而臣僚，皆有发号施令之权，以济乎法律之穷。惟其济法律之穷，故所颁号令不得显悖乎法律。其号令有随地以迁者，如法国国主可相地度宜于通都大邑创建商院是也；有因人而异者，如擢用某人或荐升某人各示合境是也；有遇事而更者，如颁示条教则概由枢府拟议。法国初定制器者有能巧思新式，准其领照专制以昭鼓舞之例。但何者新式、何者袭旧，与夫每一新式限其专制年数之细节，则由国主下之枢府拟议而后定者是也。

其不能僭用政柄者何？一则赋税不能擅加也。赋税取于民以供国用，非以给上嗜好。况夫赋税出乎民之产业，民有其产即有主用其产之权。苟非心愿输将，不得擅夺其所恃以资生之物。而民之心愿与否又不得比户而问也，于是设为议院。议院者，由民自举、为民以达意宣情也。故增减赋税之权专归议院。一则刑条不得专设也。刑者一国之公罚，原其初人人皆得自主，而必纳其身于国会之内者，要皆出其本愿，非能以刑驱、以势迫之也。但既纳身于国会，即当守国会之条约。条约者，法律是也。虑其不守法律，有以乱一国之安和，故特为徇禁申戒，使国人得以惩创已往而警惧将来，此刑之所由定。是则刑者出乎一国之要约，而非关一人之私制。故特以其权专付议院。至赦宥之权寄之国主，所以广好生之德耳。且夫刑罚所以威治天下之具，财赋所以役使天下之人，恐理天下者挟 己之私以严刑而重赋也，则夺其所以威治天下与夫役使天下之权，转而复之民。泰西各国千百年来或火热水深，不胜其君之残虐，一旦众畔亲离，冠履之分遂土崩瓦解而不可收拾，幸则与民约法、立为君民共主之国，不幸则殄宗灭祀、立为民主之国。此民之不以尧舜待其上而先以桀结［纣］视其上，知所以责望其上者卑且近，则所以寄托于上者狭且小也。遥瞩列史，而后知治乱兴亡之亦未尝不基于此。

律则定之议院，令则申之国主。今夫律令者，乃治民之大法所存，一国之宪章所系，是在执法者有以酌而善用之耳。

用律

律期于用，然律文词旨简严奥博，不易讨究，必待讲解而后明。讲解之者分为三宗：一则读律家将律意详慎体贴，反覆考证，著为成书。然则出自律师之心得，非即谓律意之正宗，故其讲解诸条可为司法之指南，不足为律法之典则。一则汇各刑院之成案，以求律意所在。但狱讼繁多，往往有事同而情异，刑院惟察情以援律，故同一讼也，或两处刑院而判案有相左者矣，或同一刑院而先后有歧出者矣。是成案不足以见律意者，从可知也。一则定律者重申条例以补古例之不及。其条例与律文互相发明，是用律者所当谨守，不得参以己见也。间有定律者见夫古律之意隐而难解，即采讲律家所著之书定为正注。如罗玛皇名答凹多斯者以巳比利恩注解颁之通国，前明宏治八年西班牙王泛而第囊以巴尔多来之律注行之合属是也。然有定律者侈然自是，严禁人之注解，如罗玛皇儒斯定略辑成会典，禁人笺释；普国之君弗来克利克第一与夫法国王那波伦第一刊有法律，禁人注释。夫一代典章固不得妄为改窜，然法律之垂以昭来兹，历百有余年，一治一乱，其盛衰之时异矣，其所遭之变、所遇之势亦各不同，徒使司法者桎梏章句、拘牵文义，不为之酌古准今以融会贯通，极其弊必有扞格而不行，而古人立律之深意反因之而或晦，以至私心自用。撒尔登，英律师也，论英国以义结案之律云："义者，美名也。至失其真而徒存其名，尚得谓之义乎？天下积弊之生，皆有美名以为之庇，而祸根可滋，则名之美者乱之丛也。"至遇疑案而律无明文，是当悉心参究，务求平允，此则用律者之先当融会律意也。

夫原定之律，遇有狱讼据以定案固矣。然新更一律或遇涉讼，其事则成于新律之先，其案则发于新律之后，将何以处之？曰：定律原期遵行，至律未定之先，则并无其律，何以遵行？使以新律律夫先于律以之行事，民将无所适从矣。故律者律未来而不律已往，此理之常也。然有理之变者。夫事成于新律之先，新律固不得而律之，若事虽已成而名分已在，则又将何以处之？曰所谓名分有二：有已得之名分，有希得之名分。二者名同而实异。是当罕譬而喻之。法国户口律云：死者无嗣而有弟兄，则弟兄承产，孀妇不与焉。设有甲某殁后，身无嗣续，又无遗文，止剩弱弟与寡妻而已。乃于讣闻报官之后，忽新颁一律云：妻与弟兄同分遗产。则他日分产，古律欤则妻不得承焉，用新律欤则弟失其半焉。曰当从古律。盖其兄于瞑目之时，正乃弟已有全得兄产之候，妻不得而争焉。若没在新律之后，而病在新律之先，则用新律。是弟不得谓乃兄起病之日已有希图全得之心，而阻寡妇以中分其产。盖律专指责分，而事之成不成无关焉。既有应得之名分，则当绳之以应得名分之时之律耳。至于新定刑条则不然，罚惟从轻，此定理也。假如有罪犯在新律之先，而结案在新律之后，其或新律重于古律，仍从古律科断。盖罪之应处以刑，非于士师审知其罪之日，当实于作奸犯科之日已有应诛之罪名，而其时可诛之刑条仍为古律，故以古律处之。其或新律轻于古律，则定律者之本意惟嫌古律之过刻，故重定宽刑耳。是当科以新律，以体立律者忠厚之心。此用律者之当察其后先也。

废律

性法合古今而一辙，律法与世代相变迁。凡有宜古而不宜今之律，当废之而不援为法。废有特申于明文者，以示古律之业已删革；废有默寓于新律者，缘与新条之不可并行。此固显而易见者也。其或有一古律明文未见删除，新律亦不相悖，而代远年湮，官司既未之法守，下民亦未之遵行，将如之何？曰：是当废而不用，从俗尚也。律因时而制，时已迭更，则因之者亦与之递变。盖时势为之也。但奥国之第九节与英国例内有古律不得因俗尚而废弛之条，故英国结讼动涉经年，两造各于断简残编之内翻寻古律以证己案。士师虽通晓律文，但数百年来刊定之律充栋汗牛，讵能一一遍读？所以对古律而茫然，是当稽其年日、会其意旨方能结断。嘉庆廿一年，有英人名赵尔东者，杀一闺女名亚斯东者，情节甚重，而官误以误杀释之。亡女之兄上控反案，赵尔东赴案请与女之兄比武以决是非，且云此英之古律，许两造彼此角胜，至今未见有明文废之者。法司拘于古律，不能驳诘，而女之兄自揣力不能敌，遂解。其明年，议院特定废去涉讼比武之律，而女已饮恨终古矣。此可为泥古者戒。

律有因时而废，即有与时俱生者。其在古初，人世茫茫，礼乐制度未经垂定，故凡律从俗。今则定律、行律之权厘然各判，诸律必经垂定始可法守。虽然英、普、美三国之律多有未见明文而遵行，法司所当援用者，从俗尚也。

分律

律以制事，事以生用，故律有因用而异名者，有因事而各别者。其因用而异名者，目有十二：一曰纪纲之例［律］。所以定上下之分，使之足以相制，上不自专，事事悉遵宪章，下不妄干，一一悉听成法。国之根本于是乎在。纪纲之律不独民主之国有之，即君民共主之国亦有焉。其详则载于《国律》篇内。二曰条目之律。夫纪纲之律惟揭其要，不能分析，于是有条目之律在焉。咸丰二年，法更为君主之国，当时纪纲之律未及遍载乡里，吏胥以及里邻诸条责成国主，俾能自定，此为条目之律。三曰令民有所遵行之律。如年及丁壮应充行伍，业有恒产应出赋税，以及法国户口律之二百零五款云子宜养亲暨厥大父母者是也，刑律于是乎属所以令法司遵行刑典，不得任意出入也。四曰禁民不得违犯之律。户口律之一百四十四款男子未满十八岁、女子未满十五岁不准婚嫁，其一百四十七款凡男有家而女有室者不准再行婚嫁。他如禁售军火等件，皆属禁律。至杀人、抢夺等罪，考之各国律例，未曾明禁。非此罪之不在禁律，实因此罪之拂乎人性，有不待禁而自禁耳。夫律例推原于性法，使性法之所禁者重为申禁，则人之聪明有限，将禁其所不当禁，而所当禁或至遗脱，不几挂一漏万乎？故以不禁禁之。但瑞典律论婚姻之首款云：求婚当问女家亲属，如以势诈娶者应坐夫。求婚之不得以势力诈娶也，根乎性，有不待律禁而始知其违法者。而瑞律之特为申禁者，良以瑞典开国之初，婚嫁之时惯执兵械以强娶耳。五曰听民行止自由之律。户口律之一千零七十五款云：父母暨大父母在生时，可为子孙分析家产。其一千零九十一款云：男女成婚之先，可指定一产相为馈赠。又一千三百八十七款云：成婚后，其男女家财如何治理之处，可由二人任定章程。此皆许其可行，而不行者亦非干律禁也。然有律虽未经明许，而亦非明禁者，行与不行听人自主，故律曰律所不禁悉属可行者，此耳。六曰新定之律所以损益变更原律者也。七曰解律之律。律有隐义，以致执法者未能了然，于是立律者即其原文细为申说，非于原例有所改移，乃即原律而重为细释耳。八、律有制乎通国者曰公律。九、律惟辖乎一区者曰部律。法国新律之前，各部各自有律，不得施行他部。及今英国绅、民二房每颁新律，有专属英吉唎者，有专制苏格兰者，有专行于印度者，是其政教随乎地之风气而定，不能强使□属同轨者也。十曰有择人而施之律。如凡田皆税、王庄不征，凡罪皆控之审院、惟九官之长则诉之上议院是也。十一曰有防其乱之或萌特定律以预杜者。如刊布新书以及日报等项，惧其妄生是非，饬令印舍官发售之先必呈教部阅准之类。但此等条例各国渐渐刊除，盖日报议论是则当改，非则当惩，未始非执政者龟鉴也。十二曰因权制变之律。时际仓皇，常律不足以制之，特开例禁而作一非律之律以弭乱者，如有事之秋各犯当以军律治之之类是也。

律有因事而各别者，区为之三：一曰物产之例［律］。夫讼狱繁兴，率皆由于分析变卖之不得其道。故先明定易主互市与夫析分诸律，以杜其争乱之萌。此则不问其业主之为本国人民与他国人民，皆以一律律之。盖产置国内，而国内尺土莫非国土，不得以业主籍在他国而自外于吾国之律之范围。此所谓律从其地，问地不问主，而他国之律不得施行吾国之境也。二曰防乱之律。夫一国治安之象，惟特居吾境内者有以各守其分、各执其业，不致侵扰他人，虑其有作奸犯科之人，爰制为戢暴胜残之律，于是履吾土者皆安堵无虞矣。惟各国使舍官之人出聘通好，即以身代其君，而吾国之律不得使之于彼，敬其人所以敬其君也。三曰户口之律。以制本国人民婚嫁丁壮之期是也。户口之律随乎其人，不因地而迁。盖既生为法国人民，即有所以为法国人民之理，讵可以其之英、之普、之俄即易其所生之地，而变其为法国之人民乎？如法国律定男婚当年满十八、女嫁当年满十六。假如法国女子羁居西班牙，竟援其律，年甫十四而嫁，则谓乱婚。又法之律以二十一岁为成丁，假有普人年及廿二在法国变买［卖］产物，仍可收复，缘其为普人尚未及丁者也。或有疑户口之律虽制本国人民，然境无二律，安容以他国之律施吾境内以贬吾国之权。不知地分南北，寒暖不同，即血气各异，不能强意国女子年满二八而始嫁，犹之不得强普国男子年甫十六而有室。是各国户口之律未能一辙。使皆循寄居之国之律，则一人而可历数国，其所成之婚姻正礼、私情无所判决，所生之姒续正嗣、私子难以定名，而伦常之际与产业之分，其乱将有不可胜言者。推至未成丁而立契券，将卖主买主无所适从。故各国惧其有以相乱也，默为相让，以成此变通之局。况乎婚姻年限虽从籍生之国之律，而婚姻之仪仍从寄居之国之律。盖仪则著之于外，不得于吾国境内行别国之礼式，示臣民以特异之举。且也婚姻之成否一视见于外者以为凭，吾既无官长目见吾民之寄居别国者之果婚妻也，不得不以彼国官长之证为信。夫彼国官长又非可范以吾国之仪，直以彼国官长之凭式为左证焉耳。假如法国人民在俄国婚娶，必由俄国官长前此证者，此定例也。间有至本国领事以及使署内取照者，此则律之变耳。

夫律之因用而别、随事而分既如此矣，然而逐条法律皆有其事并有其用，用与事相糅杂于一律之内。以之讲解，夫律例必至混淆而毫无头绪。所以律法当分门别类，庶几读律者寻流溯源，不至望若而叹矣。

律分二门：一以制民与民交涉之事曰民律，一以制国与国交涉之事曰公律。民律区为三类：一以制户口业产之分，曰户律；一以制商民交易之道，曰商律；一以制商民涉讼之文，曰讼律。公律亦区三类：一以定国之体式，曰国律；一以定吏之权制，曰吏律；一以定刑之轻重，曰刑律。终之以公法，所以定国与国交涉之事也。是宜统论各律而次第之。

今夫立法期于治平固矣，夫治平之效操之于上而奏之于下。所以能使治平之效奏之于下者，曰有户律焉，使人人得遂其生；其或生之不遂，有商律焉，使人人得谋其利；其或有奸诈者，乱我生而夺我利也，有讼律焉，使人人得以自护自卫以鸣其不平。然而下之所以得奏其效，亦视上之善操其术而已。其术维何？曰：制以上下之限，使下不乱上、上不侵下，则为国律。而民知所向。夫一国之地广矣，非一人所可遍及也，故区为各属；一国之事繁矣，非一人所可亲理也，故设为百官。是为吏律。虽然其率教者固已相安无事、受我范围矣，夫人民之众、土地之广，难保其无不率教者，而治法之权穷。是当有以威天下、罚天下，而刑生焉。刑者，惊［警］其将来，威天下之术也；惩其已往，罚天下之具也。故终之以刑律焉。内既修矣，其或与国之不我信，设为使问以通其诚，其或与国之或我侮，发为战征以讨其罪。而使问、战征虽无定律，要有定法，故终以公法焉。

卷　二

户籍

户律者，所以定民之分、保民之财，使人人得遂其生者也。人生有亲疏之杀，有贫富之分，苟不峻其防闲，则亲者反疏、疏者反亲，而纲常淆矣；不严其约束，则贫或羡富、富或厌贫，而风俗靡矣。纲常淆则民多干名犯义，风俗靡则民皆尔诈我虞。于此而欲理谕势禁，以冀其政简刑清也，迟矣。夫法令者治之具而非制治之原者何？亦曰：定民之分、保民之财而已。所以定民之分，则有户口之律；所以保民之财，则有产业之律。然而民之财不能常保也，所以令取之者有道、舍之者有方，则有易产之律。法国户律条分缕晰，最为详明，近则各国新定条例多因之以损益焉，统计二千二百八十一条，类为三卷：曰户口，曰产业，曰易产。卷有章，章有目，目有条，兹姑类而论之。

户口者，统乎一家而言。家以人聚，欲论家之所以成，先论人之所以立。泰西格物家云：能感觉推理者之谓人。盖人之同于禽兽者感觉，异于禽兽者推理耳。讲法家言：众法所丽者之谓人。法因人而生，惟人能知之，惟人能守之。此第泛论夫人，犹未切指夫人。故读律家云：有责分者之谓成人。夫有责分者之成人，西国语言呼曰贝尔桑那，原乎辣丁之文，犹云戏中之脚色也。戏中脚色，净、丑、生同此一身，而情景各别；世上往来，父、子、夫依然一我，而责分攸殊。所以借脚色之名以定责分之归者也。由此观之，不独有五伦责分者之谓成人，即纠股以立商会、变产以立义庄，皆有债户、欠户、业户之责分。此有成人之实，不妨以成人之名以名之耳。

人之责分原于亲疏，所以为亲、为疏者，不外乎生、死、婚嫁三大事。立一册籍明注之，而亲疏之分不虑其或淆。生籍以正嫡庶之分，承产因之而定焉；死籍以稽存殁之实，家产因之而分焉；婚籍以定夫妇之正，嗣续因之而立焉。三者各由本家取见证者数人亲报里胥，里胥上册下注时日，年终送册于审院，其空白之册由审院监司先书册之页数，并于两页接缝盖印，然后颁之里胥，以杜抽换之弊。有生、死、婚嫁不报者坐之，里胥舞弊者问罪，恶执法者之玩法也。

人生有籍，籍者以定责分之地也。不必拘所生之地以为籍，亦不必以身居其地以为籍。惟实指一处，而凡词讼之兴、官牒之投皆在于此。不然，同一讼也，可告之于数处审院，无论各院越境问事有干律纪，即此两造之奔走，有不胜其烦者矣。间有债户欠户居不同籍，任指一处为籍，后有涉讼即在斯处审院投告以为两便者，亦通融之法也。此所谓籍者，第就境内而言，故出入一籍，有无须告明矣。

惟户律虽制在籍之民人，亦旁及外人之旅店［居］者。夫在籍与寄居，责分攸殊，不容不辨。而本国民人之分，如选举议臣得为长吏是也，其责如及时婚嫁与供徭役是也，此等责分，凡外人旅居者与中国妇女以及未成丁者皆不与焉。至籍隶法国，有生而在籍者，如其父法籍，则子生之地无论国内、国外，皆从法籍。是籍以人定。古律，外籍之子生在法境，即隶法籍。是籍以地定。近律云，或祖父皆为外人，惟父生法境，则子生时即隶法籍，以杜边界之民跨居两籍，希免供役之弊。惟许其成丁后一年之中呈明不愿在籍，方免执役。有入籍于既生之后者，凡外人愿隶法籍，当先呈案，准其寄籍三年，然后国主颁谕，准其入籍。其有效力法国、为之广为招垦者，虽寄籍一年即准入籍，以示优异。至外籍之妇嫁于法人，则妇从夫籍。其生于法境之外人或法人出籍之子孙或外人入籍之子孙，曾无需国主饬谕，一经本人呈明，即隶法籍，以其习乎法人之心性，故予之甚易。凡法人私隶外籍与夫不秉明法朝、私受外国官职或投他国营伍者，一概削籍。惟罚只及身，而事前所娶之妻、所生之子仍在法籍。俄国、荷兰、西班牙、比利时一如法国之律。凡外人入籍，必须国主颁谕。奥、普二国新律，凡外人受其官职而未言明其仍为外人者，即算入籍。又普律，外人无事寄居，一经呈明，即由本地官颁照入籍矣。惟英人有生为英民即长为英民之说，入籍亦难。至同治九年，始准外人在英国业地，而出入英籍之律稍宽矣。

至外籍人民旅居法境，所享权利与时变迁。在昔希腊斯巴尔得城，禁止外人寄居，其亚得纳城严禁外人出其界地。罗玛立国，地广人稀，特为招徕流佣，及强盛则严定限制。至泰西列国封建之时，虽准外人境内置产，但业主亡后财产充公，不准承嗣。近则凡外籍人民除除职、拜官及选充议臣而外，所享权利与在籍人民无异，如承继宗产、开采矿穴、领取新式制器执照、收买法国银号股分，皆不禁焉。惟外人若非行商而为原告者，当具押保，恐其误告，则所罚之使费赔累一经出境不得责偿耳。若有财产在境内者，免其具保。盖行商尚流通，如强令具保，则营运有碍，甚非所以鼓舞客商之道耳。故免令具保。

立家

既论人之所以成，当论家之所以立。此先口而后户者也。夫在籍与外籍之人暨未成丁或已成丁而痴愚者，此就一身而言，故曰口。若婚嫁以正夫妇之道，父子以明慈孝之义，此指对待而言，故曰户。户者，家也。家以人聚，殆国会之权舆欤。古者家与国各有相因之势，始以权操家长，而各家不相统属；继以家数日烦，同壤而居，保无争竞之生，于是公举一高年硕德者以理各家之曲直，而国胎焉。其初制度不过合众家以成一国，是则国之因乎家者也。寻国势浸盛，政教伊始，其智而明者相其土性之寒煖与夫人情之强弱，立为国制，而即以范乎家。故希腊之家制宽、罗玛之家制严者，则家之因乎国者也。秦［泰］西近治，国制与家道分而为二，迥不相关。盖国之体制可阅岁而更，而故家遗俗惟世传而定。虽然家道之宽猛固难绳之以法，但家之中有合异姓而成夫妇者，有为二人所生嗣续者，假如统责之曰夫唱妇随、父慈子孝，理之正也，而不为之严定限制，曰不如是即为犯律，俾编氓有所趋向，则所谓唱随慈孝四道，大无津涯，虽圣人亦终身行之而不足，而欲即是以绳愚民，稍一失足即曰事关风教，置之重典，不几殃民乎？泰西讲律家曰：夫妇之道，唱随而已。然同居则狎，易生猜嫌。故于婚姻之先后有定制焉，而夫妇知所向。父子之间，孝慈而已。然溺爱不明，致生睽隔。故于家庭之责分有定法焉，而父子识所趋。此户律之纲领也，试进论之。

丁幼

夫境内人民，或在籍、或寄居，既以明定其分，然而国之中有幼者焉，有弱者焉，阅历未深而与世往来不无交易之事，彼狡者方将利其愚以欺其不知，是则定律者亟当护之耳。然不能执一一问其阅历之浅深，故相地以定知识之有无。法国以足二十一岁为成丁之限，英、俄、比利时律亦如之，普国限以二十五岁。凡成丁之先私立卖买各契，尽属废纸，防其无知而妄作也。然有未成丁而早孤者，是宜亲治家务，律为特设一辅孤者以代之。辅孤有为亲族者，有为特选者。其亲族或父死子承父产则母辅之，或子承母产则父辅之。西国婚姻，男女产业不相和并，故子得遍承焉。或由父母遗命托孤他人者。惟父母代理，子年未满十八，其产之利息尽归父母，满后则产之本利尽归于子。准亲取利者，出乎情之正；限以年岁者，防其用之偏也。假如孀母再醮，仍否辅理当询族议，惧后夫之擅耑也。父若再娶，仍可为子辅理，无惧干没之弊。假如双亲已丧，既无遗命，又无至亲可以代理，则由合族公举一辅孤者以治家事。辅孤之责乃律例所定，苟无大故，不准诿谢，亦不准取利以为酬谢之资，防其擅用孤财也。辅理之先，细立清单，辅理之际，严禁变卖。或有变产之举，当询之族议，大事则质之审院。至抚孤教养之费，由族议定，设为监辅以杜其擅专，典其产业以防其侵吞。有孤子知识早开者，可于成丁之先许其亲理己事，而辅孤者可谢其责。父母为辅孤者，子年十五即可谢责；外人为辅孤者，孤年十八方可谢责。盖知子莫若父，故速其限；至外人既无利可图，惧其推诿谢责，故迟其限耳。但幼者之知识虽开，难免矜才自用，仍设一助理者以相之，则所以保幼者亦周且密矣。其痴朦无知、不能治理家产者，与夫嗜好多端以至滥费财产者，则与未成丁者同例，当由族人呈告审院，详勘真伪，立一代理者以治其家，务保其财，兼计其后也。

夫不能治理家产者，不独年幼与昏聩者矣，间有远游无宗、音耗杳绝，其存其殁不得而知，所遗财产任其耗蠹则贻害债主与后嗣矣，任人霸占则适启争竞矣。律有剂其两可者。凡外出者，于音问已绝之后，可由亲族、债户呈明审院，立一代理，此为初限。如是者相其远出后已否留一经理之人，或十年或五年有差，然后审院准其亲族暂承产业，如是者三十年，此为二限。二限期满，方准亲族治产，则视远人已成物故矣。其或业主生回，则产业仍归原主。盖准亲族理产者，惧业之无主，恐致耗失，权也；断产业归还者，缘物有专主，主在物存，正也。至远出之后苟无逝亡确耗，其妇不得再醮，盖产业可还，而镜破则难圆矣。

婚姻

人道肇端乎夫妇，而夫妇以婚姻合者也。西士论事，先以释名，名正则是非立见。尝见有论辨一事者，执言盈廷，莫识谁是，而要之所主者与所奴者同归一旨。其前之所以意见相出入者，非其事之可以两可，乃持论者命名之意各不同耳。夫释名乃泰西理学者与法家最重之端，而必申论于此者，以泰西讲律与中国经传多隐隐相合，惟论婚姻一节，则各主一见。假如中儒读其论，必有斥为大坏名教者。究之西士所释婚姻之名，有迥然特异者。名义既殊，则所以防维其名义之律亦必有殊矣。

法国户律曰：婚姻者，乃一男一女众前要约，当其同生，誓愿好合，所以共度余生、共衍嗣续者也。夫曰一男一女，则不得置设媵妾，盖一阴一阳之谓道，方称敌体。矧天生男女只有此数，法国被籍岁生男五十一万，岁生女四十九万，然男之冒险而死者率多于女，故男女之数适各相当。假如一男二女，是夺取他人之分而使天下多一独夫矣。若以无后之故必欲纳妾者，则婚姻之旨有二焉：一以共度余生，一以共衍嗣续。是传生犹其后焉者也。且也二女相居，必相忌刻，忌刻起则家不和，与其有子孙习见此风而异日忤傲长亲，不如不有此种子孙之为愈也。此亦至论。夫曰当其同生、誓愿好合，盖婚姻原期偕者，若不幸而夫妇二人或丧其一焉，则独阴独阳难以作合，是婚姻之名实俱亡，故夫娶妇醮各任其便。罗玛古律，凡男无室而女无家者，与独夫、孀妇不再娶、再醮者，皆坐以巴比亚保贝亚之条，即禁其承受遗产耳。后则风俗渐偷，弃前夫之子于道旁而抱衾以奔后夫者，所在皆有。于是定其限制，而廉耻稍复。法国户律，于再娶、再醮之条不加可否，惟定制以杜其弊。假如孀母再醮，不得享有伊子产业之息，且非族议俞允，不能辅理，惧利后夫也。若妇有赠后夫者，不得逾前夫之子应得极少之分，总之不得过妇产四之一。且再醮之日与前夫瞑目之日少亦无过十越月，适当孕期，所以清先后之界。若无再娶，并无禁条，惟于前妻遗子之产业所收子息减去，防后妻之沾润也。夫再娶、再醮无乖于理，惟伉俪笃者于情不忍，此则不娶、不醮出乎情之正。然而律惟求合乎理，不能强制以情，故任人自为者，此也。若夫妇俱在之时，宜共收此约。任有大故，可离居而不得离异。离居者，夫妇不同室，而名实犹存；离异者，夫妇可各去再为婚嫁者也。是非律之宽于彼而严于此，良以婚嫁出乎要约，二人同心以成一会。夫二人纠股以立商会，苟无大故，尚不得先期分拆，而况婚姻之会誓共此生，如一人求去，其贻害于他人者不特如商会之丧其财货已也。夫弃妇则失身之女青春已消矣，妇离夫则丧志之男精力已尽矣，而况所生子女又将何以处之？从父则不见母，从母则不见父。如或子从父而女从母，然自父母视之，同此一脉之遗，并无子女之分，今以一旦反目之故，捐数年之恩爱，撇儿女之至情，忍乎否耶？故婚姻之不得离异，出乎理之不容已。而矫其说者则曰：婚姻当神明以要誓，故一结而不可复解。此立教者所以防维伦纪之说也。法国大变之后，国与教分，当其人心鼎沸，事事力反乎前人，故有准婚姻后如夫若妇或犯奸暴戾、或身受刑典，则可告离异。或二人有故，各愿求去亦可，甚至夫妇性情不合亦可离异。时乾隆五十一年也。至嘉庆廿一年复除之，国与教仍分而未合。至今凡婚姻者既至里胥前要约，则婚姻已正。其再至教士前行礼，仍听其便。若普国之律，凡婚姻当至教士前要约行礼，然普律尚准离异，从可知离异之可否非因婚姻之属教与否，亦视其人性情何如耳。北方之人重厚，故英、俄、瑞典、荷兰、比利时律准离异而未见有弊；若法、若意、若西班牙之人轻浮，一开离异之禁，则婚姻作合不足重轻，极其至必有如古罗玛之淫妇以离夫之数多者相夸矣。近今法国从离异之说者三之一焉，故每岁议院必有请开离异之禁。其说以婚姻原期相安，乃二人冰炭势难与共，孰若解其约、令之他适，或得再配一相当之人以成室家之好者。此虽执偏之论，然已议定准行矣。前所论者，就所释婚姻之义而推论之。但婚姻所以成者，在二人之誓愿。盖一男一女愿共偕老，必已情投意合，而所以投合又非他人所可臆料。是必男女先已相识相知甚深而后可。故泰西之俗，婚前准男往女家与女晤语，使彼此之情性相识，或一月、或三四月之久，方能成婚。盖泰西夫妇相偕，宴客则妇为主，行礼则妇在先，晷刻相随。苟情好不投，有难同居者矣，与其日后反目而进退为艰，不若此日知心而合离早定。宽其防正所以严其约也。

夫曰誓愿，则出于二人之情愿可知。故有以势力强勒以成者者，则愿不由中，外虽发誓，内无实情，婚姻仍未成也。由是观之，不特古之罗玛、希腊由家长主婚而男女决不过问者与夫泰西封建之时各国小侯抢夺民女，皆不得以泰西今日之所谓婚姻者名之，即平素病痴狂者与婚姻时昏倒不省人事者，又或起居俨如平人而心内不明者，虽在里正前发誓，但愿非出自中心，不过人云亦云，并未知所愿之云何，则虽有婚姻之外礼，而无婚姻之实际。可任亲族呈告，若里正明知者，宜坚去之而不为成礼。不特此也，婚姻之时，其桃僵李代之不得成婚者无论矣，即或虽其本人，但行实误传，以至女受男欺或男为女诈而草率行礼者，虽婚与未婚同。曩者法国与西班牙构兵，法军阵获一人，置诸一城，彼则冒称西班牙范尼男爵之裔，因与城内缙绅家往来。又伪造生籍，谓生于嘉庆十九年正月者，以示里正。里正谓其生籍无凭，须由本国官长给印。渠答以阵降削籍，难以取给，不得已招其同获者七人诣里正前发誓，谓其实为范尼男爵之裔，里正予以凭证。因与城内显族名蒲尔时得对肋之女为婚，时在道光四年之春。居无何，其人素行无赖，事发远遁，其妻遣人迹之，方知其夫非范尼之裔。于是控之审院，而以误信实行可以拆婚之例断之。夫行实一身之荣辱所系，必彼此互知而后能诚心好合。至以贫为富、以贱为良者，即不得援此以求拆婚。盖贫富、良贱倘来之物，矧一身而可以贫富迭更、良贱时易者。究之二人所以愿婚者，视乎人，讵可以身外之物而出入其愿哉？但婚姻成乎二人之情愿，其有秉性固执，非富不娶、非良不嫁者，是誓愿之时一心专注于此，若其人实非生为豪族或非良家子弟，是婚姻之愿已虚，似可因此而拆婚者。普国之律所谓着法司验其情伪而据理以定。至法国之律，不独不准拆婚，抑且不准申告，恐长弃贫厌富之风也。婚姻之礼由二人在里正前誓愿而成，是则未至里正之先，男女并无约束。故泰西无定婚之聘礼，以主婚之先既无要约，即无授受之分故也。间亦以聘礼相赠者，但非若古罗玛时，凡聘定之家无故退婚当罚以赔累。今则聘礼虽多，无故食言亦可判罚赔累。但所以判罚者，非因退婚之故，实因其出言无信、致累他人，既累他人，当判令赔者，理之常也。

婚姻成否，除二人情愿之外，又宜审其不干所禁否。律有禁与亲族为婚者，不独父族、母族，凡代相接者永不为婚。即兄弟与姊妹、叔伯与侄女、姑与侄暨小姨与其姊之前夫，不相为婚。此种嫁娶不独逆情反性，且所生不繁，生而痴呆者居多，盖血气使然。故求妻必在远方，则生育繁盛，子孙敏壮。此已试之明验也。律有禁未及时之婚姻者。法国律，凡女未满十五、男未满十八，不得成婚，惧其未及精壮先时暴发，则伤其本身，且生嗣羸〔羸〕弱，故禁之。而定律者既不能逐一察其精壮，故定一酌中之时耳。律有禁不秉亲命而婚者。夫婚姻之成出乎二人誓愿，但两小无知，惧其轻于自许，故以亲命节之。是亲命所以助子女智识之不逮。若子女智识渐开，则两亲之权亦渐减矣。律有因男女之年岁而定亲命之重轻者。凡男岁未满二十五、女岁未满二十一，非有亲命不得成礼。其所以律男严而律女宽者，因男婚则上承宗脉、下绵嗣续，事体重大，故谨之。况男在二十一岁，血气方刚，故节之。若女则孑然一身，外承他姓。且二十一岁已届摽梅之七，阻之必生抑郁。若男岁满二十五、女岁已满二十一，其亲或有遏阻者，当三次以书禀亲，每次间以一月，三书之后亲仍不准，径可自婚。盖男女各有自主之权，似不得因亲执一之见，使二人自伤幽抑。此亦定律者之从权耳。若父母异见则从父，父母或丧其一则由未亡者专主之，父母俱丧则父族之大父母、母族之外父母共主之，二族意见不同者，或有疑者，则听本人自主，以便婚姻也。然有男女屈强性成，视三书之律为具文，而所结婚姻实乱家政，为长亲者断难坐视，故律有准其告阻者。直告里正不准成姻，并不必申明何故。凡告阻者必经审院勘明，视其实有可阻之条以后，必须审院将告阻之案销去而后里正方得为之成婚。又本人之胞兄弟暨堂兄弟间可告阻，然必申明，其故惟二：一、本人素性痴朦，不省人事；一、年尚冲龄，亲亡祖殁，未秉族议之命。是亦辅孤与助理者之责。惟告阻之后，审院察出如无告阻之实，当罚其赔累，以惩妄告。其有男女为婚或前夫与前妻尚在者，则前夫、前妻之可以告阻者不待言矣。除此数人之外，他人不得告阻，只可私告里正，而听与不听权操里正。若一经告阻，则里正不能审其可否，终不得违律为行婚礼矣。其或有违禁而行婚者，则如之何？律曰：是婚礼未成，可令拆离。夫拆离与离异异。离异之故在已婚之后，拆离之故在未婚之先。一则已婚求离，适见轻浮之性；一则未婚分拆，以从律禁之条。禁条有七：一、男女誓愿非由中也；一［二］、亲命未秉也；三、年岁未满也；四、前夫前妻或尚在也；五、与在禁亲族婚嫁也；六、婚前无布告之文也，解见于后；七、里正越属行礼，非其职也。其前二条本人可知，故告拆者只准本人，外此则尽人可告。

夫婚姻既由二人誓愿而成，而又不犯所禁，但日后有事，将凭何以证其果婚与否？故律有定婚姻之礼，注册以为凭证者。初泰西各国婚姻并无外礼，男女互愿，而婚已成而私合者众。今美国仍无外礼。至前明万历之时，罗玛教王与各王侯议，凡婚者必诣教士前申明注册。至乾隆五十七年，法民自立为国，不遵教礼，故定凡婚当诣里正厅事取四人为证，高声誓愿。今律未婚之先往告里正，令两次布告同里之人某与某婚，听人告阻，两次必相隔七日。又以生期凭结与有关婚姻各种契纸交里正察看，吉日既择，男女亲诣里正，延入厅事，其必须在事者将婚之男女也、里正也、证见四人也，若父母、长亲未书准而欲口准者亦往焉。婚礼共分五事：一、里正至当众读法，以明夫妇之责分；二、里正问将婚者曾立理财之婚约否，有则以立约时日与交存质人之姓名各注于册，以杜异日卖产欺混之弊，解见于后；三、里正问男愿娶某女为妻否，复问女愿认某男为夫否，男女应明答曰愿；四、里正高声曰予遵国律缔尔二人为夫妇；五、里正注之于册，而礼毕焉。此所谓国礼。信教者再行教礼。法国之律，教礼不得行于国礼之先，以致既行国礼，其夫有不愿再至教堂行礼者，于是各不相能，未同居而求离者往往有之。意大利律欲矫其弊，爰定国、教二礼不拘先后，女凡疑男不往教堂者，则先行教礼。奥国于教礼、国礼各任其便，苟行其一即为成婚矣。

男女成夫妇，夫妇各有责分，不可不知。其责分有二人相同者，亦有二人各别者。其相同者，即终身无二心与患难相扶持耳。无二心者，即男女无外好。假如女犯奸，任在何处，男知之即可申告审院，准渠离居，罚女监禁，自二月以至二年有差。假如男有外好，置在家内或在其妻习至之处，则其妻可告离居，而罚夫自一百以至二千佛郎有差。假如其夫置外好于别室，并非家中房屋，则其妇虽明知之，不准申告。惟念二人誓愿同居，乃夫置别室，使其妻鳏居，而妇有奸行，反为同一作奸之夫告罹重罚，似属不公。虽曰女奸之祸大于男奸，为其可以生一外姓之子以分财产，然而男奸之祸尤烈，示子孙以不端，肇家庭以不睦，一经浪游，夺儿女糊口之资以买千金之笑者往往有之。故今之定律，凡男有私好，妻明知之，准告离居，有无论其私好之留于家内与别室者矣。所谓患难相扶持者，即疾病相助、忧患相慰。其或慰助不周者，准告离居。其各别之责分者，即夫义妇顺也。曰义，则夫不得命行不义之事，妇能逆夫不义之命。而婢使乖性之为皆属不义，妇则当顺。盖夫为家长，事事悉宜秉命，且当随夫所在。惟其夫无故远出而无方者，或过吝而起居太陋者，则妇可不随。至婚后其夫仍与父母同居以致其妻受虐者，其妻亦可不随。泰西之俗，婚后率皆与亲离居，盖姑妇皆异姓女，率难相安，与其同居而异日成仇，卒至不能相面，不如及早分张，常保其恩爱之为愈也。此西律之以女人待众人而防患于未然之意也。妇既随夫，则亦与夫同籍、同名、同品秩者可知矣。夫曰同居，即当共度余生矣。然男女各有财产，使两者相并或离居，而各需费用，或鳏寡而再行醮娶，则他日难以分结，律又不能刊定划一之条使婚嫁之有财产者悉遵之，故听男女自为定约，而律则补其不逮耳，即所谓理财之婚约也。然此系变产之条，详论第四卷。

嗣续

婚姻正而所由生之子曰嫡子，嫡子孕期必于婚后，而疑案正复不少。母既产子，则必为其子之母，此显而易见者也。当其孕时，男女同功，方母之既孕而产也，谁敢深信斯人之必其父哉？则父或认一外姓者为子，不可知也。如之何？律曰：隐微之事不可臆测，但二人既誓愿好合，苟无实证，则婚后生子不准不认。故子孕在婚之后者必曰嫡子。然婚后有离居者，亦有新寡者，且孕期亦不一，则将何以处之？律曰：生期距婚期少则无过一百八十日，生期距分居之期或新孀之日多则无过三百日。假如生子一则婚后不满六月、一则离后已过十月者，径可不认。若其夫久出或别有情故、万难于可孕之期同居者，则可取证以明所生者之非其子。又或其妻素行不端，则其夫当有确凭证其以淫乱而久未同居。又其妻必私匿外好以畏其夫知者，则妻有所生，夫可不认。若生期离婚期不及六月、其夫知而不言者，仍为嫡子，是必未婚前已有私约故也。若生期距新孀之日已过十月并无族人告发者，亦称嫡子。此种有伤风化之事，与其扬之不如隐之之为愈也。惟经族人告发，则有关家产、有伤名分，势有不得不理者。若所生之子虽为私生，旋经夭折者，律则禁父不认。盖所生者亦人耳，既以夭亡，异日并不与我子孙同分财产，亦何故加以可耻之名曰私生子哉？凡夫既有不认私子之权，而告发之限甚促。限以生后一月，过限不得再告；其妻隐匿则限二月，以其夫已知之日始；夫外出亦限二月，以归之日始；其夫限内告发而身故者，准族人续告，亦限二月，以生子据产之日或生子争产之日为始。有为子者早年远出，迨父母俱丧，中年返里以承家产，族人不认其为嫡子者，则如之何？曰：查核生册，请一印给以折众口。惟生册年久或已散失烧毁，则如之何？曰：可取平素与之相识者，自幼迄壮皆认其为某人之子，并无异词，取为见证，审院即据以断，重舆评也。父子之名正而父道立，父子之道出乎天性，原无律以处之，所谓律者，不过去其已甚耳。有为父之权，有为子之责。为父之权，阅世而更当。罗玛开创之始，父得生杀其子女，又家长可将其子女鬻人为奴。寻风教渐开，凡擅杀者坐罪，而鬻子之风渐泯。惟其子有累他人，而其父不愿赔累者，可将其子交债主，任所欲为。此则罗玛斗狠之风所致，以至父子之间恩爱全无。且子当长立谋生，而所得财产皆归家长，分毫不得自有，以至子孙嬉惰性成，不肯治生，消积私钱，亦难劝励。罗玛衰时，游手者殆什之九，职此故也。厥后欧洲列国有奉罗玛律者，父子之律虽有损益，而父权仍重，以至父子相疾如仇。夫父既血肉子而为人，则子之身体肤发本皆父有，岂特身外之财而已哉？然此第论其理，而不可定以为律。凡律有责人太过者，其弊不至与定律者之意相左不止也。如罗玛例，欲子尽孝，反酿成通国之逆子，慈孝尽失有如斯者。又况治国之道，民庶为首。庶者，非版籍上每年多生数万口、每岁多耗数万粟之谓庶，乃国内多一手一足之劳为国家可以致富强之谓庶耳。使子食父力，不勤操作，即代父力，尽归父用，不准私蓄，则力作难以勤奋，是户口之数虽增而生财之人未增，皆父权偏重、禁子自主所致。乾嘉之际，英人禄克云："吾人生而明理，亦生而自主。孩提无知无识，则需人引导；及壮而知识渐开，能知理亦能自主。吾不识能自主者之尚可为其亲奴属乎？"此疾之已甚之言也，但其中亦属至理。赤子之生异于禽兽，衣食举动在在需人，稍长则知识虽开、犹赖指示，是犹孩提学步，须有扶持。善能自步，则扶持者为多事。故法律定子未满廿一岁者属于父权，过于此限则可自〈主〉，苟有财产即可自理，父权将终，子责伊始，子已成丁，所得财产可不归亲。然天性犹在，敬养之道始终如一，凡有婚姻大事亦须请命，不得自专，其有不敬不养之逆子，重坐。

父有责子之权，惟藉以教子耳。教子之责，贫富有别，总之教为孝子、教为良民而已。凶恶之犯，概皆无教之〈子〉，列国刑案确有可证。或者谓：作奸犯科者因其稍通文墨、稍能看书，适以启其奸心。不知此在生路不广之国则有此弊，若如泰西商贾与士农并重，生财之道广，即为之之人众，一才一艺皆足自瞻［赡］，有恒产而有恒心，岂复乐为此违法之事哉？然或子顽劣性成，不肯率教，终日鞭挞则奴视其子，而子之疾父有更甚矣。律载：凡劝戒已至而子仍违教者，准父幽之室内或禁之学中，不令他出，及其改辙而始释者。外此复有禁之之律，但责罚较重，不得轻试。凡父欲监子，先申审院，子年未满十六岁、未有另外财产与无后母者，则不必申明其故。监时久暂听父自定，而无过一月，否则宜申明其故。应监与否，审院定夺，可至六月之久。此不得已之举，使为亲者善用恩爱，子虽桀骜不驯，究非木石，岂无感格之望哉？

子未成丁，财归父理，十八岁之前，父取其息，惟其子力作所得之财与外来遗产，其息亦不准父取用，彼示鼓励、此遵遗命也。子已成丁或游荡不法者，为父者既难坐观成败，又苦责善无权，则如之何？律准父申告立一代理者以理子财，所以济父权之不足也。

律云：父在则父秉亲权，父亡则母代之，似母无权矣。不知律文惟知家有一主，故付权于父耳。母之于子，其生也三年怀抱，其长也教养兼至，忧劳甚于其父。即父在之日，婚姻必请母命。又母可为子代受遗产，如大父母之产，父或以其不遗己而遗孙嫉不为子代受者，则母可代受。又父有故远出或坐罪监徒，母即代父教养。故母之权亦甚重。父亡则母代子治产，其权与父无异，惟教子之权只能监子而不能幽子，监子则须先询族中二人，然后申明其故，俟审院定其可否，惧女性之轻作也。再醮则辅理与否当询族议，即能辅理，而不准取子产之息，且不复准其申告监子，皆所以防后夫也。是父母教养之权并无轩轾，不过为之节制防弊而已。

有男女未婚而私合者，此虽风化攸关，有干律禁，但无律以治之。盖律以安和为主，如欲严查私合而处之以律，无论吏胥之追问不能尽实，即实矣，而即此吏胥往来搜查，已非升平景象。若许亲友告发，则妄告必多，而狱讼滋甚。究之弊未除而乱大作，天下事欲以明察为能，其弊有如此者。惟私生之子女无辜，生为国内人民，国律当有以护之，责令其生父母赡养。而生父母有难知者，律云：凡嫡子生日则由亲父母亲报里胥，子名、亲名同注册内。惟私子生日责令生父母报册必多淹溺，虽日后查明，律以重典，而私子之生年月日必难尽真，且遗漏必多，而一国之板［版］籍不实矣。故律以私子既生，可由他人报册，里胥不得问其生父母之名。是私子于生册之上既无父母之名，谁为生父母有难知者。律救其弊，谓凡有在书吏前承认某为其子，即以为据：认者为母，子从母姓；认者为父，子从父姓；父母俱认者，亦从父姓；父母俱不认者，子可据乡党公评，追认其母，不得追认其父。许之追认其母者，以生母之怀孕、分娩事亦显者，兹之追认，非所以发露其阴私也；不许追认其父者，一以真父之难有实证，一以杜昔日追认之陋风也。法国古律，许凡女子未嫁而孕者实指某人为其所私，责以供给养育之费。其风渐盛，以至贫家女子率多无耻，甚至假口于国律，不遂其欲，势将鸣官以勒索富人之财者。英国古律有更甚者，女子经官发誓，指明某人为其所私，不独责以供给养育之费，且据以为生子之父。而贫家女子率多艳妆卖笑，蛊惑过客，一中其计，财名两败。至道光十四年一定新律：凡私生子应由其母养给至十六岁，如母贫不能继养，由本乡教堂收取，而教堂听其女指明所私何人，据为其子生父。如是穷家女俟其子年满十六，则假新律以勒诈富人之财者，所在有之。至今旅于英寓，见女仆之有姿色者，相以为戒。有国律许私子追认生父者，如普鲁斯、奥大利、西班牙、大西洋、英、美等国是也。有如法国之律不许追认生父者，如比利时、意大利、荷兰、罗孟里等国是也。校核各国户口，凡律许追认生父之国，一年私子率多于律禁追认生父之国。夫追认生父之律，原为惩奸而设，乃奸未惩而女子寡耻私男填国自来。发私摘伏之律，其弊有如此者。

私子既许亲认，何以处之？古律凡非由婚姻之正所生男女，贱而远之，外不能膺官秩，内不能承家产，所以重婚姻也。法国大变，定有私子承祧之律，以为私子无辜，讵可以绝产之、重罚加之？夫重婚姻而贬庶子之分，与怜无辜而除嫡庶之别，二者一过之一不及也。新律有酌乎其中者。凡私子无人指认其身，婴堂收养而教导之，使习一业，及成丁，听其自便；其已为人认者则归亲养，亲有教之之责，即有罚之之分，亦有监禁之权。但亲以私生而劣迹已著，故审院应以时察核，监责其子果否出于一偏之见，所以节制之也。若私子尚未成丁，或有长亲遗以财产，则其亲不得取其利息，且辅理者不必定为其父，惧情不正而有以利之也。至承产，则庶子非正出不得承继。但既认为所生，即有应得遗产之分。故律曰：庶子不承祧而可分产。凡其父有嫡子者，则庶子所得视嫡子三之一；无嫡子而有祖父叔伯或叔伯之子，则庶子所得视嫡子应得者半；或其父惟有远支弟兄者，则庶子所得视嫡子三之二。若亲立析产遗嘱，律惧其亲之或始以天性之激发而认为生子、继以后悔而勒予之者，或溺爱私子甚于嫡子以致损此益彼者，故为立限：生子有一定之分，不得因遗嘱而稍为增损其应得之分，即律所定三之一、二之一与三之二是也。若亲在惧嫡庶日后争产，先与生子财物，则应令生子自誓，以后不得再与分产，惟所与之产不准过应得之半。予以半者非优也，亲在则遗产尚可增损，今既不得逆知分产时之实数，故即所有者以定其分而半之，则其后遗产之增损无关焉。此律之所以维嫡庶之分，可谓适中矣。

有庶子而亲欲立正者。法之新律，惟有孕后成婚之一法，所以严嫡庶之限也。古律有求谕册以立正者，普国、西班牙至今行之。英律最严，凡立庶为正，须有议院议定。俄国须有俄皇之诏为凭，而孕后成婚不足以弥其过。他国则概从法律。生子承产之制，各国不同：有绝不准得产者，如英、俄、瑞典律是也；有不准承生父之产者，如奥大利、沙克斯律是也；有准其全承生母产而绝其承生父之产者，如丹普、诺威、志律是也。依大利新律，于生子承产之分，视法律稍加焉：至夫妇婚后而奸生之子以及与兄弟姊妹乱伦所生之子，不独不得立正承产，抑且不准指认。即案中因他事败露，明知为某所生之奸生子或逆伦子，亦不得认为其亲，律不过责以养给而已，此恶之深也。

成婚有多年而无嗣续者，又男女有隐病而不能生育者，律禁置妾，将宗绪不因之或坠乎？于是有立嗣之律。所立之嗣，同宗与异姓不论，惟立嗣易则成婚之人少，天下人往往避难而趋易，如见无婚姻之责分而有婚姻之实效，将人人乐为之。于是律许立嗣，而严为之制，所以重婚姻而杜立嗣之滥也。凡为嗣父者，身无亲生嫡子，又无立正嫡子，且必年过五旬，而夫妇意见相同者，方准立嗣。若年未半百，苟欲得嗣，只有成婚之法。夫立嗣以绵宗绪，苟有嫡子，立嗣何为？若年过五旬则精力已衰，故立嗣以济其缺。其必夫妇意见相同者，盖立嗣所以安家而非以乱之也，如二人意见不同，必生嫌隙，是甚美之事反成不美矣。至承嗣者年须及丁，盖以身属人，乃其本身之事成丁方可自主。其或年未满二十五者，须秉命于亲，以防轻作；过乎廿五岁，则商之而已。然或年未成丁而孤茕者，如不准他收养，立嗣律不几阻人已成之美乎？故律准暂收，比及丁而立为嗣续。立之者与为立者其年岁至少相去十五，成丁先又宜收养六年之久方为合律。若见有濒危者不辞水火，挺身往救，而为之救者欲报其德，立以为嗣，则无年岁之限，惟须继父年长、嗣子成丁而已。此权也。立嗣所关甚大，须呈明里长，申告审院批准，然后至里正注册，以承嗣之姓附丁本姓，一成而不可改，慎其事也。既为嗣子，即可承继父之产，继父长亲之产则无关焉。故立嗣与立正有异：立正即为家中之人，与其他嫡子无别，而名分亦无殊；若立嗣不居其家，惟继父与嗣子二人有相关之分而已。有二人私合而生子，或迫于时势而未成婚，或婚后未曾言，及不幸而夫妇已早丧其一者，是则不得再婚，以正其生子，惟有立嗣之一法焉。

艺学统纂

（1902）

序

学无古今中外也，期适用而已矣。今日海内士夫矜言西学，或又名之曰时务，名之不衷，新旧中外之争即踵足而起，此非予一人之私说也，实闻之丹徒马先生。先生虽深于欧学者乎，然于中国经史百家之说，靡弗研贯，于文章宗王半山，于政术推顾宁人氏，真能为有用之学，而不偏不倚者也。予自丁酉以来，客春申江上，所居适与君邻，每相见，辄商榷古今，以适用之学相底厉，尝谓西人以格物致知为学，实与我中国古者利用厚生之旨有合，乃今人多以形下之学轻之，抑知我上古制器创物之圣人实与教稼明伦者并重，固无分轩轾耶。予心颇韪其说，然君竟不得举其所学一施之当世，退而著书，以谋开进。其所撰述如《适可斋记言记行》、《马氏文通》等，朝甫出版，夕已遍国中，其他著作多未就，而君遽归道山，兹友人出示《艺学统纂》一书，乃平日随手记录之作，为类十有四，为卷八十八，凡所甄录，具有条理，其非他人捃拾陈言以赝鼎冀乱真者可知也。方今兴学毓材，屡见明诏，此书一出，吾知学子当奉为鸿宝，即是而为实学之先导，其宝爱当不止如宋元士夫之珍王深宁《困学纪闻》也。此书既将付梓，问序于予，爰举曩所闻于君之说以示海内学子，又不得仅仅于此书中遂足见先生也。光绪壬寅二月上虞罗振玉书于九江舟次。

天文统说

周天三百六十度平分十二宫，每宫三十度，每度六十分，每分六十秒，每秒六十微。赤道如天之腰带，与黄道斜交，亦如腰带，南北两极如枢纽。惟每日左旋一周天零一度，日月五星右旋，天之东升西没，七曜自西而往东，行由黄道而东移。古人谓：蚁行磨上，又如岸上看舟行，每日一天太阳移一度，则一年复始矣。日月五星由黄道而行，而月与五星从之。黄道南北十度内，纬南为阳历，纬北为阴历。盖天如鸡子白，地如鸡子黄，水地合一圆球而四面居人。其地度经纬正对者，两处之人以足版相抵而立，首戴皆天，足履皆地。日至天顶，则地下为夜；日入地底下，天为昼。至于水之为物，其性就下，四面皆天，则地居中央为最下。水以海为壑，而海以地为根，水之附地，地之浑圆，其人立地不能倾跌。如京都极高三十九度五十五分，南京极高三十二度四分，相差七度五十一分。人亦履地平而不跌，天地浑圆者，理数推之者也。

地球总论

夫地球原以土水二者为本也。土则分为或山，或谷，或岛，或洲，或至矿之磐石，或至细之沙泥；水则分为或海，或江，或河，或湖，或莫测之渊潭，或至浅之涧溪。上下周围，天涯到处，飞者飞，潜者潜，动者动，植者植，而人类不离于其面也。古者之探访地球也，些须无几，以所寻得之地分为三洲：一名亚细亚，一名欧罗巴，一名亚非里加。三者之中并无备悉，惟知一二。迄耶稣一千四百九十二年，即明孝宗敬帝宏治五年也。寻出新域之后，诸著地理志者，得增一洲，名之曰亚美利加。嗣后，各驾舟者历时，寻出亚细亚与亚美里加中间之大海，海岛众多，或聚或散，纷纷不一。因此，凡新著地理志人皆以一切归为一洲，名之曰阿塞亚尼亚。

又诸谙地理者，既知地球圈线周围共九万里，复以所得古今各处屡计三推度量地面，周围约有积方二垓五京七兆九亿六万里。五大洲内所寻之地，所访之岛，所游至近之区处，所彻极远之邦土，各方共计地则约有六京八兆八亿二万五千里，水则约有一垓八京九兆一亿三万五千里。〈水〉陆二面两相比较，地则一分，水则三分。至于人丽，虽议论纷繁，各不相符，然诸著地书者，既存心细意，推极穷究各国版籍，皆揣摩云其数，上下约有九垓四京五兆。若每洲分论，亚细亚则二垓二京七兆七亿口，欧罗巴则五垓九京七兆三亿口，亚非里加则六京口，亚美里加则三京九兆口，阿塞亚尼亚则二京一兆口焉。千亿之众，分为五种，或白，或紫，或黄，或青，或黑，有五色之分。其白者，乃亚细亚［欧罗巴］一洲，欧罗巴［亚细亚］东西二方，亚非里加东北二方，亚美里加北方之人，颜色纯白，面貌卵形而俊秀，头发直舒而且柔，乃其人之态度也。其紫者，乃亚非里加北方，亚细亚南方除天竺及亚细亚所属数海岛不同外，其余之人颜色黑紫，鼻扁口大，发黑而且卷，乃其人之态度也。其黄者，乃印度一国，亚细亚南方，亚美利加南方之人，颜色淡黄，鼻扁目突，发黑而且硬，乃其人之态度也。其青者，乃亚美里加大半之人，颜色青绿，面貌、毛发与黄者颇为相等也。其黑者，乃亚非里加本地诸人，颜色乌黟，容凸颧高，口大唇厚，发黑而且卷，又如羊毫，鼻扁而且大，类似狮准，乃其人之态度也。但其地亦有白色之人，住居东北二方，其人俱系亚细亚、欧罗巴二处，曩时迁移棲迟于彼地者也。又亚细亚南方，及其各海岛亦有黑人，而形容体态与亚非里〈加〉之黑人迥殊焉。

又天下万国之人，有下、中、上三等之分。夫下者，则字莫识，书莫诵，笔墨学问全弗透达，所习所务只有鱼猎而已矣。原此等人并无常居，惟游各处，随畜牧也。夫中者，则既习文字，复定法制，遂出于下等，始立国家，而其见闻仍为浅囿，更无次序也。夫上者，则攻习学问，培养其才，操练六艺，加利其用，修道立德，义理以成，经典法度，靡不以序。河清海晏之时，则交接邦国，礼义相待；军兴旁午之际，则扞御仇敌，保护身家焉。

按以上五洲万国人之文词而论，约有八百六十样之分也。欧罗巴则有五十三，其至通用者共一十有七：一大西洋，一大吕宋，一意大里亚，一佛兰西，以上四者乃罗马国辣丁话所分派也；一亚里蔓，一贺兰，一弗拉萌芽，一大尼，一瑞典，一那华，以上六者乃古调多尼加话所分派者也；一英吉利，其话乃辣丁调、多尼加二国所相并者也；一厄罗斯，一烘哥里亚，一伯罗尼亚【不】，一〈布〉威尼亚，以上四者乃古斯加拉窝尼亚话所分派者也；一厄肋西亚，其话乃古厄肋西亚国所留传者也；一回回，其话乃回鹘，又名回黑国所留传者也。亚细亚则有一百五十三，其至通用者共一十有五：一回回，一亚拉鼻亚，即沃方也，一伯尔西亚，一回黑，一中华，一满洲，一蒙古，一日本，一高丽，一琉球，一暹罗，一越南，一阿瓦，一印度，一西藏等话。亚非里加则有一百一十五，其至通用者共五：一伯尔卑勒，一壹的疴鼻亚，一你几里西亚，一哥布达，一桑哀等，其天方话亦通行于此洲之北方。亚美里加则有四百二十二，其至通用者，除土话外，多系别洲之话：一英国吉利，一大吕宋，一大西洋，一佛兰西，一贺兰，一低纳马加尔，一瑞西亚等话。阿塞亚尼亚则有一百一十七，其至通用者惟马来话也。以上八百六十样话，若按省而分论之，约有五千余样，更按府县村镇而论，则甚为纷繁，数莫能计，指不胜屈矣。

地理说略

宇宙之大，事物纷繁，大而治平，小而格致，有心人固无不讲求，然先必自学地理始。夫地理，格致中之一大端也。古之论地理者，囿于一隅，不知全体。凡论天地间事物之理，皆不能推测而知其确实。自西人重地理后，考究者代有辈出。然自古以迄明初，亦但知亚细亚、欧罗巴以及亚非里加三大洲，而以地为平面。迨孝宗五年，西班牙国人名可仑布者，跨海寻得亚美利加新地。武宗八年，西班牙人巴伦阿始历太平洋。越六年，马格仑始绕地一周，乃知地为圆形，因分之为东西两半球。又明年，西班牙始至吕宋。神宗二十八年，乃有荷兰国人于太平洋寻得奥大利亚大洲。又五十年，英人继起，乃详考各海岛形势。

本朝乾隆五十三年，英人创立公会，访查亚非利加内地。嘉庆二十三年，英人又令人探访南北极。自是，地学日合于格致。时详论地性及山川险阻，与夫天然之疆界，人力所经营者，为布国人洪巴耳特，著考司麻司、由乃乞耳两书，流传各国。论地理，则知其为扁圆形，为绕日行星之一，每日自转一周，面向日处为昼，背日处即为夜。论地质，则为日体围绕本轴爆出之气旋绕而成，初为气球，后成实体。地中有火，即为吸力，地外有壳，即为地塥。地塥亦有厚薄，不能定其准数，但可知海面以下六十尺，不论何处何时其寒暑表必同度，盖以此处与日热不相关系也。若再深一百二十尺，即加热八分，自海面下二十四里处，其热即可镕铁，下三十六里处可镕一切诸质。此为地中有火之明证。论地面，则水居十之七三，陆居十之二七。陆多于东北，而水多于西南。最大洋曰太平洋，居全地三之一，其最深处有三万六千英尺。水分止水、流水两类，止水为湖海，流者为泉涧江河。水之色，系与海底回光及水内微虫相合而成，其深不见底者为蓝色，与黑云相映者为灰色，下有红虫者为红色。海底多腐草及浮草，亦有草类树木而高于海底四百尺、叶长五十尺者。海底形势亦似陆地，其山之高而露颠于海面者即为海岛，不露者为暗礁。南洋底海岛下皆有高山，其海底之水甚大，而耸为大平原者如纽方兰岛。是水有三动，一为波浪，一为潮汐，一为自流。波浪为风水相搏而成，其高点与低点相悬或六尺或八尺，大浪则三十二尺，不过一上一下，非水向前行也。内海之浪甚短，而有横波甚险，数浪相叠，其力愈大，击海岸时常叠起数尺。其浪之动不能牵动海底，海面以下九十尺即不觉有浪。其潮汐为日月摄力所致，每三时高，三时低。在海底最浅处，潮落露沙，潮涨为海面。每日潮迟五十分。潮至，向东之岸较大于向西之岸，因潮浪自东而西也。自流，以地向东转，水质浮游不能随地急运，故附赤道处皆转而西流，周年不易。海岛居陆地二十三分之一，有圆形，有长形，有圆长形。岛又分为火山所成之锐岛、水族所成之平岛两种。地面亦非平面，高低不等，故以海面为平面，而一切山原皆以高于海面若干计之。陆地分为三，一为平原，一为高原，一为梯级。大约平原与海面相同，或高于海面五千尺。高原约高于海面四五千尺，中亚细亚有高至一万四千尺者。其高原与低原相接处为梯级地面。火山有四百四十座，内二百二十座常出炎焰。山分三类，曰高山，曰中山，曰低〈山〉。低者恒高二千尺，高者有高至二万七千二百十二尺。河道最大者，惟亚美利加之亚马孙江，其汇流至海面，积九万四千方。布里约以美国米苏里河比，则长过而汇流不及也。湖亦有数种，有为山地之湖，有为高原之湖，有为平原之湖。山地之湖，长而无岛；高原之湖，长圆而不深；平原之湖，有各种形势，或有为出纳之湖，或为无出纳之湖，或为纳无出，乃积日热化气，而销减其水者也。

地理浅说

地球周围天地，是圆象也。遍周有七万四千六百四十里，由东至西，对径二万三千七百六十里，〈由〉南至北，对径合东至西少七十八里，共计三百六十度。经纬分出，球势围圆，到处皆可为中，如中国以北京为中，别国皆称外国；英国以伦敦为中，美国以华盛顿为中，法国以巴黎为中，而俱以别国为外也。或从为中之地朝东行去，西向归来，周而复始，处处皆可云中。若实在居中，须看地球直道，因南北各一百八十度，日光正在直道，昼夜相同，南北无偏，所以知其正中也。日行于直道之北二十二度半，北边即是夏令，南边即是冬令。日行于直道之南二十二度半，即南边夏至节，北边即冬至节也。北边系亚细亚、欧罗也［巴］、北亚非利加、北亚美里加各大洲，南边系南亚非利加、南亚美里加、澳大利亚各大洲。直道之北，陆地多，故国度多；直道之南，水多，故国度少。地球分为四分，三分系水，不过一分地而已。试将大洋大海略序其名，南冰洋、北冰洋、大西洋、太平洋、印度洋五大洋也。太平洋见方二十四千万里，长三万三十里，宽二万四千里；大西洋见方计十二千万里，长二万四千里，宽一万里；印度洋见方六千万里，长一万二千里，宽约一万里；南冰洋三千万里；北冰洋一千五百万里。何谓南冰洋？盖日行北极时，南极地方一年之中六个月不见日光，故冰结如山。何谓北冰洋？盖日行南直时，北极地方一年之中六个月不见日光，亦冰结如山也。南北两冰洋所出之物，鲸鱼之外，则有海象、海狮子、海马、海豹等物。西国人去北冰洋，专候日行北直时取鲸鱼，先期放船至该处等候日光，一俟日行南直即驶船而归。间或有因鲸鱼未能满载，多历时日，大冰一结即不能行船，甚至有饿死者。然而至南冰洋者恒少，因广阔无边，无停船之处故也。若论海，计共十一：最大者地中海，计长六千里；又加黎便海，计长五千四百里；又中国海，计长五千一百里；此外仍有八海。又有数十大湖，于英属国加拉大国并美国当中有二最大之湖：一湖计长一千一百四十里，宽三百六十里；一湖计长九百九十里，宽一百八十里。又有数十大江，最大之江南亚美利驾亚马孙江，长一万三千五百里；又一江名苏稣，或名米悉西比，在美国，长一万二千余里，江中来往火轮船一千五百艘。

西法测量绘图即晋裴制图六体

晋司空裴秀为《禹贡地域图》十八篇，已佚。惟晋书本传具载其序言，制图之体有六，测绘之体包括无遗，实与近时西人至精之书、至详之图若合符契。谨具管窥所及，以通古今中西之邮焉。夫分率者，绘图之法也；准望者，测经纬度也；道理者，测地面之大势也；高下方邪迂直者，测地之子目也。绘必先测，故今且不言分率，先言准望。地体浑圆，南北二点当天空之南北二极，中要大圈亦当天空赤道。人在北极下，则以北极为天顶。人渐向南，则见北极渐低，至赤道，则北极与地平合。南极亦然，是地之南北不同，则北极出地之高低亦远也。东地之日出入，早于西地之日出入。地周三百六十度，应天周三百六十度，每度六十分，都为二万一千六百分。日历天周为昼夜，地自转一周成昼夜，以视象言则为日历天周。分二十四小时，时六十分，都为一千四百四十分。故时之一分，等于度之十五分，四分等于一度。此地在彼地之东一度，即此地之日出入早于彼地之日出入四分时，是地之东西不同，则日出入之迟早亦异也。欲测经纬，先定午线。西人之定午线也较准，指南针、电气［磁］差定子午仪，以窥日之过午为其国之午线。其随处测纬度也，则自日晷将午，至过午时用纪限议［仪］，或经纬仪，屡测太阳高弧，为本处太阳过午线距地平高度，亦即其随处测纬度也。本处午正，乃以太阳距地平高度，减蒙气差，加地半径差，为实高度，以减象限九十度，得太阳距天顶度，以与本日太阳亦纬度南加北减，即得此北极出之度。其随处测经度也，或【或】用月食或用太阴凌犯星宿时，或用木旁四小星掩食木星时，常用之简法则以极准时表，俟太阳过其国之午线时开准乃行，至本处测其午正视时，表差若干，化分为度，四分为一度。即知本处在其国之东西若干度。夫地圆蒙气之理，指南经纬之有古书具详，无容覼缕。即定午线，测经纬之法，亦述不胜述。姑即《周礼》言之，《考工记》曰："匠人营国，水地以县，置槷以县，视以景，为规识日出之景，与日入之景，昼参诸日中之景，夜考之极星。"水地，即西人之用水。亦名酒准。县垂，随线也。极星，加西人之测句陈大星也。以岁差考之古盖测帝星。此言定午线也。又大司马［徒?］以土圭之法测土深、正日景，"土深"指南北，"日景"指东西。夏至昼漏中，日南影短，是地在南，近日，故土圭之景短也；日北景长，是地在北，远日，故土圭之景长也。此言定纬度也。日东景夕，是地在东，日过其国之午线，时东地之景已夕；日西景朝，是在地西［是地在西］，日过其国之午线，时西地之景方朝。此言定经度也。裴氏曰：准望所以定彼此之体。又曰：有分率而无准望，虽得之于一隅，必失之于他方。盖地既与天相应，必以在天之度，与鸟飞之里［理］互相检较，而后彼此之体可正也。地本浑圆，写入平幅，不能丝毫无所参差，西人日求精进，欲使其差极小，于是绘全球者，有用弦切及等距诸法；绘分图者，有圆锥及圆柱诸法。今绘全球者，率用等距；绘分图者，相地为之，无成法，大约纬度不甚宽，则用圆锥法极相宜。因圆锥法经纬皆改为直线，与纬线皆成直角，如周［用］纸作锥形，套于球外，令锥之旁面紧切本处之中，纬线其锥之说纯［锐钝］以纬度之余切为比例。其地如纬度稍阔者，则用圆锥法，令锥旁稍割球面以消息之。若圆柱法，虽为绘海图而设，然近赤道一带，用以绘地图，亦甚宜，因其经纬线所成之格，几成方格耳。若但有开方格子而不详经纬，且不知其在大地之何处矣。其失固不待言，即注明其经纬，亦如以方目之纲［网］套于圆球之上，何能一一相应哉？天度既得，即当测量地面，测必先量，量为测之本，量而后测，测济量之穷。近日西人测地，必先上应天度，分全国形势为三五大三角形，则又不用量而用测矣。

盖旷野平畴可量也，至高山峻岭，两处垂线相距之平远，无可量矣。一里二里可量也，至数十里，穿山越海，直距之里数更无可量矣。西人之测地也，最初最要者为测三角法。三角之最初最要者，为定底线。此底线乃本三角之本，亦众三角之根也。西人定底线极郑重，必屡测而后定，以防毫厘千里之差。底线既定，乃觅一可指之物，或立表。与底线之两端成三角形，记其底线与角度之方向于册，测三角用平面画图桌最便，随测随绘，绘三角以宜铅，以便图成时擦去，惟须先定分率。又从本三角之腰，转测他处，而即以腰为其底，或记于册，或用平面桌，均如前。更迭为底，递测不已，使大地成无数三角形。案三角即中法之句股，试自三角之一角作线，与对角之边或［成］直角，即分为二句股，形改三角为句股，则量句测弦以得股，法股为句，以测弦。辗转相推，亦可以御无数之形象。裴氏曰：道里所以定所由之数。又曰：有准望而无道里，则施于山海绝隔之处，不得以相通。下又以道里与径路分别言之，则道里者固测量之始事，而与西人测三角无异者也。大局已定，则地面高下方邪迂直可细测矣。西人之测高下方邪也，所用之器最要者，为纪限仪，为瓶水地平仪。纪限仪以测高深之度数，测法：于测处置二定点，或立表。与山顶成三点，以二定点间相距数为底线，用平测三角法。已知三角一边，求得测处之任一点至山顶斜线之数。再用立测三角法，以斜线为已知之边，测得三角，求得山顶高于测处之数，及山顶垂线与地平成直角，至测处之平距数。所谓测处者，即上所用求山顶斜距之点，测深者同。至测山之斜度，若用象限仪尤便捷。虽不及瓶水地平仪之准，而轻便过之，即［若］测山之逐层高低，则非用瓶水仪不可。测法详下。测法：悬垂线于仪心，系锤使下坠，依平边仰望高处，相切视垂线所成角即为斜度，实用余角。若山根有退行之路，则用以测山之高及平距数，较前平立数，三角更便。其法或名重测。本前后立两表，因不便且难准，今为改之法。于山前一处用象限仪，用瓶水地平仪更准。测得山顶与垂线及测处所成直三角形之顶角，命为甲角。又退行若干里，必使前后两测处与山顶成一直线。又测如前，命为乙角。乃以甲乙两正切相减为一率，半迳为二率，退行里数为三率，求得四率即山高。须加仪器离地平数。若用甲正切或乙正切为二率，则求之四率为山之平距数。用甲正切，则得数为山顶垂线下去前测处数；用乙角，则为去后测处数。瓶水地平仪，以测逐层之高低，器为长铜管，管之两端上安玻璃瓶，刻度瓶与管成直角，管下承三足架，当管中承处为活节，置器于高低之间，低昂铜管，视两端瓶水等平而止，于器之上下，对管口植尺，自管窥之，而取其度。高低悬远者，屡测之而记其各层之数，山势磅礴者，环测之而记各点之向，屡测者逐层之高须等，以便命共距之数，环测者各点之高须亦等，以便成平剖面之形，又山高与逐层之高之比，如平距与角平剖面平距之比，求之以记于册。其测迂直也，水道径路之类，均测其迂直之向，而以测路轮，记其远近，使容于三角之内。又案古地理书，于名山大川往往记其高数及周围数湖泊，亦记其周围之数。班固《地理志》于大川记其里数，《水经》诸书尤详，《古今注》曰：大章车，所以识道里也，起于西京。亦曰记里车。车上为二层，皆有木人，行一里，上层击鼓，行十里，下层击镯。较近时，测路轮理同，而制更巧也。裴氏曰：高下方邪迂直，三层皆因地而制行，所以校险夷之异。又曰：有道里而无高下方邪迂直之较，则径路必与远近之实相违。谅哉言乎！虽书缺有间，而左右采护者，尚足以互相发明，又何震于西人剖面图之精也哉。

测事既毕，可与绘图矣。绘图首事当分明率。分率者，地与图之比例也。地球周径之数，古书参差不齐，盖由于尺制不同之故。康熙年间，测各处经纬，定为每度二百里，是地球一周实计七万二千里，或为每度二百五十里者。纵黍尺与横黍尺之差，其实一也。乾隆西人蒋友仁按工部营造尺，一百八十丈作一里，测得每度一百九十二里有奇，是地球全周仅有六万九千余里矣。营造尺即横黍尺，康熙、乾隆未闻有异而差池若此，非康熙之尺与〈测〉不准，即乾隆之尺与测不准也。近三十年来法兰西人竭数十年之力，测量地球全周之数，减去地面高低差，以海平圆面而为准，分为四千万分，定为密达尺。欧洲各国皆韪之，盖后来居上者矣。案地圆之说，见于经典地动之说，见于《尚书纬·考灵曜》，不待言矣。地为匾圆，西人最精之诣也，前乎裴氏者，张平子《灵宪》已言之矣。密达尺，亦西人最精之诣也。案齐氏履谦《郭太史行状》曰：尝目［自］孟门以东，循黄河故道，纵广数百里间，皆为测量地平。又尝以海面，较京师至汴梁地形高下之差。是后乎裴氏者且见之实事矣。又何疑于裴氏哉？定分率，本无定法，或以一寸代一里，或代十里，或代百里，或代千里，总以图之详略，定比例之大小。西人作图，每择蕃盛之区另为详图，比例展大。图中尺寸递加、递析，皆视此为准，作分率，微分尺，以递析其极小之数。六十分之名曰度尺，二百分之名曰里尺。作分角器以定其方向之准，以纸为之作半圆形，画度分于周近时，改用明角，彻底通明，较易辨析，作精图必能分分秒者。分率既定，可布经纬，写浑于平，本无长策，有经纬均作曲线者，有经曲纬直者，有纬曲经直者，有经纬均作直线者，即此默加祷画法，用作海图最妙，舟行不迷方向也。之数法者各有短长，或差在东西，或差在南北。但当向地以择，法不可泥，法以概地也，近时西人作各国分图，纬度不甚宽者，多用圆锥法。若以中国幅员南北四十四度者用圆锥法，纬之则以北纬四十度为中纬，求得锥尖为八十度，锥距中纬点为六十八度十六分五十三秒。惟如纬太宽，应用割入球面法消息之，则从中纬北十一度割入，中纬南十一度割出，则求得锥法尖去中纬六十七度〇一分三十七秒〇注中锥尖八十度指角度，距中纬数系由本圆周比得。若填郡县城之经纬，可展规按度分量分率度尺纵横定点，即得经纬渐远赤道者，则按度求其距里，法以半径为一率，纬度余弦为二率，赤道上每度二百里为三率，得四率即本处距里。〇案距里者本处两经相距里。以里尺量之亦得。若填各三角形，须先定准底线方向，用分度器，即分角器。依测得角度，辗转移向，定其方位，此绘平面形之要略也。有山之处，既以其山根方向处作点，联成曲线，为天空俯视真形。其分山形，平坦巉峭之法，常用者为黑白二线，黑白之多少定斜〈度〉之大小。全黑者为四十五度，八黑一白者为四十度，七黑二白者三十五度，顺是而下。每少一黑线，即多一白线，则少五度，至零度则全为白线矣。均分之，则以线之粗心定斜度坦削。此绘剖面之形要略也。裴氏图已失传，其究竟何如，绘法不能确指。然既分率、准望而二之，则必有经纬度可知。既别道里径路而二之，则其先测三角或句股形可知矣。【按中法测向田用圭】按中法测田，向用圭形，一田分为圭形，即三圭形，然则古人或即测三角形亦未可知也。既分高下、方斜而二之，则必有平剖面，形又可知矣。

至绘法，原无一定。欧洲各国尚不能一律，何必刻舟以求耶。综斯六者，其于西人测地绘图犹有未尽否耶。窃意裴氏当古图失传之后十八篇之图，当仅如西人之总图耳，未必能过详也，其说当有所受之案。管氏曰：凡主兵者，必审知地图。轘辕之险，滥车之水，名山通谷，经川陵陆邱阜之所在，苴草林木蒲苇之所茂，道里之远近，城郭之大小，名邑废邑困殖之地，必尽知之。地形之出入相错者，尽藏之，然后可以行军袭邑，举错［措］知先后，不失地利。则古人地图之详可知。又案《周礼》，大司徒掌建邦土地之图，周知九州之地域，广轮之数，司险职方等官又分掌之，则其图之互为详略又可知。又案《史记·萧何传》，汉王所以具知天下扼塞、户口多少、强弱之处、民所疾苦者，以何？具得秦图书也。则其图之非略形具似又可知。故今略陈古义，以明裴氏之有。本确指新法，以明中西之同归。若今日通行之图，则明人之图耳，朱思本原本已不见，可无论宋以前矣。其于准望，犹未精也。近人李氏、胡氏之图画分，分率、准望是矣，然所布经纬于算理可通，而于形不甚肖也。邹氏图经纬肖矣，然所据者李氏之图不及胡图之详也，以裴氏所论，核之法，尚未备也。何论测之精否乎？噫，古法之失传者，殆不可更仆数也，岂仅测地绘图一端而已哉！

测绘四要

傅兰雅曰：测绘之学，由来尚矣。晋裴秀制图，条陈六体：曰准望，曰高下，必赖乎测；曰方邪，曰迂直，复需夫绘；曰道里，曰分率，尤藉乎算。是测绘算三事，为作地图者所必需也。地图之益，夫人易知。合天下之大，备呈尺幅之中，举疆域之广，咸具一图之内。某县某州，位置易辨，若山若水，一目了然。后唐贾眈曰：地理之学，百闻不如一见。又云十说不如一图。诚哉，斯语矣。

中国作图之法，古有周官大司徒，以天下土地之图，周知地域广轮之数。职方氏掌天下之图，以掌天下之地要。暴秦灭法，知者盖鲜，裴秀六体，尚存仿佛。虽近今作图更精于前，犹未及西人之精益求精，不遗余力于测量绘图之学，神明规矩，毫发缕悉，天度道理，勘测详明，每出一图，了如指掌，故觉西法精于华人，是非华人之才力逊于西人，所以然者有四故焉。

一、测绘之业无如西人之专也。士子从学，率以文艺为重，占毕之外，无事他求，于测绘地图等事，泯然视之，漠然置之。间有留心方域者，搜采古册藉供把玩，踵旧增新，亦多耳食，从无以此为专业者。西人则不然。童蒙入塾，常书而外，各量其材，性近某学，即以某学为专业。师授有人，器使有人，不以绘画为小技，不以测量为贱役。日事究考，精益求精，为业既专，为学自纯，用之于测量地图，法当事合，不精自精，易准而足恃。且需测量之事甚多，而需测量之人不少。或测经线之弧，或测纬线之弧，或测全洲以准各国各土之疆域，以明各山各水之形势，或测一国以正各省各府之界线，以定各城各镇之位置，或因疆画而专稽一方，或因武事而专详一处，或因造铁路而取平直以开山，或因开井矿而度形势以凿洞，或因航海以识行程，或因游览以知指向。为事既繁，需人亦多，以故从学者肯专此业。中国素无留心此业之人，今当增修舆图之际，各处搜求，无人应选，偶有习算数人赴局从事，恐亦一知半解，徒取皮毛耳。故曰测绘之业无如西人之专也。

一、测绘之器无如西人之精也。中国测量之器，不外规矩、准绳、罗盘、日晷，然皆不精且不便用。如矩也，偃，固可以测天；覆，固可以测地；平，固可以正绳。苟矩角不准，大有毫厘千里之误。罗盘也，分向八方，指其粗而不能分其细，且不知改正偏差之法。用此等测量之器，虽煞费苦工，亦难密合。西人测量，全赖精妙仪器。如测天度，则有经纬仪、纪限仪；测地面，则有测平仪、罗盘仪；测时刻，则有子午仪、日晷仪；其他测器，繁简颇多。经纬仪之精，平立二圈，小则径三四寸，大则径三四尺，制配甚准，分度极细，一周三百六十度，度六十分，分六十秒，复加佛逆，缀以显微镜，可分十分秒之一，以至百分秒之一。秒分既细测，角无差，规制精良，为用自准。中有远镜，仰测天经，星宿置列，日月躔离可知也；俯测地纬，山水位置，道途远近可得也；平测原野，土田高下，地面低斜可见也。纪限仪分两种，一圆盒者，一三角式者。其制虽异，其用则同，皆用六十度之弧，对测二点，平测二点。对测可知二物之距度，立测可知二物之高度。圆盒者，体小便于携带，游览之人多用之；三角式者，可以手握而测，行海者多用之。测平仪，可测地之平面，可较地之高下，其法简便，其器精良，开山凿洞、穿井掘矿、造铁路、修街衢等事可用之。罗盘仪之制，亦甚精准，测向者有活表面，周分三百六十度，表面下连以指南针，共托于钉尖，转动极活。盘一边有视孔，一边有照星，照星孔中有直线一根，视孔下有折光镜，能上下移动，以见表面度数。视孔与照星孔对视，可测二物之方向，以推其相距之角度。又可测太阳出没时之角度，惟必另加一蓝色或红色玻璃，以防耀眼。此器小而易携挈，测地平面之角度最宜。子午仪，专测一处之子午线，凡星宿过子午线，日有定时，按时测之，当时之准时刻可知矣。日晷仪，可测太阳之影，以知其时。凡此各器，皆极精良，宜乎西人之测绘地图精于华人也。

一、测绘之法无如西人之详也。中国测地之法，率以勾股为主，西人则以三角为用。盖勾股之法，必知二事，始能推知一事，故测时必量知勾股二边，或勾弦二边，或股弦二边，始能推知其余一边。三角则已知三事，可推未知三事。如已知一边二角即可推知其余二边一角，已知二边一角亦可推知其余二角一边。且度量三角之一边，较度量勾股之二边，为工更省，而测一边之二角，为事不烦，故西人测地多用三角法也。其法于平面上测定底线为起手之工，再从底线之两端测得便当之物点，使与底线之两端成角，并各物点彼此自成角。如是，而各物点与底线两端之相距，并物点彼此之相距，皆可推算而知。然后依此各点相连之线为底线，如前分测，以至合地面俱析为小三角，如网罟之形，所得三角形之大小，必与地面之大小，并测器之尺寸，俱有比例。

一、测绘之时无如西人之久也。地图一事，上系天度，下关道里，测量不精，作图难准，而测量之工，又非一朝一夕所能遍及。故测地者，不独须有专业之人，须用精良之器，须明详细之法，又须逐段细量，经久详测，始能尽悉、深知部位而毫厘不差。如测量底线为首要务，此线如有毫厘之差，则一切之工俱有差，是为极难之事，必数经细量方能无差。故宜择地面极平之处测量底线，此线两端三角之从以出也，其所测之点，并周围当测之点必须尽见。所测之底线为地球大圈之若干分，必依海平面同高，而以一定之中热度改正其长数测量之。地面不甚大者，则用带尺量其底线二三次。带尺必先与准尺相比，试其有差否。地面不平者，另用经纬仪测之，依各处之高低，改准带尺所量之数，变为真平线之长数。如此测量二三次，而后用玻璃条等器覆量之，始得极详极准而不差毫厘。如测量宽旷之地面，其三角之底线必须极准，是为极要极难之事。盖地面愈大，测绘愈难，所需测量之器亦必择精良者用之，而测量不可有忽略之心，不可省工潦草，总以精测详准为要，故费时需久长也。西人每测一地，常费数年之久，务求详准，故其图精细足恃。闻华人测绘一县之地，仅限半年之工，测不及细，地不及量，多登山攀岭，周围略观，所得地形，徒在一望之中。或访之乡民，讯之里正，记其口传道里，凭其敷衍位置而毕乃事。其图之准耶否耶，不问可知。故欲作精准地图，非精久细测不为功也。西人于测地一事，既有专业之人，复有精良之器、详明之法，再加以不惜工力，经年细测，宜其测图之精，无出其右者。

设艺院

京都无各艺书院，同文馆只教外国语言文字、算学。各制造局洋匠纵有精通，然贪恋厚资，未免居奇而靳巧。至者未必巧，巧者不能致，能致之巧匠又或不肯传。洋师之难得如此。且华人之心力未必远逊西人也，多有华人习学日久，技艺日精，而当道以其华人也而薄之，薪水不优，反为洋人招去。教习无法，考察无具，奖励无方，一旦有事，制造无人，则归咎于华人之不可用。噫！〈岂〉华人果不可用哉？是主者之过也。是非专设艺院，则人才无由出，格致无由精，而技艺优劣之间亦无由真知而确见。

工艺先通书算

夫泰西诸国富强之基，根于工艺，而工艺之学不能不赖于读书，否则终身习之而莫能尽其巧。不先通算法，即格致诸学亦苦其深远而难穷。所以入工艺书院肄业生徒，皆须已通书算，未通者不收。何则？欲精工作，必先绘图，则句股三角弧之学不可不讲也。精于此而后绘图、测算，成器在胸，及其成物，不失累黍。否则方隅不准，钩斗难工。英国伦敦设有工匠学堂，以为工技之成，弟子每不能及师，不免每况愈下，故令学工艺者先读工程专书，研究机器之理，然后各就所业，日新月异，不独与师异曲同工，且变化神明，进而益上。此工艺所由人巧极而天工错也。苟延聘名师，广开艺院，先选已通西文算法者学习，读书、学艺两而化，亦一而神，则小可开工商之源，大可济国家之用。夫工艺非细事也，西人之神明规矩亦断非一蹴所可几也。

英美艺院兼设制造厂

西国之技艺以英国为最精，制造各物价值多于土产各物。近时德、美诸邦，百工居肆，心思日辟，智巧日增，每岁取资亦几与英国相埒。其工艺列科十二，别类分门，技艺院二十余所，每所约二百余人，教习各十余人。地基由朝廷给发，建院经费或拨国帑，或抽房捐。年费由善士输助，如不敷用，一学生收回脩金百元、二百元不等，稍有盈积，概免脩金。所收学生，无论何国，必文法、算学均堪造就者方能入选。院中有工艺书，无制造厂，学成而后另进工厂阅历数年。光绪二年，美设百年大会，见俄国艺院新制机器甚精，因师其法，在艺院兼设制造厂，俾得同时学习，故学生俱能运巧思、创新器。

中国工艺过于西人

江慎修先生制木牛耕田，以木驴代步，法虽不著，闻取猪脬实黄豆，吹以气而缚其口，豆浮正中，可知木制牛驴必用机关纳气令满，即能运动自如，似亦通西法蒸气拨轮之理也。先生又制留声筒，其筒以破［玻］璃为盖，有钥司启闭，向筒发声，闭之以钥，传诸千里，开筒侧耳宛如晤对一堂，即西国留声筒之法也。观此则知华人之聪明智慧实过西人。特在上者无以鼓舞之、振兴之，教习而奖励之，故甘让西人独步。诚非〈能〉集捐筹费，广开艺学，竭力讲求，以格致为基，以制造为用，选择聪颖子弟已通文理者入院学之，并延西国名师原始要终悉心教授。然后创行博物会，广罗物产，品评优劣，优者赏之，劣者斥之，则器物日备，制造日精。以之通商，则四海之利权运之掌上也；以之用兵，则三军之器械取诸宫中也。此取威定霸之真机，而国富民强之左券也。

创造铁路之利

从来非常之事固须得非常之人以成之，而尤须举寻常之道以处之，使人人咸知利赖，悉泯猜嫌，然后功可成而事可竟。夫非常之事，知者所喜而愚者所惧，若不明白宣导之，婉转引诱之，取近譬远，化其懵懵之习，解其胶执之私，鲜不阻挠良图，贻误大局，深可惜焉。中国自与泰西通商，凡泰西利国利民之事，如轮船、电线、枪炮、甲舰，固已逐渐仿行，疆吏朝臣心志相合，即山陬海澨之民亦无异议，而火车、铁路擅利尤善，为用更饶，乃转致屡议屡阻，迄无成效。此其故何哉？盖惑于观听之淆，囿于心目之隘，局中谋画，几费艰辛，局外纷嚣，众情不一。若不及时设法开导，坐使富强之利甘让他人，可胜浩叹。请言其略。从前议修京津铁路，事已垂成，而为近畿乡民纷纷呈诉，碍其田庐，误其贸易，陆之车、水之舟行将废业，无业者捋及三十万家。言官据以入告，因而中止。此乡愚无知之甚者也。溯伦敦之初创铁路也，其始亦相与疑阻，其后竟涣然冰释。即以苏士阿摩登海口言之，往来车运用马三万余匹，迨车路开通，用马乃增至一倍有余。盖以道途便利，贸易日繁，火车止出一途相距数十里、数百里，搭火车坐者日见其增，故用马亦愈见其多也。且不必远证于英也，以大津论之。津门固一大都会，而轮船未通之先，其繁盛不及今日十分之一，业车船者即亦不及今日五分之一，此轮船之效也。藉此以例，火车当必无异。况如唐山，初不过一僻壤耳，所开铁路本只供运煤斤，并未计及货物、行旅，乃自开办至今，载各货者获利若干，搭行旅者又获利若干，而歧途港汊车船亦因之增益。僻壤且能如此，若京津开行，凡乘车载船者更不知若何烦剧已。彼沾沾虑夫失业者，其果何所见而云然耶？张制府之洞曾明烛机宜，毅然奏请创办汉口达京一路，诚谋国之忠、识时之彦哉。洎自移即湖广，日究心于洋务，以期报上全下易俗移风，用心亦良苦矣。奈此小民不独不能仰体其意，转以为舍本逐末，群起而攻，甚至有匿名揭帖，肆无忌惮者。噫！办洋务即所以卫民生，而顾谓其舍本逐末，抑独何哉？此真乡愚无知之尤者也。按湖广居中华之中，有高屋建瓴之势，干路一条，南可以通湘粤，北可以控晋豫陕甘，为国为民苦心孤诣。若果办成，则轮车迅发，往来数省之间，其贸迁者必更流通，执业者必更繁多，所谓失业者众，岂其然乎？至于坟墓田庐，尤可无虑。盖铁路迥异常路，必须加高筑厚，且车行自能回转，遇有窒碍之处，尽可择地绕越。况路宽仅二丈，所占之地有限，更不足忧。凡此数端，固皆有利无害，昭然在人耳目。惜风气未开，未能家喻户晓，为可虑耳。苟能剖其利害，使小民毫不疑难，决无扞格，必能径行直达，一往无前。至所以使民不疑难，无扞格之道，则当于未勘路之〈前〉或高悬示论，详细开导；或遴派官绅周历各乡村，将铁路利国利民之处，不惮面命耳提，剀切晓谕，再以外洋获益成效，及有轮船码头若何隆盛详述而印证之。绅衿既恍然改悟，细民自翻然乐从。夫然从购车、造轨、筑路、叠桥陆续工作，自无掣肘之虞。此路告成，行之数年，其利必溥由干达枝，势如破竹。所谓非常之事固须得非常之人以成之，而尤须举寻常之道以处之者，盖在此也，夫又何惑乎哉？

矿学探源

《管子·地数》篇曰：出铜之山四百六十七，出铁之山三千六百九。伯高对黄帝曰：上有丹砂者下有黄金，上有慈石者下有铜金，上有陵石者下有铅、锡、赤铜，上有赭石者下有铁，此山之见荣者也。《淮南子》曰：黄埃、青曾、赤丹、白矾、元［玄］砥，历岁生澒。可知五金之矿，有苗可识，自古为昭矣。

矿务足以增识见

常人不明矿学，遇山中宝玉恒视为常石，见贵金矿质易误为土块。因其金、其玉为壳包藏，形有相仿，与制成器物者大不同相也。譬如金刚石，其形近似石英及水晶，有铅矿色似元明粉，铁矿状若灰石，银矿甚似铅矿，又有一种银矿极似蜜蜡与牛角，必惯习矿学，始能辨别无误。

声学总论

人身之知觉运动，全赖脑髓以主之，尤藉脑筋之分缕贯通，遍布百体而传达焉。设偶伤手指，即感动指内之脑筋，脑筋即传其动于脑髓而知痛。舌之知味，鼻之知香，目之知光，莫不皆由脑筋传达脑髓，而使脑髓知之也，而耳之知声亦然。声至耳内，即动耳内之脑筋，脑筋即传其动于脑髓，而知为声。此各种之动各不同，皆与五官专用之脑筋相配，而莫能相易。尝味之脑筋不能传光之动，视光之脑筋不能传香气之动，觉香之脑筋不能传声之动也。此所谓动，非是全脑筋牵掣也，只是脑筋内之质点递相往复荡动而已。其传动之速业已试知，每秒九十三尺。

光学之源

光之为物，虚而实者也。其源有六：一曰日光，二曰火光，三曰燐光，四曰咸汐光，五曰虫光，六曰电光。凡六者，火与日为正光，其质轻清而甚微，其行直射而弥捷。有传光，有回光，有出入折线光，有光芒无光线。光之明分，以路远近平方反比为准。光之行分，以木星上小月蚀时之时刻比例布算。

电学求源总论

西人璞尔生者，丹国儒士，电报学堂之师也，近著《电学述略》一书以示学人，使知电之所以生之理，以广其用焉。按二十［千］年前希腊人有精格致之学者，尝考琥珀一物，摩拭既久，则能吸物使近，又遽推之，则可呼物使远。此电学之始也。然人未知其所以然之理，至明朝时，英国太医院有一名医，考察物理，知硫磺、玻璃及蜡亦能有呼吸之力，与琥珀同，然尚未明其所以用。

迨本朝初年有德国人制一机器，运动之，不但能呼吸又能发电光，至是电之名始著。至雍正七年，有英国人察知电气能走之物，如铜、铁等类；不能走之物，如玻璃、丝绸之类，则行电、禁电始出矣。又法国察知电之用有两因，名之曰阴电、阳电。是时，又有美国人察知琥珀、玻璃、蜡等所生之电光非等寻常之火，实与天上之电光为一类，由此而知电之所关大矣。又察电之所走，能引旁线一时生电。至乾隆四十五年，意大利国人能用两种金，如铜、倭铅之类，以铜丝密缚即能生电，因之又有泾电之说。嘉庆二十五年，丹国人查考电学，又知以铜线过罗盘针，则针随电走，不能自主。至光绪［道光］三年，法国人又察知以电线过铁，则铁自变为吸铁石。光道［道光］十一年，英国又有人考知电不但能化铁为吸铁石，而吸铁石又能生电。至是电学一步进一步矣。道光十七年，时英、美两国相隔万里余，音问难通，乃线［缘］电线过罗盘针及变吸铁石彼此相生之法，格物家遂揣摩而生造电报之法焉。至咸丰四年，又有人能造电灯，光明倍常。九年，法国人又有造存电瓶者以备用。意大利人又揣知生电之法，专用吸铁石机轮，一转气自生，生生无穷，电不胜用矣。既不用摩拭之法，又无须泾电，更为简便。此二十年内，集众人之心思，尽百物之考察，而电学始大明，电之功用始大异焉。盖先用钢生电者，今则皆用熟铁轮机，一转则化为吸铁石，以吸铁石生电，其力较大于钢。且人既得此新生电之法，知电能化物，有借以为包金包银之饰者。不第此也，又缘电光之明及电火之烈，而知以电火照于农田则如日照之暖，而禾稼可生，若将电火运于土内则禾苗更易长矣。电之关于人，用者岂不大哉。此生电气之大概也。

道光十七年，英、美人既得电报之法，民间犹以为戏玩，惟铁路公司知其益，乃沿道设电杆，以报铁路来往相避之信。及道光二十四年，英廷亦知此大有关系，乃用之，远近无不报者。至咸丰八年，英、美相隔不下万里，音问甚迟，乃协商于海底添设电线以通信焉。嗣因路太迟［远］，虽有极大电力，缘铁针之分量太重，不能灵转，是信仍不能通也。后英人别作一表，但借无分量之日光以达之。其先虽用极大电力，总不能达。今竟以极小之酒盅，用绝细铜丝一、倭银丝一再加一点镪水，电力立时达其到。运思之妙可谓极矣。今之电报，在海底者甚多，联络各国之线，合计其长足绕地球五周之用。又发电报之机不一，有西国二十余之字母发者，然此犹易事，但按其书寻证，虽未学者亦知，但不速耳。近又有新法，使其针自按号码，然嫌无墨迹可认。又有揣得新法者，使其针自画号码，有迹可寻矣。此法在咸丰四年奥人所出后，又有揣出新法，能使其针为字迹图画及图像皆如真者，不愈出愈奇乎。法虽奇，然寻常之用仍不外奥人所出之常法，使略加更改便稍精矣。寻常发电报，每数百里或数千里，中间路远，各处总须掉换。今则用新法直达不必掉换，如英京至波斯京，万余里一直达到是也。当电报初立之时，每一分钟止发四五字，今则每一分钟可发四百六十二字。其始也，以五线条发一信，今则以一线发六信，均在一时，各不相碍，真巧妙也。今西国人因其便而用以达信者多，计英国每一礼拜发信不下百万函，电报不愈盛乎。此电报之大概也。

再德律风，亦可借电报之线用而不碍。在光绪二年，美国人创设德律风。其始也，止能传语数十里，今则借铁线传语七百余里矣，若用铜线可传语六千里。创此器者尝曰：此物若灵巧得法，愈传愈远，虽中华京都至法国京都相隔数万里，亦可以如对面语焉。此德律风之大略也。

要之，电学之为用，实关系万国兴衰也。昔德国将军毛奇，在军虎幄中皆有电线与各营将弁通。凡有出令，虽本营人无有知者，外人何由伺探乎？故凡不晓电学者，皆不克与之敌。英有大商骆某，生意遍各国，彼终岁不出门庭而天下各国生意盛衰无一不知，此皆恃电报、德律风之等用也。不第此也，凡士农工贾四民亦无不仰赖之。此可知电学之兴，虽古之制作，亦未有逾于此者。所愿中华人士慎勿专袭电学之皮毛，而不深究其奥理，苟能深究，自悟可出新法，独抒心裁，生生无穷，用之不尽，岂不懿欤？

电为最要之学

电学一门，精微细奥，妙用无穷。小之可以玩娱，大之可施实用。如镀金也，饰器具以美观；达信也，缩千里如觌面；燃作灯烛也，发光如日，照夜如昼。至于放电燃炮，有用于军武；运机代织，有用于工艺；制指南针，有用于航海；造铁引电，有用于防雷。是皆由电学考究而出。盖电隐伏万物之中，为极稀无重之气质，故曰电气。清微流通，平而不显，感触生发，取之靡穷。总言之曰电气，分言之曰摩电气、化电气、吸电气。摩电气，或曰干电气，乃摩擦而生，天空雷电是其类也。昔人徒知发光者为电击，响者为电，以为雷公电母主其事也。后有能者出，设法以引空中雷电试之，与摩电无异，始知无司雷之神也。化电气，或曰泾电，乃由金类感化而生，性与摩电气亦同。吸铁气，或曰磁气，有自然生成者，磁石是也；有以电气传成者，吸铁钢条等是也。

化学源流

古有炼丹术士镕冶金石，锻炼药物，或冀得长生不死之丹，或贪求黄白致富之术，因而踵事炉火，代不乏人，此化学之所由起也。及至推考日深，事理愈明，虽古人所求不可得，然于民生利益良有以也。盖化学一道，为用甚溥，以之养身，可壮筋骨，以之制药，足疗病源。自是人无夭札，庶物恬熙，视长生不死为尤愈。以之炼矿易得精金，以之种土克畅厥物，自是宝藏兴焉。粒米狼戾，较点石成金为更贵。是化学与丹术本虽同而功实异。盖彼所图者窄小而说，率属子虚；此所求者广大，则理均可明验也。

汽学源流

天地间之物质，总分三类：一曰定质，一曰流质，一曰气质。定质有坚有软，体常定而不易，如木石是也；流质或稠或稀，形能活泼流动，如水汞是也；气质虚浮幽渺，踪迹难寻，如空气是也。惟流、定二质有形有色，人皆信其质实，而空气不见不闻，人鲜觉其为物。故常人每视之为虚，以为其毫无关切作为也。然细考之，究属非虚。当其静也，弥漫轻清，无微不入。及其动也，飕飗奋发，随在流通，拂面寒生，肌肤所可觉也；穿林叶响，耳官所能闻也；吹云飞走，簇水荡纹，亦人目所得见也。他若暴风之摧花折柳，旋风之拔树攘垣，狂风之扬尘簸沙，飓风之倾舟败舰，尤其事之显然者，亦其力之猛烈者，可知空气非虚，而亦实有其质。诚于此各事考核推详，深知其理，此格致家之嚆矢焉，爰名之曰气学。

重学创始之人

重学之由来古矣。当中国秦政之世，布蜡亚奇默德创立重学。法于适当其中之处，立杆悬物，轻重适均，远近如一，视其倚点而悟其理，且可施之于战阵焉。时西西里国滨海建都，与邻国构怨交兵。邻国驾艨艟直逼城下，城人汹惧，王命造备御之具，亚奇乃制大铁钩，钩取敌船，举而覆之，城赖以全，其法胥出于重学。

农政总论

古之言曰："上农夫食九人，其次食七人，最下食五人。"同此土地，同此树艺，而收获之多寡迥乎不同者，农功之勤惰为之也。故水潦出于天，肥硗判于地，而人力之所至，实足以补天地之缺陷而使之平。昔英国挪佛一郡本属不毛，后察其土宜遍重萝蔔［卜］，大获其利。伊里岛田卑泾，嗣用机器竭其土，地脉遂肥。撒里司平原之地既枯且薄，自以鸟粪培壅，百谷无不勃茂。犹是田也，而物产数倍，是无异一亩之田，变为数亩之用。反硗确为沃壤，化瘠土为良田，地利之关乎人力概可知矣。

且地之肥瘠，何常之有？万里中原，沟渠湮废，粟麦而外，物产无多，地之肥者变而瘠矣。扬州之赋上下，今则畎浍纵横，桑麻翳荟，神京廪给悉仰南方，地之瘠者变而肥矣。三古农书不可考已，今所传者，如《齐民要术》、《农桑辑要》、《农政全书》亦多精要。大抵文人学士博览所资，而犁云锄雨之俦，可能家喻而户晓？况劳农劝租，虚有其文，补助巡游，今无其事，民亦因循简陋，聊毕此生。盖官民之相去远矣。

泰西农政皆设农部总揽大纲，各省设农艺博览会一所，集各方之物产，考农时与化学诸家详察地利，各随土性，分种所宜。每岁收成自百谷而外，花、木、果、蔬，以至牛、羊畜牧，胥入会。考察优劣，择尤异者奖以银币，用旌其能。至牲畜受病，若何施治？谷蠡木蠹，若何预防？复备数等田样，备各种汽车，事事讲求，不遗余力。生［先］考土性原质，次辨物产所宜，徐及浇溉、粪壅诸法，务欲各尽地利，各极人力。所以物产赢余，昔获其一，今且倍蓰十石［百］而未已也。

西人考察植物所必需者，曰燐，曰钙，曰钾。燐为阴火，出于骨殖之内，而鸟粪其含尤多。钙则石灰是已，如螺蚌之壳及数种土石均能化合。而钾则水草所生，如稻藁、茶蓼之属，考验精密。而粪壅之法无微不至，无物不生。适有用电之法，无论草、木、果、蔬，入于［以］电气，萌芽既速，长成更易，则早寒之地严霜不虑其摧残，温和之乡一岁何至［止］于三熟，是诚巧夺天工矣。

其尤妙者，农部有专官，农功有专学。朝得一法，暮已遍行于民间。何国有良规，则互相仿效，必底于成而已后［后已］。民心之不明以官牖之，民力之不足以官辅之，民情之不便以官除之。此所以千耦其耘，比户可封也。

然而良法不可不行，佳种尤不可不拣。地属高亢，则宜多种赤米。赤米即红霞米，松江谓之金城稻，色红性硬，最为耐旱，四月布种，七月即收，今北地多有种之者。若卑湿之田，则宜种耐水之稻。稻之利下湿者为稌，稌种有黏有不黏。黏者为糯，又谓之秫，不黏者为粳。氾胜之云："三月种粳，四月种秫。"最为耐水。暹罗稻田，一至夏间有黄水由海中来，水深一尺，苗长一尺，水深一丈，苗长一丈。水退之后，倍获丰收。此低田之所宜也。其余花、果、草、木皆当审察土宜，于隙地广行栽种。如牛、羊、犬、豕之属，皆当因地制宜，教以牧畜，庶使地无遗利，入［人］有盖藏。惟小民可与乐成，难与图始，非得贤牧令尽心民事，以教导而倡率之，未易遽有成效也。稽古帝王之设地官司徒之职，实兼教养。孔子策卫曰："富之教之。"其时为邑宰者，蚕绩蟹匡，著有成效。近世鲜有留心农事者。

惟泰西尚有古风，为民上者，见我所无之物，或有其物而美不如人，必穷究其所以然，故效法于人，蕲胜于人。年来意大利、法兰西、印度、荷兰所种茶丝，反浸浸乎胜于中国。曩有宁波税务司康必达见我养蚕未善，不能医蚕之病，往往失收，曾倩华人到外国学习，尽得其法，并购备机器，欲在沪仿行，格于当道未准。其机器尚存格政［致］院中。

吾邑孙翠溪西医颇留心植物之理，曾于香山试种莺粟，与印度所产之味有殊，犹恐植物新法未精，尚欲游学欧洲，讲求新法，返国试办。惟恐当道不能保护，反为之阻遏，是以踌躇未果。

我国似宜专派户部侍郎一员，综理农事，参仿西法以复古初。委员赴泰西各国，讲求树艺农桑、养蚕、牧畜、机器耕种、化瘠为肥一切善法，泐为专书，必简必赅，使人易晓。每省派藩、臬、道、府之精练者一员为水利农田使，责成各牧令于到任数〈月〉后，务将本管土田肥瘠若何，农功勤惰若何，何利应兴，何弊应革，招徕垦辟，董劝经营，定何章程，作何布置，决不得假手胥役，生事扰民，亦不准故事奉行，敷衍塞责。如何行之有效，开辟利源，使本境居民日臻富庶，本管道、府查验得实，乃得保以卓异，予以升迁。仅仅折狱催科，只得谓之循分供职。苟借此需索供应，骚扰闾阎，别经发觉，革职之外，仍重治其罪。重赏严罚以兴事劝功，天下之民其其［有］豸乎。

盖天生民而立之君，朝廷之设官以为民也。今之悍然民上者，其视民之去来生死，如秦人视越人之肥瘠然。何怪天下流亡满目，盗贼载途也？以农为经，以商为纬，本末备具，巨细毕赅，是即强兵富国之先声，治国平天下之枢纽也。日缌缌然忧贫患寡，奚为哉？

或云：年来英商集巨款，招人开垦于般岛，欲图厚利。俄国移民开垦西北，其志不小。我国与彼属毗连之地，亦亟宜造铁路，守以重兵，仿古人屯田之法，凡于沙漠之区开河种树，山谷间地遍牧牛羊，取其毳以织呢绒、毡毯。东南边界则教以树棉、种桑、缫丝、制茶之法。务使野无旷土，农不失时，则出息愈多，销路自广。而且东南各省皆宜种棉，西北各省更宜牧畜。棉花为纺织所必需，除种土棉外，更须试种洋棉。洋棉以美国南海岛种为最佳，西人尝用此花一磅纺丝长至一千尺，是为上品。大概土棉质硬丝短，不能织极细之布；洋棉质较［软］丝长，经机器不致中断，所织之布，细韧异常。余尝刊有《美国种植棉花法》一书分送乡人，并讲美国花子在沪栽种，确较土花丝长，惟其性畏寒，一见霜则叶陨花枯，必须考究天气、水土相宜之处，方可播种。志之以告留心种植者。

农事宜讲

考《尔雅》一书，言农器者綦详。钱镈铫铸之属，以次而释其名义。他若《豳风》、《月令》诸篇坦言农事而不言农器。后世敦本力穑务农诸器绘成图像，未尝不周详明晰，而于垦荒之器，则或未备焉。新疆、黑龙江等处边塞鸟道，硗确坚顽之土，垦种非易，有来［耒］耜劚之而不能入者。自中外通商而后，各处设局制造，如军装之坚锐、舟车之便捷，与一切器用之精巧，不费人工，莫不藉资机器。而其有益于农事者，又有用汽机牵引耒耜耕田，及起水开沟泄水等器，更有行汽机能牵运粪土，使入田中。即山石碎确之地轴机运转，无不立时望辟。盖机器之运，惟以水受火逼蒸而为汽，其性升而散，乃以铁管仰而束之，故本腾欲出之力甚猛。而其中有锅、有炉、有门、有杆，至推算其力量之大小，则测之以表，是以轮轴枢纽，极为灵便，而相需之处甚广。边隅荒徼，旷土累累，各处招垦，苦于人力难施。愚民裹足不前，空吏无从招集。良沃可耕之壤，不且废置之为无用乎。惟于荒土始垦之际，先用机器尽力开辟，土脉既松之后，仍用人力牛力，则机垦荒亦变通办理之一法也。或谓农民大半贫困，而机器之费甚巨，又安得而用之哉？顾所谓垦荒者，非终岁之耕胥恃乎机器也。不过于启土之初，藉机器之力以运动之。况汽机锐捷，其势甚速，数千百顷之田有不难计日而尽者。所垦既广，即派费亦属无多，在有力者善为之倡耳。

朝廷讲求西法，铁厂所制机器既已办有成效，而于西北屯垦诸务，连年以来颇费招徕。苟于垦荒之时亦用西人机器，使土地易于松动，则关外平畴尽行沃壤，所以充粒食而裕边，诸者岂浅鲜哉？

重农政说

言京东水利者多矣。雍正中发帑百万，遣大臣重治营田，踵而行之，非一次著书言农田水利者不一家。然皆无大成效，非法不可行也。南方宜稻，北方宜麦，而请兴水利，欲藉以宽东南之输挽，则必强种麦之地以种稻，无论非土之宜，非人之所习。且种稻之难，较种麦数倍。必强人以所难，何怪劝之而不动。况有麦可食，即与谷米无殊，又何必定需输挽。今漕运既减，就地采麦，自当广开其源以重根本。

应请简派劝农大臣巡察畿辅，会同各疆理督劝种麦，毋或失时，州县以是为考成，仓储以是为来路。麦以冬雪为命，不甚资雨泽，故不必图兴水利，而但除水害足矣。何谓水害？田间沟洫不深，通水无去路，一遇霖潦，遍地汪洋，安有秋成之望？是必正其经界，深其沟道，毋怠耘锄之力，毋失栽种之时。斯粟麦不可胜食矣。至木棉之利，乾隆中，直隶督臣方观承曾实力讲求，今亦宜出示劝种之，与织纴宜用机器，巧捷异常，事半而巧倍。由此推之，各省宜设机房，如织绒则设于直隶，以就口外之羊毛；织布则设于松江，以就其地之棉花，皆参用机器，获利较丰。总之，惩惰农则耕者自奋，禁游女则织者自勤，实为根本之计耳。

医学总论

西国医理、医法与中国不同。各国医学皆设专科，立法有七：曰穷理，曰化学，曰解剖，曰生理，曰病理，曰药性，曰治疗。其治病之法二十有四，大要有六：曰漏泄，曰分解，曰清凉，曰收酸，曰强壮，曰缓孪［挛］。皆由名师教诲，各尽其长。迨学成，官为考验，必确有心得，给予文凭，方以医师自命。中国之医，能如是乎？此不若西医者一也。

西医论人脏腑、筋络、骨节、腠理，如钟表轮机，非开拆细验，无以知其功用及致坏之由。是以西国老人院，癫狂、聋哑等院遇有死者，许医局剖析肢体，穷究病症及生生化化之原，以教俗［后］学。故西医皆明脏腑、血脉之奥。考中国神农以至华、扁，实为西医剖割之祖。如论脏腑之部位，即可知有剖腹验看之事，特其学失传耳。今中国习医绝无此事，虽数世老医，不知脏腑何形。遇奇险不治之症，〈终〉亦不明病源何在。此不若西医者二也。

西医谓人之思虑、智慧、知觉、运动皆脑为之主，而脑有气筋无数，散布于五官百骸。何处脑气筋坏，即何处有病。衰迈之人脑气不足，遂有麻木昏聩之病；幼小之童脑气过盛，多有角弓反张之症。而心之为用，专司乎血。心脉一跃，血行一度。验心脉之迟疾，知病体之轻重。中医以切脉为治病之要。西医则谓人之一身皆有脉络，血犹水也，脉络犹百川也。潮血来回无不震动，即无不有脉。夫血发源于心，运行百体，嘘吸生气，由肺复返于心。若按脉推求，决无是理。西医事事征实，又有显微镜能测目力难见之物，故能察隐洞微。中医多模糊影响之谈。此不若西医者三也。

治病之法：中医则曰木克土，治脾胆者，先平肝；火克金，治肺者，先泻心；水克火，治心者，先降肾。或曰三焦皆空虚之处，或曰六经有起止之方。西医则何处之病即用何处之药，而尤以保脑筋、养肠胃为主。用药之法：中国多〈用〉草木，性有变迁；西国多用金石，质有一定。且无论汤、丸、膏、散，皆属医生自配，较之买自药【品】铺、〈品〉味搀杂、炮制不精、自行煎熬、不谙火功者，功用固殊矣！此不若西医者四也。

西医论略病症纷繁。内症持机器于腕中，以辨声音之虚实；置寒暑表于口内，以察脏腑之寒温。一切药性病源，无不本化学〈研究〉而出。且有医家报章，何人何病何法医痊，必登诸报，以告后世。若遇疑难大症，亦皆登报以告高明，或七日一纸，或期月一纸，互相质证。至外症诸方，俨扁鹊、华佗之遗意。此西医之大概也。

附录　题马建忠著《东行三录》

马相伯

庚子之乱，由拿拉氏惑于扶清灭洋之说，东南督抚宣布自保，不奉朝命。两广李伯相特来上海，主持一切，遂嘱吾弟建忠至行辕勷理。公历八月中旬，俄廷突来长电七千余字，竟谓不承诺，即封锁吴淞。连夜译成，惫甚，以致热症大作，十四晨即去世。今中国历史研究社辑录吾弟遗文，以入《中国内乱外祸历史丛书》，余追怀往事，怆然百感，因述其为国致死原因，以告读者。

九七叟马相伯　民国二十五年

方豪编《马相伯先生文集》，404 页（上智编译馆，1947）

马建忠年谱简编

清道光二十五年　乙巳（1845）　出生

正月初三日（2月9日），生于江苏丹徒（今江苏省镇江市）城中，谱名志民，学名斯才，又名建忠，单名乾，字眉叔。马家世奉天主教，清初，马家由江西南昌迁至丹阳马家村。父松岩公从丹阳到镇江行医，开设店铺，遂定居丹徒。母沈氏，丹徒县人，亦信奉天主教，贤明识大义，督子甚严。长兄马建勋，字少良，后任淮军粮台；次兄马建常，字相伯，生于道光二十年；姊马建淑，生于道光十二年，嫁于江苏青浦（今属上海）朱氏。

咸丰二年　壬子（1852）　八岁

在镇江入家塾读书。兄马相伯赴南京参加江南乡试，落榜。

咸丰三年　癸丑（1853）　九岁

是年，太平天国建都南京。因太平军攻入江苏，马建忠随家辗转迁徙至沪，进入徐汇公学学习。不久，与相伯兄弟二人在公学“昆季齐名，慧声日起”。

咸丰九年　己未（1859）　十五岁

在徐汇公学学习。马相伯在徐汇公学获得圣学奖赏。

咸丰十年　庚申（1860）　十六岁

八月，太平军抵沪，徐汇公学学生往董家渡避难。马建忠执笔学举子业，屡不售，且激于世变，遂弃其所学，改习西学。

咸丰十一年　辛酉（1861）　十七岁

为探求西方富强之根源，马建忠“遂乃学其今文字与其古文词”，“肆意于辣丁文字，上及希腊并英、法语言”。

同治元年　壬戌（1862）　十八岁

仍在上海，学泰西之学。

同治二年　癸亥（1863）　十九岁

跟随马相伯进入耶稣会初学院学习。

是年，甥朱志尧生。

同治四年　乙丑（1865）　二十一岁

八月，李鸿章在上海开办江南制造局。

同治五年　丙寅（1866）　二十二岁

是年，左宗棠设船政局于福州，沈葆桢总理局务。

同治六年　丁卯（1867）　二十三岁

是年，福州船政学堂设立。

同治九年　庚午（1870）　二十六岁

因不满教会对待中外修士不平等、不公正待遇，马建忠愤而离开耶稣会，经长兄马建勋介绍，进入李鸿章幕府襄办洋务，任翻译。

同治十年　辛未（1871）　二十七岁

在天津帮办洋务。

光绪元年　乙亥（1875）　三十一岁

二月，英国驻华使馆翻译官马嘉理带领武装“探路队”由缅甸侵入云南，“不先行知会地方官，遽行入境”，并扬言要进攻腾越城（今腾冲）。腾越百姓义愤填膺，在蛮允附近杀死了马嘉理。英国借此胁迫清政府。李鸿章奉命为全权大臣，在烟台商谈“滇案”。马建忠等人随行襄理，“颇有翊赞之功”。

光绪二年　丙子（1876）　三十二岁

冬，娶南昌黄氏为妻。

是年底，李鸿章奏保马建忠会同福州船政学堂学生一起出洋学习，获准。

光绪三年　丁丑（1877）　三十三岁

三月三十一日，在福州船厂道员李凤苞、洋监督日意格的率领下，马建忠作为随员随船政学堂第一批留欧学生乘“济安”号轮出洋，同行的有文案陈季同、翻译罗丰禄，还有严复等28名学生和艺徒。抵达法国后，马建忠遵李鸿章之命，与陈季同一起入巴黎政治学院专习公法。其学堂肄业大纲，共分五等：一、出使各国，二、国家机密政事，三、地方管理民事，四、户部征收赋税之事，五、总核出入款项。

光绪四年　戊寅（1878）　三十四岁

正月二十六日，以郭嵩焘兼充出使法国钦差大臣，李鸿章致书慰勉，荐马建忠“可备就近驱策”。马建忠得以兼任驻法使馆翻译，始参加各种外交活动，颇得历练。

四月初五日，郭嵩焘向法国总统递送国书。马建忠为之译述答辞。后多次代理郭嵩焘出席万国公法会、“保护制造会”等。

五月二十日，同黎庶昌、陈季同等参加巴黎布落捏森林的阅兵仪式。在巴黎大戏院看戏。

八月初九日，长女欧桂生。

八月十九日，陪同郭嵩焘参观法国总统阅马步军于温生花园。次日，与联春卿代替郭嵩焘参加法国善后会。

十月初六日，李凤苞奉派为署理出使德国大臣，调陈季同随行。原先由陈季同分管的翻译事务由马建忠暂代，“并将洋监督肄业文案杂费，每月以四百佛郎津贴建忠”。

十一月二十五日，与郭嵩焘、日意格、马格里由斯得讷斯弗车栈附车至舍隆，观珥贝尔类酒局。途中郭嵩焘与马建忠谈所习数学，因言：“法国数学尤胜，其国家设立拉古尔代恭得。代恭得，译言算学；拉古尔言衙门也，英国名之波尔得。凡出入之数，由代恭得衙门核算，乃颁示议院。每岁出入，及所支俸薪，均自开报，无有隐饰，尽人知之。天文士测出各星，皆积算而知。”

十二月初七日，郭嵩焘偕马建忠至爱尔卜郎电报局，观达轮古新制电报传字及画并舆图。

十二月初八日，与郭嵩焘、富哥、马格里到陆茀尔画馆（今译卢佛宫）观画，故旧王宫也。其间谈及西方性理之学，马建忠言："希腊言性理者所宗主凡三。初言气化：曰水，曰火，曰气，曰空。至梭克拉谛斯（今译苏格拉底）乃一归之心，以为万变皆从心造也。后数百年而西萨罗（今译西塞罗）乃言守心之法，犹吾儒之言存心养性也。近来英人马科里（今译贝克莱）乃兼两家之说言之。英人始言性理者洛克，法人始言性理者戴嘎尔得（今译笛卡尔），并泰西之儒宗也。"又言："习公法者必通知拉丁语，以公法始于罗马，而拉丁文字实为罗马文教之始。故凡公法相传之语，多缘自拉丁。"是日，接到马相伯来信，信中述及贵州矿务，"云开矿之利三，其法有四，其治有五"。

马相伯函中并告马建忠："待梓之书，拟以算尺为先，后及数理、勾股、天文、地理、形化诸学次之，制造考工又次之，略分上、中、下三部。凡论数理，始言作法，继言施用，终言创制变化之理。"又言："以诗书当声歌，以古人当朋友，以节劳减食当医药，亦尘世养生之诀也。"郭嵩焘认为，"所言并有理致"，并称马氏三兄弟"皆有才质"。

是年夏、冬，分别撰《上李伯相言出洋工课书》、《巴黎复友人书》、《玛赛复友人书》。《上李伯相言出洋工课书》主要介绍了来欧洲学习一年的心得体会，其中指出，欧洲各国"讲富者以护商会为本，求强者以得民心为要"，"学校建而智士日多，议院立而下情可达，其制造、军旅、水师诸大端，皆其末焉者也"。《巴黎复友人书》、《玛赛复友人书》主要介绍了西方交涉之学，其中尤其对均势理论及结盟之道作了重点叙述，建议在上海设立一所外交学院，培养专业外交人才。

是年，获得"文词秀才"与"格致秀才"资格（文学与理学业士）。其法文及拉丁文的肄业老师为蒙弟翁（Adalbert-Henri Foucault de Mondion），蒙氏称马建忠为在欧洲的中国人中"最聪明、最有教养的一位"。

光绪五年　己卯（1879）　三十五岁

驻英、法大使曾纪泽到任，马建忠兼充曾使翻译。正月，随曾谒见法国总统。应日本驻法国使节上野景范之邀，随郭嵩焘参加巴黎一公馆宴席。正月，郭嵩焘奉命回国，马建忠与黎庶昌陪同他游览法国马赛、摩洛哥和意大利罗马、拿不勒海口、冉纳、敷老郎使等地，参观了发掘出来的地下古城——榜背（今译庞贝）。

七月，陪同黎庶昌游览法国西境包尔兜巴要伦等地，并参观了摩洛哥赌场，游览了弥郎，观看了萨克司王别墅等。

是年夏，撰《复李伯相札议中外官交涉仪式、洋货入内地免厘禀》，建议李鸿章乘英国提出修约之机，“就西国所论税则之理而更定中国增税之章，以与厘金相抵”。

是年冬，撰《铁道论》、《借债以开铁道说》，提出借洋债以修筑铁路的创见。

是年，编译《法国海军职要》一书。在法国巴黎获得法学学士学位。

光绪六年　庚辰（1880）　三十六岁

三月，马建忠从法国学成回国，到天津谒见李鸿章，呈上应考官凭。

六月，李鸿章奏保马建忠为二品衔候补道；十一月，李鸿章荐马建忠于总理衙门待聘。李鸿章先委任其主持天津水师营务处的日常工作，办理海军事务。

中国驻德使臣李凤苞欲添调马建忠为参赞，李鸿章未允，仍留天津襄办洋务。

是年，马相伯在山东调查淄川煤矿，马建忠将淄川矿砂寄至法国总局名师化验，认为可以开采。

光绪七年　辛巳（1881）　三十七岁

正月二十日，奉李鸿章之命，与郑藻如一起代拟《朝鲜与各国通商章程》底稿。

三月，马建忠随汉纳根乘“镇海”舰到旅顺勘察地形、炮垒，并去矿区实地考察，访问淘金、采煤工，撰《勘旅顺记》。

四月，撰成《欧美各国铁道论》，并寄赠郭嵩焘。

六月，奉李鸿章之命，与其好友、名士吴广霈从天津出发，到越南西贡、新加坡、印度加尔各答等地调查、访问鸦片输入情况，并就鸦片专售问题与英印总督进行交涉。撰《南行记》。此行途经新加坡时，遇到正奉派在新加坡海峡殖民地政府服务的辜鸿铭，说服辜氏回国效力。

九月，长子锡俊生，字小眉，过继给马建勋房下。

十月一日，以水师营务处职员身份随同津海关道周馥、编修章洪钧、知府薛福成、提督周盛传、刘盛休，陪同李鸿章验收“超勇”、“扬威”两艘巡洋舰，在天津试航。

是年冬，津沪敷设电报，马建忠条陈电报章程。

是年，马相伯随中国驻日大使黎庶昌赴日，任中国驻神户领事。

光绪八年　壬午（1882）　三十八岁

是年，三次出使朝鲜。四、五月份，协助朝鲜先后与美、英、德三国签订有关通商条约。六月，奉命与北洋水师提督丁汝昌等赴朝鲜平定“壬午兵变”。日本官员使用欺骗手段强迫朝鲜签订了《仁川条约》，日本由此而获得了在朝鲜的驻兵权。中国国内舆论一片哗然。有人弹劾马建忠“擅预倭约，任性妄为”，要求朝廷诛杀。此行著有《东行三录》。

是年夏，撰《上李伯相论朝鲜商约界务禀》。八月，奉李鸿章之命，会同津海关道周馥与朝鲜赵宁夏、鱼允中等在天津再三酌议，拟定《中国朝鲜商民水陆贸易章程》。冬，撰《上李伯相覆议何学士如璋奏设水师书》，建议设立水师衙门，从制度方面着手整顿海军，提出发展海军的九年规划。

十月，长兄马建勋病卒，马建忠请假回上海省亲，马相伯也从日本回国。时值法属越南战事紧张，马建忠奉李鸿章之命，留沪与法国驻华大使宝海接触。十月十七日，与宝海议定《宝海三条》。

是年，应朝鲜政府之邀，马相伯代替马建忠赴朝襄办新政。在朝期间，马相伯起草了《上朝鲜国王条陈》，提出改革经济、司法、教育等方面的新举措。

是年，马建忠提出“仿效西藏［洋］鼓铸银钱”，进行币制改革。

光绪九年　癸未（1883）　三十九岁

正月，奉李鸿章之命仍留上海，往来于法国大使宝海、德国大使等驻华使节之间了解动态，密报李鸿章。同月，次女莲宝生。

四月，法国政府改派新任驻华公使，并派驻日公使德理固为专使来上海谈判。马建忠即随奉李鸿章参加多次谈判。

光绪十年　甲申（1884）　四十岁

春，受李鸿章之委为上海轮船招商局会办，并继续受命在沪刺探法军情报，了解法军动向，报告总理衙门，协助议约。

四月，法国政府提出议和，李鸿章同法国代表福禄诺在天津订立《简明条款》五条，马建忠任翻译，参加议约。

五月二十三日（6月16日），致函盛宣怀，函中透露与唐廷枢的矛盾，意欲驱其出招商局。

闰五月初八日，清政府派两江总督曾国荃到上海与法国新任驻华公使巴德诺谈判，马建忠由李鸿章介绍任曾国荃翻译，参加谈判。

六月初八日（7月29日），由于中法战事紧张，法国扬言“遇船劫夺”。马建忠建议李鸿章把轮船招商局局产暂售美国旗昌洋行，由其代为经管，船只悬挂美国国旗照常驶行。此日，马建忠会同英国律师担文与旗昌洋行达成售产换旗协议，并商定中法战事结束后收回招商局局产。六月初十日，马建忠与旗昌洋行会办惠霖·福学史、文生·史美士等人立下将招商局局产售与旗昌洋行契。

六月十二日，致函盛宣怀，表达了整顿招商局和迫使唐廷枢离局的意见。“若三藏（指唐廷枢）欠款不退，他处亦何能启齿，今日而言利息，不可存不付之心，量力行之，想可水到渠成也。……开平股票尚未确查，总之，三藏不去，断难下手，德君不来亦难下棘手，此中委曲久在洞鉴。乞晤德君催其即行束装。此月三藏挪用欠款又增至七万矣。”

在同一函中，又表达了效劳招商局的决心：“总之日后用人，决不插入一私人，此心久当共谅。弟自维才疏，本难肩此重任，惟于仕宦一途枘凿不容，迫而为商，藉为知己之报。果能假以二三年之久，局事或可起色，于大局于商务，未必无毫毛之补，此所以力任而不辞者也。”

自招商局售产换旗一事发生之后，沪上谣言四起，“被谤已深”，总理衙门召马建忠北上。八月初八日，致函盛宣怀：“弟自六月初十后心力焦碎，担负有千钧之重，谤积丘山，他日事定收回，可以释然。从此辞差告退，不复问人间事矣。弟两次承召，本宜克日就通，无如揆思再四，于公事私事，皆不能稍离沪上。……弟又不善酬应，仕途久已无心，且行囊非四千金不办，弟亦无此现款，素未告贷，即告贷亦无从。在家居亦大不易，若获入总署，不过旅进旅退。出身微贱，又素为人参劾，何敢稍自表异?”

六月，马建忠、马相伯先后致函盛宣怀，建议北洋设立“中国商务采办局”，此局即由招商局会同一家殷实洋商共同承办，专管借贷、购办机器、开采矿务等事。

十月，因李鸿章的保奏与美国使臣杨约翰的说项，得免系身之祸。《荀学斋日记》：“（光绪十年）十月二十六日，诏本日引见之候选道马建忠，着仍回天津。……而朝鲜事急，合肥即疏请追还建忠，谓东事非建忠不能办，而米利坚国公使亦移文总理衙门，言招商局售买事尚未结，须建忠速回，盖恐朝廷治建忠罪也。不知军机诸大臣方厚礼建忠，醇邸亦延见，与论事甚称其才辩；内阁侍读学士延茂疏请立正典刑，祭酒盛昱请革职、羁管，皆不报。而街市传言将杀马建忠，菜市口之佣贩、疏果者皆日收摊以待行刑，此直道之在人心者也。”

十二月中旬，李鸿章奏请将欠招商局款的徐润、张鸿禄二人一并革职。

光绪十一年　乙酉（1885）　四十一岁

四月，次男祥宝生，字幼眉。

四月二十三日至二十四日，盛宣怀会同马建忠在天津与旗昌洋行行主士米德谈判关于收回轮船招商局局产事宜。因在售与旗昌船产时，未立“明卖暗托”契据，战后收回颇费唇舌。双方磋磨月余，始订立买回产契。六月二十一日，与美方正式签订合同，将招商局所有财产按原价收回。

七月初八日，盛宣怀上李鸿章禀，评论马建忠说：“马道办事认真，除却偏信旗昌，尚无他病。”同月，他又禀李鸿章：“马士、德璀琳密议与眉叔意见不合，实因商局要事不敢不独力主持，却无事不与眉叔熟商，彼此均无私见。惟于旗昌交卸之事，眉叔只能做好人，宣怀不能不做恶人，事事不放松。……公司不得移交洋伙。二十余人退而不用，账目逐笔不□□，亦小心钱银。宣怀从前草款七万余两，眉叔何以能还？中堂何以赏识眉叔如此之甚？及回数月，始知其绝顶聪明，诸事要好，非唐、徐可比。其病只在轻率二字。近日深切规劝，属其专学沉细，以救前失。我始终以诚信待之，间有意见不合处，亦必反复辩论，似督会办向无如此和衷也。”

十二月二十一日，会同盛宣怀禀请台湾巡抚刘铭传招股设立台湾商务总局，发展台湾商务。“议集资五十万两，内四十万两由商招集，是谓商本，十万两由官拨给，是谓官本。”刘铭传在该禀稿上批示：“仰即先将股分招齐，再行详议章程，禀候察夺，并候咨明南北洋通商大臣，闽浙、两广督部堂查照。”

是年，父松岩公病逝。

光绪十二年　丙戌（1886）　四十二岁

正月初一日，仁和、济和保险公司合并为仁济和保险公司，资本共一百万两。照旧章仍由招商局代理一切。

四月二十二日，与盛宣怀致函李鸿章，汇报在轮船水脚中抽银以赈济山东灾荒。

十月，轮船招商局顾问马士在致德璀琳的信函中，称赞马建忠“将成为招商局总部最好的商董。……他是仅有的一位略有商务经验，并懂得轮船公司决不能按官僚方式经营的人”。

是年，建议台湾巡抚刘铭传向美国旗昌洋行借贷，再加上台湾名绅林维源和轮船招商局余款的存放，开办一所股份制合资银行，刘怕遭借洋债之物议搁置未议。

光绪十三年　丁亥（1887）　四十三岁

仍在上海轮船招商局。甥朱志尧为招商局往来上海、宁波间的“江天”号轮副“坐舱”。

正月，与盛宣怀禀山东巡抚张曜发展山东内河小轮，获得批准。随后山东内河小轮通航。

春，撰《上李伯相论漠河开矿事宜禀》，根据漠河所处的地理环境，提出仿古“屯田”之法，“拟请由东三省大宪相度旧设卡伦之所，察勘金坑最旺之区，遴委干弁，选募近边耐寒之兵勇，先拨三四营驻扎其间，督令淘金”。

五月，招商局轮船“保大”号在山东荣成县失事。马建忠经悉心调查，认为“咎在船主、大副”，毅然撤去“保大”号外籍船主壁德生（Peterson）与大副，整顿秩序，制定条规。同时，不顾德璀琳反对，辞退招商局顾问马士。

六月，盛宣怀禀李鸿章，不同意马建忠让美国设立电话杆线的主张，认为与英国、丹麦争之数年而始定者，复一旦失之美国，“其贻害何止夺吾之利，将来必致归咎于创议之员”。

七月二十一日，盛宣怀禀李鸿章：“敬禀者，沈道（指沈能虎）过烟，颇以马道办事不洽不虑，拟请委添陈树棠会办招商局务。”盛宣怀在禀稿中极力称赞陈树棠的才干及其招商局大股东的地位。

十月，三女蓉宝生。

十二月二十六日，与盛宣怀等禀李鸿章，要求大力发展内地小轮船，以便利进出口物资，并以山东草帽缏陆运困难为例，说明发展内河小轮船的必要性。

是年，马氏兄弟建议李鸿章借款开办合资银行，得到李鸿章首肯。不久，马建忠、周馥、盛宣怀奉李鸿章命与美商代表米建威等人会谈，双方拟订了《华美银行简明章程》。事后，马相伯代替马建忠赴美接洽借款事宜，后因遭国内舆论攻击和英、法等国干涉而作罢。

是年，招商局受政府委托试办关栈，外国商人对此大为不满。《北华捷报》十月二十七日发表社论，对此进行攻击："招商局主管关栈为倒退"。

光绪十四年　戊子（1888）　四十四岁

十月，致函《字林报》主笔，力陈招商局主办关栈系中国"自主之权，他人何可干预"。

光绪十五年　己丑（1889）　四十五岁

二月，禀请李鸿章将百货与火油两关栈专准招商局承办，"以免利权旁落"。

九月初，致函盛宣怀，提议招商局还公款后，改作公司，仿照公司章程，公举董事，而总办由董事公举，不归官派；拟添商本百万，扩大经营。九月二十七日，盛宣怀回函云："商局吾兄面嘱两事，弟未敢擅定者，请示傅相：一、还公款后改作公司，禀明一切，仿照公司章程，公举董事。以后总办即由董事公举，不归官派一节。傅相面谕：以董事本应举用，总办仍应大宪酌派。虽公款还清，仍是公局，必须官为扶持。中西情形不同，未便悉仿西法。从前唐（指唐廷枢）、徐（指徐润）屡言不要官问，究不可靠云。一、还公款后拟添商本百万，即以保险资本并入，更换股票，而本局轮船所装之货物，即由本局保险，不另立公司一节。傅相谕：以本局还清官本，并不缺银，虽有汇丰借款，每年余利足可拨还，毋庸添本。保险向来做得甚好，何必更张。"

十一月，四女梅贞生。

是年，呈李鸿章禀稿，招商局费用之最巨者，莫如用洋人与用煤两宗。"窃思借助于彼族，不如求材于内地"，建议自办轮船学堂，自开煤矿，以节省经费。

光绪十六年　庚寅（1890）　四十六岁

春，撰《富民说》，指出“治国以富强为本，而求强以致富为先”。建议设立商务衙门，经管借贷之事，“以商人纠股设立公司为根本”，振兴商务，“即可转贫民为富民，民富而国自强”。文中并拟请将上海机器织布局“扩充资本，或再立新局，务使每年所织之布足敌进口十分之一，方足为收回利权之善策”。

六月初九日（7 月 25 日），李鸿章札饬马建忠整顿上海机器织布局务。六月十四日，由天津回上海赴织布局总办任。

七月初四日，致李鸿章函：“查织局前有积亏，成本过重，除请宪台拨存二十万公款暂不计息外，拟请奏明自五百张机开办之日起，十年内不准在江苏省产棉之区再立机器织洋布局，则十年内现立织局独沾其利，庶可少苏积困。如有欣羡布利愿开织局者，尽可附股添机，以一利权。”

八月十一日，盛宣怀致函马建忠，函中流露出对马建忠办事方式的不满以及对他经营轮船、矿务、纺织等多种企业的嫉妒心理。函中云：“布局阁下承办，在烟时弟劝可做，如果弟不做官，亦必不辞。似此收回利权要政，筹三十万款，何难之有？公欲拨去仁济和资本，非出于一朝一夕；弟亦并非谓仁济和商本不可改作织布局本，但论公司之例，必应询明商董及股份之大者而后可行。如愿暂借，亦须会议年限；如愿改作股份，即可更换股票，一劳永逸，何必如此硬做，致失信义？公事事行权，弟事事守经。自来守经者吃亏，行权者便宜。……弟前与公言，弟决不愿久于商务，可退则退，可止则止。吾兄精心力果，相期为中国千百年创商务之奇，胜于封侯拜相。凡霸者之术，可偶用之，不可常用。此时忌我者，即他年听我者也。”

十月十七日，盛宣怀致总署大臣张荫桓函，对于马建忠以招商局主要负责人兼综理宁海金矿与机器织布局二事，提出不同意见——“恐心志稍纷”，并称：“弟智不及眉叔之半，俟明年与怡、太齐价合同议定，稍有转机，即当禀求傅相另委他人接办，以免陨越。”

光绪十七年　辛卯（1891）　四十七岁

正月初二日，盛宣怀再次致函马建忠，抒发心中不满：“弟因才力太薄，心中只能存一二件未了事，多则不能。兄才大力大，然乎？否乎？弟且望合同定后再做一两年好生意，洋债及仁济和欠款有以抵偿，可先吾兄洁身而退矣。”

正月，撰《法国海军职要》叙，整理刊行《法国海军职要》一书。

五月，为上海机器织布局筹款之事电陈李鸿章，李鸿章回复道：“织局已拨巨款，用帐若何，未据细报，总由汝办事一味空阔，未能处处踏实。杨未到工，想系未便插手。面询徐润，造房并未出钱，究纠何人之股？除局搭四分之一外，必须将股招定，未便全行垫付。聂银可借。德华非抵押不借，徒损声名。钱庄息重，更不合算。吾欲在津筹借，但人皆不信汝，颇信杨尚把稳。拟酌借二十万，令杨挈汝衔名成交。杨即回沪，责令驻局妥细经理，切实整顿，按月开帐报查。粗细纱机及电灯总线，严催丹科等克日运到安设，勿任延宕误事。”

四月，旗昌洋行倒闭。七月，李鸿章责令马建忠追偿旗昌洋行亏欠的、由马本人经手存入此行的出使美、西、秘公使崔国因的使费六万两。七月初九日，李鸿章寄烟台盛道并沪局马道：“崔公使五月底函称，商局存款，实不知为旗昌，有来往书可凭，恳饬局按月拨济，免至图穷匕首见。已两次饬纽约领事查追，纽约仅写字楼一间，生意极小，各股东并无产业，在埠无可著追，且闻已经官办，将来必公摊等语。又，六月初七函称，事势所迫，如穷人无归，即罄毕生蓄积，亦不足赔偿。去年与商局订定一年内收回，实扣准银数时候济用，今忽中竭难支，恳饬马道通融拨发云云。此项前经批饬，由马自行经理，不准挪用商款。闻旗昌仅余五万金，摊赔二三百万欠项，所摊几何？马率意徇私，自作自受，若崔和盘托出，如何应付！”

七月二十九日，李鸿章寄烟台盛道并上海马道：“崔惠人（指崔国因）之侄岑友来津索欠，出示惠人家信，内云马代存款，复书谓存妥实。洋行并未提明旗昌，是隐混也。又谓，如有差池，则建忠之责是担保也。担保在先，必应责马赔垫，况订九个月归还，今年三月十八到期，即应汇还，何以届期不索，必坐待四月间倒赈？显系沟通作弊。使馆日需用费，请饬按月分汇万五千金济急，否则万过不去。崔意欲于商局通挪。告以早经批令马自行清理，与局无干。马混指伍姓房地抵偿，无论领事庇护，抑岂能专抵马款？事至此，能自支饰耶？闻马尚有私存法银行之项，措人者必自措，何不倾囊代垫，自顾前程？否即电令惠人参办，马应出局候查办。将此传谕局内各司事知之。”

七月，李鸿章再一次改组上海机器织布局，调派天津商界负有声望而又长期追随李鸿章的直隶通永道杨宗濂接任马建忠职。

八月初五日，致函盛宣怀，云为日后计，共有四策：随从主人为参谋，不出头，不做官，上策也；随从康节公（指台湾巡抚邵友濂）到台当差，次策也；向主人筹借款自为营运，中策也；乞怜回局，下策也；别求局差为无策。

本月奉饬离开招商局。是年，谢家福亦因病离差，严潆、唐德熙、陈猷为商董，沈能虎为会办。

八月十八日，盛宣怀致谢家福函中，认为“眉叔恣横无忌，知其迟早必败”，“沈太繁琐，暂理则可，久任则难”。请求谢家福“为局计，为公计，为弟计，皆宜出山，不宜坚辞”。

离开招商局后，深受李鸿章信任的天津税务司德璀琳、丁汝昌等人均替求情，建议让其重返招商局。八月十九日，盛宣怀致函沈能虎：“眉叔在津，丁禹翁、杨鹄翁均为力求回局，昨来函亦云不奉明文撤差也。”九月初一日，盛宣怀致沈能虎、陈猷函：“乃接津电，德税务司面禀傅相，谓马道台出局后生脚水脚不如远甚，殊深骇异。”

九月十六日，盛宣怀函告沈能虎、谢家福：马建忠离局以后，撤除马的亲信王子平、沈卓峰、周锡之等人。

十二月，为加重马建忠的罪行，盛宣怀禀李鸿章，称马在经理招商局时有腾挪之举，“除织布局三十万两系察明批准有案，其余私自借出之款甚多”，例如私自将三畏堂股向仁济和保险公司抵借银四万八千两。

十二月初十日，谢家福致函盛宣怀，敦请马建忠“将局外经手事件早为清理，以免久代而误事”。

是年六月十三日，郭嵩焘卒。

光绪十八年　壬辰（1892）　四十八岁

遭李鸿章“摈斥”，家居上海昌寿里，“重理旧业”。

九月十八日，李鸿章复总署函，承诺将严饬马建忠设法追偿崔国因的出使费用六万银两和苏、鄂漕运水脚七万银两。“顷奉九月十四日公函，以旗昌亏欠使费一事，惠人瓜代非遥，未知能否如数追还，倘有亏欠，岂不受累。嘱即转饬商局设法勒追，仰见于慎重公款之中，兼寓体恤崔使之意，无任钦佩。查此项经费银两，由前办招商局务马道建忠交付旗昌汇美。上年四月，旗昌倒闭，敝处始知此事，马道并另有经手代商局暂存旗昌苏漕水脚银五万两、鄂漕水脚银二万两，均被倒去。……当日交付旗昌转汇，实系马道一人经手，其字据亦系马道一人签名，并未与商局总办、会办等商及，更与众商毫无关涉，且局款已被倒欠七万两，未便再令商局吃亏，惟有严饬经手之马道建忠向旗昌行东设法追偿，追得一分是一分，冀可稍裨公款，将来究能追出若干，此时固未能预料耳。”

光绪十九年　癸巳（1893）　四十九岁

九月初十日，上海机器织布局厂被焚，损失惨重。

是年，与徐沛之在上海设立信昌丝厂，马、徐为董事长，董事为许云亭、苏宝森，洋人麦登斯（Aug. H. Maerterns）被聘为经理。

是年，马相伯之妻王氏携长子回山东探亲，遇海难母子双亡。

光绪二十年　甲午（1894）　五十岁

家居上海昌寿里，以著译为业。

九月初一日，清廷电寄两江总督刘坤一：“有人奏，道员马建忠，近闻日本米价翔贵，辄阴与外商交通，收买苏、浙米粮，载往日本，接济敌军，坐渔大利等语。著刘坤一严密确查，务得实情，迅速电复。”

是年冬，甲午海战失败后，撰《拟设翻译书院议》，慨叹：“今也倭氛不靖，而外御无策，盖无人不追悔于海禁初开之后，士大夫中能有一二人深知外洋之情实而早为之变计者，当不至有今日也。”建议设立翻译书院，专以造就译才为主。

是年六月十九日，薛福成病逝于上海。

光绪二十一年　乙未（1895）　五十一岁

家居上海。

二月，以参赞道员的身份随清廷议和头等全权大臣李鸿章赴日本马关商订和约，随行的参赞道员还有罗丰禄、伍廷芳等。

五月，随同李经方，仍以道台之衔赴台湾办理交接。

是年，开始撰写《马氏文通》，悉心研究中国文法。本书原拟定名《华文文训》，马建忠在给紫诠先生（王韬）函中说：“今年意兴索然，寻花问柳不复如前。尝思手编《华文文训》，内分‘训字’、‘训句’、‘训篇’三卷，而证之以《孟子》、《史》、《汉》、韩文四种，暇时当将大略请示。”

是年，母沈太夫人卒。

光绪二十二年　丙申（1896）　五十二岁

家居上海。

六月，至北京。拜见翁同龢，相谈甚洽，翁氏称之为“俊才”。马氏并向翁氏推荐了罗丰禄、严复、陈季同、陈炽、陈昌冲、夏寅官等“通西法者”。

是年秋，梁启超出北京到上海创办《时务报》，报馆设在英租界四马路，梁氏住跑马厅泥城桥西新马路梅福里。马相伯与马建忠兄弟同住，寓所在新马路口，与梁氏相隔甚近，晨夕相过从。是时，梁启超从马建忠学拉丁语，并由马氏兄弟介绍而与徐建寅、盛宣怀、严复、陈季同及江南制造局、汉阳铁厂等沪上名流诸公相识。马氏兄弟劝梁氏“以公年尚少，宜习一种欧文且不宜出世太早”。

是年十一月下旬，督办铁路总公司大臣盛宣怀于上海创设大德机器榨油厂，资本二十一万元，委朱志尧主其事，以棉籽榨制棉油及棉饼为专业。

是年冬，《适可斋记言记行》重为补刊。梁启超为之作序：“顾闻马君眉叔将十年矣，称之者一而谤之者百，殷殷愿见，弥有岁年。今秋海上忽获合并，共晨夕、饫言论者十余日，然后霍然信中国之果有人也。……君书未获见，所见者二种——《适可斋记言》、《适可斋记行》，非君特撰之书也，然每发一论，动为数十年以前谈洋务者所不能言；每建一义，皆为数十年以后治中国者所不能易。嗟夫！使向者而用其言，宁有今日；使今日而用其言，宁有将来。宋殇之于孔父，知而不能用，《春秋》罪之，是或有天运焉，则更何惑乎？谤君者之百，其喙以吠声也。”

是年，梁启超与马建忠校定《时务学堂章程》。

是年底，罗振玉、徐树兰、汪康年等人在沪创设务农会，马氏列名其中。

光绪二十三年　丁酉（1897）　五十三岁

家居上海。

是年，所著《马氏文通》与严复所译之《天演论》均脱稿。《马氏文通》“未出版之先，即持其稿以示任兄（梁启超）”。

光绪二十四年　戊戌（1898）　五十四岁

家居上海。

七月，任法商东方汇理银行第一任买办的二外甥朱云佐去世。由马相伯作介绍，马建忠作保证人，并以十万两银子和朱家祖上的“几十块老家产”和“地产”作财产保证，朱志尧得以接替东方汇理银行买办一职。

是年孟冬，《马氏文通》由上海商务印书馆排印出版前六卷。

光绪二十五年　己亥（1899）　五十五岁

家居上海。

是年，与马相伯合撰《度数赅》百余卷。

是年，李鸿章调任两广总督。

光绪二十六年　庚子（1900）　五十六岁

五月二十二日，因八国联军入侵北京，清廷下诏，将李鸿章由两广总督重新调任为直隶总督兼北洋大臣。

六月二十六日，李鸿章奉命北上，由广东行至上海，李嘱马建忠至行辕襄理。

八月初八日（9月1日），“犹在行辕译紧要文牍，及午夜而返，渐有倦意，未几即气弱如丝，延至初十日（9月3日）清晓六下钟时，溘然而逝。观察夙奉天主教，翌日家人依教规例殡殓”。八月十二日，在新北门外圣若瑟堂行追思礼，当时报称“素车白马，吊者如云”。马建忠葬于上海艾家宅后面。光绪二十八年，其妻将墓地改建为“马氏山庄”，“墓地二十五亩有奇”。

光绪二十八年　壬寅（1902）　故去两年

生前编撰的《艺学统纂》八十八卷由上海文林石印刊行。

邵作舟卷

邵氏危言①

胡衍鸿序

呜呼！士居今日而欲为救时之论，不綦难哉！朝廷旰食以望下之进言，而进言者恒惧其不得当，惩羹吹齑，覆□是戒，疑于戊戌，疑于庚子，吾不知扬榷何人而能为壹是之折衷也。尝谓论治之言，犹之学耳。汉、宋学之名立而二学衰，朱、陆教之派分而其徒微。其始人各尊所闻，而同趋于道。及其末，门户已成，乃不胜其掊击调停之说。今之抒议者，其病殆类于是。

方光绪之初元也，冲圣登朝，励精图治，以缵毅宗皇帝中兴之业，而承平日久，内外臣工未能精白一心，弼襄盛治，酣嬉堕废。未几而有甲申之役，马尾失，澎湖陷，基隆奔命，越南丧师，天子震怒，罪失律之臣，发明诏于天下旁求俊乂。

时则有绩溪邵氏著《危言》一编，欲上之朝而未果。邵氏殁，世遂无见其书者。侯官沈生觐恒从余游，好读书，得其稿，持以请益。予问所从来，生对以得于父执某君，且言邵氏事甚详。

盖邵氏名作舟，字班卿，安徽绩溪人。少孤力学，遍读唐、宋以来

① 邵作舟的《危言》，在民国以前有两种刊本。其一是光绪二十四年（1898）上海商务印书馆刊布的《邵氏危言》，其二是光绪二十七年（1901）岭海报馆刊布的《邵氏危言》，这两种版本而今存书已不多。2013 年 12 月，邹振环先生据前两种版本重新整理了《邵氏危言》，并与郑观应的《盛世危言》、汤寿潜的《危言》合为《危言三种》，由上海古籍出版社出版，使《邵氏危言》得以与今人见面。这次刊布的《危言》是以邹振环先生《危言三种 · 邵氏危言》为母本，参用邵作舟重孙邵骏人家藏本，由李松进行点校的。惜家藏本仅有“卷上”（“卷下”佚）。

诸大家集，好为艰涩幽险之文，继好为骈四俪六之文，后知二者皆非三代文章之正，于是一志凝神，寝馈于六经、诸子、周、秦、两汉之文，既愤且乐，嗜以终老。佐幕津、沽，慨念时艰，讨论中外得失之故，以箸此编。秀水陶公方之抚新疆，时欲列之荐剡，邵氏固辞，顾仍屡试于乡，不售，无憾色，竟以潦倒死云。

余既读其书，语沈生曰："子知邵氏之意乎？邵氏病当代之逐末，而思有以反之。又病世有良法而无任法之人，故其书一以用人为要。《官敝》三篇，感愤激昂，穷极奸私，如鼎象物。吾国一挫之后，至于再三，则由此故。而甲午中东之衅，去岁义和团之变，若皆于《忧内》篇见之。其先识可尚矣。若《修身》、《任官》暨《学校》、《行政》诸条，则固施之今日而无悖者。盖其言但抒所素怀，而无依傍他人之见，时无新旧之说，则亦无所用其调停也。"生曰："邵氏之言则切矣，然苏子瞻论贾长沙，谓立谈之顷，何遽为人痛哭，然则邵氏无讥乎？"余曰："是子瞻有激之言也。交浅言深之戒，可施诸友朋，非君臣之通义也。传所谓信而后谏者为太平无事，规陈主德者言之，若时艰已迫，乱兆已萌，凡食毛践土之伦，义难容于箝结，而况一介之士耶？长沙虽未至三公，而其言未尝不用，用且大验矣。今邵氏发愤著书，其才磊落可用，而独不欲膺荐筮仕，盖以为世苟用，我有《危言》在。然则览是篇者，当无负邵氏流涕太息之意。况今之时势，有非西汉文景比哉！"生唯唯而退。余乃书此以弁于篇首。

光绪辛丑孟夏番禺胡衍鸿序

卷上

总论上

正本

臣不胜区区之迂，而愿陛下之察之也。陛下以方数万里之地，四万万①之众，带甲百数十万，而曾不足以为强，赋入八九②千万，而曾不足以为富；举天下之大，百官之盛，海内无事，兵革不兴，而主劳③于

---

① "万万"，商务本作"亿"，家藏本误作"亿万"。
② "八九"，家藏本作"七八"。
③ "劳"，商务本作"动"。

上，臣劳[1]于下，惴惴焉若大忧之将至也。陛下知其势之不可以无变也[2]，发明诏，布德音，欲以来英玮豪杰之士，而与共天下之功。

臣之不肖，思竭陋忠、犯忌讳，以所学安内攘外之术，进之阙下久矣。顾窃见天下之以奇策进者，其所论轻重本末颇与臣异。其求以开源也：某利可扩，某税可增，锥刀之末几何，何术可以争之，某地矿可凿，煤铁之出于山者，多而不可胜穷，招商之利可拓也。诚得官帑以少济之，中国之利权可复，而国之富可旦夕而俟矣。其求以节流也：兵所当裁者几何；俸所当减者几何；国赋之给于用者，权衡之为轻重，其出入溢羡几何[3]。而官得以笼其利矣。习德国之制而兵可强[4]，购毛瑟之枪、克虏伯之炮而器可利矣。广制造而物可裕矣，储西学而材可众矣。增铁舰，盛炮垒，而威可雄于海上矣。凡此者皆今之所谓奇策也[5]。非富则强也，非强则富也。一倡而百和，朝用而夕效。当此之时，臣欲有所言，固自疑其[6]说之迂而未敢以效也。今所为奇策者，亦既次第行之矣。兵可以强矣，国可以富矣，向所受于强敌之耻，宜若可以雪矣。

而前岁之役，朝廷愤于法人之横欲，大有所诛伐。既而马尾破，船厂焚，一败于越南，再困于台湾，慨然许盟，卒以和罢。敌之桀骜而不可驯者[7]，视道光、咸丰之际，盖无甚异。臣然后疑向之所谓奇策者，或犹有待于臣说之迂以为之本，而后可得而施也。

臣之所为说者，陛下必先矢兢业，清嗜[8]欲，而后声色货利不足以惑吾之心；好学问，广延纳，而后是非得失不足以淆吾之明；知人善任，信赏必罚，而后朋党比周不足以窃吾之柄；豁达恢廓，果敢沈毅，而后危疑震撼不足以败吾之功。陛下具此数者于上，而所为安攘之本，固已立矣。不然，则夫[9]富强之术虽日出而不穷，臣知其百为而百无效也。愿陛下之少察臣之迂也。

---

① “劳”，商务本作“动”。

② 商务本无“陛下知其势之不可以无变也”一句。

③ “国赋之给于用者，权衡之为轻重，其出入溢羡几何”，家藏本作“国赋之给于用者，以重衡入之，以轻衡出之，其为溢羡几何”。

④ 家藏本多一“矣”字。

⑤ “凡此者皆今之所谓奇策也”，家藏本作“此若说也”。

⑥ 家藏本多一“为”字。

⑦ “敌之桀骜而不可驯者”，家藏本作“其所勒于载书者”。

⑧ “嗜”，家藏本作“逸”。

⑨ 商务本无“夫”字。

穷敝上

古者人[①]难蜂起，海内涂炭，英辟哲后百战而后定之。其乱也，持数十岁之久，而其祸之息也，天下皞然，常获百年之安。近者泰西强族，至于据名城，震畿甸[②]，岭、粤、亳、宋、滇、蜀、秦、凉之盗讧于内，西域、回纥[③]之族叛于外，积二十岁，死者以万万计，竭谋臣猛将之力，仅而克之。名为中兴，功绩之伟无异于再受命，元元之众脱汤火归慈母，此亦宜有一二百岁之安矣。顾未二十年，官吏偷惰，卒伍废弛，天下皇皇然[④]浮动不靖之气，几若有甚于往时者，此无异故乱去而所以胎乱者犹自若也。

国家常制，大抵损益故明[⑤]。明之中叶[⑥]，名存实亡，任法而不任人，任吏而不任官，贵甲科[⑦]而贱异途，重文吏而轻将帅。簿书烦碎拘滞，行于官者，必十余累而后上，又十余累而后下。举一纤芥之细，若举千钧，名虽独断于上，实则以天子之尊，下为胥吏之[⑧]役也。有明不悟，以至于亡。

圣清之起，振其敝而变之[⑨]。[⑩] 圣祖、世宗、高宗之盛，文书号令，虽犹颇委曲繁重[⑪]，然[⑫]神圣广运于上，[⑬] 将相大臣又皆亲所简拔，洞知其才器大小贤否。庙廷之上，宽仁恭俭，夙喻于民，赏罚信，号令明，而下亦悚然于上之英明刚毅，而不敢欺也。故以治则安，以战则克。有法之敝而亦有法之利，其后见法之弊而未见法之利也，是以驯至于大乱。中兴诸将相，起于湘、楚、吴、粤草莽之间，类皆阔达英毅，能驭天下之豪杰，而推诚与之。朝廷亦脱略文法，一听将相之所为。用能尽其才力，以芟夷强寇。天下既安，而所焉[⑭]任法而不任人者如故，

---

① “人”，家藏本作“大”。
② “震畿甸”，家藏本作“陵宫阙”。
③ “回纥”，商务本及家藏本皆作“青海”。
④ “天下皇皇然”，家藏本作“天下皇皇焉”。
⑤ “国家常制，大抵损益故明”，家藏本作“圣清受命，礼乐法度大抵率因于明”。
⑥ “明之中叶”，家藏本作“自明之中叶”。
⑦ “甲科”，商务本作“科甲”。
⑧ 商务本及家藏本皆无“之”字。
⑨ “圣清之起，振其敝而变之”，家藏本作“我清之起，遂并其敝而受之”。
⑩ 家藏本多一“自”字。
⑪ “文书号令，虽犹颇委曲繁重”，家藏本作“文书号令，浮伪欺饰，已无以大远于明”。
⑫ “然”，家藏本作“独以”。
⑬ 家藏本多一“而”字。
⑭ “焉”，家藏本作“为”。

任吏而不任官者如故，贵甲科而贱异途、重文吏而轻将帅者如故，簿书烦碎拘滞、举一纤芥之细若举千钧者，类如故也。

盖自中兴，诸将相向之婴重险、冒危难，前有虎狼百万之众，而后无斗粮寸兵之助，犹能[1]决策奋刃，谈笑而破敌者，至于今日而簿书牵挟，扼腕太息，困于一胥吏之舞文弄法，而力有所不胜矣。然则政焉得无偷，而天下之大[2]势又焉得无弱乎？夫治有本有末，有纲有目。以人用法，则正其本，握其纲，法虽简而治。以法用人，则逐乎其末，忘乎其本，苛乎其目，悖乎其纲，法益多而奸益盛，上下相遁而不可救也。此所以胎乱者也。

今天下之法亦少繁矣，事无巨细一听于法。胥吏曰法所可，上[3]不得而不可也；胥吏曰法所不可，上[4]不得而可也。一则津津然曰旧章，再则津津然曰成案。夫通商之口遍天下，异言异服之使交于中外，楼船巨炮日新而月异，边地属国外削而内侵。甚者降中夏[5]之尊，联僻域之长[6]，奉玉帛，称兄弟。臣不知何旧章之守，而何成案之援也！陛下不审乎所以胎乱之原而正其本、握其纲，欲以求治，难矣。

穷敝下

今日之所以敝者，何也？法多而政愈弛，官多而吏愈偷，财多而国愈贫，兵多而国愈弱。臣闻法不轻变也，法苟变则必权其利害，小大得失，而熟计之。有所变也，必有所除也。然后法虽变，而用法者不纷。今法之所积且三百年，有增而无损，其始犹依乎旧法而稍变也，继则少远焉，继则大远焉，其终至于南北背驰、霄壤相判，积之又久，则歧之中又有歧焉。盖举一罪，轻可至于罚金，而重可至于骈首，同事异条，眩惑瞀乱，辩析乎秋毫，目蔽乎邱山，奸利之丛，而贤良之困。此之谓法多而政愈弛也。

内之一部而为尚书、侍郎者六七人；六七人者，既为吏部，又为户部，且军机有职焉，经筵有职焉，总署有职焉，而教习、稽查、校阅之属又不可胜数也。外之一司道而兼数局，一局而数司道并治之[7]。有督

---

① “能”，商务本作“然”。

② 商务本及家藏本皆无“大”字。

③ “上”，家藏本作“天子”。

④ “上”，家藏本作“天子”。

⑤ “中夏”，家藏本作“天子”。

⑥ “联僻域之长”，家藏本作“联弹丸之国”。

⑦ 商务本无“之”字。

办焉，又有总办；有会办焉，又有帮办。国一有事，佩大臣之绶者，一城而常数人，益以其地之将军、督抚，而南北洋大臣之属，又常得而遥参之。朝擢暮迁，此令彼革，吏人惶惑，莫适所归。此之谓官多而吏愈偷也。

岁入之有籍于司农者至八千余万，厘金、杂赋、外销于疆吏者，尚不在其中。此伊古以来未有之赋也。而犹苦于不足，又增一切之税以益之，榷百货之所未榷者以益之，而犹不足也①；减平以益之，减成以益之，贷诸商贾、贷诸海外以益之，而犹不足。盖愀然四顾，熟知为一时苟且之法，而卒无术以易之者，今日之为国也②。然而库无一月之积，俸饷之匮于发，常数百千万，猝然有万金之用，则相与束手蹙额，虑无所出。此之谓财多而国愈贫也。

祖宗之兵八十余万，今百四十万③。祖宗以八十万而外攘乎④四夷，内镇乎中国；今以百四十万⑤而拱手畏敌，鼠窃狗偷之盗充塞道路，而不能禁。国幸无事，幢麾满城，长戟满野，金鼓号令之壮于边塞者，万里相望。国小有警，敌以数千人纵横乎海上，丑言悖谩，举国震骇，未战先阻，有百万之众而惴乎无一人之恃⑥。此之谓兵多而国愈弱也。

天下之敝，其来必有原，其出必有门。圣人者能徐察乎敝之所起，毅然而反之，断于一人，变于一旦，变⑦则可振⑧弛革偷，易贫而为富，转弱而为强。不善于为国者，匪独乘天下之敝又从而逐之，令益繁，纲益密，自啖以求饱，自戕以求安，至于乱亡溃败，犹且憾其召乱之未工而不之悟也。岂不悲哉！

秦以法驭下，海内土崩。高帝知其敝之由于无恩也，入关之日，约法三章，而天下归心，项氏百战，卒并于汉。五季之世，兵赏而益骄，将赏而益惰，至于临敌辄溃，不可复用。周世宗知其敝之由

---

① 商务本无“也”字。

② “熟知为一时苟且之法，而卒无术以易之者，今日之为国也”，家藏本作“将笼天下之利而尽取之，使天下不饮不食，竭其所入而毕输于上，而犹不足也”。

③ “今百四十万”，家藏本作“今百二三十万”。

④ 商务本无“乎”字。

⑤ “今以百四十万”，家藏本作“今以百二三十万”。

⑥ “举国震骇，未战先阻，有百万之众而惴乎无一人之恃”，家藏本作“举国震栗鼠伏，未战先败，有百万之众而若无一人之恃”。

⑦ “变”，家藏本作“案”。

⑧ “振”，商务本作“扼”。

于无威也，斩大将樊爱能等[1]七十余人，而六军震詟，战胜攻取，无敌于天下。二君者能察乎敝之所起，而毅然反之，是以名立而功成也。

今之政弛吏偷、国贫兵弱者，陛下以为天下之敝果在是乎？然则牛毛之令、骈拇之官、悉索之财、增练之卒日新而月益者，宜亦可以少[2]振矣。顾四者毕具，陛下犹食不甘味，寝不安席，揽盛大富有之业，而高瞻远瞩，曾不能肆然为一日之安者，臣不知其何说也。

知耻

无广地众民之藉、精兵厚饷之资，槁饿徒手，形蹙势拙，百战百败，而国威不至于挫者，何也？妇人孺子，人人有雪仇耻、奋脰死敌、视不旋踵之心也。陛下有广地众民之藉矣，有精兵厚饷之资矣，然而臣独有所大惧者，何也？我宣宗皇帝鉴于英人雅[3]片之毒，赫然震怒，声罪致讨。乂安既久，将士不能奉承圣意。我宣宗不忍斯民之震惊，用屈体太息，割地输币以和[4]。既而英、法天津之役，窥我京师，残我苑囿，震荡我郊甸。我文宗皇帝用是幸于承德，百官兽骇鸟惊，长戟不刺，鼓铙不鸣，国门不闭，旃裘湩酪[5]之属，至于[6]执管钥，踞府寺[7]，而复输币增约以和。俄人乘其间，攘索我东边方五六千里之地。自是以来，琉球、越南、缅甸以渐而丧，海外一小城邑之长，皆能操牛耳、立盟约，与中国并帝，无复前日之尊，今朝鲜之藩又岌岌矣。我祖宗非畏敌也，为中国百[8]姓屈，而冀我臣子之雪之也。臣意将王公大臣泣于朝，封疆之吏泣于外，士泣于庠，军泣于伍，将帅泣于边，举天下人人有奋脰死敌、视不旋踵之心，不崇虚文，不务私利，然后陛下之坚甲利兵可得[9]而效也。今则不然，陛下言治兵，群臣未尝不言治兵也；陛下言富国，群臣未尝不言富国也。然臣窃观其私，取具文书而已，勤结纳、盛请谒而已，务舆马、衣服、良田、美宅而已。阿谀粉饰，苟容自

① “斩大将樊爱能等”，家藏本作“斩将吏”。
② “少”，商务本作“稍”。
③ “雅”，商务本作“鸦”。
④ 家藏本下有“至于宾天，抚髀饮恨”二句。
⑤ “酪”，原误作“洛”，据商务本及家藏本改。
⑥ 家藏本下有“便溺殿廷”四字。
⑦ “寺”，商务本作“库”。
⑧ “百”，商务本及家藏本皆作“万”。
⑨ “得”，商务本作“日”。

欺，国势弱于内而不以为忧，国名屈于外而不以为耻，举天下人人泛然若浮萍之相值也。陛下能以是久安乎？士大夫托于为尊者讳之义，而内以便其私者多矣①。夫讳之是也，忘之非也。贫②而不可犯，弱而不可欺，将必天下之士大夫廉隅峭直峻厉所养者豫具③。敌苟一婴我，则天下举勃然色然，有不可陵犯之气，譬诸干将、莫邪，砥其锷，锐其锋，然后以刺则利，以击则断。今合天下而为，要④然一大圜之物，蹴东则东，蹴西则西，若蝗丸之转，而说者⑤犹且⑥求其刭犀兕而断牛马也。悲夫！此非独群臣过也。朝廷深惟往事之辱，观于强敌之势，仇耻未可遽雪，藏纳垢污而不欲于显言。士大夫辛苦博一官，内有妻子之养，外有逋负之累，一触忌讳，穷饿随之。苟非龙逢、比干之徒，亦孰肯为陛下痛哭而流涕哉！

臣愿陛下慨然念祖宗之耻，卧薪尝胆，若句践、燕昭之事，法我圣祖皇帝，使群臣上书毋言圣暴往者败辱之事于天下，与诸国有所盟约贬损，及今所受侮而不能遽报者，皆随事颁布海内，一使天下晓然于以大事小之意，人人慷慨，其视国愤若其私仇，智者效其谋，勇者竭其力，⑦ 仇耻之雪庶有日耳。以今日海上之防，楼船巨炮之利、士卒之练十倍于向时。然往者⑧广东、大沽之守，敌以公输之巧，盛气并力，荡决血战，再进再败而不获逞。将帅若裕谦、陈化成诸人⑨奋髯叱咤，死绥相望，忠孝英毅之气，至见慕于强敌。而前岁之役，袭马尾，陷澎湖，困基隆，败越南，边海震动，莫知所为⑩。平安一舶，拘于敌者，将士七百余众，未闻一人伏⑪节死义者。然则船炮虽益多，建置虽益精，武备虽益练，臣窃痛陛下之独立于上，而寇兵盗粮之藉胡为此纷纷也。

---

① “士大夫托于为尊者讳之义，而内以便其私者多矣”，家藏本作“彼非不知祖宗之仇、臣子之耻也，外托于为尊者讳之义，而内以便其私耳”。

② “贫”，家藏本作“强”。

③ “具”，商务本作“矣”。

④ “要”，商务本及家藏本皆作“耎”。

⑤ “说者”，家藏本作“陛下”。

⑥ 家藏本无“且”字。

⑦ 家藏本多“国家”二字。

⑧ “往者”，商务本作“往岁”，家藏本作“往”。

⑨ 家藏本无“若裕谦、陈化成诸人”。

⑩ “边海震动，莫知所为”，家藏本作“贵臣大将，逡巡遁逃”。

⑪ “伏”，商务本作“仗”。

士大夫固或诟南宋之虚㤭[1]矣。夫南宋之虚㤭[2]，犹群以国耻为言，今且日变于夷，举国之深仇大耻，无肯为陛下言者，则是高辩伟论出南宋之上，所以自命顾甘出南宋之下也，岂非天下之大不祥哉！

总论下

异势

泰西之为国如醵然。君不甚贵，民不甚贱，其政主于人人[3]自得，民诉诸君若诉诸其友，国有大事，谋常从下而起。岁之常用，先一岁以定之。有大兵役，国会群谋而许，然后量出为入，加赋而敛于官。众[4]所不可，一兵之发、一钱之税、一条教之变，上不能独专也。中国不然，尊至于天而不可仰视；贱至于犬马鸟兽，鞭挞斩刈惟上之欲之也。上有所号令诛伐，四封之内，百万之众，将帅之尊[5]且贵，虽甚不欲顿首受诏，蹈汤火，冒白刃，而无所敢忤，此中国之势也。

唯其然也，泰西之民刚而直，其平居采清议，重耻辱，仪简而亲，法简而专，令简而速。国有外侮，人人愤怒致死，若其私仇。而其敝也，权散于下，分类树党，莫适为主，傲而不可使，涣而不可收，匹夫不快于其君，则挺刃而劙之。并国辟地，非有利于民之私者，重劳爱费，虽说以帝业混一之侈，众不欲也。是故泰西之势在民，不能遽强，而亦不可遽弱。

中国不然，自秦汉至于今二千余岁，民习于教而劫[6]于威，柔而易令，顺而易从。政弛于上则众惰于下，尊卑隔绝，势散志涣，则虽席盛强，凭富庶，以小丑之跳踉奋呼，熟视流涕，拥肿积痿，拱手就亡而不能振也。有圣君起，英达远略者为之相，雄武沈鸷[7]者为之将，则据崇高之势，擅独断之威，虽至衰极敝，奔走鼓舞，其役天下若役一身，不必积月累岁，国安富尊荣于内，而威震乎万里之外。是故中国之势在君，可以一朝而乱，亦可以一朝而治。今忘乎中国积威独断、电发飙举之利，环顾四畏，以为不可敌。庸讵知泰西之甚可畏，抑又有不足甚畏者乎？

---

① “㤭”，商务本作“懦”。
② “㤭”，商务本作“懦”。
③ “人人”，商务本作“人之”。
④ 商务本及家藏本皆无“众”字。
⑤ “将帅之尊”，商务本及家藏本皆作“将相之专”。
⑥ “劫”，商务本作“制”。
⑦ “鸷”，商务本作“挚”。

夫泰西之立国也以商，其并国辟地也亦以商。无故而欲费财捐死，灭人社稷，据人土地，兵连祸结，不能必胜，则国力屈于内，商贾耗滞失业于外，怨讟纷起，挠败瓦解。说有所不听①，而令有所不行。荷兰之据葛罗巴，西班亚之兼吕宋诸岛，英人之兼印度、缅甸，法人之残越南，其始至特立盟约通贸易耳，未尝期于得国，非果有所爱而不攻也，又非果鸟鸷兽伏、深虑远谋而不遽动也，志不过通商而已。迨客主不和则争，争则泰西常以兵力胜之，胜则威加权增，而主人之势益削。一争而攘其利，再争而攘其地，三争而攘其政。迄乎举国穷蹙，若鼠畏虎，察知其纲坏纽解，则一举而灭之耳。悲夫！始不过一二商贾之微②，羁旅托处，号为外臣，而其终遂至于灭人社稷，据人土地，横海内，称强帝，势虽有甚可畏③者，然深考情事，非汉、唐长驾远驭比也。

敌之横于中国几五十年矣，陛下据崇高之势，擅独断之威，有以奔走鼓舞天下，使国安富尊荣于内，而威震乎万里之外，则臣知敌所志不过通商而已。陛下而忘电发飙举之利，长④使天下拥肿积痿，莫之能振也，则夫强敌之志，臣未知所终矣。

忧内

连十万二十万之众，荷戈待于边，旌旗相望于野，坚城巨垒相望于险，楼船相望于海，文檄号令、馈饷器械相望于途。举国皇皇悉索，竭尽气力，朝得一强兵之术则喜，夕得一富国之术则喜。若是者，何也？曰："惧强敌，备不虞也。"夫所以备敌者⑤，何也？曰："外之奄然蔽于北海，东绝东海，西绝西海，循边二万余里，绣壤相错，盛兵负甲以临我者，俄罗斯也。兼印度，吞缅甸，包廓尔喀、布鲁克巴以介我西南边者，英吉利也。据西贡，残越南，逼滇、粤，使我罢其属国者⑥，法兰西也。北垂涎朝鲜，南窥台湾者，日本也。我若之何不惧也？"惧强敌，备不虞，此甚远虑也，然臣惟天下之势有甚急于此者。

陛下无遽以敌为忧。俄负国债几二十万万，其国好战，其君多暴，国臣不和，方背⑦之盟，陵布加里亚，逼土耳其，争黑海之口，诸国狼顾

① "听"，商务本作"验"。
② "微"，商务本作"濒"。
③ "畏"，家藏本误作"异"。
④ "长"，商务本作"此"。
⑤ 家藏本无"者"字。
⑥ "使我罢其属国者"，家藏本作"使我罢属国、联兄弟、欢然而无恨色者"。
⑦ 商务本及家藏本"方背"下皆有"五国"二字。

而备之①，其势难遽动。且将东面与中国为难，则西伯利、四斯科之地，大抵穷阴旷莽，少出师则不足以伤中国，大举深入则中出额尔古，东出黑龙江，西出托穆霍罕，远者万余里，近者五六千里，三四月起师，七八月而当归矣，旷日持久则寒沍冰雪，馈运至艰，糗粮军实乏绝，不待②战而自溃。欲浮海东行，攻闽、粤，窥辽碣，则铁舰所载食物器备未中道已罄。英、法苟③守局外，禁不与通，势将坐毙。今方并力欲贷重资，筑铁道亘西伯利之南，以通于诸边。铁道未成，俄固不轻动也。英据印度，与俄争爱乌罕甚力。虽破缅甸，敌兵满城野，未能遽定之也。又其于云南、西藏诸边未浃熟，方思以通商为言，出入居处，阴察其政事、风俗、形势、虚实，然后徐简兵聚食，待衅而发。法负国债三十余万万，厚敛而内空虚，党祸益盛，国常有隐忧。百战得越南而以威胁其民，赋敛暴急，反侧日数十起。日本君臣锐意效法泰西，以千里之地营作建造，百役并兴，国力匮竭，取民无艺，此皆未暇内侵。以臣料之，虽中国日弱，敌志益张，其骎骎不可支拄之势，必皆在数十岁之外。

臣愚私计万世之后，至可忧者，陛下之民也。寇平以来，吏治惰偷，日以益甚，贿谒公行，教术荡尽，盗贼充斥，姑息欺蒙，民积④痛无所诉。晋、豫大祲之气未复，今年畿甸关东诸省大水，岭粤苦旱，贫者转沟壑，富者困输将。上有损费减膳、蠲赋赈饷之仁，下无斗粟、尺布之益。吏专以聚敛为事，厘税烦苛，度支益耗，陛下之国本固已摇矣！而散勇游卒伏草莽，暴闾阎，燕赵之在理、关东之马贼、亳宋曹魏之枭、楚蜀之哥老、江浙之斋友，此其徒布满城邑，动以万数，有司惮于劾捕，幸覆匿无事而已。一旦有水旱，寇盗小警，外侮纷至，疲于强敌，奸人窥衅，揭竿大呼，臣疑有张角三十六万之众同日而起，赭⑤回诸寇事已见于前矣。

中兴将相若曾、胡、骆、左之俦，其人皆不世出。以祖宗之泽，社稷之灵，幸而遇之，非可常有也。苟潢池盗弄，国力重敝⑥，则俄乘吾

---

① 家藏本无“诸国狼顾而备之”七字。
② “待”，商务本作“能”。
③ 家藏本无“苟”字。
④ “积”，商务本作“疾”。
⑤ “赭”，商务本及家藏本皆作“粤”。
⑥ “苟潢池盗弄，国力重敝”，家藏本作“国力未可再敝，天命未可数邀，今潢池盗弄，上下困穷”。

北，英乘吾西，法乘吾南，日本弹丸之国[①]，亦将起而分功。盖寇讧于内，而四邻[②]因以暴起，中国涂炭三百岁而祸不息者，西晋是也。竭天下之力以备东边，加辽饷练饷，民心大离，群寇交讧，卒以亡国者，有明是也。无事之时，百官威仪甚尊，小民奔走匍匐[③]，受戮辱甚，贱临之者以为愚而无足数，弱而无能为。天下有衅，则向之奔走匍匐而受戮辱者，皆敌国也。

《诗》曰："殷鉴不远，在夏后之世。"陛下不急求贤才，省民疾苦，推有司之苟且欺饰及尤贪劣不职、玩视民瘼者，赫然诛数十人，以令天下任贤使能以镇民心，悬簴设鼓以达民隐，轻徭薄赋以纾[④]民力，务本兴利以振民偷，使数十岁之外有余力以制强敌。而日复一日，国本愈摇，臣恐万世之后，晋、明之祸，复见于今。虽周召为相，太公为将，无所为计已。

《传》有之曰："若昔大猷，制治于未乱，保邦于未危。"三代圣王，唯日兢兢自以为已乱已危，是以乱危之形无自而生[⑤]也。庸人者备乎其东，而忽乎其西，触乎其前，而忘乎其后。天下之祸固常出于民[⑥]备之外，而发乎所不及防。夫盗贼祸乱之起，则又岂有良时吉日，遍呼预告以待天下之备之哉！臣敢万死冒忌讳陈愚忠，唯陛下明察。

纲纪

道光、咸丰以来，中国一[⑦]再败于泰西，使节四出，交聘于外。士大夫之好时务者，观其号令约束之明、百工杂艺之巧、水陆武备之精、贸易转输之盛，反顾赧然，自以为贫且弱也。于是西学大兴，人人争言其书，习其法，欲用以变俗，至以为中国纲纪法度一皆未善，不可复用。此谬说也。用夷变夏之机，固将萌于此矣，日本其前事已[⑧]。

夫善为国者，必审乎吾之纲纪法度，其于政教得失何若，讲之明，操[⑨]之熟，虽[⑩]举隆古之所创、异族之所长，参而用之，纷纭百端，而吾纲

---

① "弹丸之国"，商务本及家藏本皆作"蜂虿之毒"。

② "四邻"，商务本及家藏本皆作"夷狄"。

③ 商务本无"匍匐"二字。

④ "纾"，商务本作"舒"。

⑤ "生"，商务本及家藏本皆作"至"。

⑥ "民"，商务本及家藏本皆作"所"。

⑦ 商务本无"一"字。

⑧ "已"，商务本作"矣"。

⑨ "操"，商务本作"探"。

⑩ "虽"，家藏本作"维"。

纪法度，所以出治立教之意，终无少变，而后可以为治也。中国者神灵之域，而声名文物所从出者也。五帝三王以来四五千岁，圣贤英智之徒，继起而辈出，相与创政立教，讲述损益，穷乎天人之奥，而极于性命之微，一事一理，至明且备。然则今日之纲纪法度，固积四五千岁之智而后有此，所不逮乎①泰西者，独器数工艺耳。奈何骛其末而遽自忘其本乎？

且我祖宗又何贫弱之有？奋十三②甲之众，创业垂统，百战而有天下者，我祖宗也；辟外蒙古、乌梁海、黑龙江，北荒穷发之地，以俄罗斯之强，拱手远避，遣使乞盟，勒石定界，尽于外兴安岭者，我祖宗也；灭准噶尔，收西藏，拓新疆二万余里，哈萨克、布鲁特、卜哈尔、爱乌罕、浩罕巴克达山之属，奔走顿颡，求为外臣，声教之被，东至于东海，西至于西海，南至于南海③者，我祖宗也；却英人之求，纳属国之贡，奉朝觐，颁正朔，赐诏约束，威震百蛮，号称一尊者，我祖宗也；万里征伐，累岁大举，蠲天下之赋，赈天下之饥，至于不可胜数，而库镪充溢，常至万万者，我祖宗也。泰西举全洲之地，不能当一中国，而分裂割析，大国十余，小国数十，鼠斗蚁争，殊俗异政，莫能相一。盖富厚一统之业，号令威武之盛，环地古今，举无若中国者。非夫纲纪法度之美有以浃洽齐一④天下，夫又安能有此？

天下之事固始于质而终于文。因乎其事，便于其俗，而立之法，法之质也；展转修饰，事变俗易，途纷于万歧，而令繁于牛毛，法之文也。文可变，质不可变。彼泰西去草昧，创制度，有质而无文，然乃崛起暴盛，以横于东西海耳。陛下深观祖宗立法之意与吾之所以为国者，必力持而毋变，去繁就简，本末粲然，然后择泰西之善，修而用之。尽地利，盛工贾，足以为吾⑤之富；饬戎⑥备，精器械，足以为吾之强。以中国之道，用泰西之器，臣知纲纪法度之美，为泰西之所怀畏而师资者，必中国也。

定治

至于今日，而诗书礼乐之典、道德仁义之涂之为天下迂久矣。知其忧贫也，而说以富国；知其忧弱也，而说以强兵。然而说益巧、效益

① “乎”，商务本作“夫”。

② “十三”，家藏本作“十七”。

③ 家藏本无“南至于南海”五字。

④ “齐一”，家藏本作“整饬”。

⑤ “吾”，商务本作“我”。

⑥ “戎”，商务本作“戒”。

拙，无过于今日①。古之圣君哲后，起一旅之众，据创夷之地，民力敝，国空虚，夷狄盗贼暴横，仇侮踵至，岌岌不可终日，而其丰功伟烈率②至于配天开统，安海内，朝四夷，粟红贯朽，持戟百万，从容使三尺竖子操弱组，缚强单于之颈，献诸阙下，用告成功。其弱若彼，其烈若此，此宜有奇术秘计，朝用朝效，夕用夕效，藉以济一时之急，而就非常之功。

然臣窃观雅、颂之所咏歌，史臣之所扬厉，反复归美，以为创业之本者，不过修身好学，尊贤爱民，其君臣谟论、所施政事，又无所为聚敛阴符之谋，不过崇礼务本，省刑薄赋。盖至于成周受命之盛，而《二南》、《大雅》之诗，咏叹淫泆，王政浃洽，仅乃起于夫妇微眇之地，此诚今日之所谓至迂大拙，而无与于当世之务者也。然而圣君哲后不惮为此至迂大拙，虽积危甚急而不肯以去之，而其功亦遂至于是者，修己治人、安内攘外之道，其本末次第固必若是，而别无所谓近功小利，可以捷而获也。

盖非忠信笃敬不可以治兵。兵也者，彼庸妄小人以为穷幻极诡，喜于得行其诈者也，而犹不可以去忠信笃敬，而况于为治乎。浮海而适百粤，则必先鸠工庀材、刳巨木合胶楗以为之舟，必树樯骈帆、亘缆设柁以为之用。舟成用备，必蓄水聚食，求良舟师以驾之，然后陵暴风，犯波涛，扬帆利转，一日而千里。彼其旷日引岁，迂重烦复，有一不具必不为行者，非好多事而恶速效也，以为不如是，则吾百粤之适固不可得而至也。徒跣蹈海，奋肘顿足，而曰吾欲适粤，未十步而溺，已不救矣。诗书礼乐之典，道德仁义之涂，王者之舟也。舍王者之舟，务近功小利，而曰吾欲安海内、朝四夷，是徒跣蹈海、奋肘顿足之谓也。日烂月溃而亡，已不救矣。

夫可谓大惑矣！知古今治乱得失之原，然后能制治；知贤不肖，然后能命官；知宽严张弛之微权，然后能用赏罚；能教民、养民，然后能使民；能修己，然后能治人；能安内，然后能攘外。夫使主逸于上，臣逸于下，四民偷，卒伍弛，而果别有奇术秘计，济一时之急，就非常之功，则夫圣贤焦心苦思，宜其得之久矣，又奚待今日之纷纷哉。

---

① 商务本及家藏本“日”字下皆有“者”字。

② “率”，商务本及家藏本皆作“卒”。

臣不自揣，谨述王者出治不可变革之意，条为《政纲目》十四篇，昧死以献。其本末次第、用舍得失之迹尽具经史而大备于祖训。陛下富春秋，揽庶政，必出治之原夙定①于内，斯万机之断不眩于外。愿益②崇圣德，稽遗典，博观兼听，务于修身好学、尊贤爱民之本，一以祖宗为法，则海内可安，四夷可朝，强单于之颈可徐缚而献。臣私心区区，不胜大愿。

用　人

官敝上

化天下之须眉丈夫而为妇人女子，国小有急，愕眙四顾，而无一人之可用者，今日之宦途也。威仪甚娴也，举止甚庄也，言行甚忠信，执事甚敏恪也。王公贵人拱揖肃穆，传呼而见客。峨冠剑佩，奔走矜庄，上喜则喜，上怒则怒。所为文足以任百执事者若而人，武足以任将帅者若而人，③ 叩头流涕、愿得一当以图报称者若而人。当此之时，百官之盛，人才之多，上之人蹙额太息，从容谢客，常苦于不可胜用也。夫忠信敏恪，足以任将帅、百执事者，至于如此其众，而国小有急，愕眙四顾，曾无一人之用，事之可怪孰有甚于此者？臣以为此不足怪也。

陛下之官，冠带黼黻甚美，高舆大马传驺呵殿甚尊，官属吏卒迎候奔走甚赫，广宴会、盛请谒、谈笑醉饱甚欢。官之美者，岁入至于钜万，下者亦得月十金、二十金，养妻子为饮食衣服之具。不肖而贪进者④，乃直如倡优游戏⑤，貌为忠信敏恪之状，用以攫高爵厚禄为衣食计耳。陛下果以是纷纷者为诚忠信敏恪，而足以任将帅、百执事乎？圣君贤相当乂安之时，逆虑夫⑥无人之患，收天下之雄俊英杰、不可一世之士，进而用之，使之习于国家之教令条式，而熟于当世之务。士平居诵习，亦既穷乎经史治乱得失之理，而又磨砻砥砺、日陶月冶习于国家之教令条式，而熟于当世之务。然则国虽有急，天下之材⑦雾合鳞萃，所养者豫具，足以分职事，任艰巨，奋发固结，相与定天下之难，成天下之功。

① “定”，商务本作“宣”。
② “益”，商务本作“并”。
③ 家藏本多“娉婷袅娜”四字。
④ 家藏本无“不肖而贪进者”六字。
⑤ “乃直如倡优游戏”，家藏本作“彼乃直如倡优游戏之所为”。
⑥ “夫”，商务本作“乎”。
⑦ “材”，商务本及家藏本皆作“才”。

今士之雄俊英杰慨然而欲有所为者，威仪甚拙，举止甚野，则常以为不习吏事者[①]，而罢去之。天下有急，才之可用者，苦于不习，而习者苦于不可用，是用[②]习常相左也。且[③]今之冠珊瑚翠羽之冠，称将相、治簿书者，皆向之伏于吴楚草莽之间、帖括章句而不习吏事者也。夫唯胡林翼、曾国藩诸人[④]，有以磨砻砥砺，日陶而月冶之，帖括章句之儒亦既转而为今日之将相矣。至于今日之雄俊英杰慨然而欲有所为者，则一言以摈之曰：不习吏事。

夫天下乂[⑤]安有不学而知、不习而能，无事则窜伏摈弃，有事则仓猝坌集毕呼而收用之乎？且匪独此也，士苦于无所进，而见夫奔竞[⑥]之可以窃禄也，相与习为其状以干之，得者益多，习者益众，而天下之人才益以大坏。夫贤者[⑦]陶冶成就，使帖括章句[⑧]之儒转而为将相，而后[⑨]之用人者，陶冶成就，至于化天下之须眉丈夫而为妇人女子，而犹冀其[⑩]分职事、任艰巨，奋发固结，定天下之难，而成天下之功也，岂不悲哉![⑪] 夫功之果成，而愿之果得，则天下事之可怪又孰有甚于此者乎！

以利交者，利尽而离；以势交者，势去而涣。[⑫] 盖有国危城破，临朝涕泣而鸣钟召百官无一至者。[⑬] 呜呼！国无雄俊英杰缓急可用之臣，然则虽天下无恙，百官备具，号令指挥甚严，拜伏唯诺，趋承甚恭，嵩呼颂祝千秋万岁之声甚盛且挚，识者谓其国之亡固已久矣。

官敝中

累于四民之上而尊之曰“官”。官甚难为也。上佐天子出治，进贤

---

① 商务本及家藏本皆无“者”字。

② 家藏本“用”下有“与”字。

③ 家藏本“且”下有“夫”字。

④ “胡林翼、曾国藩诸人”，商务本及家藏本皆作“曾、胡诸名公”。

⑤ “乂”，家藏本作“又”。

⑥ “奔竞”，家藏本作“娉婷袅娜，叩头流涕”。

⑦ “贤者”，家藏本作“曾、胡诸名公”。

⑧ “帖括章句”，商务本作“章句帖括”。

⑨ “后”，家藏本作“今”。

⑩ “冀其”，家藏本作“冀此娉婷袅娜、弱媚巧笑者”。

⑪ 商务本及家藏本“夫”上皆有“使”字。

⑫ 家藏本“盖”上有“陛下果以是纷纷者为足恃乎”一句。

⑬ 家藏本“呜呼”上有“彼其所以进身忠信敏恪，固为美衣食、养妻子之具，国家休戚如秦越人之视肥瘠，一旦利尽势去，则又皇皇然，奉其丑状以他适耳。捐身家之爱，赴君国之难，此圣贤所谓忠节大义，而鄙夫深虑熟计方将怪骇叹笑，以为不近人情之甚者也，夫又安能为此也乎”。

退不肖，修法度，肃纪纲，致君于尧舜，下为天子牧民，教养整饬，揆文奋武，任至钜，责至重，非躬道德、裕学问，而又强毅有力不能为也。若此其难也。然而三尺童子章句未辨，辄思贵显，狂惑愚昧至鄙琐无行之徒学商贾四民之业而不成者，独多去而为官①，见将相大臣之重，欣喜洋洋然而举欲为之也。官之实其难若彼而天下之人视为至易，岁增而益多者若此。

然则今日之官，其必有以见轻于天下久矣。寅、年、友、世、乡者，今之所谓五谊也。无此五谊，则虽德行如颜、闵、曾、史，文如伊、吕、管、葛，武如韩、白、孙、吴，彷徨门外，求为一司阍、一走卒之微而不可得。此五谊者而有一也，则虽狂惑愚昧至鄙琐无行之徒，求差而差，求补而补，求迁而迁，求调而调，求保举而保举，又以其谊之多寡，请求属托之势要轻重，相与乘除，以为之肥瘠厚薄，举廉则可使盗跖为伯夷，举勇则可使跛牂为贲育。不幸而控诉讦发，罪秽暴露，则为之掩饰覆匿得以无事。又至不幸而严诏推问，驰使逮鞫，则又为之委曲宽譬，出重入轻，戴微罪以去，不旋踵而复起矣。此其荐牍之上莫不自谓为地择人，极陈其事之难，而非其人之不足以整饬也②。朝用朝效，夕用夕效，亹亹动听，劫人主以必从之势。

几十年以来，群才之布满于疆圻营伍局所者，不为不多，朝廷之所以破格而曲从之者，不为不至，则又何以循良之才多而民益困，廉干之才多而国益贫，缉捕之才多而盗益横，将帅之才多而兵益弱，熟悉洋务之才多而敌益骄且肆。陛下试召荐贤者从容问之，卓异调繁、补署差委之举，有不求而予者乎？积功累劳③之举，有绝无侥幸者乎？奇才异能之举，有真名实相副④、至公至明而绝不识其人者乎？举一人补一官，有真慷慨求贤、为民请命而出于至诚者乎？苟使之指天誓日，毕吐⑤隐衷，臣知荐贤者必有面赤流汗、内惭⑥而不能对者矣。有司所日⑦读者，夤缘请乞之书；所经营者，饮食衣服、良田美宅、子孙亲戚、富贵温饱

① “学商贾四民之业而不成者，独多去而为官”，家藏本作“为商贾四民所摒弃者，问其所业，独可以为官”。

② 商务本无“也”字。

③ “劳”，商务本作“效”。

④ “副”，商务本作“符”。

⑤ “毕吐”，家藏本作“吐露”。

⑥ “惭”，商务本作“默”。

⑦ “有司所日”，家藏本作“官吏日所”。

之计；所奔走而竭蹶者，上官之生辰令节、馈献谒贺、往来厨①传、车马迎送，烦苦倦惫而不得卧。

居官数岁，疾苦无所知，利弊无所问，而足迹所未尝至。远县僻邑之羡余、陋规，一切巧取之术讨论精熟，烛照数计，洞于观火，而察于秋毫，皇皇然群聚于官府之中，若聚商贾。饮食供亿，于民取之，舟车徒役，于民取之。一剥于阍仆，再剥于吏胥，三剥于牙纪、市侩、乡约、里正。啖民如鱼肉，役民如犬马，贱民如狗彘，视民如陌路，戮辱民如禽兽，斩刈民如草芥。上赫然欲有所振作举错，则此五谊者，钩援党结，万口一声，根据磐互②，牢固而不可动。

臣熟视深计，窃痛祖宗栉风沐雨、裹创百战、艰难缔造之天下，陛下抚循鞠育、爱养护惜之人民，敲骨吸髓而仅以供区区五谊之用也。悲夫！悲夫！臣之言固触天下之大忌，而为当道所不容已。

艰难草昧之始，其君臣将相大抵起于草泽，匹夫侧微，乌合鸟聚，辟荆棘，创国家，角力而后臣，量才而后使。当此之时，盗贼满地，群雄鼎沸，安危之机，系于呼吸。用人一不当，而覆亡随之。则虽天下之至愚庸人，不敢私朋友、亲戚，徇一朝之爱，取败灭之祸。故有事之世，则天下之才常伸而国以强。海内已安，大业已定，同崇③高富厚之势，足以安乐，亲好交谊之积，渐以众多。当此之时，事听于法，政成于吏。为之官者，不过拱手画诺，相承转行文书而已。虽甚贤不必遽治，虽甚不肖不必遽坏，则虽豪杰贤达向之所谓知人善任者，不免于徇私偏党、喜谀恶直，而蹈乎阿滥比匪之讥。故无事之世，则天下之才常屈而国以弱。骐骥、騄耳，一日千里，必用以绝旷漠、逐劲敌，始知其利耳。及乎负辎骈驾、鼓车按辔，从容日三十里，则驽牛跛鳖亦进而与骐骥争功。是二者情异而势变，天下固顺于情，逐于势，而莫之觉也。

国家创垂几三百载，全盛之时固已患此，迄今而益甚。苟积狃偏重而不能变，五谊联于上，英贤滞于下，臣恐民力益竭，积弊益深，内无以自安，外无以扞敌，天下敝④将有不忍言者矣。

① “厨”，商务本作“驿”。
② “互”，商务本作“石”。
③ “同崇”，家藏本作“则崇”，商务本作“则荣”。
④ “敝”，家藏本作“之祸”。

官敝下

俯首弭耳，拜跪请乞，叱辱不为耻，诛逐不为退，上有所征求使令，悚然惊奉若受严诏者，古以为鄙，而今之世或习以为俗者也①。欺朝廷、欺上官、欺僚友、欺属吏，视此四欺若天经地义而行所当然者，古以为妄，而今之世或习以为俗者也②。饕餮穷奇，蠹国病民，得一官事之檄，忻然若得富券者，古以为贪且陋，而今之世或习以为俗者也③。仁义忠信，廉耻退让，人之所同好也④。猥鄙阘茸⑤，贪酷污秽⑥，人之所同恶也。士大夫⑦平居，虽非甚晓礼义，无不知所好恶者。独一为官，则常忘乎所同好，而或⑧蹈乎所同恶，此岂人情之所有哉？而卒至于是者，今日官常之敝固有以驱之，而其势不得不迫而出诸此也。捐纳之过多也，保奖之过滥也⑨。说者曰："捐纳多则利徒进，保奖滥则名器轻。"此甚高论也。臣犹以为不尽然。朝廷之所重者正途也，所重乎正途者，为其穷经史、明义理也，为其儒者自爱多纯谨可信，为其习于典章制度、通达治体可用以肆应也。今之正途有此而无愧者果几人乎！盖其阅历深浅，知世俗情伪，晓国计民生之利害，视捐纳、军功之流或⑩弗如远甚。所多者帖括章句、浮谬⑪坏烂之诗文耳！此足以为治乎！舍捐纳、军功而用今日之正途，名虽美，其无益于治则一也。

臣请揭⑫今日捐纳、保奖之害而陛下察焉。国家铨补之制，自进士、举贡而外，固有保荐、荫子、议叙。吏员之属，其初一出于选，虽外省⑬时有分发保留，而不患于冗滞；军兴后，筹饷、捐纳之例一开而

① "古以为鄙，而今之世或习以为俗者也"，家藏本作"今之官也"。

② "古以为妄，而今之世或习以为俗者也"，家藏本作"今之官也"。

③ "忻然若得富券者，古以为贪且陋，而今之世或习以为俗者也"，家藏本作"忻然若得富券，尤不肖者至乃甚于盗贼猛兽，不择人而噬者，今之官也"。

④ 商务本无"也"字。

⑤ "猥鄙阘茸"，商务本作"猥鄙茸阘"。

⑥ "贪酷污秽"，家藏本作"贪酷秽恶"。

⑦ "士大夫"，家藏本作"今之人"。

⑧ 家藏本无"或"字。

⑨ "捐纳之过多也，保奖之过滥也"，家藏本作"臣请一言以明之曰：今日官常浊乱而害及于吏治民生者，在捐纳之过多、保奖之过滥"。

⑩ "或"，家藏本作"且"。

⑪ "谬"，商务本作"陋"。

⑫ "揭"，商务本及家藏本皆作"谒"。

⑬ 商务本及家藏本皆无"省"字。

不复闭，岁之以资[①]进者，常数千百人。武功劳绩之奖尤优渥繁夥。年有劳，事有叙，多者百余，少亦数十，积二三十岁之久，吏兵注选之册，至于汗牛充栋不可胜穷。外之需次于行省者，聚不农、不商、不工、不贾之徒于都会之中，而谓之曰“候补”。蚁集蜂拥，一省而至数千，于是为缺者一，环伺者百。铨政于以大变。分正途、劳绩、试用为三班，而正途受其敝矣。并议叙吏员之属为一班，而杂流受其敝矣。冗积停废，抑赀郎，贱武功，而捐纳、保奖并受其敝矣。需次者日增而月盛，寒窭无业之辈，累数十岁而不得官。仰事俯畜、锦衣肉食、车马仆从、馆舍刍秣之费，固已不赀；宾僚酬酢上官之庆吊、馈献，阍吏岁犒、时赉，又从而累之，力竭势尽，倍息称贷，小者逋负至于千金，大者钜万。一差之微、一金之入，非有交谊请托、展转重累不能得也。拙者饮泣槁饿，狡者奔走求乞，[②] 而廉耻固已丧矣。幸而补一官、摄一职，贤者慨然求治，以报国家[③]，犹或访官政、问风俗，未尝不欲为良吏也。及到官，则廉俸所入减成减平，其余不足以抵摊捐之费，一丝一粟之妄入法又禁不得取，而父母妻子随之，亲戚随之，仆役随之，债家随之[④]，官事有捐，大僚有献，交友有赠，往来送迎、吏卒奔走有犒，其他无名之费，不可悉数。人之远虑者，又思畜积赢余，为罢官缓急之备，举欲于此一二岁中毕取之也。当此之时，欲得财则必骫法病民。骫法病民，则财可得；不骫法病民，则财不可得也。欲兴一利、祛一弊，而非上官所悦。[⑤] 据法力争，不避豪贵，而尤非上官所悦也。上官不悦则诘责，至诘责不已则弹劾至，弹劾至则将不得为官。得为官则富贵尊显，逸乐醉饱，奉养可厚，而迁擢可期；不得为官则前有室家之累，后有钜万之负，羁旅远托，退无所归。年又至五六十、七八十，衰暮老病而不可久待矣。然则虽贤者处此，犹将徘徊顾虑，奉承而不敢失，诡随而不敢争，法废政隳而不敢举，取非其财，内惭隐恨而不能戒，而况于庸陋黩货之人乎？三日不食而坐诸嘉肴美炙之筵，使之揖让三饭[⑥]而不得饱，饮酒百拜而不得醉，鳏居盛年，使之拥艳姬卧静室而求其勿乱也，

---

① “资”，商务本及家藏本皆作“赀”。

② 家藏本多“昏夜诡秘之术，至不忍言”二句。

③ “贤者慨然求治，以报国家”，家藏本作“奉檄惊喜，诧若梦寐。天性笃厚者”。

④ 家藏本无“债家随之”一句，商务本无“亲戚随之，仆役随之，债家随之”三句。

⑤ 家藏本多“用一人、举一职，而非上官所悦”二句。

⑥ “饭”，商务本作“饮”。

岂可得之事哉！故夫今之人为官而常陷于污行，不获与古循吏侔者①，非其性素然也，又非其所乐②也。③ 官常之敝，固有以驱之，而其势不得不迫而出诸此耳。

夫其敝至于若此，群臣屡请罢捐纳、严保奖，极陈利害，剀挚激烈，而举朝熟议终不能变者，恃以是为济变之资也④。臣请谒⑤二者之不足恃⑥。夫⑦富商大贾出贷而取息，千金者息至厚，常什之二，万金者什之一，骄倨安乐，父死而传子孙。今以万金纳于官，得一中县，廉俸不及千金，减成减平，加以摊捐之费，利固已无所得矣。而官中公私之用，中县至俭亦二三千金，使此人果不妄取，是以万金出贷又岁加其什之三以耗于外也，而又有伏拜奔走之劳，有命盗罣累之惧，不幸解官、夺职、病废、死亡，此万金者即与之同尽。夫舍至安至便、长利厚息，而甘以万金掷诸有无不可知之地，劳辱危惧，而又岁出什之三以从而益之也，使捐纳者一皆至愚大拙则可，使此人而少知权子母、计利害，则夫损伤国家之元气者，岂不为之战栗而寒心哉！今计捐纳之所入，往者贱鬻求售岁得不及百万，中少停三四岁，海防之例开，而人争出财买官，朝市哄扰，然一岁所得财二三百万⑧耳。国家岁征八千余万，区区捐例不过数十分之一⑨，列于度支仅足以供一军、增一舰，国非能富且强也。而岁增此一二千人，尽踞于三班之上，官益冗而治益坏⑩，此捐纳之不足恃者一。

保奖者，国家所恃以励天下立功名者也。夫爵者赏有功，官者待有德。以官赏德⑪，固已非先王尊贤使能之意。然后世用以鼓舞激发⑫，苟不至于冒滥，则恩出于上，人效于下，犹足以成一旦之功。今之所谓

---

① “陷于污行，不获与古循吏侔者”，家藏本作“至于猥鄙阘茸，贪酷秽恶者”。

② 家藏本多一“为”字。

③ 家藏本多“今日”二字。

④ “恃以是为济变之资也”，家藏本作“必以为有益也”。

⑤ “谒”，商务本作“竭”。

⑥ 家藏本下有“而陛下又幸察焉。朝廷所以不爱名爵、轻予捐纳者，将谓其求荣，不知彼之志固以求利也”。

⑦ 家藏本无“夫”字。

⑧ “财二三百万”，家藏本作“才二百余万”。

⑨ “数十分之一”，家藏本作“四十分之一”。

⑩ 家藏本下多“其所耗剥损失，又不可胜计。贪豪末之得，忘邱山之损，始于鬻官，继于鬻民，而终将至于鬻天下”。

⑪ “以官赏德”，家藏本作“以官赏功”。

⑫ “发”，商务本作“励”。

保奖者，陛下以为可尽信乎？一事之奖，动以十百，侈陈当事艰难危苦、忠勤勇毅，使读者色动，疑于功大而赏薄。及考其实，有功受赏者未必无一二人，余大抵身在事外，临闻奏牍将上，有某事当奖，仓皇奔走，展转求乞，窜其名奏中。部吏之可否，又视其赂之多寡。圣恩高厚，不忍逆亿诸臣之私，常[①]从而予之[②]，此其得不得权有所归[③]，而又视其人之交游气力之能得与否。彼其得之者，将益愚弄匿笑[④]，徒为取赂市惠之具[⑤]，长奔竞之风，沮忠奋之气。疆场有事，至于鼓不鸣、士不斗者，必此妄保滥奖有以怠之也。陛下犹望其感恩而图报乎？且悬爵设禄者，夫惟毋赏，赏必爵足荣、禄足利，使天下之人奔走勇往，自忘其死，然后其势足以用之也。今受赏者，积功至于提镇、道府，衣敝踵决，穷饿老死而不得升斗之禄。然则恃区区之空名，以与天下相市[⑥],[⑦] 虽使保奖者，事必实，举必当，不私一人，不遗一劳，臣犹恐天下之或沮也[⑧]。此保奖之不足恃者又一[⑨]。

[⑩]臣请毅然断自圣心，首罢捐纳，汰冗员，使策名需次者大抵十而存一，其岁例年劳之保至无谓者一切断止，必不可废者，然后许奖，列奖之数亦十而存一。寻常劳绩，悉依议叙、加级、纪录之法，及赐职衔，必异常之劳绩，然后许保实官升阶，如此则入仕者少，积冗清，幸门塞，而爵足以为荣，禄足以为利，庶鼓舞可稍奋，廉耻可稍养，吏治可稍救也。侥幸多则官位冗，官位冗则擢用滞，始以累官，继以累民，终将至于累国。为万世计者[⑪]，可不惧哉！可不惧哉！

---

① “常”，家藏本作“遂”。

② 家藏本有“耳”字。

③ “此其得不得权有所归”，家藏本作“此其得不得权皆在于大吏”。

④ “将益愚弄匿笑”，家藏本作“将益轻视朝廷，愚弄匿笑”。

⑤ “徒为取赂市惠之具”，家藏本作“徒为大吏酬应市惠之具”。

⑥ “以与天下相市”，家藏本作“以与天下市也”。

⑦ 家藏本上有“设斗强敌、角劲寇，一二白丁血战先登而后克之，有司论功而请擢以一丞簿、一千总也。吏必曰过优，法所不许，巨腹贾出数百金，安坐而得之矣。朝廷幸而许之，则此二人者又第随于冗积停废之后，若太仓之增一粟，无交谊请托则终身穷饿老死，犹夫故耳。然则居今之势，用今之赏”。

⑧ “臣犹恐天下之或沮也”，家藏本作“臣犹恐此烂头羊胃之官未足以为天下劝矣”。

⑨ “又一”，家藏本作“二”。

⑩ 家藏本有“欲救今日之敝，在于清仕途”二句。

⑪ “始以累官，继以累民，终将至于累国。为万世计者”，家藏本作“擢用滞则贪鄙生，贪鄙生则吏治坏，吏治坏则民可乱而国可亡。有天下者”。

修身

天下则尝有无才之患矣！需之而不殷，求之而不亟，谓之无才可也；需之殷，求之亟，天下之才果不足以任天下之事，谓之无才可也。今祖宗之教泽被于天下，负瑰异之姿，抱匡世之略，屈于下僚间，秩伏于岩穴草莽，穷饿慷慨，犹思有所为者，礼乐有人，刑名综核有人，勤吏治、习兵法有人，好工艺、精算数有人，深明大略、洞达古今、内足以任公孤、外足以指麾专阃有人。而近者诏内外诸臣举才德干艺之士，破资格，广聪明，务以招来贤杰。圣意肫挚至于数四，天下莫不闻。夫以才之众多，内外诸臣闻见之广，重以明诏之殷且亟，此即贤者犹或遗佚伏窜，亦宜有一二出于其中，至于①十余岁罗致者益众，亦宜稍有所恃。顾一有事，仓皇四顾，谓之无才，何哉？《中庸》曰："为政在人，取人以身。修身以道，修道以仁。"臣始紬绎其义，窃疑知人之明，大抵出于天授难学，圣人告君，顾推其本于修身。何为迂远若是？及反覆于孟子之论用人，至于左右大夫，国人莫不曰"贤"，而用不用犹必待乎人主之察，② 愕然于《中庸》所论，固明示万世以所以察之之具。

人才之用不用，首恃乎人主之能察不能察，而固非泛举之而泛用之也。天下之才，其质之刚柔③、狂狷、厚薄，固以殊矣。其所学问成就，又各视其性之所近而力之所专，虽甚贤哲不能无所短长轩轾。人主一身既用力于学，而知质之所当变化损益，穷理尽性之功外，而王政之宏纲巨目、辨官论材、经纬天地，下极于情伪艺事、薄物细故，一一而身究之，则夫一才之进，观其行事言论，以人主所学绳之，而知其才器大小之所宜受、智能之所短长，其性情学问纯驳，臧否所宜陶冶造就，驾驭所宜宽严弛张，口不能言，权之以意，天下无废而不可用之材，斯天下无难而不可举之事。古之名臣硕佐，处乱世，事暗主，远猷至计，百说而百不行。及与开天创业之君，风尘相硕④，祖帻起迎，握手笑语，不终朝而任将相，卒以济天下之大难，成天下之大功者，非有龟筮也⑤，非善相术如唐举、姑布子卿，又非探筹埋璧以冀于幸遇之也。所

① "至于"，商务本及家藏本皆作"至今"。
② 家藏本有"然后乃"三字。
③ 商务本及家藏本"刚柔"下皆有"动静"二字。
④ "风尘相硕"，家藏本作"风尘相遇"。
⑤ "也"，商务本作"者"。

以察之者至精，而用之至当耳。然则人主善察，则虽极疏贱[①]之势，当立谈之顷，坦然可以天下托之而不疑。不善察，则虽窃盛名负国誉，若王衍、殷浩、房琯、王安石之流，犹不可用，又况庸鄙无识之辈，其所私情推毂，本不足信者乎！

前岁群臣被诏，纷然大有所举，贤达卓荦者，未数觏也[②]。而何隆简之徒，至于戴假官见天子，事败鼠窜，纷纭逐捕，其他或不副所闻[③]。奇才异能之举，曾未浃岁已挂弹章，[④] 累累相继，天下丑之[⑤]。后[⑥]虽所举真有贤达卓荦之士，迟徊瞻顾，无可信向[⑦]，第记名字备故事而已，人才之待用者益以滞矣。此其轻进者逆知。夫泛举而泛用之，未必有[⑧]以察之之具，而荐贤者其平居又固无所谓吐哺握发、留意人才之事，一旦奉德音，相顾匿笑，辄举所与交游颇纯谨耎熟者数人以塞明诏。不肖者至滥举猥鄙无行之徒，乘间窃爵禄。使少有所惮[⑨]，当不至此。

[⑩]人才者，国之大命，天子临海内，子元元，以进贤退不肖为职。人才未得，则天下之事举无可[⑪]为者。愿陛下专务修身好学，躬裕乎帝德王道之原，而熟究于古今官人之法，以为知人之本，夫天下则何忧无才哉！臣见一贤进，众贤集，五臣十乱之盛，将复见于今，盖上之所简拔委任、托以为腹心干城者，将相内外不过一二十人，而天下已治矣。

任官

发号施令、南面而指麾者，官也；行文书、供使令、奔走唯诺、惟恐失之者，吏胥也。今之胥吏则发号施令，北面而指麾。而所谓官者，顾为之行文书，供使令，奔走唯诺，惟恐失之也。

朝廷亦既深明其弊而事立之法矣，严之以保结，限之以岁年，吏不得有所举动。舞文有刑，受赇有刑，在部者役满则退，而归之于籍，终

① “贱”，原误作“贼”，据商务本及家藏本改。
② “未数觏也”，家藏本作“未有闻也”。
③ “其他或不副所闻”，家藏本作“其他或丧师辱国，贪墨鄙秽”。
④ 商务本及家藏本“弹章”下皆有“劳司败”三字。
⑤ 家藏本下有“朝廷以是益厌言者”一句。
⑥ 家藏本无“后”字。
⑦ “向”，商务本作“问”。
⑧ 家藏本有一“所”字。
⑨ “使少有所惮”，家藏本作“使少惮于上之英明豁达、知人善任”。
⑩ 家藏本有“夫”字。
⑪ “无可”，家藏本作“无足”。

身不得入京师。为之察勤叙劳，擢之一职以励之于前；为之重刑峻防，鞭策衔辔以警之于后。此其立之法者，岂复有所未详。所以钳其爪牙，制其搏噬，恩诱而威慑者，岂复有所未至。然而蠹国病民之势，日以益甚，当其蟠结窟穴，极法令制防之严不足以损其毫末；虽将相大臣，困于胥吏之指麾号令，熟视太息，袖手听命而至于无可如何。官虽贤明，竭精敝神，举夙夜之力以制防之而已，极天下之能事矣。夫国家设官固以听天下之政，出天下之治，胥吏①左右奔走之人耳，何足以劳防驭？顾乃骩法而不能禁，深恶而不能去，一至于是。

臣反复于今日之弊②，而知其原之大者有三。不塞其门，弊③乃永存；不正其本，敝将益蕴，此不可不察也。法之多，至于今日无以加矣。宪令条教之繁，簿书格式之异，成案万歧，章牍山积，一掌于吏，文书小不如法，则论劾及之，若牛毛，若茧丝，吏熟习而官不能知也。一微物、一细故，文簿申转，苛碎烦复，皆取办于吏。牍尾之待判者，或终日不能尽，官苦于目眩神困，而不能辨也。是官常暗而吏常明也。天下之暗者，固宜师于明者、服于明者、见欺于明者。国多一法，吏于④一利，此固以增其焰一矣。

两光相遇则暗，两声相遇则暗，两主并立则乱而惑，贤者之共治不若愚者之独断，其势专也。今部、院、卿、寺长官常至于六七，人多情泛，顾望退让，莫适为主，而权归于吏。外则督抚委于司道，司道委于府县，大吏之强明者，则又好侵属官之职，下察于盐米鸡狗之细，职事紊乱而胥吏之奸益甚。令之不一，任之不专，临之不威，断之不决，此又以增其焰二矣。

国家之制，官必久任而吏必常更。今则⑤一吏之役，子孙亲戚迭据之。至于部、院、卿、寺之长，⑥ 非以其贤能任其职，然后擢之也，以是为卿贰扬历之阶，而待其人之次第践履之也。循资而迁，按格而转，春为太仆，夏为太常，秋为大理、通政。一官动，则众以次而动。有司⑦

① 家藏本有“者”字。
② “弊”，家藏本作“敝”。
③ “弊”，家藏本作“敝”。
④ “于”，商务本及家藏本皆作“多”。
⑤ “今则”，家藏本作“今乃大谬不然”。
⑥ 家藏本有“上”字。
⑦ “有司”，家藏本作“朝廷”。

曰：是非人之所能为也，法也。如乡学之岁贡然①，期于人人必得洊至于卿相极品而止。政令不暇习，利弊不暇知，外而封疆大僚，朝擢粤，暮迁蜀，冠盖暴于道路，有司疲于送迎，而府、厅、州、县调补调署之弊尤甚。问其本缺则为甲，察②其实任则为乙，一年而署丙矣，又一年而署丁矣。地瘠则求调，橐饱则求迁。奔竞浮躁，举国皇皇，官如传舍而吏若封建，是官暂而吏常也，官为客而吏为主也，此又以增其焰三矣。

举汗牛充栋之法，临之以赘旒冗复之官，而又一岁类③易，人无久志，方且矜矜然修饰文法，取所谓胥吏者而痛抑之，欲以求治，臣以为失之远矣。故夫先王之为万世虑至矣，以为所任者皆伊、吕、旦、奭之人欤，则夫法之无者可以创之，法之弊者可以修之。然而伊、吕、旦、奭不世见，则是将千岁而一治也。以为所任者皆盗跖之人欤，则法便于私，彼将窃之法；不便于私，彼将遁之。极禁令制防之严，而曾不足以为敝笱之限也。先王知其然也，建国而立法，植其纪纲，明其度量，疏节阔目而加之乎中材之上，苟为是官则必驭之宽，听之专，任之久。夫苟驭之宽，听之专，任之久，则虽天下之中材习于政令，明于时势，熟于人情，积威专断而行之，能斟酌于法之中，而亦能神明于法之外，视治天下之赜若治其家。当是时也，未尝无资格，而官不见冗；未尝无吏胥，而上不能欺。三代之盛法，不若后世之密，而长治久安之效，远过于后世者，此道得也。

故善于为治者，不以法废人，亦不以人废法。陛下诚举今日之法，使天下之通古今、明治体者聚而议之，存其大纲，芟其细目，务在法简而事省，明白易晓，猾吏无所挟持。天下之官，举专心壹虑，宽然有暇日以谋大者、远者，如是则驭宽。以一人任一官，以一官任一事，有不能而黜，无越俎而代，上下相侵越有诛，兼职并治有诛，如是则听专。官非有大功过，必满六岁，岁满称职，复任之如初，使天下之人④有终于一官之意，如是则任久。驭宽、听专、任久，而量才使能以先之，信赏必罚以后之，如是而天下不治者，未⑤之有也。区区之胥吏又奚足以

① “如乡学之岁贡然”，家藏本作“如醵钱者之收会然”。

② “察”，商务本作“问”。

③ “类”，家藏本作“数”。

④ “天下之人”，家藏本作“天下人人”。

⑤ “未”，家藏本作“无”。

劳防驭乎。

今之为官者，莫不苦于法之繁、网之密也。及其当钧轴、据要津，则常好立章程、增条教，法益繁，网益密，人人自以为除弊也，而不知适以增弊。是犹御马者，笼其首，絷其足，又从而缚束之，蜷跼僵伏而求以致千里也，岂不谬哉！

肃刑

上恶天下之玩且弛，而欲以振之也①，岁赫然下明诏，使大臣严举劾、诘奸宄，毋徇纵，毋姑息，文书被于州郡，震厉操切，转相告诫，悚然而色变。顾迟之又久，而天下之玩且弛益甚，弱而不振益甚。大吏矜张之色，威令呵叱之严，若吞强敌，而察其实，不能禁一小奸、止一小盗。海外微族弱部之长，使五尺童子奋臂丑詈，盛气相陵，则将相贵臣拱手骇愕，柔声怡色而不敢触。夫操爵赏，厉明刑，欲以振天下之势，而天下之势至于终不可振。然则端冕制治者，宜于精困意倦，天下自此将遂束手无术，坐视其颓废乱坏，终古而莫之救，而古先哲王所恃刑赏振起天下之具将尽为空言而无一效，有是理乎！

夫国未尝无刑，而适以增天下之玩且弛者，此无异故，刑具而所以用刑者不肃也。国②之姑使③备员充位，任之甚轻而责之甚略者，臣不以具论矣。秉阃外之节，专数千里之地，此岂非任之甚重、责之甚备者欤！④ 无事之时，欲从而察其功罪，文书涂饰甚具，所为隳坏之事，大抵皆伏于冥昧疑似之中而未易言，非甚睿圣不能必其遽明也。

天下有事，从而察其所任，则庸劣而不肖；察其上下，则扞⑤格而不通；察其经画，则浅陋而无远谋；察其将士，则怯懦而不能战。召戎胎乱之机，滔滔乎莫之能遏。尸官于前而贻患于后，误国溺职之罪，凿然有以暴于天下，此真斧钺之所宜加矣！而罢官之外未闻有所诘也。大

① “而欲以振之也”，家藏本作“而亦有以振之矣”。

② “国”，家藏本作“朝廷”。

③ 家藏本有“之”字。

④ 家藏本有“察吏安民，揆文奋武，有一非畺圻之所司欤。徇私情，滥保举，快意取便，苟安目前，而臣子之事毕矣。及夫前者去而后者来，取前人之所建置而更之，条事列状重其名曰整顿。整顿也者，物已隳坏而复修之之谓也。其坏也，有人以修之，则其始也，亦必有人焉以坏之”。

⑤ “扞”，原误作“奸”，据商务本及家藏本改。

者既无所警以耸观听，鼠雀又足问乎？此刑之不肃[①]者一。

越南之役，将帅之功罪未足以深餍天下[②]，而阴以粮食军需济敌，若张志瀛等，复曲徇法[③]人之请，赦而不问。夫军则已罢矣，国则已解矣[④]，敌则已和矣，此其[⑤]诛之，于事何益？释而不诛，于事何损？然而古之明主论罪致罚，虽甚亲爱、材武智力、患难与共之士，一旦有罪，流涕行诛而不顾，以一胥靡刑人之微，购而戮之，至于损[⑥]金割地而不惜者，夫岂以快泄私愤，逞一时之胸臆哉！诚惧[⑦]赏罚之不明，国威之不立，后虽有谋臣猛士之众，而将无以用其力也。通内情、资外寇，此国贼也。战胜挟威，而使人[⑧]赦其国贼，屈公家之法，亏君臣之义，长宵小之奸，增仇雠之势，此强国所常用之于弱小，而使之瓦解内溃之术也。德尝用此于法矣，法又用此于德矣，而今复用之于我。以为国法，国法有之乎？以为公法，公法有之乎？赏罚不明，国威不立，以至于败，败又弃法纵奸，以崇长寇警[⑨]，是以前此之败为未足，而又助敌以自攻也。此刑之不肃[⑩]者二。

斥罢耎，惩贪残，令至严且具，而侵官帑、剥民财者，赃私举发以钜万计，盗贼不捕，豪恶不戢，灾苦不恤，号令不行，讳匿民命死伤至于数十百人而不以告，凡此者上常欲求而诛之以徇天下，而苦于不得者也。幸而得之矣，游词巧饰，浮伪相蒙，反覆推鞫，动淹期岁，要其归不过褫职遣戍而止，甚者或晏然无事，未闻有伏尸都市者。然则天下何惮而不为巧宦墨吏？此刑之不肃[⑪]者三。

聚兵百万，环顾四向不敢发一矢，而平居骄悍，暴害闾阎，小有拂意则挟刃而哗。未见敌而惊，未临战而溃。此刑之不肃[⑫]者四。

---

① 家藏本“不肃”下有“于岳牧”三字。

② “将帅之功罪未足以深餍天下”，家藏本作“朝廷讨将帅败负之罪，槛车逮治，万里传送，于理当有所诛，而所过州县心知其未必然，大馆盛宴具手版，迎劳一如大臣。过境之礼，不敢以罪人待之，恐其复起，既而果释不诛”。

③ 商务本“徇法”下有“私”字。

④ “夫军则已罢矣，国则已解矣”，家藏本作“夫军则已败矣，国则已辱矣”。

⑤ “其”，商务本及家藏本皆作“而”。

⑥ “损”，家藏本作“捐”。

⑦ 家藏本“诚惧”下有“于”字。

⑧ 家藏本“而使人”下有“涕泣受命”四字。

⑨ “警”，家藏本作“雠（雔）”。

⑩ 家藏本“不肃”下有“于疆场”三字。

⑪ 家藏本“不肃”下有“于群臣”三字。

⑫ 家藏本“不肃”下有“于卒伍”三字。

奸豪击断，交通官府，弱者之肉，强者之食，杀人不死，伤人不刑，细民至于无所控告，饮泣自杀而不能察。游卒惰民，妖言左道之徒，所在布满城邑，聚众结盟，识者寒心。人少则谋劫杀，人多则谋不轨。有司闻之见之，惮之畏之，纵之听之，而不能诘。律凡强盗已行，但得财者，不分首从皆斩。今大抵捕而不得，得而不诛，忍于良懦而不忍于奸暴。盗贼益横，桴鼓昼鸣，通都大邑之中，露刃公斗，剽财杀人而不能禁。流徒以下到配辄逃杖笞之罚，虚论而不决，有治罪之名，无治罪之实。上以诿下，下以欺上，饰文书、盛奸利而不能检。此刑之不肃①者五。

治国者惟毋轻言刑也，不得已而有刑，则如雷电风雨之猝然而下，雕鹗搏击之悍然而决。其按律定罚，则如日月五星之行、四时之信，无所逃也，无所忒也。然后令之则行，禁之则止，教之则从，罚之则惧。今上之诫下也，必曰“严劾”，诫者百而劾者无一也；官之诫民也，必曰“严办”，诫者百而办者无一也。此殆所谓口诛而笔伐，欲以厉世磨钝，难矣！虎豹不搏人而威，雷电不击人而惧，盖有患鼠之扰，而姑拊几扣壁、呵叱以警之者，当其始②未尝不闻而却走也。久之拊几扣壁至于震四邻、倦掌腕而鼠之扰如故，呵叱之声至于敝口舌、燥津液而鼠之扰如故，何则？彼知所以待之者，其事盖止于此而无足以害己也。今之用刑，无乃类于惊鼠之术乎③。

欲天下之无玩弛，莫如明罚敕法④而持之以肃。夫⑤朝廷宽大仁厚，务掩覆群臣之过，群臣之所以事上者亦唯是，⑥ 厚褒赏，略罪罚，用以广大朝廷之德。独臣区区妄以用刑之说进，此固迂⑦耎圆媚者所骇为，盛世不祥之言，而商鞅、韩非之术也。夫以法制臣，以术驭下，举将相腹心之亲，而疑之以盗贼小人之行，刻薄寡恩，疾视天下，蹙然有刀锯斧钺之威，而无笙簧酒醴之乐，此真商鞅、韩非之所为也。若夫宾兴以进之，论材以官之，重禄以养之，任之股肱心膂以昭其信，命之服物采章以著其威，畀之生杀予夺以一其权，颁之纲纪法度以明其守，久

---

① 家藏本“不肃”下有“于奸民”三字。

② 商务本及家藏本“当其始”下皆有“鼠”字。

③ “无乃类于惊鼠之术乎”，家藏本作“毋乃类于警鼠之术乎”。

④ “明罚敕法”，家藏本作“明法敕罚”。

⑤ 家藏本无“夫”字。

⑥ 家藏本“亦唯是”下有“诸神灵应之封号、匾额劳绩之保举、故臣名宦之祠谥、忠节孝义之建坊旌恤”。

⑦ “迂”，家藏本作“选”。

任以要其成，宽简以行其志。如是而有功则赏，无功则罚，临之以劓刵宫辟之刑，而行之以忠厚恻怛之意，此尧舜之用心而三代圣王之所以为治也。果以为商鞅、韩非之术，则是四凶不必罪，而管蔡不必诛也。臣有以知其说之不然矣。汉、唐、宋、明之季，大抵以纵弛为宽，以姑息为惠。及观于创业始起，则其为治之意一出于英武刚断，号令严明。有所赏，则虽起疏贱，任将相，析圭而侯，裂土而王，而天下不以为私；有所诛，则虽贵臣大将，骈首市朝①，而天下不以为刻；有所使，而天下莫敢不从；有所革，而天下莫敢不变；有所讨，而天下莫敢不服。

百年之祸，一代之患，蛮夷强胡之横，桀骜雄悍至不可屈服之强，诸侯风俗之颓，溃败之势②，一旦崛起于匹夫，仗三尺之剑，刬③削翦除，鞭棰号令，谈笑而成大业。举四海④之重，而运⑤若股掌之轻。夫其能为此者何也？机有所独决而威有所独立也⑥。是故突厥雄于北边，号为天之骄子，唐太宗以六骑责其酋于渭上，控弦数十万之众望风而震栗。五季骄将悍卒挟众废立，君臣至于相顾流涕，俯首弑辱而莫之能校。有宋之际，至以天下之全力⑦西困于夏，北困于辽，然而⑧周世宗据残敝之地，由⑨创夷之众，土宇人民不及盛宋之半，所用将相又非⑩韩、范、富、欧之徒，而⑪斩大将七十余人，若屠犬豕，北面而攻燕，渡滹沱，克三关，强辽避其锋；以李氏之负固不臣，驰一介之使，严诏切责，而惶恐谢罪，若役僮仆。夫其能为此者何也？彼其威有以慑天下之心，其雄武果毅，出号令，行赏罚，有以制群下之命而夺强敌之气，是以功之所就，若是之盛也。

后世不然，以为宽而至于纵⑫弛，以为惠而至于姑息，令之不行，

---

① 商务本及家藏本“市朝”下皆有“小者婴斩戮，大者夷三族”二句。
② “溃败之势”，家藏本作“溃敝之势”。
③ “刬”，同“铲”。
④ “海”，原误作“法”，据商务本及家藏本改。
⑤ 家藏本“运”下有“之”字。
⑥ 家藏本无“夫其能为此者何也？机有所独决而威有所独立也”二句。
⑦ “有宋之际，至以天下之全力”，家藏本作“宋以天下之全力”。
⑧ 家藏本无“然而”二字。
⑨ “由”，家藏本作“收”。
⑩ 家藏本“又非”下有“有”字。
⑪ “而”，家藏本作“然而”。
⑫ “纵”，商务本作“废”。

禁之不止，教之不从，罚之不惧。捕一二鼠窃之盗，幸而得之，侈战功、受上赏，若克大敌。营私比周而不能除，积侮惭耻而不能报，据万乘之尊席于有天下之势，蹶然若巨人之病痿，此而不开其腠，通其理，痛之以针砭，药之以瞑眩，筋益挛，骨益脆，臃肿痈痪而犹日以参苓进之，以求与壮夫斗也，哀哉！是依依焉者，犹驾罢牛①而逐骐骥也。块然犹西海之大鸟，奋翼展足，踯躅终日而曾不能以一步也。昔之运天下何其轻，而后之运天下何其重哉！

我祖宗之刑至肃矣。圣祖抚驭四海，至宽至仁。然鳌拜、明珠、噶礼之徒，一有罪戾，诛逐不旋踵。世宗之治尤肃②。高宗讨金川，斩讷亲于军中，平新疆，诛尔雅哈善③、顺德讷、马得胜以徇，此皆将相大臣，苟丽于法，未尝少宥，用能师武臣力，奋威绝域。文宗斩柏葰，而试典为之清肃者二十余年，斩何桂清、青麟，而守土宣力之臣不敢轻弃职守。呜呼！祖宗明罚敕法④之规，一同乎三代圣王所以为治之意，则岂不灿然而明白哉！

陛下诚赫然神断，上法祖宗，使天下为火之畏，毋为水之玩，不挠于群嚣，不惑于饰说，则今日积重之势可⑤而轻也。北魏熙平、神龟之际，国家无恙也，百官甚盛也，羽林之卒杀张彝、哄官府，朝廷不能行诛，而高欢散财结客，坐待天下之变。然则国之刑赏一不当，四方奸雄之辈已从而觊觎之矣！是可不为之深惧欤。

先王礼乐揖让之盛，化民成俗之法，类皆委曲繁重，闳廓深远，起于躬行，成于积累，非后世之所易言。独至于用人赏罚之意，奋天下之材，建一旦之功，朝用则朝效，夕用则夕效⑥，至简而易，至明而速。唐汉以后，得其意而兴，失其意而亡。虽僭窃盗贼之辈，苟幸据手掌之地，拥千人之众，持一二十岁之久，则其于用人赏罚之道，必粗⑦有可观者。夫为治固无所谓奇策也。居今日而必求奇策，使可以奋天下之材，建一旦之功，则知人善任、信赏必先之、必罚以后之，臣之所谓奇策，无过于三者矣。

---

① “罢牛”，商务本作“罢鳖”，家藏本作“疲鳖”。
② “肃”，商务本及家藏本皆作“严”。
③ “尔雅哈善”，家藏本作“雅尔哈善”。
④ “明罚敕法”，家藏本作“明法敕罚”。
⑤ 家藏本“可”下有“得”字。
⑥ “朝用则朝效，夕用则夕效”，家藏本作“朝用则夕效，夕用则朝效”。
⑦ “粗”，家藏本作“稍”。

卷下

学 校

科举

今日科举之弊之宜变，不待智者而知矣。此宜以变矣，虽然不得其道，则其所得之人才未必过于今日，而幸取滥获之弊，或视今日而益甚焉。夫至其变之之弊甚于今日，则天下之谋变之者，术虽多而益无可以信。

向辨官论材之美益，无可以复见，是不如无变也。王安石之经义是已①。唐宋以来，贤士大夫患科举之弊，而群出所以变之之术，条目纷夥，其说累数百千万言而不能穷，莫不凿然自以为是，然后之集而论之者，是非臧否更相纠正，而亦卒无所行也。若臣之陋，顾又昧然益一言以赘于千百术之后，非独天下将群目而笑之，虽臣亦将赧然自沮，而不敢自必其言之可行与否，而又遑论于听者乎？虽然，臣试言古今所以取士之意，而设科者之所当用之具，而上幸察焉。

取士之法，无外乎以行举、以言扬。而以言取之之途又有三，义理、考据、词章而已。制义论断，义理之属也；策问经解，考据之属也；诗赋颂疏，词章之属也。夫进天下之所谓贤才而试之，将与之进退乎百王，经纬乎天地，至乃猎取浮躁，流而为词章之陋，则固已弃其人于道德学问之外，其得失盖无足言。若夫发之以经说，询之以制度，穷之以古今，学苟博，试苟精，其答将滔滔焉而不可穷，其辨将亹亹焉而不可易，此疑足以观天下之才矣。顾今二场之经义，三场之策，非所谓考据欤？牛毛细字之册，盈捆累箧而负、却车而载，所谓滔滔而亹亹者，有一果出于平日之所记诵，而随事条答取诸怀而书之乎？

是固今之进士举人，面赤惭笑，自知而无待于明言者。盖上之所以试之，犹未专出于考据，而其敝已若此矣。制艺之在今日，虽其庸陋肤熟，失乎义理之本，而并不足以与于词章之末，然自明行之盖几六七百岁，其人之从事于此者，取材于典林贩鬻之余，雕刻于骈偶音调之际，苟其文之稍可观者，犹积十岁二十岁之力而后有之。试于有司所谓滔滔亹亹②，因题而加之，以所谓庸陋肤熟者，犹出于生平素习之技、一

① 商务本无“已”字。

② 商务本“亹亹”下有“者”字。

日之长，专事抄袭，以幸录于上者不多见也。然则以言取人之法，万世之后虽将有以变乎。制义①而其为物较然当出于义理，不当出于考据明矣。且功令之所以求诸士者备矣。试之以经义，以观其穷理之学；试之以诗赋，以观其文章之学；试之以策论杂艺，以观其贯穿百家、洞达古今之学。博观而取之，层累而进之，法不为不精，意不为不美，顾取士之典，间岁迭举而不息，所进者日益陋，人才日益衰坏，何也？

学固有经史子集之赜，其大者为礼乐兵刑，小者为器数艺物，精而至于性命，粗而至于日用，此其一艺一事固已竭天下之聪明智力，皓首而未能言，苟求其博综而悉精之，则虽以周公之才艺、孔子之生知，犹将有所不办。今举夫庸庸者千万人，扃而试之天地古今、政教沿革、杂艺琐屑②之属，无所不问，无所不试，困之以一日之限，而责以周公、孔子之所难为，此所以求之益备，而取③之益略也。臣未得所以取之之术也。制器创物有工，营宫室有匠。士也者，治天下之匠工④也。

治之有六官，犹工之有金木皮革，刮摩搏埴也。壹而不可杂，专而不可分，物则有然。欲陶者不求之冶，欲梓者不求之舆。六官之大，又非若陶冶、梓舆之细也，而举六官尽求之于一人之身，其敝也。天下之士穷于应，而遂罔罔然奉其陋而进之，上之人穷于求，则遂罔罔然而取之。取非所用，用非所取，于是乎人主遂以治天下之名加之乎进士举人，而以治天下之实寄之乎幕宾胥吏，天下之不治奚足怪哉！呜呼！所从来久矣。天下之事⑤，必先责之专而后可精，必先求之简而后可备。非恶博学而厌多能⑥也，以为士之学不可得而精，则才之任于用，将不可得而备也。

六官之政，一曰吏，官制、铨选、考课、用人之学属焉；二曰户，赋税、徭役、国计民生之学属焉；三曰礼，礼乐、算数、邦交、公法之学属焉；四曰兵，水陆、军政、武略、形势、械器之学属焉；五曰刑，律令之学属焉；六曰工，营筑制作之学属焉。上既一天下之学于经史，

① “义”，商务本作“艺”。
② “屑”，原误作“典”，据商务本改。
③ “取”，商务本作“举”。
④ “匠工”，商务本作“工匠”。
⑤ “事”，商务本作“士”。
⑥ “能”，商务本作“解”。

而复责之以专门之学，举制度法令之行于官者，典章之大，则例之细，尽以布之天下，使夫学者用力于经史之暇，又各就其性之所近，而力之所能至，择①术焉以诵而习之，相与讲论其是非得失，然后聚之官，分其科而试之。初试之经义以观其能穷理与否，继则试其专门之学，覆之再三以进退之。既取而仕，则取之吏户者，不用之礼；取之兵刑者，不用之工。而其所以命题而试之者，又第设疑质难，使之发其大意，观其断决，因以知其学之浅深短长，而无近于苛细。大要使今日释褐，明日任官，坦然若其素守，学然后可精，用然后可备也。

夫以制义之末，而学士钜公后先起于其中，所精诣深造，发大人之奥，极道德之精，益信有卓然传诸千古而不可磨灭者，虽圣贤复起，无以复过。苟天下相与竭其聪明智力，移而从事于专门有用之学，讲肄授受以备国家之用，上之人复有以激扬而善取之，安有尽海内之智，积百年之久，谋一事②之长，而人才不出于其中者？然则取之之法，宜于专，不宜于泛，又明矣。为三场之试，参校之以经义策问之艺，然而巧者不能必得，拙者不能必失，何也？聚一二万人于闱，群焉而入，群焉而出，非有违乎禁令者，莫不与于二三场之试。文无巧拙，杂然并进，试言③之于经史百家之学，又非能尽长也。不能尽长，则第以己之所长为之衡而进退之。于是乎弃取之故，遂偏重于制义，而二场之经、三场之策，上下皆以苟应故事，取有其物而已。是非之缪④戾，至于精学多能之士，百试百黜，而后生陋儒涂饰点窜，辄巍然而列于高第。此名为之试，实无异于一试之也。臣以为甚非法也。

美恶杂陈而欲有以择之也，必先去其最粗者，而后得其稍精者，又去其稍精者，而后得其至精者。若舂粟然，始簁⑤之以去其糠，继簁之以去其粝，终又簁之然后白粲出焉。择士之道，无以异此。是故试者百而取一也。校此百人而去其五十，则最下者皆去，而上中者存矣；再试之而去二十有五，则中者皆去，而上焉者存矣；又试此二十五人者而取其一，则杰然岸异之士出焉。今岁科郡县之试，其衡文者非必遽过于乡会试之有司也。然终试而定甲乙，则邑之能文章而为士大夫所夙许者，

① 商务本“择”下有“一”字。
② “事”，商务本作“日”。
③ “言”，商务本作“官”。
④ “缪”，商务本作“谬”。
⑤ “簁”，同“筛”，下同。

大抵必裒然列于榜首，而幸者甚寡，何则？上之所以取之者，反覆纡曲，则多能之士，百试而益见。剽窃庸陋之徒，一试而伸，再试而屈，而固不能以天幸为常也。然则试之之道宜于多不宜于寡，宜于每试必有所弃取，而不宜于溷并，又明矣。

夫先王庠序弦诵教养之美，既不复施于后世，而乡举里选、公卿荐辟之法，又适[1]便奔竞浮躁之徒。然则上之进退黜陟，犹有以示天下之公者，科举一途而已。顾其敝若此其甚，久安而不变，使人才日以衰坏，而不足以任天下之事，臣窃惜之。敢举古今所以取士之大意、设科者之所当用之具，惟上与二三大臣有以修之，庶几有所淬厉兴起，而天下之事犹有人焉，为之经营支拄而无至于颓废。

译书

道光以前，通泰西文字语言者甚寡，不知其书，后乃弛海禁，而泰西人士稍稍译传于我中国，亦特设同文馆。闽、粤、津、沪之地，皆颇立学，招来英秀子弟肄习其中。傅兰雅、丁韪良之徒，所译书益众。若律令、公法、史记、地舆、算数、器艺之学，大略有之，中国因以知其学问政事。又读日报，而诸国政令条教、盛衰大势，小有举动，朝发夕知，非复前日茫[2]昧之象，可谓盛矣。

顾今所谓[3]译，大抵水、火、汽、电、化学、算数、械器、工艺之书为多。夫此诸学，其数繁，其物赜，一器之成，所用以成器之器十百，苟欲从事于此，则必身至乎其地，而良工师为之亲相授受，口讲而手画，又有徒辈相与肄习讨论，以善其观摩，遍考乎他制，以明其同异，优游乎岁月，以要其成功，然后浅深工拙之故，有以喻于其心，而应乎其手。非有此数者，则虽以公输匠名[4]之巧、器物之备、图说之详且明[5]，夙夜以图之[6]，凭虚以构之，得其数不能得其巧，得其象不能得其理。盖求其粗明大意者，已为天下之至难矣，况能铢黍密合，而卓然复驾于其上乎？若夫政教义理之学则[7]不然，不必于为其事，而在于明其理，其理可得而明也，则其事可得而为也。

---

① 商务本“适”下有“以”字。

② “茫”，商务本作“蒙”。

③ 商务本无“谓”字。

④ “名”，商务本作“石”。

⑤ “图说之详且明”，原误作“图说之详旦明”，据商务本改。

⑥ “图之”，商务本作“求之”。

⑦ 商务本无“则”字。

方今之势，泰西微弱不足数之国，举得乘他人战胜之威，严气厉色以加乎中国者，[①] 我之名久屈于外，而于彼之时势窾要实有所不能尽也。[②] 诚大译诸国史乘、地志、氏族、职官、礼乐、学校、律令事例、赋税程式，一切人情风俗、典章制度[③]之书，官为刊集，遍布海内，则天下之有志于时势[④]者，不必通其文字语言[⑤]，而皆可以读其书，究其事，朝得而学之，夕可起而行之。内则择其善政，斟酌损益，以补我之所未备；外则洞知其强弱、治乱、向背、善恶[⑥]，有所盟约论议，则以知其张弛操纵，而恫喝[⑦]之术穷，知其异同得失，而举措之机当。以中国人才之众，不及十年，虽无寸兵尺铁，其所以应敌折冲于樽俎间，必超然有以异于今日。然则今日译泰西政教义理之书最急，而器数工艺之书可以少[⑧]缓，此译书所当讲之一事也。

中国之杂艺不逮泰西，而道德、学问、制度、文章则夐然出于万国之上，莫能及也。然而彼且操其所习之教[⑨]行于中国，招徒聚讲[⑩]而不愧者，彼固不知孔孟之道[⑪]致广大而尽精微、极高明而道中庸。若是其至也，乡里窭人餍糟糠，被短褐，以为此天下之至美也，而以进十富人之门，苟出其膏粱文绣以明示之，则将有赧然自惭其服食之陋，而思弃之者矣。

故夫圣人之道，彼不深知则已，苟深知则[⑫]忻喜服从必矣。闻英吉利人得四子书而好之，其践履笃实，或过于中国儒者，我周公、孔子之为教，固出乎人心之所同然，入人之深，宜其若是，无足怪也。

夫泰西天主之教，始分为二，继分为三，又析为四五，盖在其教已不胜门户水火之争，而彼格物穷理之士，亦已渐觉其非，特未敢于显

---

① 商务本此下有“此非其真有所恃也”。

② “实有所不能尽也”，商务本作“又有所不能尽知”，且下有“是诚不免于心慑气馁，废然而自沮耳。岂彼一城之长，一旅之众，举皆在于不可敌之数哉!”

③ 商务本“制度”下有“与夫伦常、教化、义理”。

④ “时势”，商务本作“时务”。

⑤ “语言”，商务本作“言语”。

⑥ “善恶”，商务本作“喜恶”。

⑦ “喝”，原误作“暍”，据商务本改。

⑧ “少”，商务本作“稍”。

⑨ “操其所习之教”，商务本作“操其所谓天主之教”。

⑩ 商务本“聚讲”下有“肆为荒诞浅陋之说”。

⑪ “孔孟之道”，商务本作“圣人之道”。

⑫ 商务本“苟深知则”下有“将自惭其为教之陋，而”。

言。故自波罗士特之教大行，则其民之服习者，已不能强使一教。以此观之，格致日益精，义理日益明，其教将日益绌，今之嬲于中国，特其暮气余焰而已。然则建诸天地而不悖，质诸鬼神而无疑，百世以俟圣人而不惑者，必我周公、孔子之道耳矣①。

近英吉利人有自中国归，而手译五经以教授于国者，顾其人不能尽通经义，所译多谬。夫开天立极者，圣人之功，而觉世牖民者，王者之事。窃谓今日宜广招多儒与通泰西文字者同处，首译四子书、《仪礼》、《周官》、《礼记》、《大清会典》、通礼、律例，与夫伦常义理诸书，精刊而广布之，使奉使外国者遍赠其国君、卿士、大夫及其学者，无论②数百万帙，苟有一二英达之士，深知而笃好之，则以次传习，靡然向风③，既以移其风，易其俗，又使知圣道之大且精、纲纪法度之焕然美备，而不敢于轻中国，功之大，效之远，盖莫过于此者。此译书所当讲之又一事也。

前岁天津建议欲集赀④百余万金，大译泰西有用之书，规模至闳又廓⑤，用意至深远也，独惜其未果行。臣谓朝廷宜大发帑金，设起其事，费不能一铁舰，而其功则过于铁舰远矣。事所谓似缓而实急，似迂而实切者，此类是也。

习艺

泰西政治⑥之书，我既译而布诸海内，至其器数工艺之学，则大臣向者固已憪然远虑，合词而请于朝廷，简遣生徒就学诸国，闽厂而外赴美肄业之举最盛，生徒百二十人，前后十五岁，费百二十万金。当其建议之始，闻者莫不忻喜，以为艺业自此可得，而盛谋之不可谓不远矣。然迄今二十余年，独闽厂所遣生徒犹有数人矫然出于其中，而自美归者人材甚寡。

我所为器数工艺之事，犹不免于出重赀聘西人以主之，而不能自有所为。何哉？臣以为计之失者有三：习之寡，廪之薄，重以持重老成、似是而非之议论。而其为病之原，则曰惜小费而忘大计。何谓习之寡？泰西艺业至繁，以水、火、汽、电、化、重、名学者，大端六七，分析

---

① 商务本无“矣”字。

② “无论”，商务本作“无虑”。

③ 商务本“靡然向风”下有“其所谓天主之谬，不待辟而自衰息”。

④ “赀”，商务本作“资”。

⑤ “规模至闳又廓”，商务本作“规模至宏廓”。

⑥ 商务本“政治”下有“教义理”三字。

之至于数十百余，铁道也，矿凿也，汽机之纺织、鼓铸也，化学也，营筑也，杂物之制造也，此皆前民利用富国之大者。当道日忧于漏卮之莫塞、小民生业之不振，而思救起之久矣。不有人焉传其艺、广其业、开其源、正其本，徒从而空忧之，虽为之禁制，外拒日益深，内患日益炽，势不归于财尽利夺、穷窘困削不止。一矣。

闽、粤建船厂，渤海筑船坞，机器工作之局散布于海疆，所需巧匠精艺固已甚众，且滇、粤邻于越南、缅甸，西藏邻于印度，北边二万余里接于强俄，构衅应敌之事，旦夕皆可以有，又非必在十岁二十岁之远也。今即不为民谋乐利之源，创富有之业，而事之在目前者，乌可不为之深虑而预计！卒有盗贼外寇起而相持，旧有械器之属既不可复用，远域邻地之运又不足以济之。然则敝物安从修而军火安从出？二矣。

我既积畏泰西，彼其人受雇于我者，常恃势骄纵，轻大吏，有所号令谴责，辄桀骜不受，恃以金钱羁縻之而已，可得而赏，不可得而罚也。即有大过，恶不待满岁而谢①遣之，彼犹倔强恃雇券责索我一二千金以去，而我已欣然若释重负，侈然若克一敌国矣。此虽以元老之尊，王公之贵，能按罪致罚而动其毫末乎。且彼自以非吾民，我虽有事，彼欲留而留，欲去而去，令之不从，禁之不止，我无如之何也。是今日固无能用西士者，西士亦终不可用。三矣。

夫以富民强国之计，不能无藉于诸学，军实边备之待乎巧匠精艺又若此其亟，而西士终不可用。然则其道必出于自为，传其艺，广其业，使之材智日出而益多，业日扩而益盛，我之为计何以易此。今计西艺虽一时未可遍学，若铁舰、雷艇、枪炮、杂械、纺织、矿冶、电学、化学、营筑、测绘之属，大者四十余。此诸艺精者，中国即不能甚多，而行省二十有三，边地三，为域二十有六，使有此诸艺可倚伏②者，一域至寡亦当二百人，都为五千二百人，宜募年少诸生及非诸生而能通晓文义者二千人，分赴诸国各专其艺以习之，一艺以四五十人，人以十岁为率，计一人饮食、衣服、脯修、杂事之费，岁廪五百金，二千人一岁而费百万，十岁而费千万。此二千人学成召归，则又募二千以继之，如是者三，积三十岁之久，费三千万金而得精诸艺者六千人。六千人学成而

① “谢”，商务本作“谕”。

② “伏”，商务本作“杖”。

归，使之各操其专习之艺，以教授任职于诸省，则中国之需乎诸艺者，得以少给于用；且使此六千人者，一人而教十人，人亦学十岁，然后卒业，则是四十岁之外得六万人，迟之五六十岁而人材不可胜用矣！夫虽微艺，习之者多、精之者寡，设以六千人学之精者不过十分之一，则所得才六百人耳，是虽六千人犹患其寡，而况寥寥焉[①]遣数十人以从学于外乎。

何谓廪之薄？今营伍局所计事而授糈者，虽司道月俸最厚不过百金而止，下者乃十金、二十金耳。而所雇西人多者月至六七百金，其在关为巡役，至微而无足道之辈，月廪犹过于司道，所以判然为此厚薄之两途者，岂非重其艺、高其饩，不如是而不足以诱致之哉！至于遣学之生徒归而与西人同任一事，其艺又远过于西人者，则其月俸视西人所得仅十之一二，甚或百之四五。苟其数有过乎此，则必以为逾定章，非撙节核实之道，严持而不许也。此其意岂不曰西人之以厚饩邀索于我者，我既无可奈何而予之矣！苟中国人士而复以西人之饩饩之，是我将重失也。且国家出资而教之成材，其人亦宜有以报称，又其饮食起居视西人为俭，饩虽薄，已视常业少[②]优，足以自给，国帑不足，宜撙节未可滥厚。臣以为此大谬也！圣人之为治也，天下之才既销沮衰息以至于乏，而将大有以振起之也，则必明设一格以招来天下豪杰之士，悬不次之赏，示不测之威，威足畏而赏足贪也。斯天下之士莫不奔走鼓舞，以就我之格而为我之用，其极至于破腹断脰、蹈汤赴火而不悔也。而苟其事之难，犹未至于破腹断脰、蹈汤而赴火也，而赏又若是之厚，然则天下急于名、骛于利而争趋之，其势甚于人主之求士。是故令一出而天下之才相厉相劝，辐辏而毕效于上，上不必劳而坐致其成功。夫恶粜之贵而抑之，抑愈甚而粜愈贵，苟高其价以招之，则粟愈凑而粜愈贱。今恶西士之粜之贵也，将贱抑中士之粜以少补之，而不知西粜之将益贵也。则是食珠炊桂之患何时而已，此臣之所谓大谬者也。夫其所为者西艺也，则其饩之等差，宜以西人所得为率，苟其能任西人之所任者，则一以西人之饩饩之，不以其为中国之民而少，且有能创泰西之所无，跨泰西之所擅，而有大裨于国民者，褒美宠异，尤从而加优之，甚或比战功、赐世爵禄逮其子孙，天下见以士大夫积累之难、迁陟之滞，而一介微贱之

---

① 商务本无“焉”字。

② “少”，商务本作“稍”。

士，苟精西艺所以待之者如是其厚也，则虽上无教养之劳，无重赀[①]之费，犹将群起而趋之，习者益多，精者益众。夫如是岂独西人不能自高其价而已，将艺以多而不见珍，虽在中土其得用必益壅，其为㯪必益贱，然则其所以贵之者乃其所以抑之者也。天下之所求，非名则利也，非利则名也。今遵上之令而精西艺以为名乎，虽幸获一命之擢，群且目而诟之，以为自弃于名教，而况其得之犹不在于艺不艺也，以为利乎，则此区区十金、二十金，不必万里远学之劳，积岁累纪之久而亦有道焉以得之。顾乃矜之以教养，责之以报称，以天下为皆伯彝[②]、比干，强饰之以忠孝之名，以求济乎撙节之实，此虽天下之才艺真已振起，犹将为之销沮衰息废坏而不复振，况能望其日进而益盛哉！夫善为西人谋贵㯪之术，而惟恐中国群起精习有以夺其厚饩者，则莫若此矣。

何谓持重老成、似是而非之议论？闽厂诸生徒学为铁舰，既成“镜清”、“寰泰”，复请帑造“穹甲”一艘，其费视购自泰西当减十二万金，船成而其用果逊于泰西，愿具状请罚。而大臣恐闽厂诣尚浅未可深恃，欲先调两舰至天津试之，然后徐议。臣愚以为过矣。夫臣岂以闽厂为必可恃，然窃观朝廷所以设厂之意，则岂非欲中国之能自造而不仰给于异族欤？岂非欲所造之物之精敌于泰西且过于泰西欤？是三者不可以骤几而未尝不可以驯致。初学之为文，非一握管而即能轶屈宋、抗班马也。其始必粗拙浅陋不可以入目，继而稍文焉，继而甚文焉。惟其不惮为粗拙浅陋，而其所求乎屈宋、班马者，始可以渐至，使耻于粗拙浅陋而不之为，则是终身无至乎屈宋、班马之一日也。今闽厂之求造“穹甲”，此方其粗拙浅陋而求至乎屈宋、班马之时也。诚诱而进之，励而试之，颁之程式，悬之赏罚，器成而精则赏，不精则诛，诛而复使人为之，效虽甚迟，费虽甚巨，不求过于泰西不止。然则一舰之费，视泰西所购虽加十二万金，犹当为之，加十二万金而船之用远不及于泰西，犹当为之也。何则？为其所[③]害者小而所利者大也。今为是持重老成之计，鳃鳃然以縻帑为忧，必待“镜清”、“寰泰”之试，以定“穹甲”之造与否，使此两舰不精，则“穹甲”将不造。天下有造而不精者矣，未有不造而能精者也。无事之时，我所必需者仰给于泰西，损巨资，涉远海，识者

---

① “赀”，商务本作“资”。

② “伯彝”，商务本作“伯夷”。

③ “其所”，原误作“所其”，据商务本改。

犹以为非计，况其有事，诸国守局外、禁干预，则械器不可得而购，敝坏不可得而修。七年之病，三年之艾，又乌可不熟计？今设厂求以造舰，又虑其拙而不敢使为，则是拙者终无由而精，国之所恃以为用者终无由而备，一日之急将有求糜帑而不得者。

何谓病在惜小费而忘大计？遣学、加廪、试造百器之事，效未一见而费之巨已数千百万，为节用之计者，错阼骇愕，将在于此，而臣敢谓之小费，何也？用力于一时、收效于百世，国之所获必且有什佰于此者，而后知其所费为甚小也。夫使中国人士分其日力，竭泰西之学，擅艺事之精，不待于人而事毕办，不求于人而用有余，此其为益岂区区万千之费所得而较哉。故夫大有为之君将以振天下之敝，创非常之功，其未发也，潜观默运，广议博谋，一事之曲折、一事之出入，反复计虑，靡所不至，若需缓恇懦而无能为；及其既发，则虽殚天下之力而不以为劳，竭天下之财而不以为费，巧说而不为动，谤腾而不为止，屡成屡毁，百无一效而不为怠。功之既成则遍诸海内，传诸后世，天下晏然，不知谁之为赐。悲夫！远大之猷，万世之计，类非俭陋琐屑、见一时之小利者所能知也。树木于山，拱把之微，萌蘖之细，当其始，护之若婴儿，爱之若拱璧，修剔灌溉，终岁勤动而无一利。及其蕃硕滋茂，终①至于干云霄、蔽日月，条肄蘖芽之生不可胜数，则虽日斫月伐而不能穷，焚烧戕贼而不能尽。为国植材，不使为景山之丸丸，而使为牛山之濯濯，何其智之不若树木也。往者赴美肄业之举，条具章程，期望至厚。迨满岁而归，能者无重禄，拙者无后责。且有散之四方，而莫知其所往者，上下泛泛，若忘②若存，文书追诘，徒引年岁。他若建造兴起之事，惟务吝啬③小费忽大利，琐细苛刻不问事实，饿之而欲使肥，羸之而欲使斗，缚之而欲使驰，以此谋国，儿戏何异！

行 政

除忌讳

端委而听政者，不务于尊己之名、振己之威，而务于伸天下之气。天下之气伸，则忠言谠论、巧谋拙计，得以毕进于上。人主有所修省而不敢恣，百官有所畏惮而不敢私。民隐不蔽，政令不壅，平居不疏，危败不慑。若是者不增兵而强，不益财而富，不求名而名尊，不示威而威

---

① 商务本无“终”字。
② “忘”，商务本作“去”。
③ 商务本“吝啬”下有“计”字。

振。后世反是，故欲名之尊而愈卑也，欲威之振而愈弱也。何则？天下之气靡然而尽屈，情隔势涣，颓然若木，偶而听于上，上赫然操聋聩之势以临之，智者不为谋，忠者不为谏，而乱危不旋踵而至矣！今士人就试，其显[①]扬格式字句之间，偶有小误，则虽以伊、吕、管、葛之徒，必摈而不录；对策上书，其言稍激，或有所指陈抉摘，则必以为悖谬，不敢以进于上。

臣谓有司之所奉行者亦已过矣。天下有不期而至者二：尊者常骄，贱者常谄。天子可谓尊矣，士庶人可谓贱矣！以天子之尊，临乎士庶人之贱，此即遇好问之舜、乐拜昌言之禹，非甚伉直，犹有所不敢尽言，而顾设为条式以抑之。是虑其谄之未工而又从而教之也。故[②]天下之士，束发受书，则其父兄师保莫不首教之以谄，虚文诞妄，习为阿谀而不之怪，盖自其少时而廉耻刚直之节已荡然无所守矣！及其入仕，则群为圆熟耎媚之词，苟以容悦于上，陈主德则以为跨尧舜；论时政则以为轶成康；疆宇日蹙也，而以为版章之廓自古所未有；国名日卑，国势日屈也，而以为四彝[③]向顺、怀德而畏威。进则俯伏献谀，退则掩口匿笑。言者以为拜飓，听者以为得体。天下之气，其拙折沮塞一至于此，将政失于上而不知，乱成于下而不悟，一旦有事，而溃败瓦解之势，将至于不可救。此臣所大畏者已。人之壮也，骨节坚强，元气充实，则常以疾病死亡为戏谑之具。及于耄老，则畏而讳之。夫其讳死弥甚，则血气之空虚、微眚隐疢之伏、方药之谬，虽知其故，举无敢以告之者，而其可危之势亦弥甚矣！圣王知其然，故不以乱亡为讳，而以箝口舌、蔽聪明是惧。虽尧舜之治、文武成康之盛，而其君臣吁咈交诫，惴惴焉若乱亡之迫于其身。然则今日有能婴逆鳞、砭时疾、慷慨激烈不避斧钺者，此盛世之土瑞，圣王之所祷祀而求者也。顾犹拘忌沮抑，使天下趋于佞谀，滔滔而不知返，甚不称朝廷求言之意，臣愚以为有司过矣。

陛下幸有意于伸天下之气，则臣愿上法圣祖皇帝诏群臣上书，毋辄言圣，首罢去一切忌讳，使卿士大夫下而至于庶民，苟思陈说，举快然畅所欲言，以备采择。陛下以天下视，故视无不明；以天下听，故听无不聪。臣知圣德之所裨益必将甚巨。夫忌讳多则气愈屈，气愈屈则国愈

---

① “显”，商务本作“颂”。

② 商务本“故”上有“是”字。

③ “四彝”，商务本作“四夷”。

弱，是以圣王畏之也。

广延纳

其次莫若广延纳。臣独所不解者，朝廷之所谓密也。有大举动，画[1]灰而谋，函檄而发，臣工不与议，僚友不与知，百姓不与闻，惴惴焉恐机事之泄于外，而将有所害也。此今之所谓密也。及察其实，则宫廷[2]造膝之谟、嚬伸动息之机，国未一布而数万里之外刊其密议而盛播之，若烛照，若数计。然则其所谓密者，臣工不知而已，僚友不知而已，百姓不知而已，岂外人而不知之哉！

天下之事，有当密者，有不当密者[3]。斗疆场，决胜负，机制于朝廷，谋专于将帅，动而若雷电[4]，静而若山岳[5]，鸷而若虎豹，幽而若鬼神，此当密者也。国计之盈虚，民生之休戚，礼乐刑政之因革张弛，敌国外患之和战曲直，此不当密者也。不当密而密，则上与此二三人者前席定议，上之无以广天下之公，下之无以尽天下之智。于是有和而不餍于民者矣，动而不协于机者矣，发号施令而下不服从者矣。且其害非徒败事而已，又使天下不知其心而疑其迹。诸国通商以来，盟约之结、使聘之交、贸易传教之事，臣民藉藉，皆疑我所贬损屈辱过于唐宋之季。谤讪纷纭，国愤滋甚，虽百口晓譬而莫之信也。机之默运于将相，而为神人所不测者，效固以若此矣。无地而不通商，无利而不见夺，无事而不见凌，无役而不受绐，无战而不败，无和而不屈，敌国掩鼻而窃笑之，士民疑愤而私议之。密之所为得[6]意者，四五十年于此，所成果何功？而所见果何效哉？伊犁之事尝密矣，而人皆曰是将终于捐金破约、得空地、失实利而和。越南之事尝密矣，而人皆曰是将终于弃属地、立商约而和。朝鲜之事尝密矣，而人皆曰是将终于罢屯戍、两弃朝鲜而和。长崎之事尝密矣，而人皆曰是将终于销声匿迹、一无所得而和。然则今日之奇谋秘计，所谓金玉其外而败絮其中者，何一非蚩蚩之所逆料？苟事或未密，犹无以测其所至，及乎密之既甚，则天下举疑其事之将至于屈也必矣。百人而谋之，一人而断之。谋之广则足以穷天下

① “画（畫）”，原误作“昼（晝）”，据商务本改。

② “宫廷”，商务本作“官府”。

③ 商务本无“有不当密者”一句。

④ “电”，商务本作“霆”。

⑤ 商务本无“静而若山岳”一句。

⑥ “得”，商务本作“何”。

之变而无所遗，断之专则足以息天下之纷而无所挠。

今二者适得其反。一事之细，同职而并治者数人，是断者甚多也。至于国之大事，则梦梦然不曰博谋，而曰密议，是谋者又甚少也。昔者周有天下，问其相则周公旦、召公奭也，问其将则太公望也，而又有闳夭、太颠之属，以为之百执事。夫以武王之君，而其股肱腹心①又皆圣贤不世出之徒，然则事之可以密议而无待于博谋者，宜莫如武王，而箕子之诫之也犹且曰："汝则有大疑，谋及乃心，谋及卿士，谋及庶人，谋及卜筮。"② 盖爵赏刑戮必与民共之者，周之制也；国危、国迁、立君必聚万民而询之者，周之制也。自周之盛而犹不敢自恃若此。陛下所柄事而参政者，意其皆周公旦、召公奭欤？太公望欤？内外百执事又皆闳夭、太颠之属欤？臣未敢知也。则意者今所谓密，其毋乃便庸懦之谋，长寇雠之侮，增耳目之蔽，塞忠告之门，开疑谤之端，贻邻敌之笑，臣愿陛下之察之也。天下之士，德足以备公孤之选、才足以任艰钜之寄、智足以料万事之变、怀忠竭诚而欲效于上者甚众，特所以听之者少挟无由而自进耳。

臣愿稍宽知府以下不得奏事之制，许见任州县以上，皆得实封言事。非见任及士民等欲有所言，听诣都察院及外司道、知府诸官陈请转奏，所言必公家之事而无涉于私者，虽陋妄无足采，不以为罪。苟其为诉冤自理，则仍循京控、外控之制，苟其为职守常例诸事，则仍循有司申转之制。敢以此妄奏，冀济其私者罪之。则观听虽广，而庶政不棼③。国有大是非、大政事，则诏下内外有司仿《周官》外朝询民之法，先以其事本末刊之日报，遍示海内，使上自公卿大夫，下至庶人，举得竭其思虑，条其利害，限以日月，达诸圣聪，以备迩言之察。庶天下晓然于朝廷光明洞达、忧乐与共之量，而陛下欲有所为，亦灼然知民心之所好恶向背，益以神明于执两用中之断，而举措至当，上下一心，不至为邻敌窃笑，天下幸甚。

理　财

势狃

轻徭薄赋、务本业、去冗食，此三者天下之迂言也。然唐、虞、三代以至于今四五千岁，圣贤反复论说，所以为富强盛大之计者，术虽百

---

① "腹心"，商务本作"心腹"。

② 语见《尚书·洪范》。

③ "棼"，商务本作"紊"。

端，卒未尝少外于此。鲁之有若，唐之陆贽，宋之苏轼、叶适，所用以砭当时之弊，谋万世之安，垂涕泣而告之其君者，尤为洞达而深至。顾百世之下读之者，为之感动叹喟，而其时之君相乃以为迂阔难用。

天下之势既偏坏而不可举，方且膏车秣马、敝敝①然从而逐之，而唯恐其不及也。府库益虚，聚敛益急，本业益轻，冗食益众，以名臣纯儒之论，亲相启沃，曾未足动其毫末，何哉？臣窃从千岁之后，而揆其君相之心，岂不以为本业宜重而力有所未暇，冗食宜汰而势有所未能，事烦而役宜多，用繁而赋宜厚，敌强而备宜密，国弱而兵宜增，亦求以顺乎其时，适乎其事，臣非谓其计之尽谬也。然无夫迂阔之意以行之，则桑、孔用之汉而败，裴延龄辈用之唐而败，王安石辈用之宋而败，南宋至以半壁之地，拥兵百六十万，岁入八千余万缗，而见灭于穷荒寡瘠、旃裘湩酪之元，盖世所谓为济时通变而不迂阔者，其谋国之效，乃至于是，此又何理哉！臣天下之腐儒，未尝习于国计，独夫轻徭薄赋、务本业、去冗食之说，考之尝多而谋之尝熟。汉、唐、宋、明开统之君，身起匹夫，定海内，垂治平，则又何以出于三者之外。及其子孙，忘乎祖宗所以为国之意，而狃于天下积重之势，敝敝②然从而逐之，则夫君与民其终必至于两敝，臣窃悲夫一邱之貉，相望于古今者，无终极也。

陛下诚慨然于今日之势，愿举有若、陆贽、苏轼、叶适之所论而熟察之，以其言为无当乎，则臣之迂陋岂敢复进；苟幡然愤然而有感于圣虑乎，然则古人所以为国之意，用以救当时之弊，而谋万世之安者，臣虽不肖，愿有以竭之矣！

厚赋

国之所取乎民，犹有未悉者欤。岁入之以金计者，地丁之赋则二千二百万矣，漕折粮折则四百二十万矣，耗羡则二百九十万矣，又加以杂赋百六十万，常税二百二十万，盐课七百五十万，租息六十余万，厘金千八百万，洋税千四百万，岁所带征续完之赋二百八十余万，而捐输完缴节扣之属又且六七百万，大小数之钱，岁入于官六百四十余万缗，及洋银杂入又为银五百万，大较③一岁所入为数八千七百余万。祖宗之盛，所入乃裁四千万耳。

---

① “敝敝”，商务本作“孜孜”。

② “敝敝”，商务本作“孜孜”。

③ “较”，商务本作“计”。

军兴以来，民之转于锋镝之余者，不能存其大半，以大半之民，拮据于窘匮丧乱之后，而入再倍之赋，而取之者犹以为未悉欤。厘金之征也，一征而不复免也；盐厘之征也，一征而不复免也；百物厘捐之加也，一加而不复减也。是其始，教令文告，莫不威胁①恩诱，以为一日之急，少累吾民，期于事已，而必罢之也。忧时恤民之令不绝于口，而见于实政者，乃在加洋药之捐，加土药之捐，杂赈百事与夫苛细无名之捐，所罢者何事哉！天下精神智虑之所急，无急于聚敛，举厘金一端之有籍于户部者、外销于有司者、漏于中饱者，已远过于祖宗全盛之赋，犹患其穷匮也。马之力竭矣，而御者不止。盖今所恃以为富国之术，乃尽于此矣。

富国者之说曰："泰西所以富且强者，利繁而入多，英、法之岁赋皆三万万。中国之广，户口之蕃，百产之饶，乃八千万。是取民甚薄，而所以惠民者甚厚。"此不察事实之说也。民之所入于官，顾第八千七百万而已乎？诸省漕粮本色之征，凡千一百二十余万②石，石以二三金计之，而岁当三千万。地丁漕粟之赋，民非倍之不能入于官，岁又当三千万。厘金之外销者二千余万，中饱之数又过之。关征、杂赋之中饱而赂免者，岁又当三四千万。舟车之算、百货之榷，私为外经费而不达于户部者，岁数百万。公私取用，逐捕、践更、冗官、游士之属，出于宅屋之捐，市肆之捐，岁千万。郡邑有所兴作建设，一出于民，岁数百万。灾祲赈救之捐，岁数百万。百姓讼狱之赂，胥吏上下之所啖食，岁数千万。而一切征发徭役、车马供亿，岁所耗费而丧失者，尚不在其中。盖无问其民③，取者公乎？私乎？而民之所出要已三万万矣。

然则英、法赋入之多，何以过于中国？中国取民何遽薄于英、法？且中国以农立国者也，泰西以工商立国者也，法之岁入以福兰格计者，二百五十二千六百余万，而关税居百八十九千九百余万，当全赋十分之八。英之岁入以磅计者，七千六百六十余万，而关税、货税居四千七百三十万，当全赋十之六七。天下商船之转于海上者，为输五千有奇而英居二千，为帆五万六千而英居三万，彼一国所营乃擅天下之大半，是则其所取者，盖笼异域外土之奇，赢利羡而归诸其国者也。中国无一轮一帆以达于外，小民操耰锄、暴风雨，而膏血之奉于上已三万万，取之犹

---

① "胁"，原误作"协"，据商务本改。

② "万"字原脱，据商务本补。

③ 商务本无"民"字。

得为未悉乎？生民之业，百未一讲，臣恐英、法之富未可以遽效也。且中国金贵而物贱，泰西物贵而金贱。英用金三不当中国用金一，以金贵物贱之中国而至于三万万，则是四万万之众，妇女老弱不计而丁男之力作以输赋者八千万众，当人出四金有奇。

中国赋敛之重乃当三倍于英，何以为薄？夫汉唐以来，虽不能尽如三代养民之法，然其君臣所以为国，要犹有优游宽大不忍尽民之意，好言富强若王安石之徒，托于《周官》之说以试其术，皆不旋踵而至覆国，士大夫鉴于其失，益讳言利。国家尤以养民为事，蠲租赈贷之典，传为家法，群臣无敢以聚敛进者。海禁开，艳于泰西富厚，复稍稍言利，欲有所尝试，而惧其为世讥也。或多以西法为解，夫间架、钱陌、青苗、手实之术，使其言真出于周公、孔子犹不可用，而何西法之足云哉！

冗食

事有听其名甚重，察其实甚轻，竭天下之力以奉之，而无铢两分寸之得。无上下、无智愚，明知其弊将至于不救，然而欲有所变，则骇愕相视以为祖制而不可少动者，今日之兵是也。敛如是其厚也，用如是其节也，朝廷如是其恭俭也，此即①无粟红贯朽之富，较事度理亦宜有一二年之积，而顾乃物匮于府、粟匮于仓、财匮于库，患贫患弱之势，日以益甚。

敌侮而不能报，民饥而不能振，宫府廨寺、服物器用坏敝而不能修，有良法善政、大工役、大兴作慨然欲为而不能动。盖天下之事当之者，以为有人材、有智虑、有徒众、有器备，所独患者无财而已。是其所以致此何也？国之冗食累之也。冗食之实孰为大？兵为大。兵之冗食孰为大？旗兵绿营为大。八旗之聚于京师者十三四万户，众凡七十余万，岁食饷银六百万两，俸饷之加又三百万两②。驻防畿甸及诸省者众数十万，内外为甲凡三十余万人，而岁饷千三四百万。绿营、河漕、标兵之属六十万人，岁饷千五百万。防勇五十四万有奇，岁饷三千四百余万。然则是天下一岁之用七千八百万，而养兵一事固已六千三百余万矣。此所以富有四海，而不免于为捉襟见肘之形者也。国之力足以给之，勿变可也。国之力不足以给，而兵之多可以用，兵之势不可以少，

---

① 商务本“此即”下有“一”字。

② 商务本无“两”字。

勿变可也。留之无所益，而去之或至于为患，勿变可也。今带甲至于百数十万之众，小有寇警，而将帅之奇谋伟略，非增募则乞援也。八旗三十余万，未闻上下以为一人之恃也。绿营六十余万，未闻上下以为一人之恃也。连十万之众，拒千数之敌，势尽力竭若蝼蚁之戴邱山然，且岁举此数千万金，追呼以奉之，搜括以奉之，敲骨吸髓以奉之，叶适之所谓“养兵如故，和亲亦如故”[①] 者，今日之事得无类此？夫八旗之旅，从祖宗起于东方，百战而定天下。二百余年，讨内寇、服四彝[②]，一皆旗兵绿营。当此之时，兵制安所用变？及粤寇起而绿营之惰窳怯懦，乃晓然知其不可复用。独议者以为八旗祖宗所素养，非绿营比，方加俸饷三百余万，冀训成之，用以壮天子之宿卫。则臣有说于此。以宋之弱，而金人围汴，犹乘城拒守相持者数[③]月；有明之季，以我太宗皇帝之威，尽满洲之锐，两围燕而不得志；英法天津之役，攻通州、犯辇毂、焚海淀，宿卫二十余万之众，蝟伏鼠窜，无南向发一矢者。旗兵今日之可用不可用，不待智者而后辨矣！

昔之旗兵奋荐草，勤暴露，强弓劲弩之利，轻死敢斗之气，一人而当百人。今之旗兵长子孙者，十余世生于都会，习于纨袴，耳不闻鼓鼙，目不见兵革，岁时简阅懵然以为故事而已。问其名则兵也，察其实则民也。此其弊抑岂祖宗之所逆料？不求其端，不讯其末，而循之曰祖制，名虽美，臣恐非祖宗所以威天下意也。欲求合乎祖宗之意而毋泥乎祖宗之制，则今日之兵决不可以不变。兵不变，则富国之计必不可为，而强武盛大之势，必不可立。夫欲变祖宗之制而合乎祖宗之意，此其议群臣诚不足以决之，而将必断自陛下之心。诚赫然定计，变此百数十万者而使为四十万，一岁之经费所以养兵者，不过二千八百万金。是今日岁饷六千三百万之费，所节者三千五百万。然则虽官冗可也，吏冗可也，局所之设、官府之费无不冗可也，广学校可也，兴本业可也，增海军可也，造铁道可也，治河振饥之属岁至于数百千万可也，何为而不可哉！而议者常从其外而抑搔之，以为旗兵绿营皆祖宗所制，万世不可少[④]变。且百万之众仰食于是，一旦尽去，则或至于为变而事益坏，不如汰去防勇为节用之计。于是二者之弊，非皆不知而不言也，不敢

---

① 语见叶适《水心集》卷一《上孝宗皇帝》。
② “四彝”，商务本作“四夷”。
③ “数”，商务本作“累”。
④ “少”，商务本作“稍”。

言也。

天下之患，莫大乎举世知之而不敢言。举世知之而不敢言，则其势必及于糜烂溃败，而上不悟，岂不危哉！今日防勇大半出于市井乌合，固已非前日挺白刃、冒矢石之徒，然其人大抵来自田间，其血气犹足以犯霜露，其膂力犹足以决死生①，国虽有百数十万之众，所恃支拄寇敌、为腹心爪牙者，防勇四十余万而已，奈何而轻去之？且此曹多骁悍无赖，平居以从军为业，一日罢遣，无所事事，流而为盗贼，夙习于行阵战斗之事，奸人起而资之，则真为腹心莫大之患。至于绿营之属，一兵之入，岁不过数金，惟负贩窭人乃兼为之，所供不过仆役奔走之事，番休之日，负贩如故。其人皆有妻子术业，非防勇比也。退有家室之累，进无一决之勇，苟得所以罢遣之道，从容而为之，则其负贩之业固在，第岁少数金之入耳，夫又安得而生变乎？人有负大疽者，尽其身之血液不足以给之，饮食饕餮滋甚，而其瘠亦愈甚，然而不敢轻割者，惧其割之不善，而将至于死也。使夫割而必不至于死，而瘠者又可使肥也，则其计必出于割。

今天下之疽大矣，不割则将至于国竭民敝而不可救，割而非徒不至于死也，而天下又可使肥。不此之察，罔罔焉取所谓防勇而汰之，有事则仓皇增募，名之曰重边防；无事则峻令罢遣，名之曰节经费。危哉！谋而若此，其去乎以国为戏也，无几矣。

国计

如臣之计，岁罢旗兵五之一，绿营三之一，使复为民，未罢者岁饷如故，旗兵五岁，绿营三岁，至期而尽罢之。简其骁健，与今防勇编合为一，计行省十九及奉天、吉林、黑龙江、喀尔喀、新疆各有精兵万人，足以自立。凡战守之卒二十四万，宿卫于京师者三万，环屯渤海以卫畿甸者二万；北屯于济南、太原、平凉、南阳，南屯于镇江、岳州、叙州、福州、广州，以为诸省游击救援之师者四万；东三省、喀尔喀、新疆各益以劲卒万人，凡三万；南边益滇、桂戍卒各万五千，凡三万；长江水师万人。大较无事之时，步骑诸卒凡四十万，分为八百营，将士廪食、械器、军火一岁之常费，营以三万五千金计之，一岁当二千八百万金。是为步骑诸军之费。其外则海上兵船②百艘，艘之常费以五万金

---

① “死生”，商务本作“生死”。

② “船”，商务本作“舰”。

为率，岁五百万，增造铁舰、雷艇一切军火之费，岁五百万。

宫府内外廪禄、祭祀、仪宪、驿传、营缮、采办、织造、赏恤、杂事之费，岁千五百万。赈贷、兴利、河工、屯田之费，岁五百万。国宾往来、出使游历之费，岁二百万。罢厘金之半，使岁入不过千万而止。以六百万金为营筑铁轨之费，里以三千金计之，岁当成二千里。以二百万为诸省学校之费，以百万为资遣习艺之费，以百万为遍测中国及边外邻部山川形势、方物矿产之费。盖一岁所用至七千万金止矣。

国之所入，地丁、粮漕、折色、耗羡，凡二千九百十余万金，盐课七百五十万，租息六十余万，厘金千万，洋税千四百万，变钞关之法而归之新关，岁所溢①收当六七百万，带征、续征公款完缴之属四百余万，缗钱、银钱之入为金五百万，则是岁入七千七百余万金，所用七千万金，犹当赢七百余万。新②增洋药诸税专以为征讨守御之费，岁又四五百万。而漕粟千一③百余万石，岁漕京师百④七十万石，廪食去其半，犹赢八十余万石，其储于诸省者九百万石，灾祲缓急之备岁用其半，又当赢四百五十万石。然则如臣之计，不过十年，悬官所蠲罢以予民者，既不可胜数，而用之于海⑤防者五千万，用之于船炮、械器者五千万，用之于务财、训农、通商、惠工者五千万，用之于铁路、学校、习艺⑥、测绘者万万。而国帑之积又且七千余万，所以备征讨守御者四五千万，京师积粟八百余万石，诸省积粟复四千五百万石，用之饶积之多若此，而贤将尽其才以谋之，何为而不成？何欲而不遂？何守而不固？何战而不克？

且夫天下之急于兵者多矣。政教未明、民志未固、地利未尽、九职未勤，此其所宜急者十倍于兵。使吾纪纲正，法度修，田野辟，仓廪实，地尽其宝，人尽其力，礼乐兴而颂声作，则虽无寸兵尺铁，四邻之环伺者必将拱手而畏我。数者无一有，则虽加今之兵至于千万，加今之赋至于十百万万，臣⑦犹知外侮之纷至也。舍立国之本不讲，穷海内膏血以奉百万无用之众。夫势败力屈至于为城下之盟，不过岁币，岁币百

---

① “溢”，原误作“盗”，据商务本改。

② “新”，商务本作“计”。

③ “一”，商务本作“二”。

④ 商务本“百”上有“一”字。

⑤ “海”字原脱，据商务本补。

⑥ 商务本无“习艺”二字。

⑦ 商务本无“臣”字。

万而止矣；甚者不过纳赂，纳赂千万而止矣①。今无事而岁有三千余万之耗，无一人之用，上下交困，使朝廷欲兴大利、举大政而不能行，百姓困于诛求而不得息，则是其患乃过于纳赂岁币，而岁复一岁，为是坐而自攻之具。陛下不骇然早计，赋敛日厚，国用日蹙，溃竭而不可救之弊将必由此。

薄敛

臣之所请罢②者，一曰厘金，二曰杂赋，三曰钞关，四曰物质之税，五曰捐输，六曰节扣。寇平后厘金当罢久矣，唯防勇未遣，其势难遽罢，因循以至于今。方其始，民论汹汹，固许以事已即罢。今寇平已二十余年，网罟且益密矣，何以示信？且往者敌国厌吾厘税之烦苛，则贾胡之转洋货于内地者、运内地百产而外去者，变为子口之税，自是遇一事则开一口，增一约则失一利。

近者德意志数以洋货转鬻内地榷吏苛征为言，英吉利复以洋货至张家口不当复征为言，以臣揆之，后有他衅而讲，则诸国挟以要索于厘税必有所变。夫土吾土也，货吾货也，民吾民也。通有无，利懋迁，此吾爱民惠商之大体也。阻水据隘，吏卒操兵而守，若伺盗贼而为民请命者，乃出于异域邻国，我第以无可奈何而姑许之，上则失国体，下则失利柄，徒使奸猾小人以贾胡为窟穴，因利乘便、挟势教诱而与榷吏相为敌雠③，是诚不可以无变已。

今厘金即未能遽罢，要宜视最密之处先罢其半，使节目疏阔，岁入不过千万而止，以其入专为铁路学校诸事之费。一二十岁之后，铁路既广，艺业大兴，关税所溢至千万以上，则尽罢厘金，不复再榷。此为一。

杂赋之目至琐，金、铁、茶、矾、杂物有课，渔、芦有课，田宅、市易有税，质肆、牙侩、行帖有税，马、牛、羊杂畜有税，其名不可悉数，然总其大较，悬官所入岁百数十万金而已。百物之税，民之所出者十而入于县官者一；田宅杂畜之税则民之所出者千百，而悬官或不得一焉。大抵今州县所恃以为其官之肥瘠者，杂赋其大端也。国之所罢不过百余万，而民岁受数千万之赐。此为二。

钞税之在今日，其弊尚可言欤。臣请举内地诸钞关税口一切废罢，惟江海之有新关者，其商舶钞关之税，尽归之新关。废旧吏卒不用，别

---

① 商务本无“甚者不过纳赂，纳赂千万而止矣”二句。

② “罢”字原脱，据商务本补。

③ “挟势教诱而与榷吏相为敌雠”，商务本作“势教诱而榷利为此相为敌雠之势”。

厘定其法，使税务司兼征之而董其成于监督，一如今新关之制。若此者臣不欲显言，虽事久法敝难可逆知，要在今日为之，诸关虽废，微独二百二十万金之额无所绌少，而新关兼征必转溢数百巨万，此事之凿然可预卜者。国入倍增，民又岁省数千万。此为三。

羽毛、齿革、金石、竹木①，此物之质而未成器用者也。今诸物之税既繁，而矿产所在劚凿未施，吏已思从而税之；民未见铢两之益，而先有邱山之累。兴商业之说行之二十年而卒无效者大半在此。试以煤产一事譬之。我岁用煤百万石，悉市诸泰西，石必一金，此固已百万矣。今我自有煤千穴，民先凿其一，吏从而税之，税得金十万，上下动色相贺。然民自是无敢再凿者，而我所用之煤必不可少，则必举此十万之入益以他税九十万，以市泰西百万石之煤，是此矿税十万同于乌有，而国帑之泄于外，岁又九十万也。使上听民自凿，不唯一无所取，又从而助之，此千穴尽辟则煤之所出不可胜计，值之贱必减而为半。向之百万者，朝廷以五十万而得之矣。然则名为一无所取，而向之岁耗百万于外域者，今以其财散丁国中②乃仅五十万。上虽少十万之入，而实赢四十万。敛之宜厚宜薄，其得失大计斯可见矣！此为四。

捐输之害，中外诸臣固已极言之，圣心所宜急断者。此为五。

库帑所出必减其平以予之，谓之节扣。夫入而故多之，出而故少之，屑屑然争于锥刀之末者，此驵侩细人刻吝之所为，使有司南面而断是狱，则必加之罪戾，顾乃以官府冒行之而不为怪，又将何词以责民哉。此在昔者，良以事迫民困，不忍重敛，为此万不获已之计，今国非有甚急，奈何出此？王者出治，盖必有宽大乐易之意，然后足以容覆天下。今有司刻核太甚，丰取而啬与者，出纳之际，惨然而若有不欲与之心。臣窃伤所得者小，而所捐者大也。此为六。

三代圣王，以民之财，治民之事，井里树畜，若父兄之养子弟，盖并无取与之可言。泰西诸族所为，乃犹近于老氏“将欲取之，必固与之”③之术，是以崛强能有所立。司马迁曰：“太上化导之，其次教诲之，其次整齐之，最下者与之争。”④ 今之所以理财者，其殆近于争矣！

---

① 商务本“竹木”下有“者”字。

② “国中”，商务本作“中国”。

③ 语见《老子》三十六章。

④ 语见《史记·货殖列传》，原文为“故善者因之，其次利道之，其次整齐之，最下者与之争”。

且天下无事，食租衣税，听民自为，生息休养而不之扰。一旦国患棘、府库竭，至于括厘金，括杂赋，间架钱陌之法，嚣然并用，则民之力犹少[①]足以给之，而天下亦或谅其出于一时之急。人无疾则食五谷，有疾则服参茸。盖有患其体之弱而日以参茸为饭者，自谓其计之甚得也，然及乎有疾则医者无药以治之，而其病至于不救必矣！厘金百税者，病国之参茸也。向者以病而服之，因而不止，得无类苏轼所谓“用之不给，则取之益多，天下晏然无大患难而尽用衰世苟且之法，不知有急则将何以加之”[②] 者，此臣所大惧也。

后世之于民，非徒未及于教也，又且未及于养；非徒未及于养也，又且未及于取士。居后世而言富国，未敢遽以三代之术进也，亦比之役牛马，少宽其力，无使至于尽毙而已。

东南

今日之计之不可以长久者，竭东南之力以供诸边之饷。竭东南之力供诸边之饷，一时之计，非万世之计也。诸边岁饷之待于协者，甘肃、新疆四百八十[③]万金，北洋二三百万，辽、滇百数十万，黔、桂、台湾皆数十百万，是其竭府库而供之也。不于吴越则于湘楚，不于闽粤则于巴蜀，以区区数州之地，官府取给焉，京饷取给焉，漕粟取给焉，海防取给焉，边饷取给焉，国有所为，一切之费无不取给焉。数州之民所以有富之名、无富之实者，非地不富也，敛厚而民无积也。东南者，今所谓富厚有余者也；诸边者，今所谓荒瘠不足者也。今试罢诸边协饷，使之外无一钱之入，则虽贤将相必骇然束手眙愕，以为其事无异于扼吭绝食，饥困坐溃之势立形，边地不可一日而守矣。

然臣窃有疑焉。诸边之有守备，非自今始，其于古又非尽属中国而恃有东南之饷以转之也。今所谓诸边，于东则为高句丽、渤海、契丹，于北则为匈奴、乌桓、鲜卑、突厥、回纥、靺鞨，于西则为西藏[④]、吐蕃、西夏，于南则为南诏、僰、爨，而边内之迭雄者，辽有公孙、慕容，秦凉有张昌[⑤]、乞伏、秃发、赫连、沮渠之属，据瘴疠沙碛、穷荒不毛之地，类皆割裂自立，号称帝王，其内未尝无宗庙百官，其外未尝

---

① “少”，商务本作“稍”，下文同。

② 语见《东坡先生全集·策别厚货财》。

③ “四百八十”，商务本作“千一百”。

④ “西藏”，商务本作“西域”。

⑤ “张昌”，商务本作“张吕”。

无敌国外患，而精兵健马之利，来如飘风，去如急雨。当其方盛，大者至于陵暴中国，四出攻伐，连兵百万，威震海内，以中国之富，天子之尊，当拱手流涕，配爱女以媚之，辇金币以赂之，名为和亲，不敢触其一日之怒；小者亦或崛强一隅之地，剪荆棘，立国家，窃帝号以自娱。至于殚天下之全力，挟百万之众叩关，逡巡摧破，沮丧而不能克，此其所据非犹是穷边瘠土而相为雄长，辟地却敌沛然而有余者，又孰从而岁协之以数百万之饷哉。天之生是民也，苟使之聚于一隅之地，则其一隅之人才物力，自足扞乎一隅之患。其平居足以谋其礼乐，其有事足以谋其守备，至于敌大势盛，兵连祸结，始乃耗竭困敝，不能无藉于外力以救之。然则自赡其常也，而外救其变也。今以诸边之地[①]，岁待东南之饷，若婴儿之仰乳哺，是以外救为常也。其不可久，明矣。

盖今日[②]之计，所宜审者有三：度支之费、诸边之备，无不取于扬、粤、楚、蜀，是则扬、粤、楚、蜀者，今日立国之大命也。扬、粤、楚、蜀之才不出，则诸边之地不守；诸边之地不守，则国不立矣！民有兄弟五人，四贫而一富。其贫者无事皆自食其力，猝有婚丧大事之费，然后富者任之，则贫有以自立，而富不至于累。使无事袖手，举仰食于一人，是富者将转而为贫，不幸有疾病死亡，则势无所得食，相率而为饿殍者，必此四人也。今扬、粤、楚、蜀之人，虽富而有一钱之入，必有数钱之用。府库虚耗，朝不谋夕。有竭泽之名，无一日之积，甚非所以固根本也。为今日计，当使诸边岁饷无待于外协，少宽此数州之力，使得内积货财，外应强敌，斯其势足以自固。数州足以自固，则诸边缓急，举有所恃。国虽有大徭役、大兵革，取此数州之余力以赡之，然后国本乃有所立，不可摇拔。一也。

诸边物力一时诚难自赡，然东三省之材木、皮革、鸟兽、鱼鳖、金石、谷粟，北边之马、牛、羊，西域之金玉、毡罽、稻田、果蓏，滇、黔之矿产，粤西之草木、药物，大抵沃饶，其[③]聪明智虑，皆足以殖生业、兴术艺，苟宽以岁月，假以便宜，贤有司从容拊循，为民兴利，要使闲暇无事，粗足自立[④]，则东南虽有他急，形势隔绝，而诸边之力犹

① 商务本无“则其一隅之人才物力”至“今以诸边之地”一段。

② 商务本无“日”字。

③ 商务本“其”下有“民”字。

④ “闲暇无事，粗足自立”，原误作“闲暇粗足，无事自立”，据商务本改。

足以辛苦支拄，下上之气稍壮，而无瓦解内溃之势。二也。

我所以甘受敌侮，重与之战而轻与之和者，非真不足以一战也。平居无事，东南之力已竭，其势不可少动，动则非加赋敛、举国债不足以给之，此所以重战而轻和也。使东南少宽，国有所恃，无事则此数州之民俯仰有余，艺业益盛，晓然知朝廷藏富休息、不忍累民之意，颂声作而民志固；有事则国家气实力充①，非复前日之比。所以应敌者，亦能执持大体，不少挠屈。敌知我上下和、府库实，未可以恫喝得志，弱而不振之弊或可少救。三也。

夫同此土地而扬、粤、楚、蜀独饶者，非天有所偏厚也，农勤而出粟多，百业盛而转输广也。不哀此数州力作之困，徒以尚可责取②，遂使以一隅之膏血，供天下之用。民勉而应之，则又以渐而加之，如水益深，如火益热。虽边饷之协，赋敛之厚，皆非今日之所得已，然不及其暇，急为之计，异日者事变繁多，力竭而不能应。则始也以诸边累扬、粤、楚、蜀，而扬、粤、楚、蜀蹶；继也扬、粤、楚、蜀蹶，诸边即从而随之。国之大命所系，乌可不惧？宽东南之力，开瘠土之业，使无事足以自立，有事足以相救，臣以为万世之计，无急于此。

叙

今之抵掌扼腕谭议天下事者，吾知之矣。读其书累简不能尽寻其旨，洸洋泛滥而莫知所归。然而充都溢肆、喧呶杂遝者，盖往往而见也。语其弊失，厥有数端：拘方之士墨守蟫编，治必唐帝，礼必元公，封建井田，断断持办，刻舟而求，胶柱而鼓，其惑一也。其或怵于泥古，志主徇时，振衣瀛海，端拜庙堂，髦弁典章，归狱前哲，崇奖欧美，欲举以从，逐末忘本，不鉴于邻，其惑二也。有志本绍述，说仿调人，主辅体用，依违中西，至谓凡彼政学，悉窃吾《庄》、《列》、《管》、《墨》、《吕览》、《淮南》，截句断章，以求一合，强颜自豪，其惑尤甚。执此三涂，以律时论，免于此者，盖亦鲜焉。绩溪班卿邵先生，植行端粹，造学渊深，游客津门，久参戎幕，筹笔多暇，抚览时局，著为私议，名曰《危言》。首冠总论，次列三纲，曰用人、学校、理财，凡为

① “气实力充”，商务本作“气力充实”。

② 商务本无“取”字。

书二十八篇。立旨端平，谋画邃密，不为高谭，无假僻论，古今治术，条贯毕陈，可以树基，可以驭变，洵经世大文、不朽盛事也。先生成书迄今近十年，其筹著所及，或已推行，十世百世，损益可知。顾《危言》之作，前有汤、郑，一时著述，标目偶同，而绎其宗旨，实各异趋。友人罗君闲论三书，谓香山所作多货殖之谭，山阴新论极才人之笔，而粹然儒术，厥维此编。愿海内宏达，共衡览之，匪惟三弊可祛，固宜为群言之准尔。

光绪二十有四年嘉平月抚时感事生叙

公理凡

序

自近世泰西学者发明归纳演绎之术，而一切事物多能求得其公例，以便世人有所持循，科学之兴实基于此，其影响于世界物质文明之进步者至钜。然而，近世达尔文氏“物竞天择、优胜劣败”之论、马尔达氏“人口用几何级数增加”之说，其开世界战争惨杀之原而为祸生民至烈者，迩未有人焉，悟其立例之非，达尔文氏“物竞天择、优胜劣败”之例在一般动植物诚有然矣，在动物之畜生中尤为显著，然主持人道凭公理，若不凭公理而凭强权，人法畜生实为大谬，且一强一弱相竞固优胜劣败，若两强相竞则两败俱伤，欧战结果其明验也。至马尔达氏“人口用几何级数增加”之说，阅本编《生息篇》“元质滋生各有多寡”一条，便知其误。其诸宇宙事物之真正公理所以通于人事者犹有所未明欤，不然何其慎之甚也。

吾邑先正邵班卿先生，名作舟，十三都伏岭下人。命世才也，于晋接为父执。当光绪中叶曾著《危言》一书，海通后情势熟审于轻重本末，备陈致治、保邦、扶危、定倾之策，融会中外、酌古准今而归于至当，衡诸今日犹多可行。晋接曩尝读之而不胜其倾慕矣，本年分修《皖志·艺文》，搜访皖贤遗著，先生次子瞻涛乃以先生所著《公理凡》原稿见示。

《公理凡》者，所以求宇宙一切事物之公理者也。书凡五篇，首“公理源流”则推其本于《易传》及宋以后之程朱理学，先生之学所以超出于西洋科学者在此；次“终始”、三“生息”、四“形质”、五“分合”皆发挥公理者。虽所得仅八十余条，以外阙而未成者尚多，然根抵科学发挥妙道，尝鼎一脔已可知味全见之，不胜狂喜，以为后之学者果由是而继续研求之，加以引申、补其未备，由物理推之人事而深明夫吉凶消长之理、进退存亡之道，以立世人处事接物之标准，庶几所谓世界真正和平者有以实现于方来也。

是书为先生光绪庚寅所作，距今四十有四年矣。其书皆言事物公理，理之所难显者则以数形之笔之，所难达者则以图详之，有数学方式，有物理方式，有化学方式。其尤为精粹者，如论“物形有定无定”条，谓“凡物有有定之形，有无定之形”，注云：“盘盂所以盛水也，其形或圆或方、或浅或深、或文或质可以万变，而所以盛水之形不可变也。植物之根干枝叶，动物之耳目口鼻，所以为餐风饮露之质，视听言动之资也。虽物之为动植者，大小不同，形式各异，而根干枝叶之体、耳目口鼻之官不能变也。有三纲五常，而后有典章制度以维持之、遵守之，典章制度可以因革损益随时递变，而三纲五常不能变也。不变者有定者也，变者无定者也。”又如“物体所居必其地足以相容”条，谓物体所居必其四方所界之空地足以相容，不能容则不能居，而强居之其界非溢则裂，其物非变则败，云：“枪炮之制用其溢之理也，开花炮之制用其裂之理也。天地之生物，王者之用人，圣贤之处事，家国之创法立制，要皆含宏广大，使物得以优游其中而相安焉。后世不明是理而束缚驰骤之，文法胜则上下相遁界所以溢且裂也，生理穷则诈力相凌，物所以变且败也，此皆与当今世局至有关系者。”其余各条亦多效此，其东方之新物理学耶，抑世界之新事理学耶。此时国是不定，即环球各国亦无公是，然人为者不能定一是，而本诸宇宙自然之公理，则能定一是，公理得而世界安矣。先生是书首观万物之终始，次观万物之生息与其形质，而终之以万物之分合，一以宇宙自然之公理为原则，盖公理明而公是庶可定也。

以原稿多所钩乙涂改，爰为整理而编次之，俾是书得早日印行公之于世，以竟先生未竟之志焉。

中华共和建国二十二年六月　同里后学胡晋接序

卷一　公理源流篇

上古至三代

《易传》曰：“易”与天地准，故能弥纶天地之道，仰以观于天文，俯以察于地理，是故知幽明之故，原始反终，故知死生之说，范围天地之化，而不过曲成万物而不遗通乎。昼夜之道而知，故神无方而易无体，一阴一阳之谓道。夫易广矣大矣，以言乎远则不御，以言乎迩则静，而正以言乎，天地之间则备矣。形而上者谓之道，形而下者谓之器，化而裁之谓之变，推而行之谓之通，举而措之天下之民谓之事业。北溪陈氏曰：道不离乎器。道只是器之理，人事有形状处都谓之器，人事中之理便是道，所以明道曰：道亦器，器亦道。圣人有以见天下之赜，而拟诸其形，容象其物，宜是故谓之象。圣人有以见天下之动而观其会通，以行其典礼系辞焉。以断其吉凶是故谓之爻，言天下之至赜而不可恶也，言天下之至动而不可乱也。一开一关谓之变，往来不穷谓之通，见乃谓之象，形乃谓之器，制而用之谓之法，利用出入民咸用之谓之神。古者庖牺氏之王天下也，仰则观象于天，俯则观法于地，观鸟兽之纹与地之宜，于是始作八卦以通神明之德，以类万物之情。

子曰：参乎吾道一以贯之。曾子曰：唯。《朱子集注》，圣人之心浑然一理，而泛应曲当用各不同。曾子于其用处，盖以随事精察而力行之，但未知其体之一耳。夫子知其真，积日久将有所得，是以呼而告之，曾子果能默契，其指即应之速而无疑也。汇参朱子，谓一对万而言，此亦言其字面耳，细思此处一字非对万而言之一，乃统一万为一之。子出门，人问曰：何谓也？曾子曰：夫子之道忠恕而已矣。《朱子集注》尽己之谓忠，推己之谓恕，而已矣者，竭尽而无余之辞也。夫子之一理浑然而泛，应曲当譬，则天地之至诚无息，而万物各得其所也。自此之外固无余法，而亦无待于推矣。曾子有见于此而推言之，故借学者尽己推己之目，以著明之欲，人之易晓也。盖至诚无息者，道之体也。万殊之所以一本也，万物各得其所者，道之用也，一本之所以万殊也。以此观之，一以贯之之实可见矣。或曰，中心为忠，如心为恕，于义亦通，汇参一以贯之，犹言以一心应万事，忠恕是一贯底注脚：一者忠也，以贯之者，恕也，体一而用殊。忠在一上，恕则贯乎。万物之间，只是一个一，分着便如有一个一，老者安之是这个一，少者怀之是这个一，朋友信之亦是这个一，莫非忠也。恕则自忠，而出所以贯之者也。子曰：举一隅不以三隅，反则不复也。子曰：赐也。汝以予为多学而识之者，与对曰，然非与予一以贯之。荀子曰：法后王动礼义一制度，以涉持博，以古持今，以一持万，苟仁义之类也。虽在鸟兽之中，若别黑白，奇物怪变，所未尝闻也，所未尝见也。卒然起一方则举统类而应之，无所疑怍张法而度之则暗然，若合符节，是大儒者也。欲观千岁则致今日，欲知亿万则审一二，欲知上世则审周道，故曰，以近知远，以一知万，以微知明。圣人者，以己度者也，以人度人、以情度情、以类度类、以说度功、以道观尽古今一也。知异实者，之异名也，故使异实者，莫不异名也，不可乱也；犹使同实者，莫不同名也。故万物虽众，有时而欲遍举之故，谓之物。物也者，大共名也，推而共之，共则有共，至于无共，然后止有时。而欲别举之，故谓之鸟兽。鸟兽也者，大别名也，推而别之，别则有别，至于无别然后止。万物为道，一偏一物为万物一偏，愚者为一物一偏。

汉唐　阙

宋以后

程子曰：凡有一物必有一理，穷而至之，所谓格物者也。然而格物之非一端，如或读书讲明道义，或论古今人物，而别其是非，或应接事物而处，其当否皆穷理也。自一身之中，以至万物之理，理会得多，自当豁然，有个觉处。格物莫若察之于身，其得之尤切。致知之要当，知至善之所在，如父止于慈、子止于孝之类，若不务此而徒泛然。欲以观万物之理，则吾恐其如大军之游，骑出太远而无所归也。或问观物察己者，岂因见物而反求诸己乎，曰不必然也。物我一理，才明彼即晓此，此合内外之道也。语其大，天地之所以高厚，语其小，至一物之所以然，皆学者所宜致思也。曰，然则先求之四端可乎？曰，求之性情固切于身，然一草一木亦皆有理，不可不察。物必有理，皆所当穷，若天地之所以高深，鬼神之所以幽显是也。若曰天吾知其高而已矣，地吾知其深而已矣，鬼神吾知其幽且显而已矣，则是已然之词，又何理之可穷哉。曰格物者必物，物而格之耶，将此格一物，而万理皆通耶。曰一物格而万理通，虽颜子亦未至此，惟今日而格一物焉，明日而格一物焉，积累既多，然后恍然有贯通处耳。穷理者，非谓必尽穷天下之理，又非谓只穷得一理便到，但积累多后，自当恍然有悟处，格物非欲尽穷，天下之物但于一事上穷尽，其他可以类推。至于言考则当求其所以为孝者，如何若一事穷，不得且别穷一事，或先其易者，或先其难者，各随人浅深，譬如千蹊万径皆可以适国，但得一道而入，则可以推类而通其余矣。盖万物各具一理，而万理同出一源，此所以可推而无不通也。至显者，莫如事至微者，莫如理而事理一致，显微一源。古之君子所以善学者，以其能通于此而已。世之人务穷天地万物之理，不知反之。一身五脏六腑、毛发筋骨之所存鲜或知之，善学者，取之身而已，自一身以观天地。问格物是外物，是性分中物，曰：不拘。凡眼前无非是物，物物皆有理，如火之所以热，水之所以寒，至于君臣父子间皆是理。又问只穷一物，见此一物，便还见得诸理否？曰：须是遍求。虽颜子亦只能闻一知十，若到后来达理了，虽亿万亦可通。有理而后有象，有象而后有数，“易”因象以明理，由象而知数得其义，则象数在其中矣，必欲穷象之隐微，尽数之毫忽，乃寻流逐末，术家之所尚，非儒者之所务也。作“易”自天地幽明，至于昆虫、草木微物无不合，冲漠无朕，万象森然已具，未应不是先，已应不是后。如百尺之木，自根本至枝叶皆是一贯，不可道上面事无形无兆，却待人旋安排，引入来教人涂辙，既是涂辙，却只是一个涂辙。至微者理也，至著者象也。体用一源，显微无间。谢良佐曰：穷理则是寻个是处，问天下多少事，如何见得是处？曰：穷理便见得事，不胜穷理则一也。

朱子补《大学·格物》，《传》曰：所谓致知，在格物者言，欲致吾之知在即物，而穷其理也。盖人心之灵莫不有知，而天下之物莫不有理，惟于理有未穷，故其知有不尽也。是以《大学》始教必使学者，即凡天下之物，莫不因其已知之理而益穷之，以求至乎其极。至于用力之久，而一旦豁然贯通焉，则众物之表里、精粗无不到，而吾心之全体，大用无不明矣，此谓物格，此谓知之至也。或问曰：吾子之意亦可得悉，而闻之乎？曰：吾闻之也。天道流行、造化、发育，凡有声色、貌象而盈于天地之间者，皆物也。既有是物，则其所以为是物者，莫不如有当然之，则而自不容已，是皆得于天之所赋，而非人之所能为也。今且以其至切而近者言之，则心之为物，实主于身，其体则有仁义礼智之性，其用则有恻隐、羞恶、辞让、是非之情，浑然在中，随感而应，各有攸主而不可乱也；次而及于身之所具，则有口、鼻、耳、目、四肢之用；又次而及于身之所接，则有君臣、父子、夫妇、长幼、朋友之常，是皆必有当然之则，而自不容已，所谓理也。外而至于人，则人之理，不异于己也；远而至于物，则物之理，不异于人也。极其大则，天地之运，古今之变，不能外也；尽于小则，一尘之微，一息之顷，不能遗也，是乃上帝所降之衷，烝民所秉之彝。刘子所谓天地之中，夫子所谓性与天道，子思所谓天命之性，孟子所谓仁义之心，程子所谓天然自有之中，张子所谓万物之源，邵子所谓道之形体者，但其气禀有清浊、偏正之殊，物欲有浅深、厚薄之异，是以人之与物、贤之与愚相与悬绝而不同耳，以其理之同故。以一人之心，而于天下万物之理，无不能知以其禀之异，故于其理或有所不能穷也；理有未穷，故有不尽知，有不尽则其心之所发必不能纯，于义理而无杂乎？物欲之私，此其所以意有不诚、心有不正，身有不修，而天下国家不可得而治也。昔者圣人盖有忧之，是以于其始教为之，《小学》而使预习于诚敬，则所以攸其放心、养其德性者，已无所不用其至矣，及其进乎？《大学》则又使之即夫事物之中，因其所知之理，推而求之以各致乎其极，则吾之知识亦得以周遍、精切而无不尽也。若其用力之方，则或考之事为之者著，或察之念虑之微，或求之文字之中，或索之诸论之际，使于身心性情之德。人伦日用之常，以至天地鬼神之变、鸟兽草木之宜，自其一物之中，莫不有以见其所当然而不容，已与其所以然而不可易者，必其表里、精粗无不洞彻，而又益推其类以通之。至于一旦恍然而贯通焉，则于天下之物，皆有以究其精微之所极，而吾之聪明、睿智亦皆有以极，其心之本体而无不尽矣，此愚之所以补乎。本传缺文之意，虽不能尽用程子之言，然其指趣，要归则不合者鲜矣，读者其亦深考而实识之哉，曰然。则子之为学不求诸心而求诸迹，不求之内而求之外，吾恐圣贤之学，不如是浅近而支离也。曰，人之所以为学，心与理而已矣，心虽主乎一身，而其体之虚灵是以管乎？天下之理，理虽散在万物，而其用之微眇，实不外乎，一人之心，初不可以内外、精粗而论也，然或不知此心之灵，而无以存之，则昏昧杂扰而无以穷众理之妙，不知众理之妙，而无以穷之，则偏狭、固滞而无以尽此心之全，此其理势之相，须盖亦有必然者，是以圣人设教，使人默识此心之灵，而存之于端庄静一之中，以为穷理之本，使人知有众理之妙，而穷之于学问思辨之际，以致尽心之功，巨细相涵，动静交养，初未尝有内外、精粗之择，及其真积力久而豁然贯通焉，则亦有以知其浑然一致，而果无内外、精粗之可言矣。今必以是为浅近支离，而欲藏形匿影，别为一种幽深恍惚艰难阻绝之论，务使学者莽然，措其心于文字语言之外，而曰道必如此，而后可以得之，其亦误矣。穷理者，欲知事物之所以然与其所以当然者，而已知其所以然，故志不惑，知其所当然，故行不谬，非谓取彼之理，而归诸此也。程子所谓物我一理，才明彼即晓此。穷理只就自家身上求之，都无别物事，只有个仁义礼智，看如何千变万化，都离此四者不得如信，只是有此四者故谓之信。信实也，论其体，则实有是仁义礼智，论其用，则实有，是恻隐、羞恶、恭敬、是非，更假伪不得，所以说信者，以其实有而非伪也。更自一身推之，一家实是有父子、有兄弟、有夫妇，推之天地之间，实是有君臣、有朋友，都不是待人安排，是合下元有此。至于物亦莫不然，但其拘于形、拘于气而不变，然亦就他一角子，有发见处看他亦自有父子之亲，有牝牡便是有夫妇，有大小便是有兄弟；就他同类中，各有群聚便是有朋友，亦有主脑便是有君臣。只缘本来都是天地所生，共此根蒂，所以大率多同。圣贤出来抚临，万物各因其性而导之。昆虫草木未尝不顺其性，如取之有时，用之有节。当春生时，不夭夭、不覆巢、不杀胎，草木零落然后入山林，獭祭鱼然后虞人入泽梁，豺祭兽，然后田猎。所以能使万物各得其所者，惟是先知，得天地本来生生之意。不说穷理，却言格物，盖言理则无可捉摸，言物则理自在。释氏只说见性，下梢寻得一个空洞无稽底性，于事上更动不得。天地之间有理、有气，理也者，形而上之道也，生物之本也；气也者，形而下之器也，生物之具也。是以人物之生必禀此理，然后有性必禀此气，然后有形。理气本无先后之可言，然必欲推其所从来，则须说先有是理，然理又非别为一物，即存于是气之中，无是气则是理亦无挂搭处。黄氏干曰：理无迹而气有形，理无隙而气有限，理一本而气万殊，故言理之当先乎？气深思之，则无不通也。

卷二　终始篇①

消长成浪　一上

凡万物皆起于无，由无而之有，则为长；由有而之无，则为消，先长后消而成一浪。长尽则消，消尽则长，循环无端，周流不已。积无数小浪而成大浪，如是以至无穷。

《易》曰：无平不陂，无往不复。又曰：剥穷上反下，物不可以终

---

① 邵作舟在《论事物各有消长试求其正变公例》（见于南京图书馆藏抄本《绩溪邵班卿先生文诗存稿》二卷）中云："庚寅春，以斯题质诸格致书院同课诸君，或推衍五行，或侈谈洋务，就其所得固多有可观者。然以斯题之义衡之，非近于空谈，则囿于一曲。夫消长者，就事物已成之迹而推论之，无事不有，无物不然，而非有形可执者也。此而求其公例，则当如几何之界说。题说重学之发凡、算学之公式，言近指远，颓然浑然，不名一物，不演一数，而宇宙之间、天人之际，事物之繁赜、古今之迁变，无不括乎其中，如是乃谓之公例也。苟毛举细故，雕镂楮叶，将累月穷年不能终其一数，何公例之可言乎。盖消长之义，《周易》言之而未尝畅之。至于西学所言，非象则数，求其寓乎象数之中，而又出乎象数之外者，则今所译诸书亦未尝以究言。前无所依，后无所傍，固宜操觚之窘也。今取题中大指略发其凡，以代数诸式明之理，虽肤浅不敢自匿，用待有道之见正焉。"

尽，故受之以复，此消长所以成无穷之浪也。试任以何物类观之，宇宙间本无是物也，忽然而有之，自始生萌芽以至少壮，皆长也，长极而衰而死，皆消也。一长一消，是为小浪。父死子继，各为一浪，子又生子，孙又生孙，自是类初生渐蕃以至极盛，皆长也；长极而衰而灭，皆消也，是为大浪。此类既灭，他类又生，盛衰消长，递相推嬗，以至无穷，此理即推之天地变迁，世运兴废，制度之沿革，学问之流传，各成浪形，亦复如是。

消长三形　一中

凡消长之形有三：一曰实者为长，虚者为消；如昼夜之类，以见日者为长，则以不见日者为消，一虚一实，相为对待，此长则见为有，消则见为无者也。二曰加者为长，减者为消；如天时寒暑，人事盛衰，权衡之低昂，物数之赢绌，其始由微点以次而加，加至本量极高之分，则又以次而减，一加一减，相为对待，此长固实见其有，而消亦不得目之为无者也。三曰抵者为长，对者为消。此理为动重学之源，重学八曰：凡抵力与对力必等，有抵力在一点必另生相等对力于本点以阻之，凡抵力正加生动，动力与抵力比例恒同，此抵力对力相等之理也。譬如一天平，左右两盘各置物十两，其衡必平，设左加一两，则低昂立见，苟于右复加一两，则衡又平，与未加之势无异，左加者抵力也，右加者对力也，然则右之加，所以消左之长也，一抵一对，相为对待，此又以此物之长，消彼物之长，与一物自为加减相似而不同者也。

消长必正负相当　一下

凡物之消长，无论为虚实、为加减、为抵对，其大小迟速、先后缓急、变幻万端、不可方物，要之统其全浪而观之，皆为正负相当之式，其象必等，其类必等。试正比例式明之：

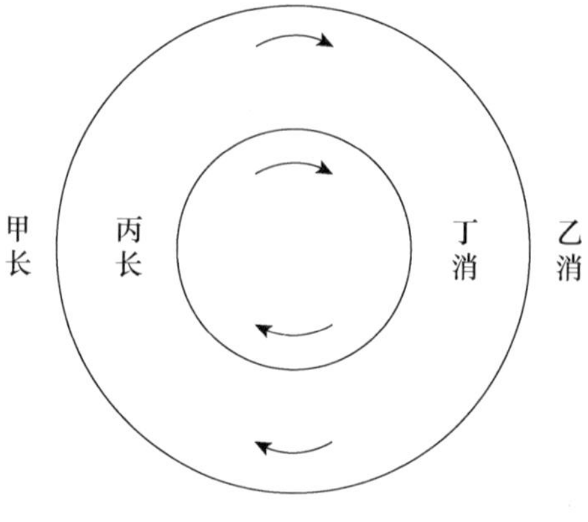

甲之长也，其消之数必为乙；丙之长也，其消之数必为丁。长大则消亦大，长小则消亦小，其象等，其数亦等。甲与丙，乙与丁，数虽异而式则同，故为相当之比例，任以何数加减乘除，其还原之大小次第，无不一一相等。天道之循环，人事之施报，佛氏之因果报应，袁了凡辈之功过阴骘，说虽百端，无外于此。

夏之日、冬之夜，其长必等，冬之日、夏之夜，其短必等，而春夏昼夜长短之和，与秋冬昼夜长短之和，其数必等。

消长全浪　二上

一长一消，合为一浪，而等于无，积小浪而成大浪，积大浪而成全浪。旧浪既灭新浪又生，小复有小，大复有大，至于无穷。试命：长＝甲、消＝乙，而甲＝乙则甲⊤乙＝0。消尽复长，长尽复消，无数小浪之积，循渐速率相消而成大浪，无数大浪之积，循渐速率相消而成全浪。其公式为：甲⊤乙＝（甲⊥二甲）⊤（二乙⊥乙）＝甲⊤乙＝……＝0

消长生差　二中

凡消长二力，不能适均，则旧式消后常生微差而有余分，必复成一新式，而其物渐变而大，再消再长而物之体尤大，如是屡变，至于大极而消，则其式渐变而小，消尽而减，乃为大消长。试命所差之数为丙，则甲⊥丙与乙相消，其式为：（甲⊥丙）⊤乙＝丙，而（甲⊥丙）＞乙，则此式消后，所余者丙也，再消再长，而所余之数愈大。设以甲⊥二甲与二乙⊥乙相消，其差数必为三丙，而其式为：〔（甲⊥丙）⊥（二甲⊥二丙）〕⊤（二乙⊥乙），丙为正数，故屡变而大，大极而消，则丙变为负，而其式渐小，以至于无。

消长变式　二下

夫长多消少，其式渐变而大者，消长之正例也，亦有其机虽长而间小浪，正负相消之后，所得新式反变而小者，然生机既在方长之时，则消力有不合理之大，长力即顿增不合理之大以胜之，而仍复其长多消少之常，如是屡变。至于长极而消，其消时变例亦同，而统其大消长之全浪观之，仍为正负相常之式。

试命丙为负数，其公式为：甲⊤（乙⊥丙）＝⊤丙，迨第二浪，丙忽变为正数则：［（甲⊥丙）⊥（二甲⊥二丙）］⊤（二乙⊥乙）＝三丙，以两浪之微差⊤丙与三丙相消，转多二丙，仍为变大之式。

如以寒暑论之，自春至夏，每月之中其热应平加十度，而日热常为风雨杂端所变，则生正负参差之浪，设热加至十度，而寒反退至十一度，是消大于长也，然其后之加热必愈大。设前日之寒为十一度，则后日之热必至十二三度，是长仍大于消也，故以寒暑之理观之，应以平速之度，化为渐速之浪，乃渐速浪中，复自生无数正负参差之浪，其理微妙可思也。

消长异同　三上

有消长之数同而迟速大小之形各异者，其比例式为甲：乙：：丙：丁，因乙丙＝甲丁，所以$\frac{丁}{乙丙}$＝甲。

又为：

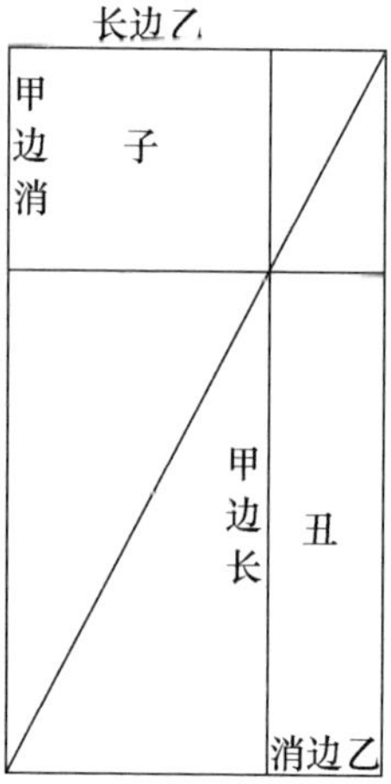

甲之长也则乙必消，乙之增也则甲必减，子式与丑式不同，而甲与乙相乘之积则同，仍为相当之比例。

设有池，内穴广一寸，水注十二时而满，令其外穴广十二寸，则一时而消，内穴小，故其长迟；外穴巨，故其消速。迟速虽不同，而先后消长两方，异面而同积，两根相乘，其数仍相等也。又如炽炭一炉鼓鞲以扇之，则其质立销，覆灰而掩之，则其留差久，盖此二者，亦为异面同积之方也。老庄之学，专讲此理。

有消长之数同而分合之势各异者，其公式为：甲＝丙丄丁即甲丅（丙丄丁）＝0，合长而分消之，分长而合消之。又式为：甲＝丁丄戊＝乙，则（丁丄戊）丅乙＝甲丅乙＝0，甲之分，与丁丄戊之分，皆等于乙，则以甲或丁丄戊减乙，皆等于无。有左右相为消长者，设有式：甲丄乙＝丙丄丁，此式忽变为：甲＜丙丄丁丄乙，或变为：甲丄乙丄丙＞丁，亦可变为：甲丄乙丄丙丄丁，此式即勾方股方合为弦方之理，勾大则股小，股大则勾小，而弦必为两积之和。

大小体消长变式　三下

凡物成一体，其中所函，又分各小体，千条万端，消长各异，有与大体同为消长者，如人身百脉运行，皆由血气。盛则各体具盛，衰则具衰，如日光照地，地上万物，同被日影，晷刻偶移，万影同变。有与大体各为消长者，如寒暑本源于日，日北则北热，日南则北寒，然夏至后，日已退而南，而暑反益增，此则寒暑中别函一蓄积之理，不与大体同消长者也。故人至晚年，血气日衰，须眉反长，骨缝益坚，皆同此理。家国衰时，其民物丰豫之象，多过于极盛之时，与寒暑进退蓄积之理正同。有互相消长者。一呼一吸，盈亏相补，汗多则溺少，力作则加餐，目瞽则耳倍聪，心巧则胆恒怯，此即勾股合而弦之理，又与上四率比例式可以互证。

生机消长物莫能遏　四上　四下阙

物之生也非一时，其长也非一力，有成最显之渐速率，日新月盛，相连而不断者；如动植各物之生长，国家之崛兴暴起，新学异教之景慕盛行。有成最隐之渐速率，若断若续，将兴忽废，而前后不甚相续者。如周家之屡窜，戎狄而卒有天下，圣学之晦于战国，暴秦而盛于后世。要之其机既动，则主点摄拒之力，必以渐而增，其长也。抟抟乎莫之能分，汤汤乎莫之能遏，尽其势之所至，必极而后消，其消也。则靡靡然、苶然、颓然、索然，虽合亿兆之力、竭贤圣之才而莫之能挽也，以消兴长，必为正负相当之式故也。《传》曰：天将兴之，孰能废之。又曰：天之所废，不可支也。斯之谓矣。

动静互根　五下　五上阙

濂溪先生曰：无极而太极，太极动而生阳，动极而静，静而生阴，静极复动，一动一静，互为其根。此生物消长，所以成无穷之浪也。

程子曰：剥之为卦，诸阳削剥已尽，独有上九一爻尚存，如硕果不见食，将有复生之理，上九亦变则纯阴矣。然阳无尽之理，变于上则生于下，无间可容息也。圣人发明此理，以见阳与君子之道不可亡也。或曰：剥尽则为纯坤，岂复有阳乎？曰：以卦配月，则坤当十月，以气消息言，则阳剥为坤，阳来为复，阳未尝尽也。剥尽于下，则复生于上矣，故十月谓之阳月，恐疑其无阳也；阴亦然，圣人不言耳。又曰：一阳复于下，乃天地生物之心也，先儒皆以静为见天地之心，盖不知动之端，乃天地之心也，非知道者孰能识之。朱子曰：动亦不是天地之心，只是见天地之心，十月阳气收敛，天地生物之心，固未尝息，但无端倪可见，惟一阳动，则生意始发露出，乃始可见端绪也，不直下动字，却云动之端，虽动而物未生，未到大段动处，凡发生万物，都从这里起，岂不是天地之心。

程子曰：天下之理终而复始，所以恒而不穷，恒非一定之谓也。一定则不能恒矣，惟随时变易，乃常道也。动静无端，阴阳无始，非知道者孰以识之。朱子曰：动静无端，阴阳无始，说道有，有无底在前，说道无，有有底在前，是个循环物事。动之前有静，静之前又有动，推而上之，其始无端，推而下之，以至未来之际，其卒无终。

程子曰：生生之理，自然不息，如复卦言七日来复，其间元不断，续阳已复生，物极必返，其理须如此，有生便有死，有始便有终。

物不肯遽动静　六上　六下阙

凡物之动静，当其动也，有不肯遽静之性，其静也，有不肯遽动之性，必别加一使动使静之力，用渐速率以动静之，则其动静适合于理而止。苟拂其性而妄使之，则物自顺其性，不肯遽从，必变为不合理之式。

渐骤成界　七中　七上阙

凡物之消长，皆由渐增加，愈增而形愈大，数愈多相差乃愈甚，其渐或为平速率，或为渐速率，积渐而后成骤，一渐一骤，是为一界，积小界而成大界，以至无穷。

朽坏其渐也，倾仆其骤也，萌芽其渐也，甲拆其骤也。《易》曰：履霜阴始凝也，驯致其道至坚冰也。臣弑其君，子弑其父，非一朝一夕之故，其所由来者渐矣，由辨之不早辨也，《易》曰：履霜，坚冰至，盖言顺也。

各界为无穷级数　七下

凡全界、分界及距等大小各界，两界相距，其中所函之层次，无论为平速率、渐速率，皆为无穷级数。如甲乙两界，展而大之，则为：

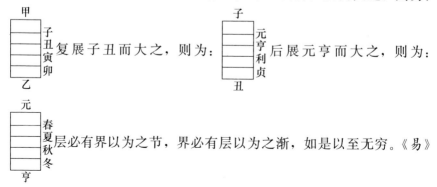

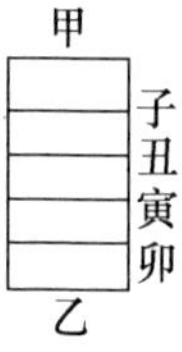

复展子丑而大之，则为：

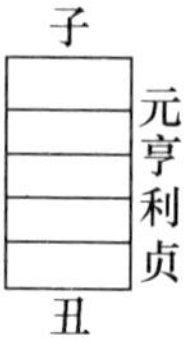

后展元亨而大之，则为：

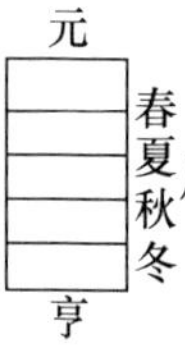

层必有界以为之节，界必有层以为之渐，如是以至无穷。《易》

曰：天地节而四时，成节以制度，不伤财不害民。

各界相似　八上

凡物，积多层而成一界，积无穷层，成无穷界。其界内外前后，虽大小不同，迟速各异，而各界之形质性情，愈近则愈同，愈远则愈异，任取何界此例互视，皆成有德之形：甲——二甲——三甲——四甲——五甲。

各物有定界　八中

物之生也，其知识能力，尽其势之所至，皆各有定界以止之。鳞界乎水，草木界乎土，毛界乎地上，羽界乎空中。界定而物不能强变，其变也必以渐。《易传》曰：天尊地卑，乾坤定矣，卑高以陈，贵贱位矣。动静有常，刚柔断矣，方以类聚，物以群分，吉凶生矣。在天成象，在地成形，变化见矣。或内增力，或外失力，非是弗变也。

界有幽显　八下　九至十七阙

凡一物之界，有幽有显，显者易见，而幽者难穷。然究其所极，必有尽境。

形质，显界也；光气，幽界也。庞者为牛，毛者为羊，黠者为鼠，仡者为麝，此物之显界，易见者也；腥者为牛，羶者为羊，臊者为鼠，芬者为麝，此物之幽界，可嗅而不可见者也。盖凡物体，自其主点外发，以至皮肤，皆有郛郭以周之，是为一界。其体内之微质，又必化气而散于全体之外，由密渐疏，由浓渐淡，成无穷级数式以至于无，是为一界。故犬能迹兽之臭而及之，迹于其幽界也，设其幽界已穷，则界外皆他境，而犬无从知之矣。

以事论之，文德布于境内，而域外慕其仁，挞伐施于一隅，而远方詟其武，身受者，若江海之浸灌，是为显；遂听者，若日月之远照，是为幽也。

卷三　生息篇

物有主点　十八之一

凡物之生，始于一微质为之主点，渐吸异质而成一物，一物之盛衰，视主点摄力之消长，长则物盛，消则物衰，消尽则灭。

凡物各有主点，即在一体之中，大体有大体之主点，小体有小体之主点，推而言之，既成一体，即有一点，递相臣主，以至此无穷。

微质各有摄力　十八之二

凡物初生，始于全体主点之摄力，迨成体后，则各小体之主点，及小体中所函大小无数微质，皆各有摄力，各为一界。虽主点摄力日衰，而各小体及微质犹能互相维持，以保大体，或此体已坏，而彼体仍存，迨各小体及微质摄力，长极而消，则物即灭矣。

物之初生而欲成也，必恃二者而后成，时以积之，恒象曰：天地之道恒久而不已也，日月得天而能久照，四时变化而能久成，圣人久于其道。而天下化成，观其所恒，而天地万物之情可见矣。地以居之，二者废一，弗成也。

物始于一　十八之三

物始生于一，一生二，如太极之分阴阳，乃物之对剖者，二又生一，如夫妇之生子乃化合而成者，展转相生，遂为万物。试以动物之生息证之，最初为动植难分之物，其传种皆由本体，自裂为二：有横裂者，一体中，断各为一物；有直裂者，旧物之尾，别生新物，形体既成，则尾自断而为二物，母子相生，势若连珠。此二者横直虽殊，要之皆一生二也。其次为柔体动物，则遗卵者十之八九，而尚有自裂相生者，迨圜节、脊骨两动物，虽有胎生、卵生之分，要皆以二生一矣，以此推之，又可见万物之生，始皆由一生二，继则由二生一也。由虚而实，由微而显，由小而大，由简而繁，由合而分，既长而消，则后归于一。理见下图。《易》曰："易"有太极，是生两仪，两仪生四象，四象生八卦。《左传》：物生后有象，象而后有数。

物类相生图

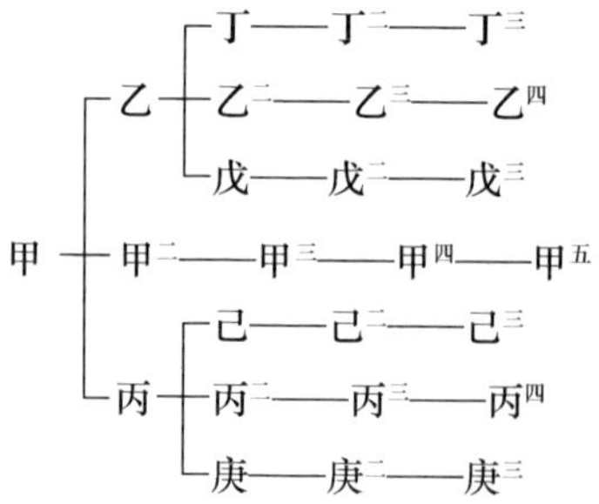

物类时有更变　十八之四

万物种类，纵横相生。同类相合而生曰纵，异类相合而生曰横。其所当天时地利不同，则本质与异质时相损益，而物之形质性情，随之而变。人之一生，自朝至暮，自少至老，未尝同也，同而异者也；物之递衍，由水生陆，由足生翼，未尝同也，异而异者也。子在川上曰：逝者如斯夫，不舍昼夜。庄子曰：物之生也，若骤若驰，无动而不变，无时而不移，何为乎，何为不为乎？夫固将自化。朱子曰：若论变时，天地无时不变，不惟月变日变，而时亦有变，但人不觉耳。由甲生乙而丙而丁，分为多类，甲乙又合而生戊，丙丁又合而生己，戊己又合而生庚，如是以至无穷。濂溪曰：五行一阴阳也，阴阳一太极也，太极本无极也，五行之生也，各一其性，无极之真，二五之精，妙合而凝，乾道成男，坤道成女，二气交感化生万物，万物生，生而变化无穷焉。

相因相似　十八之五

物之相因而渐生者，其形质性情必相似也，暴兴崛起则变。

物分则异　十八之六

凡一物既分为二，纵则为父子，横则为兄弟。则其形质性情，同中必有小异，不能尽同也，愈远则异者愈多，愈近则异者略少，故万事万物，有相似者，无相同者。

物穷则变　十九之一

物之生也，其所函各质，皆与本体相宜，迨时势既变，外感内应，消长生差，则旧时相宜之质，渐变为不相宜之质。至于害体则生机，将有所阏郁而不能自全，于是乎举而变之。外有所穷，则变其外，内有所穷，则变其内，或稍为损益，或改弦更张，仍变为相宜之质，非穷不变，其有所变者，皆其有所穷者也。穷则又变，以至无穷。《易》曰：穷则变，变则通，通则久。

物变次第传染　十九之二

物之将变也，其变必先起于微质之任一点，此点变，则居其旁最近之点，亦受其传染而变。由一而十，由百而千而万，自近及远，渐传渐速，遍乎小体，是为小界；由此一小体，又传其旁最近之小体，浸淫四被，而大体亦遍，是为大界。微点先变，则其变迟，主点先变，则其变速。

新类相代　十九之三

凡甲类盛极而衰，则必生一与甲相似之物，乙以代之甲，乙形质性情，必大同而小异，乙生则甲衰，乙盛则甲灭，由乙而丙而丁，递嬗既久，所杂异质益多，则形质性情渐小同而大异，又久之，至于戊己，则方圆异形，黑白异色，至无一相同者。

递生类变纵为横　十九之四

甲类递嬗而生乙类，又衍丙丁各类，同时并存于宇宙之间。则水木火土金之纵变为金土火木水之横，而此诸类同体异用，各效一官，迨新类愈蕃，则旧类渐灭矣。古之冠也缩缝，今也横缝，两冠益存，则缩为丧冠，而横为吉冠。古用俎豆，今用柈碗，两器并存，则以俎豆为礼器，而柈碗为宴器。古以公侯为官，今以郡县为官，两官并存，则以公侯为虚爵，而郡县为实职。

各物正负质消长　十九之五

凡物体用兼茂者为正质，（丄甲）精神已去而糟粕徒存者为负质，（丅甲）设甲类之正质，（丄甲）长极而消，则其负质，（丅甲）反因之而长，负质消长迟速，常与正质消长大小为比例。其相为盛衰生灭之机，一如相似相代之物，但彼为两物，此则一物自分正负耳。迨乙类相代者之正质，（丄乙）渐消而成负质，（丅乙）则最古之负质，（丅甲）隐相推迁而归于无矣。

物类数有所穷，穷变旋相为宫　十九之六

凡同类各物之生，由甲而丙而丁，既衍为多类，同时并列，其数必有所穷。如五行、五音、五色各类，皆穷于五，卦穷于八，爻穷于六，化学原质穷于六十四之类。穷则数定，定而后变，则或交互错综，或旋相为宫，展转万端，而不出于本数之外。

事物各有元质　十九之七

万事万物之繁赜，苟由博而反约，由末而求本，皆各有元质以为之母。如声音则以母韵为元质，化学则以金类非金类为元质，律例则以五刑五服各事为元质。其始皆由一生二，二生四，四生八，两两分剖，次第相生。如字母之由内生外，韵母之由开生合，化学之由本质生配质。及其末也，皆略有定数。如字母之四十八韵摄之二十四，化学原质之六十四，此数亦时有生灭增减，但差数甚微，故元质各数，可曰略定之数，不可曰永定之数也。遂阴阳相合而生子，子又相合而生孙，错综繁衍，以至无穷。如轻①养②合而为水，淡③养轻碳合而为肉，他元质合而为五味，一变也；水与肉合，五味和之，火炙而日暴之，则别为一物，其名曰脯，二变也；析脯置羹，与饭相和，又成一物，非脯非羹非

① 即氢，下同。
② 即氧，下同。
③ 即氮，下同。

饭，三变也。如是递化递合以至无穷。

元质滋生各有多寡　十九之八

凡各元质之性与他质配合，其摄力有大小之殊，其化合有难易之别，则其分支衍派有多寡之分。字母四十八，常用者不过十六七，是仅十之三也；韵摄二十四，常用者不过十余，是仅十之四也；元质六十四，常用者不过十四，是仅十之二三也，余则其质具存，而化生甚寡，殆如昆弟二人，一则子孙至繁，一则孑独无嗣，要之此势虽微，而昆弟之分自若，彼势虽盛，不能强相统属也。

以虚代实　二十之一

凡物之实者，必有一虚者以代之，以简代繁，若十百千万之代多数之一，君之代国，金银代百物。以小代大，若天地百物之有图，世系之有表谱。以假代真，若人之有遗像，纪数之有珠筹，算术之有天元代数，推而极之，语言文字皆代也。物得所代虚也，而实存焉。数学理首卷，论以砾石记骑兵之数，即代术也。

物行直线　二十之二

万物所行之道，无所阻则皆循直线，有所阻然后旁行，遇纵则横，遇横则纵，而成无法之形。

无法之形　二十之三

凡无法之形皆弃直行，有法之形而别成一旁行有法之形。

万物行经各界，不能凌躐　二十之四

万物前行，由甲至癸。纵则积日累月，横则行远登高，纵横虽异，其为前行则一也。其行率无论为平速、为渐速，其轨道无论为直线、为曲线，要之所经各界，必先由甲至乙，次乃至丙，次乃至丁而戊而己，以至壬癸，循序渐进，一一经历，不能少有凌躐。

智仁勇分数　二十一上

凡生物之机，以仁为体，以智勇为用。非独民胞物与为仁也，禽兽之求声呼友、虫豸之贪生畏死皆仁也，非独动物之趋利避害、植物之餐风饮露为仁也，风云之互为离合、金石百物之自相吸聚皆仁也。仁为弦数，智勇为勾股数。$(仁)^{二}=(智^{二}\perp 勇^{二})$ 智多则勇少，勇多则智少，相为增减至于无穷，而要不逾仁之全数。程子曰：万物之生，意最可观，此元者，善之长也，斯所谓仁也。

凡万物所函仁数，各为一全数，均平充满，无所增减，至其智勇多寡之数，则视天时地利物感之强弱，剂其分量出而应之，要以足全其仁而止。

感应　二十一下　二十二至二十五阙

凡物之生而变也，外有所感，则内变而应之，应既生感，感又生应，循环不已，旋相为宫，如是以至无穷。明道先生曰：天地之间只有一个感与应而已，更有甚事。程子曰：有感必有应，凡有动皆为感，感则必有应，所应复为感，所感复有应，所以不已也，感应之理知道者，默而观之可也。

感者为主，应者为客；感者为长，应者为消。

卷四　形质篇

点线面体及枝干　二十六之一

凡物自成一质，必由点而线而面而体，体也者，点之积也。形虽合，必可分，陈虽密，必有间，其分歧而四出者，根必始于主点，由点成干，由干生枝，枝生叶，叶复有枝有干，如是递衍以至无穷。此理而《生息篇》虚实、微显、小大、繁简、分合之理，图见彼条。程子曰：凡物有本末，不可分本末作两段看。

物无定数定形　二十六之二

万物皆随时渐生，自盛至衰，各为一浪而灭，其形其数皆以本体摄拒之力，相为权衡，两不能加而止，二力相遇，一为离心力，一为向心力。既无定数，亦无定形。

物形有定无定　二十六之三

凡物有有定之形，有无定之形。盘盂所以盛水也，其形或圆或方、或浅或深、或文或质可以万变，而所以盛水之形不能变也。植物之根干枝叶，动物之耳目口鼻，所以为餐风饮露之质，视听言动之资也，虽物之为动植者，大小不同，形式各异，而根干枝叶之体、耳目口鼻之官不能变也。有三纲五常，而后有典章制度以维持之、遵守之，典章制度可以因革损益随时递变，而三纲五常之理不能变也。不变者有定者也，变者无定者也。无定者皆有定者也，以物之各类观之，牛之种必为牛，马之种必为马，其形质性情，在统类中，为无定之形，而在一类中，为有定之形。有定者皆无定者也。以运会之推迁观之金石水火，无餐风饮露开花结子之节，而植物则有之，是在植物中为有定之形，而在运会中仍为无定之形也；植物无耳目口鼻知觉运动，而动物又有之，是在动物中为有定之形，而在运会中仍为无定之形也。由是理以推之，亿万世后，盖将别有新类生于宇宙之间，奇形诡态，灵姿妙识，出于动物之外者矣。

经纬　二十六之四

凡物既成一体，其体必有经有纬，以相同者为体，以相异者为用，纵横相持，其物乃固。

定点　二十六之五

凡物必有定点，而定点必居一体之中。

物点不可以二　二十六之六

物苟相合，必定于一点，物苟相交，必注于一点，物苟相并必联于一点，可以移，而必不可以二也。

国之有君，家之有长，物之有主，此相合之定于一者也。事虽繁，为之必有次第，客虽多，应之必有后先，五色纷列而目之所视，必凝神于一而后能明；八音并奏而耳之所听，必专聆于一而后能察，此相交之注于一者也。若其相合相交而不能相主臣者，其物为相并之物，必有一物以联之，而两物所拱揖趋向，皆归于重心之点。两物势均力敌，则重心必在两物相切之界，苟稍有大小，则重心必偏，大体在左，必偏于左，大体在右，必偏于右，故物之大者常为小者之主。物定则点定，物移则点移，惟其可移而不可二也。是故国可篡可夺而必不可有二君，宾可介可傧而必不可有二主。

凡物质内外经纬，方而成线，圆而成环，必起于中心之一点，由交点展转纵横，各成条理。

物体虚实　二十六之七

凡物以实为体，以虚为用。

凡物成一体，必内有心腹，外有郛郭。

文质　二十六之八

凡物之本质，遇同则隐，遇异则显，同则成体，异则成文。

物之文，所以全其质也，质强则文寡，质弱则文繁。物之交笋空虚处，必生文饰，以补其质，所以感人之目，使勿窥其窃要而伤之也。

物质常在　二十六之九

万物或为定质、或为流质、或为气质，皆居于实有之界，虽化为至轻至虚之气，析为至细至微之点，至于目不可见、耳不可闻、舌不可尝、鼻不可嗅，而其质自在，必不得目之为无也。

物体所居必其地足以相容　二十六之十

凡物体所居，必其四方所界之空地足以相容，不能容则不能居，不能居而强居之，其界非溢则裂，其物非变则败。

物体所居之地，其四旁绰然有余，则物静；物与界能相为屈伸，可大可小，则物静。如以布囊盛物，物小则囊亦小，物大则囊亦增大。苟物大而界小，如以方二尺之物，置于方一尺之囊。或界虽大，而物之体尤变而加大，如火药定质为一，忽化气质，则大于定质一千五百倍；水之流质为一，忽化气质，则大于流质一千七百十一倍，是其体之大，决非旧界所能容矣。则所居不足以容，而涨力生焉，界愈大则涨力愈小，界愈小则涨力愈大，出于界外，得其所容，则动者复静，而涨力顿失。木箱注水，满其中而严闭之，复从旁孔，用大压力加入一勺之水，其箱即裂，此界小而涨力大之证也。复以火药涨力观之，极坚铁桶置火药三分之二，留空三分之一密闭之，其涨力每方寸十五万磅，满之而不留空，则每方寸七十五万磅，涨力之大小，视界之大小，为反比例也。若火药在真空之内，虽能烧而势缓，并无涨力，因初烧之气点速散，热难传至次点也。用厚纸作桶试此理，纸且不裂。盖物之于界，但求足以相容而已。故界不容则涨，界可容则静。枪炮之制用其溢之理也，开花炮之制用其裂之理也。天地之生物、王者之用人、圣贤之处事、家国之创法立制，要皆含宏广大，使物得以优游其中而相安焉。后世不明是理而束缚驰骤之，文法胜则上下相遁，界所以溢且裂也；生理穷则诈力相凌，物所以变且败也。

物有正变　二十七上

凡物之形体，有正有变，两数成相当式：甲＝乙则为正，相当而生差；甲＜乙⊥丙则为变，微差则微变，大差则大变，其变差可以公较数及连比例求之。《易》曰：刚柔相交，而生变化。

有形无形　二十七下

屠梅君先生仁守。曰：有形者，其大有穷；日月星辰，皆有体质大小可推。其小无穷。一尺之棰，日取其半，万世不竭。凡算数零分多为无穷数。无形者，其大无穷，其小有穷。劳玉初先生曰：其小有穷，所以一等于二之理证之。

一等于二式：甲＝天，即甲⊥天＝二甲，即甲⊥天＝二天，即（甲⊥天）（甲⊤天）＝二甲（甲⊤天）＝（二甲^{二}⊤天^{二}）＝二（甲^{二}⊤天^{二}）即（甲⊥天）（甲⊤天）＝（甲^{二}⊤天^{二}），即（甲^{二}⊤天^{二}）＝二

（甲^{二}丅天^{二}），即一＝二。

附注：此条先生曾加旁注云：则古昔斋对数一曰，截线有尽界，而底无尽界，似与此理相反，当考。

阴阳　二十八

凡物成一体，必有阴阳两面，其正负在在皆为相当之式。朱子曰：看他日月、男女、牝牡，方见得无一物无阴阳，如至微之物也有背面，若说流行处，只是一气。

凡宇宙间，既有一物，必有一相反之物或一体自分，或两物相对。与之相对。若水火冰炭之不相入，实则其相反者，所以相成也。

若阴阳、刚柔、燥湿、寒暑之类，皆成相当相消之式，举一物而言，各有是非得失，善用之，则皆得其中道，无庸喜此而恶彼也。

物本一也，由一而剖之，则为阴阳。朱子曰：阴阳作一个看，亦得作两个看。亦得作两个看，是分阴分阳，两仪立焉。作一个看，只是一个消长。又恒渠曰：两体者，虚实也、动静也、聚散也、清浊也，其究一而已。阴阳之例有三，一曰正负，一体之中，阴阳自分两数，互为消长，正一则负九，正二则负八，正三则负七，正十则负消尽，而归于无。此多彼寡，不容并立，即朱子所推上面剥一分、下面萌芽一分之理，盖本一数，而姑以虚对实，分为两数者也。二曰统属，若阴统于阳，又统于质，拒统于摄，及君为臣纲、父为子纲、夫为妻纲之类，此分之，则二合之则一者也。三曰对待。耳目手足之类，两峰高并势均力敌，无高下大小之殊，无纤毫丝发之异，此确然相对为二，而必不能合而为一者也。程子曰：天地万物之理，无独必有对，皆自然而然，非有安排也。每中夜以思，不知手之舞之、足之蹈之也。问太极便对其底。朱子曰：太极便与阴阳相对，此是形而上者谓之道，形而下者谓之器，便对过都是横对了。一便对二，形而上便对形而下，然就一言之，一之中又自有对，且如眼前一物，便有背面、上下、内外，二又各自为对。虽说无独必有对，然独中又自有对，如棋盘末梢中间，只空一路，若似无对，然此一路对三百六十路。此所谓一对万、道对器也。天下之物未尝无对，然又却是一个道理。

纲目　二十九上

物成一体，必有纲有目以为之界。纲既为目，目又为纲，递相约束以至无穷。纲目之形有二，一则自纵而横，枝干脉络之属。一则自内而外。方圆各形体又函方圆之属。纲之统目也，无定数亦无定形，以足相贯摄而止。大约以一统五者为多，有变者亦不远乎五也。

物穷于三　二十九下

物之变穷于三，自三以往，相变也，皆相重也。劳玉初先生曰：物穷则重，物穷则同。试以平方、立方、多乘方各式证之：

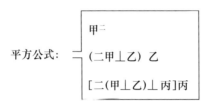

平方公式：
- 甲^{二}
- (二甲⊥乙) 乙
- [二(甲⊥乙)⊥丙]丙

立方公式：
- 甲^{三}
- (三甲^{二}⊥三甲乙⊥乙^{二})乙
- [三(甲⊥乙)^{二}⊥三(甲⊥乙)丙⊥丙^{二}]丙

多乘方公式：
- 甲^{卯}
- (甲⊥乙)^{卯}
- (甲⊥乙⊥丁)^{卯}

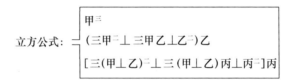

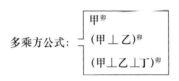

由是观之，各方之初除、次除、三除，式各不同，而自四除以后，则数虽屡加而式无不同者。此一证也。

又以级数公式证之：

级数公式：
- 甲
- 甲⊥乙
- 甲⊥二丁

观初式未能遽断，其次式之必为（甲⊥丁）也，观次式未能遽断，其三式之必为（甲⊥二丁）也，观三式则知四式之必为（甲⊥三丁）矣。
- 甲
- 甲未
- 甲未^{二}

亦同。此二证也。复以《礼经》证之，乡饮酒主人初献宾，次献介，三献众宾，众宾虽多，其礼节仅与宾介同为一等，则以礼有所穷也。以及笙奏三终，间歌三终，三揖三让，三侑三饭，更仆难终，无不以三为节者。此三证也。

职分　三十　三十一阙

凡物成一体，其中惟主点，浑然元气，无所事事。主点即物生机，物体所恃以为生灭者也，与国君相似而实不同。君犹动物之大脑，为百职中之最尊贵者，以指麾百体自养为职，先有百体而后有脑，以主点与脑相衡，脑犹国之有相，而主点乃真君也。观于植物有体无脑，知脑非物所视，以为生灭者。柳州《封建论》，殆深通造物之原矣。余则自分为各体，以主智勇诸官。动物之脏腑、骨肉、五官、百体，植物之根干、枝叶，国家之将相、百执事。溯其源，则分自一体而非外来，究其用，则各有专司而不相越，或摄或拒，视乎其外，外增一事之感，则内增一官以应之。为植物然后有枝叶，为动物然后有五官。用愈多则官愈繁，用苟废则官亦废。增损随时，讫无定式、无越俎、无冗员，职有轻重，则分有贵贱，智官常重而贵，勇官常轻而贱，贵者质脆，任其逸而自卫恒严；贱者质粗，任其劳而自卫常简。

凡物愈巧则机愈繁，机愈繁巧则用愈巧，机愈繁则用愈专，用愈专则用愈隘，机愈巧则物愈脆，物愈脆则坏愈速，拙而简者，其利弊反是。巧拙繁简，相视为反比例式，又为勾股同为一弦之式。

卷五　分合篇

物由各元质离合相剂而成　三十二之一

凡物成一体，皆由各元质杂合相剂而成，成后各质旋长旋消，旋消旋长，吐故纳新，循环不已。分剂同，则形质性情亦同；分剂异，则形质性情亦异。庄子曰：人之生，气之聚也。聚则为生，散则为死，是其所美者为神奇，所恶者为臭腐，臭腐复化为神奇，神奇复化为臭腐。故曰通天下一气耳，圣人故贵一。张横渠曰：游气纷扰合而成质者，生人物之各殊，其阴阳两端，循环不已者，立天地之大义。

和合化合　三十二之二

两质相合而成一物，必先和合而后化合。和合犹数之相加也，化合犹数之相乘也。

合质形性存灭　三十二之三

凡两质之相合而成新物也，和合则两质之形性俱存，化合则两质之形性俱灭。化学曰：显受力而化合之后，物之形性全改，然形性虽变，元质仍存，权其化复之重，必与未化之时等，故知元质未毁灭也。

和合必化合乃固　三十二之四

凡甲物摄乙丙各物为一，但和合而不能化合，其在物则若包裹、束缚联之，以外物而不能相陶镕，其在事则若势迫刑驱劫之，以威力而不能相浃洽。则摄力少鲜，其物立散，仍各后其乙丙之原形。若和合而复加以化合之功，则乙丙原形为甲所化，因摄力而自生向力，浑融无间，其合乃固，其运乃久。迨甲运既灭，乙丙各杂质，彷徨而无所归，始与他物相摄相合别成一体，而必不能复其原形矣。

摄推各力　三十二之五

凡物各有摄力，使外物附己，各有推力，使外物离己，用此二力以自全其质。《易》曰：同声相应，同气相求，水流湿，火就燥，云从龙，风从虎。圣人作而万物睹本乎，天者亲上本乎，地者亲下，则各从其类也。

凡物相近，则有相摄之力，以摄力反而用之，则为推力。

异物乍合，皆先相推，而后相摄。

推者恐失其所固有也，摄者欲盖其所本无也。

摄力必在体界以内　三十二之六

化学曰：物质在体界之内，其摄力甚大，若出体界之外，则摄力全无。

摄推遇物忽显　三十二之七

凡物摄推之力，皆居于静界。遇所当摄推之物，则其力忽显，情专势锐，不可遏抑，迨其事既终，则后归于静界矣。

化学曰：各物才生发之时，比平时之受力甚大。又曰：各元质之化合，以发热为常事，发热即受力显大之证。间有发热之外又能发光者，其热与光之数，以化合之迟速为比例。

向离各力　三十二之八

凡甲乙两物相遇，乙或甲体自分，或本为两体。甲摄力大，则乙之向力亦大，甲摄力小，则乙之向力亦小，推力之于离力亦然。若甲乙本恶而难相合者，甲摄力大，则乙之推力反大，甲摄力小，乙推力亦少。

摄力大小　三十三之一

物遇同类则摄力大，遇异类则摄力小，物遇异质则摄力大，遇同质则摄力小，此二端复有公理曰：物遇养质则摄力大，遇废质则摄力小。

物相反则相制，物相反则相成也。化学曰：同类之物不能显受力。又曰：物质相异者受力大，相似者受力小。盖交久则狎，合狃则玩，人情物理固一贯耳。

物遇所需之质，先多后少则摄力大，先少后多则摄力小。此即反比例之理，有平面长广各十尺，求他面与之同积，设广仅五尺，则长必二十尺。

凡物愈大，则体质之摄力愈大；物愈小，则体质之摄力愈小。此为正比例式。物愈大，则主点之摄力愈小；物愈小，则主点之摄力愈大。此为反比例式。

我强彼弱，则摄力大而推力小；我弱彼强，则摄力小而推力大。是故强者好战，弱者好和，强者常攻，弱者常守。介属外骨，弱而守者也；鳞属内骨，强而攻者也。蔬食之属，其武备多守而少攻；肉食之属，其武备多攻而少守。

两物相摄，近则力大，远则力小；两物相摄，远则力大，近则力小。二者相为比例。

摄力小者常为摄力大者所摄　三十三之二

凡万物并处，则摄力小者甲。即为大者乙。所摄，合成一物，相摄而相养也。迨遇摄力之尤大者，丙。则甲又离乙而合于丙，乍合乍离，一以摄力大小为主，纯亦不已，而成无法之形。

物之主点既无摄力，则体内各质必为他物摄力所摄　三十三之三

凡甲物之主点，既无摄体内各质之力，或变摄力而为推力，则体内各质即生离力，自分为千百小体，四散于宇宙间，迨遇乙丙丁各物，或甲体自分，或本为他物。生摄力以摄之，则四邻各小体，即生向力而归之。他物推各小体之力愈大，则各小体趋向乙丙丁之力亦愈大，而千百小体，遂合为乙丙丁数大体。此数大体，复互相推摄，或为甲物及他物所推摄，其终必归于一而后已，聚而复散，散而复聚，至于无穷。

试以秦汉之事证之：始皇二世之虐，则摄力之变推力也；胜、广揭竿，四方蜂起，则千百体之散也；诸侯错峙，各君其国，各子其民，则小体之归甲乙丙也；章邯围赵，楚兵渡河，项羽焚秦，民心归汉，则彼之推力愈加，此之向力愈大也。高祖亡秦灭楚而帝中国，迄于武、宣，收夷貊，控西域，北臣强胡，南平百越，薄海内外，同奉一尊，则数大体之归于一也。秦汉如是，六朝如是，唐宋元明莫不如是。即往古来今，有司之不能抚民、将帅之不能驭众、子孙之不能保家，以及百物之

聚散、诸贤之分合，营营扰扰，各有所归，亦莫不如是。

主点有二则相灭　三十三之四

物之成体也，主点必一而不能二。没有甲乙两主点相遇，或一物自分，或两物相对。而乙点摄力少大，则附甲点之微质，必为乙点所摄，至于尽灭甲体，化为乙体而后已。《易》曰：阴疑于阳必战。

借物以助分合　三十四

凡两物相近，有推摄之力，则能自分自合，苟不能自分自合，则必借一物以助之，或为之增其力。或为之杀其力。然后物从而分合焉。

婚姻之有媒妁，交际之介绍，市易之有行牙，排难解纷之有居间，皆是也。粟稗杂处，得筛而后分；竹木异质，得胶而后合。化学曰：自能化合之物，共置一处，或可立显受力而化合，或待片时，或待多时，或待别力，加热之力。以助其受力而以合；有时二物自不能化合，再以一物近之，则二物立能化合，其一物与彼无关，并不改变形质也。

异同虚实相和　三十五上

异同虚实相和。山径之蹊，用之成路，为间不用，则茅塞之矣。维鹊有巢，维鸠居之。近朱则赤，近墨则黑。

物相遇并大小数为一全数，自为正负　三十五中

凡物本质，各函一太极全数，两物相遇，则大小两数之和，并为一全数甲丄乙＝丙。而大数之负，必为小数甲丅乙，小数之负，必为大数乙丅甲，两数相加折半，则为中率$\frac{\text{二}}{\text{甲丄乙}}$。

明道先生曰：天地生物各无不足之理，常思天下君臣、父子、兄弟、夫妇有多少不尽分处。

数必自二以上　三十五下

凡一物无数，数必自二以上。举两物以相较，然后小大之形分焉，多寡之数出焉。

《左传》曰：物生而后有滋，滋而后有象，象而后有数。数也者，继乎象之后者也，故一物而无他物以形之，则有象而无数。化学中养气以八分为一分剂，铁以二十八分为一分剂，八与二十八者，依乎汞之以百为剂、氢气之以一为剂而言，其实所用分剂之数，不过与他质比较之数，其元质并无此数也，所以不拘何数，皆可举以为率，一率既定，各质之数，即依此为比例矣。设仅即养气一物而言，则非独不得命其数为八，并不得命其数为一，一者对乎二之数也。但能名之曰养气而已。横

渠正蒙曰：两不立，则一不可见；一不可见，则两之用息。

公理凡终

此编乃先君未竟之遗著也，稿存箧中迄四十余年矣。编仅提纲，其分条析目尚有缺者。今年春，余以本邑修筑公路之事，随邑中诸君子之后，城居日久，得与胡先生子承时过从。先生为我徽名宿，虽居耄耋之年，而好学不倦，其于先君则尤敬仰有加者，余乃以是编示之。先生一睹，如获异珍。盖先生亦喜研求公理者也，乃迄先生序而整理之。此编文意幽赜，然得先生整理之，俾其纲张目举，条分缕析，则阅者未易了然。书凡五卷，都三十五条，其间虽有缺者，然于求公理，亦十之七八矣。录竟聊缀数言，以谢胡先生盛意，并以志不忘之尔。

癸酉仲秋瞻涛谨识

人道纲目

人道纲目通论	修己	治人	
修己之纲二	正心	修身	
正心之纲一	仁二		
修身之纲三	持躬四	尽伦五	任事六
治人之纲二	通论八	知人	安民
知人之纲二	任贤能九上	谨亲昵九下	
安民之纲四	正纪纲十	厚民生十二	
	崇教化十三	讲武备十四	

人道纲目通论　修己　治人

通论

观阴阳之运

究事物之变

达性情之原

明道德之统

君师出治之责

王霸升降之殊

修己之纲二　　正心　修身

正心之纲一　仁

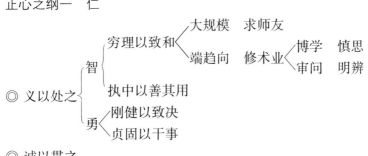

◎ 义以处之
- 智
  - 穷理以致和
    - 大规模　求师友
    - 端趋向　修术业
      - 博学　慎思
      - 审问　明辨
  - 执中以善其用
- 勇
  - 刚健以致决
  - 贞固以干事

◎ 诚以贯之

◎ 敬以将之
- 存心之敬　察几之敬　事上接下之敬
- 捡身之敬　处事之敬　忧盛危明之敬

修身之纲三　　持躬　尽伦　任事

◎ 持躬

- 养气体
  - 慎寒暑
  - 节饮食
  - 调起居
  - 清耆欲
  - 谨医药
  - 远危险
- 正威仪
  - 容貌　饮食　告仪　宾仪　嘉仪
  - 辞令　服物　凶仪　军仪　杂仪
- 慎言行
  - 溥公恕
  - 敦谦让
  - 秉正直
  - 崇信义
  - 时简静
  - 安俭朴
  - 顺时守分
    - 洁去就　安厄穷
    - 慎取与　谨羁旅

履中蹈庸

- 习艺事

◎ 尽伦

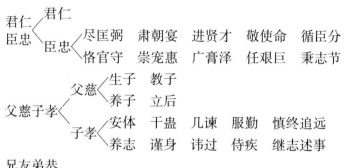

- 笃尊亲
  - 君仁臣忠
    - 君仁
    - 臣忠
      - 尽匡弼　肃朝宴　进贤才　敬使命　循臣分
      - 恪官守　崇宠惠　广膏泽　任艰巨　秉志节
  - 父慈子孝
    - 父慈
      - 生子　教子
      - 养子　立后
    - 子孝
      - 安体　干蛊　几谏　服勤　慎终追远
      - 养志　谨身　讳过　侍疾　继志述事
  - 兄友弟恭
  - 夫义妇顺
  - 亲宗族
  - 睦姻戚
- 崇齿德—尊师　敬老　贤贤　长长
- 别男女
- 明贵贱
- 惇交游
  - 信朋友　和僚属　慈幼少
  - 礼故旧　敬宾客　睦乡党
- 宏胞与

◎ 任事

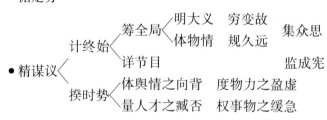

- 循定分
- 精谋议
  - 计终始
    - 筹全局
      - 明大义　穷变故
      - 体物情　规久远
    - 集众思
    - 详节目
    - 监成宪
  - 揆时势
    - 体舆情之向背　度物力之盈虚
    - 量人才之臧否　权事物之缓急
- 审机宜
  - 因自然之势　节舒敛之宜　行之以渐　化猜嫌　谨细微
  - 赴适可之时　定先后之序　备之以豫　持屯蹇　善变通
- 奋刚断
- 挈纲领

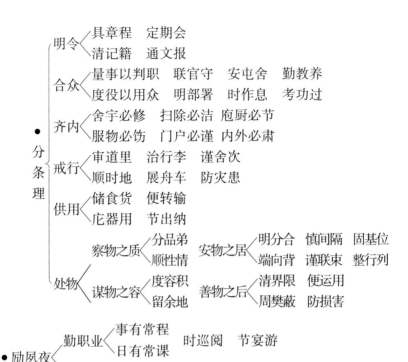

- 分条理
  - 明令
    - 具章程　定期会
    - 清记籍　通文报
  - 合众
    - 量事以判职　联官守　安屯舍　勤教养
    - 度役以用众　明部署　时作息　考功过
  - 齐内
    - 舍宇必修　扫除必洁　庖厨必节
    - 服物必饬　门户必谨　内外必肃
  - 戒行
    - 审道里　治行李　谨舍次
    - 顺时地　展舟车　防灾患
  - 供用
    - 储食货　便转输
    - 庀器用　节出纳
  - 处物
    - 察物之质
      - 分品弟
      - 顺性情
    - 安物之居
      - 明分合　慎间隔　固基位
      - 端向背　谨联束　整行列
    - 谋物之容
      - 度容积
      - 留余地
    - 善物之后
      - 清界限　便运用
      - 周樊蔽　防损害
- 励夙夜
  - 勤职业
    - 事有常程
    - 日有常课
    - 时巡阅　节宴游
  - 广接纳
    - 谨捡覆　习劳苦
- 好整暇

治人之纲二　　知人　安民

通论

　规模德量之宏

　治乱兴亡之鉴

　古今时势之变

　因革损益之宜

　官家征禅之分

　正闰中外之辨

　创垂缵守之重

　圣神功化之极

知人之纲二　任贤能　谨亲昵

◎ 任贤能

- 广登进
  - 分科目　重荐举
  - 宏教育　崇征聘

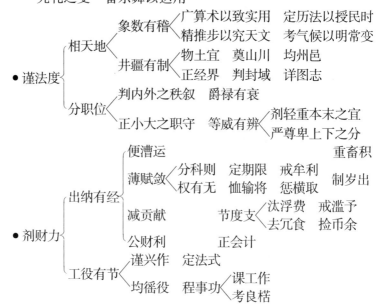

- 甄才德
  - 核言行
    - 品纯粹　学精邃　才沈敏
    - 量恢宏　识远大　力贞毅
    - 分辟命
  - 辨材器
    - 一曰公卿二曰将帅三曰岳牧
    - 四曰守令五曰文学六曰干艺
    - 参资望
- 专委任
  - 礼隆　权专
  - 法简　任久
- 谨护持
- 体私情
- 严考课

◎ 谨亲昵

- 肃内政
  - 正房闱　诫戚属
  - 饬子弟　抑妇寺
- 绝外私
  - 戢旧从　屏奸邪
  - 远弄臣　斥方技

安民之纲四　正纪纲　厚民生　崇教化　讲武备

◎ 正纪纲

- 修礼乐
  - 端礼之本　饬礼之器
  - 明礼之意　节礼之文
    - 以吉礼妥鬼神　以宾礼亲交际
    - 以凶礼哀祸灾　以军礼饬戎政　以嘉礼笃恩私
  - 严礼之别　定律吕以正声
  - 究礼之变　备乐舞以达用
- 谨法度
  - 相天地
    - 象数有稽
      - 广算术以致实用　定历法以授民时
      - 精推步以究天文　考气候以明常变
    - 井疆有制
      - 物土宜　奠山川　均州邑
      - 正经界　判封域　详图志
  - 分职位
    - 判内外之秩叙　爵禄有衰
    - 正小大之职守　等威有辨
      - 剂轻重本末之宜
      - 严尊卑上下之分
- 剂财力
  - 出纳有经
    - 便漕运　重畜积
    - 薄赋敛　制岁出
      - 分科则　定期限　戒牟利
      - 权有无　恤输将　惩横取
    - 减贡献　节度支
      - 汰浮费　戒滥予
      - 去冗食　捡币余
    - 公财利　正会计
  - 工役有节
    - 谨兴作　定法式
    - 均徭役　程事功
      - 课工作
      - 考良楛

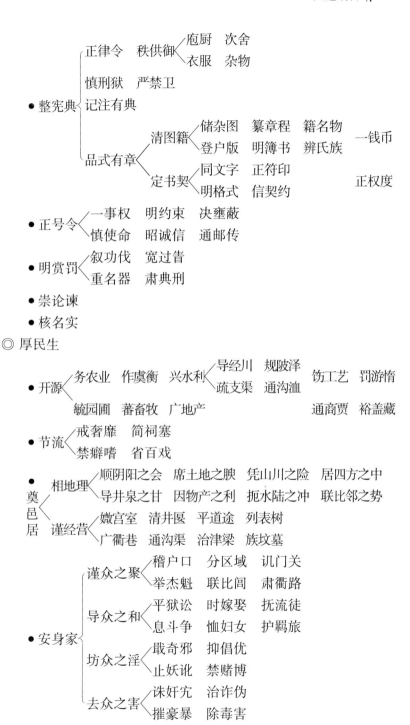

- 整宪典
  - 正律令
  - 秩供御
    - 庖厨　次舍
    - 衣服　杂物
  - 慎刑狱
  - 严禁卫
  - 记注有典
  - 品式有章
    - 清图籍
      - 储杂图　纂章程　籍名物
      - 登户版　明簿书　辨氏族
    - 定书契
      - 同文字　正符印
      - 明格式　信契约
    - 一钱币
    - 正权度
- 正号令
  - 一事权　明约束　决壅蔽
  - 慎使命　昭诚信　通邮传
- 明赏罚
  - 叙功伐　宽过眚
  - 重名器　肃典刑
- 崇论谏
- 核名实

◎ 厚民生

- 开源
  - 务农业　作虞衡　兴水利
    - 导经川　规陂泽
    - 疏支渠　通沟洫
  - 饬工艺　罚游惰
  - 毓园圃　蓄畜牧　广地产
  - 通商贾　裕盖藏
- 节流
  - 戒奢靡　简祠塞
  - 禁癖嗜　省百戏
- 奠邑居
  - 相地理
    - 顺阴阳之会　席土地之腴　凭山川之险　居四方之中
    - 导井泉之甘　因物产之利　扼水陆之冲　联比邻之势
  - 谨经营
    - 嬓宫室　清井匽　平道途　列表树
    - 广衢巷　通沟渠　治津梁　族坟墓
- 安身家
  - 谨众之聚
    - 稽户口　分区域　讥门关
    - 举杰魁　联比闾　肃衢路
  - 导众之和
    - 平狱讼　时嫁娶　抚流徙
    - 息斗争　恤妇女　护羁旅
  - 坊众之淫
    - 戢奇邪　抑倡优
    - 止妖讹　禁赌博
  - 去众之害
    - 诛奸宄　治诈伪
    - 摧豪暴　除毒害

- 急艰厄
  - 宏保息
    - 慈幼 振穷 宽疾
    - 养老 恤贫 安富
  - 救凶荒
  - 修火政
  - 拯疾疫
- 广怀柔
  - 绥远以德 结约以信 谨内外之出入 判华夷之常居
  - 服暴以威 正敌以义 恤宾旅之往来 平主客之争竞

◎ 崇教化

- 端表率
- 申条教
- 隆学校
  - 崇儒术 罗典籍 选生徒 勤教习
  - 广实学 正师法 厚赡养 严甄别
- 黜异端
- 广训诲
- 培风俗

◎ 讲武备

- 任将帅
- 整师旅
  - 分营伍
    - 什伍相联 步骑相参 枝干相配
    - 长短相卫 水陆相济 职事相资
  - 简勇艺
  - 明纪律
    - 辨号令 申军法
    - 严节制 核功罪
  - 善拊循
    - 勤延揽 均廪赐 节劳逸 公俘获
    - 喻情意 同甘苦 恤死伤 慎调遣
  - 勤训练
    - 一众力
      - 课技击 习分合
      - 齐步伐 教攻守
    - 作士气
      - 奖忠义 褒武勇
      - 劝辑睦 励廉勤
  - 严校阅
  - 节行止
    - 行有定法 伍有定列 具衣装 避燠湿
    - 舍有定课 期有定时 裹糇粮 谨疾疫
  - 部战守
    - 固藩维 坚壁清野 广候谍 绝内奸
    - 联犄角 分部更番 周巡防 顾后路
      - 护辎重 便樵汲 补伤阙
      - 通馈运 广刍牧 利往来
  - 简军实
    - 裕屯饷 饬牧圉
    - 庀器械 徕工商
  - 设险阻
    - 治城隍 峻坎窞
    - 坚营垒 障要冲
  - 时搜狩

- 恢方略
  - 正征伐之本
    - 修政自强　知人善任　深根固本
    - 推诚大度　信赏必罚　伐罪吊民
  - 慎攻守之谋
    - 远交近攻
    - 观衅审势
      - 知己知彼　推亡固存　先枝后干　扼要争先
      - 避实击虚　抑强扶弱　虚速实迟　养锐致敌
    - 顺时察地
    - 因敌设奇
      - 疑敌心　激敌怒　萃敌众　破敌党　沮敌气
      - 中敌欲　怠敌志　分敌势　疲敌力　挠敌谋
    - 谨胜厉败
    - 镇猝持危
  - 审奇正之机
    - 批亢捣虚
      - 攻必救　绝饷道
      - 掩不备　断援兵
      - 没起速发
    - 并力一向
      - 血战推锋
  - 善戡定之后
    - 乘威招抚
    - 歼魁散胁
    - 按兵镇险
    - 擢士安民
      - 纳降俘　封府库　广赈恤　旌节行　戮奸回
      - 护朝市　收图籍　理冤滞　礼贤豪　除苛政

论文八则

弁言第一

作舟幼孤失学，姿识鄙陋，弱而好文。穷乡僻壤之中，苦于无所师法，遍读唐宋诸大家而心摹手追之。年十八九学于杭州，与程君蒲荪、赵君撝叔游，聆其议论，读龚定盦诸集，而好为艰涩幽险之文。其后习绮体，窥乎宋明诸名集，国朝尤袁洪胡之奥，进而溯乎汉魏六朝，而又好为骈四俪六之文，频年泛骛，厌慕相半，最后爽然怳然，知其皆非三代文章之正也。于是高瞻远瞩，壹志凝神，专寝馈于六经诸子、周秦西汉之文，既愤且乐，誓以终老。学步未能，赧然增愧。顾于古今文体之贞淫正变，源流得失，绳墨之委曲周折，笔阵之离合操纵，似有所见，而仿佛可言者。余三弟陶卿、四弟石卿，寒窗问学，与余同嗜，酒酣耳热，相与论文，往复辩难，恒忘寝食，思有以论录而别存之。

夫为文之功力学养、进取师资之道，昌黎、柳州固已详言。至其义法，则有宋以来，若欧苏诸家，若弇洲震川，若荆川石斋，若亭林同人望溪诸君子，皆尝有所论列。独惜其旁见错出，语鲜专门，非杂而无章，则偏而不举。若《文心雕龙》、《读书作文谱》之类，则又陈义虽详，闻识颇陋。求其提纲挈领，巨细毕该，上汇乎立言体用之原，下极乎波折毫发之细，而高挹群言、不落浅近者，盖未之有见也。

离群索居，忘其愚固，辄撮为七本、四术、六体、十四法、六要、十妙、九害之说，质诸两弟，用相娱乐，言不必文，惟求其是，管窥蠡测，仅举大端，疏浅狂妄之讥，知所不免，而穷源竟委，缕析条分，萃往宿之名言，辟后来之涂径，于学文之本末次第，纲目要领，或庶几焉。有志于为文者，触鄙言而会通之，条理既明，则于古人论文之言，片语单词，胥有归宿。区区野人之芹，其或发起予之一哂乎。

七本第二

今之为文者，不高师法，不讲体要，贸贸焉取古人之文而杂学之，依傍旧意，滥袭成调，剽窃一字一句，自以为古，此以为时文犹且不可，而欲以为古文，吾惑焉。夫为文者，将以穷极万事万物之理，护吾学识之所独得，畅吾衷曲之所欲言，陶写性情，羽翼经传，大则以明道立教，小则以娱目谈心，苟非尽学问思辨之功，才足以追三代，学足以贯天人，无知妄作，夫岂有当。盖为文之道，学识为先，首举其端，厥有七本：

一曰格物致知，以穷其事理，则文之旨蕴必深矣；二曰博学好问，以富其见闻，则文之凭藉必厚矣；三曰浸淫古籍，以高其师法，则文之气骨必古矣；四曰沉潜涵泳，以养其气机，则文之魄力必大矣；五曰讲求体要，以审其施用，则文之格律必严矣；六曰讲求法度，以清其布置，则文之条理必密矣；七曰讲求用笔，以极其变化，则文之精神必焕矣。

平时无此七者之功而仓猝握管，求作佳文，是犹却行而求前，南辕而北辙。吾见其潢污行潦之水，苦于无源，纵尽其忘寝废食、句修字饰之劳，亦不外庸恶陋劣四字而已。

四术第三

七本既裕，始可为文。临时构思，更有四术：一曰立意，二曰辨体，三曰布局，四曰修词。

纵横千万言之文，必先审其当立何意，当用何体。意既立矣，体既定矣，又必认定主人翁，而徐分其浅深、先后、宾主、反正之层次，细思其提掇关锁、首尾呼应之线索，一一布置妥贴，然后次第摛词，句斟字酌，于波态之长短曲折、音节之高下疾徐、造句之工拙雅俗，处处精神检摄，一字不敢忽略。沉思渺虑，惨淡经营，成竹在胸，借书于手，一挥数纸，笔不加点，同此一文，而独大含细入，浑灏汪洋，若具有波涛汹涌之势，人第赏其局势之闳、魄力之厚，而不知实其结构之严密也。彼夫枝枝节节而为之者，内无精意，专事涂饰，金玉其外，败絮其中，点窜愈多，词意愈晦，乌足以语此。

六体第四

夫文之体，则不可以不辨矣。唐虞以降，藻采日繁，迄乎周秦西汉之间，前后二千余载。六艺百氏，争鸣竞奇。人各挟其独造之学，纵其天挺之才，以创千古未有之格，称宗作祖，各不相师，法式之变，无美不备。学者欲有所作，贵先辨体：

一曰肃穆典雅之文，二曰雄骏英锐之文，三曰曲折奥衍之文，四曰灵矫秀逸之文，五曰缠绵委婉之文，六曰洁净精微之文。

肃穆典雅之文，以《周易》、《尚书》、《仪礼》、《周官》、《春秋》、《左传》、《国语》为宗，其体用之以纪事铭颂、勒典刊碑，则庄严厚重、博大昌明，而无佻滑鄙俗之病。

雄骏英锐之文，以《国策》、先秦、汉初为宗，其体用之以辩驳论难、发明利害，则驰骋豪爽、惊心动魄，而无颓弱艰涩之病。

曲折奥衍之文，以《管子》、《墨子》、《荀子》、《韩非》为宗，其体用之以指陈事理、抉摘幽隐，则推阐至深、洞见症结，而无蒙翳肤廓之病。

灵矫秀逸之文，以《易传》、《考工记》、《檀弓》、《孟子》、《庄子》、《史记》及《国策》短篇为宗，其体用之以说理纪物、传神写生，则飘忽敏妙、俯仰淋漓，而无平拙板滞之病。

缠绵委婉之文，以“三百篇”及《左传》之词令为宗，其体用之以讽谏酬对、摅写性情，则敦厚温柔、低回宛转，而无戆直粗戾之病。

洁净精微之文，以《公》、《穀》、《礼记》、《夏小正》传为宗，其体用之以笺注经传、解释事物，则言近指远、简短韵长，而无冗累浅率之病。

故夫刊碑作颂，以山林疏淡之体行之，则嫌于寒俭矣；纪游赋物，以典谟训诰之体行之，则嫌于官样矣。学者弃去坊选俗本，取诸古籍，朝夕揣摩，涵泳十年，肠垢尽涤，于诸体能区而别之，复会而通之，然后称体为文，曲究其妙，深造自得，左右逢原，将有筌蹄俱忘，与古为化，而不知其所以然者。

十四法第五

文有古今之不同，有雅郑之互异，独至于行文之法度，则无论古文时文、骈体诗赋，以及世俗簿书、尺牍、盲词、小说一切极鄙极俗之文，十字以外，即须有法，古今雅郑无不同者。且骨势雄奇，笔态神妙，天资所限，或难强为；绳趋尺步，中材可勉。将无纪律，不可以统什伍之师；匠无绳墨，不可以营尺寸之器。学文之道，莫急于此。

夫文章之体，虽有纪、传、志、状、碑、颂、铭、诔、诏、告、表、疏、序、论、杂体之殊，总其大要，不外纪事、议论两端。

纪事之法，约有十四：一曰正笔，二曰旁笔，三曰原笔，四曰伏笔，五曰结笔，六曰补笔，七曰带笔，八曰铺叙立案之笔，九曰提掇呼应之笔，十曰关锁串递之笔，十一曰断制咏叹之笔，十二曰详略虚实之笔，十三曰宾主映射之笔，十四曰点缀传神之笔。

凡叙一人一事，则此人此事，即为一篇之主，必详写之、细述之，此为正笔。

非本人本事，而彼此相交涉者，亦详写之、细述之，以尽其始末，此为旁笔。

原笔者，原其事之所由来也，如《左传》每叙大政事、大征伐，必先详述其发端起衅之由；《史》、《汉》列传，首详爵里。此皆原笔。

伏笔有二：一则微逗后事，若隐若现，使人一展卷而已知其事之究竟，若《左传》每叙一事，其胜败得失之机，必先引人言，或预书机兆以微示之；一则先经起义，事前张本，入后接叙，不嫌于突。此皆伏笔。

结笔者，一篇大指之归宿也。《左传》叙事长短诸篇，每以经文一句结之；《国策·楚考烈王无子》篇，首尾甚长，末结云“而李园女弟初幸春申君有身而入之王所生子者，遂立为楚幽王也”一语，而通篇大致，收拾罄尽。此为结笔。

补笔有三：或一时数事不便并叙，则于后补之，《左传》叙晋楚诸大盟会、大战争，每用此法。或问答之中别生枝节，而又不可忽略者，则亦于后补之，如《左传》叙魏绛言“有穷后羿”，而补述晋悼之好猎；叙晏婴言“踊贵屦贱”，而补述齐景之繁刑。或事有曲折，令人可疑，则随事补明之，如《国策》叙“荆轲刺秦”，中插“而秦法群臣侍殿上者”一段，则惶急无救之故了然。此皆补笔。

非本人本事，而闲情逸韵，或关其人之行迹，或为后世之美谈，则随事带书之。如《左传》叙楚昭出奔而带书钟建诸事，《史》、《汉》列传，亲友子弟，每多附书。此皆带笔。

事前立案，以便下文畅叙，与原笔、伏笔相似，惟原笔言其来由，而此言其现在；伏笔微露后事，而此明言时政。如《仪礼》宾祭、燕射诸仪，必首详其礼器陈设之位。《左传》叙大政事，必首言某为某官、某为某官；叙大战争，必首言某将中军，某将上军、下军，某人为御，某人为右，凡以提明纲领，使人便于考核。又如《国语》吴晋争盟，详写吴军荼火之观；《史记》白登之围，极言匈奴士马之盛。此皆铺叙立案之笔。

叙事长篇，人多事繁，易于散乱，有线索以提掇之、呼应之，则操纵由我，精神团结，自有六辔在手、一尘不争之妙。如《史记·项羽本纪》，全以“东”、“西”字作眼目，随时指画楚汉大势，宛如掌上螺纹；《汉书·王莽传》，事迹繁冗，洗眉刷目，尤觉清醒。《左》、《国》诸书，无篇不有。此为提掇呼应之笔。

前后情事各异，藕断丝连，夹缝之中，笔补造化。如《史记·李斯列传》，将叙斯上督责书中插云是时“李斯子由为三川守，群盗略地过去，二世使人诮让斯为三公，如何令盗如此，李斯恐惧，重爵禄不知所出，于是上督责书”云云。前后曲折，宛能如画。《左》、《国》斯例尤多。此为关锁串递之笔。

断制咏叹者，所以发明事理之所得失、物情之所寄托、垂后世之龟鉴、寓生平之感慨也。如《左传》叙事，每引某人曰或君子曰以断之。《史记》伯夷、屈原诸传，夹叙夹议，尤极变化淋漓。此为断制咏叹之笔。

详略虚实者，一以省冗复之繁文，一以分宾主之轻重也。如《左传》叙鄢陵之战，晋军一面，情形尽于楚群臣问答中；而楚军一面，则“亦以楚师告”五字了之。《国策·中山与燕赵为王》篇，其张登说齐王之语，尽扮演于蓝诸君问答之际，虚实相生，莫名其妙。《史》、《汉》列传，数人而同一事者，其事必详于最重者之传，而他传则第云“语在某人传中”。史书相沿，遂为通例。此为详略虚实之笔。

本写此面，而故写彼面，以映射之。如《史记·魏其传》，意在写魏其之衰颓，而偏极写武安之贵倨。《汉书·萧望之传》，意在写望之之人品，而偏极写仲翁之骄矜。又如《国策·楚考烈王无子》篇，末忽接“是岁秦始皇立九年矣”一段，楼台倒影，妙在无言。此皆宾主映射之笔。

写生之法，全恃四面烘染，颊上添毫，须眉毕现。昔人谓《虎溪三笑图》，衣冠折皱，俱有笑容，摹写之妙，亦复如是。如《左传》将叙右尹进谏，而首详楚灵冠服骄倨之状。《国策》叙范雎初见秦王，闲中点缀，尤极妙态；《江乙说安陵君》篇中，叙楚王游于云梦一段，着色细写，生气勃勃。此皆点缀传神之笔。

以此十四法，而加之以疏密、错综、变化、伸缩之奇，则叙事之妙略尽矣。

六要第六

至于议论之文，则随事赋形，千变万化，忽长忽短，忽开忽合，忽整忽散，忽疾忽徐，忽正忽喻，忽浓忽淡，忽怒忽喜，忽庄忽谐，忽而惊涛怒号，忽而新莺百转，忽而飘风急雨，忽而浪静波平，突然而起，戛然而止，波谲云诡，不可方物，无定局之可寻，无成法之可议，不得已而言其运用之方，略有六要：

一曰划清层次，以布其大局。

二曰提掇呼应，以挈其纲领。

三曰穷源竟委，以洞其本末。

四曰反覆推勘，以极其事变。

五曰剀切详明，以畅其正面。

六曰引喻借证，以助其波澜。

文无论古今，无论雅郑，无论长短工拙，无论何体何式，未有外此六要而能成一文者。加之以顺逆、操纵、离合、顿挫之奇，则议论之妙略尽矣。

十妙第七

夫前之所言肃穆典雅六者，文之体也；十四法、六要者，文之法也。若其行乎体法之中而超乎体法之外，煌煌大文，传之当世，垂之千古，瑰玮奇特，光怪陆离，使人可惊可喜，可泣可歌，称为大家而不可磨灭者，玩其笔阵，盖有十妙：一曰精，二曰大，三曰雅，四曰整，五曰雄，六曰健，七曰灵，八曰锐，九曰秀，十曰宕。

爬梳抉剔，直中事理，明白洞达，善于形容，无不达之情，无不畅之理，此之谓精。

疏节阔目，粗枝大叶，而高深广远，包涵万象，无搔头弄姿之习，此之谓大。

俗字俗语，不入于文；清词丽句，不入于文；油腔滑调，不入于文。若商彝周鼎，古气盎然，一归于三代文章之正，此之谓雅。

长篇大牍之文，头绪纷繁，局势灏瀚，若千门万户，阳高阴阖，目眩神惊；若武夷九曲，水复山重，迷离惝恍。而其中大开大合，间架分明，细针密缕，了了可辨，无一字之模糊，无一义之错杂，此之谓整。

浩气鼓行，精力弥满，一转一折之中，字里行间，苍苍莽莽，鱼龙万怪，出没惶惑，若骏马之下坂，若香象之渡河，若黄河东泻，泥沙并下，直有浴日月而荡乾坤之势，此之谓雄。

遒炼峭拔，无冗语闲词，无累句剩字，愈袅娜愈劲挺，若大华之临风，若精金之百炼，此之谓健。

忽起忽落，忽离忽合，笔笔出人意表，若神龙天际，鳞爪隐现，幻妙无穷；若奇云布空，随风卷舒，瞬息万变，此之谓灵。

笔笔犀利，语语透宗，若奔雷掣电之速，鼻端出火，耳后生风；若大阿干将之锋，摧腹陷胸，无坚不破，此之谓锐。

绚烂之极，归于老朴，回眸偶顾，姿态横生，若美人之含笑，若幽兰之弄风，此之谓秀。

长江大河，一泻千里，而中有顿宕纡回之致，气直而神曲，体方而用圆，水抱山环，千回百折，此之谓宕。

周秦西汉之文，面目不同，体裁各异，要未有不兼此十妙者；唐宋诸家，虽未能全擅斯旨，抑亦十得七八；晚近文人，动好操笔，刍灵木偶，略具形模，至于此妙，全所未睹。虽蜣螂转丸，自比苏合而满纸涂鸦，适成其为商贾吏胥之恶札而已。

九害第八

居今之世，为古之文，于体、法、妙三者，亦既知之学之，而文不进者，非独其天资之未高也，事理之未明也，法律之未讲也，有故焉：一曰时文之体害之，二曰骈俪之体害之，三曰险涩之体害之，四曰经解之体害之，五曰文集之体害之，六曰尺牍之体害之，七曰官文书之体害之，八曰语录小说之体害之，九曰佛老经咒之体害之。

康雍以前，时文犹稍近古，今则圆滑艳媚，专尚词调。学者既习古文，又读烂墨，一傅众咻，安望有功。

骈俪之体，浓艳为先，用之诗赋，则为藻采，用之古文，则为不类。

更有一种艰涩幽险之文，杨雄、王莽已肇其端，唐之张李皇甫，学昌黎而得其弊，流为此体。欧苏诸家大行，遂以衰息，而宋祁、罗泌辈，颇犹好之。近则龚定盦诸公，厌元明以来古文家之软滑，反其所为，矫枉过正，取周秦诸子之最艰僻盲晦者而学之，怪字涩句，几同隐谜，钩吻棘舌，莫辨句读，众犬吠声，此风复炽。夫六经诸子之文，皆明白洞达，曲畅其意之所欲言，间有晦涩难解之处，则方言古训，时会使然，而必专学其拙，自以为古，冒隐怪之讥，悖辞达之教，欲高出于唐宋八家，而转出于商贾吏胥之下。弃康庄，入鼠穴，小则废言，大则害事，非愚之所闻也。

经解之体，胪举原文，句分字析，文气断续，易于平冗。

平湖以后，诸家之遗集及世俗常行之尺牍，随笔抒写，未尽佳文，庸滑腐滥，流弊不浅。

官文书之行于上下者，则有题、疏、折、奏、牌、票、札、示、批、饬、判断、照会、咨移、呈禀、申详、状供、册结诸体，明白周详，各有一定语句格式，字句不通不顾也，文理不顺不顾也。

语录之体，若录供然，不嫌质俚。小说则演义之体最鄙琐，词曲之体最纤佻，一染此气，即成痼疾。

佛老经咒文体诡易，尤非雅道。

三代而下，卷帙日繁。凡此九害，开目即是。且究其深蕴，各有精妙不磨之处，学问所资，岂可一笔抹杀；惟朝夕濡染，阴受其害而不自知，一经动笔，便堕恶趣。欲祛其累，除浸淫古籍无他策也。

跋　尾

《论文八则》为乡先辈邵先生班卿著。

先生于鲁为姻长，顾先生殁时，鲁尚在童龄。先生恒幕游客居日久，未及亲聆謦欬其言论风采，则于先大父洎族叔祖竹书师、族伯父金门先生与夫诸老前辈所称述者，仿佛遇之。每追忆私忖，疑古之国士而非今之凡也。

先生所著书有《诗文集》如干卷、《危言》如干卷、《军凡》如干卷，其学自天文、历算、性理、掌故、兵农、食货，靡不探究，颇自负经济，于舆地攻讨尤勤，用兵方略能具独见。甲午之役，曾条陈所以防御东邻者甚备，上之相国，合肥李公不能用，卒之败绩，中夏国威于是乎贬。遂谓朋侪：国事绝望，吾其将归。卒以积劳遘疾，中年以殂，此则令人弥深叹悼者已。

鲁幼从竹书师读，即授此册，受而爱之，曾手录两过，均为友人携去，此书不接于目者已余十稔矣。今春于竹师座偶谭及先生，师检此册示鲁。时鲁承乏省立第二师范学校国文讲席，因即携此本归，将以授之来学，庶几略识前辈于文学致力所在、治之之方，亦足为今之灭裂规矩日习鄙浅者示之范云。

岁在阏逢困敦如月绩溪后学程宗鲁谨识

变法自强疏[①]

奏为因时变法，力图自强，谨条陈善后事宜，恭折仰祈圣鉴事。

臣闻五帝殊时，不相沿乐，三王异世，不相袭礼，盖穷变通久，因时制宜之道不同也。上年倭人肇衅，陆师屡挫，海军继失，寇焰猖狂，神人共愤。我皇上不忍两国生灵久罹锋镝，以大字小，舍战言和。虽两害从轻，计不能不出于此。然自古驭外之策，断无一意主和可以久安之理。唐于吐蕃，宋于金人，是其明鉴。今辽河以东，失地千里，虽由俄、德、法三国合起而争，许还故土，但倭人仍有从容商议之语，恐不免枝节横生。台湾、交地，近复激成变端，倭人能否不起责言，固难预料。然此风已开，事变亦日亟一日。及今而不思改计，窃恐数年以后，大局更不堪设想。

目前之急，首在筹饷，次在练兵。而筹饷练兵之本源，尤在敦劝工商、广兴学校。伏查国家赋税所入，岁有常经，今忽添此二万万两之兵费，非借洋债，从何措置？以最轻利息六厘计算，每年需息银一千二百万两，而陆续偿还本银，尚不在此数。且自上年用兵以来，关内外各路添兵购械，所借华、洋商款，应偿本息，已属不少。此外奉、直两省善后事宜，仍须节节增修，次第兴办。北洋海军，亦不能不从新创办，以图补苴。约计购船置械，非数千万金不能成军。此后水陆所需，每岁又不下千余万金。入者只有此数，出者骤然加增，虽日责司农以筹画度支，亦恐无从应付。窃观泰西各国，无论军饷工程，千万之需，咄嗟立办。何者？藏富于民，多取之而不为虐，而民亦乐输以奉其公。彼其器

① 录自《中国近代史资料丛刊·戊戌变法（二）》（上海，上海人民出版社，1957）。原载《光绪政要》卷二十一，又载《变法自强奏议汇编》卷一。

械日制而日精，商务日开而日盛，水陆之兵日练而日强，盖董劝之始，国家设各项学校以培植之，艺术既成，分各项官守以任使之，故民有人人自奋之思，治有蒸蒸日上之势。今中国土地之广，人民之众，物产之饶，为泰西各国所未有。办理洋务以来，于今五十年矣，如同文方言馆、船政制造局、水师武备学堂，凡富强之基，何尝不一一仿行？而迁地弗良，每有淮橘为枳之叹。固由仅袭绪余，未窥精奥，亦因朝廷所以号召人才者，在于科目。天下豪杰所注重者，仍不外乎制艺、试帖、楷法之属，而于西学，不过视作别途。虽其所造已深，学有成效，亦第等诸保举议叙之流，不得厕于正途出身之列，操术疏斯收效寡也。

日本一弹丸岛国耳，自明治维新以来，力行西法，亦仅三十余年。而其工作之巧，出产之多，矿政、邮政、商政之兴旺，国家岁入租赋共约八千余万元。此以西法致富之明效也。其征兵、宪兵、预备、后备之军，尽计不过十数万人，快船雷艇总计不过二十余号，而水陆各军，皆能同心齐力，晓畅戎机，此又以西法致强之明效也。反镜以观，得失利钝之故，亦可知矣。今士大夫莫不以割地赔费种种要挟为可耻，然今时势所逼，无可如何，则惟有急谋雪耻之方，以坐致自强之效耳。昔普、法之战，法之名城残破几尽，电线铁路处处毁裂，赔偿兵费计五千兆佛兰克，其数且十倍今日之二万万两。然法人自定约后，上下一心，孜孜求治，从前弊政，一体蠲除，乃不及十年，又致富强，仍为欧洲雄大之国，论者谓较盛于拿破仑之时。今中国以二十二行省之地，四百余兆之民，所失陷者不过六七州县，而谓不能复仇洗耻，建我声威，必无是理。但求皇上一心振作，破除成例，改弦更张，咸与维新。事苟有益，虽朝野之所惊疑，臣工之所执难，亦毅然而行之；事苟无益，虽成法之所在，耳目之所习，亦决然而更之。实心实力，行之十年，将见雄长海上，方驾欧洲。旧邦新命之基，自此而益巩，岂徒一雪割地赔费之耻而已！

臣之愚昧，何敢挟其刍荛之见，轻言变法。但纵观世运，抚念时艰，痛定思痛，诚恐朝野上下，高谈理学者，狃于清议，鄙功利为不足言；习于便安者，又以为和局已定，泄沓相仍。设或敌国外患，猝然再举，更虑抵御无方。然则卧薪尝胆，求艾疗疴，其尚可稍缓须臾耶？微臣早夜焦思，今日即孔孟复生，舍富强外亦无治国之道，而舍仿行西法一途，更无致富强之术。用敢不揣冒昧，就管见所及，举筹饷、练兵、重工商、兴学校数大事，敬维我皇上缕晰陈之。

一、开铁路以利转输也。中国铁路之议，屡举屡废。自经此次军事，利钝之故，昭然共见。应请援照前两广督臣张之洞原议，自汉口至京，开办干路。顾办法次第，必当先定大纲。第一在劝立公司。准民间自招股本，而一切窒碍之处，如买地勘界等类，必须官为保护。第二在勘明道里。从前原议，北自芦沟桥至正定，南自汉口至信阳州，分头举办。查汉口至信阳，山路崎岖，工费较巨，不若取道襄阳，地势平坦。其铁轨渡河之路，尤宜在郑州以西、荥阳以东，以出山险、经流不改之处。既渡河则东循淇卫，西倚太行，北行而达保定，地高路平，较为稳固。第三在多开支路。自汉口至京，迤长三千里，若仅有干无枝，则贸易必不旺，商旅必不多，其势亦难持久。窃谓支路宜分三段：南路由光山、固始出六安，以载茶叶，由应城、京山、安陆出荆门、当阳，以运煤铁。西路由怀庆出轵开，经蒲、解以达关陇。东路由开封、归德过宿、泗以抵清江。如此则天下大局，若网在纲，商务工务，漕务军务，莫不四通八达。第四在议定规制。自高脚铁轨之制出，而火车一变；自电气传力之机出，而火车又一变。今俄人自加斯滨海达珲春一路，即系用高脚轨电气车之法。今创办之初，宜择其至便至捷者为之，以免他日纷纷改造，又有我钝彼利之叹。迨办成后，每年除公司费用、修理经费外，所余利银，官收其什一之税。诚能各省一律举行，则公家岁可得数百万金，而且东西南北，节节流通，土物日出，商务日旺，厘金关税亦日饶。是每岁所增入，又不下数百万金。一旦疆场有事，运饷运兵，朝呼夕至。今日寓强于富之道，计无有切于此矣。

一、铸钞币、银币以裕财源也。昔元明以钞票为虐政者，则以一纸空券，欲抵巨万现银，情同诳骗耳。西国以钞币便民者，则以有一万之银，始发一万之票，无丝毫虚浮也。中国不自设银行，自印钞票，自铸银币，遂使西人以数寸花纹之券，抵盈千累万之金，如汇丰、德华、有利等洋行之钞票是也。以低潮九成之银，易库纹十成之价，如墨西哥、吕宋、日本等国之洋钱是也。今诚能于各省通商口岸，一律设局自铸，金、银、铜三品之钱，颁定相准之价，垂为令甲，一面于京城设立官家银行，归户部督理；省会分行，归藩司经理；通商码头，则归关道总核。购极精之器，造极细之纸，印行钞票，而存其现银于银行。妥定章程，明颁谕旨，俾民得以钞币两项，完纳租赋税厘。至各省旗兵、绿营、防营之饷，京外文武百官之廉俸，亦即以钞币两项，分搭匀拨，而尤必各处银行于出入授受之间，随时查核，不至钞溢于银，并绝无毫厘短折，方能取信于人，持之久远。惟用人必须按照西法，用商务之章程，杜官场之习气，慎选精明廉洁之人，综计出入。其余亦须屏绝情面，皆由公举，不得私荐，方免弊窦。至于放息，责成殷实保人，一有亏折，惟保人代偿押款，则值十押七，一经逾期，拍卖偿抵，不足仍向欠户追还。果能照此认真办理，实力奉行，其收回利权，孳生息款，计每岁盈余之数，至少当在千万以上。此诚今日至要之务，不可忽视者也。

一、开民厂以造机器也。中国各省设立制造、船政、枪炮、子药等局，不下十余处，向外洋购买机器物件，不下千百万金，而于制造本源，并未领略。不闻某厂新创一枪，自造一炮，能突过泰西；不闻某局自制一机器，能创垂民用。一旦有事，件件仍须购自外洋，岂真华人之智不及西人哉？推其病源，厥有三故：各厂之设也，类依洋人成事，而中国所延洋匠，未必通材，往往仅晓粗工，不知精诣，袭迹象而遗神明，其病一。厂系官办，一切工料资本，每岁均有定额。即有自出心裁，思创一器者，而所需成本，苦于无从报销。且外洋一器之成，如别色麻之钢、克鹿卜之炮，或法经数易，或事更数手，成本费数十万金，然后享无穷之利，垂久大之业。今中国之工匠既无坚忍之力，国家又别无鼓舞之途，遂事事依样葫芦，一成不变，其病二。外洋各厂之工头匠目，均系学堂出身，学有本源，而其监督总理之人，无不晓畅工艺，深明化、重、光、电、算数之学，故能守法创法，精益求精。今中国各局总办提调人员，或且九九之数未谙，授以矿质而不能辨，叩以机括而不能名，但求不至偷工减料，已属难得，器械利钝，悉听工匠指挥，茫无分晓，其病三。窃谓中国欲藉官厂制器，虽百年亦终无起色。必须准各省广开民厂，令民间自为讲求。如国家欲购枪炮、船械、机器，均托民厂包办包用，其试不如式者，虽定造亦必剔退，则人人有争利之心，亏本之惧，自然专心致志，实力讲求，以期驾乎西制之上。如此则漏卮既塞，一有兵事，取求易给，不至为洋商垄断居奇，受重价之累，且不至为敌人沮港揽舟，冒行海之险矣。

一、开矿产以资利用也。中国煤铁五金，遍地皆是，从前业经各处招商开办，乃卒至股本耗折、成效毫无者，非矿之不可办，实办之不得法耳。夫办矿之要，又有四：第一在重聘矿师。西洋实有学问之矿师，其国中且延致不及，故往往不愿来华。其愿来者，不过外托行家，阴图渔利，迨一悟其欺妄，而全局已隳。故欲开矿，当先求师，欲求师，当先重聘。第二在慎选矿地。夫贵州铁质非不佳也，乃转运至千里之外，则成本重而其价昂矣；漠河金苗非不旺也，乃地处极边，百货腾贵，则工作难而出数少矣。故开矿之地，必须择其水陆交通转运便利之处，则人工往来，易于招集，物件辐辏，易于取求。第三在细考矿质。同一矿也，而质有良楛，即价分贵贱，故往往集本同而获利不等。假使当日者以开平矿务之规模资本，而开齐鲁淄潍之佳矿，则今日获利当倍蓰于此矣。第四在厚集矿本。夫资本出于富家，则原有置产业贻子孙之心。资本出于市侩，则无非借股票低昂，为买办空盘之计，收效稍迟，即弃如敝屣。从前公司为股票牵掣，一倾百倒，皆由于此。故招散股不如招大股，招商股不如招官股，而其大要尤在办理之得人，必须正大光明，赤心为国，绝无一毫私见，否则矿不成则害在公家，矿既成则利归私室。初次选择，断不可瞻徇情面。果能于此四者，讲求尽善，而谓矿务不能办，矿利不可求，必无是理。况将来欲广造铁路，则处处需铁需煤。欲自铸钱币，则各局需金需银需铜。欲自开民厂，铸枪炮机器，则各需五金及硝磺铅汞等质。是招股开矿，实今日之最大利源也。

一、折南漕以节经费也。查京师支用，以甲米为大宗，官俸仅十之一。八旗兵丁，不惯食米，往往由牛录章京领米易钱，折给兵丁，买食杂粮，约南米一石，仅合银一两有奇，官俸亦然。四品以上尚多亲领，其余领米票率转卖米铺，每石亦一两有奇。夫南漕自催科征调，督运验收，经时五六月，行路数千里，竭百姓无数之脂膏，聚吏胥无数之蟊贼，耗国家无数之开销，运至京仓，至每石之值，通扯或十两或五六两不等，而及其归宿，乃为易银一两之用，此实绝大漏卮。徒以冗官蠹吏中饱所在，积习不改，此真可为长太息者也。推原其故，朝廷深思远虑，以为岁无南漕二百万石流通市中，则一切杂粮必牵掣而骤贵，兵民有受其饥者，故不惜縻费而为此。然自轮船畅行以后，商米北来，源源不绝，利之所在，人争趋之。市中有米，与官中有米同，则少米之患，在今时可以无虑。谓宜通行各省，改征折色，其耗费一概带征，并归藩库起解。至旗丁京官应领俸米，或援照成案，则每石折银一两四钱。或按照市价，则每石折银亦不过二两有奇。而一切漕河之工程，海运之经费，漕督、粮道以下之员弁兵丁，仓场侍郎、监督粮厅以下之胥吏差役，皆可一律裁汰蠲除。是国家岁省数百万开销，反多数百万盈羡。而官兵两项所领实银，且较增于从前领票转卖之值。公私两途，一举而均得大利。有益于国，无损于民，亦何惧而不为哉！即使虑及岁饥乏食，则每年提出盈余银数十万两，在津兑买南米，存储通仓，新陈互易，以为有备无患之计，其事亦轻而易举。如虑海疆有事，运道或至梗阻，恐将〈来〉官商两病，则更不然。盖名为官米，则敌船可以捕拿；名为商米，虽仇国亦不能阻截。公法具在，有例可援，是可不必顾虑也。

一、减兵额以归实际也。粤捻事平以后，绿营之无功效，已可显见，而老成持重，动以不裁为言，于是有减兵增饷之议，各省或变绿营而为练军。今倭事粗平，则练军之有无功效，又可显见。乃犹坐养此数十万无用之民，耗此数千万有用之饷，一旦有事，各省仍纷纷募勇，是兵外加兵，饷外加饷，国用安得而不绌？夫绿营之所以不能遽裁者，徒以水有汛，陆有铺，缉捕防守有专责耳。殊不知近年绿营兵饷，藩库入不敷出，往往饷有按照七八成或五成核放者。每兵每月仅领银数钱，平日不敷养赡，多以小买营生，巡缉俱属虚文。况各省水路聚会之区，如闽浙之渔商，则雇船出洋自护矣，是汛兵亦无用。直省之会城，则另设保甲守望等局以巡缉矣，是铺兵亦无用。为今之计，莫如酌地方之繁简，裁其老弱，按年先裁二成，五年裁竣，国家岁可省千万余金。即以此款责成直省，按照西法，先挑老兵子弟，择其年力精壮、粗识之无者，另行创练新军。现任实缺提镇参游，如尚堪造就者，即充统领营官之任，否则一概裁去。如此一转移间，化无用为有用。国无坐食之费，兵有精练之实。倘虑水陆各汛铺务一无专责，或将保甲守望等局，仿照西国巡捕之制，城乡市镇，人物辐辏之区，所设巡捕由官守督率，而分稽查之职于绅董，事更可得实际。但求朝廷排斥群疑，破除成例，毅然行之，未有不立见功效者也。

一、创邮政以删驿递也。中国各省皆设驿站铺递，每年支销钱粮计三百余万金。其实各省之奏牍公文所递有限，而仕宦往来之所扰滋多。至督抚则更有提塘职差，每一职差抵京，费以百十两计。民间所开信馆，索赀既巨，又多遗失，此公私两困也。查泰西各国，莫不由国家设立邮政局，往来函牍，公私一体，权其分量之轻重，定给递费之多寡，由邮部刊刻信票印花出售。凡寄信者，预先购买，用时取粘信角，投入信箱，有人按时收取。此法不但省驿站之费，而且岁获盈余，为泰西各国进项之一大宗，亟应仿照办理。其第一办法，则先借招商局为发轫之始。每船各派专司文报一人，通商十九口岸，均设分局，管理公私信件，则纠合民间各信局而为之。内地各码头、各市镇，令信局一家承包。其第二办法，则借电报局为推广之路。凡有电报分局地方，亦派一人在局专司文报，代为递送。至未设电报各处，亦照前法，令信局一家承包。其第三办法，则俟火车畅行，再借铁路公司为往来之总汇。凡干路支路，火车停卸之处，各派一人在局专司其事。至将来欲遍行内地，各镇各埠尽可广设分局，派人经理。如此则若网在纲，无远弗届。现在地球各国，其邮政章程，通为一例，到处流行，公私递费，并无多寡之殊，即日本亦在其列。就英国而论，每年邮部除用费外，计赢英金一百数十万镑。独吾中国未尝仿行，急宜参考西制，从速举办，庶每岁可省驿站三百万之耗费，而收邮部数百万之盈余。如以为京外各官，因公来往京师，例须乘驿，恐一旦删去驿站，致多窒碍，则更为掩耳盗铃之谈。今东南十余省，凡官员来往无不雇坐轮船，独山东、山西、河南、陕、甘五省，尚有官站耳。若计其道里远近，人数多寡，由户兵二部酌给路费，沿途听其自雇车马。在应差各官，实所深愿，更无庸多虑。

一、创练陆兵以资控驭也。此次东征，兵非不多，而一无足恃。则非兵之不任战，实由统将太多，每遇战事，往往心志不齐，互相掣肘，动如唐朝九节度之师。夫东召宿将，西起老臣，此募十营，彼募万人，譬之治疾，一人有病，延医满室，寒热杂投，断无不斃之理。而尤有积习之应行痛改者，厥有四端：昔年淮楚诸将起自田间，志在杀贼，人皆朴诚，弊端尚少。承平以后，统兵大将骄奢淫佚，濡染已深，军需日增，勇额日缺，上浮开，下克扣，百弊丛生。兵之口粮，尚未能养赡一身，谁肯效命疆场？以致万众离心，遇战纷纷溃散，此病一也。从前粤捻之乱，军火未精，将领只须勇气百倍，易于取胜。今则泰西官兵之选，必先由各营学馆出身，其所考各学有本国文、腊丁文、法文、地理学、几何学、代数学、古今史学、三角法、信手绘图法，国家平日重视此选，民间亦以得选为荣。其千把总之职，略如中国词林之清望，故能学余于事，人余于学。今中国先事一无培植，一闻招募，各营员皆以钻谋为能事，不以韬铃为实政。是兵官先不知战，安望教兵以战，此又一病也。西国之讲求武备者，凡枪炮新器一出，试之而佳，即通饬各营改用一律。今中国本地无著名之厂，件件购自外洋。承平之日，部臣以款绌为难，先事未能预备，及变起仓猝，疆臣各办乃事，但以购得军火为贵，未能详求。以致同属一军，而此营与彼营之器不同。前膛后膛，但期备数，德制奥制，并作一家。所由一旦临阵，号令不能画一，施放不能取准，此又一病也。考西国每经一战，则列阵之体一改；每创一器，则行阵之式一更。今中国一切攻守之法，又沿旧习，湘楚各军尚有以大旗刀矛为战具者，并有持新器而茫然不知用法者，犹复师心自用，以为昔年曾经战阵，即无不能御之敌，承讹袭谬，沿而不改，此又一病也。今欲创练新军，宜通饬各省一律改练近年新出之西法。而其大要，先在直省设立武备学堂，行取各州县武生武举，考其汉文通顺、年力精壮者，选令入塾，给以养赡，即聘洋员为之教习。三年后，由洋教习考给文凭，然后由堂分派入营，充当哨官。其学问尤杰出者，充当营官。从此或将武科乡试，亦以枪炮命中为去取，则将才辈出，不患有兵而无官。现在都守以下候补各员，其有汉文通顺、情愿投入学堂充当学生者，亦一体办理，此训官之法也。至募兵不可太杂，今各处所招之勇，急于成军，不暇选择，乞丐无赖，混杂其中，艺未练成，驱以赴敌，一经临阵，望风而遁，反以利器资敌，沿途更肆焚劫。日后又投别军，仍蹈前辙，以至屡战屡败。欲救其弊，必先由本籍地方官，查取住址亲族，年在十六以上、二十以下者，方许入营当勇，以杜将吏逃亡之弊。到营时先验身材，不入格者当即剔退。既成阵伍，先练步法手法，次练打准，并练行军操法。年满四十者，给以一年饷银，令归乡里。在营之年，三年给假，准其回籍，但一闻征调，虽在假内，即须立至，此练兵之法也。其统领营哨各官之薪水，欲杜其克扣之弊，必须从丰；兵勇之饷项，亦宜分别加增，由各省督抚设立粮台，按月由粮台点名给发。设粮台短发，准统领官申详告诉，以杜侵扣。成军之始，应发号褂、棉袄、皮衣等件，均不扣钱，恤其饥寒，方能得其死力，此放饷之法也。新练各军，取用机器，宜因时制宜，改归一律。就近年新制而论，步枪以曼里夏毛瑟小口者为佳，马枪以可尔脱为佳，轻炮以克虏伯格鲁森为佳，快炮以拿登飞尔哈乞开司为佳，此简器之法也。至兵数多寡，统计北洋宜练兵五万人为一大枝，南洋宜练兵三万人，广东、湖北宜练兵二万人，其余各省每省有万人，已敷调遣。务须扫除积弊，习练操法，统归一律，庶征调乃能得力也。

一、重整海军以图恢复也。中国创设海军之初，原议沿海七省，后先举办，只因经费不充，故以北洋为发轫之始。春间威海继陷，舟师全没，虽由诸军之不力，抑亦援师之莫继也。夫泰西各国皆以铁甲快船之坚利，雄长五洲，故就今日之情事以观，凡地球近海之邦，苟非海军强盛，万无立国之理。查中国从前办法，与西制多有不同，其受病亦即在此。西国之制，海军可以节制陆路，而陆路不能节制海军。盖洋面辽阔，军情瞬息百变，必非陆路所能知也。今中国则海军提督须听疆臣之指挥矣，其不同者一。西国海军提督，必由水师学堂出身，积累而升，其于重、化、汽、算、天文、地理各学，无一不通，无项不熟，为各船兵官所服，故志趋合而号令行。今就北洋而论，如已革提督丁汝昌，本系淮军陆将，水师学问毫无根柢，平日各兵官本轻视之，一旦临阵，无论其不知水战之法，即曰知之，亦安能号令各船，其不同者二。各国兵船，岁岁考求新理，精益求精。凡旧械之不合式者，必更易之；新器之可致用者，必训练之。今中国如橹雷之裙网，甫经购置，尚不知法。上年大东沟之战，以攻铁甲所用之尖弹，击倭人钢皮之快船，故倭船虽受创而无大损，是用器简器之不审也，其不同者三。今欲重整海军，宜于购械而外，改定章程，选求将帅，仿照泰西成规，海军提督但听枢府之号令，不受疆臣之节制。两国既下战书，即许便宜行事。尤应沿海各省一律举办，无事则分道巡游，有事则联为一气，不得稍分畛域。今春威海告急，南洋兵轮坐视而不之救，重为泰西诸邦所姗笑。急宜统筹全局，俟办理稍有端绪，应合沿海七省，特简总统大员。庶使筋节灵通，声气联络，一方告警，全军立至矣。目前办法，应先向英国延聘水师宿将，如昔年琅威理其人者。并多设水师学堂以储人才，然后派学成各生，或出洋游历，或代备资斧，分寄各国兵船，以资习练。天下无不可办之事，但求实心实力以行之耳。

一、设立学堂以储人才也。泰西各国，人材辈出，其大本大源，全在广设学堂。商有学堂，则操奇计赢之术日娴；工有学堂，则创造利用之智日辟；农桑有学堂，则树艺饲畜之利日溥；矿务有学堂，则宝藏之富日兴；医有学堂，则生养之道日进；声、光、化、电各项格致有学堂，则新理新物日出而不穷；水师、陆师各项武备有学堂，则战守攻取日习而益熟。乃至女子亦有塾政，聋哑亦有教法，以故国无弃民，地无废材，富强之基，由斯而立。至其学堂之制，不必尽由官设，民间绅富亦共集资举办，但国家设大书院以考取之。今中国各省书院义塾，制亦大备，乃于八股试帖词赋经义而外，一无讲求。书院又明知其无用，而徒以法令所在，相沿不改，人材消耗，实由于此。拟请特旨通饬各直省督抚，务必破除成见，设法变更。弃章句小儒之习，求经济匡世之材，应先举省会书院归并裁改，创立各项学堂，将现在京师总署、上海制造局已译各种西学之书，分印颁发；一面仍广译格致、新闻及近年新出西史，延积学之西士及中国久于西学有成之人，为之教习。尤必朝廷妥定考取章程，垂为令典，务使民间有一种之学，国家即有一途之用。数年以后，民智渐开，然后由省而府而县，递为推广，将大小各书院，一律裁改，开设各项学堂。即民间亦必有自行集资设立者。将见海内人士，喁喁向风。而谓一切工商制造之法、货财之利、水陆之军，不能媲美欧洲，臣不信也。日本自维新以来，不过一二十年，而国富民强，为泰西所推服，是广兴学校、力行西法之明验。今日中国关键，全系乎此。盖人材为国家根本，盛衰之机，互相倚仗，正不得谓功效之迂远也。

以上各条，或变通旧制，或创行新法，臣愚亦何敢谓所言尽属可行。第变通尽利，力求富强之道，舍此不图，更无长策。自来殷忧起圣，多难兴邦，时局转移之机，正在今日。伏愿皇上法五帝三王制作之遗意，敕下部臣疆臣通筹合议，断自宸衷，俯采而施行之，上以固亿万年有道之基，下以慰薄海臣民之望，臣不胜战栗迫切之至。恭折具陈，伏乞皇上圣鉴，训示施行。谨奏。

驳《再醮不得为继妻议》

曹氏续祖著《再醮不得为继妻议》，援《春秋》不以声子、仲子为夫人，《会典》不封再醮之义而断之曰："凡娶再醮之妇而又无子者，止当以妾论，不得使其子丧之曰继母。"张氏鹏飞心非之而未敢讼言也。绩溪邵作舟驳之曰：曹氏之说，盖毅然自托于善善恶恶之志，而不知其谬者也。

《丧服》曰"继母如母"，未尝区继母之所从来为处女、为再醮也。《大清律·服制·斩衰三年章》曰"子为继母"，注曰"继母，父之后妻"，未尝区继母之所从来为处女、为再醮也。《丧服传》复申之曰："继母何以如母？继母之配父，与因母同，故孝子不敢殊也。"夫不问继母之所从来，父妻之，斯子从而母之，正孝子不敢殊之义，自周公、孔子以来，未之有变也。而曹氏忽从而分别之为处女之继母、为再醮之继母，孰宜为妻，孰宜为妾。考诸经则无稽，按诸律则显悖。此其谬一也。

曹氏亦知子之不可以黜母也，故其立说不曰"再醮不得为继母"，而曰"再醮不得为继妻"，意谓父不以为妻，斯子不以为母。《丧服·继父同居者传》曰："夫死，妻稚、子幼，与之适人。而所适者为之筑宫庙，岁时使之祀焉，妻不敢与焉，若是，则继父之道也。"夫《传》之所谓妻者，非即曹氏所谓再醮之妇乎？而《礼》正其名曰"妻"，且使其子尊再醮者之夫而名之曰"继父"。曹氏独未读经乎？《律》本于《礼经》，后妻、继妻之文著于令甲者，尤不可枚举。凡再醮之妇，苟以妻纳者，无不以妻之名分予之也。曹氏独未读《律》乎？《经》许之，《律》许之，而曹氏独毅然曰"再醮不得为继妻"，吾不知其说何所本也。此其谬二也。

曹氏知其说之无本也，乃妄引《春秋》不夫人声子、仲子以为援证，即如曹氏之说，《春秋》亦第明诸侯不二嫡之义耳。不二嫡，则处女不可为妻，苟可二嫡，则再醮又何不可为妻乎？且曹氏责再醮不贞不可为人妻，是以再醮为罪人也。夫人之有妾，非藏垢纳污之地也，有罪之人不可以为人妻，独可以为人妾乎？再醮为继妻、为继母，《经》与《律》凿然有所据依，而曹氏顾为是浮游无据之谈。此其谬三也。

曹氏又引《会典·不封再醮》之文，谓封既不及，不当以为母，则尤不然。设使再醮所生之子贵显，封亦不及也，然则所生之子将以为母乎，抑不以为母乎？且《会典·不封再醮》未尝言不妻再醮也。苟再醮者之夫与子贵显，封虽不及而其为妻、为母固自若也。不禁天下之再醮者，所以广恤无告之仁；不封天下之再醮者，所以昭励贞节之义。仁与义固并行而不悖，乌得偏执一端以相诘难哉。此其谬四也。

且具说之尤谬者，曰："凡娶再醮之妇而又无子，当以妾论，不得使其子丧之曰继母。"夫有子无子，非再醮者所能自主也。幸而生子则为妻，不幸而无子则为妾。然则如曹氏之说，再醮者之或为妻、或为妾，皆徼于天幸而已，且世之纳再醮，其妻妾之名分，皆自始娶而即定之。今曹氏忽创一例，必以生子、不生子为断。设一妇二十而再醮，年至四十虽未生子，犹可以望育也。此二十年中，既不可遽以为妻，又不得遽以为妾。然则将援古者待年于国之例，姑使在不妻不妾之列乎，吾知曹氏必哑然而失笑矣。《礼》曰"继母如母"，如母也者，非徒死而丧之如母之谓也。自继母始至之初，昏定晨省如母，冬温夏凊如母，问安视膳如母。其父始娶之日，即人子恪供子职之时，不必待其死而始丧之如母也。如曹氏之说，则是父之娶妻已数十年，而其子之奉为继母、奉为庶母，犹将虚悬而无定也，岂不悖哉！此其谬五也。

慈母如母，此载于《礼经》，垂于国典者也。设以再醮者为妾而无子，其父使他子奉为慈母，虽以曹氏议之，不能不三年也。然则再醮者为人妾而无子，犹得有如母之丧，为人妻而无子转抑于庶母之列。夫继母慈母，其尊卑嫡庶必有辨矣。曹氏攘臂议礼，将以正人伦、定名分，何其轻重失序、窒碍不通若是。此其谬六也。

《丧服》论随嫁母而为继父之服，首辨有无大功之亲。若继父有前妻之子，是有大功以上之亲矣，且名之曰继父，是再醮之娶必为妻而非妾矣。父娶再醮而以为妻，则前妻之子亦必事之如母，此天经地义，不待言而自明者也。而曹氏不考《礼经》，不稽国典，悍然立说，徒以快其深恶再醮之意。此其谬七也。

呜呼，曹氏亦知先王所以许再醮之意乎？一与之齐，终身不改，此贞妇自持之义也。若其所夫既丧，三年服终，孤苦无依，饮泣改节，当是时也。先王非惟不恶，又从而哀矜之，以为是穷民之无告者也。人生实难，岂能责之以死，故《周官》有会男女无夫家者之令，《礼经》有嫁母继父之服，要以使天下相生相养、得所依归，以遂吾仁育之怀而已。曹氏深恶再醮之不贞，而又知其必不能绝也，欲多设科条以痛抑之，操切烦苛，进退无据，曾谓熙皞之世有如是不近人情之典礼哉。曹氏之言曰："人道，礼为大。礼之用，莫要于正五伦。"又曰："礼教不兴，江河日下，父子、夫妇之伦亡也久矣。"夫君为臣纲，父为子纲，夫为妻纲。三纲者，天地之常经，生民之大分也。家人之义一统，严君为父也，妻者是为子也。母不为父也，妻者是不为子也。母故以出母之亲而服有所弗遂，以继母之疏而礼有所必隆，二者其事虽殊，其义归于尊父则一也。今父以为妻，而子不以为父之妻，是夫不得为妻纲也；父以为妻，而子不以为母，是父不得为子纲也。万世之乱臣贼子，必有借曹氏之说，以肆其骨肉萧墙之祸者。继母如母，此圣人所以逆杜天下后世之祸而大为之防者也。曹氏因深恶再醮之故，遂举其防而溃之。再醮之风未挽，枭獍之焰已张，是说也，与持不以父命辞王父命之论，而致举国拒父之变者何以异哉！然则无曹氏之说，父子、夫妇之伦，犹未亡也。曹氏之说果行，而父子、夫妇之伦，其亡决矣。不以伦纪之颓是忧，而再醮、三四醮之不贞是惧，抑知孝子之用心，虽父之所娶有甚于再醮、三四醮者，犹将有所不忍计也，而况《礼经》、国典明明有"继母如母"之文乎？

或曰：再醮而无子者，生不请封，死不祔庙，前母子之居官不为丁艰，设其灵供之三年而止，可乎？作舟愀然曰：呜呼，是信曹氏之说之过也。再醮之不封也，非子之不欲请，限于王章之所不许也。揆诸孝子之心，犹欲请也。若夫不祔庙之说，则尤大不可者。室中之妻，庙中之主妇也。娶妻以奉宗祀，则其妻虽为再醮也者，而于庙中之祭，固将有笾豆之馈焉，有蘋蘩之荐焉，生共事于庙中，死弃之于庙外，可乎？妾之死不祔于，姑然不祔于嫡而祔于庶，犹之祔也。生而妻之，死而摈之，使其鬼徬徨门外，曾妾之不若，则是袭曹氏之说，变本而加厉也。妇人之再醮，特不能全贞以见前夫于地下耳，其于后夫固无罪也。今乃汹汹然，若以为罪人也者而穷之，于其所往则充类至尽。凡天下之再醮者，执而诛之斯已矣，又何用是扰扰为哉。

且供灵三年而止者，调停于不祔庙之说而进退无据者也。使再醮无子之为庶母也者，则于礼曾无一日之服，而又何为三年之供。其说之不可通者一。

使其为继母也，则生事之如母，死葬之如母，祭之如母，合葬于墓，升祔于庙，子之居官者丁忧守制，斩衰三年，煌煌焉悬诸令甲者，固不易之常典也，又奚止于三年之供哉？其说之不可通者二。

供必以三年为断者，仿于继母三年之丧而制之也。以为母，则当行三年之丧；不以为母，则不当为三年之供。丧祭大典，圣王所重，安有游移两可于其间者。且哀死者之无所归，而姑为三年之供以慰之。以死者为无知乎，则一日之供可以不设；以死者为有知乎，则此三年之外，不识馁而求食者又将何所归也。其说之不可通者三。

父子、夫妇，人子大伦也。以妻娶则为妻，以妾娶则为妾，以妻娶则于子为继母，以妾娶则于子为庶母，无问其为再醮与否也。礼之所杀，不得从而隆；礼之所隆，不得从而杀。纲常名教，人义凛然，夫又何所用其调停之说哉。

论钱币得失

太古无所谓币。农出其粟，女出其布，各以所有易所无而已。其后，懋迁转输之业盛，所交易者布帛、粟菽之物不能铢两悉称，于是求所以代之者，而币生焉。故夫三代之币非独钱也，龟、贝、谷、帛皆币也。

秦汉以后之币亦非独钱也，绢、布、金、银皆币也，善乎？单穆公之言曰，民患轻则为作重币以行之，于是乎有母权子而行；若不堪重，则多作轻泉以行之，亦不废重，于是乎有子权母而行。岂独钱法为然，千古诸币兼行之故，悉尽于此数言矣。故行大钱者，苟其值为五十，必有五十倍之实而后可行，否则母其名而子其实也。后世之屡行大钱而卒归于废者，岂非以此故哉？凡钱法之轻重本无定则，准乎利害一定之理，以为钱法轻重之衡，则可一言以断之曰，归于私铸、私销两无所利而已矣。

秦汉钱法，十余变而为五铢，重如其文。六朝钱法，十余变而为唐之开元，每十钱重一两，视汉五铢为稍轻，而皆能行之久远者，私铸则费本，私销则值轻，奸人无所获利，虽驱之而有所不肯为矣。

若夫“质轻值重可绝二弊”之说，则有不尽然者，何也？凡币之行于天下，当其新出，则用币者论其质而亦论其工；及其久也，则忘乎其工而惟专论其质。海外银钱，其轮廓、文章镌凿之工非不精也，行于中国与银钱相为权衡，有时银钱之值反贱于银者，何也？忘乎其工而惟专论其质也。故质轻值重之钱，其轻者至微则犹可行；若欲以一钱之工抵二钱之质，则久而行之者，视有工与无工同，其启私铸之弊必矣。

金银者，币之精者也；谷帛者，币之粗者也。钱则权乎轻重之间而得其中，故金银谷帛废与无常，而钱卒不可废。一钱不能独行，故必有金银谷帛以佐之。粗者利于近乡，精者利于行远。湿谷薄绢之弊既见于古，而金银独久行无弊？金银之值视铜殆千百倍，则其轻亦千百倍。一箧之资，动累巨万，运之至轻，藏之至密，寒暑不能变，水火不能伤，故后世废谷帛而卒不能废金银者，皆出于理势之自然，而非人之所能意为轻重也。舟车四通，转输万里，情势既变，则钱之行必有所穷，而恃金银以通之，金银犹有所穷，而兴坑冶、广楮钞之政于是乎兴焉。

飞钱交会之行，始于唐宋而极弊于元明，其故何也？务农桑蕃畜牧，寒有以为衣，饥有以为食，仓箱有积，旱潦有备，此富国之实也。山林则饶材木，水泽则饶鱼鳖，骨革毛羽足以为器，金石百产足以为用，此富国之实也。若夫坑冶之利以供鼓铸，交会之行以资市井，其要不过归于便民，使母子相权足以交易不穷、两得其平而已。

宋初之交会仿于飞钱，特以便商贾之远行而无独专其利之心，故百年无弊；其后，则以国用不足，欲出空券以笼天下之币，一界之楮至千二百万余贯，而钞愈不能行。明代至欲废金银而专用钞，其弊至与矿税之患相等，而钞遂废矣。

夫钱币与百货相为贵贱者也。钱币少则百货贱，多则百货贵。故古人之善为国者，钱币之数不使甚少而亦不必过多，期于足用而已，国之贫富固不系乎此也。后世不知此义，乃欲以便民之资为富国之术。其究也，上下相罔，疑怨沸腾，至于国民两弊而止，曾何利之有哉？苟明乎此而以便民之意行之，坑冶则因势利导、听民自为，而官不专其利，交会则资本有实、出纳有信，而必不持空券以罔天下，则民惟恐坑冶、交会之不行矣。

辨古今论地脉诸说

古舆地书言山脉者盖寡，其言山者，《山海经》为最详，而未尝究其脉络。诸儒所述，大抵皆祖《禹贡》“导山”一章。以岍岐至碣石为北条、西倾至陪尾为中条、嶓冢至敷浅原为南条者，马融、王肃三条之说也。以岍岐为正阴列、西倾为次阴列、嶓冢为次阳列、岷山为正阳列者，郑康成四列之说也。据《汉志》，南戒为越门，北戒为胡门，而傅会《禹贡》，以终南为地络阴阳之会，分南北二纪者，僧一行两戒之说也。至杨筠松《撼龙》、《疑龙》二篇，则变两戒为三干之说，与马融、王肃之三条相似而不同。宋明以来，言山脉者聚讼滋多，要不外此数说。

尝试考古证今而剖论之，则三条、四列、两戒诸说皆误会《禹贡》“导山”之文，而两戒为尤甚。何也?

两戒之说，谓北戒自三危、积石负终南地络之阴，至太华逾河为雷首诸山，是太华之东行者变而渡河北行也，其大误者一。谓太行北抵常山之右，是山之南行者变而为北行也，其大误者二。谓南戒自岷山、嶓冢负终南地络之阳，东及太华，是混南北戒之脉为一也，其大误者三。谓熊耳诸山自上洛南逾江汉，携武当、荆山至于衡阳，是山脉之行不顺地沕而专以渡水为事也，其大误者四。推原一行之说，不过以唐都长安终南、太华皆京师望山，故谓为地络阴阳所会为此贡谀。无识强作解事之词，不知论山脉支干之分，全恃以水为限。形家所谓高一寸为龙，低一寸为水也。今遇一衣带小水，辄知其山川各别不可相通，而南北戒之高山大岳，则可忽分忽合忽断忽续，以长江大河之界，曾不足以为一苇之杭是“放饭流歠而问无齿决”也，然则循一行之说于山脉之可疑者，将无不以渡水解之，处处可渡即处处可连，颠倒错乱又将何施而不可乎？后儒以诸说本于《禹贡》，经训昭垂，岂容轻议，不知此由读《禹贡》之未熟也，《禹贡》“导山”专为治水而设，本非专言地脉。当是时洚洞昏垫，上下游皆汪洋泛滥，兽蹄鸟迹荒昧难穷，不先于山之近江淮河汉者刊木通道，使往来无阻，则疏凿不可遽施，故即“导山”一章反覆绎之。则导岍岐以至于碣石者为大河也，导西倾以及陪尾诸山者为渭、为淮、为洛也，导嶓冢至大别者为汉也，导岷山至敷浅原者为大江也。盖禹于关中一带之山，随刊既毕因而渡河，刊大河北面诸山，惟其顺河流而下，故底柱、大行、恒山、碣石诸山，皆似倒数，其实诸山仍自南行也。且导西倾诸山而渭治，导熊耳、外方而洛治，导桐柏、陪尾而淮治。其导嶓冢也，东行几二千里则汉之北岸已出险就平，故复渡汉而导南岸之荆山，至于内方，凡六七百里则南岸无山，故又渡汉而导北岸之大别；其导岷山也，循山阳东南行五千余里出三峡则江之北岸无山，故渡江而导衡山以清沅湘资澧之源，复过九江而至敷浅原。是“导山”一章，惟西倾至陪尾，首尾数千里一脉相连，余则皆分峙南北岸，其所云某山至某山者，皆导山所经行之道，须各分段言之，与山脉之大干无涉。《禹贡》首言“随山刊木”即指导山而言；“九山刊旅”，郑康成注以为岍岐诸山。据“导山”文求之其数适符。盖汉经师之古义，允为定论，且荆岐既旅，尤与刊旅及随山刊木文合，知禹之“导山”非专言南北之大干，则三条、四列、两戒之说不攻自破，而经文之逾河入海者，亦了然无疑义矣。

至杨筠松三干之说，则《撼龙・破军》篇以昆仑出阗颜入瀚海为北干，自陇右入大散关，历函谷、熊耳，尽于青齐东岳为中干，自葱岭、黑铁二山分出秦川、汉川，起五岭直到江阴、海门为南干。其说惟述南干祖脉及《疑龙》上卷论太行、碣石一条时有舛误。由于唐时塞外皆为吐蕃、黠戛斯、南诏所据，不能具详。若中国三大干，则筠松身所遍历，纵横万里，派别枝分，了如指掌，与诸儒之纸上悬揣穿凿附会者迥殊。或疑《撼龙・破军》篇中行到青齐忽起峰以下八语，乃论北干非论中干，不知北干一支尽于瀚海之北。上文固已详言，至陇右一段则专论中干。中干自大梁以上，分为二支，一支尽于淮南，一支自大梁循河南岸而达青齐。杨说本极明晰，若必析而二之微，独中干以下不容复叙北干，且行到青齐忽起峰一语，突无来历，竟不知祖脉系何山、从何处行到矣。

夫邃古之初，山脉纵横，本自井然不乱，至后世则平原沮洳之地，或河流冲决，或开凿频加，若曹濮兖郓之间，古则为涕濮黄汴，今则为赵王、澹台、乐成、万福诸河，萦纡贯穿，大河屡徙，毫无冈峦起伏之迹。此儒者所以疑泰山祖脉或自辽东朝鲜渡海而东来，也不知辨山脉之最要者，必以水为准。一则视河形之经纬，一则视河流之顺逆。设当千里平原无从辨其脉之纵横来去，则观其在左诸水皆东流、在右诸水皆西流，而知其脉必南北直亘矣。然尚不知其脉之从南来、从北来也，再细观其水之东西流者，其下游皆有向南之势，而知其脉必自北而南矣。今曹单、钜野、嘉祥一带，其东面若泗汴睢获诸水，古皆东南流，汶濮诸水，古皆西北流。然则中干之脉，自荥阳间正顺涕东北行出于泰兖沂济之间，北起而为沂山，其旁支西行为泰山，其正干则由沂山折而东行，经沂青登莱而尽于成山海岸。中间虽为河流决溃，脉络犹隐然可辨。杨氏以泰山为中干，实千古卓识也。

《蔡氏书集传》力辟荆山之脉逾河而为壶口、雷首之说，持论精卓，足与杨筠松相发明。至谓河北诸山根本脊脉，皆自代北诸州乘高而来，尤足以正诸儒太行、碣石逆行之失。惟分为南北四条之说，仍多疏舛，自相矛盾。岍岐、荆山皆在河南，而蔡以为大河北境之山；下之荆山、内方皆在汉南，而蔡以为江汉北境之山。由于拘泥牵合，欲以尊经而转且诬经矣。

元明以来，形家言日盛，论山脉者益众，然皆摭拾陈言支离舛陋等诸自郐以下。今据《一统志》、《西域图志》、《水道提纲》、《海国图志》诸书，参考外域各图说，合天下大势论之。则东而亚细亚，西而欧罗巴、阿斐利加，三大洲之脉万山分峙，皆以中国之葱岭为最高处。葱岭居亚洲之中，凡分四大干。

其西北一干，经咸海、里海之北，起而为乌拉大岭，旁支尽于北海。正干则折而西趋欧罗巴洲，亘乎俄罗斯、日耳曼、瑞士、法兰西、西班亚之中而尽于布路亚西岸，凡长二万余里。

其葱岭之西南大干，则经咸海、里海、阿母诸河之南，过波斯亚剌伯至苏益士而入阿斐利加洲，迤逦于尼罗河之东，至阿迈司尼复折而西为月山公山，北支尽于阿尔吉尔，南支尽于大浪山，西支尽于塞内冈比，凡长三四万里。

其葱岭东北大干，则自喀什噶尔东行，亘乎塔里木河之北、纳林伊犁诸河之南者为天山，又东北入科布多、喀尔喀诸部为阿尔泰山、为唐努山，又东亘大漠之北为汗山、肯特诸山，又东北为外兴安岭，复折而直北至英谛吉喀河源，复折而东北尽于伯令海峡，曲折凡三万余里。

至葱岭之东南大干，则先经西藏、青海而后入中国，计自葱岭东行三千里入西藏，经伊克池之北为察察岭，又东行二千里为科勒尔乌兰布逊山，金沙江源出焉，自此南分一干，循金沙江南岸而行，是为中国之南干；自伊克池之间南行分一支为冈底斯山，又南入印度尽于南海勒科尔山，大干东行二千余里，起为枯尔坤山，而河源出焉，自此北分一干，循大河北岸尽于黑龙江南岸海口，是为中国之北干。中大干则自枯尔坤山东行，循黄河之南、鸦砻江之北复北折而为岷山，岷江出焉，又东行循渭洛河济之南，为朱围、鸟鼠，为终南、太华，为熊耳、外方，为泰山、沂艾诸山，至成山而终，干始尽凡长二万余里。其自渭源分支东北行，盘亘于河隍而散布于泾洛者，中干之北支也，自熊耳分支东南行尽于淮南江北者，中干之南支也。若中国之北干，则分自枯尔坤山东行入甘凉为祁连山，又东亘黄河之北、大漠之南，自此南分一支为太行诸山，正干又东北经察哈尔循辽河之北出于辽东为长白山，又东北为锡赫特山，折而正北循黑龙江东岸尽于海口，凡长一万三千余里。其中国之南干，则分自勒科尔山南行，循金沙江之西、澜沧之东入云南大理界，复折而东经盘江之北，起为五岭，又折而东北，历闽、粤、江、皖诸界而尽于吴浙，凡长一万五千余里。盖自中国言之，则黄河、大江、黑龙江之间，凡分三大干，而自全地大势言之，则此三大干者，又仅为葱岭之东南一干矣。

释咸丰十年《中俄和约》第一条《珲春界约》

约内“顺珲春河及海”云云，至“相距不过二十里”一节，语意不甚明了，最易误会，盖此节当分两层观之。

其云“再由瑚布图河口，顺珲春河及海中间之岭至图们江口，其东皆属俄罗斯国，其西皆属中国”者，言“自珲春河以东之界线”：西则遥对珲春河，东则遥对大海，顺此海河中间自北而南之长岭至图们江口，其岭以东皆属俄罗斯国，其岭以西皆属中国也。盖分界必以山川，乃古今一定之理。中俄既舍珲春河、图们江两水之界，徙而稍东，自必以岭为界。而此南北之岭，北自瑚布图源之锡赫特大山分脉而东而南而西南，直抵图们江口，其中为通肯、哈发、乌尔兖诸山，支阜纠纷，层峦叠巘，起伏断续，并无专名，故不得不东借大海、西借珲春河为立标准望之根，两面夹说以形容出中间之岭，此亦立约时，于无可指名中生一对照比例之法者也。“顺珲春河及海中间之岭”十字当为一句，其“珲春河及海”五字宜略逗而连下“中间之岭”急读之，“中间”二字，从“珲春河及海”五字而生；“至图们江口”五字，则紧顶“顺中间之岭”而言。“中间之岭”，即指锡赫特大山及通肯、哈发、乌尔兖诸山而言。其东者，岭以东也；其西者，岭以西也。是为约意之第一层。

然此海河“中间之岭”，其南尽于图们江口者，为今乌尔兖诸山，其右面支麓散布于图们江北岸，左面支麓散布于达里都萨哈海岸，东西百里皆可指为海河“中间之岭”也。苟不指一定处，将来俄以最西之岭为界，我以最东之岭为界，转启争端，且俄人必欲争此海隅尺寸之地，以为陆路径达朝鲜之计。我则分界之意，不在跨越海岸也，故下即接云“两国交界与图们江之会处及该江口相距不过二十里”。按《中俄约章会要》所载“成琦分界原记”，此条“两国交界”句下，尚有“图内红色处”五字更觉明晰。详绎约文，盖言两国交界图内之红线，南尽于图们江北岸，其线岸相交会处，由此沿流下行，与图们江入海之口相距其远不过二十里也。“两国交界与图们江之会处”十一字略逗而联下“及该江口相距”急读之。相距者，线岸交会处东南与江口相距也。“分界记”又云：图们江左边距海不过二十里，立界牌一个，上写“俄国土字头”云云，今土字头界牌尚存，正在江边距海二十里之处，是其明证。所以必复言此者，欲后世知此图们江北岸分界之岭，确为图们江海口西北二十里之岭，而不致漫指东西之杂岭，其词意亦甚郑重而分明矣。立此约时，其俄罗斯文一份系用法文。罗稷臣太守丰禄①。复取官藏俄约法文细为译出，则其词句又与汉文约章微有不同。考其法文译稿，云“自瑚布图江源又循岭而下，此岭介于珲春江与海之间而至图们江，凡地在此界之东者属俄国，地在此界之西者属中国。自此以下，以图们江为界，由海口溯流而上计中国二十里”。按此文叙“中间之岭”一段最为明了，“自此以下”云云，则与汉文约章暨“分界记”、“分界图”互相参校而语意始备。总之，图们江之北数百里，必以中间之长岭为界，逶迤曲折、不拘里数而直抵图们江北岸之岭，则必认准江口西北二十里之线岸而不得远相逾越。是为约意之第二层。

第一层乃言中俄分界之大致，第二层则注意在图们江左之二十里，专为俄地南通朝鲜而设，故法文“以图们江为界”句下，不言东属某、西属某者。此界乃变南北之纵而为东西之横，我与俄罗斯其南对朝鲜均以图们江一水为界也。如此参互考核以解约文，则界线明、条约明，字字抛砖落地，彼此吻合，无一含糊影响语矣。

---

① 罗稷臣（1850—1896），字丰禄，福建闽县人，晚清外交重臣。

论黄河挽回故道

自古及今，大河入海之道，北则循大行东麓而趋天津，东则夺济漯而趋千乘，南则夺汴获淮泗而趋淮海。虽决徙靡常，情势百变，要其归不过三道而已。自咸丰五年，铜瓦厢之决，全河北徙而入于大清河，大清河古济渎也，其在山东不过一衣带小水，两岸迫狭，田庐环逼，焉能容万里澎湃之河，惟河身尚深，积淤尚少，其地势又较故道稍低，而新徙之河，又挟其湍悍之全力以冲注之，遂如强宾压主，勉强相容，久之而海口淤，久之而下游淤，又久之而上游亦淤，于是伏秋盛涨，积莫能容，河乃溃决四出，千里一泻，以求遂其就下之性，而山东怀襄之患，遂不可胜言矣。夫见河之顺轨于一时，遽谓可百年无害，此固庸人目睫之论。见雨而即谓其当潦，见晴而即谓其当旱，非真有一卓见，断之于未兆之前，而验之于百年之后者也。当事者睹山东切肤之灾，为一劳永逸之计，议从故道分流，少杀黄河之怒，而挽回故道之议复起，其意美矣，其论伟矣，然以今日大势论之，黄河必将他徙，而故道必不可复。不观古今之全局，不筹天下之大势，而卤莽尝试横挑大衅，则其患将有甚于今日者，请得而极言之。

宋欧阳修言：避高趋下，水之本性，故河流已弃之道，自古难复。由故道淤，高水不能行，此千古不易之名言也。黄河旧日所行，其徐州以西本古获水故道，徐州以东则淮泗故道，皆非大河经行之地，自金明昌中河决阳武入封邱，遂全徙于东南，河流浑浊久益淤淀。盖在元明时横溢四出，早已有岌岌北趋之势，特以会通河之故力遏，而东南之，自是以来，河身益高，为患益甚。据校邠庐抗议所载，道光初年，兰仪同知署濒河堤高于槛一二尺，及末年则河堤巍峨踞绰楔上。老吏谓此三十年中，初年岁淤三寸，递加至今岁高一尺。然则河身淤高至此，人无智愚皆知其将他徙。而治河者尚欲以一线之堤束缚，而驰骤之河水郁迫之势至于万不能堪，于是暴怒腾踔，别寻新道，而有铜瓦厢之决，如鹰脱韝，如虎出柙。而谓今日尚能逆其就下之性，搏而使之过颡，激而使之在山欤？此故道必不可复者一。

统观古今大河迁徙之迹：禹后河自大伾北行过大陆入海；周定王五年之徙、汉屯氏南北渎之徙，则皆以渐而东；及东汉后河自千乘入海，而夺漯、夺济灌钜野、灌濮郓，又皆以渐而南；至金后从云梯关入海，其势已穷而无所复之矣。故铜瓦之决，复从大清河入海，此殆自南而北之始机也。盖河流但知就下，并无南北之分。北道淤，则河不得不东；东道淤，则河不得不南；南道淤，则河又不得不北。其所决徙皆一：因乎地形自然之势，而非人力所能强预者也。此故道之必不可复者二。

回河之议莫盛于宋。宋景祐以后，一决横陇，再决商胡，三次六塔，李仲昌等力主回河之议，请开六塔、塞商胡，使归横陇，迨工甫告竣，河不能容，是夕遂决河北，被患者数千里。其后有梁山张泽之汇，有南北二股之分，有小吴大吴之决。蜩螗沸羹，聚讼滋甚，而河卒不可回也。今日复议挽回故道，必欲使水舍就下之性，行已弃之道。夫以平日无事之河，操畚挶，负薪刍，旌节吏卒，焜耀河干，挟全力以御之，求以杀其尺寸之势，尚不可得，况欲挑强河之怒，别开一道磬控而纵送之，窃恐故道工竣而河流不趋，虚费数千万金为患犹小，倘河流不趋故道而直注于故道之旁，则北灌曹济徐兖，南灌蒙亳睢宿，沉灶产蛙，千里一壑，以田庐为薮泽，以生民为鱼鳖，其患乃真不可胜言。盖观于宋人回河之效，而其得失利害之故，斯可睹矣。此故道必不可复者三。

窃谓山东今日下游之淤益甚，其决而他从之势已岌岌，不久而故道又必不可复，则其横决之道所必出者三：从开封南决，夺贾鲁河、沙河以入于淮，一也；从曹州东南决，灌钜野，以入于泗，二也；从开濮间北决，东行则夺徒骇，北行则夺漳卫，三也。夺淮之患稍轻，夺泗次之，夺徒骇、漳卫最重。今夏开州大辛庄之决，已见其端，此所宜为之预计者也。近世以缮完故堤、增卑培薄为治河之金科玉律久矣。夫善治河者何尝不用堤防、不用疏浚，然必先使大河得其所、归之道、顺其就下之性，然后从而堤防之、疏浚之，始可事半功倍也。不求其端，不讯其末，而惟堤防、疏浚之，是恃此所以洪水堙、五行汩。人人自命为神禹，而究其所奏者，则九载弗成之绩也。冯氏校邠庐抗议中改河道一篇，请下绘图法于直隶、河南、山东三省，遍测各州县高下，缩为一图。乃择其洼下、远城郭之地联为一线，以达于海。窃谓今日河患，苟欲为百世之计、求千岁之安，则舍冯氏一策，别无下手之处。何则？欲知黄河所宜行之道，必先知地势之高下；高下既知，则河所可行与不可行者乃了然于胸中，灿然于掌上。然后察河所宜行者，无问南北，毅然决策以从之，河当南则南，河当北则北，因势利导，并力赴工，万里湍悍之河，可使俯首就范而为我用。何则？所以治之者，顺其性、循其理也。夫治河本无奇策，禹之行所无事者，使水就下而已，水就下则无事，水不就下则有事矣。以今日之河而欲心营目揣，恃人力以强制之，则是故道可复、不可复之议，两者皆空言聚讼，而未有以相胜究之，堤防愈修，疏浚愈勤，塞者自塞，决者自决。聆其议论，则欲强河以从人，观其实事，则仍舍人以从河。计之拙且陋者，固莫若此矣。

郑州决河私议

或有问于余，曰：子固谓黄流之将夺淮也，今郑州果决矣。朝廷不惜千万帑金，简命大臣刻期堵塞，期于立澹沈灾。恩德至厚而众论纷嚣：有谓宜乘此引河，由铜瓦东趋归云梯关故道者；有谓仍宜复山东故道者；有谓宜引河北行复秦汉以前故道者；有谓宜因而勿塞听河自行者。然则河果宜塞乎、否乎？

余曰：河何可以不塞，而特恐未可以遽塞也。郑州以南自贾鲁河入颍，此数百里间，本古鸿沟、莨荡诸渠，遗迹纵横萦贯，特以分引支流而已，非大河经行之地也。贾鲁河、沙河之广仅数十丈，淮水自颍口以下至于怀远广不及百丈，其不可容河者一；云梯关故道既高于洪泽湖，而射阳、澄子诸河又皆迫狭，其不可容河者二。今全河掣溜下趋淮颍已在霜降水落之时，而淮流之涨骤至二丈七八尺，洪湖以周数百里之广，涨至丈余，若伏秋盛潦，将且十倍于此，以区区之淮当十倍之涨，吾恐上自沙颍，下至淮扬，首尾二千里，尽成泽国，亿万生灵化为鱼鳖必矣。河何可以不塞也。

其不可遽塞何也？今日塞河之议，捐千万金而无所顾虑者，恃有故道可复而已。以鄙见观之，河不可塞，其患固殷；河幸而塞，其忧将益大。盖决河未塞之，先有当虑者五：

河流已弃之道，自古难复。今云梯关故道，其河身视平地高至丈余，甚者二三丈，远望之若长城。水则就下，安能就上，是铜瓦以下故道之难复也。所当虑者一。

从古河流决而复塞者不可胜数，然必盛涨偶溢而大溜未移，或溃决四分而正流未断。汉之瓠子，唐末之浚滑，宋之灵平，明之开封、中牟，未始不殚精竭力，卒复故道，少贻一时之安，要其所以奏功者，正流犹在，高下相准，其势犹可以行也。今山东故道，自曹濮以下淤垫益甚，河之愤郁困迫积不能堪久矣，伏秋盛涨暴怒腾踔，日乘瑕蹈隙于南北之间，一决于大辛庄，灌阿范、趋徒骇而怒犹未杀也。八月中，东明南岸奇险横生，几至不测。特其患偶出于郑州耳。郑州以南地势微高，本非大河当行之地，乃蚁穴一溃，不三日而全溜南趋，正流立断，无涓滴之存，无须臾之恋。以是揆之山东故道，视郑州新徙之道，其高下相去远矣，虽欲强以人力挽复之，河则安能俯首弭耳而为是激山跃颡之势。所当虑者二。

不但此也，开封东明以来，河岸诸埽虽新旧相间，实已大半腐朽，平时河水拍岸盈堤，有激荡之虞，亦有横托之力，今河流忽空，堤埽虚悬欲坠，虽有乘时修筑以备回河之议，而库帑全力悉注郑州，无暇旁及，绸缪未雨，举属空谈。一旦决口果塞，骇浪东奔，则淘底搜根，其力倍劲，百万堤埽必如拉朽摧枯，尽逐洪涛而去，有埽尚不足以御河，况无埽乎？所当虑者三。

黄河之在今日，天下之狂寇也，东西奔突飘忽无常，滹沱以南、江淮以北，皆大河驾轻就熟之地，非必郑州一处可决而他处必不可决也。今新旧两故道既不可行堤埽，又不可恃，而必欲挽复之，即使郑工可塞，而兽穷则噬、郁怒愈增。自卫辉、大名北决，则灌河朔青齐；自曹濮东南决，则灌徐兖淮济；自开封、归德东南决，则灌蒙亳睢宿。游骑无归，唯变所适，夫谁得而制缚之哉？天下之民一也，不忍于陈颍淮扬之民，独忍于畿甸南北之民乎？所当虑者四。

且国力非有余也，去岁山东请帑金二百余万，广购机船，盛筑堤岸，将与狂流角胜于青齐之间。大工未竟，河已徜徉四顾而他逝矣。今河既南趋，其可归故道与否未必能确知也。而毅然举千万金，姑为不可知之一掷，郑工不塞，此千万金固虚掷也，即塞于此而决于彼，此千万金亦犹之虚掷也，且不为张网之谋而为尾追之势，则决于南即塞南、决于北又塞北，是此千万金之掷无穷期也。几千万而国不贫、民不竭？所当虑者五。

塞河者有深虑远谋，使河从容就范而必无横决之虞则可，否则杞人之忧不在未塞之先，而在既塞之后矣。然则子之道奈何？曰：治河无奇策也，使水就下而已，河惟不能远其就下之性，以至于此。不审大势，不察地理，复懵懵然以薪楗为事，此河患所以日棘也。今日大计所宜筹者有二，而增卑培薄、力与水争之说不与焉。一曰疏淮扬下游分泄河流，为暂救一时之计；一曰遍测高下，定河所归，为一劳永逸之计。

何谓暂救一时之计？黄流既循贾鲁河下趋淮颍，出洪泽东向入海，虽两岸迫狭必不能容，而其地视山东故道为低，恐大势所趋，未宜强挽。今一意堵塞决河，而淮扬下游仅有开成子、碎石二河，引归云梯关故道之议，窃谓尚有可商者。盖洪泽下游入海之道，大略有四最：北出清口，循云梯关故道入海，一也；从山阳东行，循射阳河入海，此淮水故道。二也；从五霸出高宝之间，由清水潭东循南北澄子河出斗龙港诸口，此靳文襄议分泄淮涨之道。三也；从高宝运河直南入江，四也。此四道者，云梯关故道与入江之道最高，扬州、泰州、高邮间纵横数百里，地势南高北下。而射阳、澄子两道最直。今明知云梯关故道之高而不敢放河入射阳、澄子者，为里下河百万田庐及十七盐场计耳。然决口之塞未能必成，而仅恃云梯关故道以泄之侥幸。目前予河以必不可行之道，恐来年黄流未挽盛涨迭生，淮扬以东千里一壑，是有保里下河之名、无保里下河之实也。为今之计，似宜暂缓塞决，以待遍测后定河所归。而急浚射阳、澄子两河，为黄淮入海正道，浅者深之，狭者广之，修缮堤防，谨闭旁闸，又于两河间视各支河可引黄流入海者，多穿凿之，或分为四五，或岐为八九，要以伏秋盛涨足泄黄流而止。夫黄河挟沙而行，分道既多，尤易淤积。此所辟诸道未必能久行无弊，且霖潦奔腾，暴流四溢，亦未必无所损伤。然既有可行之道，以预待之，虽或不免河患，以视束手无备者，其为灾之轻重必有辨矣。新道既定，河得所归，而后大功可成、决口可塞也。

何谓一劳永逸之计？今日之河或以为宜南、或以为宜北、或以为禹迹可复、或以为故道可循，盈庭聚讼，各一是非。愚以为皆纸上之空谈、梦中之呓语。何也？河自唐虞以来，行北道者二千岁，行东道者千余岁，行南道者六七百岁。北道最下行之最久，南道最高行之最寡，其间横流四决、倏忽易形者又不可悉纪，大河之浮沙淤土已遍积于南北数千里之间，有昔为谷而今为陵、昔为陵而今为谷者，地势变迁莫此为甚，河流一改即成筌蹄，而论者顾欲执吴越之图、断虞芮之讼，岂非以国事为儿戏乎？为今之计，当舍已往之陈迹，专求见在之形势，窃谓宜用冯氏桂芬改河道一议，首以测量高下为先。时势甚急，纵不能遍测诸省，亦宜择河所当行者一一测之。上游自荥阳为始，东北过卫辉、大名，循漳卫直趋天津至大沽入海为一道，自临清东循马颊入海为一道，自濮范阳谷东循徒骇入海为一道，山东故道上起郑州、下讫铁门关为一道，云梯关故道上起铜瓦、下讫青红沙为一道，今所决徙新渎上起郑州、下讫海口为一道。皆以海面为地平最低之准，以荥阳为地平最高之准，分遣精于测算者，各携仪器按程遍测，详算其河身高下之差。计自荥阳至诸海口皆二千里，而近五里一测，日测三十里，可两月而毕。然后汇其所测而统筹之，则诸道之高下曲折，披图按策，了然于心目之中，河之当行何地，自不烦再计而决。新道既定，乃举此千万帑金，并力赴功，浚河身逐节之淤，修缕堤遥堤之制，田地近河者弃之，庐墓近河者徙之，宽予之地毋与水争，其近于新道之河，苟地势洼下，可引黄流，宜稍堤防修治之，上接新道建滚水大坝，师禹分厮二渠之遗意，以为盛涨分泄之地。大工既竣，引河直趋，游波宽缓，顺其就下之性，决口之塞一反掌间耳。如此则河得所归，变故斯少，数百岁之安庶可幸而冀也。今日之计似无以易此。

或曰：子之谋则远矣，然其事有三难焉。以小民世守之业，忽举而委之于河，无故而捐膏腴、毁庐墓，非常之原，黎民所惧。设经画一不善，其不激而生变者几希？此患在扰民。不因已成之迹而创新辟之道，营缮之费未知所穷，度支匮竭之时安能任此？此患在糜帑。淮扬千里已没于水，日夜望决口之塞，而子方欲以淮扬为壑。新道之辟，旷月累岁，俟河之清，人寿几何？是犹播种以赈饥、揖让而救火也。此患在迂阔。吾见子之拙，未见子之巧也。应之曰：子以为天下经画之不善者，独治河可以激变乎？不得其人，则虽蠲租减赋而民愈贫，出粟散财而民愈困；苟得其人，则以生道杀民，民虽死不怨也，以逸道使民，民虽劳不怨也。子亦忧无其人而已。今不惮一时之费，为天下谋百世之安，民有损失，官出帑予之，且此所定新道要皆循旧河而行，河旁田庐虽有所弃，为数犹少，非洪流暴决动灌数十郡县比也，而子犹以为不可。然则郑州之决，上自陈颍，下被淮扬，首尾二千里，人民流离死伤以千万数，田庐、坟墓、牲畜、货财所漂没丧失至于无量，恒河沙数此其委诸惊涛骇浪，而痛心刻骨者，天不为偿，地不为补，子将何术以处此乎？不忍扰民，而河无一日之安、民无一日之息，是扰民者无穷期也；不忍糜帑，而东决则塞东、西决则塞西，其敝也终至于国竭民困；河患半天下，鸿嗷满地，奸宄乘时而大患因之而起，是糜帑者无穷期也。且疏淮扬下游者，将使河少苏喘息于此，而不忍以淮扬为壑也。向者挽回云梯故道之议纷然并兴，惟不忍以山东为壑故耳；今见淮扬之患，复欲挽归山东，山东之民又何罪乎？兵法曰：围师必阙，穷寇勿追。治河之道，何独不然？束缚驰骋而予之以必不可行之道，决口果塞，子能保其不他决乎？抑能使河自择一不伤财、不害民之地，以洋然逝于大海乎？且天下尚有何地之民，可以听其漂没丧失而不之顾也？增卑培薄而上美其勤，省工减料而上美其俭，悠悠泛泛以漂没丧失诿诸气数之天，而上无所责过、民无所归怨。噫！子之所谓巧者，吾知之矣。

《军凡》自序

物有血气心知，则不能无争；争而群，则不能无术。喙者相啄，角相触，爪牙相搏，是争以独者也。蜂则知群矣，蚁则知陈矣，狼犬之属则知掎角矣。争固不能无术，分而为伍，合而为军，动而为攻，止而为守，得失数习，情伪数变而法生焉。

世之言兵者众矣，浅者博而寡要，散而无纪。湛于高深者，穷阴阳，侈孤虚，王相占星望气，衍禽死生，其归也诬。权谋之说，务变诈，设机陷，其归也妄。夫兵，仁术也，所以诛暴止乱，出民水火而禁不义也。其为政也繁，其为体也重，其为物也实，其事至纤至悉也。若治家，其法壹而肃，上下严而敬也。若正于国，卒伍有制，人官物曲有度，陈有列，攻守、进退、分合、舒敛有权，未尝不言阴阳也。觅天时，因地利，致谨乎日月星辰之躔，经纬之距，风雨、燥湿、寒燠之节，而非荒幻之为炫也，未尝不言权谋也。度彼我，察治乱、强弱，权本末，明奇正、缓急、饥饱、劳佚，而非险诈之为逞也。仁义以本之，智勇以成之，政未修、上下未和、物未阜，则不可以师；将未得、士未教、器未备未功、时地未利，则不可以战。今是数者未一讲，而欲恣于荒幻险诈以求胜也，岂不殆哉。

夫设奇因乎机，制敌因乎衅，衅与机，固不可预矣。幻则无实，诈则无复。无实无复之术，固未闻得志于天下矣。立国有本，治军有体，攻守有势，物变有归。正其本、植其体、作其势、会其归，是之谓法。法，可学者也，不此之务；悖，悖而为兵，非灭则危。

司马法亡矣，周官言蒐阅，荀卿言攻，墨子言守，戚氏言节制，皆要于实。予病夫世之尚奇也，举军之纪律，兵之所为攻守，师行吊伐之义，为发凡起例，著其实者，黜其虚者。辞之约，惧其言之滥也；出之慎，惧其言之庞也。欲示之言，切于事者，颇附焉；书虽略，要粲然有法，使中材可学。①

① 序的末句，即“欲示之言，切于事者，颇附焉；书虽略，要粲然有法，使中材可学”，原著书而又划去。

《各国约章纂要》序

泰西通盟以来，所为约章颁于官者皆国自为篇，保定始有《类编》之刻，既而天津复有《类纂》之刻，端绪浩渺，不可猝寻。光绪十有七年，东南之仇天主教者数起，始于芜湖，江汉之间骚然而动，舌人往复，讼言日滋。吾友劳先生玉初方宰吴桥，因举约章之涉于内地者，纂其要略，备州县循览易晓，分游历、传教、商务为三，而附以仪文法禁诸杂条，复述海外邦域教术及盟于中国所始各一篇，凡八卷。

作舟受而读之曰：作《易》者其有忧患乎，交狎于所游，性安于所习见，侏离睢盱而惊，利夺威诎而怒施，以所不习之说而咈，此氓之情而斗讼衅乱之所起也。事蹙变亟长，民者内无所恃，外无所衷，非懦而从则嫉而激，动静不协，患乃益生，得是书而究之然后。朝廷之所以仁育而义正者，物为之度，事为之防，若是其至也。许其游则节传以达之，许其贾则符验以限之，有不率教官从而治焉，许其教之行于中国，而亦未尝强民以必从也。盟府所藏粲焉毕备，亦患于忘废而已，又奚虑其无术乎，虽然书之所具者法也。

官是邦也，客主相杂，意气相疑。奉尺寸之约，忠信以喻之，笃敬以持之，使举廓然于并育不害之意而莫以扰吾治也。居则有以弭乎，其隙而民不争，变则有以镇乎，其猝而民不犯，若父母之于其子。

令之而行，禁之而止，则非是书之所能具者矣。

光绪十有七年冬十一月绩溪邵作舟序

《存斋诗草》序

城东胡氏，吾邑望族。有闻于时者，朴斋、竹邨、春乔、枕泉[①]诸先生以经术，季临[②]少宰以吏事，晓庭、文甫[③]诸公以文辞，荄甫[④]先生以书，其他卓荦能自树者尤众，而言坊行表、遁世无闷，粹然一出于程朱者，则与九[⑤]先生也。

先生少攻文辞，三十余乃好程朱之学，诚敬自将，事有礼法，杜门授经，不求知于人，人亦罕知先生者。晚与作舟为忘年交，每相见语终夕，不厌反复，于为学者甚备，独未尝以诗相示。

其后，余游天津，别去十余岁，而先生没。哲嗣子勤[⑥]乃以遗诗示余，余谓先生未尝有意于为诗也。天人之际，道术之赜，纲常伦纪之间，深造自得而偶发于咏歌及夫钓游所触，则舞雩春风之乐、鸢鱼飞跃之机亦以见焉，而非瑰丽之为尚也。其言质，其音和，其义邃而贞，其

---

① 朴斋，即胡匡衷（1728—1801），字寅臣，号朴斋，绩溪城内金紫胡氏人，清代“绩溪礼学三胡”第一人。竹邨，即胡培翚（1782—1849），字载屏，号竹村、紫蒙，匡衷之孙，清代“绩溪礼学三胡”之一，嘉庆二十四年（1819）进士。春乔，即胡秉虔（1770—1840），字伯敏，号春乔，匡衷侄，清代“绩溪礼学三胡”之一，嘉庆四年（1799）进士。枕泉，即胡绍煐（1792—1860），字药汀，号汀泉、枕泉，金紫胡氏人，道光十二年（1832）举人。

② 季临，即胡肇智（1807—1871），字季临，又字霁林，号砚畲，又号梅屿，金紫胡氏人，同治六年（1867）任吏部右侍郎，监修天安门和大清门内朝房，兼署顺天府。

③ 晓庭，即胡肇昕，字晓庭、筱汀，秉虔之孙，优廪生。文甫，即胡绍勋（1789—1862），字文甫，号让泉，金紫胡氏人，邑庠生。

④ 荄甫，即胡澍（1825—1872），行名明澍，又名庆华，字荄甫、甘伯，号石生，金紫胡氏人，咸丰九年（1859）举人，著名医家，精于考据、篆书。

⑤ 与九，即胡肇龄（1832—1896），一名玉蟾，字与九，号存斋，又号陋巷居士，恩贡生，候选教谕，是徽州的理学鸿儒。

⑥ 子勤，即胡晋接。

思窅而远，康节之《击壤》，非与其诸衷于道而翼于教者。辞之工与弗工，恶足以相绳邪。先生矜慎，学皆实践，不欲以绪言自见，所遗独诗耳。虽然，先生之诗先生之学也，子勤至孝，弗胜其慕，谋刊其先人之诗，诗传而先生之学无弗传矣。

余与子勤交累世，尝有窥于先生之学，得其所以为诗者，又重子勤之志，是故乐序之而弗辞也。

光绪二十有三年春　同里后学邵作舟序

答胡传论台湾海防书

铁华仁长兄大人执事：

月初，虎兄①处交下购惠台湾地图一部，拜领之际，惭感莫名。旋奉手书藉审东渡后苳履安和，经涉山海数千里，蛮烟瘴雨动辄中人而无纤芥之患，固由尊体素强，然冥漠之中亦若有隐相之者。展诵数四，怍至难言。承示台湾之抚番与琼州之抚黎，名是实非，如出一辙。尊意欲汰防军而治水师，内为息民之谋而外为固圉之计，此正魏默深所谓古今奇策，必与庸论相反者，非胸罗宙合而又亲临其地、洞见其情者焉能及此？然天下事发之固难，收之亦复不易，珠崖之捐，轮台之悔，察几致决，智勇兼全，而固难望之于常人也，独是水师之创正未易言。

弟在津十载，北洋创兴海军目所亲见，近馆精台议兵筹饷，日与海军从事讨论西制粗悉崖略。盖海军之设，必有铁舰、钢快船以为战，炮舰以为守，练船以储人才，运船以利转输，又当有雷艇以佐其进攻，炮台、雷营以助其退保，有船坞以利其修，有机器局、船械局以储其械，始能成军与敌争锋，旷日持久而不可败，一有不具，则如五官之偶缺而即不可以为用焉。一铁舰之成费当百五十万金，一快船费当百万，炮舰二十余万；练运船，船当十余万，而船坞之至少者费当百余万，机器诸局亦数十万。北洋经营十六七年矣，胜敌之效茫如捕风，而舰艇坞局营

① 虎兄，即胡宝铎（1825—1896），行名成钜，字大问、浒晴，号昆圃，绩溪县宅坦村人，同治七年（1868）进士，历任军机章京、总理各国衙门行走等。

垒之属已二千余万于此，而岁饷之需二百余万者尚不在其中，此殆非他省之力所能具也。台湾苟治水师，从其至简者而言，亦当有铁舰一艘、钢快二艘、雷艇二艘、练船运船各一，又小轮艇三四艘，乃可成为一队，钢快炮力不足敌铁舰，故仅能冲锋而必有铁舰以为之主。台湾先有海镜运船，近复送回北洋。船坞纵不能造，亦当于鸡笼或沪尾创一机器小厂，外为炮台泊岸以设之，约计其费，至省当在六七百万金以外，此资本也。另岁饷及杂用，每年又当需三十余万。非独台湾之力难遽及此，而愚虑抑更有进者。北洋海军之效已可睹矣，台湾人才未必过于北洋，使竭十载之力，糜巨万之饷，一旦有事终不能战；若前者马尾、镇海之为则其震全局而涣人心者，患乃甚于无船无炮，亦安用此纷纷为也。以鄙见论之，台虽四面边海，而兵轮之足以逞者，不过数处。每处有新式炮台二三座、水雷一二营，别有陆军以助之，宜可自守。一炮台约费十余万，一雷营之设约费万余，全台三四处，不过百万，以汰防之费转而事此，期以三载，可告成功。岁饷既大省，则筑台设营之后，以其所余，徐为增置炮舰快船之举，亦未尝不可也。闽台两省势本唇齿，自师船歼于马尾后，至今不增一舰，有识寒心，诚欲为大局计，似宜合闽台为一，共成水师一军，举所谓六七百万者分年以筹之，就闽厂成基以备修船，有事则游奕邀击于闽台之间，而东入台北，西入闽厦，以为休息归宿之地。水师任战，闽台任守，苟兵精食足而将得其人，敌势虽强，当可支拄。特恐无心，精力果识，渐见远之臣，以图之事权，不专思威，不恰志睽，势涣畛域。横分说虽可行，亦仅徒托空言耳。迂疏之论，无当事理，偶承询及，遂敬妄陈，幸勿为外人道及。

台地道里形势一经详示，乃如暗中得烛。红头、火烧二屿，周各百里未入版图，倭人垂涎台湾，梦寐不忘，将来恐如吞并琉球之举，而效英人之经营香港、亚丁者，以为窥台之计。榻旁卧虎，患宜预防，未审可从容招谕、令其举岛内属否？

执事赴台本出奏调，窃谓事愿虽违，未宜轻言内渡。晚近巧宦见利则趋，见害则避，暮楚朝秦，不啻市侩。君子则不然，所遇虽蹇，必扩委以任运之怀；所任虽艰，必守君命焉逃之义。进退去就之际，谅贤者衡之熟矣。

天津新印中国海道岛屿及长江运河全图，乃英国海部近年测绘之本，最为精详，已代觅得一部，欲以奉呈台览，而图凡百四十幅，卷帙甚巨，道远难寄，台地倘有妥友赴都往返，台南盐务总局设于何城、何衔，乞详示。务求嘱其过津时，持函惠顾，以便托带为祷。

弟于六月六日辰刻获举一男，即名之曰在辰。内人自乳，儿甚肥健。家慈安吉，三舍弟陶卿来津一载，近于九月初旬南归，顷得其书，已安抵武林，足慰爱注风便，尚希时惠好音，手此。天津海防支应局向有幕宾两席，弟承局中见招，辞不获命，所处乃幕友，非委员，亦非文案也。续蒙惠函，但请书天津海防支应局可矣。

敬叩勋安，伏惟起居珍重。

小弟作舟顿首　十月十八日

致程秉钊[①]书

蒲荪仁长兄、我师执事：

正月杪得手教，知因二郎之耗，驰回江北，骇愕良多。执事久困风尘，不遑家食，忽遘斯戚，阅之增伤。然中年哀乐，常赖丝竹陶鸾，旷达如公当不至过于伤痛，诸希善遣为祷。作舟在此数岁，无知我者，硁硁者亦不求人之知，菽水定省之暇，肆力于所好，日以孜孜，良友披襟，从容讨论，偶有所得，形然忘倦。近复涉猎西人诸学与经史百家，互证异同，理致豁然开朗，镌凿幽深，穷极窅渺，颇多异境。惜相去万里，不得与故人作平原十日读也。

承示洪君小江欲来津门，此恐大误。非谓小江之才不足以博一饱，求温饱者太多，其势不足以容小江也。资章甫而适越，组织非不工，文章非不美，如越人断发文身何。作舟久有去志，近以玉公[②]力挽，由由与偕然逆计，后来者每况愈下，一误安可再误。玉公迁官[③]在即，作舟之去，理亦不久。一身之不能谋，安能谋小江乎。受丹定于四月南归，

① 程秉钊（1840—1891），又名秉铦，字公勖，号蒲荪，绩溪仁里村人。自小立志求学，向学者胡澍求教，钻研“三胡礼学”，兼及音韵、训诂，潜心研究金石，辨证“六书”之演变。凡名人学者，如会稽赵之谦、仁和谭廷献，他都历尽艰难前往求教。学识不断长进，渐成著名学者，深得翁同龢、潘祖荫、徐世昌的器重。徐树人、谭云卿重礼聘其为幕僚。李若农、汪郇亭等曾请其校订文稿。同治九年至光绪四年（1870—1878），与赵之谦等被聘编修《江西通志》。光绪六年（1880），为赵之谦的《勇卢闲诘》作序。光绪十六年（1890）中进士，任翰林院庶吉士，但在赴任途中去世。著有《绩溪备乘》、《淮南子补注》、《龚定盦年谱》、《琼州杂事诗》、《少师长室文存》、《知一斋尺牍》、《龚学古今体诗》、《丹荃诗余》等。除《琼州杂事诗》有刊本存世，余皆未知其详。民国年间，后人有意刊布其著作，并得蔡元培赐序，然至今皆未睹。

② 即劳乃宣。

③ 由完县调蠡县。

计小江来，受丹尚未去，此时当竭力共谋之，以答尊属。成，其幸也；不成，则小江固西岸之偶人耳。

今日天下士，即以文章学问而言，孰如公者。一琴一剑，龃龉莫容，匪兕匪虎，率彼旷野，况小江哉。吾欲为天下之怀宝而不遇者放声一哭。南粤炎瘴，伏惟调摄珍重。

小弟作舟顿首

古音廿一部①

（前缺）而后渐密，余究其奥者有年，唯段若膺先生十七部疏密得中，而王怀祖先生复增缉、盍、祭、至四部，余既取段氏而复参王氏者，以素服王学之精故也。今录其部之诸字于左，复以声表附其后，诚能通于音声通转分合之原则，古经籍转注假借之学思过半矣。

以王氏部名为主，而次第则用段氏之说

之第十七　平上去入　段氏第一部○之里台乃龟牛有又而能富食不或色十五声

絲枲思事市茲甾詞司止齒士寺蚩時之史子○里貍其叵棊犛辺以矣疑啚巳己喜吏畀異啻意丕葡備○台來戋在佩臺亥災采音宰再○乃○龜○牛否丘舊○有○又尤右某母久郵友○而耳○能○富負婦○式食戠直弋息亟彧力棘匿○不畐北黑塞服得皕則防伏悳賊克牧㚖导墨○或革麥○色嗇仄嬰

宵第廿一　平上去入　第二部○

毛枲澡暴敖勞高刀到巢囂盗皃号○樂卓龠爵虐芈繫勺隺弱○小尞丿少票麃夭芙翟交喬召兆苗䍃要爻肴孝教弔堯梟了叉肖

幽第二十　平上去入　第三部○

九休憂汓游攸柔幽酉臭牡由幼○尻曹舀卯秋包匋牢爪叉蚤冃冃冒好

① 邵作舟在音韵学上的建树，主要是研究声母发音方法，在"戛、透、轹、捺"基础上，从"轹"类中分出一个"拂"类，基本接近于语音学分析，惜其有关论著散失。这里从《班公杂记》中摘录的《古音廿一部》，安徽大学杨军教授认为即"古音谐声表"，即把形声汉字的谐声声符按段氏次序和王氏部名归类作了编排。

報老道丂考保棗艸草𠦒昊告奥〇州厹求流舟修脩秋留周𠫤𠷎壽酉叟丩收囚秀手𦥑雔帚𥄉百頁守劉肘丑受韭夒臼咎〇條㐬猋矛焦𥼶兹孝鳥〇孚卓缶戊〇簋〇匊𦥑篘肉畜育〇竹復毒逐孰祝肅尗叔六坴竈翏〇學

侯第十九 平上去入 第四部〇

婁侯殳后後口𣆪厚走奏斗冓豆扇寇晝〇朱句禺壴尌廚區蓲需須俞取冣聚臾乀主具〇芻侮付府部〇𠷎㪿增角𡉀𣪊珏業豖攴〇增谷族屋哭足朿𠧪賣𠈌蜀木彔粟卜夙鹿禿目〇獄敕辱蓐曲局玉角𡉀以下段氏入第三部

鱼第十八 平上去入 第五部〇

父沮市尃浦瓠夫吴虍盧虘古路烏穌涂素賈度𪓰壺奴圖乎土無毋巫疋鹵吾五午户雇武鼓乇蠱魯兔〇者且奢射舍白帛百赦赫〇于雩車慮虘居於与與御去魚鱟余䀠瞿庶巨椇舁吕女處羽予許鼠黍禹宁旅圉豦〇牙華夸叚豭家巴亞惡寡馬下〇蒦若洛屰朔凵㗊卻𩫖郭霍咢壑霍霸𧺆〇亦席夕石舄隻斥睪擇谷戟昔耤奭臭尺赤㒸〇莫音暮

蒸第二 平上去 第六部〇

烝瞢蠅曾升䧹夅朕興夌亙恒丞承徵兢冰登仍乘爯𣝏𦥯〇夢朋弓

侵第三 平上去 第七部〇

咸緘覃凡南男彡乏三參巳氾弇〇林心今金禽欽飮琴𦆒尋甚音先兟兓侵錦突壬任品淫亩審〇風〇念朁占黏𢦏韱从兼廉僉閃西甛冉猒段附緝葉貼三部，今從王氏别立

缉第十六 入 段氏入七、八两部〇

咠戢及立㑥亼㬎隰拾邑龘集習入十廿卅〇叶聶燮龖劦協㚒〇合

谈第四 平上去 第八部〇

函臽峆監敢广斬毚甘冘鹽炎剡㷋厰嚴詹奄欠段氏附合盍給狎業乏六部，今從王氏别立

盍第十五 入 段氏入八部〇

盍甲法夾㒳臿沓帀〇妾枼涉業疌曄㒳鼠鼠耴輒篇

东第一 平上去 第九部〇

中躳宫東重童龍公蟲冬隆丰奉夆逢用甬庸从辿怱同農邕雝宋戎封容工巩空送充共冢蒙凶匈兇㚇宗崇嵩豐衆竦茸〇夅降囪龙尨

阳第五 平上去 第十部〇

王㞷匡往狂网罔黄廣昜陽湯爿醬將臧方放旁皇亢光羊羕襄康唐皀鄉上畺彊强桑㚘爽梁央昌㒳兩倉相享向尚堂象卬章商亡㐬喪長良量香㗊匚〇衡行永兵京庚卿允㐱彭囧明皿孟慶丙更羹誩競弜秉黽𢀩竝

耕第六　平上去　第十一部○

熒丁成亭正生盈鳴殸壬廷呈戝戠或青鼎名平寍寗甯嬰甹敬冂冥鼏争頃幵刑貞霝巠井耿冂鬩幸晶省

真第七　平上去　第十二部○

秦卂人儿粦瀕寅丏賓身旬㚇信辛新令因命申陳仁真佞勻訇闐進臣塵民聿壼引矜胤印○淵天田千年電顛扁臤賢堅辡弦牽玄○段附质栉屑三部，今入至部

至第十二　去入　段入第十二部○

八○匹必宓盜吉壹質七即日疾栗桼漆畢一乙逸抑失○實室○頡卩節血徹别肙穴○瑟○至○替疐段入第十二部

谆第八　平上去　第十三部○

先員免川典舛○辰晨困麇春門殷釁艮㦸君敦存巾堇文彣吝閔豩豳軍斤刃亹彬㐱飧寸筋𢀩㥯隱○屯脣𧄶昏孫奔賁昆𦎫璊雲云侖𣱼昷温緼熏焚豚盾舜蚰圂○鰥

元第九　平上去　第十四部○

叀專袁采弮卷厂产彦辛言泉邍原𧮫展爰亘宣見連莧絭罨夗眅𠬝宴匽㫃單𡗁肩弁廛焉肰縣肽元肙戔衍憲延鬳獻次羨燕虔彝鮮褰面㕣沿建犬片𡙇㦸○㬎雁鴈旦半歎難䜌官卵反閒桓寬卝宛干岸旱罕安晏𠃧奴曼柬闌蘭吅雚患奂毌貫番潘𢿱閑丹完冠山椒散潸𣏟樊緐耑段丸爨𠬢寒姦般煩贊算祘彖笄班華刪苘孚斷○𡖆巽究雋允夋

脂第十三　平上去入　第十五部○

妻夂衣礻祁豈幾夷尼稽耆𦐇屖屖医殹眉希氏底厎黹比㿝米麋伊利𥝢豊弟𠧪兕肆棄氣旡既㤅季器系𦈢○厶私示視旨師尸次死此𧰨矢市筮自○飛歸鬼嵬𠇍貴畾几役𢼸微非囗韋隹唯隼雖尾虫畏胃奞威癸委戾毁美水㒸采惠未位彗慧尉妃肥由○皆罘褱夬㚔捽彑○帥枚崔臯罪回退隶凷配對衰内孛○綏履頪類○尒爾二○卒戌弗没兀勿𠫓㓁骨𥁕𠃢○率朮乞秫聿律白鼻矞𥄉乙乾鬱○火

祭乂第十四　去入

祭乂砅蠇厲契貫曳㡀敝繼㓹𨷌○賴带○兑貝會○世制埶摯○大犮曷㚔丰㓞癹發伐寽㭊刺聒羍達杀殺介岁○吠歲薉最祟㲋毳○折哲欮厥威㕬列戉叕中𡴭櫱薛𤁻钀桀月舌𠯑同上○𢧵臬朮○奪○末○段入第十五部

支第十一　平上去入　第十六部○

支知是智斯氏卮辵刺只糸○巂祇底虒奚𧰨蠡麗兮豸鹰帝啻繫○卑圭

規鳺危○益適易析晢朿迹辟鬲鷊脊狄秝厤歷役鬩毄○狊鶪厄戹責○策冊○厽糸縈○解辰派買○佳○兒○斵○畫

歌第十 平上去 第十七部○

它沱佗咼過哥可何多我羅𠂇左陸墒坐禾和龢果朵貨瑣臥戈羸𠂇尉○爲邪垂吹隋○皮離离地池義儀羲宜奇猗靡罹詈羆匕○加嘉麻罷化沙○也差○施○棵萑

苦役行

堤头晓吹角，兵出树赤羽。程督各有率，千人共邪许。借问何所作，昼为官负土，暮为官版筑，朝暮何辛苦。名虽挂尺籍，饷薄恩亦窭。食米不令籴，辜较及巾褚。主将月千金，椎剥痛心膂。官中有所营，召役省徒雇。中程不得息，炎夏汗如雨。醵资补笼臿，一月常四五。事罢百钱犒，犹闻弗尽予。主将昨避暑，沉酣厌歌舞。摴蒲豪一掷，丝竹坐累部。顾我妻子馁，吞声就畚杵。所幸教阅疏，未使操兵弩。疲苶获暂休，岂顾废戎伍。国家训虎士，缓急资御侮。末流贪懦进，爪牙遂失所。养士如养马，使兵如使虏。逃亡日相踵，主者犹利取。简汰令颇峻，茨然游词阻。忍竭生民力，长供债帅蠱。不闻厢军冗，弱宋终栖莒。京营困占彼，明师孱不武。咄咄东西邻，肃肃左右拒。受侮良非少，何以固吾圉。

归葬道中偶记

光绪十九年秋八月二十一日，哀奉先慈灵柩归里安葬。自天津厉壇寺西殿扶至闸口登舟，请灵用常从执事二十四人，灵舆用小罩均由赁货铺包办，共津钱六千五百文，另赏酒钱五百文。扛房抬灵舆夫十六人，又另用麻辫衬毡裹柩，共工钱舁钱十千文。麻辫每根广寸余，用细麻交绞成辫，长十五丈余，凡三根，先用毡数条周围环绕裹柩，再以麻辫绕棺束之，共束辫三道，每道十数根，其厚度约五、六寸，所以备途中上下他物震撞或舁柩防绋伤棺漆也。前期十日买麻六十余斤，使杠房编之成辫，次日杠房六人至灵所裹柩，逾时而毕。由官船局代雇大南船一艘，泊闸口迎候，船凡四舱，后舱住眷属，中舱奉安灵舆，前舱以居余及仆役等，船价、每日发住价津钱二千文。

二十三日　令船开至紫竹林候通州轮，舶另予行价，一站津钱九千六百文。

二十四日　下午通州船至津，即奉灵舆过船，停轮船前舱内，眷属居上舱房中，余等宿于柩旁。灵柩、每位轮船价自津至沪银二十两。柩由民船登轮，均轮船埠期夫抬舁，例价津钱一千文，此款由客栈包给，免多争论。另给酒钱数百文。又在太古洋行起关单一纸，至津海新关报验，交扶柩者收执，至沪当须持单赴沪关报验也。

二十五日　通州轮南行，晚至大沽口外，以水涉停轮，候潮至海水丈余。现海水深止九尺，非涨潮不能出口。

二十六日　日暮后，潮涨复行。

二十七日　午后至烟台，泊二时许。

二十八日　过黑水洋，狂风大作，海浪如山，船身震撞受伤，幸行驶如常。灵柩先用大绳四面倚舱中铁柱牢系，复用大木板围护，虽经风浪，毫未摇动。

二十九日　午后至沪。是日礼拜，洋扦手等均放假，持单报关，例不赴验，由太古洋行剥夫抬灵柩暂停太古栈中。三弟陶卿十日前先乘轮到沪雇船，迨余等到时，已雇定无锡大快船一艘。由沪至杭，小火轮船拖带在内计船价十元：火轮拖价八元，行用一元，神福一元。坐候二三日，另给伙食洋二元，共洋二十二元，一应在内，不许另装货搭客，停于上海铁马路桥驳岸专候。

三十日　下午，奉灵柩自太古洋栈乘驳船从铁马路桥登舟。灵柩停栈数日，洋行不取栈内停柩费用。轮船舁柩入栈及次日出栈登舟，共给役费洋四角，又司栈门者酒钱二角，别无他费。由驳船登无锡船，扶柩须用十余人，皆两艘水手给役，赏钱三四百文。柩停中舱，同里汪如琮兄与在田侄伴余回里。

九月初三日　夜中，船开至黄浦江中，缆系于小轮船之后。一小轮可牵无锡船七八艘，昧奕开行。自沪至杭，凡四百五十里，船行两日一夜而至。

初五日　午刻至杭州大关，泊于新马头官亭下。功卿九弟与在本侄诸人相继至。今年水大，无锡船碍于桥洞故泊马头下，若水小则皆泊西湖坝以便起剥。

初六日　早晨，奉柩自新马头过西湖，逾万松岭至江头，暂安于新安惟善堂外厝。杭州名舁灵柩者□红杠犹天津之呼杠房也，大关外充红杠之首者为姚福元，年六十余，居此新桥间。去源隆栈甚近，与在本等熟识。每柩过坝则雇红杠十二名或八名，视柩之大小而定，每夫力钱三百五十文，□□□□□□四十文，迨至外厝后各夫索赏，每名又加赏钱百数文，此外无费。近已勒碑定章，□□□□□□其舁柩过西湖上并不准附搭湖船，以湖船窄小，柩置船首，每□□□□□也。眷属自新马头乘小轿至江头，住曹泰来行后楼，轿钱每顶八百文，行李由新马头雇小驳船至西湖坝，用钱三百文，又自西湖坝至江头曹泰来行，亦由姚福元包运，每石共钱一百二十文。余等十余人住泰来行，每人日给伙食钱一百四十文，晨粥一餐，午饭菜四品，荤素各半，晚饭菜六品。眷属异席，别有老媪给役。

初八日　雇定四不像船一艘，共五舱，可受二百余石。自杭至徽郡浦口，共船价二十四元，又载灵另加神福洋二元，又行用二元四角，共洋二十八元四角，途中加纤、打滩、起驳各费一概在内。住行三四日，临行给行内栈役等赏钱千余文，上下埠起力约二千余文，又杂费二千余文，曹泰来行照应诸客极为周到。

初九日　灵柩自外厝至江干登舟，安于中舱上面，舁柩□□□□钱七十五文，外厝停灵无费。三弟陶卿□□□自杭城过余杭陆行至家，布置迎柩设殡各事。

初十日　早晨，陶卿、功卿诸弟，在本诸侄登岸，遂解缆，溯浙西上四十里至闻家堰，有厘局。又二十里至章头泊船。

十一日　行六十里至富阳县，又九十里泊桐庐县。

十二日　行二十里入七里泷。泷者，两山迫束、水深流急之称，犹蜀之云峡也。泷长五十里，俗云：顺风则七里，无风则七十里，故以七里泷为名。入泷十里，北岸有严子陵钓台。出泷行二十里上长滩，泊严州府城东关。有厘局。

十三日　自东关行二里，南上为兰溪，俗呼横港，浙江之旁源也，西上为新安江，俗呼徽河，浙江之正源也。又里余至严州府南门，有厘局，乃东关之分局也，土人谓之南卡。产红蔗、每根六、七钱。桶器。铜箍双料面盆每具百七十五文，铁箍单料者六十文，桑木面盆三百六十文，漆外者三百四十文，大饭盆四百文，圆脚盆二百四十文，便壶箱大者一百五十文，小者百二十文，大茶壶桶三百五十文，中号面水桶三百五十文。又三十里泊汪洋潭。

浙江水色深碧，清澈见底。杭城江头至闻家堰间江广可四五里；自闻家堰以上至富阳县广可一二里，深或一二丈；自富阳以上至桐庐广可里余。过桐庐二十里始有小滩，□□□□□水色深绿如翠。自严州府城以上江广或□□□□十丈，狭者至三四十丈；茶园以上狭者仅六七丈，水深者七八尺，浅或尺余，上行三五里即有一滩矣！俗云：徽河之滩有名者七十二，无名者不可胜数。自严州之上三里为短步滩，又十二里为雷音滩，汪洋潭之上三里为赫讷滩，又五里为下安步滩，又三里为猪食滩，又五里为杨溪流，皆名滩也，又三里余至杨溪镇。

十四日　自汪洋潭行二十里至杨溪，严州建德县地也。杨溪流水最湍急，势若奔马，十余人负縴司舟，犹不得上。徽河船有数种，最大者曰盐船，载浙盐上达屯溪者，可受三百石；次曰四不象船，可受二百石，大者五舱，小者三舱；次曰湾船，可受百余石；最小者曰芦乌，不过容数十石，上水轻捷，自杭至徽数日可至。凡徽船首尾皆锐，平底，编竹夹箬为篷，下水则摇橹，上水则引纤，舱中、下层载货，上层居客，每舱两榻对峙，中广二三尺为马道，持舵者由后视前，以察船行航道。杨溪行十五里至紫金滩，又五里泊九十九窑，此间多陶灶。

十五日　行五里至小溪滩，最湍激。又十里至茶园，此处腐干最佳，有市肆。此间南岸山后产绿文石，用以叠道砌墙，在徽浙销售最广。茶园西里余则苜蓿滩，滩甚长，可二三里，水涉而急，舟人畏之。又三里则螺山潭，潭水深碧，长十余里，过此则上爱息滩。又里余至枣娥步，步去茶园二十里。又五里泊倒环滩下，惊涛矢激，喧声若雷。

十六日　上倒环滩，行十五里过尖滩至港口，市廛甚盛。又二十里上官坝，从前徽船上官坝及天井滩者，舟人皆索客加钱雇纤，喧竞颇多，近则雇船者皆订明包于船价之内，载诸船票不别加钱矣。泊淳安县南门外。南门对岸谷口有寺，寺西为海忠介公祠。入谷东行十余里矣复出谷，循山行数里至港口。此道较水道近数里，谷中途甚平坦，民居不多，田畴腴沃。自淳安以上高滩愈多，水涉湍激，冬日常有竟日不能逾滩者。

十七日　发淳安县十里至小金山滩，又十里至杨村，□□□□河中筑石堰，若八字形，中辟一道为船路，□□□□清流奔驶，其疾若箭，舟人力挽不能上，稍懈则随流漂没，有一落千丈之势。上滩过九里许，此间江流稍平，凡十五里过数小滩而至霸王滩下，两岸乱石壅亘如冈，阜长约里余，中辟水道，广仅二三丈，滩口深陷若阱，惊湍争壑，疾若奔雷，舟行至此非加纤夫不能上。从前溯新安江者，以米滩为最恶，陵谷变易，夷险不恒，近则霸王滩出，而其险又逾于米滩矣。

十八日　早过霸王滩行十里，过数小滩至云头。自此以上每二三里辄有滩，滩名不可胜记，水愈涉，流愈急，而舟行愈滞矣！又十五里至威平。云头、威平为淳安茶市荟萃之所，春夏间贸易甚盛，此则为百货贸易之场，视云头尤盛也，有厘局，威平之分局。又行五里至王家潭，有厘局，威平之分局。又行□□许为梅花纹，江中怪石林立，出没水间，上下者稍失则触石立破，为徽河第一险处。自此以上则徽郡歙县界矣。过梅花纹五里至街口镇，有厘局，为皖南总局所辖。又十里至米滩，亦曰天井滩。下此十里间，石矶亘江中，屈曲如巷，惟水尚深舟行稍平。米滩险峻，水急若泻，为徽河最险处。道旁有负纤者，舟至此辄加雇数人，人予二三十钱，上滩即去。又十里泊山茶园滩下。此上滩极多，数十里中中怪石森罗，殊形异状，不可殚述。

二十日 行十里至小泉，又十里至镇口，又十里上长滩至深渡。深渡为歙南巨镇，烟火千家，市厘甚盛。眷属弃船乘肩舆入谷，行九十里至余家纹川。箱箧、行李亦交姚景和即姚胜和。行雇担夫回里，至纹川每百斤钱六百三十文，每里合钱七文，轿每顶用□□十六文。惟余与仆邹钰乘船随灵柩由郡城浮水东上。

二十一日 船行十五里至绵潭，又十五里至雪坑口。此数十里中，江流稍平，乱石亦少，过雪坑口则滩复峻急矣。

二十二日 行十里至黄连坑，又五里至南源口，又五里至浦口。浦口在江之北岸，以其为歙浦之口，故名。南岸为朱家村，百货之自杭、严、金华赴歙、绩诸邑者，皆汇于此，市厘甚盛。

二十三日 自浦口换驳船行七里至渔梁。梁在徽郡南关外里许，用大石阻江，砌坦坡高可丈余，广二十余丈，以蓄上源之水，近为水衔多□□。灵柩由梁下过坝登箅，计驳船价洋一元，又酒钱二百文，舁柩坝夫力钱三百五十文，起货钱二百余，行用钱四百余，杂用钱数百，皆由梁下姚永盛船行代雇代发。家中遣运十兄来迎，即随箅同行。

二十四日 箅泊北门外万年桥下。

二十六日 箅行三十里至竦口。

二十七日 行三十里至罗弓。

二十八日 行十余里泊胡里南中王桥下。

二十九日 行十余里泊梧村。

十月初一日 行十余里泊百鸟墓。

初二日 行五里至双溪口，家中亲族子孙共率□□□来迎。灵舆由此登陆，行十里至里门□□，亲友迎祭，随行者络绎不绝，日中始至家，奉安慈灵于四凤祠中堂，余与三弟陶卿、大侄在方等庐于堂东。

邵作舟年谱简编

1851 年（清咸丰元年 辛亥） 出生

邵作舟，行名运超，字班卿，安徽绩溪县伏岭纹川邵氏中门人。九月丁巳（10 月 28 日）出生于绩溪。邵辅之子。邵辅，1808—1862，初名伯营，行名开壹，字吉壶、清斋，号雪巢、否庵，道光甲辰（1844）举人。咸丰五年（1855）官陕西葭州知州，后调陇州知州。历充戊午（1858）、辛酉（1861）陕甘乡试同考官。同治元年（1862），因王茂荫[①]保荐将才，被同治皇帝召见，旋以“破故关回巢”之功奉旨“以知府尽先升用，并赏戴花翎”。著有《周易私说》、《候虫吟稿文内外集》、《葭陇图籍问答》诸书共二十一卷待刊。邵辅的长兄开渡，幼殇；二兄伯成为恩贡；三兄伯棠为候选从八品，以剿粤寇功，赐五品蓝翎；弟伯循为候选从九品。邵辅娶妻方氏、胡氏、章氏，俱诰封淑人。有四子，除长子为胡氏生，余均为章氏所生。长子作楫，行名运太，字符卿，候选县丞，因讨粤寇殉难，诏赠同知衔、世袭云骑尉；次子即作舟，为廪贡生、兼袭云骑尉；三子作模，行名运侃，字陶卿，又字子清、溥泉，邑庠生、兼袭云骑尉；四子作藩，行名运庆，字石卿，邑庠生。作舟娶妻程氏、章氏，有三子三女，其中长子出继。（参考邵在方 1902 年《江南乡试闱卷》、邵作舟家藏“清明簿”[②]、1910 年绩溪《华阳邵氏宗谱》、来新夏编 2010 年 12 月中华书局增订本《近三百年人物年谱知见录》等）

1853 年（咸丰三年 癸丑） 三岁

在乡，是年，其父邵辅大挑二等，授教谕。（邵作舟《太仆年谱·咸丰

① 王茂荫（1798—1865），字椿年，号子怀，安徽歙县人。道光十二年（1832）进士，初授户部主事。同治元年（1862）任左副都御史，七月补工部右侍郎，次年调吏部右侍郎。保荐之事见于其《请饬潘铎办理陕西军务折》。

② 即“华阳邵氏宗谱节录”，邵辅作序。1947 年邵瞻涛整理重录。

三年》）

1854 年（咸丰四年 甲寅） 四岁

在乡，是年十二月，其父邵辅“以知县需次广西，旋擢知州”。（邵作舟《太仆年谱·咸丰四年》）

1855 年（咸丰五年 乙卯） 五岁

在乡，是年夏六月，其父邵辅“除知陕西葭州。八月之官陕西”。（邵作舟《太仆年谱·咸丰五年》）

1858 年（咸丰八年 戊午） 八岁

作舟“幼聪颖豪迈，有大志”。（1930 年《绩溪乡土历史·第十七节》）是年秋七月，与弟作模等随母章氏自绩溪至陇州。（邵作舟《太仆年谱·咸丰八年》）

1859 年（咸丰九年 己未） 九岁

作舟在陕西期间，因父邵辅为官清廉、执着政务而不断受到上司的掣肘乃至一度被解职（陕西巡抚曾望颜九月劾邵辅而至解职“赴省听勘”。次年冬十一月，“诬得白，乃还陇州视事”），家庭生活至穷至窘。（作舟在《太仆年谱·咸丰九年》中谓其父：“官陕西五岁，自持峻甚，秋毫无所染，所得禄入，用以治官事辄尽。及解任，衣履敝决至无以易，僮仆皆辞去。大吏与公不相中益窘，公、作舟等日食荞蔓菁或竟月无肉食，而公终日读书怡如也。”）

1862 年（同治元年 壬戌） 十二岁

父邵辅署同州府知府，迎剿甘肃张家川（今为自治县）大股“回逆”，战于赤延镇，力竭阵亡。奉旨赠太仆寺卿、世袭云骑尉，并准于陇州暨凤翔府建立专祠。（邵在方《江南乡试闱卷》）

1864 年（同治三年 甲子） 十四岁

是年冬十月，与作模、作藩随母章氏从陇州启程，护送邵辅之灵柩归葬于里。（邵作舟《太仆年谱·同治三年》）作舟“每过城邑，辄先往拜谒有司，迎送如礼，人以是称之”。（1910 年绩溪《华阳邵氏宗谱》）

1865 年（同治四年 乙丑） 十五岁

奉丧归里历经五个月，于是年春二月抵绩溪纹川，将邵辅之灵柩停

放在四凤祠中。（邵作舟《太仆年谱·同治四年》）

是年编有《先太仆遗集》（一函五册红格抄本，藏南开大学图书馆）。同函中，除所编的《太仆年谱》及《太仆行述》各一卷外，另录存有《否庵读易》二卷、《书小笺》二卷、《春秋征》一卷、《葭州纪略》一卷、《秋草编》二卷、《否庵文集》三卷、《候虫吟稿》四卷，皆其父邵辅的著作。（来新夏编2010年12月中华书局增订本《近三百年人物年谱知见录》）

1867年（同治六年 丁卯） 十七岁

补弟子员。（1910年绩溪《华阳邵氏宗谱》）

1868年（同治七年 戊辰） 十八岁

苦于穷乡僻壤之中“无所师法”，于是年起随绩溪程蒲荪（秉钊）、浙江赵撝叔（之谦）游学杭州，“聆其议论”，并读龚定盦（自珍）诸集。（邵作舟《论文八则·弁言》）此时“班卿美才气如虎，近颇自下偶发声，犹震山谷也”。（程宗沂抄录程秉钊《备忘录（一）·客杭州抄唐春帆所藏书记（己巳仲夏）》）

1874年（同治十三年 甲戌） 二十四岁

是年，“食廪饩，文名籍甚”。

作舟“于书无所不读，过目辄成诵。善古文辞，识时务，精地理”，然其后“数试江南、顺天均报罢”。（1910年绩溪《华阳邵氏宗谱》）

1881年（光绪七年 辛巳） 三十一岁

生长女，名振华，1900年（光绪二十六年庚子）在绩溪嫁浙江桐乡好友劳乃宣（字季瑄，号玉初，晚号韧叟）子为妻，后著有章回小说《侠义佳人》四十回（商务印书馆排印本），蕴含自己的人生经历与思想。振华亦擅诗。（《清劳韧叟先生乃宣自订年谱·光绪二十六年》、黄锦珠《邵振华及其〈侠义佳人〉》）

1882年（光绪八年 壬午） 三十二岁

是年始，“游天津”。（1910年绩溪《华阳邵氏宗谱》）其在1892年《答胡传论台湾海防书》中谓已“在津十载”。

1883年（光绪九年 癸未） 三十三岁

任周馥幕宾，又课其子周学熙。（《周止庵先生自叙年谱·1883》载："是时吾父幕中多一时贤俊，邵班卿之舆地、音韵、算术，潘芴南之词章，洪述之之公牍及刘先生之制艺，皆杰出者也。"刘先生即刘启彤，字丹庭，主张改良变法的早期新学人物。）

1884年（光绪十年 甲申） 三十四岁

当在是年开始著《危言》。（1901年岭海报馆本《邵氏危言》胡衍鸿（即胡汉民）序云："未几而有甲申之役，马尾失，澎湖陷，基隆奔命，越南丧师，天子震怒，罪失律之臣，发明诏于天下旁求俊乂。时则有绩溪邵氏著《危言》一编，欲上之朝而未果。邵氏殁，世遂无见其书者。"）《危言》，是刊布前在同僚、友朋中流传的"传抄本"与"家藏本"的原名（如安徽省图书馆即藏有"辛卯伏日徐世兄国光录"存之《危言》上下卷）。是书陈述其整治吏治、薄敛省赋、疆土防御等安内御外思想以及向西方学习、厚待中外人才等观点，皆"以治本为意"。（1910年绩溪《华阳邵氏宗谱》）

1885年（光绪十一年 乙酉） 三十五岁

是年，接母亲章氏居天津"以养"。（1910年绩溪《华阳邵氏宗谱》）

乙酉、戊子，两应京兆试不遇。（程秉钊1889年《致李若农少詹书》）

1887年（光绪十三年 丁亥） 三十七岁

是年成《危言》二十八篇。（熊月之《中国近代民主思想史》）

1888年（光绪十四年 戊子） 三十八岁

《论文八则》最迟当在是年定稿。（《胡绍錢行状》载："戊子，因先太舅氏之介，得以从桐乡劳玉初游。……从尚书自蠡县历吴桥七年无改，凡经史传记、九流百家、山经地志及东西洋历史地理，靡不研读。……又尝学为古文辞，由先太舅氏授予所著《论文八则》一书，精心考研，因得传邵氏古文之正宗。"胡绍錢，黟县西递人，系作舟姊之子。其于"丁亥之冬，始禀承先祖许可，毅然只身北上，投先太舅氏邵班卿先生于天津，以求深造"。）

1889年（光绪十五年 己丑） 三十九岁

四月十日，程秉钊在《致李若农少詹书》中言："窃见敝邑秀才邵作舟，字班卿，器识远大，皎然不阿，博通群经，洞究时务、舆地、音韵之学，尤能深造熟精，不同浮猎。”“秉铦所识东南英俊，学术气节，罕如其比。其年已三十有九，及今罗致尚克展其骥，足备国事艰巨之膺，否则，将亦如秉铦之续矣。谨检呈邵君所著《中国铁路私议》一篇、《危言》二卷、《虑敌》一卷，附达尊览。”十二日又有《答李少詹书》云：“承询邵君住址，谨开上。秉铦所以极称此君者，因此次就试本破釜沉舟之计，长贫毛躁，难于再来，此后遂恐不能有为，将大负我公之期望；故欲公于无事之际，默认其人，以为他时臂指之助，非为其张皇游说，希一时之荣也。”

是年至光绪十八年（1892）又著有《班公杂记》（家藏稿）。内记“古音廿一部”、“药方”、“京城节气衣服单”（复以光绪十六、十七、十八等年列于其右）、“外祖瀛川章学来公世系图”、“天津武备学堂各洋员（名录）”、“购书存目”、“吏部遵旨（优恤邵辅）议奏”、“（作舟）捐贡户部照与监照抄”。所记通讯录，多北洋官吏、世家故旧。

生一女，名云君，嫁歙县大北街朱家巷洪姓。

1890 年（光绪十六年 庚寅） 四十岁

力劝胡燏棻“不用洋工程师，专任詹天佑办理工程，至路成而其名大著，中国有铁路人盖自此始”。（《柳州府君年谱》。邵作舟是胡燏棻的代笔捉刀者之一）

是年著有《公理凡》，用叙述与数理公式图解，求事物发展演变之理，充满变法改革的哲学思想。（家藏稿《公理凡》末：“庚寅九月初十得八十五条。”）

是年二月、九月，先后七次与在京参加恩科会试、谒见李鸿章的程秉钊交流长谈。（程秉钊日记）

1891 年（光绪十七年 辛卯） 四十一岁

为劳玉初编辑刊布的《各国约章纂要》一书作序。

1892 年（光绪十八年 壬辰） 四十二岁

十月十八日，作《答胡传论台湾海防书》。（耿云志《读邵作舟与胡传论台湾海防书》，原件藏中国社会科学院历史所。来信见胡传《台湾日记与禀启》）

1893 年（光绪十九年 癸巳） 四十三岁

秋八月二十一日，奉先慈章氏灵柩自天津经上海归里，慈灵设在四

凤祠中堂。（家藏稿《归葬道中偶记》）

1894年（光绪二十年 甲午） 四十四岁

是年甲午战争爆发，“军书日数十至”，作舟“随事处决，无不当者”。其上书李鸿章条陈防御日军之详尽方案，“言皮口（镇名，旧称貔子窝，在辽宁省新金县东部沿海，金州至城子坦铁路线上，辽宁省著名渔港）宜驻重兵，不听；复进图说以明之，卒不能从。旋日人果于皮口进兵（日第二军从此登陆，入侵旅顺、大连；日第一军则从安平河口渡鸭绿江进犯中国）。于是京津之间群谓公料敌如神，识与不识，皆知公名”。作舟遂谓朋侪：“中日和议虽成，吏治不修，胎乱未去，京津不久恐有大乱。”“国事绝望，吾其将归。”（1910年绩溪《华阳邵氏宗谱》、邵作舟《论文八则·跋尾》）

1895年（光绪二十一年 乙未） 四十五岁

五月十七日，广西按察使胡燏棻所奏《变法自强疏》，据同日翁同龢日记云“系邵班卿作舟及王翰林修植代作”。（《翁同龢日记》第五册）该条陈，据军机处《随手档》记载，是当日“留中”的首折，康有为的《为安危大计乞及时变法而图自强呈》为第二折。（《康南海自编年谱》）

是年，针对甲午战争，应作有《军凡》。

秋九月，作《双溪桥记》、《利济桥记》等。（收于家藏《班公文稿》中。是书还录存有《记休宁妇》、《陈孺人小传》、《〈军凡〉自序》、《成芙卿先生传》等）

1896年（光绪二十二年 丙申） 四十六岁

是年有《丙（申）丁（酉）记事》（家藏稿），按月分条记本年与次年若干事，亦偶记思虑要略。丙三即载：近事见闻日恶，大乱在迩，荒游造园，诚奄俄近取烟湾。丙九则论：沪新出《时务报》甚佳。

据《丙丁记事》，至迟在前一年，开始在绩溪故里造新屋。丙一载：新屋今年须洋七八百元，恐力不及，止能措洋四百元，余分年筹办。丙六、丙十一分别有“起屋”、“新屋已起”之记载。并作有《舍旁添数椽寄弟》诗。

二月廿三日辰刻生一女，名曰詹，雇乳母。（《丙丁记事》之丙三）

是年作《天津八首》（《丙丁记事》之丙十三），诗中有“游津过一纪”之句。（南京图书馆藏抄本《绩溪邵班卿先生文诗存稿》二卷）

是年十月初三日，李兴锐（字勉林，湖南浏阳人）接掌长芦盐运使，公牍仍委托作舟兼办。（《丙丁记事》之丙十一）

1897年（光绪二十三年 丁酉） 四十七岁

《丙丁记事》丁三、丁四各载："李勉翁（李兴锐）二月廿一日升闽臬，约夏闲陛见"，"勉翁已南发"。所作《"海天一碧图"歌送李公赴闽》诗序（南京图书馆藏抄本《绩溪邵班卿先生文诗存稿》二卷）云："光绪十五年，浏阳李勉林先生来天津管海防支应局始交余，明年馆余于局，与盱眙汪君牧（瑞高）、宝应刘丹庭（启彤）、无锡林稚眉（志道）诸公后先相共至欢。居六年而先生官天津道，不数月诏移东海，余与稚眉诸公饯于第一楼，酒酣，先生慨然有离群之思，相顾出涕。逾岁，复迁长芦支应局，故居长芦署中，命下而朋从之，喜可知也。冬初，莅芦诸君子之相别者适先后还津，自是无夕不会，无会不饮。"（1910年绩溪《华阳邵氏宗谱》亦载：作舟"馆于支应局。前两江制军李公兴锐是时总理局务，与公交尤笃，公务皆取决于公，北洋贤士大夫慕公名，争与公交。公自是益究心于当世之务"。）

《丙丁记事》丙十三、丁三各载："余须白斯昏，渐有老态"，"余手足时多牵痛，恐将痛风"。

应胡子勤（胡晋接）诚邀，为胡与九先生作《〈存斋诗草〉序》。

1898年（光绪二十四年 戊戌） 四十八岁

正月初一日（1898年1月22日）卒于天津，年四十有八。是年春浅葬于绩溪纹川之乌鸦伏地。"大府"以其有功于支应局，饬"年赠银三百六十两以给其孤"。（1910年绩溪《华阳邵氏宗谱》）

公著有《邵氏危言》（已刊布）、《论文八则》（已刊布），又著有《公理凡》（家藏稿）、《人道纲目》（家藏稿）、《班公文稿》（家藏稿）、《丙丁记事》（家藏稿）、《军凡》（待觅）、《政纲目》（待觅）、《中国铁路私议》（待觅）、《虑敌》（待觅）、《治河策》（待觅）、《诗文集》（若干卷，待觅）诸书，编有《拙庵诗草》（家藏稿）、《静斋公诗剩》（家藏稿）、《退佳公诗剩》（家藏稿）等。

公有子三：长在春（生卒未详，程出）；次在辰（1892—1922，章出），字子政，又名靖；三在彭（1898—1976，章出），字瞻涛，又字子寿，号目水，系遗腹子。侄在方（作模之子），光绪二十八年（1902）

举人。（1910年绩溪《华阳邵氏宗谱》、邵在方《江南乡试闱卷》、家藏“清明簿”）

殁后

1898年（光绪二十四年 戊戌）

吴汝纶先生挽邵作舟联云：“才气欲何为，空剩危言留在世；是非谁管得，却缘清议惜斯人。”（《桐城吴先生诗文集》）

嘉平月（十二月），商务印书馆刊布邵作舟《危言》。

“抚时感事生”叙称：《危言》“凡为书二十八篇。立旨端平，谋画邃密，不为高谭，无假僻论，古今治术，条贯毕陈，可以树基，可以驭变，洵经世大文、不朽盛事也。先生成书迄今近十年，其筹著所及，或已推行，十世百世，损益可知。顾《危言》之作，前有汤、郑，一时著述，标目偶同，而绎其宗旨，实各异趋。友人罗君闲论三书，谓香山所作（指郑观应《盛世危言》）多货殖之谭，山阴新论（指汤震《危言》）极才人之笔，而粹然儒术，厥维此编。愿海内宏达，共衡览之，匪惟三弊可祛，固宜为群言之准尔。”（1898年商务印书馆版《邵氏危言》）

十二月二十日，“钦加四品衔补用直隶州，调署上海县正堂、兼袭云骑尉王 为出示严禁事，照得本县，接奉 翰林院傅 函称：绩溪邵班卿先生，植行端粹，造学渊深，游客津门，在前北洋大臣幕府十余载办理交涉事件，于中西时务遇事留心，筹笔之暇，抚览大局，著有《危言》一书，立旨端平，谋画邃密，古今治术，条贯毕陈。书成近十年，与《盛世危言》、汤氏《危言》，标名偶同，而议论实远过之。兹由同人集资刊行，以公诸世”。（1898年商务印书馆版《邵氏危言》）

1901年（光绪二十七年 辛丑）

孟夏，岭海报馆胡衍鸿、沈觐恒（沈葆祯曾孙）刊《邵氏危言》。胡在序言中曰：“侯官沈生觐恒从余游，好读书，得其稿，持以请益。予问所从来，生对以得于父执某君，且言邵氏事甚详。”并言：“今邵氏发愤著书，其才磊落可用，而独不欲膺荐筮仕，盖以为世苟用，我有《危言》在。然则览是篇者，当无负邵氏流涕太息之意。”（1901年岭海报馆本《邵氏危言》胡衍鸿序）

1910年（宣统二年 庚戌）

正月既望，诰授通奉大夫、花翎道衔、徽州府教授、乡贡进士、始分六声人周赟题邵作舟容像：

矫矫班卿　黄海豪士　理学之门　忠臣之子
幼读父书　枕戈夜起　忠义奋发　孝慈敬止
茹古涵今　薰曾雪史　公卿坛席　笑谈佐理
寄迹北洋　怒翼南徙　小就不屑　长风未已
玉楼一记　苍胡夺此　业断千秋　寿促四纪
龙韬髓抉　鳌极掌指　风雨名山　鸿编待梓
我分六声　闻者莞尔　江南知音　一人而已
怀余卅载　见君千里　分涉联姻　感深知己
题像如生　飘然玉趾　神末镜石　风流纹水
二难竞爽　勖哉济美（邵作舟像赞）

1924 年（民国十三年　甲子）

程宗鲁刊布《论文八则》。

1933 年（民国二十二年　癸酉）

胡晋接帮助整理《公理凡》并作序。

陈虬卷

专著

蛰庐诊录
（1880）

序

《记》曰："医不三世，不服其药。"《左氏传》云："三折肱，成良医。"医虽小道，顾可以无恒哉！

周秦以后，医无世业，一二大医如华佗、张机、皇甫谧、褚澄、徐文伯、孙思邈之伦，代有其人，并皆高世妙材，有托而逃，相与修明绝业，不惮降心为之，斯道犹有赖也。

近俗日靡，浮浅庸奴，学无师承，略视方书十数部，辄率尔悬壶。持长柄油黑伞，步行烈日中，望门投入，昵妇妪若家人。盐汁交流被两颊，吮笔叉手，书方如扶乩，仓卒以十数。暮归计囊金，较日常多聚，妻孥大欢笑，环问日来从谁？某某何病？病何治？则蒙然张口，漫不记忆。其遇之通者，则借名流揭医招，故自高声价，设拔号，坐飞轿，奚奴前道，悍然自命为名医。叩以寒热攻补、标本佐设之旨，囫囵持两端，声嘤嘤蓄鼻间。处方欠伸，登轿逐逐去矣！甚矣其偷也！

虬自庚午患病，始有志于医。甲戌始排日自课，习之数年矣。丙子，始敢出议方药。每临一证，究其阴阳向背、虚实来去之至数。幸而得之，则私自诧，以为未知于古奚若？然势不多医也。尝谓人有必无可医之病，医有必不能医之时，故设例自限。年来求诊渐夥，颇乖吾旨，恐终不免为庸医之归，因录其曾经有效者以自勘。子夏曰："日无忘其所知，月无忘其所能。"辞以未遑而不得，吾与病者两无恨也，尽吾心焉而已！已能而或失其故知，则医之罪无可逭矣！因录此卷，备温故知新之助，不足云案也。

时光绪六年岁次庚辰春三月陈虬志三书于瑞安城东虞池之衍泽堂

［按］序文录自《蛰庐丛书》之五的《蛰庐诊录》。原刊《利济学堂报》第八册（1897 年 5 月 5 日出版）的《文录》。以下《蛰庐诊录》则以连载形式刊于同报第十一、十二、十三和十四册的《书录》。

卷一

上舍黄叔颂令政验案——详言产后服姜糖饮之害
（1887 年 12 月）

黄叔颂令政产后服姜糖饮过多，渐变痉厥。医以其有寒热也，投以小茈胡汤，不愈；继而认为血少，改投当归补血汤，而热益甚。乃乞诊治。脉数，舌绛，长热不解，但渴而不能多饮，知为营液亏少所致。乃告之曰：此症以误服姜糖饮过剂，夫人而知矣。其始发寒热者，阳虚则寒，阴虚则热，内伤，非外感也。投补血汤而益热者，病当增液，不当补血，盖脉数而非涩也。归芪动火，安得不热！授以养液大剂，如二冬、二胶、杞地之类，调治旬日而愈，计服冬地各斤许。

吾乡恶俗：新产即投以生姜、砂糖，调饮温服。姜至四五斤或十余斤，甚或至二十余斤。妇媪相戒，以为服姜不多，易致产后诸病。但平时片姜不能入口之人，产后虽食姜旬日，或得姜稍缓，即胃反不能纳食。故产家既相沿成俗，医者亦习为不察。其实检遍群书，屡询别省，无是法也！仆始亦相疑，而不得其故，近始得之。盖新产之人气血暴亏，内外皆虚，故能任受辛甘发散、温中去淤之品。迨服至数斤之后，则辛多甘少，砂糖之温中不敌生姜之耗气，于是中气渐就虚寒。若非辛开温热之品，自不能开胃进食。昧者以为非姜不解，岂知其实由食姜过多所致哉！

夫妇人足月而产，如瓜熟蒂落，花放水流，自然而然，自无他故。纵有停瘀别疾，只一味生化汤，随症加减进退足矣。数剂之后，自然畏姜如火，何劳取鸩止渴哉！盖服姜之害有二：偏阳者易致阴虚发痉，如此症是也，尚可以药急救之；偏阴之人则阳气无几，复投以辛散耗气之品，无不暗折其寿元。故我邑产妇，数胎之后，虽在壮年，亦同迈妇，可以知其故矣！呜呼！安得遒人之铎遍儆聋聩，而使产家皆得免此大劫哉！

儒士贾楚玉尊政逆经结瘕奇症验案

（1878 年 5 月）

永嘉贾楚玉尊政，黄漱兰先生令爱也，孕十四月而不产。永、瑞医者，日从事于养胎诸剂，而胎终不长不产，因乞予以卜产期。脉之两手均见浮洪，唯左寸关稍弱。审其胎前，并无弄胎、试月诸候，唯恶心至今未除，心颇疑之。因自勘曰；以为胎耶，何孕已逾年，屡服补剂，而胎终不长？以为病耶，岂有经停年余，而起居食息、步履色泽毫无病状者？继而思之：孕二三月而呕吐恶心者，盖胚胎初结，血难骤下，故壅而上僭也。迨四五月，则血渐下行荫胎，而恶心愈矣。今十四月而此候尚在，血逆已甚，况脉又浮洪，于法当病倒经，问向有齿血、鼻衄否？皆答以无。忽忆喻江西治杨季登二女案，因再问曰：“比来身常得汗否?”曰：“汗虽常有，但不甚沾濡，不以为意也。”予作而起曰，得之矣。此病结瘕而患逆经，医不细察病情，故往往背谬。请竟其说以解众疑。

按《病源候论》称：“症瘕之病，不动者直名曰瘕。”即此病也，故虽十四月而不动不长。内病瘕而外无病状者，经自行也。凡妇人病，经犹未止，虽甚，可治。今经不行，非果经停也，经逆行旁溢，人自不察耳。盖汗出于心，而心实主血，汗血本属一家，故伤寒家每指血为红汗，若知平时所沁之汗即血，血即是经，则此病不过逆经结瘕，无他故也。盖妇人终身病瘕，而一切如常者比比皆是，又何独疑于此之经停十四月而无病状哉！方以木通二钱、莲子带心七枚、正阿胶钱八分、生白芍钱五分、白芨末八分、麻黄根七分、浮小麦钱五分，清心敛肺、养血止汗之品先收其汗，十剂而汗果止，继以当归钱二分、杞子三钱、阿胶二钱、龟胶二钱、生灵脂杵细八分、桃仁二钱、新绛七条，养肝滋肾、活血通经之剂以通其经，十五剂而月事果来。命将本方分半，守服二十剂，按期而经水又来，于是群疑始释。翌日，予制一破积消瘕之方，令其合丸守服。渠家见皆攻伐猛烈之品，畏不敢服，宁甘带病延年。盖血足经行，瘕已无几，故渠惧攻中止。仆尝谓认症之诀，当于反正，疑似处辨别明白，自解自难，久之自有一种真正道理横飞跃出，焕然于心目之间。特非多读书、多临症者，亦断不能有此境耳！吁！安得潜心医学者与之参究其间哉！

儒士林永馨吸烟致病，诊脉而知案验

（1878年6月）

林永馨，许小岳妻弟也。患胸膈胀痛，噫气不除，医治罔效，因介小岳求医。脉之，左关结而右寸促，余皆弦细，予以病轻而脉异常，疑为过吸鸦片所致。然年少姣好，绝不类嗜烟者，果严询不承。予以病无指名，辞不写方。乃潜语予曰：“是诚有之，但人无知者，不识先生何以知之?”予曰：“常人呼吸和平，故藏腑无病。吸烟之人吸多呼少，手忙目眩，肝肺易以受病，吾验之屡矣！但微妙之间，可意会而不可以言传耳。”乃以百合一两，浸透，绞取浓汁，复取乌药，和汁，磨取一钱五分，微煎，取服三剂而愈。

阅二月，渠家知其吸烟成瘾，塞户令戒，驯变寒厥。始则得烟稍止，继则虽烟不愈。乃飞舟相请，至则牙关紧闭，肢厥微汗，六脉依稀欲绝，唯足趺阳尚见长滑。急炙其气海三十壮，目睛略动，乃投以陶先节庵回阳救急汤，六君加桂、附、干姜五味。而另以蜜制粟壳一两先煎代水。煎成，入麝香四厘冲服，随药而苏。复取原方，去麝香，守服二剂，而吸烟、食粥如常人矣。继以温补之剂，调理半月而愈。西医于寻常之症辄入鸦片少许以为引导，盖鸦片之性旁通曲达，无微不至，故取效视他药独捷。顾其法虽不可狃，然治吸烟成瘾之人亦当以此意消息其间也。

［按］卷一病例十则：一为“社友许小岳伤寒两感治验”丙子孟冬，二为“上舍黄叔颂令政验案——详言产后服姜糖汤饮之害”丁丑仲冬，三为“许芳荪直中厥阴证验，并明厥阴治法”丁丑仲冬，四为“儒士贾楚玉尊政逆经结瘕奇症验案”戊寅孟夏，五为“舅氏邱寿皋热症治案，因明酒客感病之理”戊寅孟夏，六是“儒士林永馨吸烟致病，诊脉而知案验”戊寅仲夏，七是“儒士项条甫尊阃伤暑，误药垂死，奇验，因示用药之法”戊寅季夏，八是“友人蒋子渭尊政癫症治法”戊寅孟秋，九是“董田陈银浩饮症，变法治愈案”戊寅孟冬，十是“吴孝廉某误服石膏，停饮用药克制法”戊寅仲冬。现录三则，其余从略。

卷二

上海某妇三年鼓胀治验

（1879 年 7 月）

上海某妇以不得于其夫，有柏舟之慨，因病鼓胀，已三年矣。申江医者称陈曲江、朱滋仁为最，二人所定之案，后医辄不敢翻。然二人医亦不甚分门户，唯此症则陈以为宜补、朱以为宜攻。但投剂初，皆少效，旋即增胀，故因循三载，未得治法。

予脉之，寸尺均见结辐，唯两关累累如循薏苡，而面色晦滞，头低语迟，嗒然若丧。乃断之曰：病系积郁所致。初以气结而血凝，继以血瘀而气泛，于是鼓胀成矣。盖气血犹夫妇也，气以血为妻，今荣血既亏，无以涵摄卫气，而气亦遂如荡子不归，侨寓外宅，任情飘荡，故气外结而为鼓。法当于养血之中加以纳气之品。盖此气宜调不宜补，宜疏不宜攻，妄补妄攻，皆宋人之揠苗也。拟大剂逍遥散，倍当归，加丹皮治之。五剂而病减，十剂而胀愈过半，盖六月上旬事也。予旋以事至金陵，因命守服一月。迨七月初旬，客有自海上过金陵者，问之，则已步履自如，洁妆赴席，嬉笑如常人矣。

杭垣陆家小儿寒热飧泄治验

（1879 年 8 月）

己卯秋试，寓杭城广兴巷陆家。陆本世族，庚申之乱，举家殉难，近唯一子一孙。孙方三岁，病飧泄寒热年余，因乞医治。面色光白，目青，手鱼络脉粗大，检视前方，皆补脾利水之剂。予谛视良久，曰：此儿病本不重，医重之耳！久风成飧泄，实指此病而言。盖风气通乎肝，肝风内煽而克脾土，故寒热飧泄，面白、目青而络脉粗大也。医误为脾虚作泄，强行补涩，风气愈不得上升，所以经年不解也。若果脾虚作泄，断无三龄婴孩而能经岁不死者，法当疏肝散风，可立愈也！

乃以麻黄一钱，先煎，去上沫；再入北防风六分，归身三分，川芎二分，甘菊三分，白术六分，升麻三分，共作一剂，煎服而飧泄顿愈。乃于前方去麻黄、升麻而加生芪六分、酒炒芍六分，得微汗，而寒热亦止。

庠士周小苓内伤感暑治案

（1879 年 9 月）

周小苓赴省应试，夜宿逆邸，感梦而遗，次日又伤暑热，自饮火酒数杯，不解。医误以香燥发汗之剂重竭其阴，身遂大热。比至省，急延予入诊，则体若燔炭，骨瘦如柴，两目炯炯，如丧神守。

诊脉：两手空数，左尺尤甚，但重按至骨，两尺尚有一丝神气，如晴丝之袅于太空，知尺脉犹属有根。乃告之曰："病由内伤而致外感。法当养阴，所谓补正所以托邪也。今脉虽恶而尚不至犯，病虽重，可药而愈也。"拟大剂生脉散，加阿胶三钱、龟胶三钱。盖以暑热伤肺气，梦遗伤肾精，燥药耗心之液，火酒动肝之阳，故以生脉补心肺，而加二胶以养肝肾也，五剂而止。乃改投滋肾疏肝之剂，以东洋二钱、玄武胶三钱、阿胶二钱、大生地七钱、连心冬八钱、羚羊一钱、鳖甲二钱、当归三分，十剂而热退，但身出白疹甚多。此阴液已足，托邪外出，但阳气衰微，无力运送，故着而为瘖。因拟东洋二钱、茯苓三钱、苡米三钱、淮山三钱、桂枝三分、阿胶二钱、制草一钱、羚羊一钱，四剂而退。复以镇心敛神之制善其后，约二月余，始觉平复。凡诊虚损及危急之症，脉当候至五十动以外。觉小有变，即当明告以故。否则一时暴脱，易被无识姗笑！

［按］卷二病例十则：一为"杨剃匠某夫妇同患瘟疫，攻补异治法"己卯季春，二为"上海顾缝匠之妇奔豚病以奇方得效案"己卯季夏，三为"上海某妇三年鼓胀治验"己卯季夏，四为"杭垣陆家小儿寒热飧泄治验"己卯孟秋，五为"杭城乐司房室人停经误胎案验"己卯仲秋，六为"庠士周小苓内伤感暑治案"己卯仲秋，七为"五弟叔和场后患热症，纯以重剂补痊治述"己卯季秋，八为"家慈邱太孺人两病急症，出奇治愈案"己卯孟冬，九为"荆室张孺人关格治验，因详论关格脉因证治大法"己卯仲冬，十为"洪小湘上舍湿症误补治案"己卯仲冬。现录三则，其余从略。

瘟疫霍乱答问

（1902年8月）

问：上吐下泻，谓之霍乱。夏秋时有，何本年发早而多死？

答：本年发者疫病也。能传染，而患者多相似，而霍乱不过疫之见证。

问：何谓病证？

答：病为纲，而证为目。如以霍乱为病，则肢厥声嘶、转筋汗出为证。以疫为病，则霍乱又为疫中之证。盖疫病所发不止霍乱，论疫各书所列名目至七十余种，霍乱仅居其一。

问：何以名疫？

答：《说文》："民皆病也。"

问：疫即是瘟否？

答：是。此病古仅称"温"，或"天行"，六朝时始有连称"瘟疫"者。元和陆氏谓宋、元以后始名为"瘟"，盖偶失考。

问：疫即是疠否？

答：略异。疫自天来，疠从地至，具详《内经》，由司天、在泉之分。

问：本年疫病何以发霍乱？

答：此当推五运六气知之。

问：本年运气何属？

答：本年壬寅，丁壬化木，是谓太角木运。少阳相火司天，厥阴风木在泉，又谓之同天符。天符为执法，《内经》言中执法者病速而危。五运：主客二三，皆属徵宫，徵宫为火土。六气：则夏秋之间三之气均属少阳，四之气则主太阴而客阳明。一派皆系木、火相煽，土、木相忤，故病发于此时，木邪克土，乃成霍乱。

问：运气之说或多不验，故自来医流多不甚信。何先生持之甚坚？

答：此当旁参他术方验。精于此学，乃知五行家言均出于吾医运气。但当曲类旁通，沿流溯源，方能得其肯綮耳。而与医最密切者，则九宫紫白之法。

问：本年紫白何属？

答：光绪甲申以后，二黑坤土管局，而本年小运又同。月白，则三月九紫离，四月八白艮，五月七赤兑，六月六白乾，七月五黄土，八月四绿巽，九月三碧震，与五运六气所值多同，故病气独盛。

问：运气普天皆同，何以四方发病有轻重之异？

答：此所以不可不知畴星紫白法也。如本年五月，七赤入中宫，五黄到震，木上克土，本方为杀气方，故偏东如沪、闽等处独甚。六月六白入中宫，二黑到坎，下克本方，则壬子癸为死气方，故京都独盛。

问：先生曾言五、六、七三月当剧，而细按月白，则自三月九紫起，至十月二黑止，皆于运气中宫相克制。何以独举此数月而果有验？

答：以五月丙午、六月丁未、七月戊申知之。盖寅午半会、丁壬作合、寅申相冲也。凡吉凶悔吝生乎动，不遇刑冲克合则不发，虽发亦不甚。

问："病证"二字为治法所系，故夫子必先正名，否则事亦不成。今既得闻命矣，又闻运气之说，于此病源流亦略得其概。敢问此病究竟属热属寒？

答：霍乱有寒有热。若瘟疫之霍乱则悉属热而寒者，不过虚人百中之一。

问：然则各书所言寒疫皆非欤？

答：《素问》恒分金水五疫，并无寒疫。盖疫者，毒疠之气，未有不热。余另有说。

问：是病初起，即吐泻少气，肢厥无脉，爪甲唇面皆青，状类阴寒，何以决其为热？

答：既知疫多属热，死亡接踵，非常时霍乱。又病者每大渴内热，喜饮冷水，则自不惑于见证之属阴寒矣。盖肢冷者，热深厥深也。无脉者，邪秽阻塞隧道，深伏不出。脉伏，非脉绝也。故有挑出紫血而轻者。

问：病从传染之后，或易知疫悉属热。若初发之时，并未有所见所闻，而无脉可候，无色可参，何能遽断为热？

答：此医家所以不可不读《内经》诸书，预详本年运气，应发何病，则临证方有把握。

问：先生言疫悉从热，然实有服热药而效者，此是何故？

答：其人中气素虚，一经吐泻汗出，阳气随之而陷，故或用阳药救急于其前，然终必转热证在；或用寒冷过剂，而以辛开之药济其后，此救药误，非真治病医病者。治愈尚茫然如坠云雾，而于服凉药不及者则引以为过，此疫病未必尽死证，而医法错乱，则未有不死。

问：凉药、热药之误请示要诀，以祛世人之惑。

答：此本易知。凉药之误，必入咽则病愈甚，吐泻或由轻而重，且汗出无臭气，或口由渴而淡，或神由清而陷，脉或由细数而沉迟，面色由黄赤而渐青白，或自觉心头寒凉，必无得药略轻之理。若热药之误，则必口渴烦躁，目赤身热。试问近日之病，孰寒孰热？当自知之矣。故富贵之家，医生沓至，必有一二剂参桂姜附催其速死，而贫寒无力者或恣饮黄泥水、雪水、西瓜，多有得生，可以悟矣！

问：此证如早投凉药，可决其悉愈否？

答：不能。疫非仅热，实兼有毒在。一二日内死者，肠胃先坏，恐卢、扁莫救。若延至数日后始死者，多系传染而来，用药得法，必能十全六七，其死者则医学之疏也！

问：近日西医盛行，其论此病，系毒虫为患，或由天风，或由流水，或由衣服食物，均能传染。一入肠胃，多使肠胃津液立变为色白如乳之物，将吸管闭塞，不能收摄精华，以致阴阳失和，血气顿滞，险证迭呈。然否？

答：理亦不谬！

问：西医疫虫之说有何凭据？始自何时？

答：西历一千八百八十四年香港大疫，日本派医生吉打苏滔前去考求，用显微镜验出核内之脓有虫，始知传此证时系疫虫侵入人身之故。是年四月，吉医生曾撰为《疫虫书》。同时法医雅仙、德医美谷，亦著有论说，辩明各种疫证原委，如黑疫、核疫之类，由是其说始盛。

问：疫虫取出尚活否？

答：活。据西说，在水中能活五日，在干爽处能活四日，在热愈甚之处则死期愈速。若在人身，本难传染，唯受伤见血则较易染。

问：西医言疫有虫，中医似未之及，果西胜于中耶？

答：西医不独言疫有虫，其论人身有无数微生虫，皆能致病。其实中国古籍皆已引而不发，无论蛔厥蛊胀、狐惑蛟蛔，明言虫病。即《天行温病方》中所用如桃叶、荇叶、石榴皮、马齿苋、川椒、苦参、小蓝、穿山甲、獭肉、地龙、屋尘、水银、雄黄等味，无一不兼取其杀虫。至范、汪麝香丸疗天行热毒，明言当下细虫，如布丝缕大，或长四五寸，黑头锐尾；唐王焘《外台秘要》卷三《天行䘌疮方》录至八首之多，但中医束书不观耳。余尝解五积肥气，谓"肥"系"蜰"之假借，亦详证其有虫。《内经》为轩皇教医之书，特言风为百病之长，而其臣仓史造字，"风"（風）字从虫，实已微露其旨。

问：霍乱古方，何以多用辛热？

答：此元运使然。世补斋有运气大司天之说，虽与仆所校不同，然其理可推。

问：霍乱有何书最精？

答：王孟英《霍乱论》力辟辛热之非，可称暗室一灯，然于治法亦尚未得要领。所制《黄芩定乱汤》等八方仍专主湿热，且轻浅无力量，易至迁延误事。盖此证未有不涉及厥阴者：风性疏泄，开于上则为吐，开于下则为泄，风轮一动，炎烈沸腾，燎原之势，断非杯水能平。病者每胸膈热懑，大渴引饮，此即《厥阴提纲》中所谓“消渴，气上撞心，心中疼热”之的状。厥阴之藏原有相火游行也，此时但当保护心主，令邪火不至上窜，一面熄风解毒，散血疏气，急移火邪，使从火府而出，则于此证思过半矣。盖手厥阴上系包络，而手太阳亦络心主，正可借小肠间道为曲突反风之举，但不得漫施苓泽——渗利劫阴之品，速其毙亡。故此证初起，不妨任其吐泻以少杀毒气。仆乙未所论和阴阳、分清浊，交纽中宫，固为医门正轨，然尚落第二义——升平馆阁体裁，非下马作露布时所急也。

问：此证有何流传最灵之药以便修合施舍？

答：药以治病，当先议病而后制药。故设局舍医，主脑首当择人。天行一发，单方秘药纷贴街衢，无知仓卒，易罹其毒。严明官长当悬为厉禁：凡有方药，须令疏明此为何病、方治何义，方准刊印售买，则枉死者必少。若所举不当，恐以生人之具罹杀人之罪，不如其已！

问：此证有刮刺而愈者，何理？

答：瘟疫霍乱与痧同源异派，皆秽毒所酿而成，故在气皆宜刮，在血皆宜刺，均所以解散其毒气也。

问：可刺不可刺，以何为辨？

答：先将要处用头篩脑蘸香油，顺手刮之，有毒则自有紫黑粗筋隆起，随用磁锋点其尽处，当出紫黑血而愈，若无粗筋则不必刺。

问：当刮要处何在？

答：背脊两乳直上两肘臂、两腿弯，如项下及大小腹软肉处，可以食盐研细，用手擦之，或以指蘸清水撮之。

问：当刺要处何在？

答：大指向里如韭叶许，先用力将患者两手臂从上捋下，使恶血聚于指头，以油头绳扎住寸口，用针刺之。又重者，须看舌下有黑筋三股，男左女右，用竹箸嵌磁锋，刺出恶血，又两臂弯及两膝弯先以温水拍之，露出青紫红筋者刺之。

问：此证有简便不甚值钱之药否？

答：有。新汲井水和百沸汤名阴阳水，又锅底墨煤，百沸汤煎呷一二口，又路旁破草鞋煎服，又鸡矢白水温服，腊月收者尤良，又地浆水，掘黄土地作坎，深三尺，以新汲水搅取服，皆良方也。如西瓜、梨汁、生藕、冬瓜、莱菔、绿豆之类，亦为神丹。

问：人遇此证多以为痧，率先延剃匠及平素刮痧之辈来看，问当刮刺与否，而此辈意在居功射利，到必大试其技，因而误事者不少。请问证之不必刮刺者，以何为验？

答：凡当刮刺者谓其有秽毒蕴结也，否则开门揖盗矣！可先以生黄豆、或生芋、或生姜等试之，如不腥、不涩、不辣者，毒也，可以刮刺；若有本味者，切当忌之！

问：近日用乾隆大钱，嚼碎可治，此是何义？

答：此本古方，《肘后方》用大钱百文，水一斗，煮八升，入麝香末三分，治时气欲死。又方：用比轮钱一百五十七文，水一斗，煮取七升，服汁；须臾，复以水五升，更煮一升，以水二升投中，合得三升，出钱饮汁，当吐毒出云云。而《圣济总录·治霍乱转筋方》则用青铜钱四十九枚，木瓜一两，乌梅炒五枚，水二盏。均言之凿凿，但世医不之知耳。昔亭林先生倦倦明社，曾六谒孝陵，嗣见时疫盛行，以顺治钱煎服者各愈，疑为天命有归。盖先生虽习医，而所见未广之故。

问：此证嚼铜钱有多至六七十枚，究属何气使然？

答：气相克制，无坚不破，硫强水可以蚀铜，尽人而知，此证亦硫磺气过重也。瓯人称口热臭者为“热磺气”，淮北人则直称“硫磺气”，于此可悟。西医亦称铜之功用能安肚腹、脑气筋，但过多则吐耳。

问：铜何以有安脑气筋之功？

答：盖肝主筋。筋病者，肝火太旺所致。金能平木也，本年此证悉木邪过甚，故能愈也。

问：闻西法每用鸦片止下痢，义尚易晓，而止霍乱呕吐用钾养、绿养、纳绿，其功用何如？

答：二药皆盐类改血药，咸生炎而有凉性，钠绿即寻常食盐，但西法化过较净耳。

问：闻西法樟脑酒哥啰昉亦均治霍乱，可用否？

答：须慎用。二药辛窜走气，似于近证不尽相宜。哥啰昉即蒙迷药，多服令人醉欲死，唯蘸于手帕用以解毒则可。

问：此证古方既不可用，西法又不相宜，先生何不出其心得及曾经治验之方，录示远近以作南针？

答：仆曾制有一十八方以供荛采。

问：十八方中精义，先生可略疏其概以开聋聩否？

答：各方实从《伤寒》、《千金》脱化而出，于近今瘟疫门中另辟手眼。如八股老批头所云“长枪、大戟、细针、密缕”，皆兼而有之，似非时下温热诸名家仅事扬汤止沸者可比。减轻其剂，并可治十年以内木火之时邪，非止瘟疫霍乱也！但每方作解，不特辞费，且亦非引而不发之旨，明眼者当自得之！

问：方中所用益母、桃根、柏叶等，皆按节气收采，仓卒未备，奈何？

答：可即用近时所采者，但不若如法修合者力量较大而灵异耳。

问：按时采药，虽有其说，恐亦影响之言，未尽可凭？

答：院中曾历试有验，古人司岁备物，如戊、癸年则收干姜，丙、辛年则收黄连，皆取其年化气以助药力。《内经》人或未必读，而三年蓄艾载在《孟子》，当皆童而习之。况腊月猪油盛夏常冻，冬春粟米经久不蛀，其故可思。若六日鸡鸣水则更奇矣。

问：第一方全剂甚重，何以大黄仅用八分？

答：此取其通火府，使毒从前解，重则直趋大肠矣！

问：第一方注云：“多煎少服，中病即止。”又云：“轻者减半。”何不即将全方分两减轻，而云重者倍服？

答：重病用大剂，中病即止，不必尽剂，此本古法，具深义。譬如以斗米煮粥，得饮三升，就职一升。若径以三升米煮粥，取饮一升，其浓厚粘稠之力实自有别。

问：第二方意在迎阳归舍，防其虚脱。敢问欲脱之候尚有别诀可认否？

答：人中上吊，汗出，囊缩，口开，撒手，神夺，目上视，不得仅以眶陷辄投此汤，盖泻多眶未有不陷者。

问：第七方救焚汤，不用煎而用水浸，此是何义？

答：此义甚精。盖大吐大泻之后，藏津内槁。一切汤液皆经煎沸，阴精已漓，浓浊之味与藏津不相周浃，故取天一真气，使其浸淫灌溉，一气相生，以资吸摄。古人郊天用明水亦即此义。

问：《定乱九方》为霍乱之主方，各有主义，顾名可思。《天行八方》则多预防救误之方，先生前言各方尚可治十年以内木火之时邪，其义云何？

答：以仆古三元法推得同治甲子已交水运，而今日所发之病尚多属火者。盖火未退位，水未迁正也。十年以后，运绳交足，此如奇遁家超辰接气之诀，未易明言也。近日冬地寒滞之品已多误事，薛、叶、吴、王诸家皆不免将束高阁矣。

问：霍乱从前皆仅专顾太阴一经，故用药不出理中方法。先生著《霍乱病源方法论》，始言当求之厥阴，不悉此证尚别兼证否？

答：著书者但能明其纲领，而曲折实不能尽也。吾院陈栗庵长于燥证，言此证亦有由金气不宣而木火愈郁者，论甚精确，《应验第三方》即采其意。

问：霍乱吐泻虽止，而仍有不得生者，此是何故？

答：邪实者当时虽经寒剂急救，而透发不早，多至余热内燔。正虚者虽扶阳得效，神清汗止，而脉终不起者，此元气无根，如瓶花得水，非不暂润，终必萎落。

问：热病禁食，痧疫尤甚，不知如何始可令食？

答：禁食者恐余热未尽，得食则热着而复发也。如邪已尽，舌苔必净，口必不渴，小便必清长，大便必不燥不溏。若热病大便干燥，则为邪尚未净，切当忌之，即欲进食，总宜先以绿豆饮试之，继以番薯丝干煎汤，后方可以泡饭取汤，略和胃气。唯舌绛、身和、汗出多者属真阴渐亏，宜用薄粥。

问：疫病既能传染，泰西防疫章程可仿行欤？

答：否。泰西平时饮居均已尽合卫生之道，但能慎之于发病之地、受病之人，故设法当愈严愈善。中国事事不合医轨，若临时猝然防疫，实非独无益，且于平人大有妨碍。

问：华人防疫有简便易行之事否？

答：沟衢宜打扫清洁，衣服宜浆洗干净，水泉宜早汲，用沙滤过，鱼蔬忌久顿，用冰更佳，房屋大者宜多开窗牖，小者须急放气孔。而尤要者，则厕桶积秽之处日施细炭屑其上，以解秽恶。

问：此皆外治之法，不悉内功有何简便之法？

答：内功非一言可尽。大要在提元神，而提神猝未可学，一切耗神之事总宜戒断。其目约有数条：戒多饮猛酒，戒多吸干烟，戒远视，戒久立，戒远行，戒多言，戒多用心思致令彻夜不寐。而尤要者则在房室，如房劳后七日内患病者，十中难救其一，验之屡矣！

问：探病人有何防避之法？

答：饱食后再饮保命平安酒一杯，提起元神，自觉此去有一将当关、百邪退避之概。不知此义，当思如戏场上关圣帝，手提单刀，过五关斩六将，何等神勇，心目中跃跃然亦有欲学作关公之想，则神完气足，病气自不能侵。坐定时，又须谨避风口。视今日是何风，如属东南风，则宜向西北方侧坐，切不可使病人之气顺风吹入吾口，又须闭口不言。

问：何法实能提起元神？

答：《素问遗篇》有想五气法，然亦须平时习熟，临时不外竖起脊梁、张开眼孔、闭气凝神而已。玄矣哉！《遗篇》之言曰："正气存内，邪不可干！"

问：瘟疫，俗皆称为鬼病，每事祈禳，明者从不之信，而昧者又言之凿凿。然按之古籍，如《周礼·方相》"黄金四目"，已言逐疫。而刘熙《释名》亦言："疫，役也，言有鬼行役也。"一似有征。先生平时如东坡喜谈鬼，而临证独否，敢问？

答：唯圣人为能知鬼神之情状。夫子之告樊迟也："务民之义，敬鬼神而远之！"告季路曰："未能事人，焉能事鬼！"医，人道也。当务民义，尽人事。平时当具伏魔之道力，临时方能施逐疫之神方，提起元神，念念救世，则灵光四射，笔锋横扫，自能战退群邪，还吾仁寿世界，奚事上效驺摇，始能永命哉。《素问》不云乎："拘于鬼神者，不可与言至德！"欲昌轩、岐之教，岂可稍背其宗旨哉！

利济瘟疫录验方

利济定乱第一方——定乱救急汤

治男女老幼瘟疫：霍乱吐泻，肢冷脉伏，脐腹绞痛，或不痛而心躁口渴，舌苔秽黄，甚则灰黑，目眶内陷，唇面爪甲俱青，危在倾刻者，此方主之！

白头翁五钱　大青叶四钱　水连三钱　木通二钱　东引桃根三钱，清明采者尤佳　秦皮三钱　益母草三钱，端午午时者尤佳　川柏一钱二分　升麻一钱二分　槟榔二钱　大黄八分　吴萸八分　鬼箭羽二钱　马齿苋三钱，六月六日采者尤良　绿豆七十二粒　赤小豆三十六粒　鲜车前一两　青大钱六枚，古文钱更佳

右十八味，用地浆水或阴阳水煎，多煎少服，中病即止，轻者减半，重者再加金汁一杯。得药吐者加猪胆汁少许或童便冲服。

利济定乱第二方——定乱迎阳汤

治证如前，而中气过虚，眶陷声嘶，或口不渴而汗出脉绝者。

高丽参一钱，无力者以东洋三钱代之　土炒当归一钱　附片二钱　木通八分　吴萸炒川连一钱五分　老式紫草一钱五分　赤小豆七十二粒　东壁土二钱，灶心土亦可　藿香一钱五分　乌梅一枚　防己一钱　川椒二钱　桃根三钱　青大钱三枚，古文钱更佳

右十四味，用阴阳水煎。得药吐者仍用童便或猪胆汁少许冲服。

利济定乱第三方——定乱安中汤

治吐泻已减，舌苔秽浊渐退，而神倦脉弱者急宜扶正和中。

西潞三钱　苡仁三钱　盐水炒桔红三分　白头翁三钱　吴萸炒水连一钱五分　藿香一钱五分　老式紫草一钱五分　蚕砂四钱　桃叶大者十四片　扁豆叶三钱　石榴皮六分　绿豆四十九粒　赤小豆三十六粒　古文钱三枚

右十四味用阴阳水煎。

利济定乱第四方——定乱舒筋汤

治霍乱而转筋木止。

白头翁五钱　大青三钱　蚕砂四钱　鲜地龙九条　水连一钱五分　钩藤五钱　木瓜五分　血余八分　马齿苋五钱　大钱九枚　甘草稍三钱　绿豆百八粒

右十二味再加丝瓜络、忍冬藤各一两，用地浆煎汤代水，煎成候微凉服。

外治法：用陈醋三沸，以故绵浸擦患处，亦可用食盐。

利济定乱第五方——定乱排痛汤

治霍乱而腹疼欲死者。

东引桃根四钱　柴胡根三钱　白头翁三钱　白芍三钱　槟榔二钱　川连一钱五分　广郁金八分　蚕砂五钱　枳实一钱五分　柏叶二钱，元旦社中南向者尤佳　木通一钱　鬼箭羽一钱　绿豆七十二粒　赤小豆三十六粒

右十四味用地浆水煎。

利济定乱第六方——定乱止渴汤

治霍乱而大渴不止者。

白头翁三钱　胆草二钱　川连三钱　乌梅二枚　生白芍二钱　鲜车前八钱　苦参三钱　大青五钱　盐水炒川柏二钱　老氏紫草二钱　木通一钱　大黄五分　绿豆百八粒

右十三味用地浆水煎，雪水更佳。

利济定乱第七方——定乱救焚汤

治证如前，或吐泻已止，而内热如焚，汤药不受，服后应验——四、五两方不愈者，主以此方。

鲜生地一两　鲜麦冬一两　鲜元参八钱　西洋三钱　葳蕤六钱　生枇杷叶八钱　西瓜二两　鲜藕一两　荸荠一两　消梨一两　鲜百合八钱　鲜车前一两

右十二味用井华水浸三时许，不时恣饮。

利济定乱第八方——定乱泻心汤

治霍乱而心下痞鞕、上下格拒者，或吐泻已止而见此证。

旋覆花三钱　吴萸炒川连一钱五分　蚕砂四钱　半夏一钱五分　木通八分　盐水炒桔红四分　石菖蒲六分　桃根二钱分　枳实一钱　鬼箭羽八分　绿豆衣三钱　赤小豆四十九粒

右十二味用碓稜水或急流水煎。

利济定乱第九方——定乱达郁汤

治干霍乱不吐不泻、心腹绞痛欲死者。

生栀子十四枚　豆豉三钱　枳实一钱五分　石菖蒲五分　蔻仁三分　川朴八分　水连一钱二分　山慈姑八分　木通七分　诃黎勒一钱五分　槟榔二钱　人中黄二钱　五灵脂三钱　荷梗一尺

右十四味用阴阳水煎取，稍凉服。不止，再研加来复丹一钱。

利济天行应验方

一

治时邪，初感头晕、胸闷、筋掣、腹疼、神气不爽、将成吐泻者。

白头翁二钱　扁豆叶三钱　生枇杷叶三钱　藿香二钱　枳壳四分　桃叶十四片　香豉三钱　滑石三钱　丝瓜络二钱五分

九味，用阴阳水煎。

二

治天行，初感壮热头痛，或心中热，不论有汗无汗，此方主之。

葛根二钱　大青叶三钱　香豉三钱　葱白三条　生石膏四钱　生栀子九枚　黄芩三钱

七味，用地浆水煎。

三

治天行，初感寒热如疟，或身见疹痱，或喘逆上气，肩膊胸胁掣痛，甚则眩晕，脉或伏而不起。此木火久亢，金气暴复，宜辛凉透发，宣通气机为主。

豆卷三钱　升麻一钱　杏仁三钱　桑皮一钱　制草二钱　僵蚕二钱　马勃二钱　生石膏三钱　大青三钱　连召二钱　桔梗八分　当归八分　赤芍一钱　牛蒡三钱　西河柳二钱　鲜柏叶一钱

右十六味，用井华水煎成，冲荷叶露一杯。

四

治霍乱止而仍内热烦渴者。

大青叶五钱　香豉三钱　瓜蒌根二钱五分　生地三钱　生栀子九枚　苦参二钱　连翘二钱　绿豆衣三钱

右八味，用地浆水煎。

五

治吐泻已止，身和神清，忽腹中大热，口渴鼻燥，舌黄，喜饮凉水，曾服苦寒益燥者。宜改事甘寒，主以此方。

生石膏四钱　鲜枇杷叶三钱　生草二钱　桑叶三钱　西洋二钱　鲜藕四钱　绿豆百八粒　消梨一个

右八味，用井华水煎成，冲银花、竹叶露各一杯。

六

治霍乱证，误认肢冷脉伏为寒，而用辛热之药以致危急垂死者。

人中黄一两　陈细绿茶六钱　生莱菔汁大杯　绿豆一撮

右四味，用地浆水煎。

七

治霍乱证，虽宜凉药，而用之过剂，或饮雪水、地浆等太多，以致呃逆痞闷作痛者。

鲜藕三钱　扁豆叶二钱五分　丝瓜络二钱五分　木通一钱　灶心泥二钱五分　鲜枇杷叶三钱　六神曲一钱　细辛三分　石菖蒲五分　蔻壳三分　竹茹三钱　滑石二钱五分

右十二味，用阴阳水煎。

八

治霍乱愈后，身和脉起，舌苔已净，知饥思食者。先以此方交媾阴阳，安和五藏。

合欢度三钱　扁豆叶二钱五分　北参二钱五分　石斛一钱　丝瓜络二钱五分　麦芽一钱五分　葳蕤二钱五分　荷叶一钱　冬春米一撮　清炒甘草八分　白茅根六钱，先煎代水。

右十一味，用阴阳水煎。

利济秘制保命平安酒方

用堆花烧酒十五斤，浸七日，每服一小杯。

白头翁三两　东洋一两　藿香二两　生蓍一两五钱　防风一两　当归一两　川芎一两　苡仁一两五钱　萆薢一两　川椒六钱　大黄六钱　柏叶一两，元旦社中南向者尤佳　鬼箭羽一两　水连一两　石榴皮六钱　荷叶一两　槐实二两，上巳日采者尤佳　雄黄一两　菖蒲六钱，端午日采者尤佳　益母一两，端午日收者尤佳　赤豆二两　绿豆二两　木瓜一两　苍耳子一两，端午采者尤佳　檀香二两　通草六钱　东引桃根二两，清明日采者尤佳　冰糖二斤。

［按］录自《利济丛书》之六。首署“主讲东瓯陈虬蛰庐初稿同院诸子校”。温州市博物馆藏木刻本。

治平三议
(1883)

序
(1884年2月)

《治平三议》者，虬癸未病中之所为书也。虬昆季五人，扃关枕藉，自相师友，皆薄有时望，而尤以幼弟叔和为翘楚。器宇轩藉，开敏迈诸兄，群冀倚成以事业，壬午春以病瘵亡。虬时悲不欲生，顾影孑孑，嗒然若丧其躯。岁暮遂病，病几死，呻吟卧床箦者二百余日。药鼎茶铛，昕夕相对。盖裘葛忽忽已两更矣。自维先世隐德勿曜，幸有子能读书矣，而皆未见用，不克大陈氏闾，恐一旦溘先朝露，苶然与草木同腐，长此寂寂，何以慰先灵于地下！念生平稽述，皆皇王经世略，乌可令斩焉无传，乃于癸未之秋，镂肤钻发，伏枕画被，口绎以诏，四弟国琳笔之于书。病寻愈，磨丹渍墨，竟不能再加笔削。爰补《十科表》于后行焉。虽恢张纲目，于今未必尽可通，然大抵驰元皇极，牒阐圣功，洞然于民物登耗、人材否泰之故，会群经，刮诸子，损益中西，合为治术，岳立儒先间，要亦一家之学，有足多者，录而存之。或天不欲其遽死，使增益所不能，终得闻乎内圣外王之旨。吾兄弟异日当更有进焉，未可知也。名山石室，待乎其人，姑以此录先为之券云。

时光绪十年岁次甲申春王月陈虬志三书于瑞安城东之利济堂

[按] 本文录自《治平通议》卷七。

宗法议

孔子曰："吾观于乡而知王道之易易也。"孟子曰："天下之本在国，国之本在家。”然则欲治天下者亦务其亲者，近者而已矣。

天下之子无不孝也，天下之弟无不弟也，父无不慈也，兄无不友也。以父兄之无不慈不友也，而子弟乃有不孝不弟，何则？甚爱则狎，甚狎则犯，子弟而狎犯其上，斯乱成矣！然则亲近而无法，虽与之天下，犹不能以一朝居也。欲善其道则莫如宗法。

法于一乡之中，姓立宗子一人，而复设宗正以为之辅。凡事皆决于宗正，朝廷皆给以图印。文曰：“某乡某氏宗子之印”、“某乡某氏宗正之印”。宗子以长，宗正则以德，由阖族公举。宗正以下，设宗史一、宗卒二，皆为制俸。宗各设祠：前以听讼狱，藏器物；后以处鳏寡孤独之无后者。乃制为冠婚丧继之法：凡男子年十六，父兄为告于宗子，乃择吉加冠于宗祠，宗史祝。未冠者不得议婚，违者髡其首，没入为奴。《素问·上古天真论》：“丈夫二八，肾气盛，天癸至，精神溢写，阴阳和，故能有子。”冠取成人之义，故改从十六。婚之法：男自十九以上，女自十七以上至三十，皆可婚之时。婚定三月而遣嫁。届期婿具新衣一袭，奠雁以迎新妇，禁侈费，违者籍其资于宗，而火其无用者。凡议婚：先时遣，嫁后期者，则离异，罪其家督。如男女无行，年三十无与为婚者，男没入为奴，女没入为妾。娶三月而庙见无妇道者还，准再醮；再被还者，亦没为妾。古人三月反马，煞有深意。宋儒径改为三日庙见，便失其旨。夫三日岂能知其无妇道哉！垂“三出”、“两去”之法以制室家：妇忤逆翁姑、虐待前妻子与辱詈丈夫者出；丈夫而交匪类与习下流无耻者，妇得自请去。“交匪类”谓行劫、偷盗、入教党，“下流无耻”谓窝家、逼娼，总为五条。此皆与本妇罪名、名节有关，故得自请去，不可妄列多款，致有以妻乘夫之病。按古秋胡与晏子之御，及朱买臣之妻，皆有下堂求去、请去之事，是古原有此法也。今拟复之。冠婚之礼所以遂人之生，而丧继则于送死之中寓亲睦之意焉。父母年五十者皆当为制棺椁，后事先事者听，而宗子复多设以待不时之需。五服之丧有不举者罪之。禁僧道佛事。丧服五等，拟别以冠、履、带三事。凡斩衰用麻，斋衰用苎，大功用线——苎之已漂者，小功用布，缌服用黑布。葬以三月为限。违者，宗子则以族葬之法行之。柩不得露宿于外，未葬者不得相嫁娶，犯者科以不孝之刑。停柩在堂而行婚嫁吉礼，此实不祥之大者。以骨肉至亲而露宿其柩于外，视同陌路，此岂复仁人孝子之心哉！礼，大宗不可绝，小宗可绝，今变通其制：唯同父之子始得相继，继不异祖。所以睦兄弟也。大宗则不拘，未娶者不继，继而复绝者不再继，继者不兼祧，无后者没入其赀于宗，而丧葬祠墓之事则一主于宗子。岁四中月，宗子率族人会祭于宗祠，先期三日集射以兴贤能，射取其志正体直，练习筋骨，以便他日游艺之基。中选者得与执事，祭毕列坐以齿，宣讲令甲，无使或忘。

凡刑有十：轻刑五，重刑五。曰朴以治罢软，曰鞭以治顽梗，曰笞以治斗殴，曰枷以治殴伤，曰黥以治伤人成废者，凡伤人成废者，别视轻重以罚锾，贫者没为奴，官为给赀。曰矐以止博，吸洋烟者同科。按矐刑非古也。然古实有是法。《史记·荆轲传》："秦始皇善高渐离击筑，重赦之，乃矐其目。"字本作榷。《前汉·五行志》："高后支断戚夫人手足，榷其眼以为人彘。"注："榷谓敲击去其精也。"《类篇》："矐，失明也。"义本相仍。《汉书·翟方进传》："多辜榷为奸利者。"《王莽传》："豪吏猾民辜而榷之。"知霍、榷古多相通。《索隐》谓"矐以马矢熏令失明"，恐非本义。亭林顾氏谓："当复宫以止奸，复刖以止盗。"予亦欲设矐以止博与犯烟。曰宫以止奸，曰刖以止盗，曰经曰杀，则皆死刑。杀人者死，赐死曰经，戮死曰杀，经以处误，杀以处故。凡黥之法：初犯刺背，再刺臂，三刺面，〈刺〉面而再犯者经。殴尊长者，初即刺臂，视平人加一等。不孝者初即刺面，再犯则杀而枭其首以徇。诬告者坐轻刑，宗子得自决之。重刑则勘实而上于朝，阅实其罪，乃丽于刑。

宗设小学、女学各一。师则命自朝廷。凡俸粮皆取给于朝，官曰俸，民曰粮。计一宗田亩粮赋应出之数而扣足俸粮，纳其余于钞科。岁终则核计合族丁男及卫丁若干人，分三等：未及十六为幼丁，六十以上为老丁，余为壮丁，壮丁八人选一为卫丁。载其名字、身材、生日，次年则不必全载，唯计开除、新增而已。十六年而一更，造册以上于兵科，朝廷有事则下其符于宗子，宗子复推其法于各房，房有长，长以率其房而专其责于家督。如宗子不能自举其职者，听诣阙告免，禁锢终身，而摄以宗正，此其法也。

一阓之市，有斗焉者，他人势格理禁，而不能止，临之以父兄，则其氛自息者，情输于所亲，气阻于所尊人也，而天动焉矣。《盘庚之诰》曰："古我先王，暨乃祖乃父，胥及逸勤，予敢动用非罚。"其在《诗》曰："宗子维城，无俾城坏！"其知此道矣！后世宗法不立，而天下亦能少安者，胥吏之天下耳。岂足以语天德、王道之大哉！

封建议

议者曰："封建不行，故宗法不立。"予则曰："宗法既立，然后可议封建。"上古之世，狉狉獉獉，自人其人。迨生齿繁而伦序定，然后人有其家。于是先王下坎上坤，取象乎比，设为万国，以封建诸侯。然则由己以及人，由亲以及疏，天下者，固一家之所积也，今乃曰宗法由于封建，呜呼！此非探本之论也。

今宗法已立矣，而封建之道复何如？夫道亦视宗法所未及者推而广之而已矣。法以今省、府、厅、县之大小，为公、侯、伯、子、男等国。国有君，君有傅，曰太师、太傅、太保，是谓三公。凡国之大事，君以为然，王公以为否，则格不行；君以为然，三公或然或否，则诏本科太宰及左议曹等参议，谋众乃从。

国设十科，曰历，曰医，曰农，曰工，曰礼，曰乐，曰刑，曰兵，曰训，曰钞，另详于表附后。首曰历，历者，钦若之初政，敬授之急务，故首之。医者，燮理阴阳，登民仁寿，故以为次。农以养人，工以利用，皆民生所急，故历、医后即次二科。而通商之事则附于工。夫子策卫，富庶之后始继以教，故礼、乐、刑、兵又次之。训者道也，谓以道自任也。《左氏传·文公六年》："告之训典"，注："先王之书"。《书·康诰》："矧惟外庶子训人"，郑注："训人，师长"。盖上自天子，下至庶人，箴纠阙失，宣扬文教，皆主以是科。十曰钞，会稽国用，流通货泉，宜设专科，故以为殿。科凡六等，曰太宰，曰少宰，曰左议曹，曰右议曹，曰司，曰给事。给事则初升于乡学者，即所谓一命之士也。凡铨选各以其科，科设司六，给事遍六司乃得升司，司五转乃得至议曹。各司以上，各以三年为任，未任满者不得调。少宰以上则不计。事有损益，司上其事于议曹。议定，曹牒其事于少宰，少宰乃简其要者著为书，颁赐给事，使肄习之。太宰以驭吏，议曹以下皆主于太宰，少宰以上则君主之，此黜陟之法也。

一命之士倍农夫之所入，禄约五十千。司三其禄，议曹则倍之，左议曹以上各以其一登，合三公之所入当其君之禄，此制禄之法也。

自三公至给事，厥等凡七。乡自士以下，曰农，曰工，曰商，曰生，略通文墨而无常业者。曰隶，曰奴，指有罪而髡者。等亦有七，所以明上下、别流品也。国君一娶五女，后一嫔四，取备五姓，议曹以上得置二妾，诸司以下置妾一，此制等之法也。

官制既定，然后井田，学校可次第而复焉。顾或者难之曰：“今井田法废已数千年矣。一旦欲复其法，非坏人庐舍，夷人冢墓，其法不行。”又有为之说者曰：“今之时，贫者无立锥，富者连阡陌。今欲计户分田，为贫者计固得矣，其如富者之不便何！”井田不复，而欲复古学校之法，吾知其难也。然此皆非所虑也。夫善用古法者，师其意而不袭其迹，相地形之广狭以损益其沟洫，去公田之法而定什一之赋，又安在非井也。入田百亩以上者封为下庶长，千亩者为中庶长，万亩者为上庶长。上庶长之秩视议曹，下庶长视分司，岁时得奉朝请，而免其子孙徭役各有差，上庶长三代，中庶长二代，下庶长一代。如是则富者有所劝矣。

学校之制，乡各有宗，法改今之都为乡。宗有小学，所以习幼仪也。十三而入乡学，则教读司领其事，教以六艺。六艺：礼、乐、射、御、书、数也。今御已失传，予请以骑射、佾舞、拳勇等法当之。三年，汰其无用者使归农。学成则教读司给以单而贡于朝，分科肄业，乃处以给事，任之五年。而燕老，君亲临之，六十以上各赐鸠杖，以年之旬为差。凡此，皆学校中所有事也。

于是，复设为三税之法，以御国用。田有租，《说文》：“租，田赋也。”《长笺》：“且，古祖字。”田赋用以给宗庙，故从且。市廛，《周礼·地官》：“廛人，掌廛布而入于泉府。”注：“廛布者，货贿诸物邸舍之税。”《王制》：“市廛而不税。”注：“廛，市物邸舍，税其舍，不税其物。”人各有赋，《说文》：“赋，敛也。”《周礼·天官》：“太宰以八则治都鄙”，“五曰赋贡以驭其用”。注：“赋，口率出泉也。”《尔雅·释言》：“赋，量也。”注：“赋税所以评量。”亦是此义。计三项之所入，以其三十之一贡于天子，以其九为羡余，而以其余制国用，不足则加赋。而一切公旬、徭役与夫关市、盐铁、杂税，胥免焉。国朝仁皇帝有永不加赋之谕，故军兴以来，卖官鬻爵、设立关卡无所不至，而独不敢议及加赋。其实，科派虽多，仅供猾吏奸胥中饱而已，何如加赋之尚属均摊无损乎！

孟子曰：“君一位，卿一位，大夫一位，上士一位，中士一位，下士一位，凡六等。”然则君去庶民仅六等耳，其尊非独绝于人也。君十卿禄，卿禄四大夫，大夫倍上士，上士倍中士，中士倍下士，下士与庶人在官者同禄。禄足以代其耕也。君为制禄，然则禄之外君不得有所私矣。

后世名法家倡为尊君之说，于是乾纲独揽，居其位者辄以犬马之道驭其臣民，威福自专，复侈然日从事于声色、苑囿、狗马之娱，而篡弑之祸烈矣。唯以世及之尊归之于君以绝觊觎，复以献替之权还之保傅以综纲纪，有君之尊，无君之祸，有治民之实，无厉民之患，所谓于封建之中寓传贤之意者此也。由其道行之，虽百世可也。然则封建、宗法亦一而已矣。

大一统议

或问于陈子曰：史称黄帝之时，地过日月之表，意者圣德广运，覆载无遗。今中西一家，偶俱无猜；电机所发，秒忽万里，声教之讫，无远勿届，环地球以游，半载可周。盖骎骎乎有大一统之势矣。敢问其道何如？陈子曰：唯唯！吾闻孟轲氏有言："天下之定定于一。"盖七曜齐明，光不敌口；百川竞流，终归于海。何则？万国并建，天必笃生非常神圣之人与天地合撰，与日月合明，使之宪章往古，开辟中外，创古今未有之盛治。故于万国之中，群推以为君。然居是位者岂惟是异徽号、改正朔、议明堂、讲辟雍、制郊祀之礼已哉！非德足以绥远，威足以止暴，必不能长驾远驭，使天下翕然从风。法当损益十科之法以治王畿，而复约于东西半球之中设监二，各隆以王爵，文曰宣文，驻印度，武曰靖武，驻美国。文则颁正朔，行夏时。齐冠服，常服可如其俗，朝服当归于一。通钞法，均量衡，同文字，文有四：曰小篆，曰番书，曰华、番草书。小篆多主形，番书多主声，各有义理，亦不可没。草书华、番皆有，当另勒成书以便遵行。今定：凡朝贺大事当用小篆；寻常公牍，华、夷各如其旧；通行可用草书。隶变古，楷入俗，均属字妖，概行毁弃。正音读，当另勒韵书而设官掌之。删经史，经收古注而约采后儒之说以附之，史收正史而酌收野史之近正者。一切秽滥无用之书皆杂拉烧之，不必以祖龙遗法为病也。开学术，融会中西，分门肄习。修公法，酌修中西通行者数十条。以齐天下之耳目，以一万民之心志。盖道一风同，固王者之隆轨也。王岁出巡，归乃颁来年之历于各国，而上各国贡税于天子。元旦则设御座以受各国之朝贺焉。武则统率各国之卫丁，井出一丁，秋冬习击刺，是为卫丁。以备非常。无事则各居本国，有事则飞檄兵科二宰，统之以行。诸侯有篡弑、叛逆、不庭者，监内各国共讨之，夷其城郭，分为数小国。销天下之枪炮，有缴而未尽，及私鼓铸者，十家同坐，此其大较也。然后广轮舟、铁道之制，以通中外之气。国有水旱、饥荒不能自赈者，详其状于二王。勘实，檄取邻粟以先赈，徐行奏请帑银以还邻国。余如河防、海运以及不时兴革之费，皆均摊于各国，而朝廷派大臣以掌之。凡此，皆以为吾民也。故圣人之治天下也。操天下之利权，而调剂其盈歉，以天下之利还之天下，而己无所私焉。

夫圣人之为是兢兢者，岂无故哉！以为天之生斯民也，粗衣粝食，苟率其常，皆各有其百年之用。迨嗜欲胜而本真丧，人始有逆折者矣；攻取繁而杀运开，人始有横死者矣。造物能生人而不能必人之生，于是诞生圣主，俾以聪明勇智，使出吾民于水火而登之以衽席。而犹虑尚有扰吾民之生者，故分田制禄，立国设监，使上下各相安于无事。负嵎之虎，出柙之兕，肆其狂噬之威，无所不至；一旦处以圈牢槛阱之地，时其饮食，久之而驯良如羊豕矣。圣人以一人安天下，而后世乃以天下奉一人，呜呼！此岂造物立辟之意哉！

或者曰："煌煌大言，吾既得闻诸吾子矣！请问其兆？"曰："谶纬之术难以喻人，请毋以数而以理！夫理亦视夫圣人之教而已。今者，耶稣、天主之教闯然而来吾国，其实彼教之所以来，正吾教之所以往，如周、孔之教遍天下，则人各明其五常之性，如昏而得旦、群星掩光而日乃出而经天矣，吾子悬盼以望河清可也。"曰："颛蒙之识，愿闻其详，敢问一统之势将由中并外耶？抑由外并中耶？"曰："斯义也，吾尝受易学于仲兄矣。二兄仲舫师精易数，所言多验。仁冠五常，乾统四德，此其彰明较著者，将来亦视其国之习尚何如耳！孟子曰：不嗜杀人者能一之！斯言也，岂仅为七国发哉！"曰："吾闻君者群也，王者民所归往也，皆于人起义。天子亦人君耳，而号独称天子者，何也？"曰："若天下统一，分国以亿万计，地丑德齐，莫能相长。天若特生一子以子元元，安天下，所谓昊天其子之也，故曰天子。"然则天子者，周乾坤之一大宗子也。吾故曰："宗法之道，通其变可以致治平者此也。"作《治平三议》。

十科表一

太宰掌议本科之政典，宣布丝纶，澄叙官方，以六事驭吏。黜者三：曰贪，曰酷，曰庸。贪者黥，酷者刖，庸者扑而免之。陟者三：曰廉，曰明，曰能。各荣以章服，奏请玺书褒美。宰设左右监，以应升左议曹未得缺者补之，准集议监设长史。

少宰简本科之治要以著为书，颁赐诸司给事，使肄习之。宰设左右监，以应升右议曹未得缺者补之，准集议监设长史。

左议曹凡国有大事，则诏本科太宰、少宰集议于左议曹，议定而后行。曹设左、右掾史，无定员，以曾任各司者补之。

右议曹凡各司有事，则集议于右议曹，议定，然后上其事于左议曹。曹设左、右掾史，无定员，以应升各司未得缺者补之。

各司科设司，六司无定员，随时添设。升转之法视表右转，以三年为任。

给事由乡学考取给事。遍六司乃得升司。

十科表二

历　科

太宰

少宰

左议曹

右议曹

灵台司、掌测候推步之政，考验天算，修改历法。历算司、掌天算舆地之事；详二差以定岁里，测二极以分经纬。测验司、掌占候测验之事；占云物以备旱潦，纪灾异以修政令。时宪司、掌宪书吉凶之事，刻漏、制晷、立表、鸣钟；定晨昏启闭之节，详寒暑衣服之宜。堪舆司、掌建置葬埋之事；凿凶地以翦暴，设义冢以惠民。选择司。掌诹日择地之事，禁私家选择。

给事

医　科

太宰

少宰

左议曹

右议曹

兰台司、掌大小男妇之病，岁终册报以定考成。保婴司、掌小儿痘疹之病，兼理婴堂事务。外科司、掌疡科正骨之事；工推拿以调婴孩，精针炙以起痼废。豢龙司、掌医牛马之病。精膳司、掌饮馔之政；谱食物以节寒温，讲烹调以示宜忌。水火司。掌水火之政；取燧火、洁水泉，兼理救火、蒸汽事务；清街衢，洁沟渎，禁烧秽物以靖疫氛。

给事

农　科

太宰

少宰

左议曹

右议曹

垦田司、掌农工之政；物土宜以广种植，精化学以培地力。清场司、掌山场、河塘之事。水利司、掌水利之事。种植司，掌种植之事；相土宜以植名木，按隙地以莳杂树。畜牧司，掌畜牧之事；家畜鸡三，雄一雌二；鹅、鸭听便。总共畜牛羊豕及战马各有差。青苗司。掌给贷籽种之事，春放秋收，酌收微息，一主以谷，不准折钱。

给事

工　科

太宰

少宰

左议曹

右议曹

营缮司、掌营缮制造之事；禁淫巧，惩违制。商务司、掌中外通商、进出口贸易之事。清市司、掌市街贸易之事。矿务司、掌开矿之事。机器司、掌机器之事。考工司。掌工作之事。

给事

礼　科

太宰

少宰

左议曹

右议曹

仪制司、掌朝野五礼之制。谱牒司、掌谱牒之事。诰敕司、掌诰敕之事。祠祭司、掌考禋祀之典，去淫祠，修废祀。文定司、掌婚嫁之事。主客司。掌四裔职贡之礼。

给事

乐　科

太宰

少宰

左议曹

右议曹

协律司、掌撰述乐章之事。行人司、掌輶轩之事。象胥司、掌中外语言文学之事。翻译司、掌译外番各部文字之事。鸿胪司、掌宣讲唱赞之事。佾舞司。掌佾舞之事。

给事

刑　科

太宰

少宰

左议曹

右议曹

慎刑司、掌赦恤之典。律例司、掌比例驳案之事。承讯司、掌讯究刑名之事。督捕司、掌督捕盗贼之事。稽察司、掌稽察狱囚工作之事。提牢司。掌管狱卒囚犯衣粮之事。

给事

兵　科

太宰

少宰

左议曹

右议曹

方略司、掌方略之事。安插司、掌安插之事。保甲司、掌保甲之事。巡徼司、掌巡徼之事。击刺司，掌击刺之事。驿务司。掌驿务之事。

给事

训　科

太宰

少宰

左议曹

右议曹

封事司、掌劾讽之事。顾问司、掌备顾问之事。起居司、掌纪注之事。教读司、掌乡学教读之事。宣讲司、掌宣讲经史之事。采听司。掌采听时事以备献替。

给事

钞　科

太宰

少宰

左议曹

右议曹

职方司、掌舆图户口之数；榷税则以制国用，汇盖藏以数民财。会计司、掌岁计出入之务；制国服以御丰歉，设官钞以惠上下。赋税司、掌钱粮税务之数。仓库司、掌仓庾杂粮积贮之数。平准司、掌权量之务；复古尺度以同量衡，权市物价以剂盈亏。铸造司。掌鼓铸之政令，复五铢钱以遏盗铸，造三品币以御盈亏。

给事

十科表三

——三公七等

一等：太师、太傅、太保。

二等：太宰。

三等：少宰。

四等：左议曹、太宰左监、太宰右监、上庶长。

五等：右议曹、少宰左监、少宰右监、中庶长。

六等：六司、左议曹左掾史、左议曹右掾史、右议曹左掾史、右议曹右掾史、宗子、宗正、下庶长。

七等：给事、左右监、长史。

［按］《治平三议》及《十科表》均录自《治平通议》卷七。

经世博议
(1892)

序

闻之《吕览》:"治国无法则乱,守法而不变则悖,悖乱不可以持国。世移时易,变法宜矣。譬之若良医,病万变,药亦万变。病变而药不变,向之寿民,今为殇子矣。"然则法者治之具,王者制法而不为法所制,欲法先王,亦法其所以为法而已!

上古之时,鸿濛初判,人物杂处,狉狉獉獉。有圣人出,为之制衣冠、礼乐之节,修明政教,牖其知觉,范吾大同,如日月之经天,江河之行地,广运无疆,虽以之治万世可也。学术不明,大道分裂,于是百家诸子竞以其所见,牒衍成书,簧鼓一时,然用其术,亦颇足以救弊持倾,则时为之也,将圣人亦不能无取焉。

通商以来,时局大变。拳毛深准,自古侏儷不通中国者,群挟其智巧技能与吾争声名文物之盛。寻其所治,皆仅得六经、诸子之绪余,乃或立足致富强,亦可见吾中国圣人之教普也,况乎其更有精焉者乎!

孔子曰:"鲁一变至于道。"《淮南》亦云:"当于世事,得于人理,顺于天地,祥于鬼神,则可以正治矣!""天下岂有常法哉!"故曰:"变古未可非,循俗未足多!"亦慎其所变,求不悖圣人之法而已矣!

时光绪十八年岁次壬辰冬月陈虬志三书于瑞安虞池之蛰庐

[按]《经世博议》共四卷。录自《治平通义》原卷一至卷四。序中开首所引《吕览》语,见《吕氏春秋·慎大览第三·七日察今》,末尾所引《淮南》语三处,并见《淮南子》卷十三

《氾论训》。

《经世博议》中《法天》、《筹海》、《治河》曾录入陈忠倚《皇朝经世文三编》中卷三、卷四十五、卷六十六，《治法在严刑赏议》、《腹地广置木路议》录入卷六十、卷六十四。

法　天

天果无常乎？其而春而夏而秋而冬，固历万古而不异也。天果有常乎？何古今星纪之异、中外气候之殊相去不可以倍蓰计，大造若几不能以自主！天之无常，岁差之异也。

法果可变乎？其三纲五常虽极千祀而难革也。法果不可变乎？何官家、民主、君主，古今中西之异局也。法之变，国势驱之也。

天以阴阳五行化生万物，游其宇者，莫不随其寒暑风雨之节，栩栩以生，于于以死，大造无私，所以化成。王者，以兵刑礼乐驱使天下，牖民以德，圈民以制，以藐焉中处之身亲临万民之上，天下喁然从风，畏其神，亦服其教也。故三王不相袭礼，五帝不相沿乐，为治不同，同归于道而已。乃卫鞅、王安石之徒起而议变法，持之甚坚，成之甚效，而祸亦甚烈者，何哉？盖变法以自营其私，则背天理之公，下情不通，则上天不佑。乖君民一体之义，昧天人一气之原，任法而不顺理，虽以赵武灵、魏孝文之为君，率千百卫鞅、王安石之徒，执法以号天下，未有不再纪败者也。迨法穷弊生，祸乱既成，乃归咎于变法，夏、商、周以来，其末造之所以失，岂皆由于变法所致耶？不知所以变与变之不得其道耳！

夫所贵乎王者，操天下之利权，调剂以弥其缺陷而已，固无所私也。故任地者霸，得人者王，法天者帝。

变　法

孔子曰："周监于二代，郁郁乎文哉！"盖言其盛也。乃与颜渊论为邦，则曰："行夏之时，乘殷之辂。"显乖乎不背不违之旨者，抑何也？盖风气无十年而不转，法制无百年而不变，因势利导，则民自化，儒术当矣！

乃汉初以黄老治，蜀汉以申韩兴，若易其时则乱矣！民生，官天下也，公矣！乃美利坚以民主而治，俄罗斯以择贤而乱，俄贝德第一改废旧章，不传子而择贤，实开华盛顿之先。未百年，保罗乃复传子。旧制立长而女子不得嗣统。若狃其说则悖矣。然则法犹水也，注之方盂而方，注之圆匜而圆，随器而转移，而吾惟务得其平而已。裘皮以御寒，絺绤以御暑，若冬而病温，非袒裼裳衣不能效。沟渠以潴水，陡闸以备涝，若大涝时，至非决掘堤防不为功。欲图自强，首在变法。

变法一

皇上法天爱民，容保无疆，当先躬节俭之化，岁定天禄之数。内廷御用，纤悉不外假。裁内务府、织造等官。其朝、庙一切度支、仪制，可按部分办。孟子言“君十卿禄”，盖古昔盛朝，君皆制禄，载在礼经，可推而知也。沈彤作《周官禄田考》，据“君十卿禄”之说，称王自食二万有四百八十夫，后、世子与王子弟之未官未封者、妇官、女给事、王宫士庶子之食，皆于王所自食中给。近美利坚伯理玺天德岁俸四万圆，盖仅视中国督抚之数云。京外职官秩同者，禄皆一体。酌定俸廉之数改称曰禄。古制京官之禄重于外，汉唐以来则外重而内轻。任内应办事务准开支公项，繁剧处所增添员数。内官以吏、户、礼、兵、刑、工分属，外官以省、道、县为纲。官设九品，文曰正，武曰从，满汉一例。内外升转，裁并改设以省繁惑，罢宰相而重六部，裁官衔而复三公，称督察院。隆以师礼，不任职事，一命以上皆入告。出御史以巡各省，如此则纲举矣。

九品之法：文则太师、太傅、太保、六部尚书、各省总督为一品。六部正卿，外省御史称某省监察御史，驻省而内属吏部。为二品。六部少卿、各道刺史为三品。省设使四：曰宣慰，主吏、户、礼、工四科。曰刑狱，主兵、刑二科。曰经历，主杂务。曰检法，纠察全省各务。与京秩郎中均为四品。知县为五品。在内则各部员外郎、主事为六品；在外则试用县、道以下设宣慰、刑狱、经历、检法四副使，内为令史，则皆七品。县以下曰判官，主刑名。曰主簿，主钱谷。曰典狱，主捕盗。曰推官，主杂务。曰巡检，主察县内事务。与内之司务，则皆八品。九品则在内曰给事，在外曰吏目，皆令入流。

其升转之法：知县必由主事试用始得升补，知县以上则内外对转，庶扬历中外，得以练达朝野掌故。

武职则分禁、省为二。军内分九品：曰将军，曰都统，曰副都统，曰参领，曰游击，曰守备，曰校尉，曰千总，曰百总；外则改都统为提督，改副都统为总兵，改参领为镇城都督，游击以下同。官止八等。禁军统于兵部，省军统于总督，县设守备以下四等，道设镇城都督以下六等，省设提督以下八等。武皆自辖其所属，一统于文，有事檄道、县听调遣，重提督、镇城都督、守备之权，使皆得以军法治其所部。罢武科，重行伍，内外守备以上则参用文职，一归兵部。于是裁各寺科道于内，省藩臬守牧于外，汰冗员，设专司，损益古今之制，按部改设，略仿周礼。惟京师另设都察院，主以三公，中设议员三十六人，每部各六，不拘品级，任官公举练达公正者。国有大事，议定始行。试办有效，视大小加恩赏赉。其缘攀添设办事之大臣，是为钦差，分办者为随员，皆量给薪俸。制定，乃修改政典，勒为《大清新法》，颁行内外。

变法二

改知县为五品，而改州为县，隶于总督、刺史。县设试用县一，代理一切政治刑赏，而印官主其成。岁终册报本管上司而已。遇有大事得专折奏事。另设判官、主簿、典狱、推官分治县事。其驿尉、闸曹等官皆以九品吏目为之，是为文职。武则设守备、校尉、千总、百总等官以资守御，员数视所治广狭增设。辟秀才为吏目，分科办事。裁教谕、训导，兴书院，聘致仕乡宦有名望者为祭酒，如今山长。称先生，仿汉五经博士例。邑无贵贱皆入官学，不准私就师。各师皆由祭酒考选，学费则出于公捐。

县各设议院，大事集议商行。凡荐辟、刑杀人，皆先状其事实于议院，有不实不尽者改正。又设巡检一，秩视判官，巡视境内，检举利弊以达予县，县再下议院。

由县而上则为本道刺史，考成而已。道设检法副使，监视县令贤否，以六条计吏：荐辟当、仪制肃、田畴辟、盗窃清、讼狱平、制造兴，上治状于总督。省设监察御史，秩二品，巡按所属，视黜陟之当否。省、道各屯练军，备非常。三年大计，有黜陟乖方者，听平民诣阙上告；得实，总督、刺史以上本管官，皆治以失察应得之罪。

夫今之县令，古诸侯也。地大者数百里，少者亦不下百余里。乃丞尉以下如赘瘤而无所事事，府道以上又节节掣肘束缚之，使不得少行其意，而且迁调无常，官舍如奕，虽戴星出入，犹恐不给，尚欲其奏弦歌鸣琴之绩哉！故讲富强当首重县令始。

变法三

如此则大纲略举矣！尚有为纲中之纲者，则科目之法宜变也。

夫科目者，人材之所出、治体之所系也。今所习非所用，宜一切罢去，改设五科。曰艺学科：曰射，曰算。射取中的，算试《九章》。曰西学科：分光学、电学、汽学、矿学、化学、方言学六门，试以图说、翻译。曰国学科：颁《大清会典》、《六部则例》、《皇朝三通》，试以疏、判。曰史学科：取《御批通鉴集览》，当另刊《皇朝新史》，颁行学官，试以策论。曰古学科：经则《五经》、《周礼》、《语》、《孟》八经，子则《管》、《孙》、《墨》、《商》、《吕氏》五家，试以墨义。备五场者，始得录。如此，则由浅入深，实事求是，国无异学，士皆全材，治平之道基此矣！

县试拔尤，取入邑庠，曰庠生。庠而试于道曰廪生，廪而试于省曰举人，举人举而贡于京录者曰进士，皆三年一考，定期三月朔，颁文格图式于学，依问直对，不取词章、楷法。

已仕已进，十年而不能通者，给原品顶戴，勒休，称前进士。举、廪、庠生仿此。所取之士即分充部营及京外七、八、九品等职。取进额数约逾品职三分之二。

另立阴阳学、医学，不以设科。五年一考，取其尤者，举以为师，给单准行。十年大考，优者得食禄，秩九品，食禄满十年与大计课最，得增秩，但不得逾七品，以示限制。京外一例禁私学，犯者以枉法论。

变法四

纲举矣，而目亦有不得而略者。一曰户口：诏户部籍天下户口，分四等，未及十六者曰少，十六以上曰壮，三十六以上曰中，五十六以上曰老。隋制设黄、小、中、丁、老五等。今既免丁之役，故仅分四等以周知民数。妇女一例填帖张于门首。家自为产，父子已分析者统于长房，人曰口。旧称丁者，谓可应役也。故未及十六，有不丁之目，辞甚不顺，兹取古人“八口之家”及汉世“口钱”义。每帖总计一户四等男妇共若干，并注明逃亡、物故、谓本年新死者。新增。县岁造册，存档三年，状其总数以上于道，道上于省，省达于户部。如此，非特赋税、保甲、配盐等项法无可隐，而其间老少强弱之形、南北男女之数，与凡死生婚嫁，皆可按籍而稽矣。

考之《周礼》：“司民掌登万民之数，自生齿以上皆书于版；辨其国中与其都鄙及其郊野，异其男女，岁登上也，下落也，其死生。及三年大比，以万民之数诏司寇。司寇及孟冬祀司民之日献其数于王。”此贵贱、老幼、废疾、九州男女之异，司徒、职方所以能举其职欤！

变法五

一曰税则。国家岁入有常，猝逢意外之需，不得不取资于捐输、厘饷，然皆一取之于民也。捐输则报效于国者千，取偿于下者万。厘饷则民输于官者十，官得于民者一，余悉供渔利之徒中饱耳。宜一切罢去，而仿古租庸调制与泰西招牌税等法而变通出之。田地分则科银仅征数分，而富民坐收十倍、百倍之利，名为减赋以苏民力，然此实继富之政，于贫民毫无益也。一店新开，地方之抽分，杂役之抽丰，筵席之糜费，均有不免，而并无涓滴奉上，此亦非情理之平也。

拟定四项之赋，于田曰田饷，分上、中、下三则。地曰地税，区为九等。人曰口赋，照户口册分四等征银。旧制：民丁之外有军丁、屯丁、匠丁、灶丁、站丁、土丁、渔户、寄庄丁、寄粮丁诸名，各有科则。康熙五十三年，是岁人丁户口二千四百六十二万二千五百二十四，著为额征，滋生人丁永不加赋。雍正三年，从直抚李维钧议，丁银摊入田粮之内。然至乾隆四十五年，直省人已二万七千七百五十五万四千四百三十一口。店曰牌银。分九等，如牙帖之式。如岁出不敷，则酌加，先期榜示。国家诚能于吾民之养生送死诸大端，百计先弥其阙，则挹彼注兹，多取之而不为厉，尚何竭泽之足虑哉！

变法六（上）

一曰农政。井田之法猝不可复矣，于是水心叶氏倡为买官田之说，大为黄氏东发所讥，其说辨矣。虬谓可就近日濒海之涂田、闽、广、两浙等处。迎水之沙田、江南、通州及广东等处。失主之山田、江、浙、皖、楚等处。报而未垦者悉籍之官，官自招佃。沙、涂但有微涨，刁衿、土棍辄预向场卫处所争先首报，数年之后即可开垦，升科后转售，亩司得钱十数千不等。若报至百亩以上者，是不废一文，可坐收千余金之利。官仅亩收三分上下税银而已。利之所在，豪强占噬，从而械斗，死伤者岁有所闻，曷若入官之为得哉！另开屯田于边塞，屯田本使卫军自佃，今卫所仅坐收税银而已，宜另修屯政。葑田于泽国，架木为丘，而附葑泥于上作田，可随水浮泛，自不淹没。因地土之宜，广求树艺之法，十年之后而官禄不假外求矣！

夫田有主而欲井而入官，与田在民而官自向买，势或有所难行，情或有所不顺，今施之于天生浮涨、无主官荒、旧黄河故道淤废未垦者尤多。水乡泽国，又奚惮而不为哉！

变法六（下）

一曰限田。自井田之法废，富者动连阡陌，而贫者或无立锥之地，于是有为限民田之说者。虬谓平民辛苦起家，尚属自食其力，其富宜也。唯士人一行作吏，即满载而归，产业多从贪墨所得，不可不为之定限。法令：印官服政之初，着地方官查具实在产业，田地店业。册报备核，区九品为九等，不许违限，定赏格，听告发，得实，籍其家。

富民入赀，封为尚义郎，论品顶戴，奉朝请，严定品制、衣服、宫室、冠婚、丧祭，不使逾越，则多财无所用，而兼并之风或庶乎熄矣。

变法七

一曰鹾法。呜乎！鹾政之不纲，至今日而极矣！平民禁把持行市，而独任票商之垄断。且商亦未见其利也，输之于官者一，费之于私者七，而商仅收其二，乃尚有倒纲、滞销、折阅者，而吾民则已全受十分之害。纲盐、票盐，票盐始陶文毅，行之于淮北；继，陆建瀛行之于淮南，曾、左二公行之于江浙，票盐由是渐广。其实明时已有之。官运、晋省、川省。商运，事同一例。然则上下孳孳、日夕所讲求者，只以供狼胥蠹吏之鱼肉已耳，岂计之得哉！农而耕，商而货，不以为非，独至贩盐之平民不守引岸，辄目曰私、曰枭！夫背公曰私，不孝曰枭，民自出其资本，逐什一之利，为事畜之资，安得率称为私、为枭！文报中竟有称粤私、闽私、潞私、川私、私枭、盐枭、枭徒者，实可骇异！光天化日之下，安得宊有此称！名不正而言不顺一至于此！至罔利之奸商、骫法之猾吏，反劝之纵之，而独若有甚恨于盐贩之徒，务欲尽致之法！贩而为张九四、谭阿招、蔡牵也者，杀之可也！贩而为衣食计，驱而戮之，毋亦有不安于心者欤！

古今议盐法者夥矣！顾氏炎武据李雯议盐：宜就场定额，一税之后不问所之。此祖刘晏之法而不知持其后者也，故主者半，而驳者亦半。主之者，道光时御史王赠芳、太仆寺少卿卓秉恬、光禄寺卿梁中靖、翰林院侍讲学士顾莼、孙太史鼎臣；驳之者，襄平蒋相国、盐政福森、安化陶文毅、冯桂芬。然皆得失参半。邱氏浚谓：令官给盐盘，任民自煮，每盘以一引为则，每引先取举火钱若干。此变桑、孔之术而不知隘其利途之旨也。或谓诸场广袤数百里，火伏有先后，势不能逐灶而验，犹其浅焉者也。然则鹾政遂无善策乎？曰：亦斟酌古今，参而用之可耳！

考明制有户口支给之盐，令户口赴盐运司关支食盐，而纳米钞：男子成丁、妇人大口各支盐四斤五两，纳米八升六合五钞；不成丁、小口半之。计口授盐法似密矣！然实仿自朱子。朱子尝奏《浙东盐课状》，称："臣生长福建，窃见本路下四州军旧行产盐之法，令民随二税纳产盐钱，而请盐于官。然其弊也，官盐不支给，而民间日食私盐。"朱子乃谓有司既得产盐税钱，亦不复问其私贩。虽非正法，然实两便。夫纳税而给盐，则税必重。今盐亡而税在，便于上则有之，恐民未必以为便也。朱子贤者，乃亦为此言耶！明则官盐亦不复支，而纳米钞如故！夫既曰"请盐于言，而收其钱钞"，乃又令其食私，是重累吾民也。宋盐、钱二税之制不可考，明则口纳米八升六合零，以每石今制四千三百之价计之，此就吾温折征而论。已人纳盐课钱三百七十文矣，平民八口之家其何以堪？然则法当何如？曰：拟定制，每口税盐课钱三分，仅于产盐之所、如池㵘、井灶等处。配盐较大之处，如蛋户、酱园之类。酌大小定为税则，而任令商灶自行煎运。纲举目张，似亦变通之一法也。

考《皇朝文献通考》："乾隆四十五年，总计直省人口已二万七千七百五十五万四千四百三十一口。"今滋生日众，版图渐辟，据道光时林文忠折称："湖北、湖南两省报部人数约共五千万人有零。"届今五十余年，加以新疆、台湾又设行省，则各直省滋生又当日众矣！若以每口三分为率，已足抵盐课之所入。据孙鼎臣说：总共盐课银九百八十六万七千八百两，而四川不与焉。盖盐课实居天下财赋四之一矣。课银归县收纳，县设主簿一二员而裁盐院各官，省一切缉私、兵勇、轮船与凡卡局等员经费，则商贩之力自纾矣！姚莹谓缉私一项，岁常数十万。大抵有名无实，此盖仅就当时两淮而言。盖断典私于利薮之所在，毋论不肖官吏抉同作弊，资以自利，纵令认真查办，而大利所在，虽有重法不能禁，其纠党持械，拼命走私，皆可逆料。兵少而贩多，故势常不及。其得规卖放者有之，其惜死故纵者实亦有之。若改行新法，每户出钱无多，官可按簿而稽，胥吏不致横加酷派，即有拖欠，究不至多。盖法行则盐价自平。闻之湖广、江西、安徽之食淮盐，市价每斤制钱六七十文。晋省官运官销，每斤制钱三十五文。然短折秤两、搀和泥水，实仅得六七两，此已见邓庆麟疏。则且七八十文矣。其实出产之盐本不甚贵，据各处文报，皆仅一文，与吾温场价不殊。自经商办，禁闽盐入浙，于是吾郡盐价顿长至十数文，盖渐有贵食之虑矣！层层盘剥，始有此数耳。自来理盐政者动以恤商、便民、裕课为辞，其实皆自欺欺君，纸上之空文，不揣其本而齐其末，未见其真能知治道也！

或曰：“旧时盐课已摊入地丁，今义格外议增，恐赋税之事减顺而加逆。且果行之，异日必有再议重增盐税者，是适为他日秕政之地。其说何如?”曰：“此书生撑持门面之迂谈，非识事务者之通论也!”摊课之举，圣恩浩荡，民久已不识、不知，况吾朝轻徭薄赋，迥异前朝，今税虽增，而价实减，剀切晓谕，上下均得其便，何不可行之有！为问今日之厘捐、盐税，取之于商乎？抑仍取于民也！火起于室，当之者无噍类，不亟求曲突徙薪之策，乃鳃鳃然虑执爨为引火之媒，是当令天下复燧人以前之治，不火食而后可，未为知言也！盐策之止，管子以之富国，而后世乃适以病民。利权所在，旁落于奸商，中饱于蠹吏，县官不复过问，而惟一切苟且卤莽之是图，尚何富国之可言哉！尚何富国之可言哉！噫！

就场收税之法，明嘉靖时御史汪鋐已有此奏，其实必不可行，尚有为诸家驳议所未及者。试再申其说：

今天下盐课约千余万，从前引商皆令先缴课银之半。若散之各场，则场户非殷商可比；若随盐随税，责令商贩先输全课，成本增重，历届实无此办法，害实不可胜言。且一税之后不复问其所之，是课银当全责之场户。任令按季分缴，则场户、灶丁类无多产，些小赋粮或多抗欠，盐课大纲安能应缴！况官既责之场户，场户不能不仍取之商贩。无论商贩势不能行，纵令商贩挪移抵课，则场户持有课银在手！不复计及缴课之时，青苗遗毒，往事可鉴也。若法穷计生，场户亦令商贩按季分缴，万一商贩倒折，是当全输之场户也。官垫民欠已非政体，乃令疲场垫散贩之欠，其何能堪！不宁唯是，从前盐课极重，而商仍不断者，以有引岸为之垄断，官取之商，商仍取之于民，挹彼注兹，持此尚可无虑。今既一任所之，弛其引地，小贩必多，大商既先输课银，成本较重，恐被小贩抢卖，闭运定多。小贩力不能及远，恐各直省不免有淡食之虞。若仿刘晏平官盐之法以济其穷，则搀和泥水，杂以砂砾。（见杨士达《与王御史论淮盐书》）一归官运，百弊丛生。盖米盐日用之资断不可令归官办。（晋省赈饥，粥厂且有杂以石粉者。仓场、漕务，弊尤不胜枚举）此皆确确可见者，故辄及之！

［按］原著中附有《拟定职官九品表》，今从略。

变法八

一曰漕政。漕运之兴其昉自《禹贡》乎！禹平水土，任土作贡，乃九州之终皆言达河，盖不仅四百里粟、五百里米而已。朱子亦云：“冀州三方距河，其建都实取转漕之利。”汉兴，高祖时漕运山东之粟以给中都官，始有漕运之名。晋设督运御史，始有漕运之官。自是以来，陆运、海运、河运法虽屡变，然皆以京畿而仰给于外省，终非计之得也。请施权宜之计而筹经久之策，非统归海运，改征折色，京、通建仓，畿辅兴屯不可！

何以言之？海运起于秦，秦欲攻匈奴，使负海之郡转输北河。而定于元。《元史·食货志》：“元都于燕，去江南极远，而百司庶府之繁、卫士帮民之众，无不仰给于江南。自伯颜献海运之言，而江南之粮分给春、夏二运，盖至于京师者岁多至三百万余石，民无挽输之劳，国有储蓄之富，岂非一代良法欤！”明永乐十三年疏会通河故道成，至元二十六年自安民山开河，北至临清，赐名会通河，便河运。洪武二十四年，河决原武，漫过安山湖，而河遂淤。至是，命尚书宋礼疏复。始罢海运。嗣是以后遂行河运。道光时以清口淤淀，陶文毅始倡行海运。同治四年，从部臣议，复试行河运。由是河、海并运，而实以海运为便。黄河北行、南行皆穿运河而过，漕艘待汛分溜必须借黄济运。于是运以借黄而淤，黄以济运而决，岁修堵合，费实不赀，而漕项之耗折不与焉，此海运之便也。

漕项本不全征本色，所征者特东南数省耳。闻南漕每石费银十八金，据嘉庆中协办大学士刘权之疏。魏氏虽驳其误，然旋为冯氏所纠正矣。虬按：秦转输北河，率三十钟而致一石。汉文时贾谊上疏，谓“输将起海上，而来一钱之赋，数十钱之费，不轻而致也”。盖自古已然。到京，旗丁领米易钱，合银一两，买杂粮充食，折给已久。是每石十八两归宿为易银一两之用，此真林一冯氏所谓可长太息者也！今蜡茶药材等方物实多折征解部，但分存其名而已。盖部门百货充轫，何求不获，此改征折色之便也。

隋炀帝置洛口回洛仓，穿三千三百窖，窖容八千，是积米多至二千六百四十万石矣。今拟于京、通各置大廒，贮米一千二百万石，为三年之蓄。折征既行，则酌裁兑费，提存入官，清厘牛录章京之耗羡归公，添给丁粮，采买仓米。复仿汉人入粟补吏之法，惟准虚衔封典，皆实令以米上兑。如此，则丁得增饷，民得减赋，国家无丝毫之损，而天庾丰足，太仓之粟已红陈不涸矣。此京、通建仓之必不可缓者也。

畿辅水利，言者不一。李氏祖陶据包氏说作《漕粮开屯议》，又引海盐朱尚斋太守之言谓："画地为四区，区百万亩，以开方计之，但为方八十里，已得田四百二十四方亩。计其岁入，已足抵南漕四百万石之额。"然此尚画饼之谈也。彼仅知地方八十里已足四百二十四万亩之数，而不知垦费将安出乎！然则奈何？曰：请以千亩为一区，分区四千二百四十，考古井田、区田遗制，修复营田水利府，雍正四年设，命怡亲王董其事，周历三辅，开设四局，数年得水田六千顷。乾隆时尝特旨修复。李氏谓王仅开三百余亩者，欠考。择农部领其事，详勘地势，绘图扦界，逐年分办，盖区分则地易辟，亩少则垦易集。复仿康熙时垦田补官之制，康熙十年，准贡监生员、民人垦地二十顷以上。试其文义，通者以县丞用，不能通晓者以百总用。一百顷以上，文义通者以知县用，不能通晓者以守备用。损益其数，六品而止。捐输不得太滥，此要策也。官垦则分年而办，招垦则按图而集。裁漕运、漕标以下各官，岁可节存廉俸经费数百万以为垦费，期以十年，当无有不办者。田辟矣，仓将安施？闻每廒大者仅容千石，是当另置万余廒矣。费又奚出？曰：漕艘大小以万余计，每年给油舱银五两，三年给小修银二十两，拆造尤巨，如变艘为廒，略可相当，此畿辅开屯万不可忽者也。盍亦加之意乎！

辽、金、元初皆兴自北方，未闻越大河而南资飞挽以自卫，盖漕运起，而燕冀之水利始废。今诚取四策而次第行之，则根本壮而皇图固，民力纾而元气厚，万邦作贡不难矣！尚奚事区区东南数省哉！

丁氏显作《请复河运刍言》，谓："全行海运有当虑者四，折价采买，其害有三。"请祛其惑：往来如履平地，风涛之险，一不足虑；海军近设衙门，北洋、南洋已同陆地，海道之梗，二不足虑；将来海口之淤，必至交兑违限，言似征实，事尚凿空，三不足虑；一罢河运，恐失业之徒，啸聚揭竿，此鉴于咸丰初年之事，似不可不为之防！然海运既通，运河尽可召募、招垦，安插何难？四不足虑。至折征采买之法，津通设局收买，自无搭附轮船之弊，一害免矣。若改折征之半，按月采买，每月仅购十余万石（往岁吾郡偶歉，米商云集，四十日中进米四十万余石，价极昂时每石不过四千余文），非全数取办于一时。况旗丁居十分之八九，折征之半尚不足敷，折给、采买尚可从省，则二害自除。既非派员购办，三害自无。其刺刺万余言，请规复河运者，祇欲施其设地洞、引汶水济运之下策耳。博而寡要，其丁氏之谓乎！

变法九

一曰圜法。近日钱币日穷，为救时之说者佥以通行楮弊之议进。其法本于唐之飞钱，实即《周礼》质剂之遗。吴县诸生王鎏著《钞币刍言》，具述崇祯时部臣议行钞十便之说。且言："果欲行钞，必尽废天下之银，然后可行。"魏氏源驳之甚力，以为有十不便而无一便，言"宜仿铸西洋之银钱，兼行古时之玉币、贝币"。人说人殊，将奚适而从！曰："钞币之设本以便民而非以罔利。今欲以空钞易实银，是以奸侩赚钱之术施之于国计支绌之时，示人以欺，强人以从，虽卫鞅复生，无能为也。宜备成本若干，与钞票相辅而行。省、道、县各设宝钞局，即官银号。使民可纳钱换钞，入钞取钱，勿欲者听。出入之间，官为量收微息。陆氏世仪亦有此议。如此则上下均受利益而无扞格不通之弊矣。"魏氏之言自铸银钱则是，其欲复玉、贝二币则非。圜法随时代为转移，首以顺人情为本。魏氏既知汉武帝造白金三品，增价而民废不用，又言白鹿皮为筦利，以古准今，其必不行。乃欲复古玉、贝二币，此亦知二五而昧于十例也。

虬愚以谓：宜于省会各码头较大处所设局，铸金、银、铜三品钱，分两一定，可即照今洋式铸成。本管上司察验，如成色不符，厥罪烹，钱价涨跌悉随时值，否则金银贱则市价高抬，金银贵则赂成本暗折，是倒授人以太阿也。钱价五日详报道、省，如今雨旸报例。道视其涨跌而酌行提拔，如大涨秩可请拨省会各局应销。禁元宝、银锭、小钱、洋钱不用，有盗铸者杀无赦。以中国君主自有之利权，坐令私铸究斥于下，洋钱渗漏于外，魏源谓洋钱熔净银仅止六钱六分，而值纹银八钱有奇。譬如世家古族，家计渐窘，犹视米盐为琐屑，纵令其子姓挥霍布施，日涸利源而不顾，乃亟亟然谋贸易、讲畜牧，未始为得也。一闽之市，钱肆林立，其势非能自开采、鼓铸也。转移之间，坐收毫息，犹足以起业。岂有幅员二万余里之广，而司农持筹，尚有仰屋而叹之日也！

变法十

一曰礼节。苏氏辙曰："周以文章繁缛之礼，柔天下之戾心，而去其刚毅果敢之气，故其享天下至久。而诸侯内侵，京师不振，卒废为至弱之国。"为墨之说者曰："国有七患：民力尽于无用，财宝虚于待客，此其一也。"又曰："俯仰周旋，威仪之礼，圣王勿为。"然则大礼必简，欲讲富强，宜删礼节。

夫礼非一端可尽也。试举其概：一曰舆服。衣冠参用西制，赵武灵王之改胡服，本朝之不守明制，皆深得自强之理。仪节一从简易，卑幼见尊长皆仅一揖，立而白事。文武皆令骑马，禁乘车坐轿，随从不得过四人。唯朝贺、衙参、阅兵诸大典，朝仪舆服，当遵国典，以存告朔饩羊之意。一曰昏丧。昏以著代，丧以送死，礼皆不废。顾文胜则情漓，而礼反无所丽。拟婚嫁禁奁费、酒食、六礼，仅取问名、亲迎，宋儒孜孜讲礼，乃于六礼首删问名，而径改三月庙见为三日，此岂复知礼意哉！贫富不得逾三十千，敢以妆奁遣者罚锾，充婴堂公费。《周礼》凡嫁女、娶子入币，纯帛无过五两，是古已有禁矣。丧事以哀为主，以葬为归，禁浮屠冥镪，定期三月而葬，百日薙发后得墨衣任事，准考试补官。嫁娶未葬者不得与！参夏制及军营、满州各例，省夺情之议。三年服满，释吉而未葬者罪之：已仕革职，未仕褫衣顶，四民墨衣充力徭，官为贮赀营葬，葬毕而除。宋河南程氏颐，贤者也，其言亦曰："圣人复出，必因今衣服器用而为之节文。"又曰："行礼不可全泥古，须视当时之风气自不同，故所处不得不与古异。"斯言也，可谓知礼之情矣，而尚未得礼之用也！

夫礼者，经世之大权。故圣人之治天下也，通阴阳消息之机，察风土刚柔之异，原天理，顺人情，损益百王，张弛隆杀，勒为典礼，皆足以定一朝之制而救当时之弊。故五帝不相袭礼而同归于治，何其精也！盖通其原则为圣功，修其制则为王道，矫其弊亦不失为霸术。虬尝谓：礼束人筋骸而固肌肤者也，故非强有力者不行。在《易》之《大壮》："雷在天上"，"君子以非礼勿履"。实取震雷之厉，而继以天行之健也。盖上天下泽，履以立礼之体，震上乾下，大壮以尽礼之用。后世议礼诸儒，皆仅知予灿然者，见天秩之有序，不复深通其创制显庸之大旨。于是三千三百，尽付诸曲台绵蕞之徒。竞善为容，而礼之用微矣！呜呼！安得圣人复起，与之详议因革之方哉！

变法十一（上）

一曰营务。兵，重务也，亦危事也。非力不举，非胆不壮，非技不精，而实非壮年不能办、日操不能成。请易旧法，黜洋操，而于水陆重定新操之制。

力之途三：曰臂，曰足，曰身。举刀以练臂，设二等：六十、八十、百斤为准，须只手高擎，旋转自如为则。不及者汰，过者存记。夺标以练足，先于平原极远设一标，能先到夺标为上。练实以日夜行百里者下、二百里者为中、三百里者为上。跃沟以练身，沟以一丈、二丈、三丈为则。此之谓力成。蹑千仞之危峰，樵采者熟视若无睹；临万顷之洪涛，榜人径行而不慑：所素习也。若易地则各丧其所守矣。故胆非练不壮，乘女墙而趋，卧桅头而安，炮火夹击而勿乱，风涛逆卷而不迷，斯胆成矣。碇、缭、抖、柁，舟师之要技也。宜令各兵皆习泅水、以伏水久暂为优劣。驾舟，各兵须能自掉小舟，斗于洪涛中。庶应变有其材。弓箭、枪炮、藤牌，行伍之正技也。宜补令投石、以远以高为度。打旗、大旗手宜专练方精，然各兵亦不可不习。骑马、须令习骑秃马。逾高，如逾城上树。如此而水陆二军成矣。然此皆非壮年不能行，请定限年之制：人年十六以上至三十六者方准补战兵，违限者退战作守，已赴战者给战粮。四十六以上则勒休。保甲乡团一例仿演，然后讲束伍应敌之法、出奇设伏之计，得其人而将之，五年之后可无敌于天下矣！另详《报国录》。

变法十一（下）

禁兵、省兵、道兵，皆战兵也。盖以备非常而梭巡所属。今入伍者类多习业之徒，借名粮以卫身家，计饷银以当产值，月费粮米，即可免操，私顶私替，勒定粮价，此弊吾温为甚，每名向索八九十元，近经卡制军札饬整顿，犹私定每名三十五元、费用十五元。有终身入伍、不识较场为何地者。如此欲望兵之精，其可得乎！

宜定限地之法：凡补伍者，须离家在百里以外，今文职教官须令隔府，而营弁都守以下准就近，皆非计也！考补以技。省、道各军每年调三分之一分巡所属，以其二为驻防，更番休息。三年一轮，视辖境广轮为驻札日数之久暂，巡而过其家，赏假免操，兵行禁骚扰，水军则常驻各汛，不准上岸。南北梭巡以肃洋面而熟水道，近吾邑水师副将有畏风涛者，届会哨则坐轿，纤道三日而前，禁营船演炮，可发一叹！庶有济乎！

夫养兵以卫民，非借民以充兵。泰西人人皆兵，犹得古人寓兵于农之遗意。而中国乃兵民不分，是直无一兵之用矣！蒙犬羊以虎皮，驱而使斗猛兽，胜负之形盖不待智者而始决矣！

变法十二（上）

一曰刑律。呜呼！古今治法备矣！患在不行，不患其不至也。而独有一事为尧舜以来四千年中圣君贤相所未及讲明协中者，则刑法是已。“杀人者死！”抵之者诚当矣，于已死者复何裨焉！“金作赎刑”，恤之者诚至矣，于被陷者又何甘焉！且抵矣，又何以处愍不畏死与一杀数人者乎！即赎矣，何以处贫而无力与多财纵暴者乎！生光天化日之中，作奸犯科，以自陷于囹圄、桎梏、缧绁不为过，而乃夏则给蒲扇，冬则施棉衣，囚粮、药饵各有差，于囚信乎其有恩矣！而还问被陷之家：一谳之成，倾其家而不足；所得恤埋，不足供么麽走卒之使费；死无以葬，生无以养，是囚死其一人，而官乃杀其一家。死者而有知也，其饮泣叫号于冥冥中者，三法司亦幸而不闻耳！使有得于五听之外者，其将果何以为心哉！请定律为三条：今律例太繁，徒供吏胥舞文耳！曰杀人、致死者。伤人、成废者。误人，坏名失财者。已得实者听问官分别议拟用刑。刑亦有三：杀人者，杖而宫；伤人者，笞而铁左足，皆墨其背而髡其首，僧尼均令受戒。防逃逸；误人者，扑而墨衣，监禁匝月，疮未愈者验明展限二月。皆罚令亲身力苦，定率抵钱，扣存贮库，每年于犯事之日按提，责办于犯事处所荷校，徇于境内三日，抵足罚款，始行责赦。寻常辞讼，酌定讼费，诬者着赔，无力者充力役留抵，唯应得罪名，乃不准以私财抵赎。有私逸私替者追回，十日一比，取见血。三月后照常徭役。凡被陷者，按月官皆廪给其家，以二十年为率。

曰："若此将遂废大辟乎？"曰："可！"夫天地以好生为德，人无知而杀人，吾亦以其无知而杀之，是亦杀人类也。人被杀，而吾不知恤其家；人杀人，而吾仅刑戮其身，平民冤抑不得伸，积之既久，皆足以伤天地之和而致阴阳之沴。相雠相杀，兵戈之劫未有艾也！不宁唯是，好勇斗狠之徒，其焰凿而魄强，虽死而实能为厉。困之辱之，磨之策之，柔之导之，以渐消其杰骜不驯之气，使憬然而生其悔悟，庶好生之德洽于民心，化枭为良，无刑之治或可几乎！闻之法者，取则于水也。故《大易》之象而坎主律，今水运已临，虬以古三元法推得同治三年已交水运。考古得水运者如唐尧、商太甲、周武王、宣王、秦始皇、汉明帝、唐高宗、宋太祖、理宗、明世宗诸君，皆能修明政体。当有重修庭坚之职者。数十年后，吾说亦将有所施也夫！

变法十二（下）

今日扰害平民之类不一，而讼师其首也。出入衙署，交结书差，羽翼既成，辄日肆鱼肉善良之计。被陷之家，其亲友虽有谙成律、怀公愤者，亦怵于帮讼之嫌，不克自伸其气。非无严明之官长招告暗访，然所惩者狐狸而已，豺狼固无如何也！

请参西法：明正律师之目，令平民诘告，各延律师应讯。律师无功名者不准呈，无律师者不收讯。定律师一例科断，语其指要，厥利凡五：人得公为律师，律师必有身家，则必深明定例，吓诈敲索，图告不图讯之弊自除，利一；庸恶险诈之棍徒不必设法拿办，人自无从过问，利二；原、被各破钱钞，而讼师唯知坐收渔人之利，谋事之不忠，心术因之愈坏，使之一例科罪或自检制，其利三；律师许其上堂，则亲友矜耆尽可自占律师，日久自无所得，此不禁之禁，其利四；上下皆明定例，则徇私枉法之吏不得自肆，其利五。举直错枉，化莠为良，所谓以人治人，絜矩之道，或亦讲治平者之一术乎！

变法十三

一曰工政。国家自各口通商以来，凡一十九处二十七埠，皆知自强之道首在理财。于是海上之招商局，开平之铁路，漠河之金厂，粤闽之船政、矿务，两湖之铁政局，皆次第举行。顾办之近二十年矣，而权其得失，或入不偿出者，则以要领之未得也。夫利出一孔者富，事属众擎者举。今诚欲与泰西争衡，而收其利权，则虬不敏，请以六事进：

一裕财用。泰西百废具举，亿兆之数嗟咄立办，商则各设公司，近人钟氏谓：西国每立公司必禀请国家，由商部派员查勘事实，可凭利益操券，始准开办。每一公司由各股东公保董事十二人，由众董事再推总办正副各一，而每人亦必有多股。于中总办受成于各董，各董受成于各股东，上下钳制，耳目昭著，自然弊无由生。君则预借国债，泰西每有大事必告贷民财，息仅数厘，故各国皆有国债。即富强如俄，考一千八百七十年，单其出利之债共存一千二百三十三兆二十方三千六十四银罗般，其不出利之债共存五百六十八兆四十六万七千二十九银罗般，波兰之债共三十九兆四十五万七千五百二十四银罗般，总计债银一千八百四十一兆二万七千六百十七银罗般。届今又二十一年矣，其积债可知。各国虽略有上下，然皆在数千兆以上，乃民皆不疑者，以利银则一无错误，不妨藏富于国也。人已俱沾利益。财力既厚，故能以大而并小，以近而夺远，盖深得管子“隘其利途”之旨也。可设宝钞局即官银号，法详前。以裕利源，定率以一分为患，填单注明某年给还，存积较巨者，准将关卡税厘划交。上下既孚，官民一气，则保险、信局、铁路、矿务，织布等局，官力所未及办者，可准华商包开，许其专利若干年。须预定货物货值，不准嗣后垄断居奇。财源既浚，利途自辟，此诚保国裕商之至策也。

一兴制造。有能自出新意、制器利用者，造成报官给照，酌准专利年分。其或确能利国者，准世其业，物勒工名。图成，建议而无力自措者，官为按验核议，出示招股。泰西工即为士，中国士不知工，故势常不及，非真智巧之逊西人也。若遵前议设科，参用西学取士，则以士为师，以工为徒，引伸仿制，十年之后谓制造不及泰西者，吾不信也！

一奖工商。工商，图私利也。然因其私以济吾之公，裕国利民，则奖励之道亦有不可废者。工创物，商销货，皆令有籍可稽，给照存执，注明三代籍贯。每人总销至百万者，以税则三分为率，是国家已收其税银三百两矣，宜奖以九品。二百万者八品，三百万者七品，四百万者六品而止。皆赐以利名郎，志乘列名。逾四万万者爵以通侯，锡名裕国，国史列传。此亦汉武赏卜式意也。

一讲懋迁。百工之事，迁地为良。今中国习用洋货，其实中国之器玩，西人亦嗜之若渴也。丝、茶、大黄，尢论矣，此外如苏州之顾绣、处州之冻石、江西之瓷器，西人皆啧啧称赏。苟再能设局采购各省新奇可喜之器玩，载以出洋，当可获利。复设商务各官以总其事，开商报局，刺取西国器用之习尚与其制作之大概、价值之情形，附以图说；内地小件附销者，准报官搭卖，并小为大，交商运销，所得羡余，公同匀分。如此则百千之货皆可外达五洲，人人觅利于外洋，风气一开，而内地之财不可胜用矣！闻之道光末岁鸦片行时，中国银钱输入外洋者八百万。今洋货广销，每岁漏出者且四万万，据光绪十三年洋关税册，中国通商共十九口岸，出入口税厘二千七百一十六万七千两。长此不返，其何以国？若大兴商务，有报馆以通其消息，有保险以防其耗折，有官局以剂其盈亏，因利而行，或可少修补牢之策欤！

一开新埠。泰西每次换约，辄求添设口岸。其得一埠，极力经营，置洋房，辟马路，整饬华丽，出人意表。以故百货辐辏，士女如云，商务因之日起，而彼得坐收十倍、百倍房租之利。若另于二十七埠邻近之处，参以形家旺气之说，扼要别开新埠，一仿洋式，彼高鼻深目之徒当亦噤无所施也！

一抚华商。华民散在泰西各国者，以南洋二十余埠百余万人计之，据戊子粤督张香帅疏。当不下千余万。其间挟巨赀、尚名义者，所在而有。近西国凌虐吾民，无所不至，英、俄、美、法、德皆有禁止华工之议，或禁设领事，英吉利。或增重人税。法兰西。美尤无道，设计焚烧，盖祖龙之暴不是过矣！同为皇家赤子，一任其推之沟壑，坐之涂炭，叫天无辜，曾莫之援，毋亦君临万国者有所不忍闻者乎！夫华工之久在西国者，于制造、机器、矿务诸西学濡染既深，当能得其指要。若诚能于此时特饬各钦使晓以祸福，因势利导，设法招回内地，自行开采、铸造，徒其余部署以实边，择尤授以冠带，越鸟巢枝，胡马依风，当有歌《硕鼠》而来归者！为汤武殴民，此其时乎！泰西力求通商，中国亦从此而得其格致之学，近又力驱华工，将自此而并兴其制造之利，日中必彗，操刀必割，时不可失，愿与榷国是者借箸筹之！

保　民

法变矣，而仍不得不取之民者，将以桑、孔商贾之术施之于周、孔礼义之邦乎？曰：不然！子夏之言曰："君子信而后劳。其民未信，则以为厉己也。"管敬仲曰："下令如流水之原者，令顺民心也。"古之为治者，杀之而不怨，多取之而不为虐，繄岂无道哉！亦视吾民之所甚苦者蠲去其弊病，养欲给求，力求保民之实而已。时则有若婴堂、粥厂、栖流所、药局、医院、官渡、清节堂，皆官为设。惠民局主一切善事，如恤埋、棺木、借钱等均是。择绅董其事，中国各善堂皆徒博豪举，于事并无实济。如四民无告者，当分住各厂，给以资本，令自食力；其实在病废者，方准其虚糜。如婴堂、栖流所、清节堂，万不可令其酣豢终日，自坏有用之身。官渡尽可取钱，唯贫民免输，计其岁入以充经费。药局、医院，实系无力始可酌舍。而实莫妙于借钱局，不妨起息。八口之家若得数贯钱为资本，日赢百数，即可无忧，此莫大之善举也。至掩骼埋胔、施舍棺木，尤仁政所不可忽，不徒泽及枯骨，实足以消疵疠而酿太和之气云。费则摊之各铺户。

盖治国以保富为要，保富以恤贫为先。人贫而吾不能独富也，国贫而吾不能徒治也。诚得良有司休息生养，煦之以仁，摩之以义，民也激发天良，有输将恐后耳，尚琐琐计及于锱铢哉！夫州县官一事之善，去思之碑、遗爱之祠，且不惮醵金从，盖三代直道犹有存也。封建之初，君为民谋，而恐无以遂其生，故井田、学校之制计之甚详。郡县以来，民为君谋，而恐无以保其生，故安内攘外之策，筹之宜豫。自五州通商以来，时局又一大变，如风雨之飒至、火焰之飙发，稍不为防，将鱼烂鼎沸，生民之祸有为吾口所不忍言者！出水火而欲登之衽席，则太史公所谓六家之学，实亦不得而偏废者。保民而王，在斟酌用之可矣！

治　河

治河（上）

黄河发源西域，迤逦五千余里而至内地，水利所在，实开九功之先。昔者，神禹随山浚川，任土作贡，遂转洪荒而为平成。法具于《禹贡》，而道则原于《洪范》。汉魏以后，师湮汨之智，昧畎浍之制，于是全河之利尽失，而滨河居民蕴昏垫之灾者，数千年商靡有定。然殷忧启圣，而贞下起元，去害兴利，此其时乎！故虬愚请以三策进：

导源葱岭，横绕北徼，率顺水性，循山入江，扼中朝内外之防，开塞外富强之源，以治河为防边，此策之上也。何则？山以水为用，水以山为体，故水以界山，山以摄水，欲明水道，先考山脉。天下之山以西藏极西之冈底斯山为祖，康熙五十九年遣理藩院主事胜住偕喇嘛楚尔沁等图得之。山周一百四十余里，高出众山百余丈，顶上百泉流注，在阿里之达克喇城东北三百十里，直陕西西宁府西南五千五百九十余里，西三十六度四分，极出地三十度五分，实诸山之祖。居天下之脊，众出皆其分脉。分干有四：西北向者为僧格喀巴布山，蜿蜒起伏以趋西域，抵吉布察克山而结葱岭。魏源《海国图志》谓昆仑即葱岭，众山之祖乃葱岭而非冈底斯山，所谓河源出阿耨达者，乃葱岭脊上之大龙池，证引甚辨。唯疑后藏之水多南流入海，不知冈底斯山相近亦有四大山，其北至僧格喀巴布山，而西北为冈冈里木孙诸山，绕阿里而北二千五百余里，入喀齐国，山行必有水，特不入中国，故未之考耳！自葱岭而东，又分为三大干：北干由葱岭分趋东北，循乌什之贡古鲁克，阿克苏之穆苏尔、达巴罕、库车之丁谷山诸地之北，至于伊犁格登山，在伊犁西南百余里。东北行逾鄂尔和绰尔山，循察尔古尔依特山；东行起阿尔泰山，即古金山，一作阿勒坦鄂拉。直趋肯特山而结于外大兴安岭。阿尔泰山绵亘二千余里，高入霄汉。外兴安岭长几万里，二山山阴水皆东北流，山阳水皆西南流，故断为北大干。其中干则由腾格里山之空格斯山东南行过喀喇沙尔，起博尔图、达巴罕，循吐鲁蕃、罗卜淖尔。东行起祁连山，绕套外为贺兰、阴山，经归化城、宣府至独石口外之多伦泊，而起内兴安岭，东入辽左，起长白山，回龙穿海陆行而结泰山。圣祖仁皇帝谓长白山二干：一干东至鸭绿而结高丽，一干北折至盛京，复西行而南至金州旅顺口之铁山，穿海而结泰山。故泰山面西南而背东北。虬按：汶、泗水皆西流亦其一证。唐一行创山河两戒之说，谓北戒自三危、积石东循塞垣至涉貊、朝鲜者，误！不知积石为北戒之南干，朝鲜为北戒之中干，而北干实当以外兴安岭为纪。魏源以祁连为上起于阗，与天山之脉不相属者，误！山脉以界水为断。祁连来自喀喇沙尔所循之罗卜淖尔、小包尔腾海，达布逊池，大通河，皆其大界水之历历不爽者。和阗北距叶尔羌七百里，南行二十日即后藏，东皆戈壁沮洳之场，逦迤而至河源。其由天山直趋哈密者余支也。中干龙脉腰落而起祁连，故天山尽于玉关，而哈密余支尽于布隆吉河。松筠以祁连山之阳为土鲁番、哈密，盖误以天山当祁连山也。其南干则由叶尔羌经和阗、尼莽，依山东南行，而起巴颜喀喇山，一云即古昆仑山，今河源之所出也。在星宿海西三百里，东北至河州界积石关计二千七百余里。齐召南谓其脉西自金沙江南犁石山东来，疑误！河为北条，源出藏江，江为南条，源出藏南。巴颜喀喇山后有那木齐图乌兰木伦河、托克托乃乌兰木伦河二大河以为之界，故确定其来自和阗。循阿拉克沙尔山，过大积石山，入终南，逾河并雷首、底柱、王屋、太行而结恒山，南干之脉实结于此，盖正龙尽落未落，则沙少水多，恒山三面界水，桑干、滹沱二大河以及浞河、沙河、滋河诸小河层层缠锁，龙又焉往？魏源但知北干有二，故误以中干之脉原于三危、积石。一行误以北干之南干为北戒，故误以太行之脉东循塞垣而至朝鲜。所称中南二干，均就北大干而分，非今堪舆家所言三大干龙之说也。此其概也。然则北干水道可得而言矣。议由天山北路伊犁河西北图尔根河起，逾博罗拉达河、库尔喀喇乌苏河、安集海河、和尔廓斯河、苇河、乌陇古河、布尔干河、德伦时河、锡拉河、墨特河、推河、塔楚河、翁金河，循达尔罕山北麓入喀噜伦河、搭尔河，穿戈壁数十里，通科勒苏河、达敖嫩河入黑龙江；其由天山南路者，则由葱岭循乌什城河，沿开都河、博斯腾泊入阿尔辉河、托克逊河、蒲昌海、哈密河、布隆吉河，过花海子，入居延泽，穿阴山，达搭楚河，曲曲入江。虽开凿河道，汇巨川，堵支流，费固不赀，然河成，实子孙万世之利也。

曰：“其扼中朝内外之防奈何?”曰：“近者俄人逼处吾后，逾兴安岭而南与吾争东省三江之利；又西北新疆之地，膏腴尽为所占，东西横亘万余里，防不胜防。若能特开新河，挖土筑堤以置铁路，征兵运饷，一水上下，俄虽强，不足虑也。盖山险既失，则当退而守河。夫宋太祖之经营河朔也，雄县等界皆令多植榆柳以防敌骑之冲突。秦始皇亦特筑万里长城以遏强胡，此皆严中外之防，明利害之机。况以治河为防边，实一举两得之计乎!”“其开西北富强之源奈何?”曰：“西北为秦陇之屏障、燕晋之藩篱。自新疆开设行省以来，布置亦略当矣。然省不过十数县，城不过数十庄，地旷人稀，难骤望其生聚，盖沮洳戈壁之场，人畜俱困，故皆裹足不前耳。若大开河道，使舟车直达，则地大物博，懋迁自众，将来练兵筹饷，不患无措。且由此大修屯政，而吾圉固矣!"

顾或者难之曰："北路如苇河、乌陇古河、推河、塔楚河之间，皆隔有古金山、杭爱山等麓，布隆吉、居延泽东行，有阴山以为之阻，又况瀚海之沙碛、天山之戈壁，又岂可借巨灵五丁之力哉?"曰："地利未转，万人不能浚一湖，风气既开，匹夫可以达五洲。往者，葡萄牙于印度西南界之孟买开凿海港，建立城邑，通行市舶。近法人海理色朴以苏尔士湖横连亚细亚、阿非利加二洲，以一人之力凿而开之，闻其子又将凿巴拿马，分南北美利坚为二。盖泰西机器百出，穴山而启铁路，入海而穿电线，今昔异时，又岂可以一隅之见自局哉！然则今日非常之举，亦患其无资耳，不患其无具也!"或又曰："今国帑告匮，费又安出?"曰："招内地流民以实边，准其自占地利。托泰西豪商以包工，许其酌操利权，经之营之，十年之后，河道大开，沙漠之地，水草沃饶，富庶可坐致也。"

或又谓："汉武帝时齐人延年已有徙河塞外之议，或谓阴山大脊必不可逾，瀚海砂碛必不可疏，今吾子所陈，得毋摭齐人之剩说而为通人所见呵欤?"曰："延年之言也，可按图书、观地形、准高下、开大河东注之海，则关东长无水灾，是仅知徒河关外，内地即可无忧，实不明当日水土之性、北中支干之界，诚不免或人之讥。然或所说亦一貉之见也！瀚海者，洪荒以前大河之旧大界水也。自神禹舍阴山而凿龙门，截中干之界入内地，于是漠北之地始尽成砂碛。龙门可凿，阴山独不可逾乎？有以知其不然矣!"或又曰："如吾子所议良然，岂神禹当日亦见不及此欤?"曰："非也！唐虞之时地仅九州，荆、扬边地，视同瓯脱，故禹仅就中干之水，凿龙门使归内地，而又于冀、兖下流播为九河，所以漠北水利不甚计虑。盖秦汉以前，地气钟于西北内地。魏晋以下，东南始盛，沿及金元，渐趋塞垣东北。此天时、地利、人事之自然而然者，非真圣人之知有不足也。"

或又曰："今者回匪初平，哥老会党又所在而有，民情浮动，当持之以静。猝有非常之举，其不为之元氏贾鲁河之续者几希?"曰："元氏之亡，亡于国政之不纲，非石人之谣所能动也。文作灵台，而庶民子来，秦筑阿房，而戍卒揭竿，固别有所以致之也。况全河外徙，则内河可垦之田当以亿万计，仿军屯之例，使人得占田自力，拔尤使卫边，以招抚为解散，即以解散为召募，利益岂有涯哉!"

或又曰："河，大禹之所道也。圣人作事为万世功，通于神明，恐难更改！英明如汉武，亦为是言，将吾子之说终不行乎？”曰：“是又不然！河自周定王五年南徙，砏砾遂渐移而东，已非复禹之故道矣！自是以来，三千年中屡修屡决，害靡有止。夫河自郑州以下，南流东徙，皆其故道。历考迁徙，大抵决而北者十之八，决而南者十之二。盖行北地者三千六百一十余年，其南行者仅五百一十九年，据光绪十三年翁同龢等疏。故兰仪铜瓦厢决后，仍改道北趋。盖山不离祖，水必归壑，亦可晓然于北干之水终不能以人力挽之使南也。天地之气以渐而开，河源之说始自张骞。唐宋以来，谈者如梦，元世祖遣都实穷四阅月，始仅至阿喇脑儿。至本朝康熙五十九年，遣理藩院胜住等直穷至阿里以西三百里，而真源始得。盖天算、舆地皆历久愈明。近者英人之治印度河，一日之内，水可徒涨五丈。德人之治兰因河，源流二千四百里，水浊多泥，亦藉机器。埃及之治奈而河，建闸蓄放。他如意大利、奥国等国水患皆突过黄河，今皆一例顺轨。或者五德之说，水运将兴，以古三元法推得同治三年交上元水运，详虬所著《三元运统表》。四海自此遂永庆安澜乎！是在有志澄清者次第举而措之其可也！”

治河（中）

天地有不涸之仓，国家有莫大之利，则内地之矿务、塞外之河防是矣！矿务之利近稍稍有知之者，而河防则从未之及！

夫内外蒙古起自元初，已六百年矣。以文武之圣，东迁以后，国势孱弱，尚不能自立，况亡国遗裔，其为再实之木乎！比闻其俗趋便易，少机警，习喇嘛教，吸鸦片烟，奄奄无气息，其不肖者至狗偷鼠窃，无所不为。朝廷虽设有办事大臣，增添卡伦，然戍兵无几，仅足供更番候望之用而已。其甚者亦且相从而靡，盖俗之不振甚矣！蒙古之衰，敌之所喜而吾之所甚忧也。卧疲羊于饿虎之旁，笼干鹊于饥鹰之侧，欲求其不噬，其可得乎！故欲收为唇齿之益，当重以腹心之寄，非大兴水利而实边防不可。拟堵黄河南行故道，使由河套北路图尔根河东北行，达德布色黑河，绕墨灰图驿，逾纳林河，循察罕鄂博入昭哈河，堵东洋河，达七七哈黑河，逾哈那台河，沿哈拉马苏河，改穿内务府镶黄旗牛群牧场，循察汉托罗海岭北麓，疏乌兰克勒、大马库朝。古者五河为数不及百里。堵五可儿河，而汇五河之水入乌兰城上都河，北流转东，复折而南，浮于库儿奇勒河；于郭家屯北堵滦水，截使东北行，循郭里岭东行，穿虾蟆岭，入英金河，沿西剌木伦河，达大辽水入海。

疏凿水道，改宽河身，厥利有八，而形家之说亦寓矣。汇万里来源，环卫神京，外固长城，以作金汤，其利一。区内外蒙古为水陆二防，以外蒙古为江北之濡须、淮南之合肥，舟车四达，接应利便，其利二。黄河自郑州合龙以后，时有决口。随其北行之性，则畿辅有渐车之虑；挽就东进故道，则东南无安堵之期；若改道使出河套，则河身尽占为田，堤埝悉令种植，五年之后，富可敌国，其利三。水草沃饶，荒漠之地顿致富强，备边之道莫大乎此，其利四。地辟人众，货物充牣，关外铁路由此大开，其利五。全河外徙，则秦、晋、兖、豫四省水利不能不开，开渠置闸，人自为力，四省之地可期富庶，其利六。河北岁修之费往时定五百万，近经裁节犹六十万，而意外之费不与焉。乾隆四十六年青龙冈之役，费帑二千万，嘉庆十六年上谕："河南近年以来，年年漫口，前此已费三千余万，今郑州之役奏销亦一千二百万。"度支有常而漏卮无底，病国厉民，曷其有极！若全河北徙，百弊尽蠲，其利七。俄国近于西比利亚新造铁路，横亘新疆、蒙古、东三省，上策或难猝行，得此河亦可少折其锋。昔粤捻诸逆窜扰曹济，几无虚日，然未能过黄河一步。以河为防，不无少补，其利八。若夫形家之说，虽为体国者所不道。然涧东瀍西，周公亦尝借之营洛，而朱子亦云："冀州正是天地间好风水。"但仍误以山脉自云中发来，故取前面黄河为案。若大河北通上都，则万里来源，缠后而为荫龙之水，大小辽河为领龙之顺水，津门七十二沽为到局之逆水，旅顺、登莱对插海中，为固局之水，缠护聚会，永壮皇图，此岂复汉、晋中兴后之国祚所可拟其万一哉！夫古称"博求能浚川疏河及征能治河者"，皆谓其熟悉形势，而参以时局之人。不然，修堤筑坝之工、镶扫戗水之法，此河上老卒之事耳，尚有待于求而征之哉！

循北干大界水之旧，顺地脉而循天纪，竟神禹四千年来未竟之功，故谓之上策。若夫据中外之形势，固国家之基业，利及万里，功在当时，故曰中策也。试言下策。

治河（下）

河自神禹奠定以后六百余年，至商始有水患，然不过迁都以避之，非有溃决漂没之痛也。周秦以来，河患史不绝书，至本朝尤夥。顺治间河南为甚。康熙六十年决詹家口，乾隆十八年决铜山，四十六年决兰阳，嘉庆朝河南屡决，靡费至三千余万，道光二十六年决开封，次年又决中牟。咸丰三年决河南兰仪铜瓦厢，径入大清河，遂复北行故道。同治七年决荥泽，四月决，十二月堵合。十年决侯家林，漫南旺湖，始分入南运，壬申二月堵合。十二年决石庄户张支门，漫牛头河，始由南阳河径入运河。十四年三月堵合，贾庄普建南堤，北流斯定，而大清河乃全受黄河矣。光绪四年，大清河两岸旁决小口不一，至丁亥十三年八月十三日，郑州上南厅之决口宽三百余丈，尤为百余年来所仅见。而近之为河防之说者，其书汗牛充栋，其说膏润液美，究其治法，不外镶扫筑坝，戗水圈埝，重堤于淤，包滩下扫，与修九河之遗迹，复南进之故道而已。而大旨不出乎汉贾让增高陪薄、劳费无已之下策，潘季驯束水归槽、借水扫沙之成规。然其法固具在也，何患仍未已乎！呜呼！治河其果无善策耶？何昏垫之灾终不能免也！

夫善解斗者，批亢而捣虚；善灭火者，曲突而徙薪。河虽决于东南，然其源固自西北来也。闻之黄河入境至榆林府府谷县北，水深不过八九尺，至榆林府西，纳入无定各河，则水添至一丈一二尺。至孟门、壶口纳入汾、绛各河，则水添至一丈三四尺。至西安府三河口纳入渭、泾、浐、灞、沣各河，又至华阴纳入北洛河，则水添至一丈八九尺。出潼关至河南巩县，纳入伊、洛二河，则水添至二丈三四尺。至武陟县，纳入沁、丹各河，则水添至二丈六七尺，至郑州，则已受大支河十六道，小支河一百六十余道，除五十里小河不计。故三汛之期，黄河顿涨数丈，而横决不免矣！斯言也，盖得之陈君继本云。君字华亭，本浙山阴人。幕游陕西二十年矣，刻意考求河道，庚寅来东，条陈河务，遇于济南。其言治法，亦言请于山西、陕西、河南等处归入黄河之大小支流，添建水闸，以时启闭，杀水上流之势，此亦不刊之论也。

夫昔禹之治河也，下流既播为九河，而又浚畎距川，乃孔子称其尽力，而孟子赞其无事，意岂相妨哉！诚以水出高源，而实以海为尾闾。若能于上下流分杀其势，则自顺轨，此道本明易也。后世昧沟洫之制，万川归于一派，下流不分支河，不得不为增庳陪薄、束水归槽、借水刷沙之策。水由地上行，已谓之害；今河身日淤，齐河等县水皆高出城上。水，地脉也，张脉偾兴，人事当有隐酿其害而不觉者，岂仅溃决放滥之失哉！考古西北水利之书，郑、白二渠无论矣，他如召信臣之造钳庐陵，在穰县。增田至二万顷；后魏裴延儁之修督亢渠，范阳郡。溉田百余万顷；魏刁雍之凿艾山河，在富平。溉官私田四万顷；唐云得臣开渠，自龙首引黄河溉田六千余顷，唐武德中。宋程师孟引河水，淤京东西沿下田九千余顷，至明徐贞明、万历时御史，陈西北治水十三利。汪应蛟，万历时巡抚。皆剧言西北水利，此皆载在史策，班班可考，今盍一仿其法乎!

曰:“请问上流蓄水放淤之法?”曰:“当于内地上流多浚大渠,相地形之高下,定渠底之浅深;下流设石闸,以时节宣。离闸数里,先筑小坝一二处,不必过高,底视闸口略深,留淤不使外放。盖水性润下,盛涨之来,所挟泥沙皆从地底而下,非从水面而过,有小坝以为之潴。其漫出坝上由闸入河者,水当渐清矣。内地即开设多渠,水势自杀。不必以小坝壅水为疑。沿渠居民岁使淘沙挖泥各一次,若多洼下之地,更可仿重堤放淤之法,渐成高阜,法具治河各书,可考而知也。”

曰:“下流多开支河,是固然矣。近有请分黄入马颊河者,仅六百三里耳,枢臣勘议:约挑河筑堤之费已三百余万两,而迁徙村户、五百七十六村三万九千余户。坟墓,三万一千七百余冢。估买民田,六万余亩。一切之费皆不与焉。支河之开谈何容易!”曰:“上流既广穿大渠潴水,则水势自减,而所谓支河者,口不必其过宽,原议口宽四十丈。堤不必其过高,地价、夫工均可从省,又安可以难自阻哉!近全河北趋,所恃为尾闾之泄者,仅东省利津县之牡蛎嘴而已。虬愚拟请仍张曜旧议:于齐河以下李家岸、赵庄之间引河使入徒骇,计地不过十里。使由流钟口入海。更于章邱县东山头店东通獭河,汇浒山泊入小清河,此其概也。”开水以北行为性,南省不必再开支河。

曰:“黄潮冲击,久自成淤。淤高则倒灌横决,故往者云梯关积淤高至六七丈,故河改而北趋。近闻牡蛎嘴又渐淤矣,然亦他日之云梯关也。御之之法将奈何?”曰:“出口之淤由中溜挟泥沙而出,潮水性咸而力劲,顶冲而入,刚柔相搏,阴阳相荡,故积淤必坚。铁门关以下之铁板沙亦即此理。故咸水、淡水相错之处所生鱼虾必味厚而性刚。今拟于出口之外唇,束竹为桩,扦作三角形,斜入海中,挑水移溜,则害自除。试申其说:闻之大海捕鱼之法,扦竹为扈,相间数尺,盖潮水值竹,则逼流入网,视溜之大小为扈竹之远近,此即河工减水坝之遗意。若能量口门之宽狭,作角形之长短,则大溜由中直趋出海,而潮水之迎溜而来者自分趋于两边。所有沙泥皆直出而积于出口之外海,风潮鼓荡,横冲斜啮,海中流淤安从凝积?此计之上也。有逼溜分潮之功,无闸淤束沙之患,费省而功大,有利而无害,一得之愚,或亦有可取者乎!或疑河流过大,竹不能御。此皆不悟以柔制刚、以轻运重之法。瓠子之揵竹,即近日之秸扫,力皆胜于砖石。不出里门之儒,真有万思不得其故者!况此策得行,上流既杀其势,支河又多分其流,各口所出之水，视今日当减十之七八，又何不能御之有？西北之广渠既开，东省之支河盛启，诚于此时于汾水发源处，使绕管涔山东麓通入滹沱河，清北干南条之脉，兴畿辅大利之源。雍正四年设营田水利府，命怡亲王董其事，设京东、京西、京南、天津四局，数年之间得水田六千顷，成规具在，盍推而广之乎！穷其源于未入关之上，竟其委于既出口之下，实事求是，水利或自此大兴乎！”

或曰：“鲧堙洪水，五行何以汩陈？箕子言‘彝伦攸叙，道备于《洪范》九畴’，愿闻其说！”曰：“剖判以来，一气生人，而水为之祖。地球之上，地得一分，水得三分。故王者不修祭祀，时则有水灾。据《后汉书·五行志》。郊天用元酒，亦取报本之义也。礼本于太一，其降曰命，故元酒之尚不敢用亵味而贵多品，所以交于旦明之义也。盖水为天一之气所生，故即取其气以交于天，实非此则不能交，其义甚精，非仅贵质而已。故曰：郊之祭也大，报本反始也。汉、唐以来解经家皆未见及此，呜呼！此礼乐之所以不复兴也。水于卦属坎，于人属肾。坎为律而肾为命，水不顺轨则天纪乱而地脉紊，人生其中，则性情隐为改变而失其常度，律奸而命无以立，六极备而三德微矣！然则布五事、立五纪、修八政岂能外水而治哉！故《洪范》九畴独详治水。道原于《洪范》而治具于《禹贡》，一经一纬，皇极之所以建也。盖禹之明德远矣！民免其鱼，犹其小焉者耳！呜呼！安得神禹复出，使得陈说五行大义，从童律庚辰后一探阴骘之原乎！虽然，维皇锡福，富寿可期，拭目以俟其清可也！”

筹　海

国家慎重海疆，于南北洋各设兵轮。又特创海军衙门以为之统。顾宏纲虽举，而目则未详，谨采摭诸说，略参末议，敢再以六事进：

一定洋汛。沿海自广东乐会县起，接安南界。万四千里而北抵鸭绿江朝鲜界。卫所栉比，营汛鳞次，密则密矣，然以当今日之西师，则螳臂类也！海疆委命于舟师，乃将弁则浮冒克扣，船窳兵单不之顾，终日营营，皆侵上剥下之计，军国大事未尝有丝毫虑。曩吾瑞拆造塔波营船，报款三千两，某协仅费包工千两，干没其二，船成底薄，不敢哨洋，安放内港，待修而已。今年闻届大修之期，又可领费二千两。往岁大修安三营船，领费五百两，司房扣去五十两，包工一百两，余三百五十两则副将、都〈司〉守〈备〉四六均分，船未放洋而渗不堪驶。瑞安额设水师一百八十名，岁需饷项三千两，近副将、都守冒扣二千两，无复旧规，瑞安如此，其余可知！某协性畏风涛，不敢赴哨，尝纡道乘轿逾岭而过烽火营，更可一叹。虬尝谓天下有两等人心肝坏极，关吏、营官也。然则今日之水师将弁，直孙恩、徐道覆、徐海、汪直之徒耳，此可为痛哭者也！虬请罢沿海防汛，更营制，设兵轮，分海疆为四：近制以烟台南北分为二洋，北洋辖于直隶总督，南洋辖于两江总督。自成山以北至辽沈为北洋，而设提督行署于登州之威海卫。在文登县北九十里至烟台，水路一百三十里。从前仅知严防旅顺，其实地利不如威海有险可凭、攻守均便也。近险隘处设影灯，施电报，分建炮台，筑铁马头，立水师学堂，遂成北洋雄镇，以之添建行署尽便。成山以南至闽之五虎门为东洋，而设提督行署于浙之招宝山。五虎门以南至广东乐会县为南洋，而设提督行署于琼州。每洋各设水师提督一，南北梭巡，按季轮防，使得于平时练习南北沙水风线。内港另筹渔团海军以备不虞。再练外洋水师一枝，游驶新加坡、苏门答腊等处，无事则保护华民出洋，有事则断其归路，形容势禁，此致人而不致于人也。经费稍裕，自备兵商巡船数号，每年环球一周，商以贸易，兵以测量，纠合公司，逐渐添置。五年之后，谓富强无期者，吾不信也。

一设经略。四洋既设水师提督矣，直就海军衙门中特简经略大臣以辖之，斟酌长江水师营制，添设将弁，而仿西法考补。考泰西各国兵轮之制，由四副、三副、二副、大副而后升至船主，皆亲身驾驶，以技而升，不阶别级，无弃材，无躐等，故技以考校而愈精。今宜破除积习，超补一皆以技。四提督皆归经略节制。旅顺、台湾各设经略大臣行署，分驻半年。旅顺东达朝鲜，北锁津沽，与烟台一水相对，洋面仅六百里耳，诚北洋大门户也。国家经营费逾数百万，近渐废弃，然地利终不可失也。夏秋南北游巡，校阅水操，而海军成矣。夫英、美、德、法各国，其国都不足当中国数省地，越重洋八万里，称雄海上者，恃有战舰之力耳。此不可不求所以制之也。

一制兵船。近日筹海防者均以铁甲船为急。考泰西各强国皆有铁甲船数十号，似中国不可不为之备。然一船之费，数在百万金以上，且仍购自外洋，是拾其所弃、攻其所出，驾御稍不如法，直赍盗粮耳，非计之得也。虬谓御敌之道，当以柔制刚、以小制大。岳武穆之破杨么，林文忠之困义律，未闻皆以轮舟与之相角也。本国兵轮以外，可略购英之碰船、价仅二十余万，能破铁甲。英之快船近英国阿摩士庄新出快船、快炮、铁甲、鱼雷均不足恃，价未详。数号，余悉编取蚊子小舟，以渔勇为之，蜂屯蚁附，四散游徼，相机而动，困之于水，使不得锐意登陆，则鼯鼠之技穷矣。夫西师之来不过十数艘耳，并力御之于外洋，上策也。魏源《海国图志》谓守外洋不如守海口，守海口不如守内河，此亦淮阴侯背水阵、张仁愿受降城之遗意也。不善用之，则自抉其藩篱，能无开门揖盗之虑耶？纵之入内，合各洋之师，孰为正兵，孰为应援，孰为后袭，四面包抄，以逸待劳，聚而歼之，亦其次也。中国不求自精其制造之法，一一购之外洋，讲求三十年，其成就乃竟若此，则事事过守成规，不能变法改制之所致也。

一改炮台。扼之于外海则有兵轮，御之于内港则恃炮台。近日为炮台议者夥矣。然仅保护台基、升降炮位而止耳。夫番舶之来，其快如风，少纵即逝，是一台仅供一炮之用也。且炮力之里数本有定率，敌若购求视吾略远之炮，先施以轰击吾台，是一台并无一炮之用也。以死御活，势常不及。然则奈何？曰：于沿江地段较长、扼要必由之处，平筑铁路二道，炮座皆施活架，随船上下，左右更换。如此则炮位无定，敌难轰击，炮不必多，而沿江有备。更能自制炮弹，战船炮弹必须自制。左文襄光绪十一年有《请增拓船炮大厂疏》，词甚详切，大旨谓：近守口之炮弹皆购自外洋，久必损缺。万一有事，各国既守公法，一概停卖，则由难而少，由少而无，诚有不堪设想者。拟就旧船厂开拓加增，兴工铸造，虽经始之费需银五六十万两，而从此不向外洋买炮，即以买炮经费津贴炮厂，当亦有赢无绌云。如法演放，何泰西之足虑哉！炮台之设，当先明炮力之重数，筑基稳固，方可演放。大沽、旅顺，北洋之要扼也。记光绪十四五年间两处炮台有因雨倾圮之处、因震坍毙之事，皆未深究建置之法也。虬谓实炮台之法当以泰西为精。按英吉利每因山为炮台，故坚不易摧。炮位不覆以屋，故烟不自蔽。穴山以储火药，故不为敌炮所燃。兵房建于山凹，故能以山自障。此因山为台也。其无山之处则略仿比利时都爱司勾阿炮台之法，如今式炮台分内外、上中下三层：中空而圆，砖石向内砌毕，外四围皆培以土，斜拖而下，而覆其顶。每层数步，留炮眼，远视但见大土堆而已。按美金楷理所译《兵船炮法诸说》谓炮弹透土难于透木，故欲阻弹者土墙最宜，取用亦最便。日间击坏之处夜间可以修补，但须筑之甚厚，则大弹不能透过，若此，则中国所有旧城皆当广浚濠河，挖土培城，此一举两得之计，急宜未雨绸缪者也。

一编渔团。左文襄之督江南也，值中法失和，创办渔团。后大宪以办理者之滋弊也，遂概行停办。虬谓渔团必不可扨！可汰水师各兵，就渔户中挑选丁壮补充足额，练成海军。其余丁仿照江南旧章，设立渔团局，给以薪水，各授以操练之法，沿海七省，十万人不难致也。不急为之地，其杰而有材者恐不免有楚材晋用之虑矣！

一开海山。国初惩台湾之乱，惧奸民之济匪也，定迁海之令。于是濒海居民皆令内徙，海中各屿不准搭盖。承平日久，禁网遂宽，县胥营弁资为利薮，而国家无丝毫之益也。他如山东之砣矶岛、北隍城岛，江南之大小洋山，浙之普陀山、大小落伽山，闽之大小柑山等处，岛屿纷出，大者容千数户，小亦数百户，诚为一一经理，添设官汛，升科起税，可即以其费充海军之需。夫郑经之据台湾，张煌言之守南田，许朝光、吴平明海寇。之巢穴南澳，皆乘明季清初多事之秋，竭十数年之力仅乃克之。今内寇、外患蠢焉欲动，先事之谋其乌能已！岂可迁延不决，致再为澳门、香港之续哉！

朝廷于沿海防务致之未尝不力，购铁甲，设炮台，南北二洋水师又定为会操之制，亦似能自振作者。乃议及海战，则皆如谈虎色变者，以事事仅知摹仿门面，未尝深求其命脉、弊病之所在〈与〉极力整顿、改弦更张、实事求是之故也！吁！洋务岂易言哉！

筹　边

今日边防之急者，东北则保满、蒙以卫本根，西南则护卫藏以固藩篱。虬愚以为宜仿筹海遗意，特设四部经略大臣，各练骑兵数万，辅以铁路，以为策应游击之师。用人行军，朝廷不拘以文法资格，予以全权，使得便宜行事，而边防始可言矣！

国家自各口通商以来，泰西各大邦闯然而来吾国。然诸夷，癣疥也，俄罗斯则心腹之疾也。俄与我接壤之区，东西几二万里。近又筑西卑里亚铁路，可由俄京而达东省。俄若用兵于吾，必当数道分出以疲吾师：东则出珲春以窥吾东三省，西则出倭穆司克以窥吾新疆伊犁，约近俄里二千。南由俄都近畿而托穆司克而恰克图，斜探蒙古而窥吾直北之边，托穆司克至恰克图约二千里，距比得堡四千一百八十五里，然铁路数日程耳。直逼高丽；出黑海以牵制各国者，又皆必至之势，此不可不豫为之防也。西藏地处边徼，东界滇蜀——四川雅州府打箭炉厅及云南之澜江、怒江，东北界青海，西北逾大戈壁界伊犁，南界怒夷，西至巴达克、痕都斯坦，计横袤五六千里，环印度而接缅甸，为西南之藩篱。俄近屡遣使臣相视藏地，此可为寒心者也！朝廷虽设有驻藏大臣，然额设马步兵六万四千，而驻防绿营兵仅六百有奇，蒙古驻防亦不过三十九族，余皆唐古忒士兵也。全藏所辖六十八城，亦仅官舍、民居、堑山建碉而已。僧多于民者十之七，相安无事，羁縻之可也；强邻压境，其能以数千骑稞坝、黑帐御之乎？

议分东、北、西及三藏为四部，而各设经略大臣以为控制：东部则东起混同江及吉林、盛京全省辖境，西至贺兰山，南界长城，北据瀚海，内蒙古六盟之地属矣；而驻东部经略于伯都讷城。北部则东起黑龙江全省辖境，西界阿尔泰山，北界俄罗斯，南界瀚海，而外蒙古四盟地属焉，与东部辖境作辅车之依；而驻北部经略大臣于土谢图。西部则东起阿尔泰山，西尽新疆，北界俄罗斯，南以喀什噶尔河、塔里木河为界；而驻西部经略大臣于塔尔巴哈台。而三部旧属之办事参赞大臣，皆择形势所在，增改为将军、都统，顺天府尹、新疆巡抚与蒙古王皆受约束，听节制。三藏则并驻藏大臣为经略，而驻后藏之札什伦布以便四面策应：北控青海、和阗，东通滇蜀。增损三部之法，布置得宜，于以开拓缅甸、印度不难也。英、俄虽狡，其能禁我之所欲为哉！其举辟用人之法，则择取京外满、汉晓畅兵事、通达边务、耐劳苦者，使之娴习所部内外语言文字以备边材，而设驾部郎、参赞等职。驾部郎则分巡所部，凡边邮之险塞、防务之张弛、将领士马之贤否强弱，一一周知，假以举劾之权，优者后入为参赞以规画机宜。驾部郎、参赞无定员，人数视所部广轮。到部未三年者不得补，已补者不得改调别部及内省。勤干久任者仿宋人五等之制计功，给屯田为世禄，示激劝。年届六十者，经略各官皆告退。夫满、蒙全境，考者谓丁口约得四百余万，回疆又闻不下三百万，盖以三藏之众，兴屯保甲，因卡伦、鄂博之旧，筑土城，掘重濠，树杂木，以防敌骑之冲突。又授滋生宗室以散秩，招外洋华工以实边，徒内地囚犯以垦荒，绳以兵法，使之成军。生聚教训，期以岁年，将农服先畴，官有世禄，以守为战，二十年后，北庭、南部非复俄、英有矣！

国事仓皇之际，类皆设镇分藩，冀收捍卫之力。然守御无资，将率无方，张空拳而斗戟士，胜负之形有不待兵交而可决者。夫治国之道，有备无患，用兵之策，先发制人。吾不能禁敌之不来，要在吾有以制之而已。朝廷于东省、新疆防务亦似力求整顿，而各部则置若罔闻。然试问今日之卡伦、鄂博，其能当士克柏兴敌骑之冲突否乎？内外蒙古台吉、班禅、达赖、丁布木，其能当噶噶林挝尔、亚非士之理财治兵否乎？办事大臣徒拥虚号，其能号召骑士云驰电掣，使左右轰击、东西驰突如他邦铁道、电线之利便否乎？新疆、东省固若金汤，力能自守，无事后路之策应否乎？敌骑四出，各处驿骚，防不胜防，御无可御，敌人一旦狡焉思逞，将遂任其长驱直入已乎？盗者穴墙撬壁，隆隆有声，而主人犹鼾睡在床，思御之于堂除之间，何其惫也！

吾朝之于俄、英，皆有可取之势，而均失之于前。准噶尔之强也，征诸属国控弦之士数十万，圣祖三驾亲征，尽降其部落。于是自阿尔泰山以东皆隶版图，拓喀尔喀西境千余里。不以此时沿乌尔会河直取俄都，此计之失也。道光二十年，广东禁烟之议起，罢英吉利互市，泰西之与英雠者，美、法皆请助兵船为国效力，俄罗斯亦欲约中国兵由缅甸、西藏夹攻印度，廓尔喀亦白驻藏大臣愿率部兵攻东印度，英夷皇然四顾，有岌岌之势，不以此时直取印度，又其失也。

虽然，昭烈不云乎："事机之来，宁有终极！"果能应之于后，未为晚也！夫圣祖之收雅克萨、尼布楚二城也，经两朝圣人数十年之力，始克力驱罗刹。高宗之征缅甸也，用兵二十余年，始归属国，定十年一贡之期。其征廓尔喀也，用兵三年始克深入。今俄逾兴安岭与吾划黑龙江而守，缅甸、廓尔喀相继折入于英，而西藏又有锡金之衅，准通商。缔造昔何其艰难，守成又何其不易，东隅既失，其可不以鲁阳之戈为桑榆之计哉！

或曰："众建亲贤，分藩宗室，计亦良得。"不知封建之制，创制需时，当行之于全盛无事之日，应变救猝，似以添设经略为当。然胜国之季亦尝特设经略矣，关门内外，西北一隅，千余里之地而有总督四、巡抚六、总兵八，防务不可谓之不密！弊在十羊九牧，事权不一，且广宁巡抚拥兵十四万，而熊经略关上无一卒，失在有经略而不知所以用，岂经略之果无益哉！是在得人而已！

呜呼！时变之来近在眉睫，而议者犹筑室道谋，畏难偷安，一任其鼎沸糜烂而不为之计，如秦越人之视肥瘠，漠然不以动其心，国事将奚赖哉！虽然祖宗玉斧之所区，金瓯之所奠，固将遗孙子以万世之利，今一旦拱手而让之于人，吾意天下之大，必当有起而议其事者，姑以吾说发其凡可也。

腹地广置木路议

呜呼！铁路之在今日，其真不可以已乎？近之为富强计者，动曰“筑炮台，更练营，设商局，精制造”，然无铁路以为之纬，则呼应不灵，终归无用，铁路其终不可以已乎！

顾或者谓腹地之设铁路，筹费不易，养路须资，宜先就通商口岸举行。蒙独以为铁路者军国之大计，非商工之末务，当视轮舟不及之处，宜先由西北而后及于东南。铁路之费诚巨矣！无已，则请先以木路进！

考木路之始，有新金山人马斯孟，于其地初开行铁路之时，劝用木路以引火轮车，作书一卷，极言木路之利便。普剌萨又试之于伦敦，尝以杉木为条，长约九尺，方六寸，其火轮车重十三吨，所牵五座客车各重二吨，每日行十点钟，平常之速每点钟行七十五里，可行八千次而并无损伤。至木路火轮车之价与一切修费，约省铁路一半有奇，且成路所费之时又约为铁路三分之一。译其旧说，参之时局，其利有十：能速成，利一；成费大省，利二；销磨甚少，利三；能易行弯曲之路与斜路，利四；如正轮忽断，则辅轮能受车体之重，行甚稳当，利五；车行时并不摇动，且不发响，利六；因各项之费用少，则运客之价可便，而主人易于得利，利七；木条内地各足，无须洋铁，财不外渗，利八；木作、土工易仿，民无失业，利九；木厂视铁厂简易天渊，便利速成，利十。有此十利，胡不仿而行之。

其取道之法：请由宛平、良乡、涿州、正定计六百六十里。出井陉、计一百五十里。寿阳、榆次至山西太原，计四百里。循汾河南下而至潼关，计一千零七十里。达西安；计二百二十里。过商州、商南、陨阳而迄襄阳，计一千一百十四里。之江陵计五百五十里。以为干地，计长四千一百六十四里。再由西安至咸阳，西北由兴平、乾州达甘肃皋兰，西南由兴平、武功、沔县达成都，此备之于西北也。复由潼关循黄河东行至郑州、归德以及宿州，而以宿州为一汇。由宿州、滁州北上历滕县、济宁、德州、景州、保定达通州以卫神京。再由宿州、凤阳历滁州、江浦达江宁，由江宁北达扬州，南达江苏而止于浙江。如此而东南之声势壮矣！复由郑州至郾城，历遂平、应山下达武昌，再由郑州、许州、陈州、太和、寿州、庐江而至安庆，由安庆至九江达南昌，再由九江东行至铅山、广信、玉山左达浙江，右达福建，复由九江南下至临江，由新淦达广东，由新喻、袁州达广西，星罗棋布，节节可通，而全路成矣！

夫泰西各国皆各有铁路数万里，其成皆近在数十年之内，有开必先，宁可畏难而自画哉！蒙之为是说也，取道似纡，用费似繁，然实有深意存乎其间焉。欧邦之创铁路也，其始只取便商，而后乃假之行军。中国则当以军务为急，而辅以运载。东南沿海、临江之区既设有海军、长江水师矣，轮舟四达，形势利便，似不虑其单弱。所可虑者，独西北之策应不灵耳。万一江海道梗，轮舟之利与敌共之，则倚为臂指之助者非秦、晋、川、楚之兵而谁耶？古来兵冲四要之区，得之则足以制人，失之皆足为吾患。创中国从来未有之举，朝廷不惮持以全力，乃仅斤斤于目前养路之费，不顾将来之全局，非计之得也。且养路亦不患其无资也：西北膏腴之地，素称天府，特无铁路以开其风气，其利岂真薄于东南哉！全路猝不易办，当先举干路，计长不过四千余里，若径改鸟斜，更可缩省。木路既视铁路省费过半，当不过一千余万，期以二年，每年仅需三百余万，似不患费无所出！

曰："然则费果将安出乎？"曰："国家度支有常，近岁出不复可计，当另筹裕财之法。"若俟临时而始议费款，未有不急切从事者。使由吾前各说先为之地，则以天下之财办天下之事，尚何有支绌之日哉！夫泰西各国，其岁计可考而知也。开办之初，可先就干地次第举行，而后及支路。山径过峻、水道较阔、猝难施功者，不必穴山架桥，视平地告竣始行从事，目前尚可省费十分之七，而人已大得其便利。利源稍裕，再易铁路，当易为力。全路若成，辅以轮舟，十八行省之兵征调往返，不旬日而麇至阙下，靖内寇，御外夷，节饷需，裕利源，进可以战，退可以守，岂非万世不拔之基哉！

夫秦皇之备胡也，特筑万里长城。近俄人亦新添铁路，计长七千余里，合之中国，亦不下万余里，岂有以堂堂中国四千余年声名文物之邦，甘自局于一隅而不思急为变计哉！盖有非常之人而始有非常之功，在变通行之而已！

拟建洛阳为西京议

国家发祥辽左，应运入关，远法轩辕，近沿元、明，定鼎燕京。天戈横指，几尽亚洲，神谋睿断，遂为中国四千年来帝王所未有。然忧盛而危明者圣，居安而忘危者殆。虬愚以为欲固祖宗万年之基，当广汉、唐两京之法，请择根本重地，改建洛阳以为西京。开铁路，练兵勇，备器械，广积贮，另简亲王镇守，以曲突徙薪之计，为深根固蒂之谋。皇上又仿热河避暑故事，裁减卤薄，岁幸其地，纬武经文，增其式廓，则我国家万年之基巩于磐石矣！

何则？成周之兴也，武王都镐，而成王旋建洛邑。宋仁宗庆历二年，范仲淹请修东京，汴京。以为乘舆不出，则圣人坐镇四海，而无烦动之劳；銮舆或出，则大臣居守九重，而无回顾之忧。夫成王，圣主也；庆历，盛时也。而周公、仲淹岂真知有东迁、南渡之举，而为此虫足、兔窟之谋哉？盖卜年、卜世，思患预防，先天下之忧而忧，谋国之道固如是也！

今俄罗斯逾兴安岭而南，划江为界，逼近东三省，而且左盼高丽，右眈蒙古；倭奴又屡欲跳梁。万一狡焉思逞，偏师直入，将遂以都城为澶渊之举乎？此可为寒心者也！

曰："其必以洛阳奈何？"曰："自来谈形胜者曰太原、曰长安、曰金陵、曰武昌、曰洛阳，此皆历来王伯之基。然形胜之论系乎时局。各海口自通商以来，轮舟直达，长江之险已与敌人共之，故金陵、武昌不足恃也。太原、长安僻处西北，在今日仅为自守之国，欲以规复东南，难矣！洛阳居天下之中，形势利便，而且远离海口，无引敌之患，虽四冲之地，以守则不足，而进则可以从事湖湘，退可入关自卫，铁道一成，佐以火车、轮舟，则秦、晋、吴、楚之师可指日而麇至阙下，所谓以守为战，以退为进，又何外敌之足虑哉！"

或曰："东三省不既有兴京、盛京矣乎？"曰："本朝东省之二京，虽非仅有邰、丰沛之比，然辽沈门庭也，洛阳寝室也，有国有家者，金玉宝藏之守，其在门庭乎？抑在寝室乎？此固不待智者而可决矣！"

拟援公法许高丽为局外之国议

高丽，我属国也，于藩封中臣服最久，贡献每年不绝。崇德二年封李倧为朝鲜国王，赐龟纽金印、诰命，定每年四贡。高宗纯皇帝尝御书"东藩绳美"赐之。自光绪初年枢臣偶失检公法，准与各国通商，听其自立和约。按万国公法：与人立约惟自主之国得行之，藩属无自主之权，不能擅立。按之国书，则本为朝贡之邦，例以公法，则几失保护之权。于是俄夷诱之于北，倭奴瞷之于东，逆番煽之于内，西人穆麟德、德尼使高丽时均私助俄定约。国王亦遂岌岌四顾，首鼠持两端，一误再误，听归俄邦保护，此真聚六州之铁铸大错者也。

朝廷旧虽设有驻防之师，然国境东西二千里，南北四千里，为道者八，统郡凡四十一、府三十三、州三十八、县七十，三面环海，北界鸭绿江，而且釜山、仁川、元山三口开埠以来，五洲兵商轮驰毂击，防不胜防，非仅豆满江、月尾岛、水源、马山浦诸险要而已也。夫日、俄之欲逞志于高丽也屡矣！日本明万历时征服国旁小国，已，并欲灭朝鲜。二十年，渡海直逼王京。朝鲜使来告急，乃命李如松等讨之，互有胜败。久之，其关白死，诸倭兵始退。关白者，华言宰相也。时其名为信长，为下所杀。光绪甲中，洪英植之乱，日人又直入皇京，名为保护，实则劫掠。俄攻高丽，必数道而出以牵制我新疆、满、蒙、东省诸师。倭奴在前明时么麽小寇耳，而东南沿海数省大受其创，况今维新以后，兵船铁甲颇足自雄。若以数艇先扰江、浙，而潜出二军，一由对马直趋釜山浦为正兵，一由箱馆渡青森入图门江，北拊其背，前后夹攻，而吾分防则兵单而力弱，南北疲于奔命，一有疏虞，恐顾指失臂，有为今日所不忍言者，则噬脐无及矣！

然则若何？曰："开铁路，近山海关已经开办，此路若成，至高京仅四日耳。练海军，设炮台，兴军屯。久任驻防大臣，九年一更，六年之后许其自举属员帮办。任满，即以其人奏请换防，唯参赞简自朝廷。部署一定，怵以兵威，相机而动，使不敢再萌异志者，此为上也。若自揣力不能办，则莫如明告各国以公法——欧洲均势之议。按万国公法：欧罗巴大洲内，倘国势失平，诸国即惊惧张皇，且必协力压强护弱，保其均势之法。盖一国过分，恐有不遵公法而贻患于邻国也。请照摩尔达、袜拉几、塞尔维、以阿尼、戈拉告五邦旧例：许高丽为局外之国，各国共相保护，布告天下，不许他国强犯！无论何国兵旅，无论何故皆不得过其疆界，当亦公法之所许也。"按万国公法：凡国恃他国以行其权者，人称之为半主之国，如摩尔达、袜拉几、塞尔维三邦，凭俄国保护而听命于土耳其，此土、俄历历有约而定为章程者也。此于近日中、俄议高丽事相近。一千八百十五年间，英、奥、普、俄四国立约于法国之巴勒城，其第一条云："以阿尼诸岛合成一国、自立自主者，名为以阿尼合邦。"第二条云："此国全赖大英君主并其后代保护。"第五条云：

“以阿尼合邦既蒙此保护，当任大英君主屯兵于其关口、炮台等处，其合邦之兵亦归英将之麾下。”第七条云：“合邦商船并本国旧旗亦当统带英旗。”此恐合邦新立，不能保其自主之权，故护主之权特重。然亦泰西所仅见。一千一百二十二年，维也纳公使会，以波兰之戈拉告一城并其辖下土地，公议立为一国，出告示许其永为自主自立局外之国，凭俄、奥、普三国保护。按公使会第九条：“俄、奥、普三国互相应允，不强犯戈拉告局外之地，并不许他国强犯之。”又告诸天下：“无论何国兵旅，无论何故，皆不得过戈拉告之疆界。”又互相应允戈拉告城内城外皆不准罪犯逋逃藏匿。若他国之有司追讨逋逃之罪犯，戈拉告之官立当捕之，护送出疆交还。盖各国互相保护，一国即不得独擅其权。此虽名为自立自主，泰西均称为半主之国，皆为公法所认。虬谓今之日、高犹虞、虢也。高亡，日亦随之，日虽垂涎高丽，然慑于中、俄，不敢竟发难端。巨文岛之役，英尝制俄东出，俄、法虽近联盟，然俄人欲占土但波一地，法国终未之许，盖泰西于地利形势所在，持之甚力。刻英、俄、美、德、日本等各国，于高丽皆驻有公使，领事此约，近日各国或能互相允应也。

夫今日之俄罗斯，战国之强秦也。五洲诸国皆有约纵之意，故俄欲出红海并欧洲，则英、法扼之于土耳其。俄既不得志于西，将鼓棹东向朝鲜，英人又踞巨文岛以制之。现此岛仍归高丽。近又营铁路于西卑利亚，将次告成。由俄京达高丽十五日耳。俄若得志于东，非唯中、高无穷之虑，抑亦泰西之所深患也。况太西最重古迹，中国衣冠文物犹存古制者，琉球、日本、朝鲜三国已耳。近中山夷为冲绳，倭奴改从西制，独朝鲜片土犹存箕子遗规。诚能按照公法，推均势之例，共相保护，使地球之上永存三千年前之衣冠，以视赛珍会罗列古玩，当更别有利益，或亦泰西诸雄国所欣然乐从者欤！

或曰：“近者中国于山海关新开铁路，且设有泰安、镇海、操江、湄云四兵舰，派往仁川，常川轮流驻港，何吾子之又有异议也?”曰：“中国之保高丽，非贪其土地也，亦仅欲相安无事，永为吾国之东藩已耳！许以局外，而中朝仍不失保护之权。公之万国，而泰西可遂均五洲之势，环球之安危系焉，岂仅中、高唇齿之虑而已哉!”。

虬尝议联五洲，设一大公法会于五印度，主持公法，取其地居东半球之中也。若准以《易》理，朝鲜其次也。“明入地中，明夷，君子以莅众，用晦而明。”(《易·明夷》称：“内难而能正其志，箕子以之。”

而陈畴演《范》，独受朝鲜之封，必非无意!）三十年后，上离用事，《明夷》之九三将起而应之，南狩之志乃大得也。吾说或亦将有所施乎！

治法在严刑赏议

法果可恃乎？何以周公官礼之精未千祀而坏？法果不可恃乎？何以管仲、卫鞅之材不数载而兴？然则法者治之具，而尚有所以济法者！道何在？在法。天之刑德，以严赏罚而已。春气至则草木产，秋气至则草木落，气使之也。古之人审其所以使，故物莫不为用。弃灰、徙木之信伪矣，而秦可霸！烹阿、封即墨之举晚矣，而齐亦治！其霸也，其治也，皆以能行其法也。舟行而致吴、越，车行而适燕、齐，人有所利，而吾乃可裹足而至。藏镪在窖不敢攫，遗粮栖亩不敢拾，人有所慑，而吾乃可高枕而卧。

赏罚者，驭世之大权，国势之盛衰系焉。市集之墟，贸易无方，里塾之师，功课不立，犹不能以有成，况国乎！国不必其强弱，法存则张；人不必其贤否，法行则理。考之古今，参之中外，固有历历其不爽者！国家忠厚开基，失在有赏而无罚！宜大申禁令，一持以法。有不次之赏，然后可以奔走天下之豪杰；有不测之诛，然后可以驾驭天下之英雄。汉宣帝之诏胶东相曰："有功不赏，有罪不诛，虽尧舜犹不能以化天下。"夫宣帝非真能求治者，而言则是！《皋陶之谟》曰："天命有德，五服五章哉！天讨有罪，五刑五用哉！"命、讨皆称天而行，明人主之不得而私也！息息为天地赞化育，事事为民生谋利病，廓然大公，奉三无私，故王者一喜天下春，一怒而天下秋，亦法天之刑德，严赏罚而已，其为治也几矣！

救时要议
(1892)

序

学者生孔子后，皆称儒术，自秦汉来，未之敢异。而太史公《论六家要旨》独曰“儒者博而寡要”，果何说也？盖儒道其常而子权其变，故诸子之功救变与六经同。譬之于医：儒为粱肉，子为药石，无病而服药石，与病而强粱肉，人必无生矣！孔子曰“学在四夷”，犹信！荀子曰“法后王”，岂非以时哉！时也者，如四方、八位、十二节、二十四度，各有教令，顺逆存亡皆意当为之消息，焉可慢也！

国家自通商以来，局又大变，华夷杂处，巧力相尚，有未可概以儒术治者，则诸子近法亦将有取焉。夫良剑期乎断，不期乎莫邪；良马期于千里，不期乎骥骜。循表而导溺，契舟以求剑，自谓能法古，不知时已徙矣！而法不徙，乌在其能儒也！抚时感事，因掇其要，为《救时要议》一卷，备借箸者他日刍荛之采焉。

时光绪十八年岁次壬辰冬月陈虬志三书于瑞安城东之蛰庐

［按］此序录自《治平通议》卷五。

议　目

何以立国？曰：富。何以御夷？曰：强。何以致富强？曰：在治人。人不自治，治之以法。富之策十有四：设官钞，定国债，开新埠，垦荒地，兴地利，广商务，迁流民，招华工，汰僧尼，税妓博，搜伏利，汇公产，开鼓铸，权度支。强之策十有六：更服制，简礼节，变营制，扼要塞，开铁路，改炮台，广司官，并督抚，弛女足，求材官，限文童，练僧兵，禁烟酒，限姬妾，优老臣，广外藩。富矣强矣。非人不治，治之法：开议院，广言路，更制举，培人材，广方言，整书院，严举主，疏闲曹，定户口，权盈虚，严嫁娶，定丧葬，汇祀典，正词戏，新耳目，申诰戒，目亦凡十有六。治不必其果通，要在救时之穷。删繁举要，请言其略。

富 策

设官钞　何谓设官钞？今商民百金以上即就钱庄换票，其实钱庄、银号之倒闭者月有所闻。何如省、府、州、县各设官银号，使上下均沾其利益，尚为便民裕国之要着乎！

定国债　何谓定国债？考泰西各国，每有大事必告贷民财，息多不过六厘。故各国皆有国债，均在数千万以上，无论君主、民主，国事虽有移易，而债息则皆一例措偿。今若稍增其息，注明午限，许持钞票向附近州县支领，若官银号更便。则藏富于国，当亦殷富所乐从也。

开新埠　何谓开新埠？泰西各国每次换约，辄求添设口岸。其得一埠，极力经营，置洋房，开马路，整饬华丽，出人意表。以故百货辐辏，士女如云，商务因之日起，而彼得坐收十倍、百倍房租、车税之利。其实地气无三十年而不变，若参用形家言，于各埠近处另开新埠，风气一开，洋商皆将俯而受廛，此亦人弃我取，致人而不致于人，理财、治兵之道二而一者也。

垦荒地　何谓垦荒地？东南人浮于地，而西北则旷土尚多。其实东南荒僻未垦之处亦尚不少，宜令户部分饬司员，协同省委各官逐处履勘，招民佃种，地方官督劝居民赴佃，量给遣费，到佃后，官给籽种，三年始行科则，当无有不乐从者。若边外兴屯，尤为攘外之要策。

兴地利　何谓兴地利？地利之在中国者，即种植尚多未尽。瓜果、桑麻、竹木非如药材之当确守道地。今地气变迁，即道地亦未尽可守。近日本广种药材，而东洋庄充斥市肆，每年获利无算。田少人多，则示以区田之法；场地荒阔，则为讲沟洫之制。水泽之区，皆可植桑，内地塘塍，须种杂树。若能相土宜而广药材，则利益更大。每省各派精通化学、植物学者巡视辖境，专办其事，视有成效，册报存档，优以不次之赏，其利未可以亿计也。

广商务　何谓广商务？修工政，广制造，似可杜洋人外渗之利。然机器之学，步趋泰西，彼因吾创，势常不及，虽精其术，收效尚在数十年之后。为今之计，莫如广修洋舶，争利于彼都。盖懋迁之事，迁地为良。新奇可喜，中西一理。宜饬出洋大臣刺取西国器用之习尚，与价值之情形，附以图说，函致商局。又广搜内地玩好之物，开其风气；能自整洋舶者，官为减税保护，酌加奖励，小件附销，准报官搭卖。公正无欺，而商民劝矣！天地之气，无往不复，自通商以来，中国利源日竭，流入外洋者岁几四千万。此据光绪十六年江海关造报《通商各关华洋贸易总册》而言，进口货值银一垓二京七兆零九万三千四百余两，出口货值银八京七兆一亿四万四百余两。以鸡口之入为牛后之出，长此不返，其何以国？设法挽回，或亦天人合应之期乎！

迁流民　何谓迁流民？天灾流行，国家代有。故安集流民，不可不先为之防。近遇灾荒，流民辄千百成群。所过州县，沿途纠扰，其荒僻之乡则大肆劫掠。宜于西北及关外等处安播，使有定所，督令垦荒食力。

招华工　何谓招华工？华工之散在外洋者不下数百万。近美国行基利例——驱逐华工。闻华工之在彼都，富或逾百万，宜特简大臣广为招徕，处以关外等处，随其赀财，区为数等，使之兴屯招佃，划地而守，仿土司之例，世袭其地以实边陲，此不可失之时也！其有仍乐经商者，由商局设法保护调剂，将吾圉固而洋务兴，保庶保富之道具在此乎！

汰僧尼　何谓汰僧尼？开奸盗之路，为邪淫之媒，其今日之僧尼乎！其确守清规者千不遇一，道场施舍，使天下有用之资财尽供其欲壑，不止为旷业之游民已也。若势不能去，宜修祖宗定例以示限制。年逾四十，方准招徒一人，未四十即行招受及招受不止一人者，照违令律：笞五十。虬谓披剃后当即就本师求戒，顶上施艾丸六穴，庶逃犯、盗贼不得混充。如年十六以上而必求出家者，则先报官：阉割、幽闭而后许披剃。

税妓博　何谓税妓博？妓博，法所当禁，而势无可止。其场面较大之区，官吏皆有所染指，何如明正其税则之为得乎！禁私娼、私博，犯者重罚其锾。或曰："税及妓博，恐伤国体。"不知赵宋有官妓之名，广东收闱姓之费，此皆载之史册，达之天听。况鸦片公班明知为害人之物，而洋药税厘特严者，亦因时制宜之策也。尚何疑于妓博之不可税哉！

搜伏利　何谓搜伏利？曰五金矿，曰煤，曰矾，曰硝，曰磺，曰脑，曰盐，曰制糖，此皆山泽自然之利，所在皆具，但有衰旺耳。诚得精于此道者，到处履勘，广开利源，而财不可胜用矣！

汇公产　何谓汇公产？无论宗祠、庙宇及一切公项善堂，皆令公举董事，报县注册。各董约计岁入之数，酌提二成，交官银号代为生息，俟本利积有千金，仍行发还本处，着其逐渐添设善堂，如育婴、恤嫠、施医、舍药、瘗园、粥厂，各以其所积次第举行。先行之于一族一隅，而后广之于一邑一县，数十年后，举国无贫民矣！

开鼓铸　何谓开鼓铸？今洋蚨、私钱充牣市肆，而圜法失其利。法当严私钱之禁，通饬各直省勒限收卖私钱，分等给价，限满而仍有搀和行使者，初犯重罚其锾，再犯则严刑以治之。设官兼衔主其事。盖禁私铸，则法或有所穷；严私钱，则势自易及。事固有节流而源自塞者。银蚨来自外洋，利多外渗，宜自行仿造，并添金蚨，而开洋亦多备焉。近开洋多来自日本。曩阅西报，称长崎一带铸银局每日赶造约八万元，可知其获利之厚！铸钱自以云南为便利，可即令就地开铸，仿闽省例，重以八分五厘为率，防私铸。运给各省，而省京铜之运费。

权度支　何谓权度支？量入为出，理财之要务，而于今日之国势则有不尽可行者。国家岁入有常，而意外之出款究非可定。近岁入六千余万，虽视前骤增，闻欠洋债亦尚二千余万。皇上宜躬节俭之化，会计出入之数，大加整顿。施之下者严其浮滥，施之己者力归撙节。泰西议院岁终约计明年出款之数，摊之税则，似可仿其制。拟定四项之赋，于田曰田饷，可仅分上、中、下三则。地为地税，区为九等。人曰口赋，照户口册分四等征银。近有按《东华录》汇核各省大吏年终奏报人数折片单等，称乾隆六年男女共一垓四京三兆四亿一万一千五百五十九名口，至道光二十二年共四垓一京四兆六亿八万六千九百九十四名口。每十年内添人八次，至少一京六兆人，至多六京五兆人；减人两次，至少三兆人，至多七兆人。计一百一年内所添之数共二垓七京一兆人。均匀率扯，每十年内添二京七兆一亿人，约合添一大省分之人。届今光绪十八年，又积五十年，当又添一垓三京五兆五亿，合前约人五万五千万余，每人一分为率，岁可骤增银五百万两余，视税厘半归中饱者，得失较然。店曰牌银，分九等，如牙帖之式。如岁出不敷，则酌加，先期榜示。国家不于无事之日先权度支，万有意外，而一切苟且之政起矣，此不可不急思变计也！

强　策

更服制　何谓更服制？赵武灵王之改胡服，本朝之不守明制，皆深得自强之道。盖褒衣博带，甚不便于操作。且隐消其精悍之气，故便服一切宜用西制，施以等级，唯朝贺、衙参诸大典一遵国制。

简礼节　何谓简礼节？自古帝王崛起及豪杰不羁之材，无不倜傥宽简。盖繁文缛节非所以待权奇任大之器。今上下苦于仪注，人材遂尔不振。宜一从简易！卑幼见尊长皆仅一揖，立而白事，文武皆令骑从，禁乘车坐轿。

变营制　何谓变营制？粤匪之乱，皆谓绿营不可复用而专事募勇。其实无赖之徒、乌合之众，不可以当节制之师。狃用其说，必将有中其毒者。绿营非真不可用，但当整率之耳。请照《博议·变法十一（上）》营务条以练兵，而将官皆当略通文义。须辑一韬钤简明之书，使令平日讲习，而非亲历行间者不得补主帅。

扼要塞　何谓扼要塞？御海寇者，当于沿江各筑长堤，堤以沙土，为之不必过高，基阔数丈，外削而内斜。堤上植竹木，内设长沟，沟畔栽树，而再纬以活炮台。约地二里再设一沟，以多为妙，非仅防敌，亦资水利。御内寇者，视形势便利，数村为一堡，堡设土城，而各乡之隘口则筑大土城以堵其入寇之路。酌提团勇以为守。城外皆设深沟，沟畔不必栽树。盖海寇诱令登岸，则内外隔断，而敌氛自丧；土寇施以坚壁，则四面受敌，且盗粮无资。是谓以守为战，策之上者也。若筹海、筹边议，另详《经世博议》编。

开铁路　何谓开铁路？铁路者，行军之要务，辅以商务为养路之费。《经世博议》卷四有《腹地广置木路议》，可考也。全路猝不易办，则由潼关循河东行至郑州，由郑州至郾城，历遂平，应山下达汉口与津、通三百里，此路必不可缓。此路若成，辅以轮舟，则声势自壮，而内地无单弱之虞矣！

改炮台　何谓改炮台？近日扼要之区多筑炮台，然以虬视之，皆无用也。非徒无益，而且有害。夫番舶之来，其快如风，少纵即逝，是一台仅供一炮之用也。且炮力之里数本有定率。敌若购求视吾略远之炮，先施以轰击吾台，是一台并无一炮之用也。以死御活，势常不及，平时既假炮台以张声威，一有疏失，全军丧气。敌若据吾台，假吾炮，用以反攻，则子无虚着而害不可胜言矣！法当于扼要必由之处分设数台，略如今式，台中空而圆，砖石向内砌毕，外四围皆培以土，留炮眼，护以大堤，平筑铁路二道，木路亦可。炮座皆施活架，随船上下左右更换，如此则炮位无定，敌难轰击，炮不必多，而沿堤有备，此策之上也。按西书炮法诸说，谓炮弹透土难于透木，故欲阻弹者，土墙最宜，但须筑之甚厚，则大弹不能透过。若再能因山为台，如泰西诸国法，更佳。

广司官　何谓广司官？山乡窎远之区，教令不及，易致抗粮滋事。宜广置分司而督令严行保甲及征粮事。

并督抚　韩子曰：“吴起之教楚悼王曰：损不急之枝官。”谓非要急之官也。若急而枝，则害尤大矣。今内既设六部矣，而重复出卿寺；外既设三司矣，而复重出各道：皆枝也。林一冯氏尝起而议汰冗员，谓如漕运、河运、盐务各衙门，及内务府各关监督等官，皆可裁汰。虬谓今既不能变法更制，则各员各有专责，势难一扫而空，究其流弊，尚不过赘疣、糜禄已耳，于军国大计无碍也。莫甚于督抚当并不并。督抚事皆枢要，名分敌体，同城办事，易致猜嫌愤误。以督谓无能耶？何令兼辖数省！以督为能耶？何须巡抚！留之皆足为累！十羊九牧，尤属其浅。如湖北、广东、云南三省巡抚皆可裁归总督，以一事权。

弛女足　何谓弛女足？泰西男女入学，故材亦相等。山乡女多大足，故可代工作。裹足之禁不严，承平之日已渐遏其生机，中国生人根基渐弱，未必非母气被遏所致。乱离之秋无异坑之死地！宜严禁裹足！又设女学以拔取其材，分等录用，此自强之道也。且以中国丁口约五万万，今无故自弃其半于无用，欲求争雄于泰西，其可得乎！

求材官　何谓求材官？有智勇过人、精神异常者，宜加物色以备录用。

限文童　何谓限文童？今之谋富强者皆谓游民宜汰，然尚有为游民之最者，文童是也。一县之中应试多者千数，少亦数百，而学额曾无十分之一。新旧相继，是中国长有此数百万无用之士蠹，安得不弱！不仅唯是，文童既无实学，又无别业，不得不以训蒙自给。以一训十计之，中国又增将来数千万之谬种，败坏人材，化强为弱，莫此为甚！宜定限年之制：年二十五而未入庠者皆勒令改习别业。人年十六尚未习业，一体勒限，违者罚苦徭。

练僧兵　何谓练僧兵？僧尼若猝不能去，可即因而用之。缁流饱暖纵欲，日以拳勇自卫者，十人中而九，其蹻健迥出兵勇之上。可晓以大义，示以激劝，亦可收其指臂之效。昔唐太宗曾以少林僧兵破王世充，其明征也。令其中杰出者练成一军，假以义僧军之名，使之自率所属以备军旅，不可谓无姚少师其人在也。

禁烟酒　何谓禁烟酒？烟酒耗散真气，渐减人之热度，积久皆觉委顿。欲振刷精神，首宜此禁。内地禁栽种，进口重厘税，所以禁烟。酒则不许致醉，犯者罚重锾，职官犯烟酒，发烟瘴充军。

限姬妾　何谓限姬妾？伤精之事不一，而房劳为甚。人不幸中年无子，许置一妾。三年而仍无所出者退还其妾，准再置。职官一例，犯者重治其罪。唯优游林下者听便蓄置，不在此例。

优老臣　何谓优老臣？人生精神有限，健者亦仅能供二十年之用。若年届六十者，概令休致，无任衰庸久得恋栈。国有大事，安车聘令参议。

广外藩　何谓广外藩？今宗室滋生日众，宜令挈眷远徙外洋，隆以亲王之号，优给皇俸，储为他日椒聊蕃衍之用。元氏广建宗藩，今蒙古、回、藏尚皆多其遗胤，自古宗室之久盛从无其匹，此亦谋国本者所当知也。

治　策

开议院　何谓开议院？泰西各有议院以通上下之情。顾其制繁重，中国猝难仿行。宜变通其法令，令各直省札饬州县，一例创设议院。可即就所有书院或寺观归并改设，大榜其座。国家地方遇有兴革事宜，任官依事出题，限五日议缴。但陈厉害，不取文理。议式附下。为承议某某事，窃以为其利益有几，其弊害有几，似系利害多害利少，似可难举行。□□年月日，某事某处某某谨议。择尤议行，院中列名。某年月日，某事遵某某等几人议行。三年汇详，分等请奖。

广言路　何谓广言路？古时设铎悬鼗，善旌谏鼓，无非求通民情。故《夏书》曰：“工执艺事以谏。”今制：外而督抚，内而科道，始得言事。以中国人民之众，事务之繁，可以言者不过百人，安望治理。宜令内官自司员、编检，外官自各道以上，各许直陈时事，不由本官，直达通政司。若遇大事变，则下诏求言，无论军民，概许上书。

更制举　何谓更制举？帖括猝不可更，则请以策问为头场。策凡六道，即就吏、户、礼、兵、刑、工六部内臣掌故、时务出题发问，庶平时有所肄习，临期方不至茫无头绪。

培人材　何谓培人材？曰内臣，曰外臣，曰使臣，曰边臣，国家皆资以有事。内臣宜令堂官按月一课，试以策论。外臣令道府按季汇其门簿，而默次其材具之高下为大计地。使臣周历外洋，宜多带学生，广其识见，非任参赞者不得充钦使，非充学生者不得举参赞。尤要者，令隐访华民之在外洋、杰而材者，予以诰敕，使以兵法部勒华民，而钦使为之保护。万一有事，即可率之以行。边臣议另详《经世博议》卷四《筹边》篇。

广方言　何谓广方言？学聘方言教习一人。生员不谙方言、西学，不得补廪食饩。行之数年，而中外一切语言文字无扞格不通之患矣。

整书院　何谓整书院？今书院所在多有，聘请山长，按月课试，名为造士，其实所益无几。虬谓延师不如购书，听人自择。宜备洋报、一切西书。各县宜各设大书院，稍筹经费为游学之资。凡游学者，由地方官给照，所到书院酌助路费。

严举主　何谓严举主？科目资格既不足以得人，则荐举之法有不可废者。愚谓荐举当求实绩，职官则胪其治行，士庶当考其著述，庶询事考言一洗私援虚声之弊。然非严定举主之刑赏，则夤缘标榜，仍恐冒滥多而真材终不出也。

疏闲曹　何谓疏闲曹？内而词林部曹，外而候补各员，数岁不得差，皆有“臣朔饥欲死”之虑。虬谓宜定制：翰林未开坊者不准考差，而编检另试一场策其高下，补乡、会之同考官及各省学政之幕宾，而翰林清矣。部曹无所事事，宜遣出其半，分发各省，各以其部之事兴剔利弊。又特设分巡之职，使之周历州县，以济道府之不及，而部曹清矣。候补者，将用以为道、府、州、县也。宜令藩、臬、道、府、州、县各置帮办数员，任以一切，而任官但主其成，坐啸画诺，无伤也，庶精神有余而事治。夫设官以经国也，乃先不能自给其身，尚望其宣劳于君国哉！

定户口　何谓定户口？国朝自地丁并入田亩后，所报丁口册皆约计其数，多不以实。宜逐岁转造册报。盖保甲、放赈、税则、科派皆从此出，不可不严其法，且可以知民生之登耗。

权盈虚　何谓权盈虚？州县每年于出产客货之进出，当皆令有籍可稽，而吾乃可施其进退之计。

严嫁娶　何谓严嫁娶？婚嫁之糜费，至今日而极！多者数千金，少亦数十金，其费数百金者，则视为寻常无足异。宜令嫁女之家不得以奁遣，娶妇者自备新衣一袭，舆接新妇。其敢再以片丝铢金私遣者，罚入婴堂充费。听告发，以二成充赏，特司以主其事。

定丧葬　何谓定丧葬？官设殡宫及义冢数处，家中不许停柩，宜令移置殡宫。三年而未葬者入义冢。

汇祀典　何谓汇祀典？今淫祠充满天下，而庙祀正神与名宦乡贤反无过问！宜罢淫祠而改祀名宦乡贤。须令教官、礼科每祠疏其生前功德及不朽之故，礼宜庙食者榜之神座。盖聪明正直之气久郁不伸，淫昏恣暴之鬼皆能出而为厉。故汇正祀典，不独教忠教孝，可以作民志气，实足隐消疵疠于无形，此亦燮理之要务也。

正词戏　何谓正词戏？唱书曰词，梨园曰戏，仍俗称也，势无可废。宜刺取史传中忠孝节廉、急公尚义、确有其人者，节为传本，改令肄习以作男女之气，而一切长欲导淫与无稽鄙野者，设禁以治之。

新耳目　何谓新耳目？国家励精图治，与民更始，上下皆当振刷精神，而耳目不可不新。宜更官制以振国宪，变要塞以挫敌谋，又为之齐冠服以昭等威，定启闭以节筋力。而一切服饰、旗帜、阶涂、耳目所接之处，皆当焕然一新，有蒸蒸日上之势，中兴之机庶有望乎！

申诰命　何谓申诰命？祖宗百战而得天下，经数朝圣人戡定夷疆，始克拓地万里。今边境日削，诸夷又屡肆要挟，此上下臣工卧薪尝胆之日，非粉饰太平之时。各宜激发天良，孜孜图治。昔唐庄宗负三矢以前驱，近法人图拿破仑被败之形，皆国雠未复，触目惊心，激厉上下之至意。宜令有司于宣讲圣谕之余，告以外寇窥伺，内匪未靖，天灾时行，万一有事，则上下均受其害，不可不先图自强。而皇上亦当下罪己之诏，日以国事、夷氛诏监史，如夫差故事。将一成一旅，古藉以兴。况以中国行省二十有三，丁口四百余兆，主圣臣贤，上下戮力，大一统之治何难再见哉！

［按］《救时要议》全文录自《治平通议》卷五。

报国录
(1893)

自序

《报国录》者，为团防而作也。光绪甲申，中法失和，沿海戒严，将录以贻当事，初名《东瓯防御录》，会事解不果，因重加改定，易今名，取《忠经》语也，乃为序而存之。

呜呼！今天下竞言自强矣，舍治兵不能以立国，而制实莫善于团防！

古之为治，初不言兵，寓之于农，寄之于理。当时政教修明，人安其业，无事于兵，非讳言之也。周衰道裂，官司失守，封建废而郡县起，井田、学校，始一切无所附丽。古制俄空，上下不复相维，国势遂渐趋于弱。一二权谋材智之士，思有以持其倾而救其弊，乃争起而谈兵，专门之学，顾指失臂，鲜所会通，不复能推先王经国体野之大法。于是中国二千余年长蒙兵事之祸，而卒莫为之计，幸者亦仅用以戡乱而已，固未知所为利也。

夫法岂一端可尽哉！背水以犯死而生，增灶以反古而成，用法而不为法所用，斯无往非法矣！寓之农，寄之理，农、理可秉，谓兵独不可以或有所寓寄者，是仅知金刃之用异斧斤，不知缓急其利害，固各有其通焉者也。狶苓、桔梗，有时为帝，在因病药之而已。

纵观古今之变，乱民窃发，多激于一时之弊政。其来虽有自，祸或起于不及觉，容有防不及防之事。今斋党、教门、棚民罗结遍天下，哥匪四处蔓延，而游勇、土豪群不逞之徒，醵饮椎牛相仇杀，纠党以千百计者，又所在而有。彼皆有鼓众之势、敛钱之术、济乱之具，谓天下尚可百年无事者，吾未敢信也！又岂仅外夷之足虑哉！盗者张弓挟矢，狙踞门庭，而又令子姓家人释甲解胄，执冰而嬉，仓猝莫为之备，果何意乎？诚能得吾说而通之，虽以之防天下可也。

夫报国之道有四：贡贤、立功、兴利，有任之者；若献猷，则固无禄益人者，所不敢不勉也！葑菲可采，敢以告之公忠而秉国钧者！

时光绪十有九年岁在昭阳大荒落陬月东瓯陈虬志三撰

［按］本序录自《蜇庐丛书》之一《报国录》。

天泽

国家承天应运，抚有方夏，圣思广被，实有度越百王，为往古所未有者。吾侪戴高履厚，懵不知天地之大，曾无涓埃以报万一。时事偶棘，薄海臣民破家绥难者固所在时有，而昧于大义，袖手坐视，一任其糜烂鼎沸，委室家长上而不顾者或亦不免。岂真民之无良哉！毋亦高、曾以来涵濡于圣泽者久，不识不知，如衢童壤叟，渐忘帝力于何有，实有不能尽谕之于孙子者。

列祖宵旰忧勤，无一日一事不与吾民谋乐利。休养生息，务使天下各得其所而后止。则凡圆顶方趾之徒，安可不念旧德先畴之义哉！皇恩圣政载在方策者不遑缕述，爰举硌硌大端为历代书史所无者以著于编：曰崇圣，曰待士，曰养廉，曰罢徭，曰蠲贷，曰采办，曰赏兵，曰恤囚，曰裁嫔，曰褒忠，以作其同仇敌忾之心焉。其于宣扬德意，激励臣民，或不无小补云！

崇 圣

历代帝王修明政教者，无不知崇儒重道，尊吾孔子。然考之往史，汉高祖十二年始以太牢祠孔子，平帝元始初始追谥为褒成宣尼公，魏文帝黄初二年始以百户奉孔子祀，令鲁郡修起旧庙，置百户吏卒以守卫之。赵宋号称崇尚理学，然亦不过临墓奠拜，追封从祀诸儒而已。真宗咸平三年。故汉臣梅福有言：“仲尼之庙不出阙里，孔氏子孙不免编户。”盖子尊崇之典实多所缺也。

谨按：《皇朝文献通考》称，《会典》所载，衍圣公祭田二千一百五十七顷五十亩，圣林地一十八顷二十七亩，宅基三顷二十七亩五分，佃户五百户，洒扫户一百十五户。又孔氏后裔祭田五十一顷六十亩，墓田十顷一十五亩七分，庙宅基三十九亩一分，庙户三十七户。康熙二十四年，圣林地于原额外增扩一十一顷十四亩九分，除免钱粮，其尊崇先师者至矣。而如颜氏、孟氏、仲氏、周公诸后裔，各给祭田五十顷。以上一切墓田、庙宅基、佃户、庙户、洒扫户、门子、护丁等又各有差，又皆世袭五经博士。乾隆元年复奉特旨：各地方先贤祠宇凡有祭田，例免丁粮。旷典隆恩，抗古未有，岂非以九两系民师儒，翳赖吾徒诵法圣贤，尊君亲上之旨习闻已熟。现当多事之秋，则联师儒以安万民，当必自有道矣！

待　士

养士之制，历代不同，周之比长、闾胥，汉之啬夫、游徼，皆今之士也。既为乡里之选，沾有微秩，即无不为朝廷效征发系刺之劳。本朝衿廪以下咸无所事事。或疑弃数十万子衿于无用之地为可惜，不知立法之初，五贡以上就职铨选，既各予以入仕之阶，而又设为学田以赡廪生、贫生，一青其衿，即复其丁徭，免派杂差。其所以优待士子者，原欲养其德器，练其材识，大用大效，为国家作梁栋之资，不欲以乡亭贱职薄待士类也！观唐睿宗时韩琬之疏，然后知乡职之累，殆非复汉唐后以升斗之糈困贤豪于斗筲者所可同年而语。然则捍灾御患，保卫桑梓，怀铅握椠之徒与有责焉！上之待吾者既厚，则吾之所以报上者亦乌可薄哉！

养　廉

国家沿明旧制，定文武官俸薪、禄米各有差。正一品文官俸银二百十五两五钱，武官九十五两，以次递减至从九品文职一十九两五钱、武职六两七钱各有奇；禄米则自一品至从九品俱十二石，文武一体；柴薪银则一、二品一百四十四两，九品一十二两。嗣以汉臣携带家眷者多，著照俸银数目给与俸米。至雍正五年，从山西巡抚诺岷之奏，耗羡归公，加给养廉，于是总督有至三万两，江南。知县有至二千二百六十五两者。广西。乾隆二年，又增京秩恩俸以资养赡，而武职犹循康熙四十二年部议核给亲丁名粮之旧。提督八十名、总兵官六十名、副将三十名、参将二十名、游击十五名、都司十名、守备八名、千总五名、把总四名。外委、千把总加给步粮一分。至四十六年，始照文员之例加给养廉。提督二千两，总兵一千五百两，副将八百两，参将五百两，游击四百两，都司二百六十两，守备二百两，千总一百二十两，把总九十两，经制、外委、千把总每员十八两。

三代制禄，书缺有间。汉虽近厚，然内史州牧即今督抚也，皆真二千石。延平定制：月俸钱六千五百，米三十六斛而已。详《山堂考索》。元氏尤薄，行中书省丞相视今督抚俸止二百贯，皆视今制为薄。国家体恤臣工，无微不至，常禄之外，又制为养廉，近大吏又于佐杂、千把各增津贴。原欲宽其事畜之资，公而忘私，力图报称。则文武大小在事臣工宜如何激发天良以为保障干城之选乎！

罢徭

徭役之制，仿自《周礼》，法至邃密。国中自七尺以及六十，野自六尺以及六十有五，皆征之。而公旬之役，则丰年用三日，中年二日，无年一日。虽以成周之治，犹不能尽蠲力役之征。自是以后，法虽屡变，然从无不病民之役。至宋王安石，用雇役法，令民出雇募之费，官任雇募之责，而民间不扰。然犹贫富均出钱也。明刘光济行一条鞭法，合一邑之丁粮以充一年之役，法最简便。然犹按丁出钱，丁粮仍分而为二也。

本朝雍正二年，从直督李维钧议，令丁归地粮，于是丁徭与地赋合。又令以康熙五十年为断，滋生人户永不加赋，于是贫而无田者概免丁役，富而滋生者亦无增加，举古来役法征发扰累之积弊一解其症结。此不能得之于三代盛时者，吾朝独休息生养，皋鼓不惊，此岂复汉、唐以后七科三品、九等六色之民所能梦见哉！

蠲贷

我朝列圣相承，勤求民瘼，无不以减赋薄征为首务。故一遇国家庆典，或巡幸，或军兴，或偏灾，无不立沛恩施，详分蠲贷。其见于《皇朝通考》者，有免科，有赐复。永停输纳者谓之免科，免复一时者谓之赐复。康熙元年，减免江西南昌七州县浮粮十四万九千余石，米折银十九万五千余两。雍正二年，又免江西南昌等七县浮粮三十万、银五千余两。三年，从怡亲王请，除苏州浮粮三十万、松江十五万。五年，又将浙江嘉兴额征四十七万、湖州三十九万减十分之一。乾隆初年，再除江西省浮粮银二十万两。二年，免甘肃、江西马粮万余石。十一年，免庆云县额赋十之三。其滨水坍荒、卤沙冲压、堤防侵占从而豁除者又史不绝书，此为免科。赐复则康熙朝一次，五十年。乾隆朝四次，十一年、三十六年、四十三年、五十五年。皆普免天下钱粮，计数皆在三千万上下。又普免天下漕粮三次，乾隆三十一年、四十五年、六十年。凡逋欠之在民，与民粮、食粮之贷而未收者，尤不胜枚举，计数当已逾亿万。康熙四十九年十月上谕："前后蠲除之数，据户部奏称，通共会计已逾万万。”乾隆时户部会计江南蠲赈之数：雍正十三年间凡免百四十余万，乾隆元年至十八年，计免银二千四百九十余万，粮米称是。中兴以来以兵燹奏请豁除者，皆立蒙谕允。国家当全盛之时，天子不言有无，藏富于民，原未尝较及锱铢。则游其宇下者，亦曷可昧急公向义之举哉！

采　办

任土作贡，始于夏禹，掌皮典枲，职在周官。诚以王者统御万方，内府所需，自宜广储备用。况率土皆臣，区区葵藿之忱本难自已。乃我朝并无均输和买之政，凡官府内外需用物料，于各直省原产处所支款置办，未尝责贡民间。列祖以来，轸念人劳，罢免贡献者史不一书，而三织造所以供朝廷御服、赏赉之用者，应需物料、匠食亦皆定价报销。在国家虽恤其力，在吾民当贡其诚。然则修我戈矛，当必有深明袍泽之义，起而应制造军需之用者。

赏　兵

我朝以弧矢定天下，开国之初，列祖皆亲历戎马，兵间疾苦，知之尤悉。定鼎以后，韬弓解胄，叠沛恩施。至高宗纯皇帝时，恩恤之典尤为优渥。如定内外武职养廉，给与绿营阵亡恤荫诸大政，皆所以策励戎士，轸念成劳。四十六年，以兵丁等红白事件，从前设有生息惠济银两以资赏恤。后因生息名色有关国体，特行禁止。旋据阿桂等奏请酌复，奉上谕：以国家赏兵之费，借商生息支给，究属非宜。因令自四十七年为始，各省兵丁赏恤红白银两，俱着于正项支给，造册报部核销。近又裁兵增饷，其为吾兵丁计者，恩至深厚。粤匪之乱专恃团勇，世遂以绿营为诟厉，愿为纠桓丈人，一雪斯耻。谚不云乎：“千日养兵一日用。”击鼓踊跃，此其时矣！

恤　囚

赦宥之典，为谈治体者所不韪，故圣祖仁皇帝谕曰：自古不以颁赦为善政，以其便于恶人而无益于善人也。然不赦，无以召天地之和；数赦，易以长奸宄之渐。洪惟圣清不疏不数，与时偕行，则圣之时、德之至也。其热审、停刑、缓决、减等等例，历朝相沿者不具述。而如天之德、法外施仁，尚有二事焉。康熙四十五年，部议“凡经恩赐祭葬之子孙、难荫出身之人，不可使宗祀断绝。如审拟大辟、家无次丁者，令其妻妾入监相聚，生有子息再行正法”。乾隆八年七月，定孀妇、孤子有犯戏杀、误杀等案，如伊母守节已逾二十年，该抚查明被杀之人并非孤子，取结声明，具题法司核议留养。又例载：“非应留养之人，迨成招时，其祖父母、父母已成老疾，兄弟子侄死亡者，亦准声请留养。”明刑弼教，迥超往古，盖自列祖以来仁育义正，大德涵濡，真能体上天好生之心以为心者，即在髡徒，有不当感激余生为王前驱哉！

裁　嫔

历朝册立皇后，悉属勋戚，而妃嫔淑女则多选自民间。一经入选，辄同禁锢。故每届选期，人多逃匿，甚有命各城推户举首隐匿，罪及地方邻右者。唐、宋令主放出宫人每以千数，明季宫人至九千人，饭食不能遍及，日有饿死者。见圣祖四十九年上谕。伏读乾隆五十六年上谕，称宫中嫔御以及给使女子，合之皇子皇孙乳媪、使婢，约计不过二百人。宫闱简肃，实从古所无。且皆选自满、蒙，汉人一无所累，巾帼胜流，何幸生逢盛世！万一军书告急，当必有停机买鞯，继小戎板屋而起者。彼娘子军、夫人城何难再见哉！此在有室家之责者晓以大义而已！

褒　忠

国家遇有军兴，戡定之后锡爵酬勋，文武臣工皆荣膺懋赏。而于捐躯毕命之臣民，一经奏恤，无不立沛恩施：大者赐谥、赐葬，或准建专祠，或饬付史馆；次者概与世袭各骑尉世职有差，袭次完时，统给恩骑尉世职罔替。褒忠之典，皆史册所无。

夫吾侪生长中朝，食毛践土垂三百年，国家有事，橐鞬鞭弭，固人人所当自效。乃幸则功施社稷，不幸亦泽衍家门，较之射策、纳赀，冀博一命者，何啻天渊！大丈夫生不能封侯万里，死当庙食千秋！虬独何人，昂藏七尺之躯，可不知所自励哉！

防　务

团防，近制也，而意犹近古。古者井田之法行，寓兵于农，有比闾族党以起伍两卒旅，井邑丘甸以具车马甲士。平时则教以相保相受，结其恩义；一旦有事，农即为兵，士可为将，仓卒简阅，而民不惑。古未始为防，而虑民之深且远至于如此。呜呼！此三代圣人之所以为至也！

封建废而郡县起，兵农始分，以兵卫民，以民养兵，于是始有防秋、防海之目。顾其弊也，佥募无制，讲求无具，而天下驿骚。其靡者又以腹地广轮，防不胜防，厝薪苟安，甘为昆冈玉石，而于古来经国之书漫不省察以求其变通。果何说也？不揣愚陋，僭为此议，曰设局，曰分董，曰和众，曰协谋，曰筹捐，曰练团，曰选勇，曰筑城，曰扦港，曰聚粮，具于编。吾乡经制之学垂七百年矣，当必有振兴而修明之者，永嘉之盛或可冀乎！子防务乎何有？姑以此录为嚆矢云。录防务。

设 局

兵事即起，当于城内适中之地或附近治所设一海防总局，而四隅内外及各乡以次划段，另设子局，分董举办。印官当先以优礼延请邑中名望素著、齿爵俱优者为总董，而分董、副董则由总董博采舆论公举。分董可就地择人，副董须因材器使，使各任以事而课其成。如总局则某定议，宜取器识深沉、通达大体者。某参谋，宜取晓畅兵机、熟悉时务者。某文案，宜取文词敏捷、叙次详实者。另雇书识逐日录登书、禀一切文字，供作日记。某会计，宜取略通算数、素善经纪者。又雇帐房二人，一内一外，五日覆核一次。某筹捐，宜取材具开展、商民悦服者。某督工，宜取精力强盛、心地光明者。切勿划段分督，反致徇私误公。某训练，宜取精勤不倦、教导有方者。某巡察，宜取悃愊无华，劳瘁不辞者。某明算，宜取素精测量、精通制造者。某习数，宜取素精象纬、兼谙地学者。某应接，宜取气度从容、言辞敏捷者。某纠察，宜取素广耳目、不事情面者。各有专责，事乃不忒。部署已定，又须请一职官即佐贰亦可。以为帮办，供刑讯、差传、示禁等事。局董万不可自行讯供，易致激怒生变。局中可多备韬钤及舆地等书备检阅。议定乃刊印、刊木质条记，文曰："某县某局条记。""条记"字见《通典》，刊供策遣、支应之用。悬旗，择吉开局。

分 董

天下之事当与天下人办之，一郡一县，何独不然。盖任人者逸，自用者劳，古来能集大事者，未有不资群策群力。今邑中既设总局矣，而城厢内外，下及各乡，皆当分设团防分局，由分董以司其事。

盖兵事一起，杰而材者皆思脱颖而出，不可不有以厉其气。即乡里耆宿、素不任事者，亦不可不假以名号，隆以礼貌，以为激厉城乡兵民之具。若事权独揽，专取文弱少年以自便，人心一去，则强有力者显张旗鼓，恐谨厚者亦复从而暗中阻挠，而大事去矣！此亦人情之常，委心任运，知雄守雌者能有几人哉！此为收拾人心、和众丰财第一义。

和 众

孟子曰："天时不如地利，地利不如人和。"古未有众不和而可以集事者。文武、官绅以及城乡军民，如人之一身，头足、耳目、臂指皆当一气联络，方能呼应灵通。稍有痹废，则百病丛生，而人死矣。若局中过于精核，绳以官方，杌以局势，无事则噤不与较，仓卒有事，恐争欲返戈相向矣，可不惧哉！

须知局董一席，乃城乡家门性命所寄，措置偶乖，祸及家国。当集人之长以辅己之短，不可护己之短以掩人之长。盖尺有所短，寸有所长，能用人之长即是其长。故《夏书》称禹曰："汝惟不矜，天下莫与汝争能！汝惟不伐，天下莫与汝争功！"乡里麇聚，不无睚眦，国事偶棘，当先公义而后私雠。一有自私自利之见，则訑訑之声音颜色将拒人于千里之外，人心涣散，岂当事之福哉！

唐文宗有言："去河北贼易，去朝中朋党难。"诚有慨而然也！阳明先生征三浰时与薛侃书曰："破山中贼易，破心中贼难。"区区翦除鼠辈，何足为异！若诸贤扫荡心腹之寇，以收廓清之功，此诚大丈夫不世伟绩也。吾于诸贤愿有进焉！

协　谋

"筑室道谋，三年不成"，言人谋之不足恃也。而"询于刍荛"，则又何说焉？盖人必自有提挈纲领之材具，而后借人谋以辅吾之不及，是谓以吾用人，故能好谋而成。若胸中一无所见，专恃谋猷，将发言盈廷，鲜有不回惑无主而仓皇失措者。吾辈虽不乏读书应变之材，然毕竟是讨论之功多，阅历之日少。则集思广益，人谋终有不可废者。古之名将伟人成大事者，即退兵废卒皆尝与之讲求讨论，故能成其高深。鄙意谓筹办防务当先熟筹全局，方可次第举行，而次第之中尤有次第焉。应将所办之事明白晓谕，博采人言后，与参赞诸君互相驳难。迨驳之无可驳，始可举办。然却不可过于矜持，反至跬步难行。而邑中如有曾办防务或亲历行间者，皆一一以礼延请，不时入局以备顾问。

筹　捐

今之议防务者莫不以筹捐为首，其捐法不出二途：曰按亩科钱，曰各业派捐。愚独以为不然。夫捐之难，不在于捐而在于收。措置稍不得宜，则暗中煽惑阻挠者必多，则捐如未捐矣。故筹捐次第当在分董、练团之后，杰而材者既分任其劳，则率马以骥，无难按图而索也。而开办之始则尽可先提公款。按亩科钱，名似至公，而实不平。人固有田多而家计转窘，无田而财力转饶者，不仅飞洒诡计、吏缘为奸已也。各业派捐，名似简便，而实烦琐。谚称"同行带三分冤气"，此亦情理之常。一令派捐，大铺必至勒派，小铺必致措缴，终当有受其剥削者。

然则法当何如？曰可略分二项，曰团捐，曰局捐。每户日出数文以供本团之用，是谓团捐。而总局必当先将置办兵械，修理功程，以及勇粮、军需等项，从一年计，当须若干，约计总数，明白出示。另于团捐之外，视各人之力量劝捐。夫地方庙宇、桥梁，需费五六千金者，村董数人亦可集事。况保卫桑梓，各有身家性命，如果豪俊皆为致力，岂尚虑军需无出哉！捐务为军需所自出，愚若确无所见，安敢横生议论，故与人阻，贻误大事！特以不材周旋于世故者几三十年，于物力之登耗、人情之诚伪，知之颇悉，故敢倡为两捐之法以备荛采。

练团

练团者，即保甲十家牌之法，变通出之，以大包小，联散为整，壮声援，资策应也。法以五家为比，比选壮丁一；五比为闾，闾举一人为闾长；十闾为团，则二百五十家矣，设团长。隋制百人为队，队二十为团，后周则以一百户为一团。城厢内外则分四隅，隅设总团，乡则合一村为一总团，城乡总团各以千字文编号，除首二句不用。而听约束于总董。

丁分五等：未及二十曰幼，二十以上曰壮，四十以上曰中，六十以上曰老，妇女概称女户。各张贴门牌，载其事业、年岁，闾长分具其闾之丁数以上于团长，长又状其数以达于号团，团董共计某字团幼丁、壮丁、中丁、老丁、女丁共若干以上于总局。间日出丁三人，照比次挨轮，以一归号团，二归本团，供更番巡查之用。另设烟户册二本，一存局，一交本户备查。二更后概令息灯。吸烟之人每日皆令有常数可稽：新添，准补报；过客、行商，令就近赴局。先领烟票，每张三文，注明日时，以三时为定，逾限即作废纸。馆中如有容留册上无名之人及无烟票者，准首告给赏。其团局应用人数、执事、职司等项，分别牌示以专责成。

选勇

今之议防夷者，仅知议守而不知议战。天下未有不能战而可以言守者，则练勇其要矣！裁兵以后，绿营不敷调遣，一遇寇警，不得不事召募。虬谓事急非客勇不可，稍缓则当自练土勇为可倚。盖土勇有数善焉：同处乡里，各顾室家，既免通匪，可期力战，善一；以本地之财养本地之人，久防而财无外渗，且隐为裒多益寡之计，善二；土勇经练则技自精，如历战阵则胆壮，出境讨贼可建奇勋，善三。而选法则以二十以外、四十以内为率，就中挑分二等：一陆勇，一水勇，水勇人日给钱二百，陆减三之一。统计城乡几团，令每闾各选一丁为勇，不得徇私滥充，不愿者准别闾挑补。而养勇置械之费即出自本闾。综计每户日出钱不过十数，贫者免，富者加倍。一县十余万户，五千人可立致也。荆公新法："十家籍二。"司马光谓："古丘甸：八百家才出甲士三人、步卒七十二人。"是亦十家抽一也。明刘宗周《保民训要》："每甲养健丁三名。"则十籍其三矣。文天祥方镇之议可谓先得吾心。《永嘉新志》：光绪五年编民户一十五万八千七百九十，丁口九十五万零。

至操练之法约分五项：曰泅水操舟、跃沟、逾高、放枪、跳矛。另选大旗手数人，而皆令平时囊沙于足以练足力，临时解去其缚，则自然矫捷如飞。一切击刺之术听便演习，得其人而训练之，三月已可，一年而军成矣。

筑　城

御夷之法，石城不如泥城，建治之城不如沿江之城。何以言之？炮弹透土最难，刚以柔克也。泥城且易于修补，若墙石等城，当之立轰矣。治城多居中，若俟敌炮入城，落地开花，奔避不及，此致危坐困之道也。法于沿江接筑泥城，基广二丈四尺，高八尺，上阔八尺，再加子墙高四尺，阔三尺，基并子墙，高共一丈二尺。其制先竖长木桩，交错疏布，中以大毛竹密排为夹墙，相间以尺，前后及中各填以沙泥，夯硪实砌，厚八尺者可任受三四十号之炮弹，此亦筑垒之要务也。据《洋务用军必读说》。

城内向斜拖而下，视要扼处，于城半腰、潮水所不及者，开一炮洞，洞基须用木梁连为铺板，切忌用石，反受震坍。城外不必挖沟，徒致潮淤。城内凿沟须阔二丈，深半之，自城脚斜拖而下，一取保护城基，一取其留积土泥，以备临时补筑之用。挖沟先成多层，历下如阶级，后铲其角即成斜坡。其城外涂涨以后可即报充海防局。唯灶丁准其量授地段，如法煎洒，此亦军屯之遗意也。无平不陂，无远不复，此其时乎！

扦　港

扦港者，于江口用物拦阻船路之谓也。瓯人常呼"江"为"港"，旧法多作一字形，或眠弓、反弓式，中开缺口，待临时堵塞。在今日则有不尽可恃者：泰西机器便利，一字长坝立可轰毁，况夷艇之来飘忽无常，临时猝不及堵，则两边皆成虚设，而金钱浪费矣！且一经堵塞，以之防夷则毫无把握，而吾舟师内外皆不得逞，非计之得也。

善驭夷者，守外不如守内，守远不如守近，守正不如守奇，守阔不如守约。当使敌有堵截之虞，吾无拦阻之累，可战可守，可暂可久。此岂可漫然从事哉？法于两岸相间多作一字长坝，长逾半江而止，先以巨舰试水流之长短，分排桩坝之高下、斜正，一循水道，遥如犬牙相错，不见缺口，少则五折，多亦不可过七折。过少过多皆足坏事。务使水流变曲，则敌难直驶，而两岸炮台皆可迎头轰击矣。平时又当扈竹为识，防击撞，此吾乡捕鱼之法。拦阻船路。布希理哈《海防新论》说颇详审。

今既创为新法，参以旧说，约有六要，请详其目：一要择地。须在两岸冲要便利之处及内地炮台炮力所及界内，借炮保护，方无被毁之虑。二要测水。如水流之方向，水道之阔狭，水底之浅深，风浪之大小，泥沙之硬软，皆当一一测定，方可施功。三要防患。拦截之后，两岸就近地方农田水利有无妨碍。四要固基。近来桩坝多开小口，此当密排木桩，实以船石，一经泥淤，俨成长堤，方能束水改流。五要备料。寄桩须用枞树，取入水不朽。装石当用竹篓。往时装石多以炭篓、破箩，甚不中用。一经抬放，即破漏无余。破船之外又须多备柴料、竹木等项，数户派载瓦石一船，运赴江边，局中自行装放入篓，庶无片瓦抛弃。六要估工。先绘图样，算定尺寸，然后估明物料、工程，始行鸠工庀材。开办之始，可先筑外坝，以次及内。如虑炮台不能抵御，亦可预备物料，于内口一层界直堵截，较之一字常坝单薄堪虞、一任直撞而入者何啻倍蓰，尚何铁甲之足虑哉！

聚　粮

远来之师利在速战，以主待客，守为要着。则士饱马腾，首当峙乃糗粮矣。

法：令号团核计一团之中五等丁口约共若干，每口以日食七合为率，共需食米几石，然后细查各户现存米谷多少。手实报册，可即散存各户，不必公贮一处，恐遭焚掠。至少亦须筹及三月，如有不敷，即当作速购补。而总董又当统计勇丁粮饷等项，广为积贮以资接济，方免临时罗掘。其一切油柴食料，亦须一一先时筹备，则有备无患，安堵不惊。将众志成城，何难克奏肤功哉！

兵　略

孔子曰："我战则克。"而于灵公问陈，又谢以未学，何哉？盖战为夫子所慎，故平日于教战、即戎，不惮再三致意。然则兵非学不精，非试不效，不信然欤！

虬于韬钤之学若有宿契。垂髫读诗，至《六月》："文武吉甫，万邦为宪"，辄问当今吉甫为谁？师无以答。少值寇乱，逐队登陴，觇敌击鼓，不耐家居，时则为同治辛酉、壬戌。中年多病，精力顿衰，髀肉重生，功名念绝。因欲汇胜国以来中西战事，分门别类，辑为《兵要》一书，取其年代较近，有裨时用也。仓卒未果，因先录其平日所得切近团务者，约著于编，以供治兵者之荛采！曰束伍，曰列队，曰布陈，曰安营，曰兵约，曰简器，曰操技，曰军号，曰开仗，曰水团，曰陆战，曰城守，曰教战，曰兵钤，凡十四篇。"略"之云者，非敢自谓精通方略；以未试之躬，率尔谈兵，盖以谓此固昔人所已言，而虬尝窃闻其略云。录兵略。

束　伍

治兵之道，先定行伍。伍束以五，行次以八，五八综而队成矣。由队而团而部，乃始可与言营。阵止曰营，行曰阵。阵原于伍，伍以成阵。请言束伍：五人为伍，伍有长，责令相保。五伍为行，行二十五人。《左隐十一传》："行出犬鸡"，注："二十五人为行。"制而成队，队有目一、副队四，目即中行之长，队副分领牌、枪、矛、刀四项，供临阵之用。又设司旗一、副旗四、护勇五，合四十人；直列五行，行各八人，伍在其中，此之谓行伍，是为一队之制。《左襄十传》："以成一队"，注："百人为队。"《虎钤经》："一队者三十五人，一部者二十队也。"是队本无定制。队以成团，则二百五十人也。队区为四，各视其方，中为大队，设团正一、副团一、先锋四、校左右各一、文案、医流、匠作、号手各以次列中，逾四队之半，计九十人，以为各队工兵及游徼、设伏、缺补之用，是为一团之制。《史记·田完世家》："冯因抟三国之兵"，"抟"字本作"团"，《索隐》谓："团，握领也。"此为今团练字所始。隋制队二十为团，后周则以一百户为一团，此为今团制所昉。至唐，始设团练使等官。

部则由团而推，议部设统领一、副领一、骑八，执事人员各以数登，计一千五百人，是为一部之制。《前汉·李广传》注："将军、领军皆有部曲。大将军营五部，部校尉一人。部下有曲，曲有军侯一人。"是五部为军，汉制已然。由部而军，则一万二〈五〉千人矣。宋张预谓治兵之法，五火为队，则五十人也。二曲为部，则四百人也。二裨为军，则仅三千二百人也。与古亦异，见《孙子注》。县得部二，郡得军一，迎抄游徼，夷氛虽恶，使只轮不返，无难也！近日营制仍前明之旧，率以旗哨分领。《明史》卫所之制，百人为百户，五十人为总旗，十人为小旗。又京营：成祖时又分中军旗为中军、左右掖、左右哨，亦谓之五军。稽之时制，按以古义，则旗似过僭，本朝八旗之外又设绿旗营，旗制实为历代所无，寻常小队，似不宜袭用其名。近并有误书作斿者，非特违制，抑且僭古。而哨近于俚，哨，《广雅·释诂》："衺也"，《损会》引《说文》："口不容也。"《方言》六："秦晋之西鄙、冀陇而西，使犬曰哨。"故援古而正其名。军非乡邑所称，当禀请大宪，统以知兵大帅，制当益详，不遑具述，然其意可推也。

列 队

队平列为五，而前后分为八行：旗一、牌二、枪三、矛四、刀五、伍长六、队目七、护勇八，每人占地四十九尺，居中，而四面各开三尺，务令旋转自如，且为抽调开放鸟枪之地。列必雁行，进必鱼贯，左右有局，步伐正齐，则队整矣。若队化而成阵，阵式另图列下。(图略)则伍顾其长，长顾其目，副队专顾大旗，冲锋陷阵，失其所顾，而队目、伍长、大旗丧元无归者，是师无后继以致败也。长失则一伍通斩，目失则五伍齐戮，旗失则四副皆杀无赦。中弹而得归骨者，此非人力所及，不在此列。

布 阵

在昔黄帝受命之始，顺杀气以作兵法，因丘井而制为阵图。虚其中，大将居之，诸部连绕，环其四面，八阵由是而生焉。然鱼丽、鹳鹅，或假物象；六花、五行，渐兆方圆；有不尽守《握奇》之旧者，毋亦时势改变，因时制宜之道然欤！然则苟得其意，奇正相生，大小相维，隅落钩连，曲折相对，队间容队，曲间容曲，回军转阵，互为前后，进无奔迸，退无违走，则可以制阵矣。

请制阵为十字，前后左右，触处为首，将居中而转运，可散可整，可合可离，可正可奇，唯变所施。"盖天地之数始于一，成于五，而盈于十。三者之变不可胜穷，此乾坤之法窍，河洛之元机，得之者昌，失之者亡，谨守其道，以为国宝。”斯言也，盖得之中州田隐居。庚寅遇于泰岱，曾授虬以河洛大阵。别详《营阵述闻》。

夫用兵之道不外奇正，奇正之变不出四端：曰首兵以待迎敌，曰两翼以备旁抄，曰中权以供游徼，曰后路以资策应。阵法虽多，不出此数。若能参之天时以卜其吉，相之地利以合其宜，则布阵之道尽矣。

或曰：“善战者不阵。故张巡行兵，不依古法教战阵。”然史称其临危应变，出奇无穷，是亦阵也。岳武穆亦云：“阵而后战，兵法之常；运用之妙，存乎一心。”故知应变、运用之妙者始可与言制阵。所谓神而明之，存乎其人也。若胶柱而鼓瑟，瑟或不调，过及其柱，柱岂任其咎哉！

安营

安营之法，先择形势，可战可守，方为万全。四宜四忌，不可不知：忌迎高，军宜视生处高，恐高处为敌所乘，则自高下击，而吾仰面受敌矣。忌绝水，绝，度也。前为水所隔，则敌难径度。然临水而营，当避下流。忌当敌冲，谓背固前隘，此即《九地》之围地。忌居屺地，谓山林险阻地，处陷曲难行之道，如绝涧、天井、天牢、天罗、天陷、天隙之类，及童山、古城、窑灶、社墓是也。是谓四忌。宜近山水，以助濠墙。宜筑土垒，以资声援。营多宜分，营小宜联，是谓四宜。宜忌既明，乃定营盘，插竿牵绳，施以濠墙。墙高六尺，阔如其高，另加子墙，高及三尺，顶阔二尺，寻常炮弹，可以无虞矣。濠以护墙，内外兼施，外阔六尺，深亦如之。半其阔深之数以挖内濠，唯加横路以便出入。周布既密，乃视方向，参时日，定军帐，开营门。奇遁非尽人可传，而九宫紫白法实简要无两，安营出阵，不可不知！列表置队，勿离其次。分别部居，不相杂厕。坑厕、市场，各居营外，又施蒺藜，以固营基。更为之定樵汲之节，谨晨昏之守，明则鸣鼓角以壮军营，隐则数筹珠以防奸细，近虽有洋表，而数筹珠之法终不可废。刁斗森严而鸡犬不惊，则可以为大将矣！

兵约

《易》曰：“师出以律，否臧凶。”师而无律，虽孙、吴犹不能以决胜，况在其他。但同处里闬之中，驱使相从于患难，势实有不能尽以威克者，则约数不可以不简。请定约为三章：过误者鞭，违犯者贯耳，失律者斩。鞭之途二：离营喧哗，强买食物。贯耳之途四：攫财物，离本伍，反顾，冒功。斩则法无可贷，功始可抵。斩之制三：杀平民者斩，私焚掠者斩，伍长陷阵，本伍不继因而致死者，合伍通斩，部长失则戮团，团失戮队，队失戮伍，各以其长，余不相及。长而被敌炮死者，此非救可及，各免死。其所不及，比例而行。罪应死而杀敌献馘者免，获逃军者与杀贼同功。行赏之法不宜预施，须临事立制以励士心。《司马法》所谓“见敌作誓，瞻功行赏”是也。《甘誓》曰：“用命赏于社，不用命予则孥戮汝!”仁义之师不废节制，故《吴子》谓：“将之所慎者五，而终以约。约者，法令省而不烦也。”谨师其意以作《兵约》。

简　器

两军相遇而勇者强。勇与勇斗，器利者良。兵器之目夥矣，而用者唯六：曰藤牌，牌，古谓之盾，皆以木为之，编藤为牌实出福建。《纪效新书》曾载其说，亦明言铳子不能御。曾文正试以四层厚牌，仍不能御铳子，故湘军遂无牌队，直以血肉之躯相抟。不知滚闪得法，铳子亦间可避。彼盖仅知枪炮流质之重力，不悟藤牌有斜滑分力之用，实由不明动重学之理也。《圣武记》谓罗刹甚畏中国藤牌，谓之大帽子兵。且马队大旗唯牌司御，其制终不可废，不仅如南塘所云“使于南方田塍泥雨”中已也。曰火枪，枪制日新月异，有前膛、后膛、单响、连响之殊。近二十年来，泰西皆改用后膛，以其灵便而且及远。薛叔耘星使谓西国用器皆出一律，取其缓急各处可通也。近来英枪悉用马梯尼，德用毛瑟，美用林明敦。考林明敦致远码数仅一千一百码，较马梯尼已减三之一，视毛瑟几减一半。但此枪中国自能仿造，似较稳便，且得弹力六百余步，已逾旧枪数倍，当一体改给演放。闻广东线枪势能及远，可敌西制，颇为西人所许，泰西近又改用自来药弹之线枪，或仿造，或购办，军营可仅用此三枪。旧遗鸟枪须发交团局以为守备之用。曰长矛，盖古夷矛之遗。陈祥道《礼书》据郑氏说，谓矛之柄亦以竹，锐底曰鐏，平底曰镦。但古之矛制，上锐而旁钩，今无旁钩，此为小异。实即《释名》所称之激矛，《晋书》所载之蛇矛。曰斩马刀，按《钦定工部则例》“兵仗式”：刀有一十九式，临阵似以斩马刀为便用。而小刀可悉如其旧。曰狼筅，曰抬炮。狼筅非素练不精，《纪效新书》：“凡用狼筅须要节密、枝坚、杪加利刃，又要择力大之人能胜此者当之，试法以枪不入为熟。”抬炮非小队所宜，行营小炮，旧制劈山、过山鸟以外，则德之克虏伯四磅弹或六磅、三磅后门炮，美之格林连珠炮仍不可少。发熕、子母等炮可分给团局备用。牌以护前，枪以冲锋，矛以陷阵，刀以杀敌，故小队得四已足，而用之广则莫如旗。旗有大用三，而壮军容不与焉。旗以济鼓，为军耳目，用一；卷地疾趋，使敌目眩，猝不得其多寡，用二；军无所蔽，心胆易慑，随旗而前，继之以藤牌，辅之以号手，能令志气发皇，奋不顾身，用三。得其用而胜负之机决矣！大旗号手须选湘淮勇目以为教习，故两营中月饷有加至四五倍者。火器近敌可施灰包，候风而行，当责令护勇赍负备用。器之可以为兵者尚十有六，曰枪、棍、剑、斧、标、锏、叉、钯、箭、弹、镰、勾镰、弩、挡、戈、戟、锤。门法虽异，道出一原，苟精其术，亦足以卫身而制人死命。然对手则解数无穷，临阵则转掉不灵矣！晁错有言："器械不利，以其卒予敌也。"故简器为要也。

操 技

《吴子》曰："用兵之法，教戒为先，一人学成，教成十人。"然则由十而百而千而万，非教不成。故兵而无技，与徒手同。齐之技击，魏之武卒，秦之锐士，皆当时习练之选锋也。技分水、陆为二：水以泅水、久伏为上，先用猪脬或漆牛皮、竹筒演习，能再备泳气钟更佳。而辅以迎风看靶、抛罐、平时量包沙土以代药罐。烧蓬等法，陆以拳勇为主，拳法多端，不出长、短二路，可各如其地之旧。盖手法、眼法、腰力、足力，非熟于拳勇者不办。一切杂技皆从此出。如素精枪棍者，可删其花法，分使教习，令逐势分解，则心易入而技自精。而辅以牌、牌手以短小灵滑为上。操时务藏身不见，上露双目，下管脚下，闪滚合度。《纪效新书》仅列八势，似过于简。近营中堂牌有二十四势，而花牌则多至七十有二，尽花法也。唯滚法实多妙用，宜删为一编，教令演习。短拳、步实、筋鞭，实非牌手所宣，若长拳则无施不可。枪、操枪之法须明三法四差。何谓三法？起、坐、卧是也。何谓四差？远近、阴晴、左右、早晚是也。表尺数太高，子盖靶而差远，太低不及靶而差近，名曰远近差。晴天打靶指中月者，阴天必指上边；晴天起码五六百步者，阴天必再起一线，方与平日线路相合。轻阴、重阴亦微有不同，忽阴忽晴则高下在心，是谓阴阳差。准偏侧，子或向左右斜走，名曰左右差。观日光之左右，眼光与日光相射，则有偏左偏右之不同：如向东之靶，午前光正。向西之靶，午后光正。日初出，光在南，枪必走北；日将入，光在北，枪必走南；向南向北之靶，早晚光多不正，惟日中时可打中月。若一律认定中月打去，线亦多出入矣。是谓早晚差。节冯国士《操练洋枪浅言》说。矛、操法与狼筅同。《纪效新书》有中平、骑龙、钩开、架上、闸下、拗步退六势，但须兼习右手操，方能两手得力。今唯湘淮营勇间多右手。刀刀以斩马刀，长短适中合度，须选熟于拳棍者。盖上剃下接，走马跳步，终不出乎棍法也。《俞虚江剑经》云："阴阳要转，两手要直。前脚要曲，后脚要直。一打一揭，遍身著力。步步进前，天下无敌！"理可互通，唯刀法两手不能径直耳。合操可与藤牌对演，少时见台湾、漳州之勇各带飞刀数柄，形如偃月，回头飞击，百发百中，以防敌追，似当添习此技。本技。按定日时，每日二操。须令各长亲督，逢三则队阅其伍，逢六则团阅其队，逢九则部阅其团。大旗号手当挑取湘淮勇目，留心教习，优以廪饩，数年之后可所向无前矣！

昔勾践之兴也，绝江淮而都琅玡，奄有今江、海二防之地，有习流二千，教士四万，诸御千，遂霸东诸侯，非十年教训之明效哉！今山河如故，而人民加增，苟修其法，何东南之足虑哉！

夫将者国之心膂，兵者将之臂指。将之祸福在神，兵之胜负在气，静定以葆其神，操练以结其气。千人以上，气结成云，非久操则气散而不聚，若驱市人而使之战，心弛神骇，安望有游龙斗鸡之祥哉！

军号

军以鼓进，以金退，此为定法。旗纛以济金鼓，蠡角以引声乐，法皆不废。顾金鼓之制，今昔异状，按《周礼》小师六鼓，唯鼖鼓、晋鼓用之军旅，此外唯提鼓用之于马上，鼙鼓引之于鼓先，略得四鼓，制皆不存。陈祥道《礼书》谓今之大鼓即鼖，然制亦微异。四金则錞、镯、铙、铎，皆似铃而小。今一易以锣。铙吹虽尚存铙之名，而实大异。钹之变制，与古亦异。则从宜从俗。古亦有不能尽泥者，在变通其用而已。今取临阵所需，一仍时制之旧。

鼓之属二：曰大鼓，曰战鼓。按《皇朝三通》及《钦定大清会典》图所列鼓制，微特与古不同，即与时俗亦尚多异。可一如其地所有。但战鼓须以小而长者为要。盖鼓小而长，则其声舒而远闻也。今战鼓短而声浊，似不足以作勇气。金之属二：曰锣，不知其制所自始。元戴侗《六书故》始言今之金声用于军旅。《正字通》虽称始魏宣武以后，然唐李筌《虎钤经·金鼓篇》犹列四金之名，并未及锣。盖汉唐以前所称金皆即四金，宋元后始指锣为金，而四金之制始失。今《会典图》以面径一尺三寸为锣，径一尺四寸五分八厘为金，虽分为二，其实一也。曰铜点。按《会典图》称制如铜鼓，而小径四寸八分零。虬谓实即唐人所说钲之变制。李筌谓"六师持之，以和乐节制。钲者，进退用之"是也。

金属收二，此为临阵所需。若行营则铜鼓、金口角、琐呐（一名海笛）、铙钹，皆不可少。角之属二：曰蠡角，六尺曰角，五尺曰蠡。曰铜角。即《通考》所称二号，上截直，下截哆，通长四尺一寸四厘，俗呼掌号。军营通称喇叭。铜角于八音本属金，兹取其用，改属角。旗之属三：曰纛，纛有二：曰大纛，曰中军坐纛。曰旗，旗有四：曰门旗，曰角旗，曰五方旗，行营则添金鼓旗。曰令。令有二：有尖式，五色；方式，五色宣令旗。凡站立传令、结阵出队、呐喊急斗，皆进之属也。凡换令转阵、止斗收队、急退回营，皆退之属也。进以鼓为主，而节之以金。退以金为主，而制之以鼓。先之以旗，倡之以角，示以音节，详以分数，而号令明矣。

队团小队，数可从略。全部大营，须多备物以壮军容。安营临阵，又须哑号以防奸细，号不宜简，简则不辨。又不宜烦，烦则致喧，故古人慎之！《心书》有曰："耀以旌旗，威以金鼓，发号施令，而人愿斗。兵合刃接，而人乐死。"盖必严赏罚之科，兼刚柔之术，故能静若潜鱼，动如奔獭。军号者，主将之威势，三军之司命，兵机寓焉，顾可忽哉！

开 仗

兵，杀气也。临阵打仗，非静不精，非定不胜。静则气肃，定则神全，气肃神全，则所向无前。敌若来抄，必先呐喊，伏旗息鼓，勿离厥伍，陈列执兵，有如勿闻。待其再冲，乃始前攻。此虽恒言，实乃兵筌，不可不察也！

进兵之法：炮继以枪，须量弹力，协勿试尝。坐起更放，不准不止。将近百步，牌手前驱，长矛夹刀，如风疾趋。喷筒火罐，乘其前敌，若当之，无勿颠。伍长行队相钩连，冲锋陷阵以身先，是为节制之师，实无往而不宜！若夫设伏兜抄，利在速进。探报了望，防敌策应。静如处女，动如脱兔，则兵家之元机也。善乎曹刿之论战曰："夫战，勇气也。一鼓作气，再而衰，三而竭，彼竭吾盈，故克之！"真千古开仗之秘钥矣。

水 团

今之议海战者，外洋则恃铁甲，铁甲又须碰船、快船为辅，方不至为敌所乘。内口则事水雷。水雷有杆雷、拖雷、鱼雷、伏雷、浮雷五种。近杆雷、拖雷渐废，所用实止三种，小者价仅五六十金，大亦不过数百金，价尚廉而颇适用。但泰西机器日出不穷，抓钩抓网，皆足以破水雷，目前虽尚可用为拦阻之资，终非长久之计。然御夷之道，毋恃敌之不来，在吾有以制敌。当以小制大，以散御整。纵令入港，多练水勇，辅以小舟，星散棋罗，困之于内，则敌之长技穷矣！

水团之制：人各一舟，系绳于身，逐水沉浮，不待指挥。伺便乘机，重设功次，以鼓其气。慎备火攻，火罐、喷筒，或从黑夜，或乘上风，十数为群，注意烧焚。各带器具，椎凿斧斤。挨近舟次，蛾附蜂屯。平时四布，星散无数。敌炮虽利，用非其地。若出小船，圈使不前。纵有神龙，坐困则蝼蚁得而肉之；虽有猛虎，入阱则群羊得而蹴之。舍我之长技，而惟泰西船炮之是疑，一任长驱直入，如无人之地，岂黄种尽愚而白人独智欤？毋亦讲之不得其制耶！请治水团以作后观。渔团法非不佳，然各有所业，势难常操，仅足练为平时防捕之用。水战似当另练水勇，可即就渔户中挑令归伍，故改称水团。

陆　战

兵家大较，战守两施。客主之势，守为战基。夷入内洋，必当登陆，扼要堵筑，圈令就局。绝其内侵，逼鱼入罾。预择要处，以为战场。场设土垒，高下东西，错落参差，互相犄角。设伏出奇，勿令敌知！

作垒之法：三角相叠，每角长数各五十步。墙厚八尺，炮弹可御。再言其高，外五尺四，以三之二三尺六寸。为内之高。下为立坡，阔须四尺，两行兵交，中挖一池，制弹高抛。战场前后，多设长濠。左右相去，约九百尺。前后之数，百步是积。两角用枪，宜用倒放。远取百步，免自击伤。场垒十数，便可无虞。沿江上下，仿斯为图，实实虚虚，用歼厥渠。村堡之守，密堵隘口。勇夫乘墩，若敌在闾，老弱妇女，恃械守庐。余丁外伏，呐喊擂鼓。四面设疑，使敌首鼠。敌入堡中，内外夹攻。敌若外走，尾追其后。平原之战，利用土车。独轮架板，上列三箱。植柱系绦，左右叠土。中设水槽，平铺其上，可置军装，或推或挽，以贯人劳。四尺五寸为长之数，去九之一以为阔度。高三尺四，下施轮路，一车之用，可避九人。前后钩连，横蔽阵先，西法避枪，专恃土墙。临阵挖土，锹凿成伍。咸同以来，西国陆战，如英、法、俄、意、奥、布及南北花旗，皆专恃此法。土车之制似更便利。

炎运之中枪炮兴，火金相击射杀人。河洛灵文存至理，化之唯土制唯水。垒三角，车独轮，三一之数穷鬼神，调和水土无比伦。征实谈玄，视吾图编！

城　守

欲明城守，先数垛口，乃料人数，各令分守。九垛为棚，棚十设长。丁分三等：老、弱及中。棚各三人，毋使或空。上施压牌，加以礌石。灯下縋城，离根数尺。日夜四餐，分派各团。枪炮火器，相地所宜。某甲某乙，各有专责。团勇丁壮，均列城下，持兵待战，如猫伺鼠。

凡战之道，豫则不虞，备则不惧。贼冲缺口，直前勿后。画地战守，勿离左右。更以其余，分守胡同。巷筑短墉，穴洞其中，轮派分守，致死不移。妇女乘高，杂物下抛。预备瓦石，火器灰包。另设游兵，四出分迎。攻冲击尾，电驰雷轰。虽有铁骑，难遽横行。贼若入城，必先放火，以乱人心。宜备火兵，积水满罂；又备勾镰，拆屋使倾，既免延烧，人自不惊。敌多巨炮，守城为下，精锐若失，急何能择！若拼巷战，似胜守垛！昔许逵行之于乐陵，文忠林少穆。防之于粤东，唯且守而且攻，乃足以固吾崇墉。兵法曰："先为不可胜，以待敌之可胜。"此之谓也。更有要言：安堵为先，效死勿去，城乃可全！再事储蓄，何寇不歼！人言城守，用著于编。

教　战

孔子曰："以不教民战，是谓弃之！"今以新集之众，辍其耨耒之常，而予以枪矛之利，若不假以时日，加以训练，虽孙、吴复生，亦无所施其长矣！

夫敌之乘我也，有必死之心以厉其气。我之御敌也，无偕生之法以固其志，蔑以济矣！束之以行伍，维之以营阵，整之以队，结之以团，旗纛以练其目，金鼓以一其耳，器械以卫其身，赏罚以励其心。日之操以技，旬之操以队，月之操以阵。合而分之，分而合之，互为主客以示胜负。得其人而教之，假以三军之众，予以数年之期，可无敌于天下矣！

昔吴阖庐教七年，奉甲执兵，中楚国而朝宋与鲁。至夫差之身，东而攻越，济三江五湖，而葆之会稽，九夷之国莫不宾服。况以中国之大，人民之众，上下讲求，以守则固，以战则举，区区岛夷，稽颡阙下不难也。

兵　钤

《老子》曰："以道佐人主者，不以兵强天下，其事好还。"兵者，不得已而用之！闻之道失而后德，德失而后刑，刑失而后兵，兵作而道沦矣！若兵而并不知所以兵，则世变益剧，而生人之道苦矣！

兵有四制三本：围城必缺，缺乃外遁；穷寇莫追，追或反噬；搜伏宜断，断则分剿，而我绝后患；受降须遣，遣则远散，而势难再叛。此为四制。不知其制，转胜为败。治军之本在严，行法之本在信，待下之本在恩。以严为辎，以信为旗，以恩为衣。本得其宜，功乃可期！

虽然，“兵者，不祥之器”，故伐国不问仁人，诚以战罹万死，而赏无重生。贪钩芒之饵，弃径寸之鳞，吾无愚下之心，而使人忘生敢死，戾其天和，如游鱼之离重渊，纵在敌国，能无慨于心乎！同处覆载之中，圆馗跂踵，同此含灵，吾固乐生，而谓人甘就死，理岂然乎？是以公输刻木之作俑，不若墨翟九距之有功。然则兵端既开，曷禁其来！是惟固规制，严守备，练兵筹饷以遏乱萌，上下戮力示以必胜，以兵止兵，乃可以致太平。故圣王安不忘危，以不忍人之心修忍人之政，战胜于庙堂之上，势雄宙合，不事征争，而万汇归仁，殆古之聪明睿智、神武而不杀者夫！

图　说

规制无图曷营？辞义非说不明。略举一隅以概其余。录图说。

［按］作者原著中附有一队四十人图、中团九十人图、全团二百五十人方图、中部四先锋分队之图、中部二百人之图、畴星飞宫图、水团新制快犀船之图、三角垒之图、三角坎字垒图、独轮土车图等计十幅图式及说明，主要是行阵、驻营、筑垒及小型轻便之战用舟、车制作方法图说。今图说从略，存目。

团　政

法既联二百五十家为一团矣，而团政不可以不修。孔子曰：“吾观于乡，而知王道之易易也。”又曰：“施于有政，是亦为政。”然则乡者，天下之所由积也。苟得其理，政本在是矣！

封建之世，详于治下。保受葬救之制责之比闾族党，给求养欲，人皆有以自存，故揭竿斩木之事不见于三代。秦循商君之法裂为郡县，虽有垦令、徕民之政，然仅用以战守而已。先王教养之法荡无复存，后世袭而不察，而瓦解之祸亟矣！

圣清受命，历将三百，君无过举，朝无苛政，此非草泽苟为揄扬之辞，凡稍识字、谙文史者皆可历考。而知亭毒过久，间生淫慝，而异类遂有自外生成，致烦庙堂之劈画者。则同仇敌忾，由乡团而达之郡县，不背乎时制，以渐规乎古法，所以稍酬国家养士之效者，殆其时乎！抑岂独鄙人之私哉！因条其目：曰留防，曰表忠，曰建塾，曰置仓，曰兴利，曰防弊，曰通变，曰审因，曰制乱，曰移杀，曰任人，曰饬法，曰纪事，曰颂圣，以著于编。录团政。

留 防

《传》曰："不备不虞，不可以师。"孔子谓教民七年始可即戎。今之议防务者，事急始筹团练，稍夷则议散拗，意在惜费，而从前之浪费不计也。虑在滋乱，而后日之制乱不问也。泰西眈眈虎视，终不能保其不变。舍久防不能自强，但当设法损益以善其后耳！

酌裁子局，合十五团而设一总团。如上选勇、束伍法，设团正副团各一，严约团勇，有事则联为一部，稍加操练，便可自成一军。平时纬以保甲、社仓、义塾诸法，分任各董，给以薪水，而团政修矣。

表 忠

兵事既平，在事诸人例有赏恤，然势不能遍及也。于激劝之道似尚未备，恐无以为将来之地。各团宜就祠宇添建一祠，署曰表忠。集众公议，取其死事最烈、任事最苦者，第其姓氏，各分三等，标名于匾，以存直道，以励公忠。而总团又当汇乡团一等之死事者，于城内及四乡各建一坊，勒碑以纪其事。

建 塾

勇而害上，不登于明堂。说礼敦诗，知方之本。宜令团各设塾，可即就表忠祠为之塾，设射圃。团勇一例习射。盖射者，志正体直，躁释矜平，非特凝神命中，可通各技，实足隐消其犷悍恣睢之气。又当延师严定功课，为之讲解兵略，约分三项：中外舆图，近来战纪及名将故事，取其可为法程，有资劝戒者，当另节一书。演习礼文，不宜过繁，反失其刚毅果敢之气。取束筋骨、固肌肤而已。《汉书·艺文志》移《七略》兵书《司马法》于礼经，颇能独见其大。则雅歌、投壶，方不失儒将风流。邑有大事，即塾中集众会议。此专为团勇而设，若义塾又当另议加增。

置 仓

社仓之法善矣，然行之往往不得其效者何哉？盖孤置一仓，官绅视为具文，无团制以持其后也。若就团设仓，人各为守，互相觉察，则弊自去。朱子本隋长孙平义仓之制设立社仓，亦行之十四年而条目始备。

尚赖有刘如愚父子之助耳。故本朝虽以理学名臣如李光地、张伯行，犹不能举。每号团以一家五人、人食米五合为率，虽不及《周礼》二釜之数，然已可疗饥。青黄不接约三月期计之，团共一千二百五十人，例以一米二谷，得谷一千一百廿五石，则流亡可免。每团须令有常积谷五千石，以为一年之蓄。乾隆十三年，常平定额：我浙二百八十万。常平以外别有贮谷，玉环同知仓亦六千石，见《石渠余纪》。此皆官仓，义社尚无所考。迨查三十一年各省奏销报实存谷数：湖南一百四十三万，视旧额增至一倍有余。我浙则已减少二百二十万矣。或增或减，视乎其人，不得因噎废食也。捐法则亩各三升，佃取其二，城市及无田之家而饶别产者，酌定捐数，折钱代购。或疑：家及千亩，岁三十石，不无过取，恐致窒碍。不知社仓之设非惟安贫，实兼保富。平时所亏不过三厘，而荒歉之岁便可高枕，此在哓以人义而已。

少米之区可置杂粮。春放秋收，概取燥谷，不准折钱，加息二成。丧病荒歉无力齐偿者，分年带缴。旧法多存七粜三，视年之丰歉以计息。官仓则可，义仓但当严于散放。若拘成法，反多壅遏侵蚀之弊。出入均用官斛，权衡上下，易致失平。放时听便，不得抑配，致同青苗遗祸。收放一皆以谷，不准折钱。盖谷青贵秋贱，名虽得息，而人仍无损。得其人而经理之，积以岁时，菽粟如水火，不难也。

兴 利

利之当兴，农田为首。昔管子堙塞河道，商鞅广开阡陌，皆仅知为一国一时之计。今当反用其道以渐规古人五沟之制。

东南水利饶于西北，此就天下大局而论。其实东南水利当兴者不知凡几：吾乡田有湖头、二进、三进以至十数进之目。盖濒湖为头进，以次入内，则得水渐艰，收成之多寡、价值之高下相去殊甚。愚谓若公买中进之田，浚而为浍，接通大湖，则前后左右无一非湖头也，并可建闸畜鱼，公取其利。少水之处，可于十数亩间开一池，上种芰菱。团政若收，当易为力。若夫畜牧种植之宜，常人狃于其故，皆不知变通仿效。宜派人考究以收实效。

义塾添设商学，专取聪颖子弟教以商务，习算，习看银洋，习方言，习书札，兼阅洋报以广见闻。学成资以外出，此亦树人之计，莫大之利也。

防 弊

利与弊相因也，有一利即有一弊，则防之不可不豫。练团诚善矣！然齐、鲁之晾团，铜、沛之湖团，其始亦皆团也，弊乃至于环城露刃，挟众骇官，结棚窝匪，通逆构兵，此为团防之弊。是宜开衣食之源，简婚嫁之制，清奸宄之路，倡亲睦之风，大旨尤在使有恒产可恋。百废具举，用人必多，良莠不一，克扣侵蚀，势所必有，此为团政之弊。是宜严赏罚之约，广耳目之途，设考成之法，修激劝之典。大旨尤在优给薪水，使得自赡。若烟赌、械斗，有妨团政，禁当加厉！烟禁既弛，乡局但当严禁吸食，不必穷及栽种，反致自狭利源。一切奇邪无益之物，不准入境，致坏风俗。

通　变

上古兵农合一，农即为兵。管子治齐，制为轨里连乡。于是国中之士为兵，鄙里之民为农，兵农始分，此为近制所自始损益乎！

今古之间，权其利而通其变，则莫如乡团。农田所急首在水利，今多淤废，以无官守专司其事也。国朝陈潢始创河兵之议，左文襄复用兵勇浚湖，当师其意，专以挑浚之事责之团勇，详设定章，农田、铺户、埠船岁各出钱若干，归团以作经费。其海滨斥卤、山场荒僻之区，皆当逐渐兴屯以资军实。

审　因

经始之道在握利权。因利而行，虽劳不费。苟得其要，而财不可胜用矣！

讲种植，慎畜牧，工制造，是为开财之源。省婚丧，减迎会，删应酬，是为节财之流。但当定章酌减，去其太甚。理财之道，若未事开源，遽议节流，反至细民失业，仍为继富之敌。大旨尤当设公司以御奇零，汇众产以广积贮，和众丰财，在审其因用之耳。

制　乱

上工不治已病治未病，若病已成而后药之，则渴而掘井，斗而铸锥，势无及矣！

制乱之道不外教养，因利局、药厂、粥厂、社仓之遗，皆所以养之也，可时其缓急以施赒赈之方。清节堂、废疾院、迁善所、义塾之遗，皆所以教之也，当责以事业？消其邪淫之念。而瘗园、义冢尤当择地分设，盖阴磷鬼火，沉阴不散，阳气被掩，积久皆能酿为兵荒，不特泽及枯骨，且可隐消疵疠已也。苟能一一举行，则野无游民，乡皆善俗，岂仅制乱于未萌已哉！

移　杀

天地之道不外阴阳，阳主生而阴主杀，怀、葛已远，嗜欲日开，血气之偏，沴及阴阳。若久郁而无所泄，则发为兵戈。故古之圣人渐移默化，制为渔猎以杀其机。仲兄言神圣不废屠宰，亡友许拙学谓古人制为射猎，皆所以预泄杀机，各有所见。许名启畴。陈启源作《毛诗稽古编》，乃疑网罟非圣人之制，可谓小儒不知大义。

宜令团勇于秋冬无事之日，一例钓鱼、打鸟。盖钓者一志凝神，理通于射。弹者视高命中，事同于兵。故当设科劝赏，以习其勇技，以杀其悍气，且可隐化杀机。夫人魁含灵，体殊贵贱。齐物之论究戾仁民，但当制之有经，取之有节，方不失为仁政王道耳！

任　人

团政既修，百废具举，则一切用人之途自广矣。宜因材器使，各给以薪水。人无恒产，不得不借横财以自给，岂真其本心实然哉！势驱之也。

今天下孜孜求治，而纵令不官不农、不工不商之绅衿、里魁，无点金之术、避谷之方，起居服御又畏齐民者，逍遥乎里门，莫为之所。此岂复有善举哉！隐居求志，居贫食力，未易为庸俗道也。若各任以事，竭其聪明智力为乡里兴剔剥弊，较之官办，不啻倍蓰！其中不肖侵蚀，诚所不免，然无良之辈，与其明施敲索，已得一而人且去十，何如稍令沾丐，众损一而渠已得百，以涸鲋之润，杀贪狼之欲是尚为得哉！况予之以利，即可制之以法。蓬生麻中，不扶自直，王霸之兴，不闻借材异代，在慎其举措而已！

饬　法

刑赏，法四时也，贵得其平。而处宽文积弱之时，则又当济之以猛。商君变法而秦强，荆公变法而宋未见治，变法同而收效或异者，则商君能得法家之精，而荆公犹牵于儒术也。

汉、唐以来，每历一朝，治具加详而不能无乱者，盖上下皆视为具文，而无严刑峻法以持其后也。其间非无刑章之设，而科条繁密，过于矜慎，官司相蒙，徒为匪人开宽纵之门，名虽存而实则亡，由于不简、不明故也。

各团皆就其事俗立为禁约章程，违者虽贵富不贷。

纪　事

团二百五十家，联二团则古之一党也。总团三千七百五十家，联二总团则古之三州矣。是其事不可以无纪。

考之《周礼》，州党“属民读法，书其德行道艺”；闾师会众致事，校及六畜、车辇；非特三年大比，借以宾兴，商小行人五书即原于此。故能周知天下之故。

总团宜仿志乘例：凡男女之生死，岁时之丰歉，水利之兴废，土产之登耗，及营寨、坊巷、桥梁、祠庙之改变，以至风俗、时政、官董、灾祥之善恶，皆当设例汇记，以为将来作志修史张本。

颂　圣

《易》首乾元，《书》称帝典，风诗托始周南，《春秋》书王正月，皆所以明帝统、申王道，使晓然于天泽之分，今古不殊。凡在血气之伦，宜极尊亲之典。而《周礼》大司徒“正月始和”，又“悬教象之法于象魏，挟日而敛”。州长之下，又行读法会民之礼，一岁之中，读法者州长三、党正七，族师十有四，而闾师则并无定期。其多为之制者，非第布教纠民已也，将使观听之下皆凛然有天威咫尺之意，以管摄其心思。天子当阳，诸侯用命，畏神服教，有自来矣！

盖三古已上，君民可令相忘。去古已远，当令民不能忘。故歌功颂德，圣明不废其隐，纳民于轨物者，亦可使由、不可使知之意也。近禅门日诵之科仪、西教七日之礼拜，亦具深意，故能独行其教。当于每月朔望，宣讲圣谕，集一团之人，黎明分衿、耆为左右两班，列坐听讲，团勇站立。讲毕，齐歌《皇清圣德颂》以答皇仁。歌法如文庙乐章，歌止团拜。礼毕□班。谨集成语，制而为颂，辞曰：“维清缉熙，诞膺天命。念吾皇祖，聪明齐圣。义征不惠，仁育群生。永清四海，天下太平！帝德广运，德惟善政。人永其寿，物极其性。圣子神孙，以赫厥灵。思皇多祜，鉴于大清！”

［按］《报国录》全文录自《蛰庐丛书》之一《报国录》，并校以缩印本。

利济教经
(1894)

序

余建院讲授，医经之外兼收杂家，蕲为明体达用之学。其时来学弟子有尝在外就傅六七年者，竟未能粗解文义；叩以中外近事，更懵无所知。予颇病里师教法之未善，髫龄时性灵受蔽，为可叹也！

《记》曰："黄帝正名百物。"孔子曰："必也正名乎！"苟名义未谙，而欲遽求了慧，是行不以径，出不以户，无所往而不迷矣！因次为韵语三十六章，句约三言，举凡古今中西学业规制以及世间一切人事，皆标举指要，事繁语赅，以期急就。每逢讲期，按章详说，颇益学子！

呜呼！自秦愚黔首，焚书祸烈，医以轩、岐遗泽，独免郁攸。吾意当时抱遗通变之彦、喙志康世者，不师于吏，必取于医。今五洲回泬，图书夥夥，学者穷老尽气犹不能竟其端绪。道以多歧而亡，恐昔之以学愈愚者今将学而益愚！然则振聩发聋，材益八疾，木铎非吾官师责欤？昔晋皇甫谧《甲乙》之外，曾欲作《教经》以惠医流未果，因袭其名，刊刻以贻同院。

时光绪二十年岁次甲午敦皇纪孟秋日东瓯陈虬志三书于瑞安利济医院之蛰庐

［按］《序》及《教经》三十六章均录自《蛰庐丛书》之二《利济教经》。

蒙学章第一

物始生，称曰蒙。万类中，人最灵。养以正，即圣功。小学法，参赞融。妙燮理，医之功。天地人，为三才。圣儒学，中西通。

医道章第二

百家学，医为始。通阴阳，原生死。疗君亲，泽乡里。开大道，首神农。本草创，药通灵。轩、岐兴，垂《内经》。六合理，归纲纪。张长沙，伤寒家。作《金匮》，方、法备。唐《千金》，集大成。宋后书，慎所趋。神乎神，通古今。

生人章第三

人之生，贵性命。阴五脏，阳六腑。五官正，七窍通。气与血，两大纲。若灵明，天所赋。志为主，气为辅。气生精，精生神。神通玄，唯圣人。践其形，分五种，同一原。

明伦章第四

人根本，在五伦。定尊卑，君与臣。若父子，主有亲。若兄弟，重友恭。若夫妇，贵有别。若朋友，信义结。五伦外，有九族：高、曾、祖、父、己身，子与孙，暨曾、元。

师范章第五

教婴孩，首规矩。正名称，分礼数。先认字，次记典。世间事，随指点。文字外，加体操。认字法：先形体，次衣服，次动植，次飞潜，次饮食，次器具，次舟车，次钱币，次色味，次数目，次方位，次姓氏，次地理，次时令，次天文，次图画；就近浅，易明晓。典为则，取则效。古忠臣，及孝子，或义士，与节妇，圣与贤，尤称首。伦常理，时提醒。事理确，视各学。

语言章第六

婴始生，同一声。及长成，互变迁。区南北，判古今。等切法，合音兼。明《四书》，定七音。西音兴，字母新。二十六，拼法足。福利音，出利济。教愚蒙，益万世。

文字章第七

语言定，文字正。仓、史后，篆、隶兴。草书变，正楷行。小学书，《说文》尊。近欧洲，重腊丁。英、法文，亦通行。

四民章第八

天生人，本一类。贤愚判，区十等。约而纪，分四民。士与农，工与商。

五行章第九

天地气，判五行。水、木、火，土与金。百物中，寓生、克。五方位，从此别。

原质章第十

中土学，崇五行。西学兴，化合分。分原质，六十四。气质五：轻、养、淡，绿与沸。流质二：曰溴、汞。余定质，五七种：碘、硫、硒、碲、磷、铈、矽、炭、钾、钠、锂、铋、铷、钡、锶、钙、镁、铝、铬、锆、钍、钛、铒、铽，错、锒、镝、铁、锰、铬、镍、钴、锌、镉、铟、铅、铂、锡、铜、铋、铀、钒、钨、钽、锴、钼、铌、锑、钟、银、金、铂、钯、锉、钌、铼、铱。世间物，皆各质，合而成。精化学，分数明。

干支章第十一

天干十：曰甲、乙，曰丙、丁，戊、己、庚，辛、壬、癸。若地支，十有二：子、丑、寅、卯、辰、巳、午、未、申、酉、戌、亥。干支配，循环代，终六十，复其初。大挠作，纪日书。以名岁，出后儒。

时令章第十二

时有四，天所令。十二月，分布定。春为首，夏次之，次秋、冬，五气齐。五年间，两置闰。始唐尧，岁序顺。三正建，有由来。行夏时，寅月推。

天文章第十三

天最高，不可攀。星虽繁，约二种：曰行星，曰恒星。金、木、火，水与土，名五星；益日、月，即七政。近西学，言八政，五星外，加地球，外天王，与海王，较地球，大而光。黄、赤道，寒、暑分。习天文，先中星，浑天仪，逐时移。步天歌，分三垣，合天星，三千余。

地球章第十四

地球上，判东西，分五洲。东半球：亚细亚、欧罗巴、三阿洲——非利加；西半球：亚美利，分南北，合五洲。五洲中，分五洋：东太平，西大西；印度洋，地居中；外冰洋，有南北。

疆域章第十五

大清国，半亚洲。东辽沈，西新疆。蒙古北，滇、粤南。直隶省，附京师。山东、西，左右驰。中河南，邻陕西。甘肃外，有四川。云、贵地，犬牙穿。湖南、北，江西连。浙偏东，界闽、台。两广分，南洋门。安徽省，江苏兼。东三省，王气钟。曰吉林，曰盛京。黑龙江，最著灵。

世纪章第十六

开天地，首盘古。三皇起，五帝继。夏、商、周，称三代。秦兼并，归两汉。蜀、魏、吴，三国峙。晋司马，分东西。宋南齐，梁与陈。北元魏，齐、周、隋。李唐后，又五代。宋、元、明，统大清。

经学章第十七

人初生，灵明胎。浚其智，在读书。十三经，目可举。《易》、《诗》、《书》、《春秋》、《礼》。五经外，重《论》、《孟》。春秋学，有《公》、《穀》。《礼》有三，《仪》、《周官》。研《尔雅》，小学基。《孝经》编，人道全。

史学章第十八

六经外，廿四史。首《史记》，《两汉》继。《三国志》，合四史。《晋书》后，《宋》、《南齐》。《梁》、《陈》、《魏》，《齐》、《周》、《隋》。《南北史》，外《唐书》。与《五代》，有新、旧。《宋书》外，《辽》、《金》、《元》。加《明史》，全史完。

子学章第十九

经史外，曰子书。崇道德，老、庄、列。管、晏、墨，主富强。尚刑名，申、韩、商。《司马法》，兵家详。孙、吴外，尉缭良。翊大道，荀与扬。《吕春秋》，《刘淮南》。宾彦作，材华优。诸子外，皆支流。

文学章第二十

翼圣道，在文章。源流一，制体纷。文骈、散，诗古、今。诗、赋、词，本一源。歌曲体，分今古。古乐府，今传奇。功令文，重八股。帖括体，名时文。

中学章第二十一

汉、宋后，学分门。名虽夥，约五纲：曰训诂，曰考据，曰辞章，曰义理，曰经制。

西学章第二十二

中外通，来西学。算为体，化为用。热、光、声，汽、水、电，矿、地、重，格致门。诸新学，由此推。

方术章第二十三

正学外，参术数。卜筮法，古所尊。若星相，亦可观。兵家言，重壬遁。太乙数，九宫布。堪舆书，河洛图。五行家，术入神。古微言，往而存。

仕进章第二十四

开国始，重贡举。应小考，称文童。附、增、廪，由学升。五贡生，曰明经。乡、会试，甲乙科。试三场，举人外，进士同。殿试后，判四途：入词林，分中书，主事贵，知县富。若老榜，名钦锡。武少异，大致同。近出身，更多门。

冠服章第二十五

圣清盛，重翎顶。分花、蓝，贵三眼。金、银嵌，别贡、监。白车渠，上水晶，蓝宝石，红珊瑚，加蟒补，分九品。视形状，识文武。

职官章第二十六

君定位，分职官。古至今，名不一。我圣清，分满、汉，区京、外，爵五等，官九品。公孤三：师、傅、保，别太、少。大学士，分殿、阁。军机处，外总理。内六部：吏、户、礼、兵、刑、工。九卿班，朝仪崇。曰翰詹，曰科道，京朝官。此其纲，诸职要，难具论。内官讫，请言外：督、抚尊，河、漕、盐，将军并，织造同。运、藩、臬，称三司。道、府、县，间州、厅。武提镇，权最崇。副参、游，都、守从。若钦差，大总裁，二主考，暨学台。外洋差，贵辩才。

典制章第二十七

国大政，在祀典。上圜邱，下方泽。先社稷，后农蚕。厉祭坛，岁三举。先师庙，重释奠。岁春秋，仲上丁。若堂子，满州隆。祀典外，首朝贺。迎春礼，耕藉仪。日月蚀，各救护。乡饮酒，礼尤古。备方土，风俗殊。

礼乐章第二十八

近时礼，约有四：冠与婚，丧与祭。乐工尺，即律吕。六艺微，御法废。射改枪，书入洋。唯九数，近胜古。

刑律章第二十九

设刑律，治奸宄。笞与杖，徒、流、死。五刑外，有凌迟。

权量章第三十

平天下，重权量。钱两斤，斗斛石，寸尺丈，由纤积。古今异，中西殊。医门例，准利济。

机器章第三十一

泰西通，制造工。量天尺，察天筒，显微镜，寒暑表，风雨通。自来水，电气灯，陆电线，水火轮。铁路开，自西东。轻气球，行半空。蜡人院，医家庸。传语言，德律风。石印法，照相同。余杂物，以类从。

武备章第三十二

近武备，恃火攻。开花弹，西洋炮。棉花药，铁炮台。铁甲船，风铳穿。旱水雷，电气开。洋枪炮，工试放。

时务章第三十三

识时务，主富强。讲公法，明约章。自强基，在公司。近洋务，南北洋，设大臣。方言馆，遵同文。制造局，机器足。刊官书，破群愚。闽船政，沪招商，电报通，赈济公。税务司，洋债支。海关外，卡抽厘。邮政局，官银行，今虽止，后当起。兴亚洲，入手方：设报馆，开学堂。

租界章第三十四

口岸外，分租界。夷冢墓，开马路。设领事，立巡捕。大跑马，寓讲武。弹子房，嬉戏场。东洋车，纷如麻。吕宋票，保险行。番菜馆，供大餐。唱书楼，任冶游。年少人，谨守身。欲拍卖，视礼拜。

教门章第三十五

天生民，君作师。三代降，师儒尊。我孔子，儒之宗。俗称教，道、释兼。外天方，即回教。若天主，与耶稣，派本一，后分途。外教门，难具云。

医统章第三十六

医正统，肇轩皇。揖岐、雷，开明堂。悯侯王，哀众子。《至真要》，秘千祀。神圣业，融百氏。诸旁门，徒纷纷。师道尊，统长存。志利济，是真诠。墨百八，孔三千，薪火传，永万年。

［按］《利济教经》刊于《利济学堂报》第一册《书录》（1897年1月20日出版）。

《教经答问》弁言

（1897年2月2日）

余既作《教经》三十六章以课学子，每逢讲期，为之逐章演说。章分三帙，以次口授。近创《院报》，因命同院分门设为问答，以牖方来。乃进诸生而语之曰：答问之体，肇始《内经》，三坟之一，实先经传。今为文言，古皆成语。旨在发蒙，文须通俗。约其体要，厥有二纲：宁质无华，宁简无繁。言近指远，乃为正轨。质须不俚，简贵能赅。譬啖野果，得味中趣。如张古琴，有弦外音。闻根在肾，功倍自治。导以新机，相说以解。夫君子五教，答问居一。大叩大鸣，道资觉悟。若依题检对，虽省简览，仍鲜启沃。如文士射策，扯挦故纸，亦无取焉！许叔重不云乎："将以晓学者，达神旨。"斯言韪矣！

光绪丁酉元旦东瓯陈虬志三漫书

［按］《利济教经答问》，原载于《利济学堂报》第二至十六各期《书录》，下署"东瓯陈虬志三纂"，故列入《蛰庐丛书》。

《弁言》及《答问》四卷，均见《蛰庐丛书》二。《弁言》中所引许慎（叔重）语，见《说文解字·自序》。

文章

史法章
（1876）

古史之兴，肇乎仓颉。宣尼笔削，乃有《春秋》。丘明受经，创为传体，年经月纬，一主编年。龙门继简，始为纪、传，各史因循，遂沿不改。揆其始作，人自为传，不相杂厕，总会人物，区详易览，亦有足多。其时汉氏初兴，去古未远，公私学术，尚少分门，列之一传，自无不赅。

魏晋以降，英彦蜂起。一人之身，兼有数长。若施以独传，则舛驳无伦，苛以文体，遂乖史法。于是载笔之徒类多删削，详其所略，略其所详，疏阔之讥，殆难免焉！似宜参用编年，如名先年谱，略施小传，次其履历，分年缀事，不取文言。庶文无泛论，按实而书，详实准当，可称史则。其儒林、循吏、职官等目，可仿班氏《古今人表》，区为九等，钩元提要，以示龟鉴，明白头讫之序，品酌事例之条，虽殊古式，自谓颇得事序。一得之愚，冀有采焉！

［按］本文录自《治平通议》卷八《蛰庐文略》第十三篇，篇末注明“丙子”。

《说雅释概》序
(约1879)

《说雅释概》者，吾弟述庐之所为书也。

粤自书燔秦火，七章启仓颉之传；道失周辅，六书昧保氏之制。宝刀左右，乃出《穀梁》，王珽曲园，或云葵叶。以故毛公作《传》，误仍六驳之文；伏波上书，舛甚冗芊之印；雅训沈霾，经典缪辖已！洎乎许君有作，《说解》成书，罗众说者二十八家，广成体者六百二字，乃群书之渊源，实小学之权舆。唐、宋以来，郁而未显。圣清勃起，斯道中天。桂、段、王、朱，以淹通延誉，严、姚、钱、惠，以精核垂声。人登《苍》、《雅》之堂，瓠攗古义；家守《凡将》之字，扳饰文言。郁郁乎文，吁其盛矣！然而榛芜虽辟，隐括无方，掇其大凡，厥有三弊：自古籀既邈，向壁遂多。天乃二人，地从一力，丁字失实，壬夫嫁名。京洛更颛臾之音，叔孙订周、孔之雅，桐梧、司吾之革沿，郡志遂订其误。拓技、拓拔之原流，乐府莫详其解。遂至戴侗释故，径改镘馆之文；韩昶校书，尽改金根之字。此逞臆之失也。尼山雅言，征诸古昔，荐绅之道，唯贵雅驯。乃帖括鄙士，耻委巷之丛谈；呫哔陋儒，改经天之古字。飞禽即须安鸟，水族便都著鱼，虫属尽作虫旁，草头皆从两十。犬乃向外，证自昔闻；虫为屈中，传诸故记。充箱照轸，皆王、邵《俗语》之编；琐语谰言，成郭显《杂字》之旨。此谐俗之弊也。经史相沿，或资金石，搜罗所及，用广见闻。乃桐棺、金错之铭，悉加甄录，□□□、洛铃之谶，曲赐爬梳。宛委探神禹之书，岐阳猎周宣之鼓。是虽文成汗简，著目录者七十一家，书出萧、梁，辑隶法者五十二体，纵运筹而役志，等入海而算沙。此务博之弊也。从此三弊，蚀甚六经。遂使公羊入座，高唱齐音；司马传书，间收秦隶，能言鼮鼠，少博物之终军；误食彭蜞，来讽学之谢尚。康成之序《论语》有八十宗，徐铉之附《许书》尚十九字。虽复号称书笥，人诩淹通，亦仍痴等诊符，要归寡当。譬之导源星宿，难求杯勺之需；伐木邓林，转乏棁栌之用。津梁孰逮，巨楔安歧，此吾弟是书之所为作也！

“说雅”云者，以《说文》正经典，略依《尔雅》篇次，举概其例，其余明未备也。盖洨长说文，旧为九经权度；元公释诂，实乃六卷□□。释谬驳妄，不争淹博之能；节解条分，唯取捋扯之便。仿陆元朗《释文》旧例，详列音声；视颜元孙干禄遗书，兼详点画。元亭问字，赍油素以穷年；碧简搜奇，乞铅黄之余景。敢谓刘芟字说，仿张有《复古》之篇，庶几钊缉铅书，拟陆玮《晤蒙》之章云尔！

［按］录自《瓯风杂志·蛰庐存稿》。

《四书音义》序
(约 1879)

陈氏《四书音义》者，继陆氏《经典释文》而作也。自紫阳唱道，编正《四书》，元明设科，遂悬令甲。沿及圣清，相承不改，昌明圣学，功实伟焉！诚以孔孟心传，此其搬辖，故童蒙入塾，类先肄习。但亡羊岐出，触处牴牾，非唯义理深邃，鲜克钻仰，即训诂小学，俗师里童，率多未了。发明章句，实待正名。陆氏《释文》，间存杓指，亦仅一斑。承学之士，复何适从！

夫斫梓染丝，功在初习。学文辨志，蒙养所基。不材群从数人，频年教授，即事丹铅，并有抉摘。敝帚自高，无意成书。比以余弟从事小学，重为发凡起例，属加理董，通驿汉、宋，以贻方来，改称《陈氏音义》，别乎齐州也。虽赓续旧闻，鼠坻牛场，正多未逮；而拾遗补阙，不无寸长。譬之夏葛冬裘，各有所适，当仁之谊，何多让焉！昔赵邠卿有云："不敢以当达者；施于新学，可以寤疑辨惑。"或庶几乎！

［按］录自《瓯风杂志·蛰庐存稿》。

善举尽可计利以图扩充说 (1884)

人性之善犹火之附薪，无以发之则不明。善在行不在言，在实不在名。而实非强有力者不能行，虽行亦不广。以财分人，愈分则愈少，以火分人，愈分则愈广，故君子慎所分。

今天下善堂众矣，皆惑乎为善不可计利之说，故开办之始皆踊跃输捐，其继也皆以费绌而止。虬谓可捐，则逐年加增，而开办之始则尽可权其子母以为久远之计。如医院、婴堂、议均见下篇。义渡、两岸排列船只，标明渡夫姓名、年齿，岸口备设钱柜，择朴诚人司其事，而榜其上曰："此为某渡，定例需钱。每人几文，货物照数。留难，重载，向受其害。特设义渡，以便行人。人数一定，放筹照行。特告仕商，照旧施钱。积有余赀，置船救生。再以其余，接修桥梁。偶失携带，尽可勿输，本系义渡，无藉区区。"借钱局、始于扬州，而邵小村中丞继行于余姚。或曰：因利局皆不取息，兹议人以二千为率，五日一收，三月而毕，每日应缴二十五文，计息可谓重矣。然人得二千文为母，每日所赢子钱约可得数百，八口之家即可无饥。本利带缴，限满而资本长留矣。局中造册后，遇家道隆裕者亦当令其自行酌捐。清节堂，略仿女婴堂遗意。子年十二，先送出堂，俟子能娶妇，或在堂三十年，或年届五十，方准嫠妇出堂。每日亦令缴工作钱三十文。子嗣兴起者，劝随量捐助堂费。嫠妇终日无事，易起外心。否则，日事经斋，流为左道，为害更甚。废疾院亦当少收其工作之资。等类，势非一地所可了，一时所能办，则欲扩而充之，当必有道矣！非开常捐、收工价不可！

夫人当危急之时，力有不赡，而吾为之济其厄可也。若彼力尚能自拔，乃竟使之囚首待哺，报效无门，终其身受嗟来之惠，永无迁善之日，岂立法之初意哉！所贵乎善举者，充其量由一隅而达之天下，修其法由一时而被之百世，不欲独居君子之名，隐为钱虏破悭囊，明为无告谋利赖，饮之食之，教之谕之，使人人皆得以自励，庶乎可矣！乃昧者惑乎义利之说，辄疑二者不可得兼。不知心乎利则无义非利，心乎义则无利非义，以天下之利公之天下而已无所私，即酌收薪水亦属取不伤廉。一人行之为学术，举世效之为风俗，将喜气洋溢，蒸为太和，翾飞跂息，各得其所，体天地好生之仁，弥尧舜犹病之憾，所谓凡有四端于我者，知皆扩而充之，若火之始然，沛然莫之能御，善与人同，其犹足多哉！

［按］本文录自《治平通议》卷八《蛰庐文略》首篇。篇末注明“甲申”。

医院议
（1884）

疾病人所时有而命悬于医，医关人之生死而道贵精，然非幼学壮行，则技必不专，而实非建院以督之不可。

院设前后二厅，翼以长廊，廊左为诊室，右为药房，平价便民，余资购置公产，以其息为舍药之资。后以处学徒。又建阁藏书，以其余修置客房，待远来之就诊养疴者。植花木，饰亭沼，为怡养地。举通博有志学者董其事。肄业学徒择取聪颖子弟十二岁以上者，优其廪给，假以十年，以五年习医籍，五年览群经，严立程课，而学成矣。

院中润笔之资视常行酌减，贫者免。人设号簿。午前在院轮值，午后各自出诊，日以十五人为限。在院满十年者视所入医资多少，不足三十六千，则院中代为补足其数。每人岁计所入提还二成归院充公费。公费除添给薪水外，以五成购书，以五成置产，皆永为例。权其利益厥凡有八：医道专精，贻误自少。利益一。书籍、师友，随处获益，修德进业，人得自立。利益二。院设药房，考验本草，得其泡制、收藏之法。不特伪药可捐，亦且深谙物性，别资启悟。利益三。院设客房，以便养疴。既可免其投亲租寓之烦，又可省其远地延师之费。况有花木、亭沼颐养性情，病当易愈。利益四。减润出诊，病家既省医药之费，医者又得薪水之便，人己两利。利益五。学徒在院，一满十年，每年即可坐致三十六千。节省者可纾内顾，专心志学。利益六。院医工便，庸医自绝。医道消长，民命所关。利益七。院中既得良师益友，附骥益彰。道苟不朽，俎豆长留。利益八。

夫医不三世，不服其药，十全其六，犹为下工。故《周礼》医师隶于天官，诚重其事也。医道不明，杂流竞进，于是草泽无识之徒以生人之道为杀人之具，毒流祸积，曾莫之悟。一二才智之士振兴其间者，亦复著述之功深，诊治之日少。如性理经济家言，凿空易奇，征实多谬，而轩、岐之道几乎熄矣！夫百工居肆以成其事，君子学以致其道。僚之丸，基之射，庖丁之解牛，特一艺之微耳，然皆用志不纷，乃凝于神。况其为身家之重、性命之微，可漫然从事，遽令其操刀使割耶？在有志燮理者广之而已！吾意天心仁爱，祸不终穷，必将笃生神圣以苏斯民，于医院乎卜之！虬囊偕陈介石孝廉、何志石明经、陈栗庵茂才，于瑞安城东创建利济医院。一俟工竣，刊发章程以便仿行。

［按］本文录自《蛰庐文略》第二篇。篇末汴明“甲申”。

书《校邠庐抗议》后
(1888)

右《抗议》二卷，吴县冯林一宫允所著书也。宫允自序称："桂芬读书十年，在外涉猎于艰难情伪者三十年。一官无言责，怀欲陈之而未有路。乡居时创小大户均赋议，辄中佥壬所忌。"盖当时顾亦未有好之者。

嗣读《显志堂集》，知宫允于辛酉、壬戌在沪设会防局，襄筹防剿。继又定入皖乞师之策，东南大局赖以旋转。又与当道详减东吴浮赋。殁后，乡人追念前劳，吁请奏建专祠，旋蒙俞允。

夫儒者任道之重，著书用书，皆完吾分内事，原不冀异日之馨香。然有阴行者必有昭名，当时谣啄之徒，娼嫉性成，百计以挠其议者，卒无损乎毫末，乃有志竟成。俎豆之报且近在身后，而遗书亦遂稍稍见采于世。士之怀材不遇，汶汶于当时者，亦何患无见伸之一日哉！议凡四十九条，与拙著《治平通议》颇多异同，然各有宗旨，并存可也。

夜庐灯火，意有所感，爰书以自励！

［按］本文录自《蛰庐文略》第十四篇。篇末注明"戊子"。

温州出口土产宜设公司议（1889）

温州，自守之国也。杂粮鱼盐，麻桑油铁，皆足自卫，而出产实苦无多。阖郡出口之货以药材、茶、矾、瓯柑为四大宗，岁约百数万金。近年类多折阅，盖无公司以持之也。拟请练达绅富主其事，一切出口货物皆分设公司，郡城、上海各设一局，拣正货物，平定价目，分次出口，以我驭人，而不为人所驭，方可稍持利权。即如瓯柑一项，外商以进口之少也，辄故意骤涨其价，及至货物一齐，遂即从而大跌，则致于人之故也。三项之中尚属吾郡特产，茶则无论印度、东洋、俄、美等邦日渐广植，即就内地而论，吾瓯亦不敌鄂省之夥。宜聘请谙练茶师，先于郡局自行严拣，分等装箱，务使瓯茶着实可靠，庶瓯庄名目大振，将来获益可无算也。

其公司之法当略为变通，郡城设局收买，不得故意刻削，致碍士民。愿入股分者，先将货物按时酌值，计数给与股票，由局运货到沪，沪局自行分等另议价目。综计本值及一应局用外，须极力撙节，此为公司成败枢纽。所赢子钱若干，照数派还以昭大信。《管子》所谓："利出一孔者，富可务券矣！"再为定私销之禁，官先出示晓谕，如有公司各项货物违禁私运出口者，准报官查拏，即以其物充赏费。关弁巡丁及旗长汛兵一例提讯，重究不贷！如再有走私者到地，公司先行贬价以窘之，当无有再不入股者矣！

通商以来，天下大局皆以强并弱、以大并小。久而不知变计，将土产小贩日窘，中国利源日竭，长此不返，将何以国？当道诸公有国计民生之责者，亦盍加之意乎！独温州乎哉！

［按］本文录自《蛰庐文略》第七篇。篇末注明"己丑"。

日月星辰系焉
(1889)

即所系以验无穷，知在天无不动之物也。夫使日月星辰有动有不动，反不能长系无殒也。明其为动，不益见高明之实乎！且谈天者谓天有九重，凡丽乎天者，有动有不动，吾谓其说皆非也！

盖太空一积气之区。惟天真不动，有假太空之气以为体者，咸各据其高下大小之枢机，旋转于昼夜之间，不使有一息之停，而其力始得摄而不坠，此即吾系之之说也。

试证诸天之所系。一曰：日寅饯永短，《尧典》见钦若之政焉。近有倡为不动之说者非也。创本轮、均轮以驭高卑之体，仍不出乎三角成规。求面积行度以测椭园之形，仍暗据乎四分旧术。盖日常居六合之中，诸行星环而绕之，不觉其动耳！不动又何以系焉？一曰月朒朏弦望，《周书》志生明之候焉。古有随天西行之说者是也。月距日最远，常行二十九日而始会。月离地较近，每行一十三度而尚强。盖月常行二道之交，每交食得而推之，故见其动耳，惟动故得而系焉。推而至于星，古记所谓五纬者也。然五星古法以地为心，近法则以日为心。夫冲伏留退有定时，可悟取次轮之理；顺疾退迟有定准，当探求两弧之仪。可知五星固无日不动也。天之所系者又其一。推而至于辰，《春秋》所称恒星者也。然古亦有谓恒星不动，而黄道西行者。夫鹑首六星在赤道北者，何以纬度古多而今渐少？星纪六星在赤道南者，何以纬度古少而今反多？可知恒星断无不动也。天之所系者又其一。宇宙如此其浑沦也！其间阳愆阴伏、水沴木饥之灾，在日月星辰亦几乎有倾移之虑而无虑也。转日月于寰中，系不借天阊为棲息；摘星辰于上界，系不藉天柱为维持。一阖一辟之中，实有所以为鼓荡者，任风雷之激射。自能历万古而常新，故康回有冯怒之雄，缺坤维而何害。娲皇称炼天之手，补造化以无功，盖系者自系而已矣。

太空如此其辽廓也！其间躔度凌犯、次舍冲击之故，在日月星辰亦几乎有殒落之虞，而无虞也系必归于极。昊苍司握巨之权，系必缀其旒，帝坐即振纲之轴，无声无臭之际，实有所以为提挈者。历章之蔀迁流自足，奠三灵于不敝，故善射曾闻夷羿，解羽无伤迭运之仪。湎酒亦有羲和，奏鼓何损集房之旧。盖系者自系而已矣！此皆动象也，是可以证天之高明也。

［按］录自陈虬光绪己丑恩科浙江乡试朱卷次篇。原题出于《中庸》第二十六《故至诚章》。

《东游条议》序
(1892)

光绪庚寅，春明被放。道出山左，时勤果张公方开府济南，号称能得士，幕府皆一时杰。虬条陈八事，抠衣入幕，纵谈经世略，大蒙款接，敬礼有加，所以慰留之者甚至，订重来约。濒行，发传牌一面，令沿途各防营一体派拨兵勇护送，异数也。

归自海上，闻伯氏之丧，匍匐南下，而先太孺人旋于秋间弃养。苫块余生，不复知有人世事。而公次年又有骑箕之命，呜呼痛哉！昔人谓“得一知己，死可不恨”，况赏识者为有气力之当代伟人哉！岂虬不足与于斯道之数耶？何夺吾张公之速也。

遭家多难，学植荒落，恐不复堪为世用，有辜吾公相知之雅，因录为此卷，以志一时之遇，或不仅一人一世事乎！

时光绪十有八年岁次壬辰冬月陈虬志三书于瑞安城东蛰庐

［按］此序录自《治平通议》卷六。

求志社记
（1892）

始吾读《桃花源记》而悲之，悲夫以渊明之贤，坐视典午之覆，神州陆沈而莫之援，徒凿空为避地计，何遇之穷也！后读顾况《莽墟赋》，乃始恤恤然疑，以为吾瓯岂亦真有所谓桃源其地耶？虽然，粤之傜，楚之侗，闽台之生番，狉狉獉獉，自为君长，不复知人间世有神圣皇王事，卧倨倨，兴眄眄，纵长年大老，亦占裸国民类耳，奚贵哉！

吾友许子拙学，负经世材，久不得志，尝欲率同志为入山举，拟其名曰安乐村，而嘱虬议其事。虬维吾侪生长天朝，践土食毛垂三百年，值此车书大同而欲长守浑噩，非计也。请改其名曰求志，取隐居求志义，而仿古法：以二十五家为一社。众皆曰善，将择三十二都之鹿窠而托焉。

议：合社各穿布衣，示同方，戒罗绮，惟在外宦学者不禁。社中设大院五楹三座，中堂榜曰求志堂，东西序为住房，仿满洲防营式房各三楹，界以门墙。前后詹下皆辟小门直达大堂，前后左右各十二座。择中设阁如谯楼，轮值鸣角其上，定启闭爨食之节。中设神龛，祀各姓之先祖，厢以处社长。堂前为门，门有厅，厅左右有塾，备幼读。塾后，左以置书籍，右以置仓囷。堂后有室，便妇女工作。室外又设草厂，而一切碓厕杂物与曝场皆具焉。周缭以土垣，去院门百余武外，当入境隘处，建栅，署曰求志社门。门前夹植松、柏、桧、槐，就近结小庐，以便过客小憩及归里者更衣之所。然后辟田畴，修溪塘，艺瓜果，植花木，约地三顷，费万余金，家出五百贯而事举矣。

社推一人为长，使约束，为定冠、婚、丧、葬四礼。冠以十六为断。丧仍三年之制。婚则男女二八，皆当婚岁。以二月之吉，父母取男女无丧病事故符年限者，不准规避。笺书名氏，男配律，女配吕，枚卜于祠堂；男女各按长幼之序次第卜吉；卜定旬日，婿家具新衣一袭，问名，删六礼，禁侈费，省合婚之说，择吉成礼。葬则仿族葬之例：按序平列，墓前修植荫木，勒碑碣。

社选司会一人，采办二人，教读二人，按班轮值，皆给薪水。计口给食，米大口一升，小口五合。其一应鱼盐琐屑之事，均各自便，交采办搭买公派。家不足以自赡与有四方之志者，准外出，而社中代为经纪其家。无父母室人之顾，疾病死亡之累，可耕可樵，可仕可止，可来可去，身世俯仰，翛然自得，生人之乐备矣！不仅唯是，河汾之业，绵蕝之场，皆将于斯社基之，上以纾君国之忧，下以传之其人。

当是时，友朋文物极一时盛：许子拙学外，如林子香史、王子小云、金子韬甫、池子次榜、陈子介石、何子志石及虬兄仲舫二兄弟季弟叔和间，皆能修明绝学，供世驰驱，自天官、舆地、典礼、乐律、文章、掌故以及算数、医卜、书画、篆刻、击刺、骑射等术，无不各输所长，挟一艺以自赡。中更世故，事未果行。拙学出游江淮，郁郁无所遇，不幸遂死，香史、小云又先后殂谢；死者长已矣，存者又复如儒墨之异趋，为世所指摘，不克坚守旧约，而社事遂散。

方事之盛也，布衣之名藉甚。时流有气力者颇不便其所为，争拘为“布衣党”之名。庚寅北上，座师太史陈公首相诘问，盖都下亦皆知有东瓯布衣矣！归自京师，忌者尤众，虬恐踵明季诸社之祸，罹及友朋，聃胡禹裸，首变初服，而吾志亦渐荒矣！虽然，使虬异日得稍自见，周旋世故，十数年后，犹将按图访故址，翦榛秽，开宅里，重启讲堂，弹琴咏歌，与二三故人，衣冠揖让其间，仰事天际，犬吠云间，鸡鸣树巅，枫林槭槭，作长啸声，仿佛若有见——风车云马，囊书矢，轩轩而来者，得毋拙学诸友之灵阴相予成！则剑佩敛衽肃拜而前曰：菟裘犹在，幸吾子毋忘夙昔，幽明共之！使千秋万世后永知吾瓯有求志片土，喜可知也！不然，四海之内，百世之下，必当有同謦咳者。古今人胡遽不相及乎？社事告成，于春秋鸡豚之局，分吾瓣香，则区区不死之心，终当于此中托魂魄焉。如不没其筚路创议之功，则愿举杯酒相酬，曰：先生归来乎！息壤在彼，请先书此以为之券。

［按］本文录自《蛰庐文略》第十二篇。

《治平通议》序
(1893)

上古神灵首出，开天立极，幎六合，柝八纮，立乎中央而化驰无外。察伦明物，一原于道。道浑于事，事衍于数而寄于法，与时舒卷，不可方物。时移势易，法或窳而不变，则道散而无统。道散法窳，斯乱成矣。顾其乱也，朝野之间规时势、考古制，则乱极而又治。

书史以来，四千年间，时局三变，治术递更，曰封建，曰郡县，曰通商，此系乎时局也。而君师、师儒之局即辖乎其间，治术从此遂分今古，法虽国异而代不同，而道则终古不易：与治同道罔不兴，与乱同道罔不亡，固未之有异也。则论道经邦、讲议之功尚焉！

封建之初，政教修明，生其下者，顺帝则，食旧德，睢睢盱盱，竦身而载视听，故曰："天下有道则庶人不议。"盖天下既已治矣，治则无可议也。

封建既裂而郡县起，古法于是荡扫无遗。诸子百家干时立说，各以蠡测、管窥之见自托为知言见道，滥涌飙起，遂成一处士横议之天下，而先圣之道遂从此长夜已。悲夫！

圣清勃兴，囊括宇内，而通商之局适成。考泰西各国，讲富强，工制造，虽形下而颇进乎道。且各国皆设议院，尚深得古人议事以制之旨。通商启而议院开，局遂大变，则时为之也。时变矣，而犹欲袭先业，守旧教，恭己无为，坐致治平，是犹持方枘而周圆凿，其不得适也必矣！

古之圣人知其然也，好问察言，无遗小大，故悬鼗设铎，善旌谏鼓不绝于道，而又设輶轩之使以周知上下之情，凡以求其通也。

三代以降，君师之局变而为师儒。盖古者以道制治，后世始一切皆持以法。治术遂自此分升降矣！孔子生周之季，不忍先王之道将坠于地，于是祖述尧、舜，宪章文、武，删述六经，垂教万世。门弟子间身通六艺者七十二人，故道统之传讫于孔子，而师儒之局遂开。

汉承秦后，去古未远。一二大儒如贾谊、桓宽、刘向、扬雄、王符、仲长统、徐幹之伦，皆尝著说集论，力规古治，而江都董氏为通博而得其正。自是以后，于隋得河汾王氏，于宋得安定胡氏，而吾永嘉先生实得其传，有其志与学矣，惜皆无专书，于道未昌。有明琼山邱氏衍，补《大学》，始翘起而讲治平，使古大学之教、先王之道见尊于世，不至惑于功利浮浅者，邱氏以外不多觏焉！其间非无闳博之儒，勤求典礼，如《三通》作者，然考古则有余，论治则未切，博而寡要，实亦未见其果通也。他如贾谊、王吉，二刘、向、歆。二苏绰、威。父子，高景、王朴、安石之徒，庶几遇矣，或行之而未果，与行之而助暴偾事，使三代后不克早睹圣人之治者，殆数或限之矣！

盖运会之始，絪缊元气首钟于上，故亶聪作后，君而兼师。及泰极而否，则贤人隐，而下多魁奇闳达之材，儒始以道得民。运积既久，贞下起元，扶舆清淑之气始尽发无遗，君相窍领于上，师儒挢掇于下，驱駧元化，自上下下，厥道大光，将昆虫草木咸得其所，一统之盛比迹泰康，此其时乎！

间尝上下古今之际，时局治术之变，约俱二千年而大转，皆亡秦当其冲，而圣清开其朔。天人合发，数过时可，非偶然也。虬瓯东之鄙人也，生永嘉先生后七百年矣，闻道迟暮，敢自附于作者之林。特以生长中朝，涵濡圣教，牖其知觉，颇欲述帝宪、明王制，遂其立达之愿，跻斯民于仁寿，怀此亦有年矣！值此车书大同，上下求治，虽与计偕，不得随汉氏文学公车后，议五帝三王之道、六艺之风，册陈安危利害之分，与公卿辨议其指意，因积心愁虑，规切时势，综贯政要，僭为此书，其于古今治术之间，盖兢兢焉！

呜呼！当吾世而苟见诸施行，使虬亲见其盛，益得以匡所不逮，固为吾道之幸！如不然者，世有元鉴之士，申王道，摭古法，博综数术，贵是而同今古，欲修新圣人书者，倘不没其欲利人之功，比于刍荛，其亦将有取焉。

时光绪十有九年岁在昭阳大荒落阳月东瓯陈虬志三撰

［按］录自《治平通议》八卷本卷首。文中“后世始一切皆持以法”句下，《蛰庐存稿》中该序有“治术遂自此分升降矣”九字，已予补录。

《蛰庐文略》序
（1893）

虬少孤废学，闻道迟暮。顾生平于书无不好，于文亦无所不学，学焉而间得其近似，辄亦颇自喜，久而始悟其非。夫文者，心之华也，学成气充，而文生焉。若斤斤于义法、声调之间，摹绘擘绩以为工品，斯下矣！学者不求之性情根本之地，而徒缘饰经术，扯挦语录，自托为因文见道，未为知言也！

予既不甚留意于文，文亦不自珍惜，遂听其散佚。或以为请，曰："先生于文虽未为工，然固先生之学术、性情、志趣、气象之所流露，文不必存，先生不可以无传！"乃伟其言，剃狝其芜杂无用者，录为《蛰庐文集》若干卷。兹复刺取其有涉于经世者十数篇，附于《治平通议》后，都一卷，别署曰《蛰庐文略》。侏儒观一节，亦可以得其概矣，文云乎哉！

时光绪十九年岁次癸巳冬月陈虬志三书于瑞安城东之蛰庐

［按］此序录于《治平通议》卷八《蛰庐文略》，《文略》收文十五篇。

《利济学堂报》例
（1897）

一　本报原出利济医院学堂，故医学独详。光绪乙酉集同志建院于浙江温州府瑞安县城东。医籍之外兼课以古今中西一切学术，实欲借学堂为造就人材之地。星纪一周，颇著成效。本报即从积岁会讲语录编辑成帙，因取古人报最、报政之义，列为《学堂报》。

一　本报遵医历二十四节气日出报，每月两册，每册约五十页。报始今岁大寒日，以明年十二月小寒日为一纪。盖五运六气皆始于大寒也。年共二十四册。

一　本报院课外，兼采各报。凡学派、农学、工政、商务以及体操、堪舆、壬遁、星平、风鉴、中西算术、语言文字暨师范、蒙学等类，区为十二门：一、利济讲义，二、近政备考，三、时事鉴要，四、洋务掇闻，五、学蔀新录，六、农学琐言，七、艺事稗乘，八、商务丛谈，九、格致卮言，十、见闻近录，十一、利济外乘，十二、经世文传。各自为叶，随报分编，以便阅报诸君将来装订成帙。

一　本报所列医籍、算术、数学、音韵、体操各书，以及一切文课，均出在院诸生商订分撰。意在开示后学，多设问答，故文理概从质实，其姓氏即行附报刊列。

一　本医院学堂朔望二课，医论外兼及时务、术数等学，届节气日，主讲率诸生候气祝圣，录取前列文课，传示同院，本年即行选刻入报以作报论。

一　本报凡录各报全文者，注明曰："录某月日某报"。删取其事者，则曰："节某月日某报"。参各报者，曰："参某报"。约其文者，曰："约某报"。以示有据！

一　本报所有论说，原供学堂讲肄之用，无取纵谈时事、臧否人物，以召怨谤。凡地方兴革利弊以及官绅创办之事，毫不雌黄，惟从善从长。间加揄扬者，亦须在事成之后，或地方官已离任所，方免标榜、夤缘之习。

一 售阅本报者，全年每分大银圆四元，预付报资，不准拆购。

一 本医院向不募捐。十余年来广开学堂，整治药房，所费不赀，悉由院友自行筹办。除乙未秋季今观察江左宗公邀办郡城分院，捐助二百圆外，计瑞院积年捐润约四百余金，姓氏另列。此次创办院报，本郡报赀照售码永减二成，以答诸公襄助盛惠。

一 无论本郡外省，如蒙交好，代售本报至十分以上者，按照二成另送本报若干分；二十分以上，并将姓氏、爵里列报，以志勿谖。

一 本医院学堂既经开设报馆，凡阖郡文武、大小衙署例应送报一分。近日报馆林立，均蒙当道各宪翼助广销，力开风气。本报虽宗旨有在，其于学术、时务实亦不无小补，谅有心世道者所乐共为提倡也。

一 本医院向遵院章，从无妄取捐润，以医为市，致妨利济本旨。本年开办报务，幸蒙同志踊跃输捐。院中亦未便硁守成规，自狭善门。具有大力官绅共开风气、鼎力佽助者，除将姓氏、爵里随时登报外，院中重行勒石，续出各书另议酌谢。

[按] 本文录自《利济学堂报汇编》首卷，原刊于《利济学堂报》第一册（1887 年 1 月 20 日出版）的《馆录》。

利济医院习医章程
(1897)

一、如有聪颖子弟年在十四岁以上，情愿入院学医者，先由监院察看，拨入某字派下，择吉授书，一月后令其亲人具一《入院结状》，方予注籍。每年伙食银洋十二元，闰月照加，灯油费每年一元。五年之内眠食皆当在院，以便督课。房租、束金、伙食皆由本师及院中津贴垫给。第四年免贴食一半，第五年全免，第六年可放令归食，院中给予薪水十五千，第七年二十千，第八年二十五千，第九年三十千，第十年三十六千，岁永为常。

二、入院学徒不拘年限，课其所业有成，即行给予试医图章。所得医润各如所入给还，惟每人须另提二成归院，以作经费。

三、所定年分薪水之数，实为培植学徒恐不能竟其所学起见。系指未曾试医或初医而医润所得不及所定之数者而言，院中当照章给补；若所得已逾薪水之数，即不得再给薪水。

四、院中学徒学成，无论外邑本地，准其出院自行售医，惟号簿、方纸、医案当仍院章，以便按季报院备核。

五、院中所定应诊章程，专就温郡、瑞城两处而言，并非定例。如在别处，可视该地通行医例通筹酌减几成。务使贫富均沾利益，方为建院本怀，当先行向院报明核准照办。

无论外邑近地，如有立志习医，将来情愿入院，目前碍于院章者，准其在家肄习。取结注籍，酌捐若干以作束金，由主讲授以门法，院中先行起名，惟不准擅用医院印章、方纸。俟入院之日试其学业，再行酌定年数，一体照办。此指未曾在外售医者而言。若已曾售医者，仍当照章入院。

七、如有学问专长之人，年龄已长，不得习医，自愿附院中者，亦应量助捐费。一俟入院后，课其所得，照院徒年例，一体照给薪水。惟每人须另招习医学徒一人，以绍医统。

八、本医院现议各处创设分院。凡来入院者，除幼年子弟外，如有学问通达、声名素著、年已逾冠者，须先报明：学成后或情愿出省或仍归本地，以便分门教授，方无麇聚一处之虞。

九、如疡科、正骨、痘科、眼科、祝由科等各科，如有情愿入院，许其专门传习学徒，定章酌办。

十、学徒入院，岁计院中开费，如教习薪水、房租、伙食等项，每徒约共费银洋三十六元，院中仅收十二元，每徒须垫给银洋二十四元。三年之内，每年本师垫给十元，余归院中支应。嗣后即于学徒归院二成中拨出一成永归本师，以作膳仪。非特平渐之供，礼所不废，要亦饮食教诲在院之义当然也！

十一、本医院已成学徒，皆别有兼长。医籍、文史以外，特增体操、音韵、书算、术数、制造、种植、词章、著作、时务、游历各门，兼设分教，以便督课。其有志趣远大、材力富强者，尽可分途肄习，以冀将来勉成国手，方不失上医医国之旨。

十二、在院学徒，每季汇考一次，分作三班，以便递次转课新进。非特节省薪水，且可兼收教学相长之益。其已经问业者，虽非本师，亦当一体尊礼，将来膳仪仍归本师。

十三、院中设有“道济群生，泽衍万世，津梁广启，执圣之权”十六字世次，均就本师递衍以绍医统。此为院章，不论本来辈行，其平时称谓、礼节悉如其旧。

十四、所定《习医章程》，原指所业在医者而言。若试医之后，别有所事，不能一意于医，或身历仕版，或躬亲商务，所得自必视医润所入为优，准其向院报明不支薪水，酌照上年二成之数每年补缴入院，而所有医案则仍不可废。盖既注籍院中，自当力以共兴医学为志，方能承先启后，使院务大昌！

十五、如有志识背谬、行止卑污及违犯院章者，院中即行除名。所有从前一切利益，不得借口再争！

十六、本医院创办学堂，原议广置分院，大兴医学，使轩、岐之道远出于老氏、浮屠、基督诸教之上，将来如有在别处添建分院，及著书刊行，广招学徒，或计其入院二成医资，或自出私财数在千金以上者，皆于吾道有助。除院中画像、立置栗主外，每岁三月朔，院中派其本派后学墓祭。添置医院功次尤大，每届六十年，则酌估修墓之费，交其本家跟同修筑。功崇惟志，业崇惟勤，于同院有厚望焉！

［按］录自《利济汇编》，原刊于《利济学堂报》第二册（1897年2月3日出版）的《院录》。

《利济丛书》总序 (1897)

五千年道德仁义之治，美其名不变。中四敌立，岌岌乎危。而横目之群，藩甲五洲，哀之而不能感，耻之而不能愤，残破而震撼之，劫而蹂躏之，而不能觉聋起卧。其有驹于元化，竦惧思立，则且顾瞻前却，抱槁欲死。夫无其实，而苟以名存，不腐鼠之吓，则蝗臂之当，吾痛其无术焉以济也！

昔者，伏羲、文王、周公、孔子，相去或七百年，或千余年，或数千年，或授受数十年间。风雨离合，人鬼答语，而《大易》之书出于世。乾坤一元，利龙利马，傥非圣人，其孰能知利之为美而不以自有者耶？且夫生生之始，至不可以已。古而无死，张而不弛，胡患之乘世而疾在人体。然而日月有晦蚀，河山有变徙，四时恒雨旸，五运互倾否，六淫七情以递客主于表里，是故夭昏札瘥民之殃，鳏寡孤独国之耻，故天命不佑，良臣其萎，嗷鸿四闻，而极至于不能宅土而壑水。于是神农氏作，尽三百六十属之性，味七十有二毒之旨，为之耒耜谷五美，为之刀圭药百剂。夫民则既利之矣，厥有轩辕，用衍绪言，师其臣岐伯，讨论病源。《素问》，《灵枢》，阴阳蕴宣。而后医药之利以济天下万世，而人人得以是尽其天年。

自时厥后，越人仓公，名家专门。有汉长沙张太守，闵赤子之涂地，昌炎黄之嫡传，《伤寒》导其先，《金匮》括其全；亦越李唐，有孙真人集千金之方，通百氏之诠，以济生民，而其术出入乎仙释，盖道也而通乎玄矣！

间尝上下千古，盱衡世故，而叹医之为道，匪一家国之利，而其事不止于治疾苦，卫生以延年也，故六经燔秦而医独存。今夫百王之治不啻岐而一以制民之宜，千圣之学不啻博而一以导世于足。无不宜且各足其道，通其俗，乐其利，在于给人生之欲。故人得其欲，则弱者不为虱与蠹，强者不为狼与豹。则惟医之道治之而剥，调之而复，固之而完，因之而续。守其教，上下皆泽；宏其施，中外不画。故夫田农、工作、商贾、文学、星算、兵略与今之别传：声光电汽、矿化种植，以及体操之神、摄养之福，惟吾医名一艺，而实无不以学。探神圣之心源，融中西之政俗，广吾徒之师法，而大腹元元之属。呜呼！此虬自儒书经术外，举凡诸子百家、九流方技之籍，涉猎餍饫，博观约取，欲一一纬之于医也！

习此三十年矣，建院讲授，借此贯通，初未敢谋遽问世，钓弋声誉，为徇时之木铎。客游于院，有问利济之说，并乞观所著书者，为举其目。因引伸名学之谊，漫书以弁端。

光绪岁在丁酉孟春

［按］本序录自《利济学堂报汇编》首卷。又见《利济丛书》首册（光绪丁酉利济学堂报馆锓板）弁首。原刊于《利济学堂报》第三册（1897 年 2 月 18 日出版）的《文录》。

心 战

(1897)

一

强耶？弱耶？良耶？窳耶？坚耶？瑕耶？久耶？暂耶？生邪？死耶？大地抟抟，以爱以离，合而为质，结而为体，溢而为形，化而为气。吸空引虚，通变尽利。涨力所加，速率随之。于是有热有光，有声有电，激机随化，与物大适，挟空而飞，茫无思议。吁！亦神矣！秒忽之间，靡遐不至，是诚百物之精英哉！

顾有热所不能凝，光所不能递，声所不能传，电所不能摄，夫孰阏而止之？几疑造物莫能为力矣！异哉！此心独有其灵，深者入黄泉，高者出苍天，大者含元气，细者入无间。我为穷其速率，乃不啻百之千之，万之亿之，兆之京之垓之，而又不识其摄之何质？吸之何物？引之何机？抑何自始？而何自终？乃为畴人之家所难言，格致之学所未备。开天辟地，变化万歧，其浑沌氏之窍耶？娲皇氏之土耶？故综天下万物之生，而有质者皆弱而窳而瑕，而暂而死，而心独不弱而强，不窳而良，不瑕而坚，不暂而久，不死而生！

呜呼！五洲环处，白人以吸力争天下，摄我以兵，朘我以商，阢我以机，奴我以学。我欲从而战之，乃苦于器之不淬，利之不完，艺术之不精，委然苶然，惴惴然，乃至自窒其通，自鐍其聪，饮诟含辱，甘随非、美黑、红之后，而几于族种之不能容！痛矣哉！哀莫大于心死，以我神明之胄，文物之遗，诗书礼乐之教，而竟不免于今日，我亦独何心哉！吾谓中国四万万人之众直一无人心者也！伊川被发，有识同悲，左衽乱华，咨嗟“微管”，生是时者，将忍而视其为奴为囚、为牧圉为犬马而不知所救耶？抑亦起而思有所争也！

夫发肤身体，孰非父母之遗？饮食教诲，各有高厚之感！而乃以私自域，以畏自毙，以疑自囿，以惰自欺，以虚憍无实自弃。弱矣！窳矣！瑕矣！暂矣！死矣！有心而无心矣！于此而欲有以强之，良之，坚之，久之，生之，其道奚由？曰：暴秦之坑也、焚也，坑其身也，焚其言也。然黔首以愚而心斯锢矣、焚矣！汉、宋、明季之锢也、禁也，锢其党也，禁其学也。然清议以息而心斯锢矣、禁矣！晋乱于五胡，宋亡于成吉斯之裔，乱其俗也，亡其祀也。然天下不复识汉官威仪而心斯乱矣、亡矣！明太祖以毁节义、黜才士、倡后世，毁其名也，黜其争也。然苶软不自振之习，浸淫至于今日而不止，而心斯毁矣、黜矣！夫充心之力之所能及，虽以包天地、亘古今而有余。及其敝也，乃至败其国、破其家、丧其身，而一无所觉。呜呼！孰乏识知，不戁不悚，而务溺心于章句，斫心于帖括，梏心于文法，淫心于干戈，役心于妻孥，游心于利禄！心之不竞，而遑言战为！

夫人之强也，不强于形而强于神。国之兴也，不兴于声而兴于实。我且愿以一行之泪、一腔之血、一滴之灵、一息之魂魄，而与欧洲诸大国决胜于区区之天、星星之地，腹有剑乃利也，肠有轮乃转也，故善战者不战以兵而战以心。

二

往来相错，厥有抵心；点质相切，厥有爱心；炭养相倚，厥有制心；利害相摩，厥有动心，心哉心哉！聚星团星气、茫无纪极之星云，而为一天。析天而倒之侧之，派之离之，吸之摄之，轮而转之，而为日，为海王、天王、金木水火土，为月，为地。裂地而洲之岛之，国之君之，文明之野蛮之，而为亚，为欧，为美，为非，为澳。综亚、欧、美、非、澳之民之类，而群之独之，理之乱之，忌之畏之，忍之残害之；而为战：士战其才，商战其利，工战其艺，农战其地，兵战其敌，而王战其权。此万国之通例也。而我独以不善战名天下！粤口通商，英吉利首倡兵祸，法、日踵之，蹙国数千里，宁非战之罪欤！

人必自立于不可胜之地，而后可以胜人；人必能厉其可胜人之具，而后可以自胜。殷高宗、周宣王之抚四夷也，汉武帝、元世祖之勤远略也，其用一也。阿立山大、拿破仑之雄欧土也，华盛顿、林肯之威绝域也，其势同也。然而治乱殊观、仁暴异制，盖其所以战之者不类也。

夫中弱于西，儒夺于耶，斯岂有他故哉？耻其事而不知夺，是无战具；悟其非而不知变，是无战谋；纩聪旒明于平昔，而临变一无所措，是无战觉；痛心疾首于清夜，而制事苦其无权，是无战能。彼族之侮我甚矣！侵我口岸，削我壤地，虐我羁民，拒我使臣，外我公法，预我政治。我惧其横也，重门洞开，大盗履其阈，主人惴惕以伏，且从而加媚焉，倒秘箧以出之，若惧其不我夺也者。吁！可慨已！抑我亦稍知自厉矣，变通旧法，剃短师长，学堂报章，公私递举，议者谓中国之不终哀矣！

然而民智犹梏也！民俗犹蒙也！上下之阂隔犹未通也！政教之源流犹未澈也！何者？积之重者返之艰，创之巨者治之力，今以羸尪疲乏之余而丐医于十百庸庸之手，舍峻品而施平剂，吾知其必不起矣！

呜呼！棘荆满地，孰施斤斧之功？火势燎原，宁乞勺杯之救！不然，中兴以后，二三巨公，辄知中法之无用，而兢兢于效彼之长者，不可谓不至矣！顾以三十年揣摩简练之兵，韩京一役，率尽师熸，海军之设几同瘤赘，岂诚立法之不善哉！夫同此识知，共此形骸，而行军之令，彼严而我弛也；敌忾之气，彼奋而我怠也；赏信罚必之权，彼行而我阻也；指使臂助之理，彼公而我私也。今试以严与弛战，奋与怠战，行与阻战，公与私战，胜败之数，无俟再言而决矣！然且有举其弛、药其怠、通其阻而破其私者乎？君子曰：是在我心！

三

呜呼！人但知战之战，而不知不战之战也。宋襄言仁，《春秋》嘉其守礼；孙、吴善阵，亚圣服以上刑。军旅之事，古盖慎诸。暴政以阴鸷惨刻之性，逐群鹿而踣之，内愚其民，外攘夷狄，驱数十万呱呱赤子之生，暴骨长城之下，以为子孙万世帝王之业也。然既及二世而亡矣，汉、魏继之。天下无百年不大乱，辗转至今日，殄国丧家者踵相接，盖二千年于兹。

战之为祸烈也。西国战事如菲士巴山、马基顿王、法皇拿破仑辈，杀人辄百万计。呜呼！斯人之徒，孰非吾与？炭之呼耶，养之吸耶，血轮之周回耶，何尊何卑？何尔何我？何戚何疏？何智何愚？而乃以域别之！以种离之！以教圉之！以形役之！而白、黑、赤、棕之，类乃至学问不相通，语言不相同，情性不相款，礼秩等威不相假。以争以夺，以锄以犁，以并兼以诛夷，以弱肉强食。金行应运，得时者胜。环瀛海而毕至，趋西方以如归。彼殆贪夫天之功而私为己力！

哀哀黄族，乃丁其际。耽耽虎威，逼人而视。乃至欲瓜我之国，席我之利，券我之权，臣妾我子女！悲夫！吾见西人残人之类而亦以自残其类也！呜呼！神武不杀，中国必有圣人！战死生天，景教真成谬种！血气之族犹识尊亲，眷念同仁能无下涕！庄子曰："克核太息，必有不肖之心应之！"我亦何心而能忍此！

夫不战所战于战之类者亡，战所不战于战之地者昌。吾愿与天下之善战者，砺其耻心，淡其欲心，牖其智心，扩其公心，而通其仁心！太平之运，由据乱以递升；孤阳不生，战群疑而见血，盖心之为用大矣！一夫不泽，孰纳沟中？爱物仁民，环球同体。夫残千万人之躯命而逞独夫之志，争一家之天下而毒五大洲有识之生，是必丧其心而善狂者也！

或曰："由子之说，将机器可不设，制作可不精，以生人之心废杀人之具，岂有恃而不恐耶？得毋疑于迂远不切事情欤！"曰："人利之而我去之，是倒其戈以授敌也，心之锢也！人淬之而我置之，是赍其粮以资盗蔀也，心之也！然且凿其锢矣，发其蔀矣，我亦既利之而淬之矣，而乃以毒自随，以兵自屠，坐使贼人之资日厚，死人之谋日鸷，虐人之机日熟，殄人之器日良，奇祸一发，赤地千里，斯非吾之所敢闻矣！"

今者，西方通人亦知战之不何为国矣！弭兵之会，来者何人？万国同风，助予袍泽，吾愿复皇古之民心，还宇宙于大同，统瀛寰而一息，无彼畛而此域！黄耶，白耶，我何虞耶！尔何诈耶？赤耶，黑耶，棕耶，孰非我之族类耶？而忍于辱之，仆之，戮之，鞭策之，芟夷之，而俾不得遂其生耶！吾愿公彼以吁，法彼以诚，嘘彼以春，而觉彼以灵！饮其饮耶，食其食耶，衣冠其族耶。吾尤愿群天下千五百兆之居者、游者、秀者、顽者，修者、暴者，莫不奉我正朔，慑我皇仁，弃干戈而习俎豆，用以食我德，服我畴，循我所翯，用我规矩，而同我太平！

呜呼！否为泰根，剥为复机。极乱之后必有大治，亦惟我心之善操之、善纵之而善左右之。若是者，始可以言战！

［按］录自《利济学堂报汇编》一《利济文课》卷二，分别刊于《利济学堂报》第九册（1897年5月21日）、第十册（1897年6月5日）、第十一册（1897年6月21日）之《文录》。

经世宜开讲堂说
（1897）

所尚无古今国外之殊，所志无儒、佛、耶、希之判，所急无王公卿士之差，所长无文武邑野之异，所习无天地人物之分，所利无家国君民之别，则所谓经世之学是也。夫《虞书》详九功，《周官》饬六属，《管子》重四民，自帝而王而霸，罔不汲汲于生人之欲，经之纶之。抑三代以上，士庶之贱，学为人君；即其叔世，乡校之游，以议执政；凡为治乱张弛、修废利病之端，上下之人靡或瞀焉瞶焉，噤且喑焉。自秦坏学术，汉尚黄老，支那之宗风一变。家鼎神器，遑恤乎颠连，嫠纬国维，或疑为觊觎。自大而闭化，虽历晋、唐、宋、明，未之能易也。乃至于今，坤球初运，海户大同，八星示行，五种通志。中逸之古谊，西环而来复。盖四万万众之吸力、爱力，微积分合，以有大通变之新政。呜呼！方言、格致、制造、矿机、军师、武备诸公局学堂而拓为师范，继以自强，识时务者可不谓谋之既臧乎哉！

虽然，学堂之收效犹迂，而公局之兴利或犹未博也。今夫小东狡逞，蔑黄胄为土蛮；泰西狂言，期赤县以瓜剖，势之危甚矣！情之耻至矣！于此而思以振而转为安，其道何在？夫京华首善之区，沪粤肩摩之会，苟循起点以定速率，光行声浪，热传电驰，亦匪过况。若夫腹地千里，重舌之不通；尾闾一方，向心之无力，然而迟待之则广土几视瓯脱，亟图之则异材不啻斗量。抑吾闻营邱报政之疾，礼从俗为；明治维新之隆，学由会广。援昔证今，不患地左，不病财绌，不忧习，不虞情涣，不惊人众，不虑师难，厥惟讲堂之开，足以普新学之化而敏其成也！

既创宏举，请言公地：行省所属，守令所莅，三里之城，一闽之市，四乡九逵，或因道观，或假僧寺，丛祠忠义之栖，古庙社公之位，方耶教之内讧，悯神道之将废，谋兴亚而保邦，藉讲学以绵血食。夫素王之徒、黄帝之裔、丹客缁流、三教百氏，林总师师，俎豆莘莘，皆有为奴之痛、沦胥之戚。若广开讲堂以讨论合众，俾咸知有用之学无尚经世，弗择乎商农，弗间乎工艺，弗贱乎佣保，弗卑乎妇稚，以陟文明，以兴智慧；以保黄种，以存华祀。

其为书则主乎中道，辅以西艺：《论》、《孟》、《官》、《礼》、《左氏》、《国策》、五经群史之文与事，道德之渊源也。必中儒而达西旨者，求为歌诀，贵约而通。格致机矿、化电声光、热汽重算之籍与图，艺学之薮泽也。必西士而协中情者，使之译言务明而简。不宁止是，全球方舆之形，大地兵战之学，五种消长之机，万国政教之纪，六洲农商之务，修我中百子之高谊，参彼西诸家之新法，逸者还之，遗者补之，缺者增之，讹者正之，分而存之，合而诣之，融而洽之，贯而穿之。为之长编，演之浅说，征之实用，证之方言。有类以区，有章以画，有篇以汇，有数以稽，每篇每章几类、几条、几字。毋俾囿于中者蔑西？毋俾泥于道者黜艺，毋俾淫于艺者畔道，毋俾溺于西者贼中，多材元公，守道亚圣，其庶几焉！

夫壶箭刻漏，奸以钟表，而日十二辰堙其名；朔望行香，猾于礼拜，而月三十日紊其纪。今时俗言子时十二点钟、亥时十点钟，几遍两京二十行省，而口岸租界，无士民妇孺皆习于礼拜一、礼拜二。大心君子，沈观惄焉！虽然，志之不立，习之不涤。人之不群，学之不绩。道之不明，教之不昌。政之不举，中之不强。而末器是争，靡裨于存亡！而七日之期弗程，奚关于得丧？夫来复生阳之数，散齐合漠之诚，为期不僭，勿逐有得，盖自然之情，辙于天行。考中綦富，修而行之，勿疑西步，故讲堂之开，值房虚星昴之辰，有讨论讲求之举，与时消息，亦其通也！

难之者曰："知之艰于行，传或匪所习。虚言名理，谁与核实？欲求讲师，厥维艰哉！"呜呼！岂知言哉！诸黄之墨墨，二千年矣。今自甲乙科之贵，学官弟子之英，有志经世之业者，循举、贡、衿、廪之旧，分府、县、村、镇之等，推为讲员、讲生。上风十科之学，中厉西师之求，下悼黔首之愚，根道核艺，博访深思，至于讲期，衣冠诣堂，条举新学，以其餍饫，广为饷遗。十室忠信，百里圣贤，三年立效，一旅可兴。踵而作者，何患不切磋钻研。镜天道而吸地宝，化分贫瘠，合为富民，微积夭殇，登诸寿域。至于尽动植之性，参位育之功，举国皆学，亦古亦新，将以之造草昧而有余，又何经纶升平之世之不足哉！

[按] 原载《经世报》第四册。此据《经世报汇编·本馆论说一》转录。

论国之强弱系于民心，民心之向背系于州县，宜以州县得民为强国之本（1897）

欧墨诸望国之强，不知者以为倚兵力，其知者以为由商务，乃其士民男女无不爱国，无不忠君，致为难也。

夫地球大圜，沟为洲五，域为国千。中运满欹，天磁西吸。新法古谊，推本民政。耳食之论雷鸣，一孔之儒锞炙，使策强中者，百变而不能离。虽然，俄炽东北，亦亚亦欧，独轨人纪，著天泽，乾符世握，近风太西，民有肃心。希利尼一党，好与君主为难，无与国若敌，皆疑其朝野之阂，上下之睽矣！而及于邦交大政，有所必争之利，不可或负之势，则举一百十四兆白黑异族之人民，优陨纯嫠，献曝一愚，视彼英、美、法、德穷变通久之治，进斯民于文明，引国衰为私耻者，骎骎乎轩轾之。夫宁独其政府封圻内外衮衮诸大僚之远猷盛德，深感而普化之欤？抑亦其亲民官吏如欧俄、如芬兰属渺小十部，地不过县邑、治不过令长者之得人也！且夫善为国者，得其人而用之，乃能得民心。用人而不得其心，尽所取皆弃材；治民而不得其心，尽所有皆非类。有国者而用弃材治非类，弱不可得，恶遑暇言强！《传》不云乎："心则不竞，何惮于病!"彼英、美、法、德之争强于西洋，俄之踵而有事于强西诸国之强，不以民力，不以民财，而以其民之心矣！

今夫东球地位之正，中土神圣之邱，三古以来，迄于周迁鲁分，世变亟而素王殿。万善大备，约为忠臣孝子。名教定而中学衰，王官之失，畴人之逸，六艺之亡，诗书之炬，百家之黜，天道于是西行。罗马得政，耶稣降生。吁嗟乎！黄帝之胄日替，黔首之智日昏，五洋沄沄，中原尘尘，迭强迭弱，国大合而人大分，盖二千有余年。君不暇谋民，民不知爱君，而寥寥落落间遇食焉不避其难之人臣，以为黄种一脉之存。而西治之日跻吾隆古者，乃钥海锢化，至于冲决壅塞而后有闻。

夫彼耶有同仁之志，贵贱平视，大小维均，以爱立教。墨翟之伦，昔惧其与儒混，今乘吾敝而傲我以其群。呜呼！使吾二十行省二千五百州县，自督抚以及知典、词馆而逮衿绅，家视国而亲视君，而风之者上下妇稚四百兆人，安见神圣接轨、忠孝馨香之中土而日见凌侮危削于强邻者哉！故夫州县者，无问大小僻冲、通商传教之所及与否，宜视祖宗尺寸之地、炎黄神明之胄为己之田宅恒产、家人胞乳！为之计其稼穑，谋其安居，任其教养事畜。与具智愚贤不肖，一切道中艺西、树内藩外之图，无不尽心力而为之。使民视百里之宰如其父母，为民父母则且惨怛谦退。以其民父母吾圣明之君，而自视犹吾君之庶孽季子，而尚有政府封圻诸大僚？犹之伯仲叔氏而斯民喁喁，抑犹一门庭内之童孩孺婴也！夫如是而其田宅靡不思力保守，其家人靡不知同休戚，以同休戚、力保守之国不足言强，如之何其足言强乎哉？

抑又闻之：强国之本以广新学、急当务二者为最！然此向者以力以财之说。近西教纵横收拾人心，一入礼拜，举凡教会中翻译算、重、化、矿、农、电、声、光专门之学，视京外公私各学堂较为详备精密。试问教民之为学兴务，有足为国家倚重者乎！匪教民而能希教会中之出所学若所务以假借裨助之者乎！嗟呼！西人以新学当务，夺吾黄人之自强而先夺其心。而吾欲强国，愈益不能不先强吾民之心也！近鉴强俄，远规泰西，为州县与使之为州县者，于强国之道思过半矣！

［按］原载《经世报》第十三册。此据《经世报汇编·本馆论说一》转录。

论外交得失
（1897）

呜呼！环地球五大洲，雄国且数十计，而有域大班四，民众推首，而巍然以中国称者，而竟不能与公法之列哉！而竟不能与公法之列哉！我谓自欧亚通道以迄今日，我直百失而绝无一得也！

夫古无独立之国：放华盛世，猾夏命士，苗民、鬼方，夏、殷不廷，然必中强而外弱，中盛而外衰，中治而外乱。虽秦、楚之于周，胡、羌之于晋，辽、金之于宋，亦既侵而侮之矣。然未能决其孰强孰弱、孰盛孰衰、孰治孰乱，何者？自主之权无失也！

乃者，挠我政令，议我租税，夺我教而专我利，而我方茶然敝然，忘其所欲噬，而姑与之！而姑甘之！呜呼！一言违和，大海扬波，蹙国千星，不平则何？此我九皇六十四氏以来中外一大变局也！夫岂中固弱而外固强？中固衰而外固盛？中固乱而外固治欤？不然而宁有今日哉！

我谓自欧亚通道以迄于今，我直百失而绝无一得也，何以言之？彼族之初至，亦既艳我、慑我、欣慕我，而非敢遽生戎心于我也！设我稍融华夷故见，开诚布公，甄短师长，无愧于古者“柔怀远人”之意。我知彼资我物产，沾我利益，必将感我之信，悦我之厚，惕我之明，而岂有仇于我欤？夫孔不入秦，孟恶变夏，而穆公誓师，殿辞谟诰，孙叔敖、百里奚之盛事，“七篇”辄称述不衰。圣贤无我之量，宁尚有一毫畛域之见哉！然而拂箖德之见绝于疆吏也，斯当冬之见尼于部臣也，犹幸庙算神明，视周万里，转圜之间，中国得以无患。不然，英吉利之将叛，当不待义律之师矣！而况于澳民之狱，蔽罪肆阁，误伤之辜，议定大辟，我方懵然于交涉之宜、外人之情，乃令彼之疑我日甚，即彼之叛我亦日亟。重门四空，长驱来东，诸白种起，五口商通。呜呼！自香港首祸，而彼始知我之易与矣！夫向者彼固疑我之轻彼也，至是而反其术以轻我！于是要挟之计益工，恫喝之言屡至，于是有为公法所必不能容者，彼亦百试其端，必思饱其欲而后止。然使我坚忍不拔，力持大体，关其口而夺之气，则彼又岂能苟逞无餍之求而甘违公理哉！

呜呼！中国之外交，其始误于虚憍，而不少予以余地之容；其继迫于要胁，而不预筹夫后患之烈。其有忠荩赴难，与夫老成持重，卓然有古名大臣遗风者，然亦不免于斯二者之失！呜呼！尚何言哉！尚何言哉！乃至安南、缅甸、高丽、琉球诸属国尽沦于敌，而台、澎内境弃以畀日，而英侵科干，而法划江红，而俄揽西伯利亚铁路，而德亦骎骎乎有中分我国口岸之势。异族接肩，卧榻鼾眠，兵燹四连，矛地剑天。悲夫！可危夫！

而今之论外交者，犹曰："结俄以拒日"，又曰："结英以拒俄"，又曰："联美和日，因英通德以拒俄、法"。呜呼！此吾孟氏所谓"是谋非我及"者也！夫中、日之役，辽左来归，犹恃俄、法、德之助。然法、德实附俄议，即俄岂真有爱于中国哉？但以日得据辽，则人海之阻，日人专之，固知其非俄利，而非愤其为中害也！必谓亲日弱中，俄固不然；然必欲俄扶中以摈日，恐俄亦必不出此也！况即出此，则中既无日，而中之隐祸方长矣。彼大彼得将死之言，俄人宁能一日忘哉？"结英以拒俄"，颇为近之！然自通商以后，中国利权让英独握。中国所以输英奉英而惧失欢于英者，亦不为不至矣、不尽矣！中国有事，固亦五印度大后帝所宜屦于皇、剑于寝门之外，而问命师之罪名者也！然而中、日和约，俄人首倡干预之议，英人决不闻知，然犹阴为日助，而犹欲其弃宿昔畏忌之俄，而为萎靡不自振之中国拘祸强敌，此未易为英望也！况俄、德之交最固，而英所为日结欢于德人者，其心殆不可问矣！而谓英能与俄争哉！若谓"联美和日，因英通德以拒俄、法"，则可施之旅顺未破、台湾未割之日。我之虚实未尽为白人所识，张我邦强大之名，为亚洲辅车唇齿之助，率古人远交之旨，以淡诸雄国弱肉强食之心，或亦一时权变之谋欤？乃数十年勉强支持、万端掩盖之局，而日人以一战得之，彼白人方且悔谋之不预，而甘让日本以先鞭之着矣？然果使江红不割，科干不畀，北方之铁路不通，则我之险阻犹足自固。外益其助，内强其民，或可徼幸于一奋也！而今究何如哉？腹地屯兵，重关洞辟，我所恃以拒人者，人且得以并我、蚀我、属国我而瓜分我矣！不然，美固无事之国也，又尝与中国为相助之约，然乃中受日侮，美输日饷，不惟不助中而已，且甘犯公法不韪之名，而不安局外观战之例，其视我中国何如矣?!德亦何雠于中?而英人于倭衅初酟，挟德议和，卒阻于德而止，乃令东方小邦雄视亚域。而德既见中国之弱，终亦垂涎一方，其无助于我也亦决矣!

或曰:“土耳其之不亡，英、法诸邦之力也。岂白人之视中不及土耶?”曰:“俄苟并土，欧洲之祸立至。中即入俄，俄有一统全亚之势，而诸欧犹能自立，或亦非彼之所急欤!况诸邦既许土为自主国，而入公法而予以保护矣;然犹将土国辖地十分其五，则土未蒙诸邦保护之益而先被其毒也。设诸邦以待土者待中，我又宁忍朝夕安之哉?”

陈虬曰:“外交之道，亦去彼之所以轻我者而已矣。”夫我之见轻于彼，匪自今始也!

陈虬曰:“为今日外交计，一切权谋诈术举无所用，惟能察彼之情而出以公心，持以定力，其约章之可允者允之;如不可允，则虽重兵临我，严词咽我，多方迫胁以误我，而我必坚持以万不能允之意!私之以利而远其害，予之以虚而靳其实，断未有一朝决裂之势也。夫向者固惟惧一朝决裂，而不料其流祸至此也。亡羊补牢，覆车改辙，我其识所从事矣!且彼所为临我、恫我、多方以误我者，彼必先有轻我之心，而后敢而为愚我之计。愚之不已，则瓜分之约，突厥、波兰之殷鉴，亦可为寒心已!噫!中国虽弱，要岂若前日日本之甚哉!明治初元，白人挟制百端，至以细民斗杀小故，赔费盈数百万，乃持之数十年，而彼国交涉之局大变。何者?彼向固以日本为可轻，而究未可轻也!噫!中国虽弱，要岂若前日日本之甚哉!不务知此，而苟求助于彼族之庇，曾亦思异种殊心，各扶其类。彼数国者，方且多其与，厚其资，协其谋以垂我敝，而我中国乃适孤立而无徒也!夫《军志》有之曰:‘上兵伐谋，其次伐交。’如或所云，则伐交之下策也。我但思去彼之所以谋我者而已矣!夫彼所以谋我者，乃其所以轻我也欤!”

陈虬:“外交之道，亦去彼之所以轻我者而已矣!”

［按］原载《经世报》第十六册。此据《经世报汇编·本馆论说一》转录。

医医
(1897)

呜呼！今之死于病者什一，而死于医者乃什九也！悲矣夫！人以生死予医，医以医死，人予之医者，诚病矣！医之病可胜痛哉！可胜痛哉！虽然，吾见人不医医之病，而医不医者之病也；吾见医以医病为医，而不以医医为病也。

呜呼！死人以病，医能生之。死人以医，直无人不病矣、不死矣！抑病者之身死，而医者之心死。且不惟医者之心之死也，即予之医者先自死其心也，而何救于身之死哉！何以言之？彼固非能医者也！然且挟其术以号于众曰："我医也！我医也！"我不辨其医非医？能医非能医？且从而信之，而告之以其病，曰："彼医也！彼医也！"病且死矣，而旁之人之绝不知医者，亦不辨其医非医、能医非能医，乃从而解之、释之、附会之，不咎医而咎病，曰："是医也！是医也！"

呜呼！腑脏不语，委百年于庸夫；轩、岐无灵，乃杀人而不恤。悲矣夫！众聋盈廷，群盲当道，吾知虽有师旷之耳、离朱之目，亦无所用其聪、用其明矣！况安知彼不自聪其聪，而谓师旷之不聪；彼不自明其明，而谓离朱之不明也！且安知人不亦以师旷为不聪，而相与聪彼之不聪也；不亦以离朱为不明，而相与明彼之不明也！呜呼！我其如彼何哉！我其如彼何哉！虽然，为师旷、离朱者，亦既有其聪矣、明矣，其盍少往试焉！其或有一二求聪求明者，因而归焉，又安知不能转不聪者而为聪、转不明者而为明欤！夫果能转不聪而为聪，转不明而为明，则师旷乃真聪矣！则离朱乃真明矣！呜呼！此亦存乎今之医医者矣！

［按］此文录自《利济学堂报汇编》一《利济文课》卷五。

呈请总署代奏折稿
(1898)

奏为外衅迭至，内患交乘，祸烈机危，急宜变法自强，通筹分办，力保大局。拟就浙省先行试办，呈请代奏，谕饬各直省遵行事：

窃维自强之道，在厚集民力以固人心，大旨当以富强为主。利不外溢则富，权不旁掣则强，必使人人有保其身家性命之权，而后国家可收其臂指腹心之效。方今四邻交侵，日肆要挟，始而撤我藩篱，继而越我门庭，近且据我堂奥。外人以虚声恫喝，朝廷未交一兵，未折一矢，甘以祖宗百战经营之土地拱手让之他人者，岂真偷安旦夕，以相忍为国哉！诚以圣明洞见万里，方张之寇，势难遽争，吾内外战守无备，百事未遑，不忍中原赤子肝脑涂地，故不惮纡尊忍辱，为民请命。薄海臣民，同深感戴！朝鲜一役，以二万里之版图，四百兆之人民，受制于海东三岛，割地偿款，遂启诸外人奴隶中国之心。德议瓜分，群相倡和，机缄显露，有识寒心！为今大计，宜大假民权，许其联集干事绅富，通筹全省富强之计，分门办理；呈请督抚专折奏闻，一俟得旨允行，通饬地方官，一例保护。果能任得其人，血诚办事，则众志成城，而吾皇上万年之基，巩于磐石矣！举人等谨拟三策以供荛采：一治乡团以杜乱萌，一设学堂以开民智，一兴矿务以裕利源。其间先后缓急，皆当与时消息，为吾皇上约略陈之：

泰西雄国，各竞兵力，法、奥、意、英，皆近百万；德养兵一百七十万人，俄至二百余万；衰病如土耳其，亦尝有步骑炮工兵七十万零六百二十二人，而预备兵十万零四千五百人尚不在列。今额设旗、绿制兵仅六十余万，近又裁削，恐仓猝不敷策应。欲求有用兵之实，无养兵之累，莫如修保甲以办团防。拟略仿《周礼》遗意，以五家为比，比选壮丁一人；五比为闾，闾举一人为长；十闾为团，则二百五十家矣，设团长。间日出丁五人，照比次挨轮供更巡查之用。每团百人，籍其一为练军，而一切军装名粮即出自本团。以百人而养一兵，较之荆公新法十家籍二，刘宗周《保民训要》每甲三丁，民力较纾。以中国四百兆众计之，可得练军四百万。团丁以资守望，练军以备调遣，外人内匪，衅隙曷乘！径裁一切兵勇，岁又可节省饷糈千百余万。此团防之制，所当略为变通者一也。

国家之兴视乎人材，人材之出由于学校，故近日内外臣工皆加意此举。京师大学堂以外，上海又添设师范学堂。此外以学堂名者，天津则有水师、武备，江南则有陆师、储材，湖北则有自强、武备，陕西则有实学，浙中则有省垣之武备、宁波之崇实、温州之利济，而天津、浙江、安徽又皆各有中西学堂。其以书院名者，苏州则有平江，芜湖则有中江，贵州则有中西，浙江则有求是。他如天津之育材馆、山西之储材馆、湖南之艺学馆、温州之学计馆，以及湘乡之东山精舍，见诸奏报者，规模闳阔，期以远大。然十年树木，深虑缓不济事，宜令各府州县各设小学堂四所，分兵、农、工、商四门。兵主水陆测绘，农兼畜牧种植，工分矿务制造，商事公司税则。门设教师、讲师各一，每门皆就浅近易晓易行处，约纂成书。资质稍异，材堪造就者，由教师课以文法，兼令习算。而讲师则每日定期开讲，听令老幼男妇环观聚听，务当明白开释，互相告语，总期一年以内民智大开。泰西八岁不学，罪其家长，一艺之细，亦开学堂，故人材奋起，国势日强。日本明治初元，广建学校，亦尝变通教法，人无论何业，悉由学出；业无分何等，悉以学名，故能酿成维新之治。盖事求有济，功不在大，此学堂之制亦当略为变通者二也。

矿产为天地自然之利，华矿旺盛实甲五洲。西人称山西一省煤矿多至十三万余英方里，即合五洲之大，用至二千余年有余。况川、楚、闽、越饶产五金，宋、明《图经》冶地可考。顾中国除开平一矿，余皆未见起色。即如吾浙去岁衢州之开化银矿，龙游之杜山岛，严州之虎形穴，宁波奉化之堂澳，亦鲜成效。虽由风气之未开，实亦办理之未得法。近日办法，不出三途：曰官办、曰商办、曰官商合办。虽矿地从优契质，开窿依脉，各有里数，并无妨碍田地，庐舍坟墓且在禁步以外，似应众情踊跃，争先恐后矣。乃或事变百出者，盖大利所在，各思染指，一旦以本地应有之利，听之外来，予取予求，弱者怒于色，强者怒于言矣。况官办则上下之情不通，商办亦客主之势各异，不仅成本短绌已也。今宜略事变通：省设总局，如得矿地，先就同府之人集股承办，股本不足，由公局凑集，减轻股份，每股十两为率，易于蒇事。前后三十里以内，居民附股者概减二成上兑，务使土著多沾利益，则附股渐多，一切损伤龙脉之说不攻自破矣。一邑之力不足，继以旁邑，华股之力不足，继而洋债，人期合力，事期必成。然非设立商局以挈其纲领，广开铁路以通其血脉，则亦不能全操利权。去岁浙中绅士已贷款四百万，先筑宁、绍二处铁路，禀商浙抚，将次开办，他处应办之路亦宜分道兴筑，期与矿务相表里。此矿务之制，亦当略为变通者三也。

泰西十年以前，群事分剖非洲，今且及吾。始犹视吾为半教之国，近且等为外人，屠割菹醢，将无不至。海防紧要，浙当其冲。举人等浙人也，请先就浙论。两浙襟山带海，三面受敌，为西舶东来必经之路。且著名财富，物产殷饶，虎西垂涎已久，各思朵颐。胶州事起，德人无理索地，朝廷忍不与较，于是俄索旅大，英索威海，法索广州湾。草野谣传：美廷亦欲掉臂其间。池鱼之殃，行将及吾。况浙东风气强悍，特虑伏莽，加以哥匪蔓延，旋扑旋起。若非先事布置，安集四民，万一内外合发，蛇吞豕突，东南大局何堪设想！举人等服畴食德，垂三百年，具有天良。当此朝野交警、库款支绌之时，何忍以祖宗邱墓重贻君父东顾之忧。不揣愚昧，联合十一府、三厅、二州同志，拟立保浙公会，筹集巨款，以保卫梓桑之计为屏藩王室之谋。

以上三策，如得俞允，一例举行，自当通力合作，俾庶民各有常业，地无不兴之利，人无思乱之心，将来练成劲旅，非特屏蔽东南，万一畿辅偶警，即当拔队北上，戮力勤王，念食土之厚恩，雪敷天之大愤。昔法之制普，兵限以七百；楚之亡秦，功基于三户。地不在大，事在人谋。两浙为南宋故都，人怀忠愤，孙吴、钱氏恃以立国。昔勾践不耻会稽之辱，卧薪尝胆，有习流二千、教士四万、诸御千，修计然之策，天子致贺，宠以金鼓，遂羁东诸侯。今山河如故，而人民加增，苟修其法，何难以东南半壁支柱中原；况合二十二省之众，率其子弟，卫其父兄，各矢忠义，誓不再以尺土寸壤让人，谓三年之后国耻不雪，国威不振，吾不信也！

夫亡羊补牢，临渴掘井，为时已晚。倘再事迁延，因循不决，置社稷生灵于不顾，令天下疑吾皇上有轻弃其土地人民之意，将海内离心，瓦解土崩，噬脐奚及！今若束手待毙，任其剥噬，恐茫茫亚土，皆成暴骨之场；师师黄人，咸抱饮鸩之痛。衣冠文武，顿异昔时；庐墓松楸，难寻旧物。衔精卫之石，填海徒劳；挥鲁阳之戈，回天已暮。举人等誓不向北庭而请命，计惟有蹈东海而捐生！鸿毛之一死何辞，龙驭之六飞安适？兴言及此，泪血交枯！是用露胆披肝，上吁天听！伏乞吾皇上深察世变，俯念时艰，大弛拘挛之禁网，使人自奋，庶材智得所凭藉，下卫身家，上安社稷。如蒙采及刍言，通饬直省督抚一例举办乡团、学堂、矿务，一面准举人等先就浙省试办，全浙幸甚！宗社幸甚！

明知军国大计，非疏逖所宜言，但覆巢之下安有完卵，蝼蚁微忠，急当自效，故不避斧钺之诛，冒死上陈，不胜战栗屏营之至！伏惟代奏皇上圣鉴！谨呈。

［按］此稿刊于《知新报》第五十五册第七——九叶，标题原作《浙江孝廉陈虬等呈请总署代奏折稿》。

《新字瓯文七音铎》例言
(1903)

一　是编宗旨在开通民智，紧要详后《演说》。不论妇女、农野，每日熟课一点钟，月余皆自能写信记帐，简捷无比。一人学成，可教一家，尚祈大力推广，多开新字瓯文学堂，进化当视寻常学堂，事半功倍。

一　中国字有万余，而语言之间有音无字者，尚居其半，故语言文字不能合一。泰西切音成字，甚有合十余字始成一字，然于中国单音之字，或仍多不得正音。且中西两学非五六年不能粗通文义，欲求于十数日之间，人人可学，无不达之意，无不肖之音，字简而赅，笔画又省，四声四呼秩然不紊者，当以此编为最！读者当自知之！

一　此编功课须分六级：认法、写法、记法、拼法、温法、读法。认法：先明父声、母韵。字形长者为父声，位居上；短者为母韵，位居下。写法：每日当用毛笔描写范本一页，久习，手腕自然纯熟。记法：须分喉、牙、舌、舌齿、齿、唇、唇喉，即宫、商、角、变徵、徵、羽、变宫七音。父声六位，笔画由少而多，反正两体，六字实即三字。母韵四宫：一、二、三、四，从括弧化出，自然无讹。拼法：分阴、阳二门，凡父声、母韵，属奇者为阴，属偶者为阳，阴与阴拼，阳与阳拼，不得相混。四声点近母韵，四呼点近父声，拼法既明，再求习熟。温法：每人用黑板或粉牌一面，不时任意自行默写，或用厚纸将父声、母韵裱好，裁作九十八块，随便联拼更妙。泰西教瞽法，即用字母刊好，令其摹认。读法：以熟为度。母韵阴声七课，每日早晚须演唱一次。进种强权，首在于此。义甚玄微，难与初学道也，久演自知。

一　吾瓯音读多谬，入声尤甚。编中惟父声、母韵，官音与瓯音同音，直注官音，余俱暂用瓯音。是编取有音即有字，义在增字，未及正音。如龙字，官音当拼腊洪，郡城音读如良，即可拼腊阳。瑞安读○，即可拼腊华。各如其地之方音拼写，方能令妇女通晓。待方音书写纯熟，再求讲正音韵可也。

一 新字瓯文当分三级：此为初级之书，以方音为主，论音不论韵，取其有音即有字，然仅可施之各省本地，出府则或多窒碍。二级以官韵正方音之讹，数日之间便能分晰经史一切，各得正音，书名《官韵正》，熟此则大地可通。三级则为译林，取《官韵正》之音同义异者，又加分别，其用始广。不特旧文万余，一一可通，兼可渐悟文法，不过一年之功，可以尽读译本中西之书，较之旧法，不啻倍蓰！信学界中之轮舟、电路也。

一 无论古今中外，按其声韵均不出二十八部，不过方音之异在字之音读不同，并非韵有欠缺不全。故此编各处皆可通行。

一 此编文取质实，务令妇女易晓，所谓质家之文也，幸勿致哂！

一 所定七音部次，确有要义。不材治此已三十余年矣，异同之故，具详《答问》。此为初学教科之书，无取辞费。一切考据，概从删削，阅者勿疑！

一 瓯文四体，大写全师篆法，小写时兼隶意，联字正便两体，仿佛石经，总以不欲尽弃中法为主。其快字、草字，则另著于编云。

补 正

一 瓯文本有四体，已经刊行。同学以新字初出，先示一体，方易领受；遽授数体，易致歧误，故复行削存。

一 《瓯谚略》是刊行后所增本，不仅为瓯方言而作，中多向来有音无字之字，且多仄声。其音原为别地所有，其字实为旧文所无，每日倒切数句，足补前课平声倒切之缺，故附增于末。

一 是编别署《普通音字新书》，同学所赠也，意取通俗，故仍之！

［按］例言九条、补正三条均录自《利济丛书》音声语言文字学十种之一的《新字瓯文七音铎》。

新字瓯文学堂开学演说
（1903）

今天是利济医院新字瓯文学堂开学的日子。吾且把院中造出新字的缘由说给大众们听听。这医院新建在浙江温州府城内。原有两个，老的却在瑞安，造起来差不多有二十个年头。那主讲先生别名皋牢子，他读书无成，去兴医道，听说古人有“上医医国”的话，要把那四个字着实做到，表明医家本等应办的事体，这么唤做医国。因为人有人的病，国有国的病，现今吾们大清国的病呢，是坐在“贫弱”两个字哪，只有富强是个对症的方儿，因此造出新字，当那富强药方的本草，这且慢表。

且说吾们现在所立的地面呢，本来椭圆如球，故此唤做地球哪。地球上面有五个大洲，吾们所居的地方呢？是亚细亚洲。那五洲中又分五种人类。那五种呢？黄、白、黑、红、棕，吾们倒算是黄种。黄种初代的祖宗哪，唤做轩辕黄帝，这文字就是那老祖〈宗〉的史官仓颉、沮诵两个圣人造出来的。当初的字形头粗尾细，同那虾蟆字一样，便唤做蝌蚪文。后来到了周朝宣王的时〈候〉，史籀变为大篆；到那秦始皇的时候，丞相李斯又变为小篆；同时程邈又以篆字笔画忒多，另外造起一种隶书。秦朝一过哪，便是两汉，史游又造草书，刚是西汉元帝的时候。后来到了东汉章帝的时〈候〉哪，王次仲才造正楷，就是现在吾们所写的字了。变而又变，那仓圣所造的古文，早已影迹全无。若说寻常的道理，古人费了许多心思，造出文字，应该万代遵守呢！后人灭了古人的迹，岂不是个大大的罪过么？不知文字如衣冠、车船一般呢，原取便民适用，合时为主。现今吾们穿的、戴的、坐的、驶的，那一件还是三代、秦、汉的老样子呢？何况文字！考之前朝，大约远者千多来年，近者数百年，文字就没有不变的。只有东汉至今，差不多有二千年，依旧守着这篆、隶、正、草四体哪，并没有造出新字。吾们中国在地球上面呢，当初也产过多少大圣贤、大豪杰，原算是头等富强的国度呢！只因吃了文字守旧的亏，遂不觉走到贫弱一路上来。这是甚么道理呢？吾且慢慢说出来把你们听。

外洋如英、美、德、法、日本，男女八岁一定要他到学堂里读书。有不依他律例哪，就拿他的父兄治罪，因此到处多是学堂。通国算起来，一百人中那识字的竟有九十多人呢！中国除城镇大地方以外，能晓粗浅文理的，十个人中哪，还挑不出一个，这就差得多了。他那里识字的人多，故人人多会自己读书、看报。无论做官的、念书的、造机器的，应该用着文字呢！即那种田的农夫以及泥水、木匠哪，亦多能自己刊报著书。所以他们造出来这许多东西，制作一天好一天，销场一年阔一年，利源就兴旺起来了。国富没有不强，此是一定的道理。

吾们中国那里够得上呢？地方既没有这许多学堂，字又着实难识得很，每字既有许多音哪，每音又有许多字呢，而且笔墨忒多，通扯起来每字总有八九笔，多者四五十笔不等，字共四万有余，紧要的也有四五千呢！还有许多音统没有字，就是在学堂十年出来哪，旧字个个认得解得，唤他们写几句口头的言语，开一批手面的帐单，竟没有一个能一直写下去的。那人这［怎］么肯费了多少功夫，花了多少银钱，去学这没有用场的文字！识字人少，自然读书明理的不多，所以西洋从前尚称吾们为半教的国，近来竟呼吾为野蛮呢！因此甲午年以后，中国有志的通人多晓得开通大家的聪明，总要造出新字才好呢！现在刊行的已有吴人沈学、闽泉卢戆章、龙溪蔡锡勇三家。不过他们书字形、字母哪，多是仿洋文的法子，而且母韵不全，故取音仍然不准。中国有些音，依旧是没有字的，他们书多在那里，大家看过，多是这么说。吾们造出来的新字是纯主中法，略参西文，将来中外通行起来，也好替中国争点文明的面子，字只九十八个，每字一笔，两字拼成一字，有音即有字，每日费了一点钟呢，一个把月就会自己写信记帐，略略加些功夫，并能阅报读书，真乃是文字场中的轮船、铁路，比之从前，十分里头总快便的九分，好不好么！

这部书原名福利音，后来又改为都利音。本来造字传音，用场在音，故名字就音一边取的，这么说用场在音呢！因为天地间音声的作用很多，现在统没有人替他发达起来，如那光学、汽学、电学一般，只好先用他来治国治病。这话说起来似乎有些稀奇，不知道古人听见乐声，就晓得那朝、那国的治乱兴衰，这宗道理是有人听过的。说那音可治病，未免有些不信，那晓得上古祝由遗编——禁咒，就载在黄帝造的医书《内经》里头呢！还有一件，古人“藥”字从草从樂，岂不是一个绝妙佐证吗？如今寓音于字，因此改名“瓯文七音铎”。这［怎］么唤做“七音”，宫、商、角、徵、羽五音，再加那变徵、变宫两音就是。那“铎”字是这［怎］么说呢？上古本有小小执事官儿唤做遒人，国中凡有紧要的事，他就把那木铎在路上摇起来，告诉大众们。这［怎］么唤做“瓯文”呢？是说此文出在东瓯，犹之英文出在大英、和文出在日本哪。这部书的名字就取这宗意思。但是现在的人多贱今贵古，还祈明公理、发热心、有大力量的人帮助吾们推广推广！无论文的、武的、贫的、富的、老的、小的、男的、女的，劝他学起一个，去教一家，数年之内，吾们黄种四百兆同胞没有一个不识字，国家自然没有不富强的。将来好在地球上仍做了第一等文明的国度，好不好么？到那时候，不独本医院沾得幸福，即吾们老祖〈宗〉同那当初造字二位神圣，亦当欢喜无量呢！请大众们仔细看看罢！

［按］录自《新字瓯文七音铎》。

书函

上东抚张宫保书
（1890）

虬白：

虬闻今日为经世之学者，动曰："欲天下长治久安，非复古法行封建不可！"然则郡县以来，天下果无治耶？为救时之说者，每扼腕太息而言曰："今纪纲坏极矣，非大变法不可！"然则四千年中独商鞅、王安石为得耶？乃太公封齐，三月报政，而鲁公则迟之三年。夫齐、鲁接壤也，二公皆圣人也，何论治亦各不同乎？然则缓急张弛，果自有其道在耶！虬瓯东鄙士，阅历未深，何敢妄论天下大计。顾维狂夫之言，圣人择焉，故生平颇有论述，冀以刍荛一得之长为朝廷收铅刀之用。乃九度槐黄，始离席帽；春明一战，铩羽空回，郁郁无可言者！将届出都，长沙徐师怂恿来东，以为公当代伟人也，若可纡道一见，以抒其胸中所欲言。虬受命不敢违，日昨抠衣进谒，命延入内，出其幕府诸君上下议论，使虬得恢广其见闻，激发其志气，幸甚！闻虬有《治平通议》各书，且言"将来当为代付剞氏"，勤勤恳恳，仪文备至，如父兄师长之慰勉其子弟。虬何人斯，躬逢此遇，且感且悚，不知所措。颇以仓猝不获尽言，退因条陈八事，酌古准今，以因为创，无过高之论，无难行之事，如蒙采纳，一转移间，当立有起色，幸留意焉！

昔汉文帝，汉之贤君也，亦曰"卑之无甚高论"。度吾所可行者，诚以为治不在多言，顾力行何如耳。倘微言可录，立见措施，或节润入告，请旨饬下，各直省疆臣一例举行，使虬数十年伏案讲求之苦心，得于吾身亲见其盛，则感且不朽！

虬元发始燥，即事举业。弱冠以前，治词章训诂。二十以后，留心经世。旋以过劳，得咯血不瘵疾，旁攻歧黄家言。历试不售，折而之他，遁入释、老，百氏之书，略皆寓目。年逾立境，始专心身心性命之学，思范文正“良相良医”之旨，一意于医，治之又十年矣！自分驽骀之质，不复堪为世用，留心撰述，冀成一家之言。然于国计民生与地方一切利害，每有见闻，辄怅触而不能自已，伏枥之志仍未忘也！蹉伏里闾，无所事事，又秉性戆直，遇事敢言，与世多忤。居尝抚髀感慨，以为茫茫海内，终当有知吾者！己卯客游金陵，以文字受知于沈文肃公，烦蒙奖借。旋以试事回浙，而文肃遂有骑箕之命，身世遇合之间，有足慨者！昔韩荆州寻常一刺史耳，李白乃言“不愿封万户侯，但愿一识韩荆州，请赐阶前尺寸地，吐万言为快!”苏子由之《上韩枢密》也，言“此来于山见嵩、华之高，于水见黄河之大，于人见欧阳公，而以未见枢密为恨!”虬虽才不及李白，而所历之境雅近子由。荆州不足道，而公则固今日之韩太傅也！闻吾朝有林少穆、江岷樵、左季高三先生者，当其平居，落落好大言，志趣豁然也。陶文毅、曾文正、骆文忠三公一见即能相识。如虬无似，岂敢遽望三先生？然辽东出豕，亦颇自诧其白头！意欲求陶、曾、骆三公者，一见以决行止，舍公其尚谁属耶？如虬材尚可造，当归而炼其筋骨，养其知慧，徐以增益其所不能，期为吾公供他日驰驱之用。若材具福泽不足以肩天下事，则虬不朽之业自在，将谢绝人事，闭门下关，穷年矻矻，求所谓立言之举。暇当缮成清本，邮请指正！息壤在彼，亦将于吾公有厚望焉！

虬年四十矣，尚未有子，行将为似续之计。又手创利济医院，猝难毕工，家门二十余口，岁需五百余金，倚虬以活。然鼯鼠之技尚能自卫，此来并无所求，诚欲得公一言决终身行止以去耳，吾公其许之否？行有日矣，将游泰岱，寻东封遗址；登日观最高处，左右四顾，慷慨悲歌；招齐、鲁二公之灵，起而翼公以甸海宇，苍生幸甚！天下幸甚！

狂瞽之言，罔识忌讳，语多逾分，幸原宥焉！

再，署中如有东三省及新疆、黄河等图为外间所未有者，祷赐数帧以压归装，则不尽之望也！

一曰创设议院以通下情

国家威德覃敷，怀柔所至，泰西各国竞以长技入输，当道诸公师问官之意，即节取其寸长，以为土壤涓流之助。如矿务、铁路、电线、制造诸法，以及广方言馆、水师、武备等学堂，皆一一仿行。虬愚以谓泰西富强之道，在有议政院以通上下之情，而他皆所末。议院之设，中土未闻，然其法则固吾中国法也。考之传记，黄帝有明堂之议，实即今议院之权舆。《管子·大匡》篇：“凡庶人欲通，乡吏不通，七日囚。”子产不毁乡校，其知此义矣。盖古圣铎鞀之设，犹轩之使，皆诱之使言，凡以求通下情而已。今牧令以数千里外语言不通之人，贸贸然亲临其上，父事兄事，猝不得其要领，不得不委之无识之吏胥。于是施其鬼蜮狡狯之计，朦蔽长官，吓诈平民，上下壅格，而弊不可胜言矣！请于省垣外札饬各州县一例创设议政院，即就所有书院或僧道寺观归并改设，大榜其座，与民更始。一年四课，每季一考，于书院经古之外，另策以近时利弊疾苦所在，与兴革按抚之方，论议策答，随题而施。卷面令直书姓名，不准捏名冒替，拔取前列数名，不时延请入署，慰问劝勉。遇有大事则克期集议，轻舆减从，亲临议院，与地方父老周咨详问，互相驳辨，议定而后行。务使上下之间煦煦咮咮，如家人父子之目议其私，则《诗》所谓“乐只君子，民之父母”，虽三代之盛，不难复也，泰西云乎哉！

一曰大开宾馆以收人材

我朝沿前明旧制，以帖括取士。士之怀异材者常苦格于有司之绳尺，温温无所试。军兴以来，宰辅疆臣膺五等之封、建千古之业者，有不尽由于科目。于是有志之士争濯磨砥砺，冀以功名自见。云蒸霞蔚，人材辈出，实为亘古所未有。昔日之材常患其少，今时之材日见其多。虬以谓“材少可慨，材多尤可虑!”今俄罗斯横亘东西，虾夷岛、海参崴皆为所占，铁路四达，逼近东三省，朝鲜颇闻近有异议。倭奴常蠢蠢欲动，西南又有英、法、缅甸、越南之役，夐然四顾，有识寒心。则收罗人材，尤今日切务中之切务也。三年蓄艾，十载树木，在直省疆臣，当无不知以臣事君之道。虬愚顾鳃鳃过虑者，以为国家厚泽深仁，沦肌浃髓，垂三百年。士食旧德，断无不感激涕零，愿效驰驱之用。然人情叵测，万一有不逞之徒，如张元、徐海、牛李其人者，铤而走险，则疆臣旰食之日方长矣。请于省垣及有海关道处开翘材馆以鼓舞而羁縻之，则于求贤之中寓弭患之意，此诚一举两得之计也。或谓经费太绌，位置实难，又将奈何？虬谓大臣之视人材，当如父兄之得佳子弟，宁减其家常不急之浮费，培植以使成材，断无久任其埋没之理。夫人抱不世之志，为人所难为。挟策远来，其为衣食计则可怜，其为国家计则可感，宁有堂堂中国遂无涓滴以苏寻尺之鳞也？况以天下之人材办天下之大事，当无有不兴之利、不给之虞。彼人材者，肯一筹莫展，弹铗求鱼，甘受当途之豢养乎哉？知必不然矣！宫保——当代龙门，求贤若渴，归者如巨鱼赴壑，鳞甲稍异者，无不烧尾而去。此固公平昔所优为，似可无庸再及。愿特树风声，为各直省疆臣劝！故敢再以元公三沐待士之诚，阿衡一夫不获之思为公进！宋太宗使南唐诸臣修《太平御览》，饶有深意。虬谓可即就今日之书局详定章程，择取切用易销、民间罕见之本，委令局员分任校勘，实事求是，札发各州县就近督销，并可移资外省各局，彼此汇兑，则于兴利养贤之中寓振作人材之术，亦开源之一道也。

一曰严课州县以责成效

牧令，亲民之官也。牧令得其人，则疆吏坐享其成而天下治矣。汉宣帝有言："与我治天下者，其良二千石乎！"今天下牧令之贤者，练达有守，实事求是，固自不乏人，而恇怯阘茸、公事积压者，亦复时见。当严行督课，不得以空文详报。请饬令印官于到任后克期下乡，携带图志，轻车减从，巡阅境内一周。所到之处，延衿耆，问疾苦与一切利弊所在，采访入册。复修召伯茇舍之典，就近放告。案情较轻者即予讯结，重者方令来县对簿。回署后择其应先行禁革、兴办者，赴议政院集议举行，条列其筹办之法、年月之期限，三月内申详。此盖就各处地方情形不同者而论也。更有为阖属所当一例遵行者，凡六事焉。视教官举报优劣之式，劣者三：曰地痞、曰讼棍、曰猾吏，阅实，勿遽加以刑，勒令出具改过自新、现习何业甘结，有再犯者，治之以法无赦。三者当榜其名于衙署之门首，十年无犯，消去名字以还其廉耻。惟猾吏则当禁锢终身，永远不准更名入卯，此除暴之法也。劝善之方，科亦有三：曰经明行修，卓然人师；曰孝亲睦族，独敦吉道；曰急公好义，力激颓风。访闻确实，择尤旌表其门，岁时存问以示优异。到任后，一例册报，三者皆指举、贡及平民以下而言。若绅宦则固无藉激劝矣。岁终，着将兴革各项事务，各造四柱清册汇详存档备核。任满而应办事件未了者，协同新任留办，交卸后不得遽行回籍。若此，则州县无不兴之利，无不成之事，三年之后，百废具举，人材起，地利出，而富强之术在是矣。近日官场积弊：印官解任后盘项一清，即可置身事外；任内兴革事宜一切听之后任；履新任者每多自换局面，置前不理，往往功败垂成，甚为可惜！更有以官为市者，将届任满，力创公举，冀以善后为久任之计。故当于禀报时观其任事之久暂，核功程之深浅，量为判准。近日官场习气太深，嗜好太重，皆足为风俗人心之害。庸者视为传舍，贪者居为利薮，名为知州、知县，问以刑名钱谷，则皆平、勃——宰相材也。在任十年，有不识地方广轮之数，终年有不坐堂者。酣眠晏起，终日昏昏，如登场傀儡。冠盥需人，吸鸦片烟，打马战牌，装腔扯架，作官样文字已耳！呜呼！剥削下民之脂膏，斫伤国家之元气，终亦自断绝其种类而已。习俗所移，贤者不免，醉生梦死，曾莫之省！虬谓：其贪者可恨，其庸者尤可矜也！由吾之说推而行之，捋期月已可，三年有成，则公之造福于天下国家者，岂有涯哉！

一曰分任佐杂以策末秩

今之牧令非尽不贤也！其拘谨者亦能留心公事：顾处分，患考成，疲精惫神，治官文书，鳃鳃恐不得当，中夜数起，如永州之说捕蛇。然不过钱、刑两端而已，他利害不及计，亦不遑计也。虬谓知州之下有同判，知县之下有丞尉，在今日尤闲冗之尤者。顾朝命所在，不可遽行裁减，宜因而假之以事权，分州县之职守，以策副贰之精神，变赘瘤为臂指，计莫善于此矣！今判、丞、尉、簿之结衔，皆兼有水利、河防、盐粮、驿务诸色目。而寻其所治与岁入之俸，曾不得与州县吏争一日之利权，无怪其俯首结气，坐私衙，打屈棒，甘为豪富奴隶。州县四季虽代报有并无擅受民情之结，然此特具文焉而已，非真实事也。彼既不能自重，朝廷大吏亦遂以不甚爱惜之官视之，杂流之坏，于斯已极！夫人有一命之责，即当为朝廷效片长之用，岂可令逍遥闲署，终日吟哦，养成无用之身哉！其甚者，直冠带狼虎，纵之以搏噬平民耳。可怖也！法穷则变，是所望于柄国钧者！教官之在今日，亦赘瘤也。宜责其征收文献，举报优劣，有不实不尽者，论如例。

一曰酌提羡银以济同官

古者封建之法行，分田制禄，宦不出乡，身膺一命，即俯仰宽饶。上中下士，禄以次登，无所谓缺之肥瘠，实亦不必计也。今则不然：需次之员，远者万余里，近亦不下数千里，倾家挈室，间关赴省，岁周不得差，则富者告贷，而贫者典鬻。幸得补缺矣，而初任每多试以简缺。盘项先亏，责后赔前，私债既充，加以公项。公私交迫，进退狼狈。寿命不长，累及妻孥。宦海蹉跌，如堕鬼道，唏！可悯也。其缺之肥者，一人奉公，百家仰食，如屠沽张市，非不热闹，徒供人饱。名虽优肥，渗漏亦多，蒸则今日之宦途，无往而非荆棘已。非大加厘剔而调剂之不可！缺之肥瘠，省异而郡不同。陕、甘、云、贵为最瘠，而易于得缺。江、浙多优，而难题补，然颇易得差。豫、闽、山东以及川省，多系中中。广东、台湾，近经厘定，渐不如前。至如浙之嘉、湖等县，江之上海、南汇、华亭、江阴，安徽之宣城、芜湖，湖北之汉阳，陕西之临潼、宝鸡，有视简缺相去廿余倍者，安免臣朔侏儒之慨。此皆就见闻所及而言，并未见有楮墨，尚属道听之谈。然倍蓰之理则实有之！请札饬各州县平实羡余，分上、中、下三缺。下者免议，中上酌提羡余，解省归公，以济需次人员之用。忆左文襄公抚浙，曾将漕粮耗羡大加裁革，仅留少许，归入平余，解省充公。盖州县今日之挪移，即不免他日之亏空，将来公捐私垫仍皆取之同官。与其摊赔于后，何如推解于先。况肥缺既经上司抽提，则投靠者自少，一切无谓浪费之应酬亦可从而大减。通盘计较，损或无多，似亦实心报国者所不吾訾也！大人当儒素穷居之时，量入为出，可守昔贤一介不取不与之节。然分金多取，鲍叔不以管氏为贪，观人之道，抑亦别有在焉。迨一入仕途，苟可自顾其身家，得以其余分润于乡党宗族，即当为国家效犬马之劳，不当为子孙作马牛之计。今之为州县者，需次则衣食常苦不给，得缺则酣豢无所不至。同为国家倚顾之人，吾处其肥，人当其瘠，易地而思，毋亦有耿耿于心者乎！治国之道不外均平，是在大力者主持之而已！

一曰广置幕宾以挽积弊

鸣呼！今日之天下，胥吏之天下也。患在士大夫不谙吏治。始虬尝谓欲天下长治久安，必尽革胥吏，拔取廪、增、附分曹办事，仿汉人自置掾吏之例，京秩自司官上至部院，升补皆以其曹，不得外转，庶得以专门久任，练达公事。今变法之议既不能施之今日，当饬令州县于议院之中延聘廉朴晓大体者为幕宾，而移胥吏之权。每有禀报，着其另纸签明——系某人主稿，旁注履历，庶上司平时得以熟识其人，收为夹袋之资；而人亦得以自奋于功名，不敢以苟简之心施之案牍。今儒者一履仕版，所习非所用，公牍文字不得不诿之胥吏，且档案山积，非资熟手不能查核，故此辈遂得以久据衙署。昔人所谓“官无封建，吏有封建”，诚慨乎其言之也！嗣后印官交卸，皆着幕宾约纂《牧令须知》如历城则曰《治历须知》。两册，一以移交后任，今办移交仅就案卷，并未详及治法。一以解省，汇订摘要，刊给需次各员肄习。五年一汇，按部增入，又何必以吏为师，出斯相之下策哉！李斯所称以吏为师，吏本是儒，与今日之吏迥别。今内自部院卿寺，外自道府州县，大小各衙门一切文报皆主之吏，本官并不知其中作何语，临发署纸尾而已。

一曰钤束贱役以安商贾

商贾挟百金之值，出里门数武，即不能自致其力。于是水行需舟，陆行需车，日与篙工、轿埠、夫头、挑脚为缘。此辈皆无赖小人，见有衣服异常、语言不同、远来之客，辄任意留难，把持吓勒，冀饱其欲壑而后止。而为其所苦者，以主客势常不敌，谁甘以隋珠弹雀，轻于一试！且或以荒僻之地，无可投诉，纵蒙即理，而所费已多，故皆隐忍吞声，默受其亏折而已。夫王政之大，不遗细物；将兴之国，宾至如归，此岂无道以处之哉！法当令舟车轿马之类概行烙牌悬挂，详书其里居、姓名、年龄，而派委以司其事，设匦招告。商船烙牌已有新章，江湖小船亦当一例。挑夫扁担烙字，盐：公堂之禁私枭，亦曾行之。但不可官为定价，过多则群相争役，过少则农忙无人应役，暗中阻碍，反致主客两伤。市井一切物值，官但可治其已甚，过烦则扰矣！旅店门首着照门牌式改悬大粉牌一面，帮伙须令系有腰牌，方准入房。使行李往来者万一稍有异常之折挫，可以默识姓名，向匦投书，重惩一二，而道路始帖然矣。天下事有虽公而不可归之官办者，有虽琐而必当归之官办者：婴堂也，义渡也，粥厂也，医院也，文成会也，借钱局也，或名因利局，甚便贫民。与夫地方一切义举，均当委之公正练达之绅董，地方官不得从而掣肘，但奖励其成而已。一归之官，则董绅辄不得自由，往往良法美意，仅足供里胥、土豪牟利之薮，而实际之及民少矣。由虬前说，事虽猥琐，似非政体所在，然周官三百六十属，虞衡柞剃之各有掌，枭炭荼蜃之各有司，顾独详于治下者，诚知此道也。若夫北方之镖客，镖局近日已成弩末，闻直、东两省不过百余人，人岁不过百余金。即南方之包头，宜悉籍之于官，而仿伢户之例，给帖杜私充弊。悬牌，令人视而可识。此等亦有公私之别，私者北方谓之臭鞭，臭疑为草之误。今时人以物之劣者为草，其实草又为雌之误，盖对雄而言也。其在南方，则有吃白食、烂脚分、倒路死诸名目。此皆在严明官长一纸之力耳。万家生佛，一路福星，公盍加之意乎！

一曰变通交钞以齐风俗

国家声教远讫，琛赆来朝，比户可封，固宜道一而风同矣。乃钱法反错出而无统，虬甚惑焉！用铜其正也，而晋、闽间或有径用铁钱者；当一其正也，而直、东两省则有当二、当十之目。名虽当二，实止当一。京钱虽称当十，其实亦止当二。至搀和私铸，私铸则有白板、砂壳、剪边、新砂、鹅眼等名目，甚有用粗劣厚楮，染以砂油，搀夹行使者。此事颇骇听闻。留底短陌，自古有之，今则千文有扣去六文者，有或扣十文者，甚有二十文、三十文不止者。折扣大钱，南省钱凡三等，有净钱，即制钱也；有通净；有通钱。制钱则有九折，或有八五折者。则又郡异而县不同。至于银，一也，而存纹银、一曰高银。松江银、规银、对冲银。纹银为最，松江次之，规银则但据以入算，对冲则市铺所作售伪，介乎钱银之间。又有所谓番钱者，来自外洋，故又曰洋钱。流入内地，岁耗不赀。唯浙东间用坤洋，系台人赵坤呈准开铸，然仅行之邻近数郡，出省则废。此外名目则有鹰洋、面作鸟形，亦曰鸟洋，本出美国，故称英洋。或云出墨西哥国，未知孰是。苏净、即花边洋。本洋、即鬼脸番。日本洋、正书年号。开洋、即小洋钱，有对开、四开以至十六开者。糙洋、即各洋打戳者。刮洋挖刮太甚，有重仅四钱者。等项。又有夹铜、哑板诸杂洋，悉数不能终。江南则向行苏净，安徽则独用本洋，糙、刮仅可施诸瓯闽，杂洋但可行于沪渎，此为异也。铜钱、银洋之所籍以权轻重者，等子也。乃京师所用之市平视库平每两弱四分，山东所用之济平视库平每两弱一分六厘，是济平又强于市平二分四厘也。至于漕平、规平、兰平、川平、湘平、广平诸目，纷岐杂出，闽中则有福建等。又无能一一数矣！客行赍千金，驰万里，稍不留神核计，南北往返数月后，囊中物无事而坐耗其半矣。此亦今日病民之一大端也。虬愚以谓天下大计，当令直省开铸当一大钱杨石帅督闽开卯，以八分五厘为率。为通行银蚨，近张香帅督粤，面以双龙为号。而官设钞库以济银钱之穷。李爵相曾有官银号之议，为言者所阻。虬谓钞票之议终当举行，万一度支偶绌，接济未前，大可持此以为挹注之原。况顺治八年亦尝每岁造钞十二万，后以国用充裕而止。咸丰初年，京秩亦尝搭放钞票，此皆祖制成案之历历可征者。所行筹码，一以库平为准，度量准此。似亦同量衡之要举也。然兹事重大，非仓猝所可言。请遵户部开源节流二十四条中“令汇兑号商给帖”与陆桴亭之议，札饬各州县及码头较大、舟车孔道之处，设立官银号，而派委以主其事。陆之言曰：“当于各处布政司或大府州县处设立银券司，朝廷发官本造号券，令客商往来者纳券取银，出入之间量取路费微息，则客商无道路之虞，朝廷有岁收之息。”桴亭，本朝之贤者也，其言如此，则虬之说庸亦有可采者乎！虬谓今日理财之法有三：有商贾横取之利，有官吏中饱之利，有国家隐伏之利，此皆于下无损而有益于上。今一孔之儒，突闻理财之说，便以桑、孔相诟，朝廷安望有振兴之日乎！又尝综论中西大势，以为富强之道，利权二者而已。泰西实能搜其利于权之所不及，权在而利愈兴；中国不能行其权于利之所在，利散而权将替。富强、权利之间，天下之大局系焉。盖所贵帝王者，宅中治外，转移天下之利权，调之使平而已无所私，如是而已！公诚行之一省而效，将请旨饬下各直省疆臣一例奉行，则国宝流通，无远勿届，有不鼓舞欢欣、共庆大同之盛哉！

右都八事，皆就今日疆吏及牧令所得行者约略言之，而大旨尤在赏信罚必以持其后。今天下之病萎槁极矣！振之雷霆以达其阳气，润之雨露以遂其生机，未有不勃然起色者。若夫河工善后之宜、山左形势之议，则公历试诸艰，身经百战，老成硕画，岂下士所能赞其高深！况虬初来山左，阅历未真，何敢摭拾陈言，以影响之谈干布鼓雷门之诮，故概不赘论云。

［按］此书即《东游条议》，录自《治平通议》卷六。

诗歌及附录

东　归
(1890年8月)

四十年前少八驺，东归寂寂愧非夫！牛前读契临荒驿，驿亭有索传牌者。马后添薪启冷厨。客邸有花难入谱，邮亭无酒也当垆。何当得遂题桥志？橐笔重来赋《子虚》！

露筋祠
(1890年8月)

天章褒节媛，康熙南巡时曾旌以“节媛芳躅”。贞应启新祠。嘉庆时以漕臣奏请赐额“贞应”。野树青犹昔，湖云淡未移。鹿筋说见《酉阳杂俎》。沿露泾，江德藻《北道里志》。庞帨秉风诗。冰解清河日，神灵翊圣时！

扬　州
（1890 年 8 月）

六代山河王气收，莺花无赖是扬州！官堤杨柳晴天画，灯舫笙歌水驿秋。明月二分牵客梦，大江千古动人愁。年来杜牧伤时芷，献策金门倦冶游！

宋君燕生将有俄、德之行，以许星使奏充四国随员也，口占送别（1891年11月30日）

六国纵横起宋径，扶摇万里此西行。天将骄敌人嗟乱，近闻俄争巴马，已侵吾屈兜山界内，德又贷西银五百五十五万马克为增添炮兵之费，边事日棘，可胜浩叹！世正需材遭或亨。海外山中双世界，虬曩著《治平通议》八卷，颇欲出为当道借箸，近已知难而退，甘为东山小草。耿耿此心，其在河汾之业乎！吾子勉之！乘风破浪一书伧。平生别有筹边术，好听声名冠稗瀛。

俚句录乞郢正，兼请辅安不备！

制小弟陈虬草　时辛卯

十月念九，夜漏已三下矣

［按］录自《宋恕师友函札》。许星使指许景澄。

水调歌头
(1895)

日射蓟门道，把酒酹吴蒙。高会亦复常耳，此乐独输公。老子南楼庾亮，大儿西州德祖，且莫叹龙钟。横刃出门去，毕竟是谁雄？

君知否？近魏绛，又和戎。一腔血洒何地子弟老江东。记得当年曾、左，赶退晓星残月，曾挽银河弓。寄语河汾侣，特此谢文中！

附录一 陈蛰庐先生行述(1904)

刘久安

先生姓陈氏，讳虬，原名国珍，字志三，号蛰庐。光绪己丑恩科举人。籍隶乐清而家于瑞安。生有异禀，龙颜隆准，面瘦削，颇无肉，胸骨直竖，腰窄若束，而精神十倍于常人，辩有口，喜谈兵，发声若雷，目光炯炯射人，当者魄丧。主考陈彝谓其貌似明太祖，才如陈同甫，不虚也。

生平无书不读，所作古文辞，自成一家言。好言变法，慕商君、荆公之为人。尝窃叹曰："胡天不生秦孝公、宋仁宗也。"又言："吾少怀陈、项志。先母戒吾曰：'汝目有杀气，恐不得其死！'乃重自抑敛，借医自隐。"同治乙酉间，与陈栗庵、池云珊等创利济医院于瑞安县城东北隅，开学堂，招生徒，自署其门曰："生平事业文中子，陆地神仙陶隐居。"可以想见其志趣矣。又念医始炎、黄，道存《灵》、《素》，遂以《内经》课其徒，曰："《内经》者，古之三坟也。举凡天星、历律、地理、人事无不赅，羲皇康济天下之法尽寓于是，苟能明其道，虽致世界于大同，不难也。若徒作活人书读，则隘矣！"

光绪丁酉，宗观察湘文邀办利济分院于郡城，从者数百人，要之屏襄办《利济学堂报》，以黄帝纪元，黄帝纪元之说自先生始。是岁，公车北上，康有为、梁启超等议开强国会，要先生属草稿上书、定章程，二公皆自为勿及。已而，陈时事策于山东巡抚张曜。张奇其才，礼为上宾，以为陈同甫复生！与山阴汤寿潜蛰仙齐名，京师号为"浙江二蛰"。诸当道或劝其仕进，先生笑曰："吾自有事业。"遂浩然归。先生平日深信佛氏轮回之说，尝语余曰："吾自度前生是精灵转身，非龙虎即猿猴，好食畜血及果。一切聪明才识，自问不让古人。惟德性不及程、朱诸公。若再九转轮回，经千百番淘涤淬炼，虽华盛顿可几也！"又言："吾死后百年必有人继吾志者!”著有《蛰庐丛书》数十种。《治平通议》熔铸今古，贯穿中外，开中国变法之先河，其最著者也。欲统一国语，制字母，变文体，号曰瓯文，未行而卒。卒年五十九。盖光绪癸卯十一月十四日也。

［按］录自温州市图书馆藏刘之屏《盗天庐集》卷一。

附录二 陈蛰庐先生传（1931）

陈谧

先生温州乐清斗山陈氏，名虬，字志三，原名国珍，晚署其号曰蛰庐，世称蛰庐先生为尤著云。陈氏之先，当明弘治、正德间有名登者，始参瑞安三港幕吏，迁瑞安，为瑞安人，已历十世，至先生而每语必自称乐清陈虬，故今子姓犹贯故籍也。

先生初补乐清县学生，中式光绪十五年己丑浙江乡试举人。以殿元屡赴会试不第，大挑，得拣选知县，未仕。光绪二十九年癸卯卒，春秋五十有四。

先生家故贫，祖父三代无知书者。先生为学自成，其兄仲舫先生国桢，尝治《易》象数学，兼达禅理，而先生从受书，勿深喜。则自于诸子百家之说皆能得其旨要，留心经世，慨然有四方之志。少读《诗》，至《六月》“文武吉甫，万邦为宪”，先生辄问其师：“当今吉甫为谁？”师大奇之，无以答。自是好为兵家言。

生平高峻少奖许，而并世若无当意者。独与瑞安陈介石先生黻宸、平阳宋平子先生衡交，最为友善，时人号曰“温州三杰”。是时瑞安孙太仆衣言方自江藩归田，提倡乡先哲郑伯熊、薛季宣、陈傅良、叶适——宋儒永嘉之学，设诒善祠塾以教乡人，与弟侍郎锵鸣最负时望。平子先生故出太仆门下，复为侍郎女夫。先生顾不屑屑依傍门户，立身欲自兼善天下，与介石先生招同郡许拙学启畴、林香史汝梅、金遁斋鸣昌、王小云鸿诰与兄仲舫先生结求志社，相与抗衡，于是友朋人物极一时盛。吾乡谈文学，数人才，苟菲诒善祠塾，则必求志社。求志社之名一旦遽出，而忌者益众，争构为布衣党，欲有以中伤者。先生恐踵明季诸社之祸，罹及友朋，社事遂复中止。

先生尝以会试至京师。时南海康有为与其徒新会梁启超倡言变法，欲为保国会以图自强。浙人蔡元培、汪康年与介石先生及先生意皆不然，遂谋归为保浙会。寻事败散去。

先生道出济南，大兴张勤果公曜方开府山东，号称得士。先生至，上书请谒，抠衣入幕，告之创设议院以通下情、招开宾馆以收人才、严课州县以责成效、分任佐杂以策末秩、酌提羡银以济同官、广置幕宾以挽积弊、钤束贱役以安商贾、变通交钞以齐风俗八事，张公深伟其言，而终不能用。及行，发传牌，令沿途各防营一体派勇护送，而张公之待士亦足多矣！

先生归上海，闻兄仲舫先生丧，始南下。嗣接丁其母孺人忧。及服阕，张公已前卒，先生自是终不能复出。

甲午，中、日失和，濒海备戒。先生以温处兵备道某公之招，适主东瓯团防，作《防御录》以上当事，言今日舍治乡团不足以图自强，非参古法不足以制内乱。且曰："吾乡经制之学垂七百年，必当有奋起修明之者！"会中、日和议，事不果行，因取《忠经》语，易曰《报国录》。介石先生为序行之，而先生忧国之思固未尝一日忘也！

先生既不得志，于是旁攻医术而求黄帝、神农之教，专意撰述，欲以昌明医道，而成一家之言，于术益精。先生曰："医不三世，不服其药，十全其六，犹为下工！医道不明，杂流竞进，草泽无识之徒惟以生人之道而为杀人之具，一二才智之士振兴其间，亦复著述之功深，诊治之日少，而轩、岐之道其几乎熄矣！"于是与介石先生及何莶石明经迪启、陈栗庵茂才葆善创济医院于瑞安城北，先生与莶石、栗庵及介石先生弟醉石先生侠主持其间，分设利济学堂于东瓯、《利济学报》于杭州，以泰顺周丽辰焕枢、瑞安池卧庐志徵主之，于是益有发皇。

瑞安地故僻壤，风气阻塞，士生其间，每苦得书之不易，无所成材。先生于是与拙学、遁斋、介石、莶石、栗庵诸先生始设心兰书社以供世用。其他公益若浚北湖、修婴堂、改文成会、设保甲局诸端，皆先生之力为多。

先生所著书有《经世博议》、《救时要议》、《东游条议》、《治平三议》，而复刺取所作有关经世者曰《蛰庐文略》，合之为《治平通议》，都八卷；又作《报国录》四卷，《蛰庐文集》、《蛰庐医案》、《斗山陈氏谱略》、《利济学堂报》各若干卷。

先生既久屈不遇，学者惊其博通，无所用世，或有以河洛数推者，谓君命值《师》之二爻，先生乃私叹曰："此铜川府君筮河汾卦也，吾殆将以空言垂世，悲夫!”今天下之乱亟矣！俄顷之间而丧辽东三省数万里之地，拱手相让，亦莫之救！余则深山独坐，四顾无群，于是益思先生为可惜也!

［按］录自《瓯风杂志·文苑内编》。

陈虬年谱简编

清咸丰元年　辛亥（1851年）　出生

生于浙江瑞安。父陈振荣，字德福，号子木，军功议叙六品衔。母邱氏，为乡耆邱廷选女。

咸丰十一年　辛酉（1861年）　十一岁

从城东胡庆良先生学。“读书目十数行下，嬉戏好为将帅，尝取同学而行伍之。”塾师恶其“顽梗不群”，特日授书数十册以困之，陈虬“终日不作诵声，及背读，无一字遗”。

同治元年　壬戌（1862年）　十二岁

太平军进抵瑞安，“逐队登陴，觅敌击鼓，不耐家居”。

同治二年　癸亥（1863年）　十三岁

父卒。

同治三年　甲子（1864年）　十四岁

博览群籍，好说部，兼涉历、相、星命诸学。遇老师、宿儒，往往摘经史以难先生，于是得狂名。太平天国失败，作《王师克复金使，二诗以志喜》七古以抒其怀。

同治四年　乙丑（1865年）　十五岁

从仲兄仲舫明经习举业，后复从仲兄学易数，尝云：“家仲兄诂《易》，别具玄解。”作《夏日偶成》七律一首。

同治五年　丙寅（1866年）　十六岁

作《雪后偕友登隆山观海亭》七律一首。

同治六年　丁卯（1867年）　十七岁

出应试，每艺千余言。长沙徐尚书树铭视浙学，见其文，奇之，破例补诸生发落，手诏曰："尔文恢怪奇伟，他日当以文章横行一世!"陈虬于是始学词章，间复留心训诂。

同治七年　丁卯（1868年）　十八岁

作《秋夜》七律、《病起》七律。

同治九年　庚午（1870年）　二十岁

始留心经世。旋以过劳，得咯血不寐疾。赴秋试不第。自患病，始有志于医。

同治十年　辛未（1871年）　二十一岁

始任山馆塾师，作《到馆》七绝。秋，有永嘉之行，作《登江心孟楼》、《秋夜登大观亭》诗。

同治十一年　壬申（1872年）　二十二岁

加入友许拙学创办的心兰书社。

同治十二年　癸酉（1873年）　二十三岁

赴杭秋试不第，作《访小青墓不见》七绝以抒其感。

同治十三年　甲戌（1874年）　二十四岁

始排日自课习医。

光绪元年　乙亥（1875年）　二十五岁

作《题曾磷侯小像》七律。

光绪二年　丙子（1876年）　二十六岁

再应省试，不中。始敢出议方药。著《史法章》。

光绪三年　丁丑（1877 年）　二十七岁

秋冬，疫疠大作，吐泄厥逆，顷刻殒命。初习医，日从事于《灵》、《素》、《难经》、《伤寒》、《金匮》、《甲乙》诸书，人以为泥古而险，无过问者。

光绪四年　戊寅（1878 年）　二十八岁

行医多次治愈疑难杂症。曾和寓居江宁之孙诒让通书，告以永嘉先哲遗书各种可相助搜辑。所论永嘉学派大略，孙诒让认为“精当无匹”。

光绪五年　己卯（1879 年）　二十九岁

六月赴省试，途经上海。七月赴金陵谒同乡江宁布政使孙衣言。旋即以文章受知于两江总督沈葆桢。折回杭州，寓杭城广兴巷陆家。八月秋试不第，曾游西湖，谒岳坟，赋七律一首。场后十八日始归。十月，母邱太夫人两病急症，服冬瓜汤三日而愈。

光绪六年　庚辰（1880 年）　三十岁

正月，撰《〈蛰庐诊录〉序》于瑞安城东虞池之衍泽堂。冬，北湖闸夫违启闭之节，以致大潮倒灌，稻田被浸，遂偕仲舫兄及诸友履勘陡门，并同友人曾燕卿等联名呈禁。

光绪七年　辛巳（1881 年）　三十一岁

撰《瑞安广浚北湖条议》，建议设局、商功、筹捐、出土、束沙、包工、丈田、护堤、设准、绘图、计簿、立庙，都十二条。

光绪八年　壬午（1882 年）　三十二岁

春，幼弟叔和病亡，悲不欲生，病几死，呻吟卧床箦者二百余日。五月，瑞安文庙报失，赋《失鼎歌》以记其事。秋，游雁荡。撰《瑞安何氏旌节坊记》。

是年，创订宗谱，详定义例，为谱者二十，序论凡十数万。

光绪九年　癸未（1883 年）　三十三岁

撰《治平三议》，认为“宗法之道，通其变可以致治平”。撰《均子篇》，主张改变传统的宗法继承制度。作《开篋见洋拓二十九岁小像，盖忽忽又五年矣》七律一首。自秋涉冬，患疟疾，心情抑郁，赋《驱疟鬼》七古。

光绪十年　甲申（1884年）　三十四岁

正月，撰《〈治平三议〉序》于瑞安城东利济堂。撰《善举尽可计利以图扩充说》，主张医院、婴堂、义渡、借钱局等善举应开常捐，收工价。撰《女婴堂议》，主张开办后做童工，夜课文史及算数，遣嫁后令婿家捐堂费，本人则捐出堂费以增加婴堂经费。撰《医院议》，提出中国近代第一份建立中医院和中医学校的计划。夏七月，中法宣战，沿海戒严，撰《东瓯防御录》，录以贻当事，会事解不果。

光绪十一年　乙酉（1885年）　三十五岁

与同乡陈黻宸等创利济医院于瑞安城东，是为浙东南有医院之始。

光绪十四年　戊子（1888年）　三十八岁

始与平阳宋恕（燕生）交。撰《书〈校邠庐抗议〉后》，认为冯桂芬的著作与己之《治平通议》颇多异同，然各有宗旨，可并存。

光绪十五年　己丑（1889年）　三十九岁

葺《陈氏谱略》六卷。撰《温州出口土产宜设公司议》，建议“一切出口货物皆分设公司”。撰《乐清东西二乡宜急设保甲局议》，主张推广保甲局。八月，赴杭州应己丑恩科浙江乡试，考取第一百三十七名举人。

光绪十六年　庚寅（1890年）　四十岁

春，入都会试，有《行路难》之叹。闰二月底抵京，会试不第。四月出京，五月抵济南，因徐树铭荐，谒山东巡抚张曜，上书条陈八事，被聘修《山东通志》。九月间，母邱太夫人病亡，在家守制。是年撰《斗山陈氏睦族四议》，提出建祠之法。

光绪十八年　壬辰（1892年）　四十二岁

撰《求志社记》。十月，撰《〈元经宝要〉序》（即《〈利济元经〉序》）。冬，撰《〈经世博议〉序》、《〈救时要议〉序》、《〈东游条议〉序》。

光绪十九年　癸巳（1893 年）　四十三岁

撰《温郡捐变文成会议》，建议扩大筹捐范围，改进管理制度，使各县文成会日臻健全。撰《拟广心兰书院藏书引》，建议改设心兰书院。撰《书〈颜氏学记〉后》。十月，撰《〈治平通议〉序》、《〈蛰庐文略〉序》。冬，撰《东瓯防御录》，“大旨谓今日舍乡团不能自强，非参古法不能制乱”。

光绪二十年　甲午（1894 年）　四十四岁

三月，偕同乐清士绅黄鼎瑞等呈恳请藩宪明定章程，申禁苏困以减浮勒。七月，撰《〈利济教经〉序》。中日甲午战争爆发，温处道宗源瀚召集陈虬等筹划东瓯团防，遂上《东瓯防御录》，后易名为《报国录》。

光绪二十一年　乙未（1895 年）　四十五岁

甲午战败，赋《水调歌头》词一阕。二月中旬，赴京会试，途经上海，为中日和战及李鸿章评价问题与挚友宋恕发生激辩。四月，为利济医院拟课《霍乱病源方法论》。秋，设立利济分院与分院学堂。十月，致书禀生刘恢，告以南米浮收控案。

光绪二十二年　丙申（1896 年）　四十六岁

冬，设利济学堂报馆于温州府前街。撰《光绪丁酉医历表后序》，书于瓯郡利济分院。出版第一册《利济学堂报》，刊所撰之《报例》和《利济教经》。

光绪二十三年　丁酉（1897 年）　四十七岁

撰《〈教经答问〉弁言》，略云：“近创《院报》，因命同院分门设为问答，以牖方来。”撰《〈利济汇编〉总序》，以为“斯编则其龙宫探秘之星言，蓬岛投产之日记也”。春，撰《〈利济丛书〉总序》，先后续撰《利济外乘叙》，《心战》上、中、下等文多篇在《利济学堂报》上发表。加入罗振玉在沪创设的务农会，发表《拟务农会章程》。七月，与章太炎、汤寿潜等同任《经世报》撰述，先后刊有《言权》、《论国之强弱系于民心，民心之向背系于州县，宜以州县得民为强国之本》、《论外交得失》等文。

光绪二十四年　戊戌（1898年）　四十八岁

书《〈中星图略〉弁言》于利济分院之蛰庐。三月，以会试至京师，参与康有为发起的报国会，并为首组织保浙公会。四月，为首署名的《呈请总署代奏折稿》刊于《知新报》，提出变法主张。四月下旬归抵上海。八月政变，因未参与百日维新而未被列为缉捕对象。十月，作《杨园看菊有感》七律一首，感怀戊戌政变。

光绪二十五年　己亥（1899年）　四十九岁

利济医学堂照常开课，任为主讲。

光绪二十六年　庚子（1900年）　五十岁

八月，五十寿辰，东瓯利济医院同人共谋祝寿，但陈虬感庚子国破耻辱，遂不举行。

光绪二十七年　辛丑（1901年）　五十一岁

正月，发行《瑞安利济医院股份票》，新制份票三百张，以一百股归陈虬，郡院归其独办。四月，新建利济医院落成。

光绪二十八年　壬寅（1902年）　五十二岁

夏，瓯郡霍乱盛行，众医生纷纷逃避，陈虬“出白头翁汤加减与之，试之多验”，“独昕夕出诊，不避艰险，存活甚众”。九月，与宋恕、陈黻宸等均到瑞安演说会，并列讲席，号称“东瓯三杰”。

光绪二十九年　癸卯（1903年）　五十三岁

春，创造瓯文，著《新字瓯文七音铎》和《瓯文音汇》二书。二书秋后始刊行，并在利济分院开办瓯文学堂，亲自演说。十一月十四日（1904年1月1日）病逝，葬于瑞安二十四都潘岱朱山底。

后　记

本书由三位学者分别选编、标点。马建忠部分由杭州师范大学薛玉琴教授负责，邵作舟部分由安徽徐子超先生负责，陈虬部分由上海社会科学院历史研究所陆烨先生负责。导言由上海社会科学院熊月之先生在上述各位所提供资料基础上撰写。

马建忠的《适可斋记言》和《适可斋记行》，以光绪二十二年木刻本为底本，参校张岂之、刘厚祜校点的《适可斋记言》（北京，中华书局，1960）和王梦珂点校的《马建忠集》（北京，中华书局，2013）；《法国海军职要》以梁启超编、光绪丁酉仲夏、慎记书庄石印本“西政丛书”为底本；《法律探原》，以1902年杨文藻编辑的《皇朝经世文新编续集》为底本；《艺学统纂》以光绪壬寅春仲、上海文林石印本为底本，是书为首次整理与句读，因篇幅限制，本书主要选录各卷开篇的总论文字。在《马建忠卷》的选编过程中，杭州师范大学历史系陆德富老师、研究生翁梓轩、李云等，或为内容编辑提供了学术支持，或为文字录入付出了辛勤劳动，在此一并致谢。

邵作舟的《邵氏危言》，以邹振环整理的《危言三种·邵氏危言》（上海，上海古籍出版社，2013）为底本，以邵作舟重孙邵骏人家藏的《危言》卷上参校，参校工作由李松负责。《公理凡》、《人道纲目》、《古音廿一部》、《归葬道中偶记》以家藏本为底本，校点工作由邵骏人、邵晓晖、邵曦辉负责。《论文八则》以1924年石印本为底本，《〈军凡〉自序》、《〈存斋诗草〉序》、《苦役行》以家藏本为底本，《答胡传论台湾海防书》以中国社会科学院历史所藏件为底本，《致程秉钊书》以程秉钊后人抄件为底本，《驳〈再醮不得为继妻议〉》、《论钱币得失》、《释咸丰十年〈中俄和约〉第一条〈珲春界约〉》以南京图书馆藏抄本为底本，以上各篇以及《〈各国约章纂要〉序》、《变法自强疏》等，校点工作由徐子超、邵晓晖负责。《辨古今论地脉诸说》、《论黄河挽回故道》、《郑州决河私议》以南京图书馆藏抄本为底本，校点工作由邵晓晖、邵新达负责。《邵作舟年谱简编》由徐子超编写。

陈虬部分的整理和写作中，部分参考了胡珠生先生辑编的《陈虬集》（杭州，浙江人民出版社，1992），谨在此表示感谢。

编者

中国近代思想家文库

方东树、唐鉴卷	黄爱平、吴杰　编
包世臣卷	刘平、郑大华　主编
林则徐卷	杨国桢　编
姚莹卷	施立业　编
龚自珍卷	樊克政　编
魏源卷	夏剑钦　编
冯桂芬卷	熊月之　编
曾国藩卷	董丛林　编
左宗棠卷	杨东梁　编
洪秀全、洪仁玕卷	夏春涛　编
郭嵩焘卷	熊月之　编
王韬卷	海青　编
张之洞卷	吴剑杰　编
薛福成卷	马忠文、任青　编
经元善卷	朱浒　编
沈家本卷	李欣荣　编
马相伯卷	李天纲　编
王先谦、叶德辉卷	王维江、李鹜哲、黄田　编
郑观应卷	任智勇、戴圆　编
马建忠、邵作舟、陈虬卷	薛玉琴、徐子超、陆烨　编
黄遵宪卷	陈铮　编
皮锡瑞卷	吴仰湘　编
廖平卷	蒙默、蒙怀敬　编
严复卷	黄克武　编
夏震武卷	王波　编
陈炽卷	张登德　编
汤寿潜卷	汪林茂　编
辜鸿铭卷	黄兴涛　编

康有为卷	张荣华　编
宋育仁卷	王东杰、陈阳　编
汪康年卷	汪林茂　编
宋恕卷	邱涛　编
夏曾佑卷	杨琥　编
谭嗣同卷	汤仁泽　编
吴稚晖卷	金以林、马思宇　编
孙中山卷	张磊、张苹　编
蔡元培卷	欧阳哲生　编
章太炎卷	姜义华　编
金天翮、吕碧城、秋瑾、何震卷	夏晓虹　编
杨毓麟、陈天华、邹容卷	严昌洪、何广　编
梁启超卷	汤志钧　编
杜亚泉卷	周月峰　编
张尔田、柳诒徵卷	孙文阁、张笑川　编
杨度卷	左玉河　编
王国维卷	彭林　编
黄炎培卷	余子侠　编
胡汉民卷	陈红民、方勇　编
陈撄宁卷	郭武　编
章士钊卷	郭双林　编
宋教仁卷	郭汉民、暴宏博　编
蒋百里、杨杰卷	皮明勇、侯昂好　编
江亢虎卷	汪佩伟　编
马一浮卷	吴光　编
师复卷	唐仕春　编
刘师培卷	李帆　编
朱执信卷	谷小水　编
高一涵卷	郭双林、高波　编
熊十力卷	郭齐勇　编
任鸿隽卷	樊洪业、潘涛、王勇忠　编
蒋梦麟卷	左玉河　编
张东荪卷	左玉河　编

丁文江卷	宋广波　编
钱玄同卷	张荣华　编
张君劢卷	翁贺凯　编
赵紫宸卷	赵晓阳　编
李大钊卷	杨琥　编
李达卷	宋俭、宋镜明　编
张慰慈卷	李源　编
晏阳初卷	宋恩荣　编
陶行知卷	余子侠　编
戴季陶卷	桑兵、朱凤林　编
胡适卷	耿云志　编
郭沫若卷	谢保成、魏红珊、潘素龙　编
卢作孚卷	王果　编
汤用彤卷	汤一介、赵建永　编
吴耀宗卷	赵晓阳　编
顾颉刚卷	顾潮　编
张申府卷	雷颐　编
梁漱溟卷	梁培宽、王宗昱　编
恽代英卷	刘辉　编
金岳霖卷	王中江　编
冯友兰卷	李中华　编
傅斯年卷	欧阳哲生　编
罗家伦卷	张晓京　编
萧公权卷	张允起　编
常乃悳卷	查晓英　编
余家菊卷	余子侠、郑刚　编
瞿秋白卷	陈铁健　编
潘光旦卷	吕文浩　编
朱谦之卷	黄夏年　编
陶希圣卷	陈峰　编
钱端升卷	孙宏云　编
王亚南卷	夏明方、杨双利　编
黄文山卷	赵立彬　编

雷海宗、林同济卷	江沛、刘忠良　编
贺麟卷	高全喜　编
陈序经卷	田彤　编
徐复观卷	干春松　编
巨赞卷	黄夏年　编
唐君毅卷	单波　编
牟宗三卷	王兴国　编
费孝通卷	吕文浩　编

图书在版编目（CIP）数据

中国近代思想家文库. 马建忠、邵作舟、陈虬卷/薛玉琴，徐子超，陆烨编. —北京：中国人民大学出版社，2015.3

ISBN 978-7-300-20922-7

Ⅰ. ①中… Ⅱ. ①薛…②徐…③陆… Ⅲ. ①思想史-研究-中国-近代②马建忠（1845～1900）-思想评论③邵作舟（1851～1898）-思想评论④陈虬（1851～1904）-思想评论 Ⅳ. ①B250.5

中国版本图书馆 CIP 数据核字（2015）第 039212 号

中国近代思想家文库

马建忠 邵作舟 陈虬卷

薛玉琴 徐子超 陆烨 编

Ma Jianzhong Shao Zuozhou Chen Qiu Juan

出版发行 中国人民大学出版社

社　　址 北京中关村大街 31 号　　**邮政编码** 100080

电　　话 010－62511242（总编室）　　010－62511770（质管部）

010－82501766（邮购部）　　010－62514148（门市部）

010－62515195（发行公司）　　010－62515275（盗版举报）

网　　址 http://www.crup.com.cn

经　　销 新华书店

印　　刷 涿州市星河印刷有限公司

开　　本 720 mm×1000 mm 1/16　　**版　　次** 2015 年 5 月第 1 版

印　　张 38.5 插页 1　　**印　　次** 2024 年 7 月第 2 次印刷

字　　数 608 000　　**定　　价** 129.00 元